AF672252

Carlo Westbrook

Windows Server 2019

Der schnelle Einstieg

5. Ausgabe

CertPro® PRESS
an Imprint of CertPro® Limited

Bibliografische Informationen der Deutschen Nationalbibliothek

Die Deutsche Nationalbibliothek verzeichnet diese Publikation in der Deutschen Nationalbibliografie; detaillierte bibliografische Daten sind im Internet über http://dnb.d-nb.de abrufbar.

Die Informationen in diesem Produkt werden ohne Rücksicht auf einen eventuellen Patentschutz veröffentlicht. Warennamen werden ohne Gewährleistung der freien Verwendbarkeit benutzt. Bei der Zusammenstellung von Texten und Abbildungen wurde mit größter Sorgfalt vorgegangen. Trotzdem können Fehler nicht vollständig ausgeschlossen werden. Verlag, Herausgeber und Autoren können für fehlerhafte Angaben und deren Folgen weder eine juristische Verantwortung noch irgendeine Haftung übernehmen.

Für Verbesserungsvorschläge und Hinweise auf Fehler sind Verlag und Herausgeber dankbar.

Alle Rechte vorbehalten, auch die der fotomechanischen Wiedergabe und der Speicherung in elektronischen Medien. Die gewerbliche Nutzung der in diesem Produkt gezeigten Modelle und Arbeiten ist nicht zulässig.

Fast alle Hard- und Softwarebezeichnungen und weitere Stichworte und sonstige Angaben, die in diesem Buch verwendet werden, sind als eingetragene Marken geschützt. Da es nicht möglich ist, in alle Fällen zeitnah zu ermitteln, ob ein Markenschutz besteht, wird das ®-Symbol in diesem Buch nicht verwendet.

Kommentare und Fragen können Sie gerne an uns richten unter E-Mail: info@certpro-press.de

Print-Ausgabe ISBN 978-3-9447-4921-1
ebook-Ausgabe: ISBN 978-3-9447-4922-8

Copyright © 2019 by CertPro® Press-Verlag,
ein Imprint der CertPro® Limited, Elbinger Str. 23, D-55543 Bad Kreuznach/Germany.
Alle Rechte vorbehalten.
Einbandgestaltung: CertPro® Limited
Bilder und Grafiken: CertPro® Limited
Herstellung: CertPro® Limited
Druck und Verarbeitung: BoD GmbH, Hamburg
Printed in Germany

Auf einen Blick

Website zum Buch

Liebe Leserin, lieber Leser,

zu diesem Buch bieten wir Ihnen zusätzliche Materialien, wie z. B. Zusatzdokumentation, eine Übersicht der im Buch enthaltenen Weblinks, sowie Beispieldateien, die Sie bei Bedarf gerne direkt aus unserer Verlagswebsite im Internet herunterladen können unter:

https://www.CertPro-Press.de/9211.html

Inhaltsverzeichnis

Der Autor

Carlo Westbrook ist seit weit über 30 Jahren u. a. als IT-Trainer, Systemingenieur, Senior Enterprise Consultant, Infrastrukturarchitekt sowie als Learning Consultant und Kursdesigner für technische Kurse & Workshops tätig. Als Fachautor publizierte er neben einer Vielzahl an Fachbüchern, sowie mittlerweile rund 140 verschiedenen, technischen Kurs- und Workshop-Unterlagen für Teilnehmer und Trainer bereits auch vielzählige Fachbeiträge bei verschiedenen Verlagen, wie beispielsweise Addison-Wesley, CertPro-PRESS oder auch dem WEKA Media-Verlag.

Zu seinen Schwerpunkten zählen u. a. die Windows-Betriebssysteme, Active Directory, Windows PowerShell, Microsoft Exchange Server, Microsoft SharePoint Server, Microsoft Zertifikatdienste (PKI), die Microsoft System Center-, sowie Cloud- und Virtualisierungstechnologien und IT-Sicherheit. Neben dem Studium der Informatik hat er zwischenzeitlich auch eine Vielzahl an Herstellerzertifizierungen u.a. zum MCSA-Security, MCSE-Security, MCLC, MCTS, MCITP, zum Microsoft Certified Specialist sowie zum Microsoft Certified Solutions Expert (MCSE) erworben. Sein hohes Fachwissen setzt er im Rahmen unterschiedlichster, oft länderübergreifender IT-Projekte, wie zum Beispiel im Active Directory-Infrastruktur-(Re-)Design, verschiedenster Betriebssystem-Rollout-Projekte mit dem Microsoft System Center Configuration Manager (SCCM), Planung und Aufbau von Zertifikatdiensteinfrastrukturen (PKI), sowie beispielsweise - als ein von Mile 2 Security/USA zertifizierter Penetration Testing Specialist (CPTS) - auch zur Absicherung und Härtung vorhandener IT-Infrastrukturen für Unternehmen, Institutionen und Behörden kompetent ein.

Seit nunmehr über 22 Jahren als durchgehend zugelassener Microsoft Certified Trainer (MCT) vermittelt er die Inhalte der originalen, technischen und auch planungstechnischen Kurse des Microsoft Official Curriculum (MOC). Er bereitete dabei bereits viele Hunderte seiner Teilnehmer auf die Teilnahme an den vielzähligen, weltweit anerkannten Herstellerprüfungen von Microsoft, Mile2 und beispielsweise auch CompTIA vor.

Vorwort

Mit Windows Server 2019 setzt Microsoft den Trend, hochmoderne Serverbetriebssysteme zu veröffentlichen, weiter fort. Die in der neuesten Version enthaltenen Rollen und Funktionen wurden gegenüber den Vorversionen teilweise verbessert, und um einige, für die tägliche Praxis sicher interessanten Dienste und Funktionen erweitert. Die aktuelle Entwicklung in Richtung des „Cloud Computing" setzt Microsoft mit Windows Server 2019 ebenso weiter fort. Das neue Betriebssystem lässt sich problemlos in Private, Public oder auch Hybrid-Cloud-Umgebungen betreiben. Die Anbindung des neuen Serverbetriebssystems an die Microsoft-Azure-Cloud lässt sich bei Bedarf mit einfachen Schritten realisieren. Als „Bindeglied" beweist sich dabei auch das - optional verfügbare - Windows Admin Center (WAC), was die zentrale Verwaltung selbst hybrider Serverinfrastrukturen und sogar Clientcomputer in einer einzigen Konsole ermöglicht. Da der neue Server seit seiner Veröffentlichung nunmehr weitgehend von seinen ersten „Kinderkrankheiten" befreit wurde, ist es an der Zeit, sich den in Windows Server 2019 enthaltenen Umfang an Rollen und Features - inklusive aller darin eingearbeiteten Neuerungen und Verbesserungen - genauer anzuschauen.

Dieses Buch bietet Ihnen den schnellen und praktischen Einstieg in die Installation, Konfiguration, Verwaltung und auch die Wartung von Windows Server 2019. Neben den grundlegenden Informationen zu den im neuen Betriebssystem enthaltenen Rollen und Features (Funktionen) enthält dieses auch einen Überblick über die für die Praxis oft relevanten Neuerungen und Verbesserungen - und das im direkten Vergleich nicht nur zu Windows Server 2016, sondern teils auch gegenüber Windows Server 2012 R2 bzw. Windows Server 2012.

Das Buch richtet sich sowohl an Einsteiger mit grundlegenden Vorkenntnissen in der Bedienung und Konfiguration von Windows-Betriebssystemen, als auch an fortgeschrittene Netzwerk- und Systemadministratoren. Unterstützend findet man in dem Buch neben einer Vielzahl an grafischen Darstellungen referenzierend auch viele der im Internet verfügbaren Quellen, in denen man das auf den nachfolgenden Seiten bereits dokumentierte Wissen stets aktualisieren und erweitern kann. Ein Buch ganz nach dem Motto: ***Aus der Praxis - für die Praxis!***

An dieser Stelle möchte ich mich bei meiner Familie für die Unterstützung während der Zeit der Erstellung dieses Buches bedanken.

Natürlich möchte ich mich auch bei Ihnen, liebe Leser, für den Kauf dieses Buches bedanken und wünsche Ihnen nun eine interessante Zeit beim Lesen - mit hoffentlich vielen Anregungen für Ihre tägliche Praxis im Umgang mit dem neuen Windows-Serverbetriebssystem.

Ihr

Carlo Westbrook

Konventionen und Symbole

Um bestimmten Textpassagen dieses Buches etwas hervorzuheben, wurden die folgenden typografischen Konventionen und Symbole verwendet:

Konvention/Symbol	Bedeutung
`Befehl`	Stellt die Befehlssyntax oder auch Befehlsausführung von Kommandozeilen- oder Windows PowerShell-Befehlen dar.
Weiter	Kennzeichnet die Ausführung einer bestimmten Programmfunktion, beispielsweise den Mausklick auf eine Schaltfläche.
HINWEIS ➲	Weist auf einen allgemeinen Hinweis zu bestimmten Themenbereichen hin.
WICHTIG! ➲	Gibt einen Hinweis auf wichtige Funktionen oder auch Situationen, die unbedingt beachtet werden sollten.
VORSICHT! ➲	Kennzeichnet Informationen oder auch Situationen, die ein Risiko oder eine Bedrohung darstellen können.
PRAXISTIPP! ➲	Kennzeichnet Tipps für die praktische Anwendung bzw. Umsetzung.
INTERNET ➲	Weist auf weitere Informationsquellen zu bestimmten Themenbereichen im Internet hin.

KAPITEL 1

Einführung in Windows Server 2019

Der neue Windows Server 2019 stellt aktuell die modernste und auch attraktivste Server-Betriebssystemplattform von Microsoft dar. Im Vergleich zur direkten Vorgängerversion, dem Windows Server 2016, enthält der neue Server durch die darin eingearbeiteten Neuerungen und Verbesserungen wiederum einige Vorteile für den unternehmensweiten Einsatz. Bevor man jedoch über die Einführung des neuen Serverbetriebssystems oder über die Aktualisierung vorhandener Serversysteme nachdenkt, sollte man sich zunächst einen Überblick über die verfügbaren Editionen sowie die damit verbundenen Einsatz- und Lizenzierungsmöglichkeiten zum neuen Windows Server 2019 verschaffen.

Modernstes Server-Betriebssystem mit vielen Neuerungen und Verbesserungen

1.1 Windows Server 2019 und die Cloud

Microsoft hat sich auch bei der Entwicklung des neuesten Serverbetriebssystems an dem seit Jahren bereits anhaltenden, sowie in der Praxis bereits fest etablierten Trend zum *Cloud Computing* orientiert. Deutlich wird dies auch, wenn man sich die in den Standard- und Datacenter-Editionen von Windows Server 2019 enthaltenen Virtualisierungsrechte und -features anschaut. Die Standard Edition von Windows Server 2019 ist, wie bereits ihr direkter Vorgänger, mit der Unterstützung von 2 virtuellen Instanzen eher für den Einstieg in das Cloud Computing konzipiert, wogegen die Datacenter Edition von Windows Server 2019 durch die Verwendung von unbegrenzten Instanzen klar auf stark virtualisierte Serverlandschaften im Umfeld von Private oder auch Hybrid

Virtualisierungsrechte als grundlegendes Unterscheidungsmerkmal

Cloud-Umgebungen zielt. Dies wird durch die neu enthaltene, automatische Aktivierung virtueller Server durch den Einsatz in Hyper-V unter Windows Server 2019 nochmals deutlich.

Die Virtualisierung von Computersystemen kommt insbesondere auch in VDI-Umgebungen (*Virtual Desktop Infrastructure*) zum Einsatz, in denen man Windows-Clientbetriebssysteme als virtuelle Computer auf einem Serversystem im Rechenzentrum bereitstellt. Der Zugriff auf die in einer VDI-Umgebung zentral verwaltbaren, virtuellen Computer kann dabei beispielsweise von einem Thin-Client, einem anderen Computersystem oder bei Bedarf sogar über einen Webbrowser erfolgen. Zur Realisierung solcher Szenarien empfiehlt sich der Einsatz von Windows Server 2019 als Virtualisierungsplattform auf der Basis der Hyper-V-Serverrolle, die in den späteren Kapiteln dieses Buches noch detailliert vorgestellt wird.

Viele, für die tägliche Praxis wichtige Neuerungen finden sich in Hyper-V

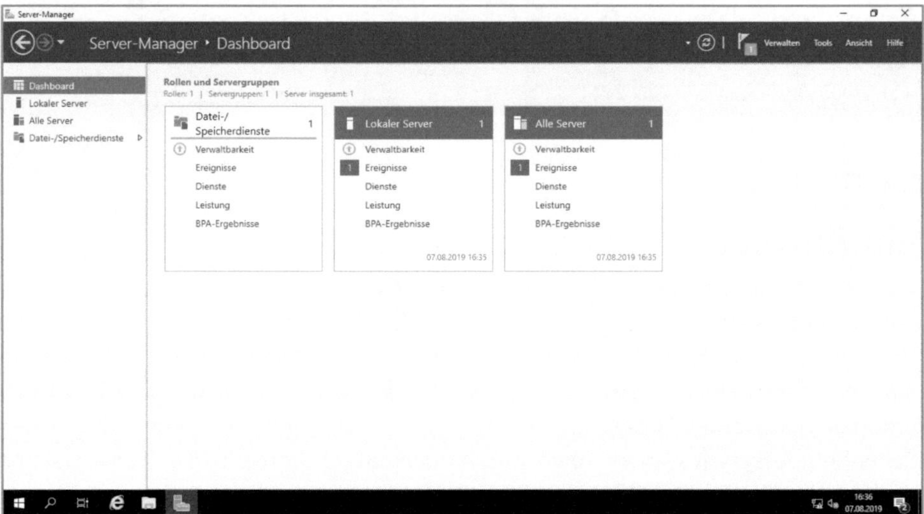

Abb. 1.1: *Der grafische Server-Manager unter Windows Server 2019*

Kleinere und mittlere Unternehmen finden in Windows Server 2019 - insbesondere auch im Zusammenspiel mit der Möglichkeit zur Anbindung an die Cloud-Dienste von Microsoft - eine in vielen Fällen sicher „passende“ Plattform. Die Anbindung eine Windows-Serversystems an die Microsoft Azure-Dienste kann hierbei mit einfachen Schritten beispielsweise im - optional verfügbaren - Windows Admin Center (WAC) erfolgen. Im grafischen Server-Manager von Windows Server 2019 hat Microsoft gleich auch einen Hinweis auf die Möglichkeit zum Download sowie auch zur Verwendung des webbasierten Windows Admin Center (WAC) zur zentralen Verwaltung von Serversystemen und auch Windows 10-Clientcomputern eingearbeitet. Dieser Hinweis wird gleich beim ersten Start des Server-Managers unter Windows Server 2019 angezeigt.

Das Windows Admin Center (WAC) ermöglicht die einfache Konfiguration der damit verwalteten Serversysteme für zum Beispiel die Onlinesicherung von Daten mittels *Windows Azure Online Backup* direkt in die Microsoft Azure-Cloud im Internet. Details hierzu werden in den späteren Kapiteln dieses Fachbuches noch vorgestellt.

1.2 Verfügbare Editionen

Die Editionen von Windows Server 2019 richten sich in erster Linie nach der Größe des jeweiligen Unternehmens, sowie nach dem möglichen Bedarf an Virtualisierung und Cloud Computing.

Windows Server 2019 wird von Microsoft aktuell unter anderem in den folgenden Editionen zum Erwerb angeboten:

Edition	Einsatzbereich	Enthaltene Funktionen
Datacenter	Große virtualisierte Datacenter- und Cloud-Umgebungen	Umfasst gegenüber der Standard-Edition zusätzliche Datacenter-Funktionalitäten
Standard	Unternehmensweiter Einsatz in kleinen, mittleren und in großen Unternehmen, Behörden und Instituten mit physikalischen oder gering virtualisierten Umgebungen	Umfasst Funktionalität für standardmäßige Anforderungen
Essentials	Kleine und mittlere Unternehmen	Eingeschränkte Windows Server-Funktionalität, unterstützt maximal 25 Benutzer und 50 Geräte

Tab. 1.1: *Verfügbare Editionen von Windows Server 2019*

HINWEIS ➲ Die neue Windows Server 2019 Essentials Edition wurde von Microsoft im Umfang zusätzlich jedoch noch weiter eingeschränkt. Die zuvor auch sogar in der Standard- und Datacenter-Edition von Windows Server 2016 enthaltene *Essentials (Experience)-Rolle* wurde in der neuen Essentials Edition von Windows Server 2019 vollständig entfernt. So sind beispielsweise das *Essentials Dashboard*, das *Client-Backup* der an den Server angeschlossenen Clientsysteme, sowie auch das Feature *„Zugriff überall"* im Umfang der neuen Essentials Edition nicht mehr enthalten. Alternativ verweist Microsoft auf die Möglichkeit zur Nutzung der Microsoft-Clouddienste und Office 365 im Internet.

Standard Edition unterstützt wie zuvor auch Failover-Clustering

Die unter Windows Server 2012 R2 zuletzt erhältliche Foundation-Edition ist aktuell unter Windows Server 2019, wie zuvor bereits auch unter Windows Server 2016 nicht verfügbar. Als Alternative wird von Microsoft hierbei auf die Essentials-Edition verwiesen. Zusätzlich sind neben den in der Tabelle 1.1 aufgeführten Editionen werden von

Microsoft zudem noch der *Windows Server 2019 MultiPoint Premium Server*, sowie der *Windows Storage Server 2019* angeboten. Details zu diesen spezifischen Editionen erhält man auf der Website von Microsoft im Internet.

INTERNET ➲ Eine Test- und Evaluierungsversion von Windows Server 2019 kann man als ISO-Installationsdatenträger oder direkt als fertig installierte VHD-Datei von der Website von Microsoft kostenfrei herunterladen unter:

https://www.microsoft.com/de-de/evalcenter/evaluate-windows-server-2019

Seitens der im Umfang enthaltenen „Basis"-Serverrollen und -funktionen besteht von Grunde auf kein Unterschied zwischen der *Standard Edition* und der *Datacenter Edition* von Windows Server 2019. Die *Datacenter Edition* jedoch verfügt über zusätzliche Funktionalitäten, z. B. in der Datacenter-Virtualisierung, sowie in Cloud-Umgebungen. Auch ist die Anzahl der in der Datacenter Edition von Windows Server 2019 einsetzbaren, virtuellen Computersystemen, sowie auch der Hyper-V-Container im Gegensatz zur Standard Edition nicht eingeschränkt. Details hierzu finden sich in den nächsten Seiten dieses Fachbuches.

HINWEIS ➲ Nach der Aussage aus dem Hause Microsoft soll die neue Windows Server 2019 Essentials Edition die wohl auch „letzte ihrer Art" sein. Es ist zunächst nicht geplant, eine spätere, neuere Version dieser Essentials Edition zu veröffentlichen. Alternativ sollen die Unternehmen dann auf die umfangreichere Standard Edition des Serverbetriebssystems oder aber direkt in die Microsoft Cloud ausweichen.

1.3 Features und Einschränkungen der Essentials-Edition

Essentials-Rolle fehlt

Microsoft hat das neue Serverbetriebssystem auch in der Windows Server 2019 Essentials-Edition veröffentlicht, welche speziell auf den Einsatz in kleinen Unternehmen oder Kanzleien ausgelegt ist. Vergleichbar mit auch Windows Server 2019 in der Standard Edition verfügt die Essentials-Edition ebenso über neue Features, wie System Insights, Storage Migration Services, und vieles mehr. Die Essentials Edition kann, wie auch bereits ihre Vorgängerversion unter Windows Server 2016, zum Bereitstellen diverser Serverrollen, beispielsweise als Datei- oder Druckserver, sowie auch als Domänencontroller verwendet werden. Die ebenso zuvor bereits geltende Einschränkung auf maximal 25 Nutzer sowie auf maximal 50 Geräte unter der Essentials Edition von Windows Server 2016 kommt auch unter Windows Server 2019 zur Anwendung.

Die neue Windows Server 2019 Essentials Edition wurde von Microsoft im Umfang zusätzlich jedoch noch weiter eingeschränkt. Die zuvor auch sogar in der Standard- und Datacenter-Edition von Windows Server 2016 enthaltene *Essentials (Experience)-Rolle* wurde in Windows Server 2019 aus allen Editionen vollständig entfernt. So sind beispielsweise das zuvor noch unter Windows Server 2016 verfügbare *Essentials Dashboard*, das *Client-Backup* der an den Server angeschlossenen Clientsysteme, sowie auch das Feature *„Zugriff überall"* im Umfang der neuen Windows-Serverbetriebssysteme nicht mehr enthalten. Alternativ verweist Microsoft auf die Möglichkeit zur Nutzung der Microsoft-Clouddienste und Office 365 im Internet.

Zukünftig keine neue Essentials-Edition

Nach der Aussage aus dem Hause Microsoft soll die neue Windows Server 2019 Essentials Edition die wohl auch „letzte ihrer Art" sein. Es ist zunächst nicht geplant, eine spätere, neuere Version dieser Essentials Edition zu veröffentlichen. Alternativ sollen die Unternehmen dann auf die umfangreichere Standard Edition des Serverbetriebssystems oder alternativ direkt in die Microsoft Cloud ausweichen.

1.4 Microsoft Hyper-V Server 2019

Parallel zu den kostenpflichtigen Editionen von Windows Server 2019 hat Microsoft, wie bereits auch bei den vorangegangenen Windows-Serverbetriebssystemen, den Hyper-V Server 2019 als kostenfrei verfügbare Edition veröffentlicht. Diese lässt sich bei Bedarf direkt von der Microsoft-Website im Internet herunterladen. Diese Edition entspricht dem Windows Server 2019 als *„Server-Core"*-Installation (*quasi ohne grafische Benutzeroberfläche*), unterstützt jedoch lediglich Hyper-V als Serverrolle und ist somit nur für die Bereitstellung einer Virtualisierungsplattform konzipiert. Für die Ausfallsicherheit unterstützt *Hyper-V Server 2019 z. B.* das Failover-Clustering, wodurch sich (durch den Einsatz mehrerer physikalischer Serverbetriebssysteme als Clusterknoten) die Verfügbarkeit von virtuellen Computern bedeutend erhöhen lässt.

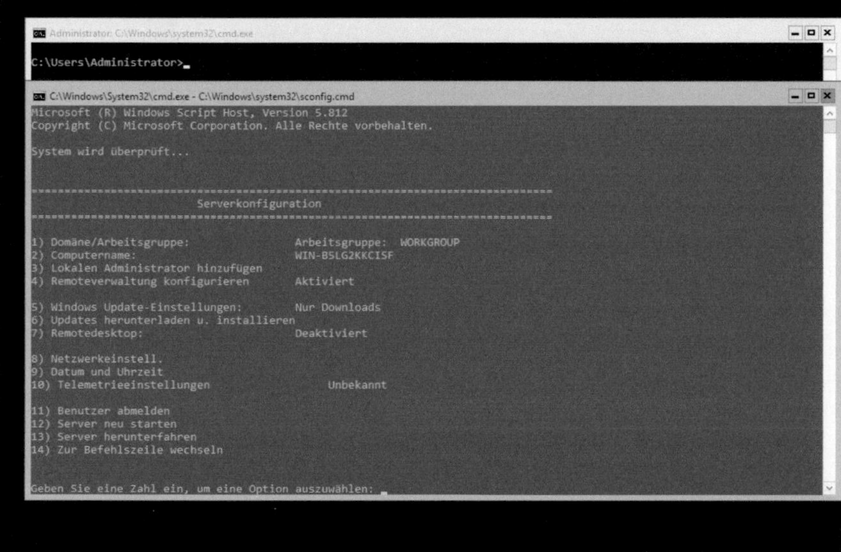

Abb. 1.2: *Die „Oberfläche" von Hyper-V Server 2019 nach dem ersten Anmelden*

Remoteverwaltung der virtuellen Computersysteme

Die Konfiguration und Verwaltung von Microsoft Hyper-V 2019 als Betriebssystem erfolgt mittels der im Umfang enthaltenen *Eingabeaufforderung*, die *Serverkonfiguration* mittels Skriptdatei *(Sconfig.cmd)* oder der *Windows PowerShell*. Zur Verwaltung von virtuellen Computersystemen auf dem Hyper-V Server 2019 benötigt man einen weiteren Computer unter Windows 10 oder Windows Server 2016 oder Windows Server 2019 mit installiertem *Hyper-V-Manager*, von dem aus man sich remote auf das Serversystem verbinden kann. Alternativ kann man zur Verwaltung von Hyper-V-Serversystemen auch das grafische Windows Admin Center (WAC) verwenden. Details hierzu sind in den späteren Kapiteln dieses Fachbuches enthalten.

Grafische Konsolen durch Server Core App Compatibility

Parallel zu Windows Server 2019 unterstützt auch der neue Hyper-V Server 2019 die *Server Core App Compatibility* - und somit die darin enthaltenen, grafischen Verwaltungskonsolen und -werkzeuge, die man darauf gleichermaßen wie auch unter Windows Server 2019 als Server Core-Installation bereitstellen kann. Details hierzu finden sich im Kapitel 13 dieses Fachbuches. Bei Veröffentlichung dieses Fachbuches ließ sich der grafische Hyper-V-Manager aus der neuen *Server Core App Compatibility* auf einem Serversystem mit Microsoft Hyper-V Server 2019 nicht installieren. Alternativ funktioniert dies jedoch auf einer Server Core-Installation von Windows Server 2019.

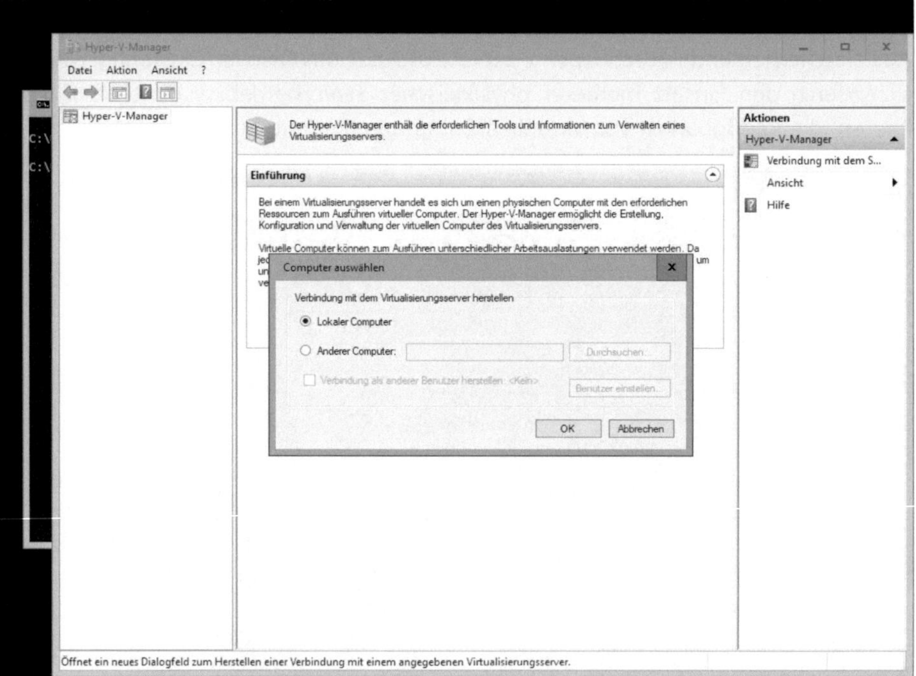

Abb. 1.3: *Grafischer Hyper-V-Manager auf einem Serversystem mit Windows Server 2019 als Server Core-Installation*

PRAXISTIPP! ➲ Der grafische *Hyper-V-Manager* ist im Umfang von Windows Server 2019, Windows Server 2016, sowie auch von Windows 10 Professional und Enterprise bereits enthalten und muss - anders als das z. B. noch zu Zeiten von Windows 7 der Fall war - nicht gesondert aus dem Internet heruntergeladen werden.

Für den Einsatz des *Microsoft Hyper-V Server 2019* benötigt man keine gesonderte Lizenz. Man muss jedoch beachten, dass alle auf diesem Server installierten und als virtuelle Computer genutzten Betriebssysteme und Anwendungen - abhängig von den jeweiligen Lizenzbedingungen - mitunter kostenpflichtig lizenziert werden müssen.

INTERNET ➲ Weitere Informationen zum *Microsoft Hyper-V Server 2019* sowie die Möglichkeit zum Download finden Sie auf der Microsoft-Website im Internet unter:

https://www.microsoft.com/de-de/evalcenter/evaluate-hyper-v-server-2019

1.5 Virtualisierungsrechte

Nicht in allen Editionen enthalten

Microsoft hat die Rechte zum Einrichten und Betreiben virtueller Computersysteme unter Windows Server 2019, wie zuvor bereits unter Windows Server 2016, auf die Bedürfnisse von Unternehmen abgestimmt. Durch die Reduktion der verfügbaren Betriebssystem-Editionen ergeben sich unter Windows Server 2019 somit die folgenden Virtualisierungsrechte:

Edition	Virtualisierungsrechte
Datacenter	Unbegrenzte Anzahl an virtuellen Instanzen bzw. Hyper-V-Container bei entsprechender Zuweisung der notwendigen Corelizenzen
Standard	Maximal 2 virtuelle Instanzen bzw. Hyper-V-Container bei entsprechender Zuweisung der notwendigen Corelizenzen
Essentials	Keine Virtualisierungsrechte

Tab. 1.2: *Virtualisierungsrechte unter den verschiedenen Editionen*

Die Tabelle 1.2 verdeutlicht, dass lediglich die Standard Edition sowie die Datacenter Edition als einzige über die Virtualisierungsrechte für die Ausführung von virtuellen Maschinen in Hyper-V verfügen.

INTERNET ➲ Weitere Informationen zum *Microsoft Hyper-V Server 2019* sowie die Möglichkeit zum Download finden Sie auf der Microsoft-Website im Internet unter:

https://www.microsoft.com/de-de/cloud-platform/windows-server-pricing

1.5.1 Erweiterbarkeit

Die Begrenzung von Windows Server 2019 in der Standard Edition auf die Unterstützung von maximal zwei virtuellen Serverinstanzen beim Erwerb der standardmäßig mindestens notwendigen Corelizenzen stellt für manche Unternehmen womöglich ein

Problem dar. Im Bedarfsfall lässt sich die Windows Server 2019 Standard Edition durch den Zukauf weiterer Corelizenzen in der Anzahl der maximal erlaubten virtuellen Instanzen problemlos um jeweils zwei weitere Instanzen erweitern. So berechtigt zum Beispiel ein Serversystem, welches über 2 Prozessoren mit jeweils 8 Cores verfügt, beim Erwerb der notwendigen 16 Corelizenzen zum Ausführen von 2 virtuellen Computern. Um auf dem betreffenden Computersystem jedoch 4 virtuelle Computer auszuführen, werden somit insgesamt 32 Corelizenzen notwendig. Genauere Details zur Lizenzierung von Windows Server 2019 erhalten Sie in den nächsten Seiten dieses Fachbuches.

Zukauf weiterer Lizenzen jederzeit möglich

1.6 Unterstützte Serverrollen und -funktionen

Windows Server 2019 enthält eine Vielzahl der in den Computernetzwerken von Unternehmen notwendigen Serverrollen und -funktionen. Ihr jeweiliger Umfang unterscheidet sich dabei zwischen den jeweiligen Betriebssystem-Editionen von Windows Server 2019. Dieser wird in den nachfolgenden Tabellen verdeutlicht.

Unterschied zwischen Standard Edition und Datacenter Edition

1.6.1 Unterstützte Serverrollen

Die folgende Tabelle enthält eine Übersicht über die in den verschiedenen Editionen von Windows Server 2019 enthaltenen Serverrollen:

Unterstützte Serverrolle	Standard	Datacenter
Active Directory Lightweight Directory Services (AD LDS)	•	•
Active Directory-Domänendienste (AD DS)	•	•
Active Directory-Rechteverwaltungsdienste (AD RMS)	•	•
Active Directory-Verbunddienste (AD FS)	•	•
Active Directory-Zertifikatdienste (AD CS)	•	•
Datei- und Speicherdienste	•	•
Device Health Attestation	•	•
DHCP-Server	•	•
DNS-Server	•	•
Druck- und Dokumentdienste	•	•
Faxserver	•	•
Host Guardian-Dienst	•	•
Hyper-V	•	• (einschließlich abgeschirmte virtuelle Computer)
MultiPoint Services	•	•
Netzwerkcontroller		•

Unterstützte Serverrolle	Standard	Datacenter
Netzwerkrichtlinien- und Zugriffsdienste	• (als Server mit Desktopdarstellung)	• (als Server mit Desktopdarstellung)
Remotedesktopdienste	•	•
Remotezugriff	•	•
Volumenaktivierungsdienste	•	•
Webserver (IIS)	•	•
Windows Server Update Services (WSUS)	•	•
Windows-Bereitstellungsdienste	•	•

Tab. 1.3: *Unterstützte Serverrollen der verschiedenen Editionen von Windows Server 2019*

Die einzelnen Serverrollen werden in der (Online-)Hilfe von Windows Server 2019 detailliert erklärt. Viele der in der Tabelle 1.3 aufgezählten Serverrollen von Windows Server 2019 werden in den nachfolgenden Kapiteln noch detailliert erläutert und im praktischen Zusammenhang verdeutlicht.

1.6.2 Unterstützte Features (Funktionen)

Die folgende Tabelle enthält eine Übersicht über die in den verschiedenen Editionen von Windows Server 2019 enthaltenen Features (Funktionen):

Unterstütztes Feature	Standard	Datacenter
.NET Framework 3.5-Funktionen	•	•
.NET Framework 4.6-Funktionen	•	•
BitLocker-Laufwerksverschlüsselung	•	•
BitLocker-Netzwerkentsperrung	• (als Server mit Desktopdarstellung)	• (als Server mit Desktopdarstellung)
BranchCache	•	•
Client für NFS	•	•
Container	• (Windows Container unlimitiert, bis zu 2 Hyper-V-Container)	• (alle Containertypen unlimitiert)
Data Center Bridging	•	•
DirectPlay	• (als Server mit Desktopdarstellung)	• (als Server mit Desktopdarstellung)
Einfache TCP/IP-Dienste	• (als Server mit Desktopdarstellung)	• (als Server mit Desktopdarstellung)
Erweitertes Speichern	•	•
Failoverclustering	•	•
Gruppenrichtlinienverwaltung	•	•

Unterstütztes Feature	Standard	Datacenter
Hostfähiger Webkern für Internetinformationsdienste	•	•
Hyper-V-Unterstützung für Host Guardian		•
I/O Quality of Service	•	•
IIS-Erweiterungen für OData Services for Management	•	•
Intelligenter Hintergrundübertragungsdienste (BITS)	•	•
Interne Windows-Datenbank	•	•
Internetdruckclient	• (als Server mit Desktopdarstellung)	• (als Server mit Desktopdarstellung)
IP-Adressverwaltungsserver (IPAM-Server)	•	•
iSNS-Serverdienst	•	•
LPR-Portmonitor	• (als Server mit Desktopdarstellung)	• (als Server mit Desktopdarstellung)
Media Foundation	•	•
Message Queuing	•	•
Multipfad-E/A	•	•
MultiPoint Connector	•	•
Netzwerklastenausgleich	•	•
Peer Name Resolution-Protokoll	•	•
RAS-Verbindungs-Manager-Verwaltungskit (CMAK)	• (als Server mit Desktopdarstellung)	• (als Server mit Desktopdarstellung)
Remotedifferenzialkomprimierung	•	•
Remoteserver-Verwaltungstools	•	•
Remoteunterstützung	• (als Server mit Desktopdarstellung)	• (als Server mit Desktopdarstellung)
RPC-über-HTTP-Proxy	•	•
Sammlung von Setup- und Startereignissen	•	•
SMB-Bandbreitenbegrenzung	•	•
SMTP-Server	•	•
SNMP-Dienst	•	•
Software Load Balancer	•	•
Speicherreplikat		•
Standardbasierte Windows-Speicherverwaltung	•	•
Speichermigrationsdienst	•	•

Unterstütztes Feature	Standard	Datacenter
Speichermigrationdienst-Proxy	•	•
Systemdatenarchivierer	•	•
System Insights	•	•
Telnet-Client	•	•
TFTP-Client	• (als Server mit Desktopdarstellung)	• (als Server mit Desktopdarstellung)
Unterstützung für die SMB 1.0/CIFS-Dateifreigabe	•	•
Verbessertes Windows-Audio-/Video-Streaming	•	•
VM-Abschirmungstools für die Fabricverwaltung	•	•
WebDAV-Redirector	•	•
Windows Defender-Features	•	•
Windows Identity Foundation 3.5	• (als Server mit Desktopdarstellung)	• (als Server mit Desktopdarstellung)
Windows PowerShell	•	•
Windows-Suchdienst	• (als Server mit Desktopdarstellung)	• (als Server mit Desktopdarstellung)
Windows Server-Migrationstools	•	•
Windows Server-Sicherung	•	•
Windows-Biometrieframework	• (als Server mit Desktopdarstellung)	• (als Server mit Desktopdarstellung)
Windows-Prozessaktivierungsdienst	•	•
Windows-TIFF-IFilter	• (als Server mit Desktopdarstellung)	• (als Server mit Desktopdarstellung)
Windows-Subsystem für Linux (WSL)	•	•
WinRM-IIS-Erweiterung	•	•
WINS-Server	•	•
WLAN-Dienst	•	•
WoW64-Unterstützung	•	•
XPS-Viewer	• (als Server mit Desktopdarstellung)	• (als Server mit Desktopdarstellung)

Tab. 1.4: *Unterstützte Features (Funktionen) von Windows Server 2019*

HINWEIS ➲ Detaillierte Informationen zu den einzelnen Features finden Sie in der (Online-)Hilfe von Windows Server 2019. Viele der in der Tabelle aufgezählten Features von Windows Server 2019 werden in den nachfolgenden Kapiteln dieses Fachbuches noch detailliert erklärt und im praktischen Zusammenhang verdeutlicht.

1.7 Lizenzierung

Mit Windows Server 2019 hat Microsoft auch die Lizenzierung gegenüber den Vorversionen nochmals angepasst. Bevor man sich für den Einsatz von Windows Server 2019 jedoch entscheidet, sollte man sich erst einmal mit den aktuellen Lizenzbedingungen für das neue Betriebssystem befassen.

1.7.1 Benötigte Serverlizenz

Anzahl der Prozessor-Kerne entscheidend

Microsoft verwendet für die Lizenzierung von Windows Server 2019 in der Standard und Datacenter Edition ein „Core" (Prozessorkern) -basiertes Lizenzmodell. Eine Serverlizenz für den Einsatz von Windows Server 2019 in der Standard oder Datacenter Edition umfasst grundsätzlich eine 16-Core-Lizenz. Für jeden physikalischen Prozessor eines Serversystems sind mindestens 8 Corelizenzen erforderlich. Für die Lizenzierung von Servern mit einem Prozessor benötigt man jedoch grundsätzlich mindestens 16 Corelizenzen.

Die Core-Lizenzen werden als 2er-Pack angeboten, und können im Bedarfsfall - je nach Anzahl der im Serversystem verbauten Prozessorkerne (Cores) entsprechend hinzugekauft werden.

Windows Server 2019 Essentials unterstützt maximal 1 oder 2 physikalische Prozessoren. Hierbei spielt die Anzahl der Prozessorkerne ebenso keine Rolle.

INTERNET ➲ Detaillierte Informationen zur Lizenzierung von Windows Server 2019 erhalten Sie im Internet unter:

https://www.microsoft.com/de-de/cloud-platform/windows-server-pricing

1.7.2 Benötigte Clientzugriffslizenzen (CALs)

CALs nicht bei allen Editionen erforderlich

Neben den Core-Lizenzen für das Serverbetriebssystem benötigt man für den Zugriff auf ein Serversystem unter Windows Server 2019 in der Standard oder Datacenter Edition zusätzlich noch **Clientzugriffslizenzen** (engl. *Client Access Licenses, CALs*), die man für die Zugriffe auf das neue Serverbetriebssystem für jeden Benutzer (User CAL) oder alternativ jedes Geräte (Device CAL), das für den Zugriff auf den Server verwendet wird, beschaffen muss.

Eine *Nutzer-CAL* (engl. *User CAL*) erlaubt einem Benutzer von einem beliebigen Gerät aus auf die Serversoftware unter Windows Server 2019 zuzugreifen. Eine Nutzer-CAL sollte man verwenden, wenn Mitarbeiter mehrere Geräte für den Zugriff auf Windows Server 2019 verwenden.

Eine *Geräte-CAL* (engl. *Device CAL*) ermöglicht es beliebigen Benutzern von dem betreffenden, lizenzierten Gerät aus auf die Serversoftware unter Windows Server 2019 zuzugreifen. Eine Geräte-CAL sollte man verwenden, wenn sich mehrere Benutzer zum

Beispiel gemeinsam ein Computersystem teilen, welches für den Zugriff auf Windows Server 2019 verwendet wird.

Beim Einsatz von Windows Server 2019 als *Remotedesktop-Sitzungshost* (engl. *Remote Desktop Session Host, RDSH*) sowie auch beim Einsatz der speziellen *Windows Server 2019 MultiPoint Premium Server*-Edition werden neben den üblichen CALs zudem noch spezielle **Clientzugriffslizenzen für Remote-Desktop** (*RD-CALs*) benötigt.

Für Windows Server 2019 Essential werden ebenso keine Clientzugriffslizenzen benötigt, jedoch auch hier maximal 25 Benutzer oder 50 Geräte unterstützt.

1.8 Neuerungen und Verbesserungen

Microsoft hat nicht nur wieder Neuerungen, sondern - auch gegenüber dem direkten Vorgänger, dem Windows Server 2016 - viele Verbesserungen in das neue Serverbetriebssystem eingebaut.

Im Vergleich zu Windows Server 2016 wieder verbessert

1.8.1 Unterschiedliche „Channel"-Versionen

Der Windows Server 2019 wird von Microsoft in zwei verschiedenen Support-Varianten angeboten. Einerseits findet sich hier der *„Semi-Annual Channel"* für Software Assurance (SA)- und Cloud-Kunden sowie andererseits wiederum der *„Long-Term Servicing Channel"*, den Microsoft allgemein für alle Kunden anbietet. Die Unterschiede werden in der folgenden Tabelle dargestellt:

	Long-Term Servicing Channel	Semi-Annual Channel
Empfohlene Einsatzgebiete	Allgemeiner Einsatz, beispielsweise als Dateiserver, Infrastruktur- oder auch Terminalserver, Domänencontroller, usw.	Containerbasierte Anwendungen, Container-Hosts
Verfügbare Editionen	Alle verfügbaren Windows Server-Editionen	Standard- und Datacenter-Edition
Verfügbar für	Alle Microsoft-Kunden	Nur für Microsoft Software Assurance (SA)- und Cloud-Kunden
Supportdauer	5 Jahre „Mainstream"-Support, sowie weitere 5 Jahre erweiterten Support (Extended Support)	18 Monate
Erscheinung neuer Releases	Alle 2 bis 3 Jahre	Alle 6 Monate

	Long-Term Servicing Channel	Semi-Annual Channel
Installationsoptionen	Als Server Core, sowie als Server mit Desktopdarstellung (grafische Oberfläche)	Als Server Core und als Nano Server-Containerimage

Tab. 1.5: *Unterschiede zwischen den verschiedenen „Channel"-Versionen von Windows Server 2019*

1.8.2 Erweiterte Sicherheit

EMET - gleich mit eingebaut

Die Sicherheit in Windows Server 2019 wurde für das betreffende Serversystem durch das Integrieren von *Windows Defender Exploit Guard* als Nachfolger des ehemaligen *Enhanced Mitigation Experience Toolkit (EMET)* noch weiter erhöht. Zusätzlich lässt sich das neue Serverbetriebssystem nunmehr auch in das *Windows Defender Advanced Threat Protection (ATP)* zum Erkennen und Abwehren von Malware-Angriffen in der Cloud von Microsoft einbinden.

Die sichere und schnelle Anbindung des Serversystems kann in einer hybriden Cloud-Konfiguration nunmehr mithilfe des im Umfang von Windows Server 2019 enthaltenen *Azure Network Adapters* erfolgen, mit dem sich ein *Point-to-Site-VPN* zwischen dem betreffenden Windows Server und einem (kostenpflichtig zu registrierenden) *Azure Virtual Network* einrichten lässt.

1.8.3 (Langzeit-)Überwachung und Leistungsauswertung mit System Insights

In Windows Server 2019 hat Microsoft erstmalig *System Insights* als optional aktivierbares Feature integriert. Mit diesem lassen sich Leistungs-, Auslastungs- und auch Systemdaten über das betreffende Serversystem in Erfahrung bringen, damit Administratoren frühzeitig auf mögliche Leistungsengpässe regieren und somit möglichen Problemen schon im Vorfeld gegenwirken können.

1.8.4 Server Core App Compatibility (FOD)

Unterstützung verschiedener BackOffice-Anwendungen unter Server Core

Als sicher wichtige Neuerung stellt Microsoft für die bessere Verwaltung von Serversystemen unter Windows Server 2019 als Server Core-Installation mit *„Server Core App Compatibility Feature on Demand (FOD)"* (deutsch: *App-Kompatibilitäts-Feature on Demand, FOD*) ein optional downloadbares Erweiterungstoolkit zur Verfügung. Damit bekräftigt Microsoft sicher nochmals auch die Empfehlung, Serversysteme nach Möglichkeit bevorzugt als Server Core-Installation in Computernetzwerken bereitzustellen.

Die Installation von Microsoft Exchange 2019 oder auch Microsoft SQL Server 2017 ist auf Windows Server 2019 als Server Core-Installation ebenso möglich. Einige dieser

BackOffice-Anwendungen erfordern jedoch die Installation der Server Core App Compatibility (FOD) auf dem Server unter Windows Server 2019 als Server Core-Installation.

INTERNET ➲ Eine Übersicht über die zu Windows Server 2019 als Server Core-Installation kompatiblen Microsoft BackOffice-Anwendungen, sowie auch die Details zur möglichen Notwendigkeit des Einsatzes der Server Core App Compatibility (FOD) findet man im Internet unter:

https://docs.microsoft.com/de-de/windows-server/get-started-19/app-compat-19

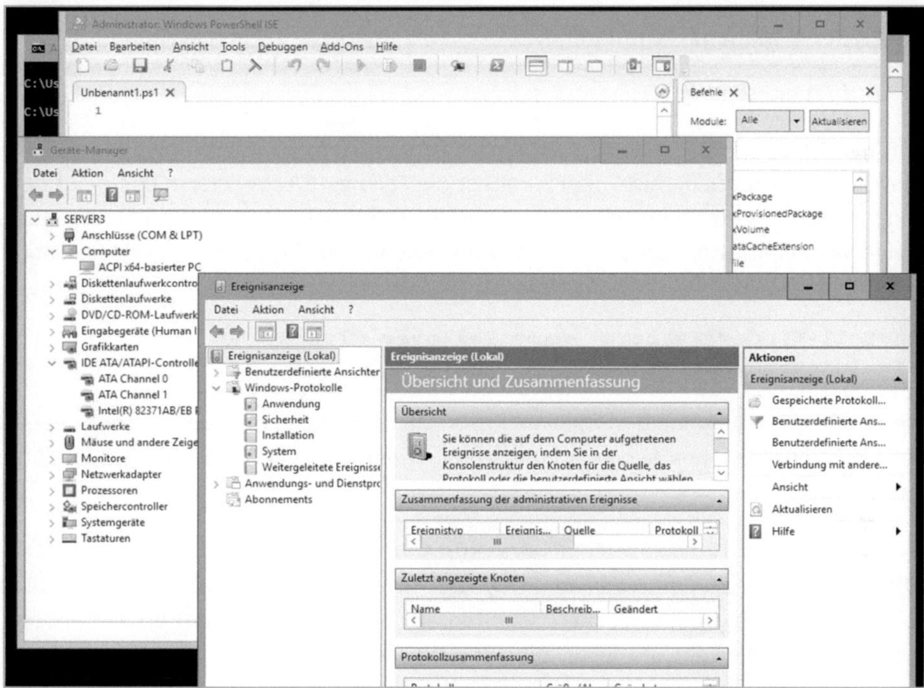

Abb. 1.4: *Grafische Verwaltungskonsolen der Server Core App Compatibility*

1.8.4.1 Umfang der Server Core App Compatibity

Im Umfang der optional verfügbaren *Server Core App Compatibility (FOD)* für Windows Server 2019 als Server Core-Installation sind die folgenden Tools und Programme:

- **Microsoft Management Console** (mmc.exe)
- **Performance-Monitor** (PerfMon.exe)
- **Ereignisanzeige** (EventVwr.msc)
- **Geräte-Manager** (Devmgmt.msc)

- **Ressourcenmonitor** (PerfMon.exe)
- **Datei-Explorer** (Explorer.exe)
- **Windows PowerShell ISE** (PowerShell_ISE.exe)
- **Failovercluster-Manager** (CluAdmin.msc)

Ab der Version 1903 (oder höher) von Windows Server 2019 wurden zusätzlich noch die folgenden, grafischen Verwaltungswerkzeuge zum Umfang der - versionsgleich „passenden" - Server Core App Compatibility (FOD) hinzugefügt:

- **Hyper-V Manager** (virtmgmt.msc)
- **Aufgabenplanung** (taskschd.msc)

Failover-Clusterunterstützung vorausgesetzt

Um den *Failovercluster-Manager* auf einem Serversystem unter Windows Server 2019 verwenden zu können, muss man zunächst die *Failover-Clusterunterstützung* auf dem betreffenden Server bereitstellen. Dies kann man als Administrator mit dem folgenden Befehl auf einem Serversystem unter Windows Server 2019 als Server Core-Installation durchführen:

```
Install-WindowsFeature -Name Failover-Clustering
-IncludeManagementTools
```

Im Anschluss startet man den Failovercluster-Manager durch den Aufruf von Cluadmin in der Befehlszeile des Serversystems unter Windows Server 2019 als Server Core-Installation.

1.8.4.2 Installation der Server Core App Compatibility

Nur auf Server Core unterstützt und einsetzbar

Die *Server Core App Compatibility (FOD)* lässt sich - nach dem Download des Toolkit aus dem Internet - mit einfachen Schritten auf einem Serversystem unter Windows Server 2019 als Server Core-Installation bereitstellen.

HINWEIS ➲ Beachten Sie, dass die Installation der *Server Core App Compatibility (FOD)* auf einem Serversystem unter Windows Server 2019 mit grafischer Benutzeroberfläche (*Desktopdarstellung*) nicht unterstützt wird.

Die Schritte zum Hinzufügen der Server Core App Compatibility (FOD) sind gleich im nächsten Kapitel dieses Fachbuches enthalten. Detaillierte Informationen rund um die Server Core App Compatibility (FOD) sind ebenso im späteren Kapitel 13 aufgeführt.

Details zu der Verwendung der im Umfang der *Server Core App Compatibility (FOD)* für Windows Server 2019 als Server Core enthaltenen Tools und Programme entnehmen Sie bitte der Windows-Hilfe.

1.8.5 Dateiserver-Migration mit den Storage Migration Service (SMS)

Der in Windows Server 2019 erstmalig integrierte *Storage Migration Service (SMS)* stellt für Administratoren eine Hilfe für die Migration älterer Dateiserver von Windows Server 2003 oder höher auf Windows Server 2019 dar. Die *Storage Migration Services (SMS)* bestehen aus einem *Orchestrator*-Dienst, der die zu migrierenden Daten mithilfe von *Storage Migration Service-Proxies* vom Quell- auf den Zielserver überträgt. Die Migrationsverwaltung erfolgt dabei grafisch über das *Windows Admin Center (WAC)*. Dieses kann problemlos auf einem anderen Computer als dem Zielcomputer mit aktiviertem *Storage Migration Service (SMS)* installiert werden, benötigt dann jedoch zusätzlich noch die *Storage Migration Service Extensions*.

Vereinfachte Migration älterer Dateiserver zu Windows Server 2019

1.8.5.1 Funktionen

Der *Storage Migration Service (SMS)* bietet die folgenden Funktionen und Schritte für die Migration älterer Dateiserver auf ein Serversystem unter Windows Server 2019:

- Übertragung aller auf dem Quellserver vorhandenen, für die Migration ausgewählten Dateien mitsamt aller Datei-Attribute, alternativer Datenströme, Verschlüsselung und Komprimierung,
- Übernahme aller Sicherheitseinstellungen der Quelldateien und Ordner in das Zielsystem,
- Übertragung der Freigaben inklusive der gesamten Konfigurationseinstellungen,
- Übertragung der Netzwerkadressen, DNS-Konfiguration, Hostname und im Bedarfsfall auch lokaler Benutzer vom Quell- auf das Zielsystem.

1.8.5.2 Migrationsschritte im Detail

Die Migration von Daten aus einem Dateiserver als Quellserver auf ein Serversystem mit aktiviertem *Storage Migration Service (SMS)* erfolgt in insgesamt drei verschiedenen Schritten:

- **Schritt 1** - Inventarisierung des Quellservers durch den Storage Migration Service (SMS). Dabei werden Informationen zur Speicherkonfiguration, den zu migrierenden Daten, den Sicherheitseinstellungen, den Freigaben, sowie auch zu den Netzwerk- und Servereinstellungen des Quellservers gesammelt.
- **Schritt 2** - Übertragung der Daten zwischen dem Quell- und dem Zielserver. Im Anschluss kann der Zielserver die Identität des Quellservers anhand dessen Name und auch dessen Netzwerkeinstellungen übernehmen.
- **Schritt 3** - Der Quell-Server wird in den Wartungszustand versetzt und ist ab diesem Zeitpunkt für den Zugriff durch Benutzer im Netzwerk nicht mehr erreichbar.

Der Zielserver übernimmt ab diesem Zeitpunkt sämtliche Aufgaben als Dateiserver im Netzwerk.

1.8.6 Grafische Verwaltung mithilfe des Windows Admin Center (WAC)

Damit die Migration von Daten aus einem älteren Dateiserver mithilfe des Storage Migration Service durchgeführt werden kann, muss man das für die Verwaltung notwendige *Windows Admin Center (WAC)* auf den Server unter Windows Server 2019 herunterladen und installieren.

Soweit dies nicht vorher bereits erfolgt ist, kann man den Storage Migration Service mitsamt aller notwendiger Komponenten gleich auch aus dem *Windows Admin Center (WAC)* heraus über die Verknüpfung für den *Storage Migration Service* installieren.

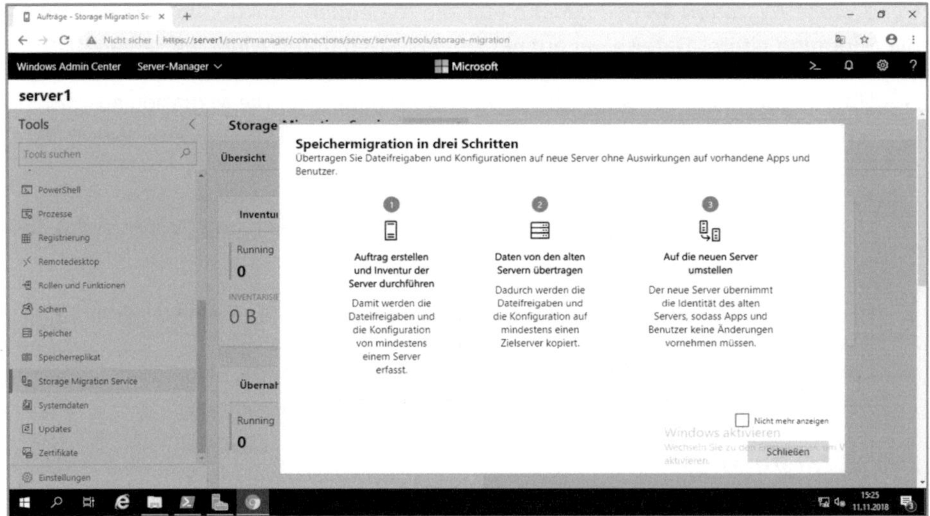

Abb. 1.5: *Verwaltung der Speichermigration im Windows Admin Center (WAC) unter Windows Server 2019*

Verwaltung des WAC mit Chrome und Firefox

Beachten Sie in diesem Zusammenhang das Microsoft für den Aufruf und die Verwendung des *Windows Admin Center (WAC)* auf den *Chrome*-Browser von Google oder den *Firefox*-Browser verweist. Der *Internet Explorer*, sowie aktuell auch noch der *Edge*-Browser zählen leider nicht zu den mit dem WAC kompatiblen Webbrowsern.

1.8.6.1 Anforderungen für die Migration mittels Storage Migration Service

Damit man die Migration von (älteren) Dateiservern mithilfe des *Storage Migration Service (SMS)* auf Windows Server 2019 durchführen kann, müssen die folgenden Anforderungen erfüllt werden:

- Quell- und Zielcomputer müssen derselben Active Directory-Domäne angehören,

- Man benötigt Administrator-Rechte auf dem Quellcomputer,
- Man benötigt Administrator-Rechte auf dem Zielcomputer,
- Die folgenden Firewall-Ports müssen als „eingehende" Regeln auf dem Quell- und auf dem Zielcomputer aktiviert sein:
  - **Datei- und Druckerfreigabe (SMB-In)**
  - **Netzwerkanmeldedienst (NP-In)**
  - **Windows Management Instrumentation (DCOM-In)**
  - **Windows Management Instrumentation (WMI-In)**

  Windows Server 2019 mit installiertem SMS-Proxy öffnet und schließt die während der Migration notwendigen Kommunikationsports in der Windows-Firewall völlig automatisch

INTERNET ➲ Weitere Details für die Migration von Dateiserver mithilfe des *Storage Migration Service (SMS)* unter Windows Server 2019 erhalten Sie direkt auch in der Website von Microsoft im Internet unter:

https://docs.microsoft.com/en-us/windows-server/storage/storage-migration-service/migrate-data

1.8.7 Windows Subsystem for Linux (WSL)

Insbesondere für Entwickler hat Microsoft das zuvor bereits mit der *„Semi Annual Channel"* (SAC)-Release 1803 eingeführte *Windows Subsystem for Linux (WSL)* nunmehr auch in der *„Long Term Servicing Channel"* (LTSC)-Release von Windows Server 2019 integriert. Damit lassen sich verschiedene Linux-Distributionen - die gesondert als Download über den *Microsoft Store* bezogen werden können - direkt unter dem Windows-Serverbetriebssystem bereitstellen.

Linux-Distributionen kostenfrei im Microsoft Store erhältlich

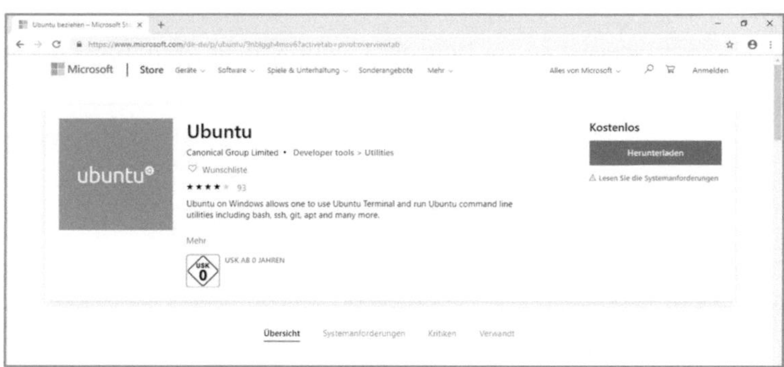

Abb. 1.6: *Download-Möglichkeit für Ubuntu-Linux im Microsoft Store*

1.8.7.1 Installation des Windows Subsystem for Linux (WSL)

Das *Windows Subsystem for Linux (WSL)* steht unter Windows Server 2019 als *optionales* Feature bereit. Damit man das WSL für die Bereitstellung von Linux-Distributionen verwenden kann, muss man dieses auf dem betreffenden Serversystem zunächst aktivieren.

Das *Windows Subsystem for Linux (WSL)* kann auf einem Serversystem unter Windows Server 2019 entweder über den *Assistent zum Hinzufügen von Rollen und Features* im grafischen *Server-Manager*, oder alternativ auch mithilfe der *Windows PowerShell* aktiviert werden.

1.8.7.2 Aktivierung des WSL mit dem grafischen Server-Manager

Gehen Sie wie folgt vor, um das *Windows Subsystem for Linux (WSL)* auf einem Serversystem unter Windows Server 2019 mithilfe des *Assistent zum Hinzufügen von Rollen und Features* im grafischen *Server-Manager* als Feature zu aktivieren:

1. Melden Sie sich als *Administrator* am Server mit der Installation von Windows Server 2019 als *„Desktopdarstellung"* (inklusive der grafischen Benutzeroberfläche) an.
2. Starten Sie den grafischen *Server-Manager* (soweit noch nicht geschehen).
3. Klicken Sie in der oberen *Befehlsleiste* auf **Verwalten**, und dann auf **Rollen und Features hinzufügen**.
4. Klicken Sie unter *Vorbemerkungen* auf **Weiter**.
5. Wählen Sie im Dialog *Installationstyp auswählen* die Option **Rollenbasierte oder featurebasierte Installation**, und klicken Sie dann auf **Weiter**.
6. Wählen Sie den gewünschten Server aus, auf dem WSL bereitgestellt werden soll, und klicken Sie dann auf **Weiter**.
7. Klicken Sie im Dialog für die *Auswahl von Serverrollen* auf **Weiter**.
8. Aktivieren Sie das Kontrollkästchen vor *Windows-Subsystem für Linux*, und klicken Sie dann auf **Weiter**.

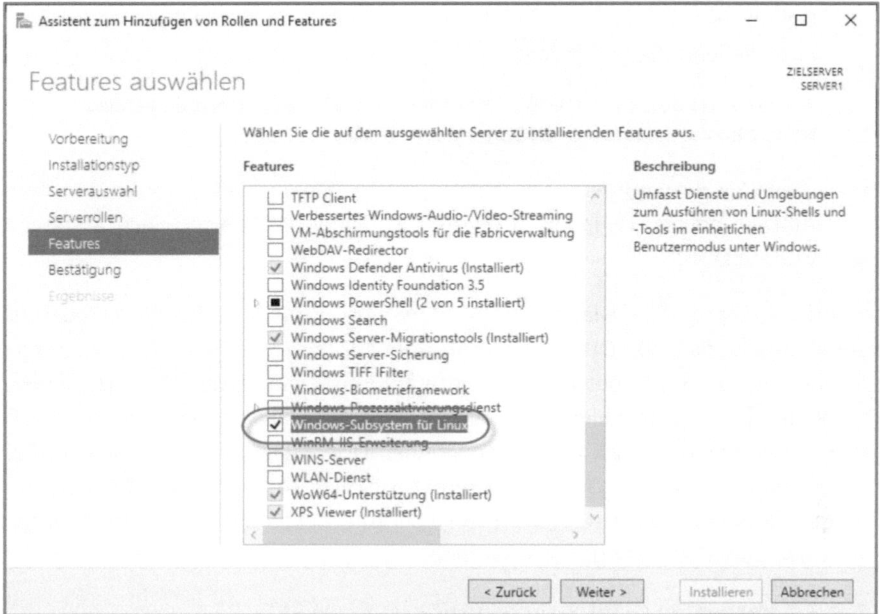

Abb. 1.7: *Installation des Windows Subsystem for Linux (WSL) im grafischen Server-Manager*

9. Klicken Sie zur Installation des WSL auf **Installieren**.
10. Die Installation des Windows Subsystem for Linux (WSL) wird durchgeführt.
11. Klicken Sie anschließend auf **Schließen**

Neustart für den Abschluss der Installation notwendig

Der Server muss zum Abschluss der Installation neu gestartet werden. Im Anschluss an den Neustart des betreffenden Serversystems kann man sich an die Bereitstellung der gewünschten Linux-Distribution begeben.

1.8.7.3 Aktivierung des WSL mithilfe der Windows PowerShell

Alternativ zur Installation des *Windows Subsystem for Linux (WSL)* mit dem grafischen Server-Manager kann man dieses auf einem Serversystem unter Windows Server 2019 im Bedarfsfall auch direkt mithilfe der Windows PowerShell als Feature aktivieren.

Gehen Sie wie folgt vor, um das *Windows Subsystem for Linux (WSL)* auf einem Serversystem unter Windows Server 2019 mithilfe der *Windows PowerShell* als Feature zu aktivieren:

1. Starten Sie die *Windows PowerShell* als *Administrator*.

2. Geben Sie den folgenden Befehl in der *Windows PowerShell* ein, und drücken Sie anschließend die ⏎-Taste:

```
Enable-WindowsOptionalFeature -Online -FeatureName
Microsoft-Windows-Subsystem-Linux
```

3. Wenn Sie dazu aufgefordert werden, starten Sie das Serversystem neu, damit die Aktivierung des *Windows Subsystem for Linux (WSL)* erfolgreich abgeschlossen werden kann.

Verfügbar im Microsoft Store - oder im manuellen Download

Im Anschluss an die Installation des Windows Subsystem for Linux (WSL) muss man die bereitzustellende Linux-Distribution entweder aus dem Microsoft Store, oder alternativ manuell aus dem Internet auf den betreffenden Server unter Windows Server 2019 herunterladen und anschließend mithilfe der dazu notwendigen Schritte installieren. Hierzu sollte man sich zunächst einmal einen Überblick über die aktuell verfügbaren Linux-Distributionen verschaffen, die direkt von Microsoft aus für die Bereitstellung unter dem Windows Subsystem for Linux (WSL) zum Download und zur Installation unter Windows Server 2019 angeboten werden.

1.8.7.4 Verfügbare Linux-Distributionen für WSL

Zu den verfügbaren Linux-Distributionen, die man mithilfe des Windows Subsystem for Linux (WSL) unter Windows Server 2019 bereitstellen kann, zählen unter anderem:

- **Ubuntu 18.04** (verfügbar unter: https://aka.ms/wsl-ubuntu-1804)
- **Ubuntu 18.04 ARM** (verfügbar unter: https://aka.ms/wsl-ubuntu-1804-arm)
- **Ubuntu 16.04** (verfügbar unter: https://aka.ms/wsl-ubuntu-1604)
- **Debian GNU/Linux** (verfügbar unter: https://aka.ms/wsl-debian-gnulinux)
- **Kali Linux** (verfügbar unter: https://aka.ms/wsl-kali-linux)
- **OpenSUSE** (verfügbar unter: https://aka.ms/wsl-opensuse-42)
- **SLES 12** (verfügbar unter: https://aka.ms/wsl-sles-12)

Alternativ zum Download der Linux-Distributionen über den Microsoft-Store kann man diese auch über den jeweils angegebenen Download-Link manuell aus dem Internet herunterladen.

1.8.7.5 Manueller Download der Linux-Distributionen

Download-Möglichkeit direkt aus der Windows PowerShell

Die verfügbaren Linux-Distributionen, die man im Windows Subsystem for Linux (WSL) bereitstellen kann, lassen sich entweder über die angegebenen Weblinks mithilfe eines Webbrowsers, oder alternativ auch mithilfe der Kommandozeile direkt aus der Windows PowerShell herunterladen. Hierzu verwendet man das in der Windows

PowerShell unter Windows Server 2019 verfügbare Windows PowerShell-CmdLet Invoke-WebRequest. Das folgende Beispiel zeigt die notwendige Syntax für den manuellen Download von Ubuntu Linux:

```
Invoke-WebRequest -Uri https://aka.ms/wsl-ubuntu-1604
-Outfile Ubuntu.zip -UseBasicParsing
```

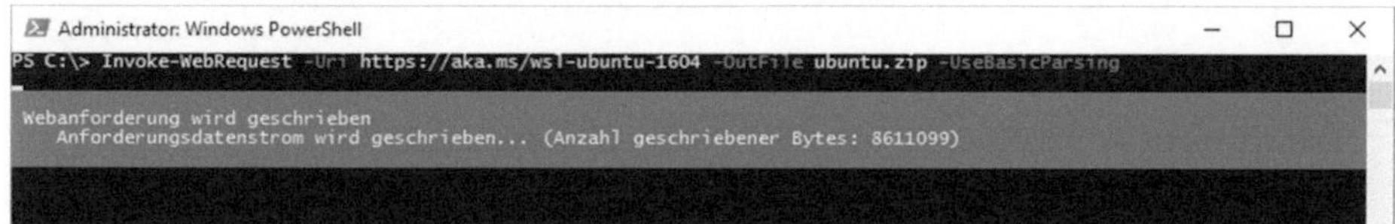

Abb. 1.8: *Manueller Download von Ubuntu-Linux mithilfe der Windows PowerShell*

Der Download der bei der Ausführung des Befehls angegebenen Linux-Distribution erfolgt im .ZIP-Format (hier im Beispiel als „Ubuntu.zip"-Datei) in den jeweiligen Ordner auf dem Serversystem unter Windows Server 2019.

Die detaillierten Schritte zur Installation des WSL werden im Kapitel 14 dieses Fachbuches noch erklärt. Weitere Details zur Nutzung von Linux-Distributionen mithilfe des *Windows Subsystem for Linux (WSL)* entnehmen Sie bitte der Windows-Hilfe.

1.8.8 Erweiterte Linux-Unterstützung

Linux-Container unter Windows einsetzbar

Neben dem *Windows Subsystem for Linux (WSL)* hat Microsoft die Unterstützung von Linux unter dem neuen Windows Server 2019 nochmals verbessert. So lassen sich Windows-Container nunmehr problemlos parallel zu Linux-Containern auf demselben Container-Host unter Windows Server 2019 betreiben. Dies dürfte einen weiteren Vorteil des Einsatzes des neuen Windows-Serverbetriebssystems speziell auch für Entwickler darstellen.

1.8.9 Viele weitere Neuerungen und Verbesserungen

Viele, teils sehr praxisrelevante Verbesserungen

Es existieren noch viele, weitere Verbesserungen, beispielsweise in den Speicherdiensten, den *Software-defined Networks (SDNs)* und vieles mehr im neuen Windows Server 2019.

INTERNET ➲ Die Details zu den Neuerungen und Verbesserungen in Windows Server 2019 findet man in fast unzähligen Boards und Blogs, sowie auch auf der Website von Microsoft im Internet unter:

https://docs.microsoft.com/de-de/windows-server/get-started-19/whats-new-19

Um sich mit den Serverrollen, Rollendiensten und -funktionen in Windows Server 2019 vertraut zu machen, muss man dieses neue Serverbetriebssystem im praktischen Einsatz erfahren. Im nächsten Kapitel finden Sie alle notwendigen Informationen, die Sie benötigen, um Windows Server 2019 erfolgreich auf einem Serversystem zu installieren und in den grundlegenden Eigenschaften zu konfigurieren.

KAPITEL 2

Installation, Aktualisierung und Migration

Die Installation von Windows Server 2019 lässt sich prinzipiell genauso einfach durchführen, wie dies bereits unter Windows Server 2016, Windows Server 2012 (R2) oder auch schon unter Windows Server 2008 (R2) möglich war. Den Servernamen, sowie auch die Netzwerkeinstellungen konfiguriert man bei Bedarf erst nach der erfolgreichen Installation des Betriebssystems. Microsoft liefert Windows Server 2019 auf DVD-ROM, sowie als ISO-Datei zum Download für Volumenlizenzkunden und auch MSDN-Abonnenten aus. Die Test- und Evaluierungsversionen von Windows Server 2019 können ebenso einfach entweder als ISO- bzw. VHD-Datei heruntergeladen, als fertige virtuelle Maschine innerhalb eines dazu aufbereiteten „Virtual Lab" oder gleich direkt in Microsoft Azure aufgerufen werden.

Mit nur ein paar Schritten zum neuen Betriebssystem

INTERNET ➲ Die Test- und Evaluierungsversionen von Windows Server 2019 stellt Microsoft als ISO-bzw. VHD-Datei zum Download bzw. als „Virtual Lab" oder auch in Microsoft Azure kostenfrei im Internet bereit. Diese sind i.d.R. für 180 Tage verwendbar und können bei Bedarf später sogar zu einer vollwertigen Lizenz freigeschaltet werden. Die Evaluierungsversionen von Windows Server 2019 finden sich im Internet unter:

https://www.microsoft.com/de-de/evalcenter/evaluate-windows-server-2019

Bevor man mit der Installation von Windows Server 2019 beginnt, sollte man die notwendigen Systemvoraussetzungen für das Betriebssystem beachten. Hierbei sollte man sich vorweg ebenso bereits Gedanken über die auf dem betreffenden

Serversystem bereitzustellenden Serverrollen, Rollendienste und -funktionen machen. Entsprechend der daraus ableitbaren Anforderungen sollte man das Serversystem dann hardwareseitig auch planen und bereitstellen. Beispielsweise benötigt ein Dateiserver in der Regel mehr Festplattenspeicher als ein Domänencontroller. Ein weiteres Beispiel stellt die Planung eines Serversystems unter Windows Server 2019 als Virtualisierungsplattform mit Hyper-V dar, bei dem man den zu verwendenden Arbeitsspeicher für die darauf bereitzustellenden virtuellen Maschinen in die Planung der einzusetzenden Hardware ebenso bereits vorweg mit hineinkalkulieren muss. Wenn man die jeweiligen Einsatzzwecke des Servers vorweg bereits bestimmt, kann man die Hardware entsprechend darauf auslegen. Es gelten jedoch bestimmte Mindestvoraussetzungen für die Installation von Windows Server 2019.

2.1 Systemanforderungen

Für die Installation von Windows Server 2019 gelten hardwareseitig die folgenden Minimalanforderungen:

- **1,4 GHz 64-Bit-Prozessor**, oder besser
- Unterstützung von **SLAT** (Second-Level Address Translation) für den Einsatz als Hyper-V-Host oder auch für die Aktivierung von Credential Guard
- **512 MByte Arbeitsspeicher** (RAM), ECC (Error Correcting Code), oder besser (mindestens 2 GByte Arbeitsspeicher bei der Installation mit der Option „Desktopdarstellung")
- **32 GByte Festplattenspeicher**
- **Netzwerkadapter** mit einem Mindestdurchsatz im Gigabit-Bereich
- **DVD-ROM-Laufwerk**, wenn die Installation über ein DVD-Medium erfolgen soll

Darüber hinaus werden u. a. noch die folgenden, optionalen Komponenten für bestimmte Features benötigt:

- **TPM** (Trusted Platform Module), Version 2.0
- **UEFI-BIOS, Version 2.3.1c** mit Unterstützung für den sicheren Start (*Secure Boot*)
- **Bildschirm** mit einer Auflösung von **mindestens 1024x768 Bildpunkten**
- **Tastatur und Maus** (oder andere kompatible Zeigegeräte)

HINWEIS ➲ Die hier aufgeführten, zusätzlichen Systemanforderungen sind beispielsweise für die Unterstützung von „Credential Guard" als Schutz gegen *Pass-the-Hash-* oder auch *Pass-the-Ticket-Angriffe* erforderlich. Details hierzu entnehmen Sie bitte der Website von Microsoft im Internet unter:

https://docs.microsoft.com/de-de/windows/security/identity-protection/credential-guard/credential-guard-requirements

WICHTIG ➲ Bedenken Sie bei der Planung der einzusetzenden Serverhardware, dass Windows Server 2019, wie zuvor auch Windows Server 2016 oder auch Windows Server 2012 (R2) lediglich als reines 64-Bit-Betriebssystem erhältlich ist.

Detaillierte Angaben zu den Systemanforderungen von Windows Server 2019 findet man im Internet unter:

https://docs.microsoft.com/de-de/windows-server/get-started-19/sys-reqs-19

Ein praxiserfahrener Administrator wird aus den oben dargestellten Systemanforderungen leicht ableiten können, dass es sich dabei lediglich um empfohlene Mindestvoraussetzungen für die Installation von Windows Server 2019 handelt. In der Praxis sollte man sich wenigstens eines aktuellen Prozessortyps mit x64-Unterstützung bedienen, sowie auch seitens des Arbeitsspeichers wenigstens 2 GByte oder mehr für den Betrieb von Windows Server 2019 in das betreffende Serversystem einbauen. Bei der Planung eines Serversystems für den Einsatz von Hyper-V als Serverrolle sollte man beachten, dass hier noch weitere Anforderungen an die dabei eingesetzte Hardware bestehen. So muss der im System eingesetzte Prozessor die Intel-VT- oder AMD-V-Technologie unterstützen, sowie das Intel XD-Bit (*Execute Disable Bit*) bzw. AMD NX-Bit (*No Execute Bit*) im BIOS vorhanden und aktiviert sein. Zusätzlich muss hierbei SLAT (Second-Level Address Translation) bzw. EPT oder NPT unterstützt werden. Erst dann lassen sich die Virtualisierungsdienste von Hyper-V überhaupt ausführen. Für die Verwendung der „geschachtelten Virtualisierung“ (engl. *Nested Virtualisierung*), bei der man einen virtuellen Computer als Hyper-V-Host auf einem physikalischen Hyper-V-Host betreibt, setzt Microsoft aktuell grundsätzlich einen Intel-Prozessor mit Intel VT-X voraus.

2.2 Betriebssystemauswahl

Bedenken Sie bei der Betriebssystemauswahl, dass Windows Server 2019 von Microsoft lediglich in drei verschiedenen Editionen für den Standardeinsatz zur Verfügung gestellt wird. Beachten Sie insbesondere in Hinsicht der *Standard Edition* zur *Datacenter Edition*, dass sich beide Betriebssysteme prinzipiell kaum im unterstützten Funktionsumfang, jedoch in den Virtualisierungsrechten unterscheiden.

Durch die Reduktion der verfügbaren Betriebssystem-Editionen ergeben sich unter Windows Server 2019 somit die folgenden Virtualisierungsrechte:

Edition	Virtualisierungsrechte
Datacenter	Unbegrenzte Anzahl an virtuellen Instanzen
Standard	Maximal 2 virtuelle Instanzen je Serverlizenz
Essentials	Keine Virtualisierungsrechte

Tab. 2.1: *Virtualisierungsrechte der verschiedenen Editionen von Windows Server 2019*

Eine spätere Erweiterung der Lizenz von der Standard Edition auf die Datacenter Edition ist von Microsoft aktuell vorgesehen. Die notwendigen Schritte hierzu erfahren Sie in den späteren Seiten dieses Kapitels.

HINWEIS ➲ Es sei erwähnt, dass Microsoft aktuell keinen Nachfolger auf der Basis von Windows Server 2019 zu der zuvor noch erhältlichen Windows Server 2012 R2 Foundation Edition anbietet.

2.3 Schritte zur Vorbereitung der Installation

Nach der Entscheidung über die benötigte Edition von Windows Server 2019 müssen vor der eigentlichen Installation des Betriebssystems noch einige wichtige Schritte unternommen werden.

Führen Sie noch vor der Installation von Windows Server 2019 die folgenden Schritte aus:

- **Trennen von USV-Geräten** Sollte das Serversystem, auf dem Windows Server 2019 installiert werden soll, mit Geräten für die unterbrechungsfreie Stromversorgung (*USV-Geräte*) verbunden sein, so trennen Sie das serielle Kabel dieser Geräte unbedingt vor Beginn der Installation. Der Setup-Prozess versucht u.a., die seriellen Schnittstellen an dem betreffenden Serversystem zu ermitteln. Ein angeschlossenes USV-Gerät kann hierbei zu Problemen führen, da es mitunter nicht oder nicht richtig erkannt wird.

- **Sichern vorhandener Server** Sichern Sie vor der Installation von Windows Server 2019 unbedingt noch alle erforderlichen Daten und Konfigurationsinformationen, insbesondere auch Informationen zu vorhandenen Infrastrukturservern (beispielsweise zu DNS-, WINS- oder DHCP-Servern). Diese Daten können im Bedarfsfall bei einer möglichen späteren Wiederherstellung (beispielsweise nach einer fehlgeschlagenen Installation oder einem Serverausfall) verwendet werden, um die ursprüngliche Konfiguration bzw. das ursprüngliche Serversystem wieder herbeizuführen.

- **Bereitlegen notwendiger Treiber** Legen Sie die für die Installation notwendigen und vom jeweiligen Hardware-Hersteller bereitgestellten, digital signierten 64-Bit-Treiber (beispielsweise für die Installation eines speziellen SCSI-Controllers) vor der Installation auf Diskette, CD oder einem USB-Flashlaufwerk (*Universal Serial Bus*) bereit. Beachten Sie hierbei, dass x86-kompatible oder auch nicht signierte Treiber unter Windows Server 2019 standardmäßig nicht installiert werden können.

- **Deaktivieren von Virenschutzprogrammen vor der Aktualisierung** Wenn statt der Neuinstallation ein bereits vorhandenes Betriebssystem auf Windows

Server 2019 aktualisiert werden soll, so könnte ein auf dem System bereits vorhandenes Virenschutzprogramm den Installationsprozess mitunter falsch interpretieren und somit zum Fehlschlag der Installation führen. Deaktivieren Sie deshalb möglicherweise vorhandene Virenschutzprogramme noch vor dem Beginn der Installation des Betriebssystems. Anschließend sollten Sie die betreffenden Programme jedoch unbedingt wieder aktivieren, um den Schutz vor potentiellen Schädlingen nicht zu gefährden.

- **Die Windows-Firewall muss standardmäßig aktiviert sein** Bei der Aktualisierung von vorhandenen Serversystemen auf Windows Server 2019 muss die Windows-Firewall aktiviert sein, damit entsprechende, eingehende Regeln für die darauf ausgeführten Serveranwendungen erstellt werden können.

INTERNET ➲ Detaillierte Informationen zur Windows-Firewall finden Sie im Internet auf der Website von Microsoft unter:

http://go.microsoft.com/fwlink/?LinkID=84639

2.3.1 Installation von einem USB-Stick vorbereiten

Wenn Sie die Installation von Windows Server 2019 nicht von der Installations-DVD-ROM, sondern alternativ von einem USB-Stick durchführen möchten, erfordert dies einige zusätzliche Konfigurationsschritte. Der für die Vorbereitung der Installation erforderliche, freie Speicherplatz auf dem USB-Stick umfasst rund 3,5 Gigabyte.

HINWEIS ➲ Für die Installation von Windows Server 2019 von einem USB-Stick muss das Starten von einem solchen Speichergerät im Computer-BIOS unterstützt, und bei Bedarf in der Reihenfolge entsprechend angepasst werden.

Die Vorbereitung eines für die Installation von Windows Server 2019 als Serverbetriebssystem zu verwendenden USB-Sticks kann entweder mittels Kommandozeile, oder alternativ mithilfe des kostenfrei downloadbaren Tools „Windows 7 USB/DVD-Download Tool"

Gehen Sie wie folgt vor, um einen USB-Stick mittels Kommandozeile als Installationsmedium für die Installation von Windows Server 2019 vorzubereiten:

1. Verbinden Sie den USB-Stick mit einem Computersystem, z. B. unter Windows 7, Windows 8.1 oder Windows 10.
2. Starten Sie die *Eingabeaufforderung* über das Kontextmenü im *Administratormodus*.
3. Geben Sie **`diskpart`** ein, und drücken Sie die [↵]-Taste.
4. Geben Sie **`list disk`** ein, und drücken Sie die [↵]-Taste.
5. Geben Sie den Befehl **`select disk`** <*Nummer des USB-Sticks aus der Ausgabe von list disk*> ein, und drücken Sie die [↵]-Taste.

6. Geben Sie **`clean`** ein, und drücken Sie die [↵]-Taste.
7. Geben Sie **`create partition primary`** ein, und drücken Sie die [↵]-Taste.
8. Geben Sie **`active`** ein, um die Partition für den Bootvorgang zu aktivieren, und drücken Sie die [↵]-Taste.
9. Geben Sie den Befehl **`format fs=NTFS quick`** ein, um den USB-Stick zu formatieren, und drücken Sie die [↵]-Taste.
10. Geben Sie den Befehl **`assign`** ein, um dem USB-Stick einen Laufwerksbuchstaben zuzuweisen, und drücken Sie die [↵]-Taste.
11. Geben Sie **`exit`** zum Beenden von Diskpart ein, und drücken Sie die [↵]-Taste.
12. Kopieren Sie den vollständigen Inhalt des Installationsdatenträgers von Windows Server 2019 in den Stammordner des USB-Sticks.
13. Belassen Sie den USB-Stick im Rechner, und starten Sie diesen neu - die Installationsroutine wird aus dem USB-Stick heraus gestartet.

HINWEIS ➲ Vorausgesetzt wird für diesen Installationsprozess natürlich, dass der Boot-Vorgang von einem USB-Laufwerk im BIOS des betreffenden Computersystems unterstützt wird. Prüfen Sie dies, bzw. fragen Sie hierzu bei Bedarf Ihren PC-Hersteller.

Alternativ: Windows 7 USB/DVD-Download Tool

Microsoft bot schon zu Zeiten von Windows Server 2008 R2 ein grafisches Tool zum Erstellen von USB-Installationsdatenträgern an. Mit diesem lässt sich ein USB-Stick problemlos einfach für die Installation von Windows Server 2019 vorbereiten.

Gehen Sie wie folgt vor, um einen USB-Stick mithilfe des „Windows 7USB/DVD-Download Tool" als Installationsmedium für die Installation von Windows Server 2016 vorzubereiten:

1. Laden Sie das *„Windows 7 USB/DVD-Download Tool"* von der Website von Microsoft herunter und installieren Sie dies auf einem Computersystem unter Windows 7 oder Windows 8.1. Alternativ können Sie hierzu auch ein Computersystem unter Windows 10 einsetzen, jedoch muss man dann vor der Installation des Tools das *„.NET Framework 2.0"* darauf aktiviert werden.

2. Nach der Installation muss man das Tool starten, um in einem ersten Schritt die ISO-Datei von Windows Server 2019 nach einem Klick auf die Schaltfläche **Browse** auszuwählen. Klicken Sie anschließend auf die Schaltfläche **Next**.

3. Zur Auswahl des für die Installation zu verwendenden USB-Stick klicken Sie auf **USB device**.

4. Soweit noch nicht geschehen, verbinden Sie den für die Installation von Windows Server 2019 zu verwendenden USB-Stick mit dem Computersystem, und wählen Sie dieses im Bedarfsfall über das Pull-down-Menü aus.

5. Um mit dem Kopieren der Inhalte der ISO-Installationsdatei von Windows Server 2019 auf den ausgewählten USB-Stick zu beginnen, klicken Sie auf **Begin copying**. Sollten sich noch Daten auf dem betreffenden USB-Speicherstick befinden, so würden diese durch das Erstellen des Installationsdatenträgers überschrieben. In diesem Fall muss man das Löschen des Inhaltes explizit durch das Klicken der Schaltfläche **Erase USB Device**, sowie dem anschließenden Klick auf die Schaltfläche **Ja** bestätigen.

Abb. 2.1: *Warnmeldung vor dem Überschreiben von Daten beim Erstellen eines USB-Installationsdatenträgers für Windows Server 2019*

Nach dem Erstellen des nunmehr bootfähigen USB-Speichersticks als Installationsmedium von Windows Server 2019 kann man diesen nun für die Betriebssysteminstallation verwenden.

2.3.2 Digital signierte Treiber erforderlich

Wie bereits seit Windows Server 2008 R2, unterstützt auch Windows Server 2019 von Hause her lediglich digital signierte Kernelmodustreiber. Bei der Installation eines Plug & Play-Gerätes wird man unter Umständen darauf hingewiesen, dass der Treiber nicht digital signiert ist. Bei der Installation einer Anwendung, die einen nicht digital signierten Treiber enthält, wird man durch die Setup-Routine jedoch nicht zwangsläufig eine Fehlermeldung angezeigt. In beiden Fällen wird aber der nicht signierte Treiber von Windows Server 2019 nicht geladen. Sollten im Anschluss an die Installation von Treibern womöglich Probleme auftreten, oder das Computersystem sich mit dem (vermeintlich) nicht signierten Treiber nicht mehr ordnungsgemäß starten lassen, so können Sie die folgende Vorgehensweise nutzen, um den nicht signierten Treiber wieder zu entfernen.

Gehen Sie wie folgt vor, um die Signaturanforderung für die Treiberinstallation unter Windows Server 2019 für den aktuellen Startvorgang zu deaktivieren:

1. Starten Sie den Computer neu, und drücken Sie beim Start die F8-Taste.
2. Wählen Sie die **Erweiterten Startoptionen** aus.
3. Wählen Sie **Erzwingen der Treibersignatur deaktivieren** aus.
4. Starten Sie den Computer neu, und deinstallieren Sie den nicht signierten Treiber.

INTERNET ➲ Weitere Informationen zu der Signaturanforderung von Treibern unter den Windows-Betriebssystemen erhalten Sie u. a. im Internet auf der Website von Microsoft unter:

https://msdn.microsoft.com/en-us/library/windows/hardware/dn653559(v=vs.85).aspx

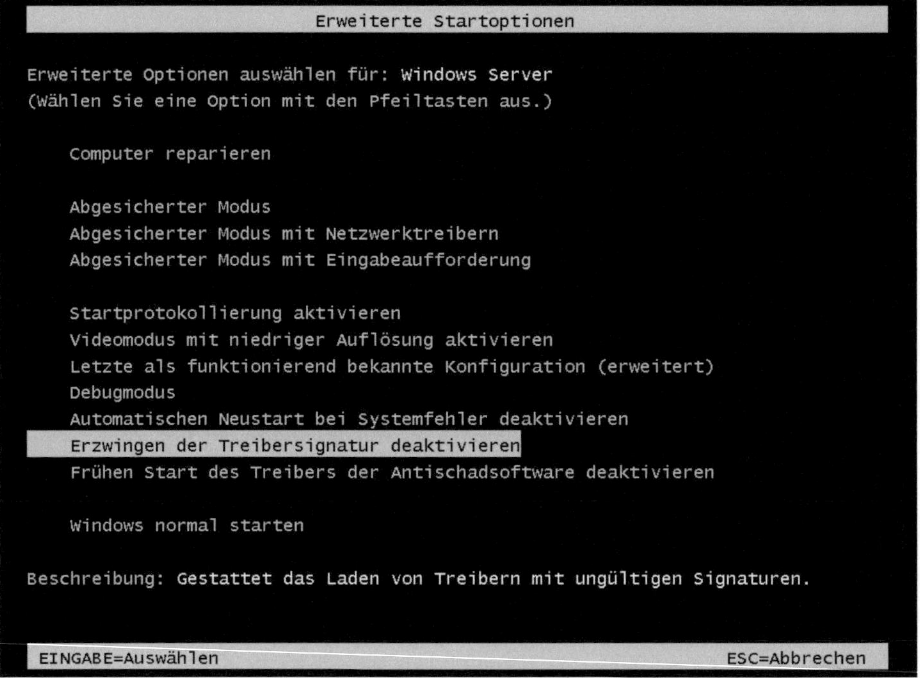

Abb. 2.2: *Option zur Deaktivierung der Treibersignaturerzwingung beim Start von Windows Server 2019*

2.4 Auswahl der gewünschten Installationsoption

Bei der Installation von Windows Server 2019 kann man zwischen den folgenden Installationsoptionen wählen:

- **Windows Server 2019 (Server Core-Installation)** Dies stellt eine in der Hardwareanforderung reduzierte Installation des Serverbetriebssystems (vergleichbar wie zuvor bereits unter Windows Server 2012 (R2)) ohne die grafische Benutzeroberfläche dar, welche nicht alle Windows Server-Rollen und -Features unterstützt.

  Die Server Core-Installation ist als Standardinstallationsoption vorausgewählt.

- **Windows Server 2019 (Desktopdarstellung) - vollständige Installation** Dies stellt eine vollständige Installation des Serverbetriebssystems mitsamt der grafischen Benutzeroberfläche dar, welche alle Windows Server-Rollen und -Features unterstützt.

- **Windows Server 2019 - Nano Server** Dies stellt eine minimale Installation des Serverbetriebssystems dar, welches im Schwerpunkt für den Einsatz in privaten Cloud-Umgebungen und Rechenzentren zum Ausführen von cloudbasierten Anwendungen konzipiert ist. Die Installation als Nano-Server kann nicht direkt, sondern nur nach dem Erstellen eines entsprechenden Images mittels Windows PowerShell, mithilfe des NanoServer-Image-Generators oder als Download eines fertigen Image-Containers aus der Docker-Website erfolgen.

Die notwendigen Details über die Schritte zum Bereitstellen von Nano-Servern unter Windows Server 2019 sind im Kapitel 13 dieses Fachbuchs enthalten.

2.5 Installationsmethoden

Für die Installation von Windows Server 2019 mit „Bordmitteln" bieten sich verschiedene Methoden an:

- **manuelle Installation** von der Installations-DVD, bzw. der ISO-Installationsdatei von einem USB-Speicherstick oder aus einer Netzwerkfreigabe
- **unbeaufsichtigte Installation**

PRAXISTIPP! ➲ Es existieren noch weitere Methoden, wie die Installation mithilfe einer Windows-Imagedatei. Nähere Informationen hierzu finden Sie in der Dokumentation zum ADK zu Windows 10 bzw. Windows Server 2019. Auch ist es u. a. möglich, Windows Server 2019 mittels Windows-Bereitstellungsdienste (WDS), Microsoft Deployment Toolkit (MDT) oder auch Microsoft System Center Configuration Manager (SCCM) auf Computersysteme im Netzwerk zu verteilen. Nähere Informationen hierzu finden Sie in der jeweiligen Produktdokumentation.

2.6 Bereitstellungsschritte

Die notwendigen Schritte zum Bereitstellen des neuen Serverbetriebssystems sind mit denen unter Windows Server 2016, sowie auch den noch früheren Windows-Serverbetriebssystemversionen letztlich identisch.

Installations-routine - wie bei den vorherigen Serverbetriebssystem-versionen

Die Installationsroutine richtet sich beispielsweise bei der Standard und Datacenter Edition von Windows Server 2019 nach dem dabei angegebenen Produkt-Key. Man hat anschließend die Auswahlmöglichkeit, das Serverbetriebssystem entweder als *Server Core* oder als *Desktopdarstellung* (inkl. der vollständigen, grafischen Benutzeroberfläche) zu installieren.

Oft unnötige Tools on Board

Installationsroutine - wie bei den vorherigen Serverbetriebssystemversionen Bedenken muss man hierbei, dass die vollständige Installation von Windows Server 2019 (*Desktopdarstellung*) neben der grafischen Benutzeroberfläche auch - die in der Praxis auf einem Serversystem oft sicher entbehrlichen Tools, wie den Windows Media-Player, Mathematik-Eingabebereich oder das Grafikprogramm „Paint" - automatisch installiert. Microsoft empfiehlt die Bereitstellung des Windows Server 2019 als *„Desktopdarstellung"* nur im *Terminalserverbereich* oder vergleichbaren Funktionen. Alternativ sollen Administratoren bevorzugt auf die Server Core-Installation von Windows Server 2019 zurückgreifen, die sich in der Regel problemlos von einem anderen Computersystem im Netzwerk - mithilfe von grafischen Verwaltungstools und -konsolen - bequem verwalten lässt. Besonders hervorgehoben wird hierbei das neue *Windows Admin Center (WAC)*, welches insbesondere auch für die Verwaltung von Serversystemen unter Windows Server 2019 optimiert wurde. Details hierzu findet man im unteren Abschnitt rund um die Neuerungen in Windows Server 2019.

Einmal Server Core - immer Server Core!

Beachten Sie in diesem Zusammenhang, dass ein Wechsel von einer Server Core-Installation von Windows Server 2019 zu einem Server mit grafischer Benutzeroberfläche (*„Desktopdarstellung"*) zu einem späteren Zeitpunkt nicht möglich ist. Alternativ stellt Microsoft mit *„Server Core App Compatibility"* eine grafische Toolssammlung für die Erweiterung einer Server Core-Installation von Windows Server 2019 bereit. Dieses Tool-Set ist im Lieferumfang von Windows Server 2019 nicht enthalten, und muss gesondert aus dem Internet herunter geladen werden.

2.6.1 Manuelle Installation

Die manuelle Installation lässt sich, wie man das oft bereits von den vorherigen Windows-Betriebssystemen gewohnt ist, problemlos von der Installations-DVD oder auch dem zuvor erstellten, bootfähigen USB-Installationsmedium von Windows Server 2019 starten. Die Installationsschritte sind hierbei die gleichen.

Die Installationsroutine selbst greift auf eine Windows-Imagedatei (*Windows Image Format, WIM*) mit dem Namen *Install.wim* im Ordner **\Sources** auf dem DVD-Datenträger zurück, in der sich die zu installierenden Daten befinden.

HINWEIS ➲ Achten Sie darauf, dass das BIOS des betreffenden Computersystems für den Start von der DVD-ROM bzw. vom USB-Speicherstick konfiguriert ist. Lesen Sie im Bedarfsfall in der Dokumentation des Hardware-Herstellers, wie Sie das DVD-Laufwerk bzw. USB im BIOS des betreffenden Computersystems als Boot-Laufwerk konfigurieren können. Achten Sie darauf, dass Windows Server 2019 lediglich Computersysteme mit x64-Prozessoren unterstützt.

Die Installationsschritte in Windows Server 2019 sind simultan zu denen unter Windows Server 2016 oder auch unter Windows Server 2012 (R2).

Führen Sie die folgenden Schritte durch, um eine manuelle Neuinstallation von Windows Server 2019 Standard oder Datacenter Edition auf einem Computer durchzuführen:

1. Starten Sie das Computersystem von der Installations-DVD bzw. dem dazu vorbereiteten USB-Speicherstick.
2. Wählen Sie im Bildschirm *Windows Setup* von Windows Server 2019 bei Bedarf die gewünschte Installationssprache, die Sprache für Uhrzeit und Währungsformat sowie die Tastatur- oder Eingabemethode aus und klicken Sie dann auf **Weiter**.

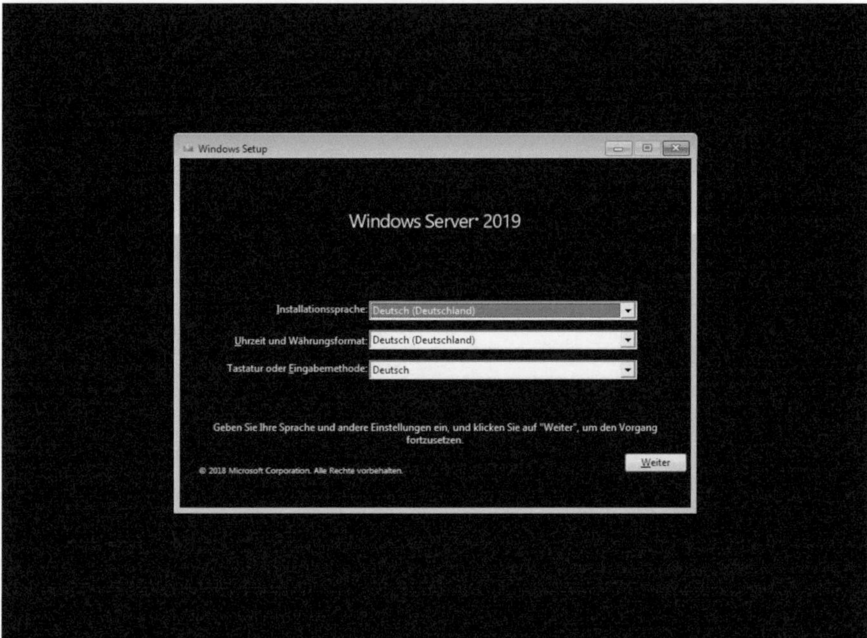

Abb. 2.3: *Auswahl der Installationssprache und Tastaturlayout*

3. Klicken Sie im folgenden Dialog auf **Jetzt installieren**.

Abb. 2.4: *Installationsdialog von Windows Server 2019*

4. Geben Sie den *Produkt-Key* in das *Eingabefeld* ein, und klicken Sie dann auf **Weiter**.

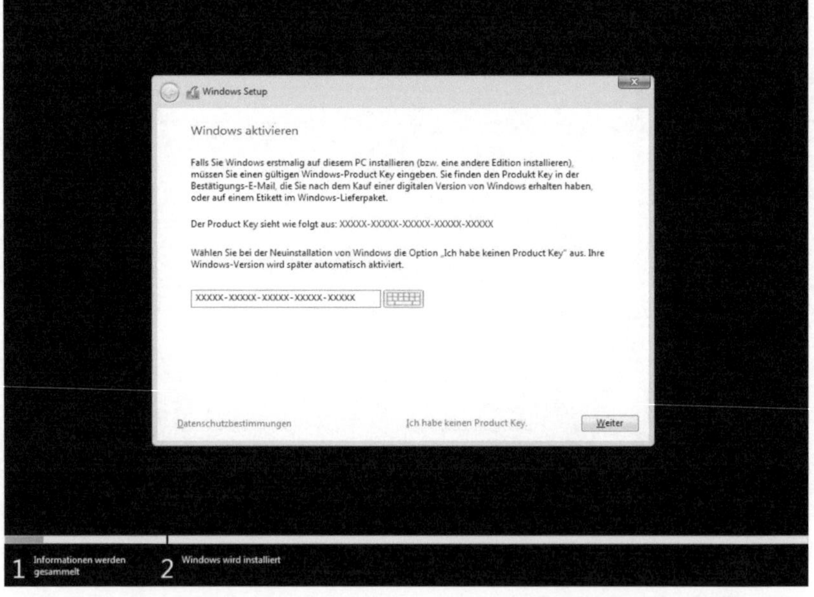

Abb. 2.5: *Eingabedialog für den Produkt-Key von Windows Server 2019*

HINWEIS ➲ Wie bereits auch schon unter Windows Server 2012 (R2) oder auch unter Windows Server 2016 entscheidet auch bei der Installation von Windows Server 2019 der dabei eingegebene Produkt-Key über die anschließend auswählbare, und somit auch installierbare Edition. Ohne die Eingabe eines korrekten Produkt-Keys lässt sich die Installation nicht weiter durchführen. Bei Bedarf können Sie durch einen Klick auf das **Tastatursymbol** rechts neben dem Eingabefeld die Bildschirmtastatur einblenden, und den Produkt-Key darüber eingeben.

5. Wählen Sie den zu installierenden Betriebssystemmodus (bspw. „Datacenter" *als Server Core-Installation, oder „Datacenter (Desktopdarstellung)" als Server mit grafischer Benutzeroberfläche*) aus, und klicken Sie auf **Weiter**.

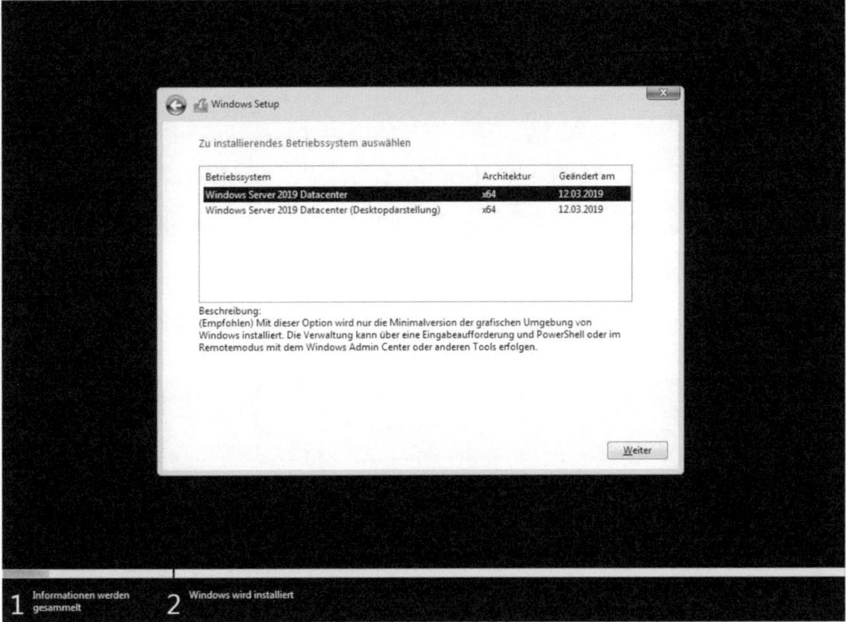

Abb. 2.6: *Auswahl des Betriebssysteminstallationsmodus (standardmäßig als Server Core-Installation)*

HINWEIS ➲ Beachten Sie bei der Auswahl des Betriebssysteminstallationsmodus, dass sich die grafische Benutzeroberfläche bei der Auswahl einer Server Core-Installation von Windows Server 2019 zu einem späteren Zeitpunkt - im klaren Gegensatz zu Windows Server 2012 (R2) - nachträglich nicht mehr aktivieren lässt. Gleichermaßen kann man die grafische Benutzeroberfläche bei der Auswahl der Installation als „Desktopdarstellung" nicht wieder entfernen.

6. Akzeptieren Sie die Lizenzbedingungen, und klicken Sie auf **Weiter**.

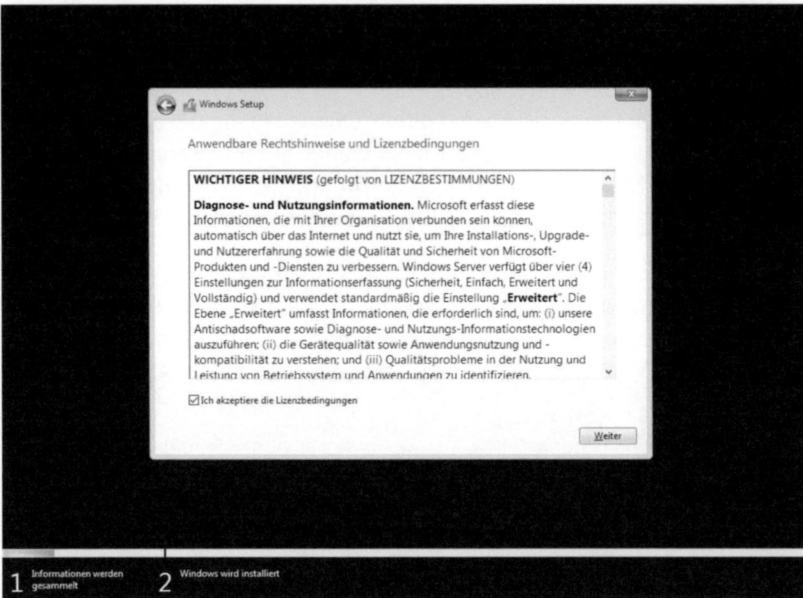

Abb. 2.7: *Lizenzbedingungen von Windows Server 2019*

7. Klicken Sie auf die Option **Benutzerdefiniert: nur Windows installieren (für fortgeschrittene Benutzer)**.

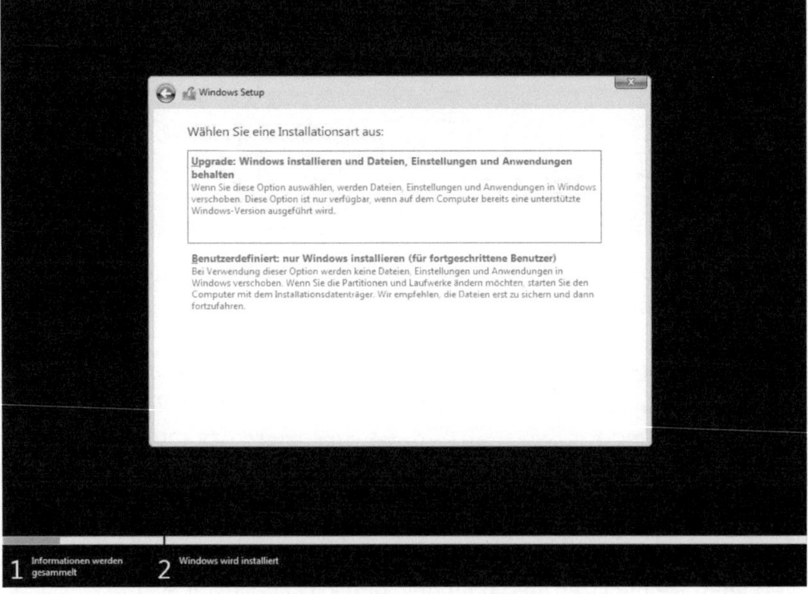

Abb. 2.8: *Auswahl der benutzerdefinierten Installation*

HINWEIS ➲ Die Installationsoption „**Upgrade: Windows installieren und Dateien, Einstellungen und Anwendungen behalten**" ist für die Aktualisierung von bereits installierten Betriebssystemen im Vorgang eines „Inplace-Upgrades" vorgesehen.

8. Im folgenden Dialogfenster wählen Sie die für die Installation zu verwendende Festplattenpartition aus. Um Windows Server 2019 in die angezeigte Partition zu installieren, klicken Sie einfach auf **Weiter**.

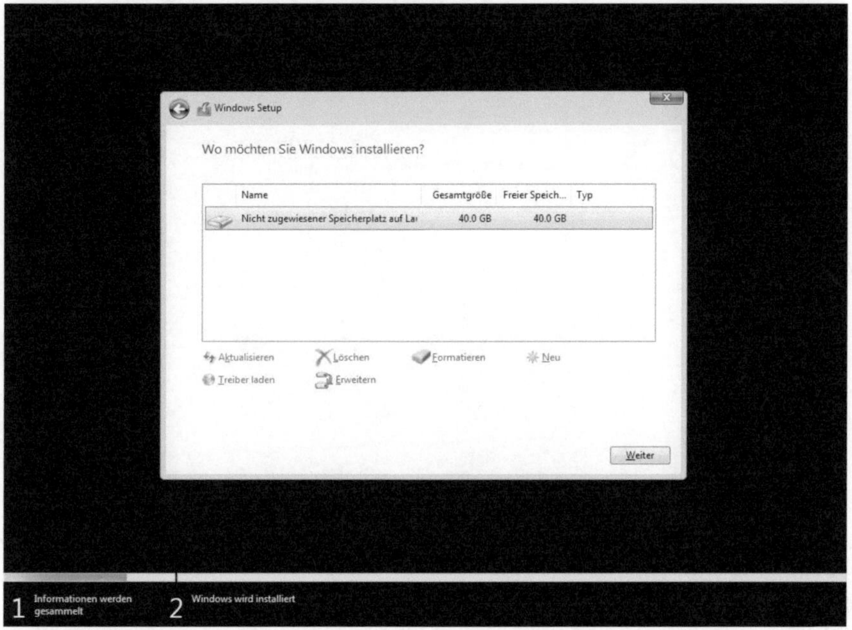

Abb. 2.9: *Auswahl der Zielpartition für die Betriebssysteminstallation*

HINWEIS ➲ Im Bedarfsfall können Sie über die Auswahl Laufwerksoptionen (erweitert) vorweg noch Partitionen anlegen. Sollte in diesem Dialogfenster keinerlei Festplattenpartition angezeigt werden, so können Sie im Bedarfsfall über die Option Treiber laden einen womöglich für den im Serversystem vorhandenen Festplattencontroller notwendigen Treiber von einer CD/DVD-ROM, oder einem USB-Laufwerk laden.

9. Der Installationsprozess installiert Windows Server 2019 nunmehr völlig selbständig auf dem betreffenden Computersystem. Der Fortschritt wird dabei auf dem Bildschirm angezeigt. Das Computersystem wird automatisch neu gestartet.

10. Nach der erfolgreichen Installation werden Sie aufgefordert, ein Kennwort für das integrierte Administratorkonto einzugeben, und dieses in einem weiteren Kennwortfeld zu wiederholen. Geben Sie das gewünschte Kennwort ein, und klicken Sie dann auf **Fertig stellen**.

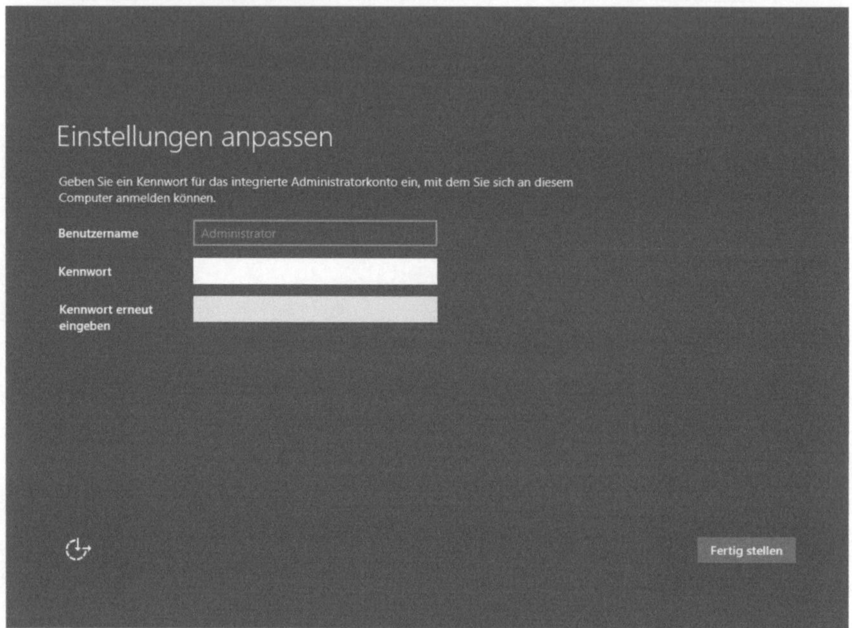

Abb. 2.10: *Hinweis auf die notwendige Eingabe eines Kennworts für das integrierte Administratorkonto von Windows Server 2019*

HINWEIS ➲ Das eingegebene Kennwort können Sie im Klartext über einen Klick über das Symbol gleich rechts neben dem jeweiligen Eingabefeld anzeigen lassen und auf mögliche Eingabefehler hin kontrollieren.

Nach der ersten Anmeldung wird der grafische Server-Manager von Windows Server 2019 automatisch geladen und auf dem Bildschirm angezeigt. Die Installation von Windows Server 2019 ist damit erfolgreich abgeschlossen.

Erst-Konfiguration nach der Installation erforderlich

Wie Sie sicherlich bemerkt haben, wurden - wie bereits auch unter Windows Server 2016 oder auch schon unter Windows Server 2012 (R2) - eigentlich notwendige Informationen wie der Servername, die Netzwerkkonfiguration sowie beispielsweise auch die Entscheidung zum Beitritt zu einer womöglich vorhandenen Arbeitsgruppe oder Active Directory-Domäne im Verlauf der Installation von Windows Server 2019 überhaupt nicht abgefragt. Diese Informationen müssen im Rahmen einer ersten Konfiguration nach der Installation noch vorgenommen werden.

2.6.2 Unbeaufsichtigte Installation

Vereinfachung von Massen-Rollouts

Alternativ zur manuellen Installation kann man Windows Server 2019 in Verbindung mit einer Datei, in der die Installationsparameter angegeben sind, auch unbeaufsichtigt installieren. Der hiermit verbundene Mehraufwand rechnet sich, wenn man Windows Server 2019 als Betriebssystem für eine Vielzahl von Serversystemen installieren muss. Zur Vorbereitung einer solchen Installation bietet Microsoft das **Windows Assessment and Deployment Kit (ADK)** als kostenfreien Download im Internet an. Im Umfang dieses Installations-Kits ist u. a. auch der *Windows System Image-Manager* (*WSIM*) enthalten, mit dem man eine Datei für die unbeaufsichtigte Installation (*Unattend.xml*) im XML-Format erstellen kann. In dieser Datei können alle einzelnen Konfigurationsschritte, beispielsweise der Computername und sogar die Netzwerkkonfiguration, enthalten sein. Auf diese Weise kann das betreffende Serversystem bereits während der Installation automatisch anhand der in der Datei für die unbeaufsichtigte Installation (*Unattend.xml*) enthaltenen Vorgaben konfiguriert werden.

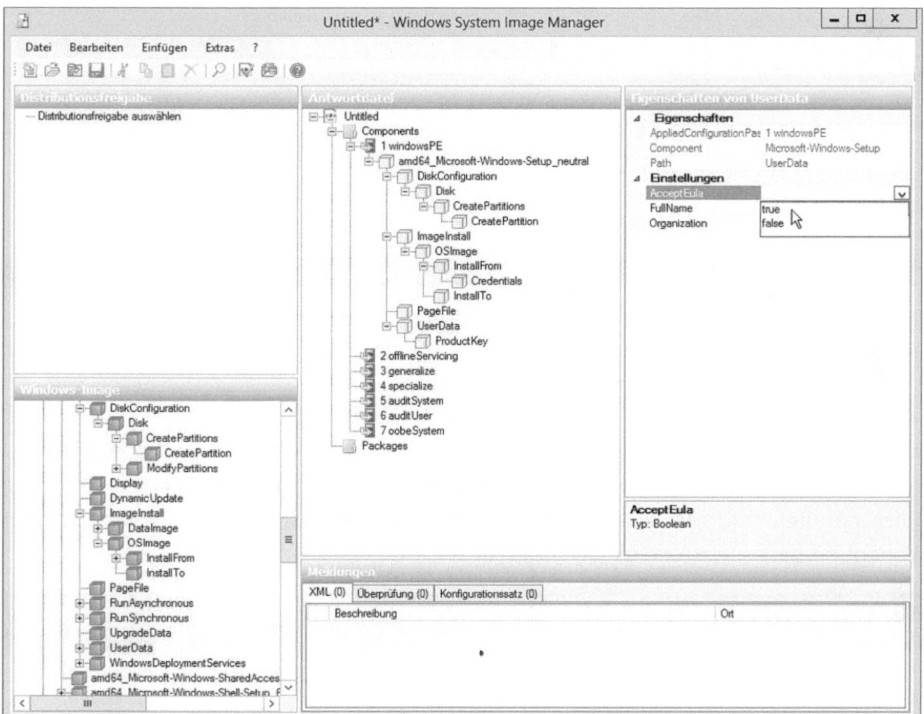

Abb. 2.11: *Windows System Image Manager (WSIM) zum Erstellen einer Datei für die unbeaufsichtigte Installation*

Nähere Informationen für die Planung und Durchführung einer unbeaufsichtigten Installation finden Sie in der Dokumentation von ADK, sowie in der Microsoft-Webseite.

2.7 Konfigurationsschritte nach der Installation

Festlegen wichtiger Systemeigenschaften

Nach der erfolgreichen Installation von Windows Server 2019 kann das Serversystem nun für den Praxiseinsatz vorbereitet werden. Bestimmte Informationen, wie die Netzwerkkonfiguration, den Servernamen, die mögliche Domänenmitgliedschaft und ähnliches wurden während der Betriebssysteminstallation noch nicht festgelegt. Diese Konfigurationsschritte werden in einer weiteren Phase durch den Administrator noch durchgeführt.

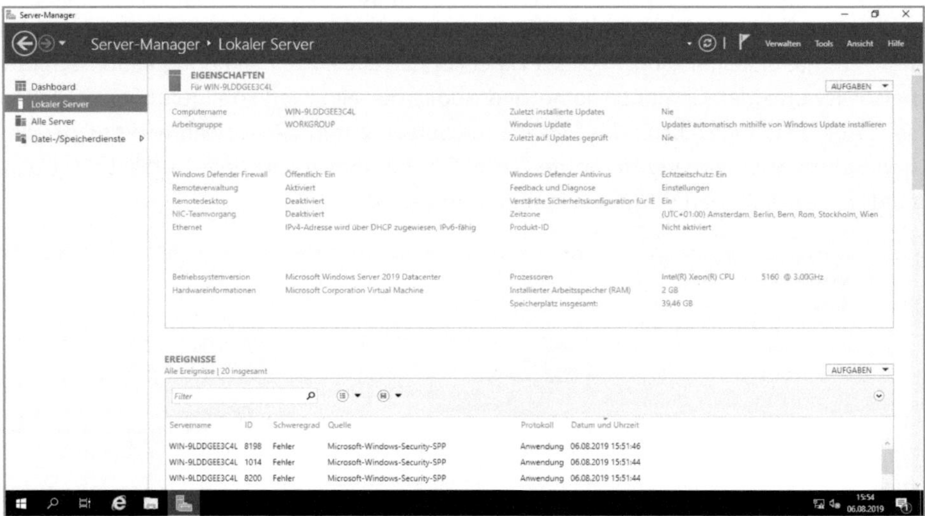

Abb. 2.12: *Konfigurierbare Systemeigenschaften im grafischen Server-Manager unter Windows Server 2019*

2.7.1 Systemeigenschaften im Server-Manager

Die konfigurierbaren Systemeigenschaften findet man zentral im grafischen Server-Manager von Windows Server 2019. Dort kann man sie bequem über einen einfachen Klick aufrufen und die jeweilige Konfiguration vornehmen. Die im Server-Manager konfigurierbaren Systemeigenschaften umfassen:

Option	Beschreibung
Computername	Ermöglicht das Festlegen bzw. das Ändern des Computernamens
Arbeitsgruppe / Domäne	Ermöglicht den Beitritt des Computersystems als Mitglied zu einer Arbeitsgruppe oder Active Directory-Domäne.
Zuletzt installierte Updates	Zeigt eine Übersicht über zuletzt installierte Updates, und ermöglicht den Wechsel zum Konfigurationsdialog.

Option	Beschreibung
Windows Update	Zeigt den aktuellen Status der Konfiguration zu Windows Update, und ermöglicht den Wechsel zum Konfigurationsdialog.
Zuletzt auf Updates geprüft	Zeigt den aktuellen Status, und ermöglicht den Wechsel zum Konfigurationsdialog.
Windows Defender Firewall	Zeigt den Status der Windows-Firewall, und ermöglicht den Wechsel zur Konfigurationskonsole.
Remoteverwaltung	Zeigt den Aktivierungsstatus, und ermöglicht den Wechsel zum Konfigurationsdialog.
Remotedesktop	Zeigt den Aktivierungsstatus, und ermöglicht den Wechsel zum Systemeigenschaften-Dialog zur Konfiguration.
NIC-Teamvorgang	Zeigt den Status, und ermöglicht den Wechsel zum Konfigurationsdialog für das Netzwerkkarten-Teaming.
Ethernet, Ethernet 2, …	Zeigt die aktuelle Konfiguration, und ermöglicht die Netzwerkkonfiguration, wie IP-Adressen, Subnet-Mask, usw.
Windows Defender Antivirus	Ermöglicht die Einstellungen zum Schutz vor Viren, Spyware und anderer Schadsoftware.
Feedback und Diagnose	Zeigt den aktuellen Status, und ermöglicht die Konfiguration zur Windows-Fehler- und Diagnoseberichterstattung.
Verstärkte Sicherheitskonfiguration für IE	Zeigt den aktuellen Status, und ermöglicht die Anpassung der verstärkten Sicherheitskonfiguration für Administratoren und Benutzer.
Zeitzone	Zeigt den aktuellen Status, und ermöglicht die Anpassung der Einstellungen für die Zeitzone, in der das System eingesetzt ist, sowie das Datum und die Uhrzeit. Darüber hinaus lassen sich über das Register Zusätzliche Uhren noch bis zu zwei weitere Uhren für weitere Zeitzonen konfigurieren.
Produkt-ID	In diesem Feld werden die Produkt-ID, sowie der Aktivierungsstatus angezeigt. Darüber hinaus kann man zum Dialog zur Eingabe des Produkt-Key wechseln und das System hierüber bei Bedarf manuelle aktivieren.

Tab. 2.2: *Konfigurationsoptionen in den Eigenschaften eines Serversystems im Server-Manager unter Windows Server 2019*

2.7.2 Schritte zur Konfiguration der Systemeigenschaften

Die Konfiguration der Systemeigenschaften lässt sich zentral direkt im neuen Server-Manager unter Windows Server 2019 durchführen. Alle die in der Tabelle genannten Konfigurationsoptionen stehen dort mitsamt dem aktuellen Status zur Verfügung.

Gehen Sie wie folgt vor, um die Systemeigenschaften eines zuvor neu installierten oder auch bereits verwendeten Serversystems unter Windows Server 2019 direkt lokal im Server-Manager zu konfigurieren:

1. Melden Sie sich am betreffenden Computersystem unter Windows Server 2019 als Administrator an.
2. Öffnen Sie den *Server-Manager* (soweit dies nicht automatisch geschieht), und klicken Sie auf **Lokaler Server**.
3. Klicken Sie dann unter *Eigenschaften für <Servername>* auf die zu konfigurierende *Systemeigenschaft*, und folgen Sie den Anweisungen des jeweiligen Konfigurationsdialogs.

2.8 Aktivierung des Betriebssystems

Schutz vor Raubkopierern

Mit der Installation alleine ist es in der Praxis nicht getan. Wie auch bereits die vorangegangene Betriebssystemversion muss auch eine Installation von Windows Server 2019 nachfolgend aktiviert werden, damit diese dauerhaft genutzt werden kann. Windows 8, Windows 8.1, Windows 10, Windows Server 2012 (R2), Windows Server 2016 und auch Windows Server 2019 müssen direkt bei der Installation aktiviert werden. Bleibt die Aktivierung von Windows-Betriebssystemen aus, können die Benutzer bestimmte Anpassungen nach der Installation nicht abschließen. Diese Aktivierung von Windows Server 2019 soll die missbräuchliche Nutzung von nichtlizenzierten Windows-Versionen verhindern.

HINWEIS ➲ Eine Besonderheit ergibt sich für die virtuellen Computersysteme mit Windows Server 2019, die in Hyper-V unter Windows Server 2019 in der Datacenter Edition eingesetzt werden. Diese werden nach der Aktivierung des Hyper-V-Hostsystems automatisch aktiviert.

Beim Vorgang der Aktivierung werden keine personenbezogenen Daten an den Hersteller Microsoft übertragen. Lediglich bestimmte, Hardware- und Softwarebezogene Informationen dienen zur Identifikation des betreffenden Serversystems.

2.8.1 Produktaktivierung oder „Volume Activation“

Produkt-Key ist entscheidend

Microsoft unterscheidet bei der Aktivierung von Windows Server 2019 zwischen der Produktaktivierung auf der einen und der Volumenaktivierung auf der anderen Seite. Die Produktaktivierung beschreibt hierbei die Einzelaktivierung von Windows Server 2019.

PRAXISTIPP! ➲ Entscheidend für die Art der Aktivierung ist der bei der Installation angegebene Produkt-Key.

2.8.2 Volumenaktivierung

Für größere Unternehmen bietet Microsoft ein vereinfachtes Aktivierungsverfahren, um den dabei anfallenden Aufwand zur Aktivierung von mehreren Serversystemen zu reduzieren. Die Volumenaktivierung wird für die Automatisierung und Verwaltung des Aktivierungsprozesses für Volumeneditionen von Windows Server 2008, Windows Server 2008 R2, Windows Server 2012, Windows Server 2012 R2, Windows Server 2016, Windows Server 2019, Windows Vista, Windows 7, Windows 8, Windows 8.1 und auch Windows 10 verwendet.

2.8.2.1 MAK oder KMS?

MAK als Alternative zu KMS

Für die Aktivierung von Windows Server 2019 stellt Microsoft verschiedene, den jeweiligen Volumen-Lizenzvereinbarungen entsprechende, Schlüsseltypen bereit. Einerseits kommt hierbei ein *Mehrfachaktivierungsschlüssel* (engl. *Multiple Activation Key, MAK*), andererseits ein *Schlüsselverwaltungsdienstschlüssel* für die Einrichtung eines Schlüsselverwaltungsdienstes (engl. *Key Management Service, KMS*), welcher auf einem der Server integriert werden kann, zum Einsatz. Der Rechner, welcher den KMS ausführt, muss von allen anderen, zu aktivierenden Servern unter Windows Server 2019 erreichbar sein. Ebenso muss der betreffende Rechner über eine Verbindung zum Internet verfügen. Sollte eine Verbindung von Serversystemen unter Windows Server 2019 zum KMS-System nicht möglich sein, so stellt hierzu die MAK-Aktivierung eine Alternative dar.

2.8.2.2 Schlüsselverwaltungsdienstschlüssel (KMS)

Mit dem Schlüsselverwaltungsdienstschlüssel wird ein lokaler Aktivierungsdienst, der Schlüsselverwaltungsdienst (engl. *Key Management Service, KMS*), auf einem der vorhandenen Computersysteme in einer Netzwerkumgebung eingerichtet. Dieser Schlüssel kann verwendet werden, um standardmäßig bis zu sechs verschiedene KMS-Systeme innerhalb eines Netzwerks zu aktivieren. Für den Einsatz des Schlüsselverwaltungsdienstes ist hierbei kein dediziertes Computersystem notwendig. Der Dienst kann auf einem Serversystem beispielsweise problemlos neben anderen, vorhandenen Diensten betrieben werden. Zwecks eigener Aktivierung müssen diese Systeme einmalig über das Internet oder auch telefonisch bei Microsoft aktiviert werden. Die im Netzwerk installierten Windows Server 2008-, Windows Server 2008 R2-, Windows Server 2012-, Windows Server 2012 R2-, Windows Server 2016-, Windows Server 2019-, Windows Vista-, Windows 7-, Windows 8-, Windows 8.1- oder Windows 10-Systeme müssen zur Aktivierung selbst nicht zum Internet, sondern lediglich zum vorhandenen KMS-System kommunizieren.

Jedes KMS-System ermöglicht eine unbegrenzte Aktivierung von physikalischen und virtuellen Systemen. Die Voraussetzung für den Einsatz eines Schlüsselverwaltungsdienstes (engl. *Key Management Service, KMS*) wird von Microsoft mit mindestens 5 Servern unter Windows Server 2019 und 25 Computern unter Windows 8 bzw. 8.1, oder Windows 10 angegeben. Die Mindestanzahl wird zwischen den Betriebssystemen kumuliert.

Wiederholte Aktivierung alle 6 Monate

Alle Computersysteme unter Windows Server 2008, Windows Server 2008 R2, Windows Server 2012, Windows Server 2012 R2, Windows Server 2016, Windows Server 2019, Windows Vista, Windows 7, Windows 8, Windows 8.1 und auch Windows 10, die mittels KMS aktiviert wurden, müssen anschließend mindestens alle 6 Monate eine Verbindung mit einem KMS-System herstellen, um die für 180 Tage gültige Aktivierung zu erneuern. Standardmäßig versucht deshalb jedes mittels KMS aktiviertes Computersystem alle 7 Tage erneut, eine Verbindung zu einem der vorhandenen KMS-Systeme herzustellen.

INTERNET ➲ Weitere Informationen zu Volumenaktivierung und zum Schlüsselverwaltungsdienst (*KMS*) erhalten Sie im Internet unter:

https://technet.microsoft.com/de-de/library/hh831612.aspx

2.8.2.3 Mehrfachaktivierungsschlüssel (MAK)

Im Gegensatz zur Volumenaktivierung wird der ***Mehrfachaktivierungsschlüssel*** (engl. *Multiple Activation Key, MAK*) dazu eingesetzt, eine vorweg definierte, vertraglich vereinbarte Anzahl an Serversystemen, jeweils einmalig direkt bei Microsoft zu aktivieren. Die Anzahl der zulässigen Aktivierungen mittels eines bestimmten Mehrfachaktivierungsschlüssels kann über das *Microsoft-Aktivierungscenter* jederzeit nach Bedarf erhöht werden. Die eigentliche Aktivierung der betreffenden Systeme kann beim Einsatz eines Mehrfachaktivierungsschlüssels online, telefonisch oder mithilfe des ***Volume Activation Management Tools*** (*VAMT*) von Microsoft durchgeführt werden. Bei diesem Verfahren ist eine erneute Aktivierung, beispielsweise nach einem bestimmten Zeitraum, nicht notwendig.

INTERNET ➲ Weitere Informationen zur Aktivierung mittels eines Mehrfachaktivierungsschlüssels (*MAK*) erhalten Sie im Internet unter:

https://technet.microsoft.com/de-de/library/hh831612.aspx

2.8.3 Aktivierung über Active Directory

Weitere Vereinfachung der Aktivierung

Die Aktivierung über Active Directory ist ein Rollendienst, mit dem man Active Directory-Domänendienste (engl. *Active Directory Domain Services, AD DS*) zum Speichern von Aktivierungsobjekten verwenden kann. Hierdurch kann man die Aufrechterhaltung der Volumenaktivierungsdienste für ein Netzwerk noch weiter vereinfachen. Bei der

Active Directory-basierten Aktivierung ist kein zusätzlicher Server erforderlich, und die Aktivierungsanforderungen werden während des Computerstarts verarbeitet.

Auf Computern, auf denen Windows 8 bzw. 8.1, Windows 10, Windows Server 2012, Windows Server 2012 R2, Windows Server 2016 bzw. Windows Server 2019 mit einem generischen Volumenlizenzschlüssel ausgeführt wird und die mit der Active Directory-Domäne verbunden sind, erfolgt die Aktivierung des Betriebssystems völlig automatisch und transparent. Die Systeme bleiben so lange aktiviert, wie sie Mitglieder der Domäne sind, und halten regelmäßigen Kontakt zu einem Domänencontroller. Die Aktivierung erfolgt nach dem Start des Lizenzierungsdienstes. Beim Start dieses Dienstes kontaktiert der Computer unter Windows 8, Windows 8.1, Windows 10, Windows Server 2012, Windows Server 2012 R2, Windows Server 2016 oder Windows Server 2019 automatisch die Active Directory-Domänendienste, empfängt das Aktivierungsobjekt und führt die Aktivierung automatisch durch - völlig ohne Benutzeraktion.

Domänen-funktions-ebene „Windows Server 2012“ (oder höher) erforderlich

Die Active Directory-Domänendienste müssen auf der Funktionsebene von Windows Server 2012 (oder höher) ausgeführt werden, damit Aktivierungsobjekte in den AD DS gespeichert werden können.

HINWEIS ➲ Weitere Informationen zur Aktivierung über Active Directory erhalten Sie in der Windows-(Online-)Hilfe von Windows Server 2019.

2.8.4 (Einzel-)Produktaktivierung

Je nachdem, welcher Produkt-Key bei der Installation eines Servers unter Windows Server 2019 zum Einsatz kommt, ist mitunter die (Einzel-) Produktaktivierung des Betriebssystems erforderlich. Hierbei muss jeder der installierten Server manuell aktiviert werden. Mechanismen, wie der Key Management Service (*KMS*), der bei der Volumenaktivierung zum Einsatz kommt, sind hierbei nicht verwendbar.

Die Produktaktivierung von Windows Server 2019 kann hierbei wahlweise entweder über das Internet oder auch telefonisch erfolgen.

2.8.4.1 Aktivierung über das Internet

Bei der Aktivierung über das Internet muss die Kommunikation des Servers unter Windows Server 2019 mit dem Internet möglich sein. Hierfür muss nach der Installation die notwendige Netzwerkkonfiguration vorgenommen werden.

In der Regel erfolgt die Aktivierung von Windows Server 2019 automatisch, sobald das Computersystem eine Verbindung zum Internet, und damit zu den Aktivierungsdiensten von Microsoft aufnehmen kann.

Aktivierung erfolgt automatisch

Gehen Sie in Windows Server 2019 wie folgt vor, um die Einstellungen für die Produktaktivierung anzuzeigen:

1. Melden Sie sich am Serversystem als Administrator an.
2. Öffnen Sie durch Drücken der ⊞-Taste (bzw. durch das Drücken der Tasten Strg+Esc innerhalb eines virtuellen Computers) das *Startmenü*.
3. Klicken Sie anschließend auf das Symbol ⚙ für die Anzeige der **Einstellungen**, klicken Sie dann unten auf **Update und Sicherheit**, und dann auf **Aktivierung**.

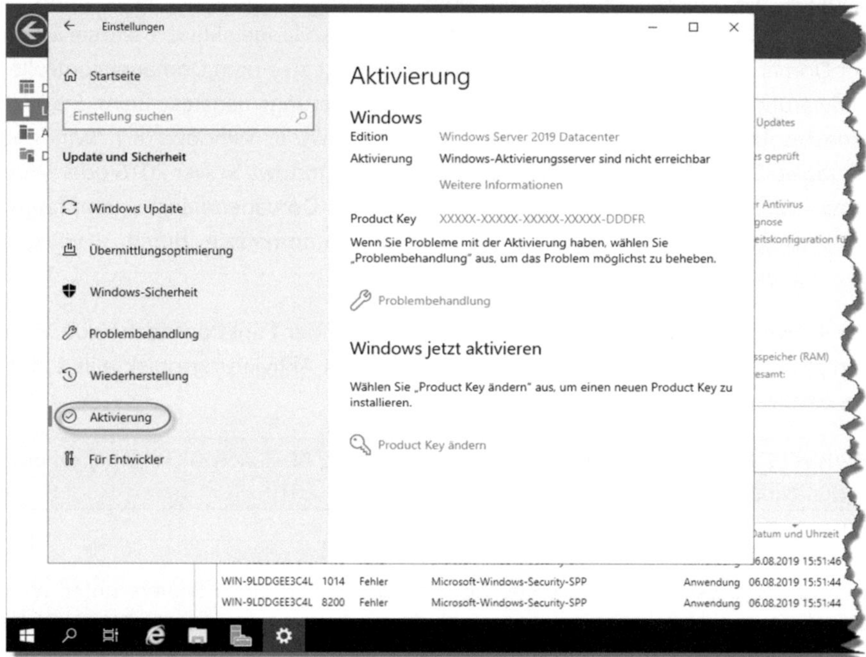

Abb. 2.13: *Dialog zur Produktaktivierung von Windows Server 2019*

Im Bedarfsfall kann man in diesem Dialogfenster den Product-Key ändern, oder die Problembehandlung starten, falls die Produktaktivierung von Windows Server 2019 scheitern sollte.

2.8.4.2 Telefonische Aktivierung

Die telefonische Aktivierung erfolgt über ein automatisches Sprachsystem. Bei der Auswahl der telefonischen Aktivierung wird die zu wählende Telefonnummer länderbezogen angezeigt.

Gehen Sie zur telefonischen Aktivierung des Betriebssystems von Windows Server 2019 wie folgt vor:

1. Melden Sie sich am Serversystem als Administrator an.
2. Öffnen Sie durch Drücken der ⊞-Taste (bzw. durch das Drücken der Tasten Strg+Esc innerhalb eines virtuellen Computers) das *Startmenü*.

3. Geben Sie **cmd** über die Tastatur ein, klicken Sie dann mit der rechten Maustaste auf **Eingabeaufforderung**, und wählen Sie die Option *Als Administrator ausführen*.

4. Geben Sie in der Eingabeaufforderung den Befehl **slui 4** ein, und drücken Sie die [↵]-Taste.

5. Wählen Sie im Dialog unter *Land oder Region auswählen* **Deutschland** aus, und klicken Sie auf **Weiter**.

6. Wählen Sie die im Dialog angegebene Telefonnummer an, um sich mit dem Sprachsystem zur Produktaktivierung zu verbinden. Folgen Sie den telefonischen Anweisungen.

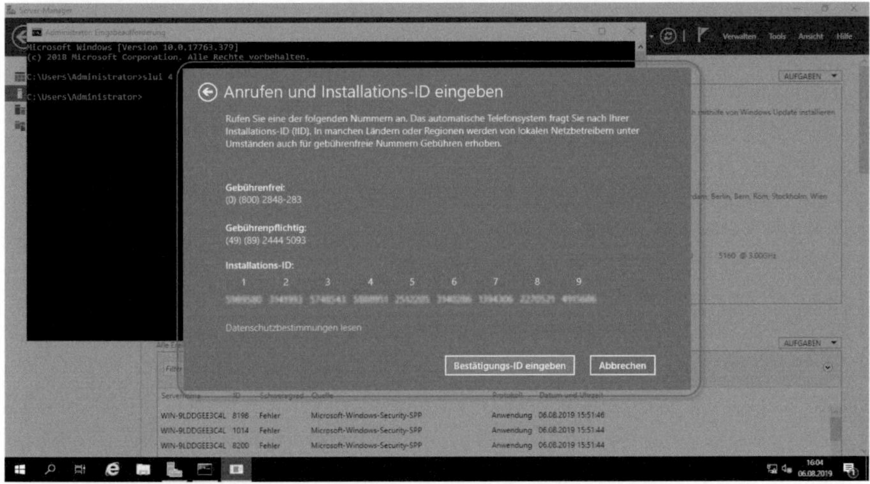

Abb. 2.14: *Telefonische Aktivierung von Windows Server 2019*

2.8.4.3 Aktivierung über die Kommandozeile

Die Aktivierung kann im Bedarfsfall auch über die Kommandozeile erfolgen. Dies ist bei einem Serversystem unter Windows Server 2019 als Server Core alterativ zu der ebenso in der Kommandozeile bereitgestellten Konsolenverwaltung **sconfig** sonst die einzige Möglichkeit, das Serversystem dauerhaft zu verwenden. Ein Serversystem unter Server Core enthält nicht die notwendigen Grafiktools und Assistenten, die in den vorangegangenen Seiten für die Aktivierung des Serversystems beschrieben wurden.

Aktivierung von Server Core

Zur Aktivierung eines Serversystems über die Kommandozeile kann ein in Windows Server 2019 vorhandenes VB-Script mit dem Namen **slmgr.vbs** verwendet werden. Informationen zur Aktivierung von Windows Server 2019 über die Kommandozeile oder mittels der in der Server Core-Installation von Windows Server 2019 enthaltenen Konsolenverwaltung **sconfig** erhalten Sie im Kapitel 13 dieses Buches.

2.8.4.4 Erneute Aktivierung?

In der Regel selten notwendig

Mitunter ist es notwendig, das Betriebssystem eines Servers unter Windows Server 2019 zu einem späteren Zeitpunkt erneut aktivieren zu müssen. Dies kann in den folgenden Situationen erforderlich werden:

- **Neuinstallation des Servers** Wenn Sie das bereits installierte Betriebssystem auf einem anderen Server erneut installieren, ist eine erneute Aktivierung erforderlich.
- **Änderungen an der Hardware** Wenn Sie verschiedene Hardware-Komponenten des Serversystems austauschen, kann dies eine erneute Aktivierung unter Umständen erforderlich machen.
- **Formatieren der Festplatte** Wenn Sie die Festplatte eines bereits installierten Servers unter Windows Server 2019 formatieren, so muss das Betriebssystem nach einer anschließenden Neuinstallation wiederum aktiviert werden.
- **Virusbefall** Bei einem Virusbefall ist es möglich, dass die Aktivierungsdaten auf dem betreffenden Serversystem unter Windows Server 2019 verloren gehen oder beschädigt werden. Hiernach kann eine erneute Aktivierung erforderlich werden.

Wenn nach Eintritt der beschriebenen Szenarien eine Meldung über die Notwendigkeit der Aktivierung des Serversystems unter Windows Server 2019 erfolgt, sollten Sie alsbald handeln. Wenn Sie den angegebenen Zeitraum der (Zwangs-)Aktivierung ohne Reaktion verstreichen lassen, kann das Serversystem bis zur Aktivierung nicht mehr verwendet werden.

2.9 Spätere Lizenzaktualisierung

Lizenzwechsel problemlos möglich

Viele kleinere und mittelständische Unternehmen werden sich bei der Auswahl der Betriebssystemedition von Windows Server 2019 oft zuerst für die Standard Edition entscheiden. Diese genügt zu Beginn sicher für die meisten Einsatzmöglichkeiten von Serversystemen in Unternehmen. Wenn sich später herausstellen sollte, dass man im betreffenden Unternehmen doch zunehmend auf die Virtualisierung von Serversystemen zurückgreift, kann man die Standard-Lizenz problemlos auf eine Datacenter-Lizenz aktualisieren. Dies wird von Microsoft in deren Webseiten so auch dokumentiert. Auch kann man auf diesem Wege beispielsweise auch eine zuvor eingesetzte „Evaluierungsversion“ von Windows Server 2019 auf die Vollversion des Serverbetriebssystems aktualisieren.

Da sich Windows Server 2019 Standard und Datacenter Edition vom Umfang der installierbaren Serverrollen, Rollendienste und Features kaum unterscheiden, müssen Sie für die Lizenzaktualisierung keine weiteren Vorbereitungen treffen.

Geben Sie auf dem Serversystem unter Windows Server 2019 Standard Edition als Administrator den folgenden Befehl in der Kommandozeile ein, um die Aktualisierung der Lizenz von Windows Server 2019 in der Standard Edition auf die Datacenter Edition durchzuführen:

```
dism /online /set-edition:ServerDatacenter
/ProductKey:XXXX-XXXX-XXXX-XXXX-XXXX /AcceptEula
```

HINWEIS ➲ Verwenden Sie statt der Zeichenfolge *XXXX-XXXX-XXXX-XXXX-XXXX* den von Microsoft bereitgestellten Produkt-Key für die Datacenter Edition von Windows Server 2019.

Nach der Aktualisierung der Lizenz von Windows Server 2019 Standard auf die Datacenter Edition räumt Ihnen Microsoft die uneingeschränkte Virtualisierungslizenz auf dem betreffenden Serversystem ein.

2.10 Aktualisierung vorhandener Serversysteme

„Inplace Upgrade" möglich

Ein vorhandenes Serversystem kann unter bestimmten Voraussetzungen auf Windows Server 2019 aktualisiert werden. Vorhandene Windows-Server lassen sich häufig im Verlauf eines einfachen *„Inplace Upgrades"* auf das neue Serverbetriebssystem aktualisieren. Abhängig von den auf dem zu aktualisierenden Serversystem ausgeführten Serverrollen und Rollendienste kann es jedoch notwendig sein, vorweg die vorhandene Active Directory-Gesamtstruktur bzw. das darin vorhandene Active Directory-Schema zu aktualisieren.

PRAXISTIPP! ➲ Noch bevor man den Aktualisierungsvorgang eines vorherigen Betriebssystems zu Windows Server 2019 startet, muss man sich darüber informieren, ob der gewünschte Aktualisierungsvorgang technisch oder auch lizenzrechtlich überhaupt unterstützt wird. Bevor man jedoch die Aktualisierung eines älteren Serversystems planen kann, sollte man sich über die unterstützten Aktualisierungspfade zu Windows Server 2019 informieren.

2.10.1 Unterstützte Aktualisierungspfade

Aktualisierung erst ab Windows Server 2012 R2 (Release 2) möglich

Die erste Überlegung bei einer zu planenden Serveraktualisierung sollte in Richtung des angedachten sowie des im Vergleich dazu stehenden, realisierbaren Aktualisierungspfades zu Windows Server 2019 gehen. Die folgende Tabelle enthält die möglichen, von Microsoft unterstützten Aktualisierungspfade von vorherigen Betriebssystemversionen zu Windows Server 2019:

Aktuell ausgeführtes Betriebssystem	Mögliche Zieledition(en)
Windows Server 2012 R2 (Release 2) Standard	Windows Server 2019 Standard *oder* Datacenter

Aktuell ausgeführtes Betriebssystem	Mögliche Zieledition(en)
Windows Server 2012 R2 (Release 2) Datacenter	Windows Server 2019 Datacenter
Windows Server 2012 R2 Essentials	Windows Server 2019 Essentials
Windows Server 2016 Standard	Windows Server 2019 Standard *oder* Datacenter
Windows Server 2016 Datacenter	Windows Server 2019 Datacenter
Windows Server 2016 Essentials	Windows Server 2019 Essentials
Hyper-V Server 2012 R2 *oder* Hyper-V Server 2016	Hyper-V Server 2019

Tab. 2.3: *Unterstützte Aktualisierungspfade von vorherigen Windows-Betriebssystemen zu Windows Server 2019*

Hardwareseitig gleiche Voraussetzungen wie bei Neuinstallation

Wie in der Tabelle zu sehen, existieren umfangreiche Aktualisierungsmöglichkeiten von bereits installierten Serversystemen unter Windows Server 2012 R2 (Release 2) bzw. Windows Server 2016 nach Windows Server 2019. Eine Aktualisierung von älteren Betriebssystemen zu Windows Server 2019 wird jedoch nicht unterstützt. Im Übrigen gelten prinzipiell die gleichen Voraussetzungen, wie bei einer Neuinstallation. Die durchzuführenden Schritte zur eigentlichen Aktualisierung eines bereits installierten Serversystems auf Windows Server 2019 sind wiederum sehr überschaubar und lassen sich sehr übersichtlich erklären.

2.10.2 Notwendige vorbereitende Schritte

Noch vor Beginn der eigentlichen Serveraktualisierung auf Windows Server 2019 müssen verschiedene, vorbereitende Schritte durchgeführt werden. Diese gleichen denen bei der Vorbereitung einer Neuinstallation, wie sie bereits vorweg in diesem Kapitel detailliert erläutert wurden. Zu den vorbereitenden Schritten zählt u. a.:

- **Trennen von USV-Geräten**
- **Sichern vorhandener Server**
- **Bereitlegen notwendiger Treiber**
- **Deaktivieren von Virenschutzprogrammen vor der Aktualisierung**
- **Die Windows-Firewall muss standardmäßig aktiviert sein**
- **Überprüfung der Anwendungskompatibilität**

2.10.3 Digital signierte Treiber erforderlich

Nicht-signierte Treiber - nicht unterstützt

Wie auch bei einer Neuinstallation unterstützt Windows Server 2019 auch bei der Aktualisierung von älteren Windows-Betriebssystemen von Hause her lediglich digital signierte Kernelmodustreiber. Über die *erweiterten Startoptionen* von Windows Server 2019 lässt sich das *Erzwingen der Treibersignatur* bei Bedarf deaktivieren, um unsignierte Treiber installieren zu können. Sollten im Anschluss an die Installation von Treibern womöglich Probleme auftreten, oder das Computersystem sich mit dem (vermeintlich) nicht signierten Treiber nicht mehr ordnungsgemäß starten lassen, so können Sie die folgende Vorgehensweise nutzen, um den nicht signierten Treiber wieder zu entfernen.

Gehen Sie wie folgt vor, um die Signaturanforderung für die Treiberinstallation unter Windows Server 2019 für den aktuellen Startvorgang zu deaktivieren:

1. Starten Sie den Computer neu, und drücken Sie beim Start die F8-Taste.
2. Wählen Sie die **Erweiterten Startoptionen** aus.
3. Wählen Sie **Erzwingen der Treibersignatur deaktivieren** aus.
4. Starten Sie den Computer neu, und deinstallieren Sie den nicht signierten Treiber.

INTERNET ➲ Weitere Informationen zu der Signaturanforderung von Treibern unter den Windows-Betriebssystemen erhalten Sie u. a. im Internet auf der Website von Microsoft unter:

https://msdn.microsoft.com/en-us/library/windows/hardware/dn653559(v=vs.85).aspx

Erst wenn Sie alle der notwendigen Schritte zur Vorbereitung der Serveraktualisierung auf Windows Server 2019 durchgeführt haben, sollten Sie mit der eigentlichen Aktualisierung des Betriebssystems beginnen. Mitunter kann es notwendig sein, sogar noch weitere Schritte zur Vorbereitung der Aktualisierung vorhandener Serversysteme auf Windows Server 2019 durchzuführen. Insbesondere, wenn das zu aktualisierende Serversystem bislang als Domänencontroller einer Active Directory-Domäne eingesetzt wurde, muss diese auf den Einsatz des neuen Serverbetriebssystems mitsamt seinen darin enthaltenen Neuerungen vorbereitet werden.

2.10.4 Vorbereitung der Active Directory-Umgebung

Mehr Schritte bei der Aktualisierung von Domänencontrollern

Als Mitgliedsserver lassen sich Serversysteme i.d.R. problemlos und ohne große Vorbereitungen in aktuellen Active Directory-Domänen, sowie auch als Mitglieder in Arbeitsgruppen betreiben. Im Zusammenhang mit der Aktualisierung eines bereits vorhandenen, bislang als Domänencontroller eingesetzten Serversystems unter Windows Server 2012 R2 (Release 2) bzw. Windows Server 2016 auf Windows Server 2019, sind vorweg aber noch weitere Schritte notwendig. In einem ersten Schritt muss die Active Directory-Gesamtstruktur (engl. *forest*), in der das zu aktualisierende Serversystem bisher eingesetzt wurde, seitens des Active Directory-Schemas für den Einsatz von Windows Server 2019 aktualisiert werden. In einem weiteren Schritt muss dann noch die Aktualisierung der betreffenden Active Directory-Domäne für den Einsatz eines Domänencontrollers unter Windows Server 2019 durchgeführt werden. Erst im Anschluss folgt dann die eigentliche Aktualisierung des Betriebssystems des betreffenden Serversystems.

Es sei erwähnt, dass die Vorbereitung vorhandener Active Directory-Gesamtstrukturen und Domänen gleich während des Heraufstufens eines Serversystems unter Windows Server 2019 zu einem Domänencontroller bereits automatisch erfolgen kann. Die *„Adprep"*-Funktionalität ist in den grafischen Assistenten zum Heraufstufen eines Serversystems zum Domänencontroller bereits seit Windows Server 2012 integriert. Da die Rollen der verantwortlichen Administratoren in größeren Active Directory-Infrastrukturen oft jedoch getrennt werden setzt man auch in heutiger Sicht gerne noch die gewohnten Befehlsoptionen rund um Adprep.exe zur Vorbereitung der Active-Directory-Gesamtstrukturen und -Domänen ein.

INTERNET ➲ Die Aktualisierung vorhandener Domänencontroller einer Active Directory-Domäne auf Windows Server 2019 setzt voraus, dass sich die Active Directory-Infrastruktur mindestens in der Gesamtstrukturfunktionsebene auf Windows Server 2008 oder höher befindet. Windows Server 2019 bringt seinerseits keine neuen Funktionsebenen mit sich. Die höchste Funktionsebene kann man als Windows Server 2016 (technisch: „WinThreshold") konfigurieren.

Details hierzu finden sich im Internet auf der folgenden Webseite:

https://docs.microsoft.com/en-us/windows-server/identity/ad-ds/active-directory-functional-levels

Das für die manuelle Aktualisierung der Active Directory-Gesamtstruktur und -Domäne notwendige Tool **adprep.exe** finden Sie im Ordner ***\Support\Adprep*** auf der Installations-DVD (bzw. der ISO-Datei) von Windows Server 2019.

2.10.4.1 Vorbereitung der Active Directory-Gesamtstruktur (forestprep)

Aktualisierung auf dem Schema-Master

Führen Sie zur Vorbereitung einer bereits vorhandenen Active Directory-Gesamtstruktur auf die Aktualisierung von vorhandenen Domänencontrollern auf Windows Server 2019 den folgenden Befehl auf dem Domänencontroller aus, der als Schemamaster der Gesamtstruktur fungiert:

```
Adprep /forestprep
```

Zum Ausführen dieser Aktualisierung muss man über die entsprechenden Rechte in der Gesamtstruktur verfügen. Standardmäßig sind lediglich die Mitglieder der Sicherheitsgruppen der *Organisations-Administratoren* und der *Schema-Administratoren* in der Lage, die Aktualisierung auf der Ebene einer Active Directory-Gesamtstruktur vorzunehmen.

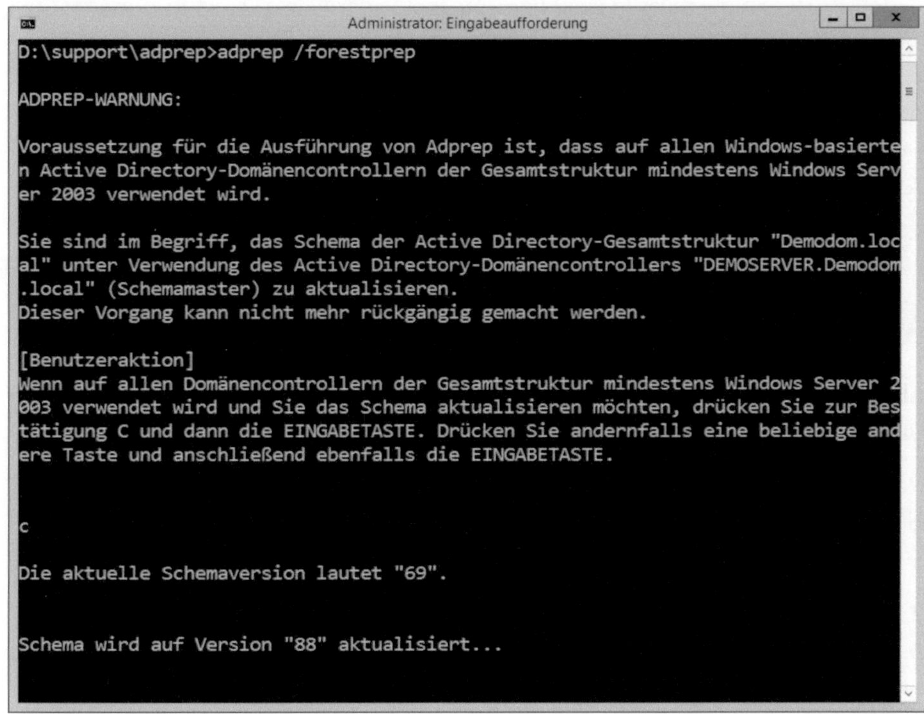

Abb. 2.15: *Erfolgreiche Aktualisierung des Schemas einer vorhandenen Active Directory-Gesamtstruktur auf die Version „88" mithilfe des Befehls adprep.exe auf einem Serversystem als Domänencontroller unter Windows Server 2012 R2.*

Anschließend muss noch die betreffende Active Directory-Domäne, in welcher der zu aktualisierende Domänencontroller eingesetzt wird, für die Aktualisierung auf Windows Server 2019 vorbereitet werden.

2.10.4.2 Vorbereitung der Active Directory-Domäne (domainprep)

Zur Vorbereitung einer Active Directory-Domäne auf die Aktualisierung eines Domänencontrollers auf Windows Server 2019 muss sich diese zumindest in der Domänenfunktionsebene von Windows Server 2008 (oder höher) befinden. Zur Aktualisierung der betreffenden Active Directory-Domäne müssen Sie den folgenden Befehl auf einem der vorhandenen Domänencontroller ausführen:

Domänenfunktionsebene „Windows Server 2008" oder höher erforderlich

```
Adprep /domainprep
```

Die Aktualisierung einer Active Directory-Domäne kann problemlos von einem der Domänen-Administratoren durchgeführt werden. Höhere Rechte sind hierzu nicht erforderlich. Der Befehl muss in *jeder* der Domänen einer Active Directory-Gesamtstruktur ausgeführt werden, in denen die Domänencontroller auf Ebene von Windows Server 2019 eingesetzt werden sollen.

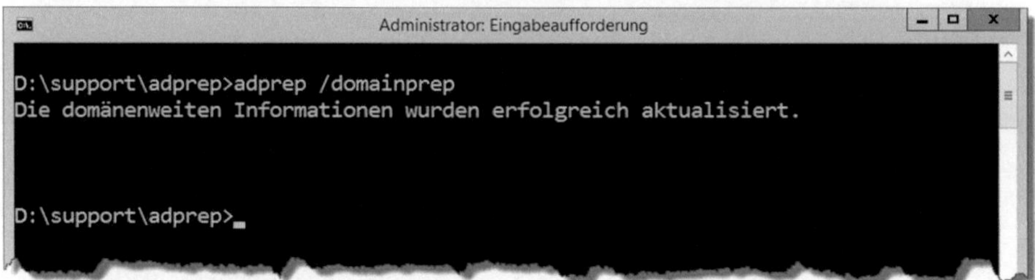

Abb. 2.16: *Erfolgreiche Domänenaktualisierung mithilfe des Befehls adprep.exe auf einem Serversystem als Domänencontroller unter Windows Server 2012 R2*

Nach Abschluss der Domänenvorbereitung können Sie im nächsten Schritt mit der eigentlichen Aktualisierung des Serverbetriebssystems der Domänencontroller auf Windows Server 2019 beginnen.

2.10.5 Durchführung der Serveraktualisierung

Die Aktualisierung eines vorhandenen Serversystems auf Windows Server 2019 lässt sich mit einfachen Schritten durchführen.

HINWEIS ➲ Microsoft empfiehlt grundsätzlich die Neuinstallation auch vorhandener Serversysteme. Vor der direkten Aktualisierung eines vorhandenen Serversystems auf Windows Server 2019 sollte man unbedingt darauf achten, dass die darauf vorhandenen Anwendungen (soweit zutreffend) kompatibel zu dem neuen Serverbetriebssystem sind.

Gehen Sie wie folgt vor, um ein vorhandenes Serversystem unter Windows Server 2012 R2 (Release 2) oder Windows Server 2016 zu Windows Server 2019 zu aktualisieren:

1. Legen Sie die Installations-DVD für Windows Server 2019 in das DVD-Laufwerk des zu aktualisierenden Serversystems ein, öffnen Sie den *Datei-Explorer*, und doppelklicken Sie im DVD-Laufwerk auf die Datei **setup.exe**.

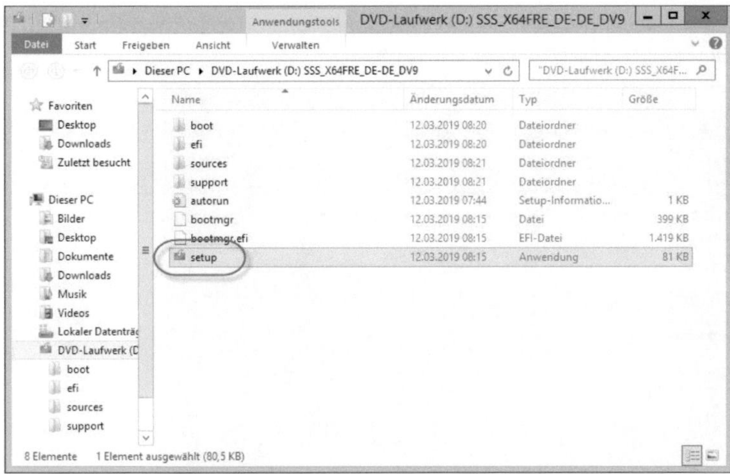

Abb. 2.17: *Datei setup.exe auf dem Windows Server 2019-Installationsmedium*

2. Wählen Sie im Dialog *Windows Server 2019-Setup* aus, ob Updates vor der Installation heruntergeladen und installiert werden sollen. Hierzu muss der betreffende Server über eine Verbindung zu den Aktualisierungsdiensten von Microsoft (*Windows-Update*) oder intern zu einem Server mit den installierten und konfigurierten Windows Server Update Services (*WSUS*) verfügen. Zusätzlich wird Ihnen die Option angeboten, zur **Verbesserung der Windows-Installation** beizutragen. Wenn Sie diese Option aktivieren, sammelt das Computersystem Informationen zum Verlauf der Windows-Installation, und sendet diese anschließend anonym an Microsoft. Klicken Sie dann auf **Weiter**.

Abb. 2.18: *Möglichkeit der Aktualisierung eines vorhandenen Serversystems während der Durchführung des Upgrades zu Windows Server 2019*

3. Im nächsten Dialog müssen Sie den *Produkt-Key* von Windows Server 2019 eingeben. Klicken Sie anschließend auf **Weiter**.

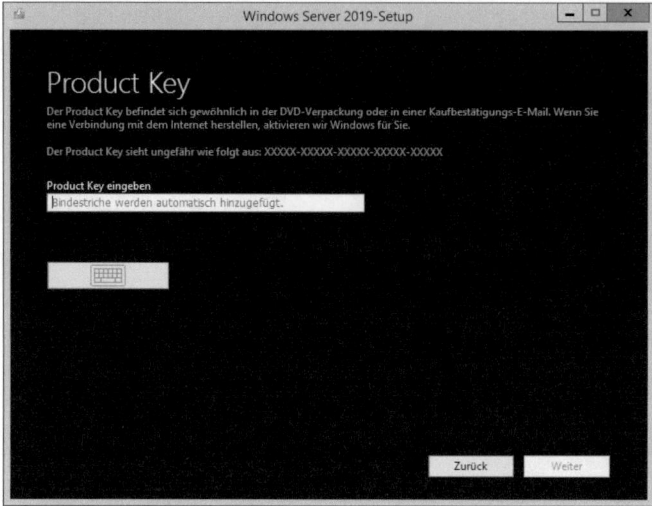

Abb. 2.19: *Dialog zur Eingabe des Produkt-Key für Windows Server 2019*

4. Wählen Sie den gewünschten Installationsmodus aus, um das Serversystem mit Windows Server 2019 als *Server Core-Installation* (Standardauswahl) oder als *Server mit grafischer Benutzeroberfläche* (Desktopdarstellung) zu installieren, und klicken Sie dann auf **Weiter**.

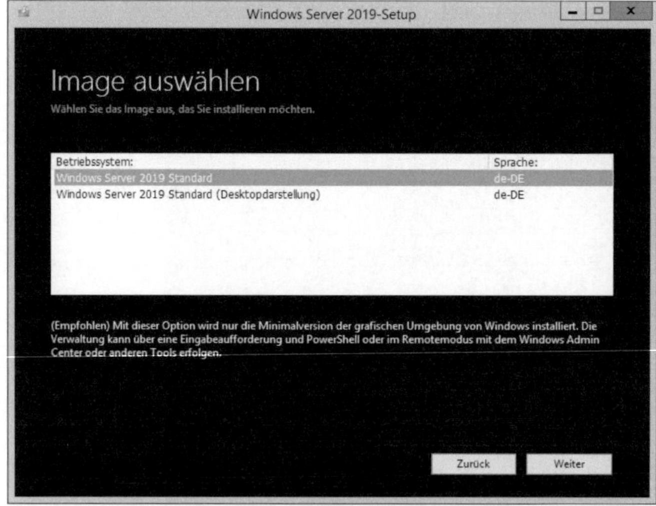

Abb. 2.20: *Auswahl des zu installierenden Betriebssystemmodus*

5. Beachten Sie die Diagnose und Nutzungsinformationen, nach denen das Serversystem mit der Voreinstellung „***Erweitert***" standardmäßig Informationen automatisch an Microsoft sendet, um Microsoft-Produkte und -Dienste zu verbessern. Diese Voreinstellung kann nach der Aktualisierung auf Windows Server 2019 zu einem späteren Zeitpunkt verändert werden. Zum Fortsetzen der Installation nehmen Sie die Lizenzbedingungen an, und klicken Sie auf **Weiter**.

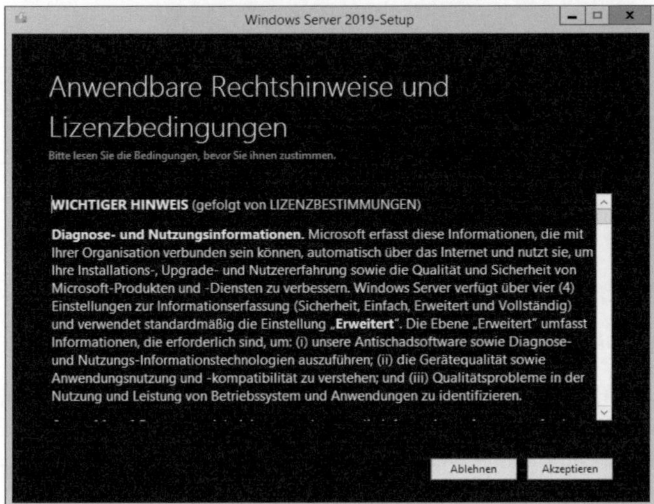

Abb. 2.21: *Lizenzbedingungen von Windows Server 2019*

6. Wählen Sie für die direkte Aktualisierung die Option ***Persönliche Dateien und Apps behalten*** aus, und klicken Sie auf **Weiter**.

   Diese alternative Option ***Nichts*** dient der Neuinstallation eines Serversystems. Wenn Sie diese Option wählen, werden keine der Dateien oder Konfigurationsinformationen des bereits vorhandenen Betriebssystems übernommen.

Abb. 2.22: *Auswahl der Aktualisierung des vorhandenen Serversystems*

Mitunter erscheint noch ein zusätzlicher Dialog in Bezug auf die Notwendigkeit der *Überprüfung der Anwendungskompatibilität* von möglicherweise auf dem zu aktualisierenden Serversystem vorhandener Anwendungssoftware. Im Bedarfsfall haben Sie die Möglichkeit, die Installation mittels eines Klicks auf das Kreuz in der oberen rechten Ecke des Dialogfensters abzubrechen. Bislang wurden noch keine Änderungen an dem bestehenden Serversystem vorgenommen.

8. Über einen Klick auf die Schaltfläche **Bestätigen** wird die Aktualisierung auf Windows Server 2019 entsprechend vorbereitet.

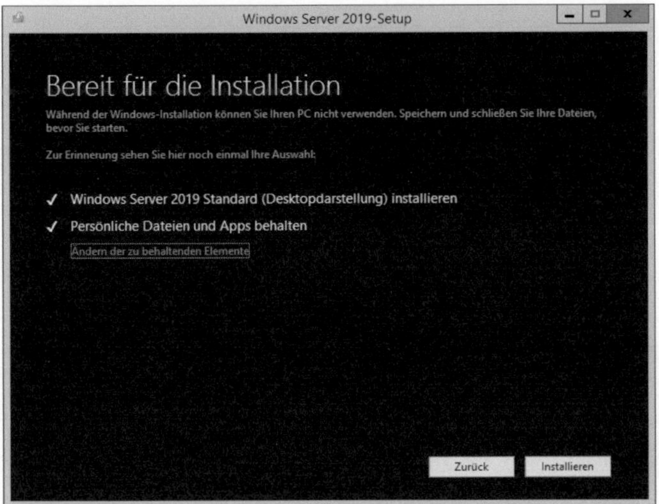

Abb. 2.23: *Hinweis auf die Notwendigkeit der Überprüfung möglicher Kompatibilitätsprobleme*

9. Wenn Sie die Aktualisierung des vorhandenen Betriebssystems nach Windows Server 2019 jetzt starten möchten, so klicken Sie auf die Schaltfläche **Installieren**.

   Im Rahmen der Aktualisierung werden alle vorhandenen Einstellungen des ursprünglichen Betriebssystems auch unter Windows Server 2019 beibehalten.

   Die Aktualisierung des Serversystems wird durchgeführt.

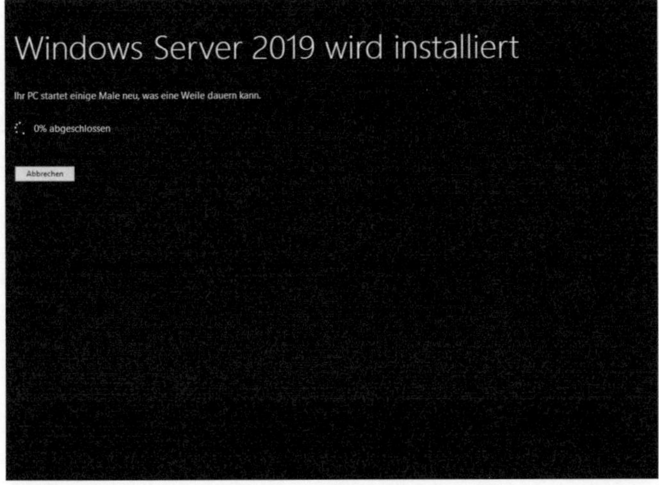

Abb. 2.24: *Aktualisierung von Windows Server 2012 R2 auf Windows Server 2019*

HINWEIS ➲ Der Upgrade-Vorgang kann (je nach Leistungsvermögen des zu aktualisierenden Serversystems) mitunter mehrere Stunden dauern. Dies sollten Sie in Ihre Planung der Aktualisierung von vorhandenen Serversystemen mit einbeziehen.

Während der Aktualisierung werden alle vorhandenen Einstellungen und Dateien des ursprünglichen Serversystems vollständig übernommen. Der Installationsprozess startet den Server im Bedarfsfall mehrfach selbständig neu.

Zum Ende der Installation wird Ihnen der Startbildschirm von Windows Server 2019 angezeigt.

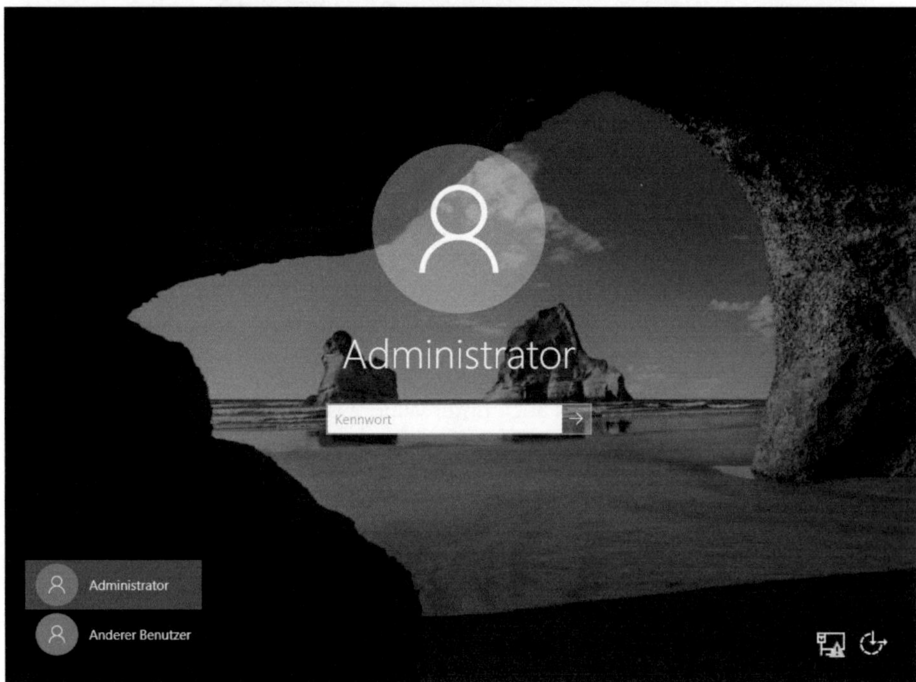

Abb. 2.25: *Der Anmeldebildschirm unter Windows Server 2019*

Nach der ersten Anmeldung am System wird standardmäßig der grafische Server-Manager von Windows Server 2019 gestartet und die auf dem System vorhandenen Serverrollen, Rollendienste und Funktionen ermittelt. Diese werden anschließend innerhalb des Server-Managers angezeigt.

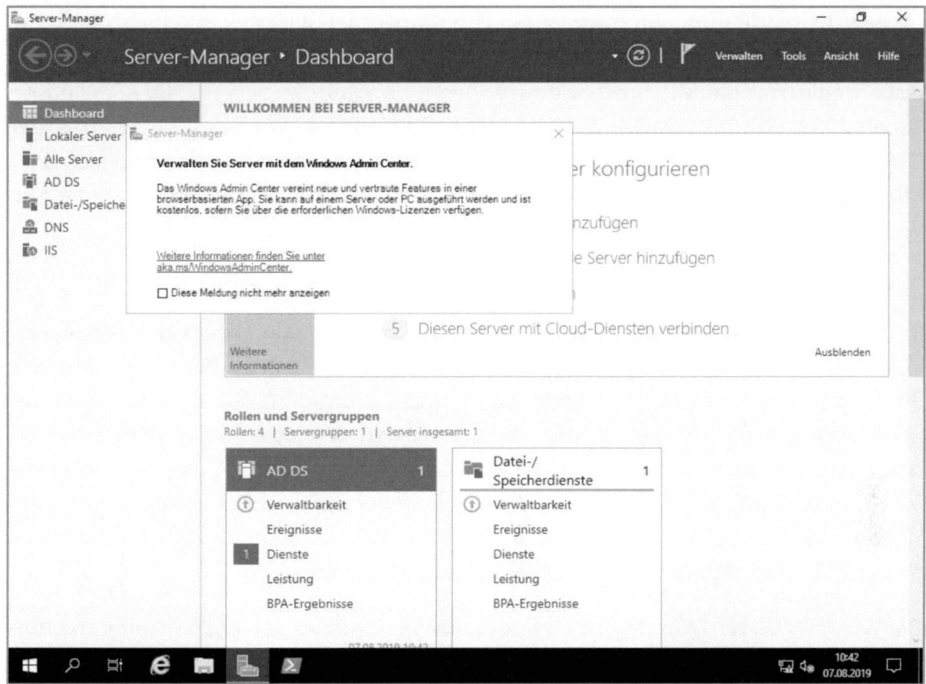

Abb. 2.26: *Der grafische Server-Manager auf dem von Windows Server 2012 R2 auf Windows Server 2019 aktualisierten Serversystem*

Es erscheint zudem ein Hinweis auf die Verwaltungsmöglichkeit des Serversystems mithilfe des optional downloadbaren Windows Admin Center (WAC).

2.10.6 Überprüfung der erfolgreichen Aktualisierung

Kontrolle zu möglichen Problemen

Nachfolgend sollten Sie nun die erfolgreiche Aktualisierung des betreffenden Serversystems anhand der Einträge in der Ereignisanzeige überprüfen. Mögliche Probleme oder auch Fehler u. a. auch im Zusammenhang mit der Aktualisierung des Serversystems werden dort neben den allgemeinen Informationen in Form von Ereignisanzeigeneinträgen festgehalten.

Gehen Sie zur Anzeige der Ereignisanzeigeneinträge des zuvor aktualisierten Serversystems unter Windows Server 2019 wie folgt vor:

1. Klicken Sie im grafischen Server-Manager in der oberen Befehlsleiste auf **Tools**, und dann auf ***Ereignisanzeige***.
2. Klicken Sie in der Ereignisanzeige auf das gewünschte Ereignisprotokoll, beispielsweise unter *Anwendungs- und Dienstprotokolle* auf *Verzeichnisdienst.*

Prüfen Sie das Ereignisprotokoll auf eventuelle Warnungen und Fehlermeldungen.

Da eine Aktualisierung von bestehenden, mitunter auch älteren oder auch x86-Systemen zum x64-basierten Windows Server 2019 technisch betrachtet teils überhaupt nicht möglich ist, hat Microsoft, wie zuvor bereits in Windows Server 2008 R2, Windows Server 2012, Windows Server 2012 R2 (Release 2) sowie in Windows Server 2016, den Umfang von Windows Server 2019 um die Windows Server-Migrationstools ergänzt. Mit diesen Tools kann man Serverrollen und Features (Funktionen) bestehender Serversysteme zu neuen Serversystemen unter Windows Server 2019 migrieren.

2.11 Migration von Serverrollen und -funktionen

Umfangreiche Migrationsmöglichkeiten

In den Umfang von Windows Server 2019 hat Microsoft die *Windows Server-Migrationstools* für die Übertragung bestimmter Serverrollen, Features (*Funktionen*), Betriebssystemeinstellungen, Freigaben und sonstigen Daten von älteren Servercomputern auf Server mit dem neuesten Windows-Serverbetriebssystem beigefügt. Die Migration kann dabei von Quellservern erfolgen, die beispielsweise (noch) unter Windows Server 2003, Windows Server 2003 R2, Windows Server 2008, Windows Server 2008 R2, Windows Server 2012, Windows Server 2012 R2, Windows Server 2016 und Windows Server 2019 ausgeführt werden.

Die *Windows Server-Migrationstools* findet man in Windows Server 2019 unter der Auswahl der installierbaren Features, so dass man sie einem Serversystem problemlos über den *Assistent zum Hinzufügen von Rollen und Features* hinzufügen kann. Ebenso einfach lassen sich diese nach der Verwendung wiederum von den Quell- und Zielservern entfernen. Nach der Installation lassen sie sich u. a. auch über **Tools**, und dann **Windows Server-Migrationstools** im grafischen *Server-Manager* aufrufen.

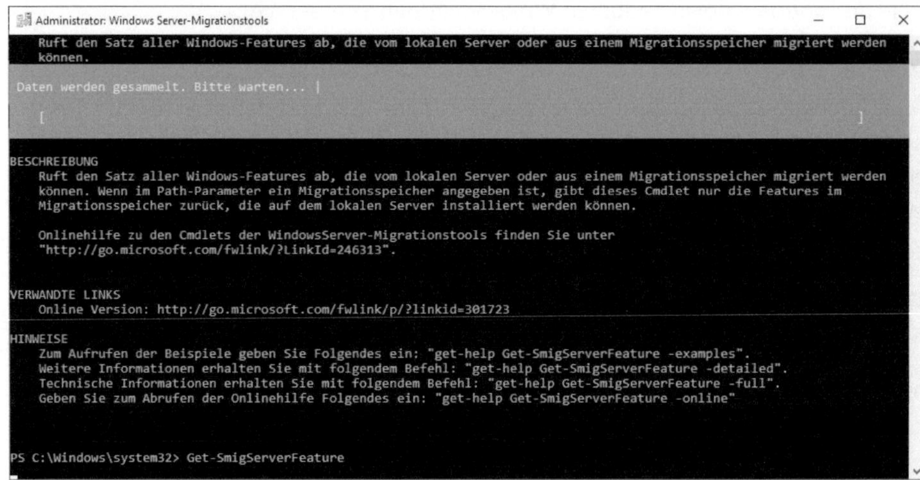

Abb. 2.27: *Windows Server-Migrationstools in der Windows PowerShell unter Windows Server 2019*

Dem Migrationsvorgang mithilfe der Windows Server-Migrationstools liegt die *Windows PowerShell* zugrunde, was den Vorgang für viele Administratoren etwas undurchsichtig erscheinen lässt. Selbst auf den Quellserversystemen (beispielsweise unter Windows Server 2003 mit Service Pack 2) wird das Microsoft .Net Framework 2.0 sowie die Windows PowerShell benötigt, um die Migration von Serverrollen, Funktionen oder auch Diensten auf Zielsysteme unter Windows Server 2019 zu realisieren.

Windows PowerShell-Cmdlets als Migrationstools

HINWEIS ➲ Windows Server 2008 als Server Core-Installation kann seitens der darauf installierten Rollen nicht als Quellserver für die Migration verwendet werden, da auf diesem System das für die Durchführung der Migration mit den Windows Server-Migrationstools notwendige Microsoft .NET Framework nicht verfügbar ist.

Die Windows Server-Migrationstools ermöglichen es, wie bereits erwähnt, Serverrollen, Funktionen oder auch mehr sogar zwischen Betriebssystemen mit unterschiedlichen Plattformen, sprich: die von x86-basierten Serversystemen auf Windows Server 2019 als 64-Bit-Betriebssystem zu migrieren.

Migration von x86 nach x64 möglich

INTERNET ➲ Eine Übersicht der im Umfang der Windows Server-Migrationstools enthaltenen Windows PowerShell-Cmdlets, sowie auch die für die praktische Durchführung der Migration von Serverrollen notwendigen Schritte findet man in den dazu veröffentlichten Migrationshandbüchern im Internet unter:

https://docs.microsoft.com/de-de/windows-server/get-started/migrate-roles-and-features

Die Migration von Serverrollen älterer Windows-Serverbetriebssysteme zu Windows Server 2019 ist in vielen Fällen gleichgehalten wie dies noch in den Migrationshandbüchern von Microsoft bereits zu Windows Server 2012 (R2) beschrieben war.

Die folgende Tabelle enthält eine *Übersicht* der von den Windows Server-Migrationstools unter Windows Server 2019 unterstützten Betriebssysteme:

Betriebssystem und Prozessor des Quellsystems	Betriebssystem und Prozessor des Zielsystems
Windows Server 2003 mit Service Pack 2 (x86- oder x64-basiert)	Windows Server 2019 (x64-basiert) als Server Core- oder vollständige Installation
Windows Server 2003 R2 (x86- oder x64-basiert)	Windows Server 2019 (x64-basiert) als Server Core- oder vollständige Installation
Windows Server 2008, vollständige Installation (x86- oder x64-basiert)	Windows Server 2019 (x64-basiert) als Server Core- oder vollständige Installation

Betriebssystem und Prozessor des Quellsystems	Betriebssystem und Prozessor des Zielsystems
Windows Server 2008 R2 (x64-basiert)	Windows Server 2019 (x64-basiert) als Server Core- oder vollständige Installation
Windows Server 2008 R2 als Server Core-Installation (x64-basiert)	Windows Server 2019 (x64-basiert) als Server Core- oder vollständige Installation
Windows Server 2012 (x64-basiert)	Windows Server 2019 (x64-basiert) als Server Core- oder vollständige Installation
Windows Server 2012 als Server Core-Installation (x64-basiert)	Windows Server 2019 (x64-basiert) als Server Core- oder vollständige Installation
Windows Server 2012 R2 (x64-basiert)	Windows Server 2019 (x64-basiert) als Server Core- oder vollständige Installation
Windows Server 2012 R2 als Server Core-Installation (x64-basiert)	Windows Server 2019 (x64-basiert) als Server Core- oder vollständige Installation
Windows Server 2016 (x64-basiert)	Windows Server 2019 (x64-basiert) als Server Core- oder vollständige Installation
Windows Server 2016 als Server Core-Installation (x64-basiert)	Windows Server 2019 (x64-basiert) als Server Core- oder vollständige Installation
Windows Server 2019 (x64-basiert)	Windows Server 2019 (x64-basiert) als Server Core- oder vollständige Installation
Windows Server 2019 als Server Core-Installation (x64-basiert)	Windows Server 2019 (x64-basiert) als Server Core- oder vollständige Installation

Tab. 2.4: *Unterstützte Betriebssysteme und Plattformen der Windows Server-Migrationstools*

Zusätzlich zu den oben aufgeführten Voraussetzungen für die Unterstützung der Windows Server-Migrationstools gelten darüber hinaus noch die folgenden:

- Die Migration zwischen physikalischen und virtuellen Betriebssystemen wird ebenso unterstützt.
- Die Sprachversion der für die Migration zu nutzenden Quell- und Zielserver müssen gleich sein.

INTERNET ➲ Die Migration von Serverrollen, Rollendiensten und -funktionen stellt einen auch zeitlich mitunter umfangreichen Vorgang dar, weshalb auf das Thema in diesem Buch lediglich kurz eingegangen werden kann. Weitere Informationen, sowie auch vollständige Handbücher für die Migration einzelner Serverrollen, Funktionen und Dienste findet man direkt auf der Website von Microsoft unter:

https://docs.microsoft.com/de-de/windows-server/get-started/migrate-roles-and-features

In diesem Kapitel wurden Ihnen die Systemanforderungen, sowie die verschiedenen Installationsmethoden von Windows Server 2019 vorgestellt. Neben der Neuinstallation wurde auch der mögliche Pfad für eine Aktualisierung vorhandener Serversysteme sowie die Möglichkeit der Migration älterer Betriebssysteme zu Windows Server 2019 erklärt. Im nächsten Kapitel dreht sich alles um die Navigation in und auch die Verwaltungstools und -möglichkeiten von Windows Server 2019.

KAPITEL 3

Navigation und Verwaltung

Microsoft hat die zuvor bereits auch in Windows Server 2016 enthaltene Grafikoberfläche mitsamt des Startmenüs auch in Windows Server 2019 eingebaut. Diese entspricht vom Aussehen und der Handhabung unter Windows Server 2019 prinzipiell der Verwaltungsoberfläche, wie man sie parallel auch im Clientbetriebssystem unter Windows 10 findet. Einzig die im Startmenü standardmäßig vorhandenen, grafischen Kacheln sind in dem Serverbetriebssystem unter Windows Server 2019 klar auf die Systemverwaltung ausgerichtet.

Insbesondere wenn man von älteren Windows-Betriebssystemen, wie zum Beispiel Windows Server 2008 (R2) zum neuen Windows Server 2019 wechselt, muss man sich etwas Zeit nehmen, um sich in die Änderungen in der Navigation und Verwaltung von Windows Server 2019 hineinzuarbeiten. In den nächsten Seiten werden die häufigsten Navigationsschritte dargestellt, um den Einstieg in das neue Serverbetriebs-system zu vereinfachen.

3.1 Das Startmenü

Kacheloptik wie unter Windows 10

Das erste, was einem in Windows Server 2019 ins Auge fällt, ist die ebenso in Windows 10 und auch schon unter Windows Server 2016 integrierte Kacheloptik, die Microsoft auch in das neue Serverbetriebssystem übernommen hat. In diesem werden Verknüpfungen, wie zum Beispiel zum Server-Manager, dem Task-Manager aber auch zur

Windows PowerShell anhand von farbigen Kacheln mit der entsprechenden Beschriftung dargestellt. Die Kacheln sind in der Größe bereits darauf abgestimmt, den Startbildschirm mitunter auch von einem Tablet-PC oder einem Smartphone per Remotezugriff mit einem Touch-Screen zu bedienen.

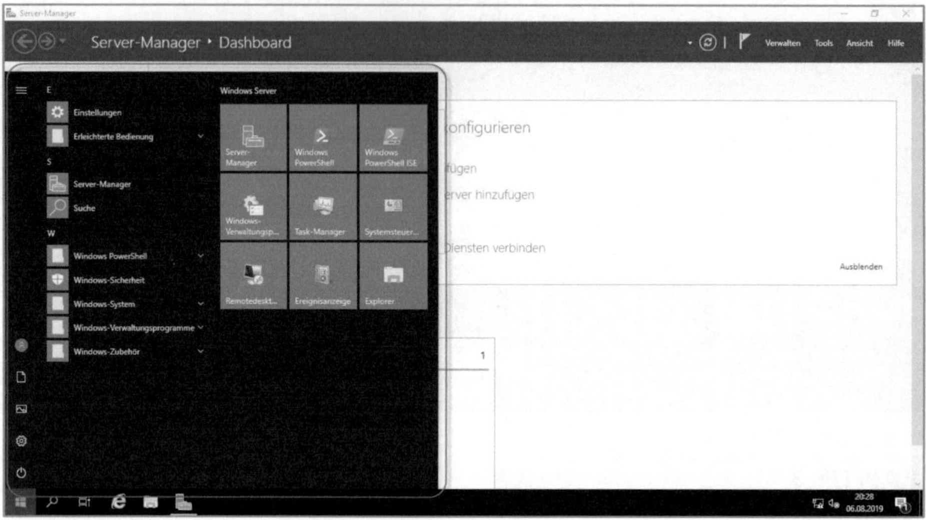

Abb. 3.1: *Das Startmenü von Windows Server 2019*

Anwendungen wurden zu Apps

Bei Bedarf kann man jederzeit weitere Verknüpfungen zu Anwendungen, die auch in Windows Server 2019 als *„Apps"* bezeichnet werden, in dem Startmenü unterbringen. Neben Apps lassen sich hier auch Dateien oder Internet-Links als Kacheln unterbringen. Auch kann man die vorhandenen Kacheln und Verknüpfungen einfach anders anordnen, oder diese vom Startmenü entfernen.

Das Startmenü kann man über einen Mausklick auf den Start-Knopf in der linken, unteren Ecke, oder aber alternativ auch mithilfe der ⊞start-Taste öffnen.

3.1.1 Anpassungsmöglichkeiten der Kacheloptik

Wenn man mit der rechten Maustaste auf die einzelnen Kacheln klickt, so zeigen sich verschiedene (Verwaltungs-)Optionen. So kann man die jeweilige Kachel mithilfe der Option **Von „Start" lösen** beispielsweise vom Startbildschirm entfernen, oder auch bestimmen, in welchem Benutzerkontext die betreffende App ausgeführt werden soll. Hier finden sich auch die Optionen **Als Administrator ausführen** bzw. **Als anderer Benutzer ausführen**.

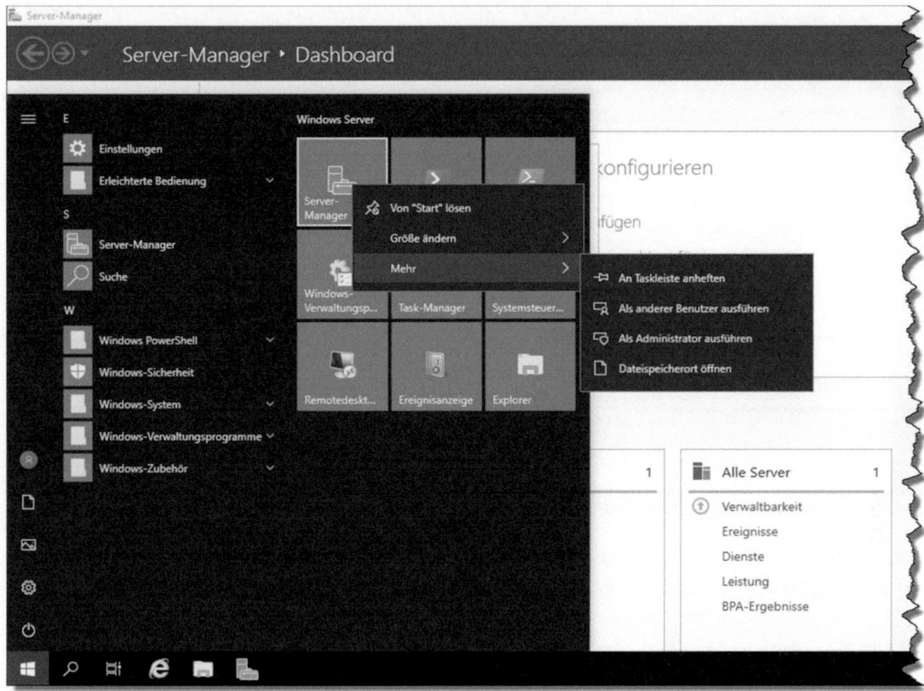

Abb. 3.2: *Erweiterte Optionen mittels Rechtsklick auf die im Startmenü vorhandenen Kacheln*

3.1.2 Effektive Suche im Startmenü

Damit man sich in der Vielzahl der in Windows Server 2019 standardmäßig bereits vorhandenen Apps gut zurechtfindet, hat Microsoft die Suche nach den Apps oder auch möglicher Systemeinstellungen und auch Dateien vereinfacht. Im Startmenü löst die Eingabe von Zeichen die Ausführung der *Suche* im lokalen Computersystem sowie auch im Internet (Internetverbindung vorausgesetzt) automatisch aus, so dass man auf diesem Weg recht schnell und einfach beispielsweise zu der gewünschten App, Einstellung oder Datei gelangt.

Die Suche im Startmenü nach Apps, Dateien und Einstellungen kann man bequem mithilfe der Tastenkombination ⊞start + S aufrufen.

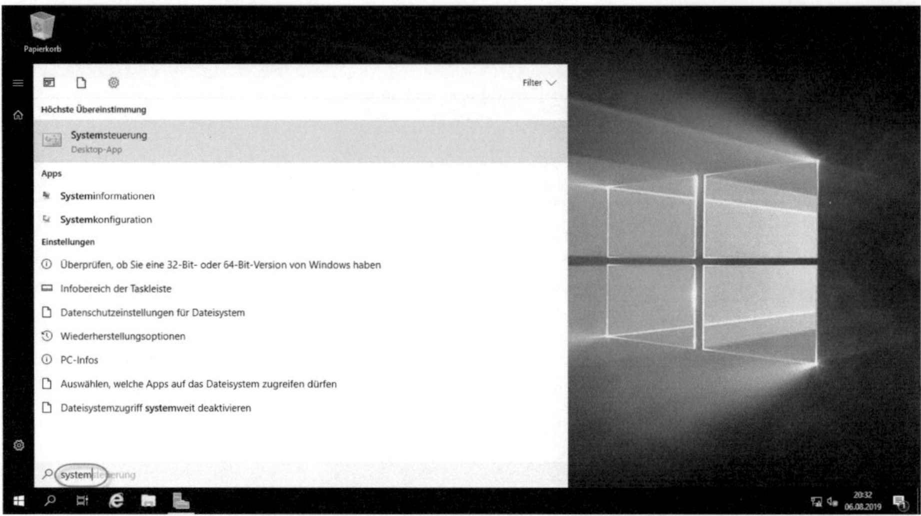

Abb. 3.3: *Einfache Suche nach Apps und Einstellungen durch die Eingabe von Zeichen im Startmenü von Windows Server 2019*

Wie in der oberen Grafik zu sehen ist, reicht es oft bereits aus, wenn man nur einen Teil des Namens der gesuchten App, einer Datei oder Systemeinstellung eingibt. Alle im System vorhandenen Apps, in deren Name oder auch Beschreibung die eingegebenen Zeichen enthalten sind, werden als Ergebnis auf dem Bildschirm angezeigt. Durch einen einfachen Klick mit der Maus auf den jeweiligen Namen lassen sich die Apps, die angezeigten Dateien oder Systemeinstellungen anschließend aufrufen. Ohne die Auswahl lässt sich die Suche durch das Drücken der Esc-Taste wieder beenden.

3.2 Der Desktop und die Taskleiste

Überbleibsel: Papierkorb und Taskleiste

Den aus früheren Windows-Versionen bereits bekannte Desktop findet man auch in Windows Server 2019 wieder. Links oben in der Ecke enthält dieser standardmäßig den Papierkorb. Am unteren Rand des Bildschirms findet man die Taskleiste, wie dies bereits auch bei früheren Versionen des Windows-Serverbetriebssystems der Fall war. Auffällig ist schon beim ersten Blick jedoch, dass die Verknüpfung zur Windows-PowerShell raus der Taskleiste, dafür aber hinein die Kacheln des Startmenüs gewandert ist.

Über einen Klick mit der rechten Maustaste auf die Taskleiste kann man diese im Bedarfsfall auf die eigenen Bedürfnisse hin anpassen.

3.2.1 Verwaltungsprogramme im Kontextmenü

Wenn man mit der rechten Maustaste auf den Startknopf in der linken unteren Ecke von Windows Server 2019 klickt, so öffnet sich ein Kontextmenü mit einer Vielzahl an Programmverknüpfungen zu verschiedenen Verwaltungsprogrammen und -optionen.

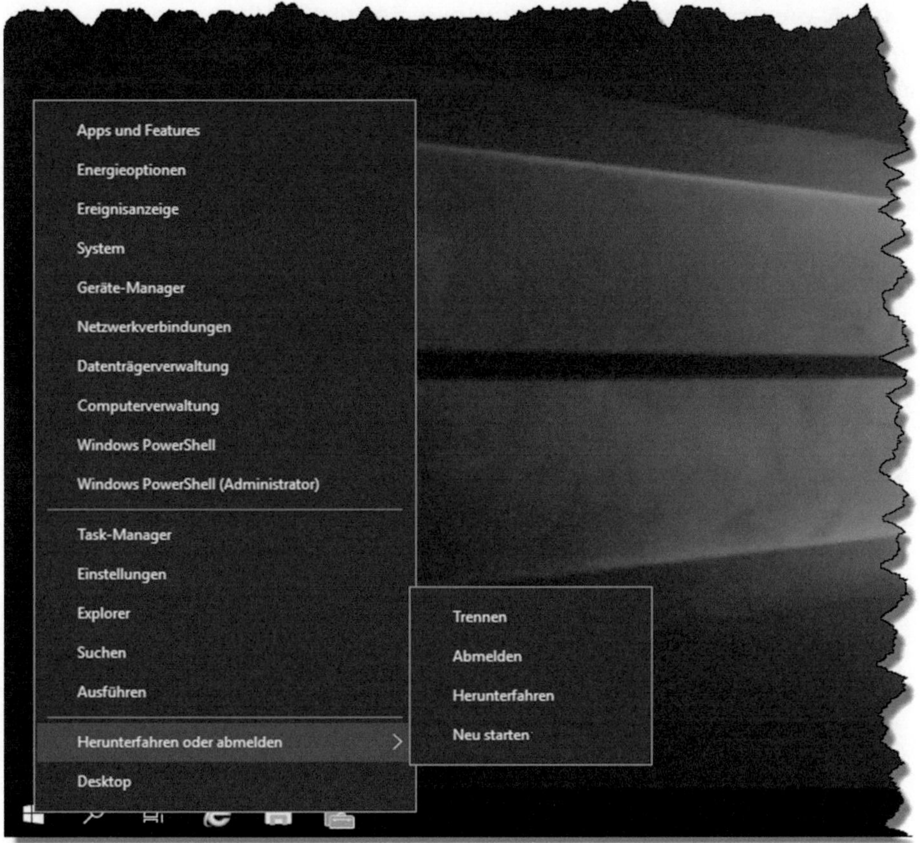

Abb. 3.4: *Kontextmenü zum Schnellaufruf von Verwaltungsprogrammen und -optionen in Windows Server 2019*

In dem Kontextmenü findet man auch die Optionen *Abmelden, Herunterfahren* oder *Neu starten.* Die gleichen Funktionen findet man ebenso im Startmenü. Ohne die Auswahl lässt sich dieses Kontextmenü durch das Drücken der Esc-Taste einfach wieder schließen.

3.3 Navigation in Windows Server 2019

Die Navigation in Windows Server 2019 ist prinzipiell die gleiche wie auch unter Windows 10 als Clientbetriebssystem.

Tastenkombinationen zur einfacheren Navigation

Man findet man sich in der neuen Oberfläche eigentlich recht schnell zurecht. Zur Vereinfachung der Navigation in dem neuen Serverbetriebssystem sollte man sich einfach ein paar der möglichen Tastenkombinationen einprägen - diese gelten ebenso unter Windows 10.

3.3.1 Navigationsschritte in Windows Server 2019

Navigation mit Maus und/oder Tastatur möglich

Um Ihnen die Navigation unter Windows Server 2019 gleich schon beim Einstieg in das neue Betriebssystem zu vereinfachen, enthält die folgende Tabelle die wichtigsten Navigationsschritte und -möglichkeiten:

Aktion	Tastatureingabe bzw. Mausklick
Öffnen des Startmenüs	⊞start -Taste
	Auf einem virtuellen Computer unter Windows Server 2019 alternativ die Tasten Strg + Esc.
	Klicken Sie in der Taskleiste in der linken unteren Ecke mit der Maus auf den Windows-**Startknopf**.
Schließen des Startmenüs	Esc-Taste
Herunterfahren und Neustarten des Computers	1. Klicken Sie in der Taskleiste in der linken unteren Ecke mit der Maus auf den Windows-**Startknopf**. 2. Klicken Sie dann auf das **Ein/Aus**-Symbol, und klicken Sie dann auf die gewünschte Option.
	1. Klicken Sie in der Taskleiste in der linken unteren Ecke mit der rechten Maustaste auf den Windows-**Startknopf**. 2. Klicken Sie auf **Herunterfahren oder abmelden**, und klicken Sie dann auf die gewünschte Option.
Abmelden am Computer	Klicken Sie im *Startmenü links* auf das *Benutzersymbol,* und klicken Sie dann auf **Abmelden**.
	1. Klicken Sie in der Taskleiste in der linken unteren Ecke mit der rechten Maustaste auf den Windows-**Startknopf**. 2. Klicken Sie auf **Herunterfahren oder abmelden**, und klicken Sie dann auf **Abmelden**.
Sperren des Computers	⊞start + L
	Klicken Sie im *Startmenü links* auf das *Benutzersymbol,* und klicken Sie dann auf **Sperren**.
Zugreifen auf die Systemsteuerung	Klicken Sie im *Startmenü* auf die Kachel **Systemsteuerung**.

Aktion	Tastatureingabe bzw. Mausklick
	1. Klicken Sie in der unteren Taskleiste in der linken unteren Ecke mit der rechten Maustaste auf den Windows-**Startknopf**. 2. Klicken Sie dann auf **Systemsteuerung**.
Zugreifen auf den grafischen Server-Manager	1. Klicken Sie in der unteren Taskleiste in der linken unteren Ecke mit der Maus auf den Windows-**Startknopf**. 2. Klicken Sie dann auf die *Kachel* für den **Server-Manager**.
	1. Drücken Sie die Tastenkombination ⊞start + S 2. Geben Sie *Server* in die Tastatur ein, und klicken Sie auf **Server-Manager**.
Öffnen des Dialogfelds „Ausführen"	⊞start + R
Starten der Windows-PowerShell	Klicken Sie im Startmenü auf **Windows PowerShell**.
	1. Drücken Sie die Tastenkombination ⊞start + S 2. Geben Sie *Power* in die Tastatur ein, und klicken Sie auf **Windows PowerShell**.
Öffnen der Eingabeaufforderung	1. Drücken Sie die Tastenkombination ⊞start + S 2. Geben Sie *cmd* in die Tastatur ein, und klicken Sie auf **cmd.exe**.
	1. Drücken Sie auf dem Desktop ⊞start + R, um das Dialogfeld **Ausführen** zu öffnen. 2. Geben Sie im Dialogfeld **Ausführen** den Befehl **cmd** ein, und drücken Sie die ↵-Taste.
	1. Klicken Sie in der Taskleiste in der linken unteren Ecke mit der rechten Maustaste auf den Windows-**Startknopf**. 2. Klicken Sie dann auf **Eingabeaufforderung**.
Öffnen der Remotedesktopverbindung	1. Drücken Sie die Tastenkombination ⊞start + S 2. Geben Sie *mstsc* in die Tastatur ein, und klicken Sie auf **Remotedesktopverbindung**.
	Klicken Sie im Startmenü auf **Remotedesktopverbindung**.

Tab. 3.1: *Navigationsschritte unter Windows Server 2019*

Wenn man sich mit der Navigation in Windows Server 2019 etwas vertraut gemacht hat, ist es an der Zeit, sich zunächst einmal einen Überblick über die Möglichkeiten der Verwaltung des Serversystems und der darauf konfigurierbaren Serverrollen und -funktionen schaffen.

3.4 Verwaltung von Windows Server 2019

Verschiedene Möglichkeiten - ganz nach Bedarf

Die Verwaltung von Windows Server 2019 wurde von Microsoft an die in Unternehmen vielfältigen, notwendigen Verwaltungsmöglichkeiten angepasst. In kleineren Unternehmen bedienen sich die Administratoren oft der grafischen Verwaltungsoberfläche. Dabei dient der grafische Server-Manager sicher als die wichtigste der Verwaltungskonsolen. Sobald die Anzahl der Serversysteme ansteigt, muss man unweigerlich auf die Automatisierung von Verwaltungsvorgängen ausweichen - auch dazu bietet Windows Server 2019 die notwendigen Werkzeuge: als *CommandLets* (*Cmdlets*) in den vielen neuen oder auch erweiterten Modulen der Windows PowerShell. Natürlich hat Microsoft parallel auch noch viele der bislang verwendeten Tools und Programme im neuen Serverbetriebssystem belassen, so dass man sich seitens der bisherigen Verwaltungsschritte nicht sofort völlig neu orientieren muss.

Damit man die Verwaltung des neuen Serverbetriebssystems effektiv betreiben kann, muss man sich mit den zur Verfügung stehenden Konsolen, Tools und Methoden befassen.

3.4.1 Der grafische Server-Manager

Wie man es nach dem ersten Anmelden bereits vernehmen kann, lädt sich der grafische Server-Manager gleich nach der ersten Anmeldung am Server unter Windows Server 2019 automatisch. Erstmals enthalten war diese grafische Verwaltungsoberfläche bereits auch schon unter Windows Server 2012.

Neu unter Windows Server 2019 ist die standardmäßig beim ersten Aufruf des Server-Managers angezeigte Meldung zum - *optional verfügbaren - Windows Admin Center* (WAC). Durch einen Klick auf den in der Meldung enthaltenen Link erhält man weitere Informationen rund um das *Windows Admin Center* (WAC), sowie auch die Möglichkeit zum kostenfreien Download aus der Website von Microsoft im Internet.

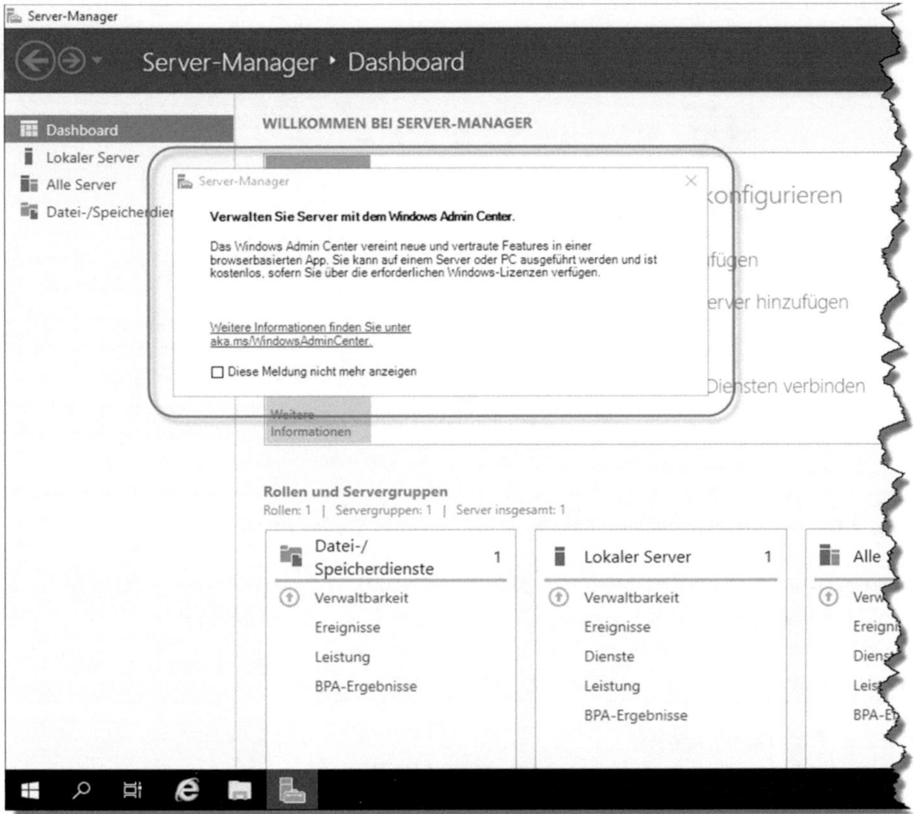

Abb. 3.5: *Hinweis auf das optional verfügbare Windows Admin Center (WAC) im Server-Manager unter Windows Server 2019*

Das Dialogfenster kann man durch einen einfachen Klick auf das X-Symbol schließen. Dahinter zeigt sich der grafische Server-Manager.

PRAXISTIPP! ➲ Sollte der Server-Manager nach dem Anmelden nicht automatisch angezeigt werden, so kann man ihn einfach über einen Klick auf die betreffende Kachel im Startmenü von Windows Server 2019 manuell starten.

Der Server-Manager in Windows Server 2019 ermöglicht zuerst einmal die Verwaltung des lokalen Serversystems. Das fällt insbesondere dann auf, wenn man sich das beim ersten Start standardmäßig angezeigte *Dashboard* betrachtet. Dort wird ganz oben die Kachel *Willkommen bei Server-Manager*, wie Microsoft sie bezeichnet, angezeigt. In dieser findet man neben der Aufforderung zur Konfiguration auch Neuigkeiten, sowie weitere Informationen zu Windows Server 2019.

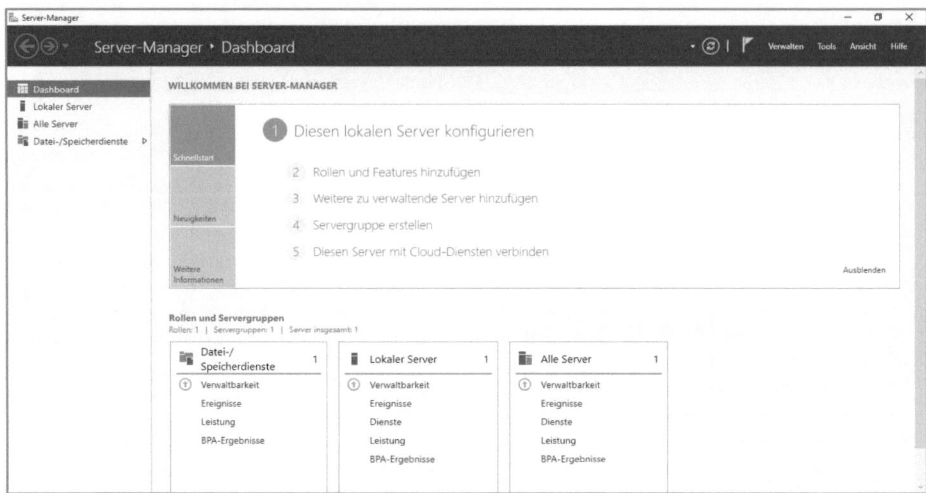

Abb. 3.6: *Der grafische Server-Manager in Windows Server 2019*

PRAXISTIPP! ➲ Die *Willkommenskachel* kann man über einen Klick auf **Ansicht** und dann auf **Kachel für Willkommen ausblenden**, bzw. über die Verknüpfung in der rechten unteren Ecke der Kachel bei Bedarf einfach ausblenden, und über die Ansicht später jederzeit wiederum einblenden lassen.

3.4.1.1 Das Dashboard

Schneller Blick über den Status der Serversysteme

Eine der wichtigen Funktionen in Windows Server 2019 ist das *Dashboard* im *Server-Manager*, in dem ein Administrator gleich nach dem Start der Verwaltungskonsole den Status aller damit verwalteten Serversysteme, sowie der darauf ausgeführten Serverrollen des Unternehmens einsehen kann. Beim Aufruf des Server-Managers aktualisiert dieser die Statusdaten über jedes der darin verknüpften Serversysteme.

PRAXISTIPP! ➲ Die im Dashboard vorhandenen Kacheln zu den jeweiligen Serverrollen färben sich rot ein, um auf mögliche Probleme hinzuweisen. Beispielsweise tritt dies ein, wenn in der Ereignisanzeige eines der innerhalb der jeweiligen Servergruppe enthaltenen Systeme ein Problem dokumentiert hat. Durch einen Klick auf die (Rollen-)Beschriftung der jeweiligen Kachel wechselt man in die jeweilige Servergruppe, und erfährt dort dann die Ursache zu dem jeweiligen Problem.

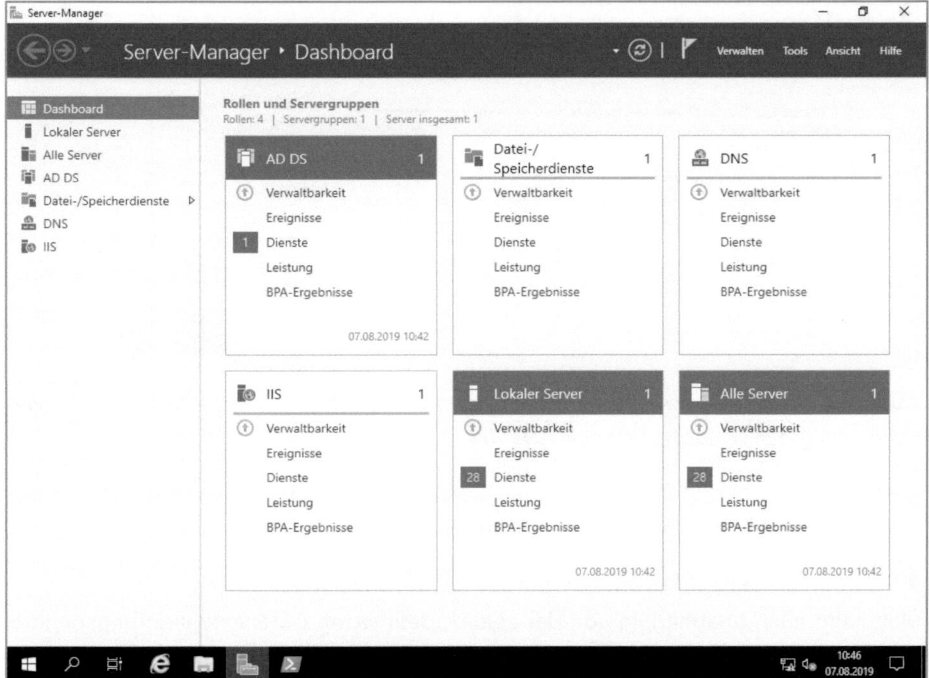

Abb. 3.7: *Kenntlichmachung von ermittelten Problemen im Dashboard des grafischen Server-Managers*

3.4.1.2 Standardmäßiges Aktualisierungsintervall

Nach dem Aufruf aktualisiert der Server-Manager die Statusinformationen alle 10 Minuten. Dieser Wert kann in den Eigenschaften des Server-Managers bei Bedarf angepasst werden. Gehen Sie dazu wie folgt vor:

Aktualisierung zeitlich anpassbar

1. Klicken Sie im *Server-Manager* auf **Verwalten**, und dann auf **Server-Manager-Eigenschaften**.

2. Nehmen Sie die Konfiguration der Datenaktualisierungsperiode für den Server-Manager vor, und klicken Sie dann auf **OK**.

Bei Bedarf kann man die zeitlich gesteuerte Datenaktualisierung des Server-Managers auch völlig abschalten. Dann findet die Aktualisierung der darin angezeigten Statusinformationen zu den verwalteten Serversystemen lediglich noch beim Start des Server-Managers statt.

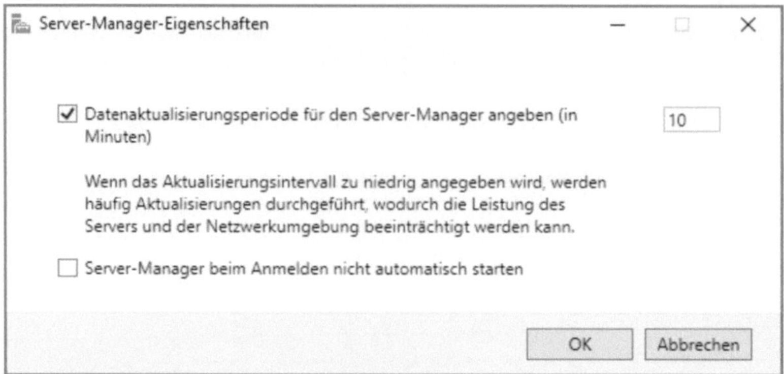

Abb. 3.8: *Anpassungsmöglichkeit für die Datenaktualisierungsperiode des Server-Managers unter Windows Server 2019*

Zusätzlich kann in den Server-Manager-Eigenschaften ebenso noch festlegen, ob dieser beim Anmelden nicht automatisch starten soll.

3.4.1.3 Manuelle Aktualisierung des Server-Managers

Man kann auch unabhängig von der zeitlich definierten Datenaktualisierungsperiode für den Server-Manager die Statusinformationen zu den mit diesem verwalteten Serversysteme abrufen. Dazu muss man lediglich auf das *Aktualisierungssymbol* in der *Kopfleiste* des grafischen Server-Managers klicken.

PRAXISTIPP! ➲ Man sollte stets bedenken, dass der Aktualisierungsvorgang im Server-Manager bei der Ermittlung von Statusdaten von Remoteserversystemen im Unternehmen einen gewissen Datenverkehr im Computernetzwerk auslöst. Darüber hinaus entsteht auch für das jeweilige, lokale, für die Ausführung des Server-Managers genutzte System zu einem gewissen Grad ebenso eine mehr oder weniger spürbare Auslastung, die sich nach der Anzahl der zu aktualisierenden Serversysteme, Serverrollen und den damit verbundenen Daten richtet.

3.4.1.4 Systemeigenschaften des lokalen Servers

Der grafische Server-Manager ermöglicht einen umfassenden Einblick in das jeweilige Serversystem unter Windows Server 2019. Hierzu stellt er die wichtigsten Systemeigenschaften in einer Übersicht zusammen. Man erreicht die Ansicht durch einen Klick im linken Menü im Server-Manager auf **Lokaler Server**.

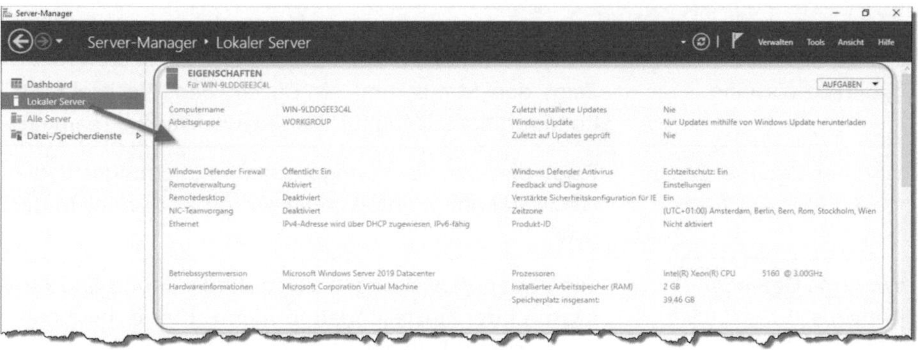

Abb. 3.9: *Anzeige der Systemeigenschaften des lokalen Servers*

Durch einen einfachen Klick auf die farbig blau herausgehobene Verknüpfung kann man die jeweiligen Systemeigenschaften bei Bedarf einfach anpassen.

Die im Server-Manager konfigurierbaren Systemeigenschaften umfassen:

Option	Beschreibung
Computername	Ermöglicht das Festlegen bzw. das Ändern des Computernamens
Arbeitsgruppe / Domäne	Ermöglicht den Beitritt des Computersystems als Mitglied zu einer Arbeitsgruppe oder Active Directory-Domäne.
Zuletzt installierte Updates	Zeigt eine Übersicht über zuletzt installierte Updates, und ermöglicht den Wechsel zum Konfigurationsdialog.
Windows Update	Zeigt den aktuellen Status der Konfiguration zu Windows Update, und ermöglicht den Wechsel zum Konfigurationsdialog.
Zuletzt auf Updates geprüft	Zeigt den aktuellen Status, und ermöglicht den Wechsel zum Konfigurationsdialog.
Windows Defender Firewall	Zeigt den Status der Windows Defender Firewall, und ermöglicht den Wechsel zur Konfigurationskonsole.
Remoteverwaltung	Zeigt den Aktivierungsstatus, und ermöglicht den Wechsel zum Konfigurationsdialog.
Remotedesktop	Zeigt den Aktivierungsstatus, und ermöglicht den Wechsel zum Systemeigenschaften-Dialog zur Konfiguration.

Option	Beschreibung
NIC-Teamvorgang	Zeigt den Status, und ermöglicht den Wechsel zum Konfigurationsdialog für das Netzwerkkarten-Teaming.
Ethernet, Ethernet 2, ...	Zeigt die aktuelle Konfiguration, und ermöglicht die Netzwerkkonfiguration, wie IP-Adressen, Subnet-Mask, usw.
Windows Defender Antivirus	Öffnet den Verwaltungsdialog zur Verwaltung und Anpassung der Einstellungen für den Echtzeitschutz mittels Windows Defender Antivirus.
Feedback und Diagnose	Ermöglicht die Konfiguration der Feedbackhäufigkeit, sowie die Übermittlungseinstellungen für Diagnose- und Nutzungsdaten an Microsoft.
Verstärkte Sicherheits-konfiguration für IE	Zeigt den aktuellen Status, und ermöglicht die Anpassung der verstärkten Sicherheitskonfiguration für Administratoren und Benutzer.
Zeitzone	Zeigt den aktuellen Status, und ermöglicht die Anpassung der Einstellungen für die Zeitzone, in der das System eingesetzt ist, sowie das Datum und die Uhrzeit. Darüber hinaus lassen sich über das Register Zusätzliche Uhren noch bis zu zwei weitere Uhren für weitere Zeitzonen konfigurieren.
Produkt-ID	In diesem Feld werden die Produkt-ID, sowie der Aktivierungsstatus angezeigt. Darüber hinaus kann man zum Dialog zur Eingabe des Produkt-Key wechseln und das System hierüber bei Bedarf manuelle aktivieren.

Tab. 3.2: *Konfigurierbare Systemeigenschaften eines Serversystems im Server-Manager unter Windows Server 2019*

3.4.1.5 Vorgehensweise zur Konfiguration der Systemeigenschaften

Die Konfiguration der Systemeigenschaften lässt sich zentral im grafischen Server-Manager unter Windows Server 2019 auf einfache Weise durchführen. In der Regel benötigt man zur Anpassung der Eigenschaften die Administratorrechte.

Gehen Sie wie folgt vor, um die Systemeigenschaften eines Serversystems unter Windows Server 2019 lokal im Server-Manager anzupassen:

1. Öffnen Sie den *Server-Manager* (soweit dies nicht automatisch geschieht), und klicken Sie auf **Lokaler Server**.

2. Klicken Sie dann unter *Eigenschaften für <Servername>* auf die zu konfigurierende *Systemeigenschaft*, und folgen Sie den Anweisungen des jeweiligen Konfigurationsdialogs.

3.4.1.6 Rollen und Servergruppen

Gruppierung auch nach Serverrollen

Gegenüber den noch unter Windows Server 2008 R2 verwendeten Versionen wurde der Server-Manager nicht nur optisch aufgefrischt wurde. Er dient seit Windows Server 2012 nunmehr fest der zentralen Verwaltung des lokalen, sowie auch von Remoteservern und ganzen Serverfarmen.

Eigene Server-gruppen möglich

Damit die Verwaltung im grafischen Server-Manager ist besonders effizient stattfinden kann, ermittelt dieser beim Hinzufügen von weiteren Servern die darauf ausgeführten Serverrollen und Rollendienste. Anschließend vereint er die Server mit gemeinsam ausgeführten Serverrollen in entsprechenden Servergruppen.

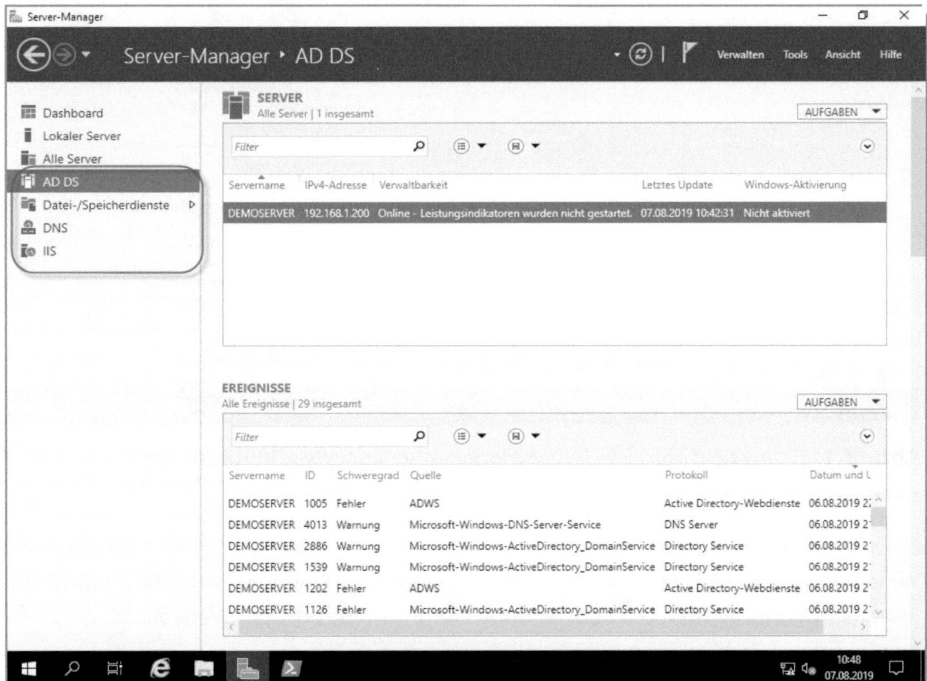

Abb. 3.10: *Rollen und Servergruppen im grafischen Server-Manager*

Durch die Gruppierung der zu verwaltenden Serversysteme nach der darauf ausgeführten Serverrolle lassen sich diese somit auch gezielt verwalten. Nähere Informationen zu der Verwaltung der Serverrollen, Rollendienste und -funktionen in Windows Server 2019 erfahren Sie in den späteren Kapiteln dieses Fachbuches.

3.4.1.7 Verwaltungskonsolen und -tools im Server-Manager

Im Server-Manager werden die für die Verwaltung der auf den Serversystemen installierten Serverrollen, Rollendienste und -funktionen notwendigen Verwaltungskonsolen und -tools zentral bereitgestellt. Diese findet man übersichtlich direkt über den Aufruf der Tools in der Kopfleiste des Server-Managers in Windows Server 2019.

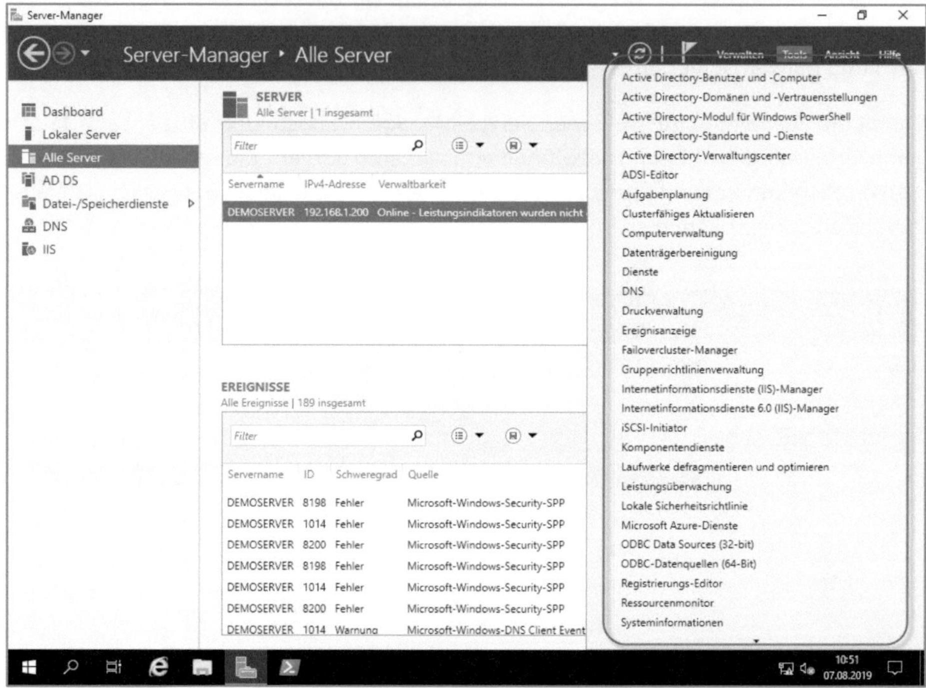

Abb. 3.11: *Übersicht der im Server-Manager verknüpften Verwaltungskonsolen und -tools unter Windows Server 2019*

Die vorhandenen Verwaltungskonsolen und -tools werden im Server-Manager von Windows Server 2019 unter der Verknüpfung *Tools* angezeigt, wie man sie ähnlich zum Beispiel in Windows Server 2008 R2 unter der Programmgruppe *Verwaltung* im Startmenü vorfand.

Zentraler Zugriff auf Verwaltungswerkzeuge

Das aus den vorherigen Windows-Versionen oft bereits bekannte Tool **msinfo32.exe** fand unter dem Namen ***Systeminformationen*** im neuen Server den direkten Weg in die im grafischen Server-Manager verknüpften Tools und Konsolen. Ebenso erging es dem Tool **msconfig.exe**, das sich in der Liste der verknüpften Tools und Konsolen unter dem Namen ***Systemkonfiguration*** verbirgt.

Hinter dem Begriff *Verwalten* finden sich in der Kopfleiste des grafischen Server-Manager von Windows Server 2019 hingegen u. a. die Assistenten zum Hinzufügen und

Entfernen von (Server-)Rollen und Features (Funktionen), zum Hinzufügen von weiteren, zu verwaltenden Serversystemen, und dem Erstellen weiterer Servergruppen.

Abb. 3.12: *Verwaltungsfunktionen im Server-Manager*

3.4.1.8 Aufruf der Verwaltungstools

Die im Server-Manager für die Verwaltung von Serversystemen, sowie der darauf installierten Serverrollen, Rollendienste und -funktionen notwendigen Konsolen und Tools lassen sich i.d.R. auch gezielt über einen *Rechtsklick mit der Maus* auf das jeweilige Serversystem im Kontextmenü auswählen.

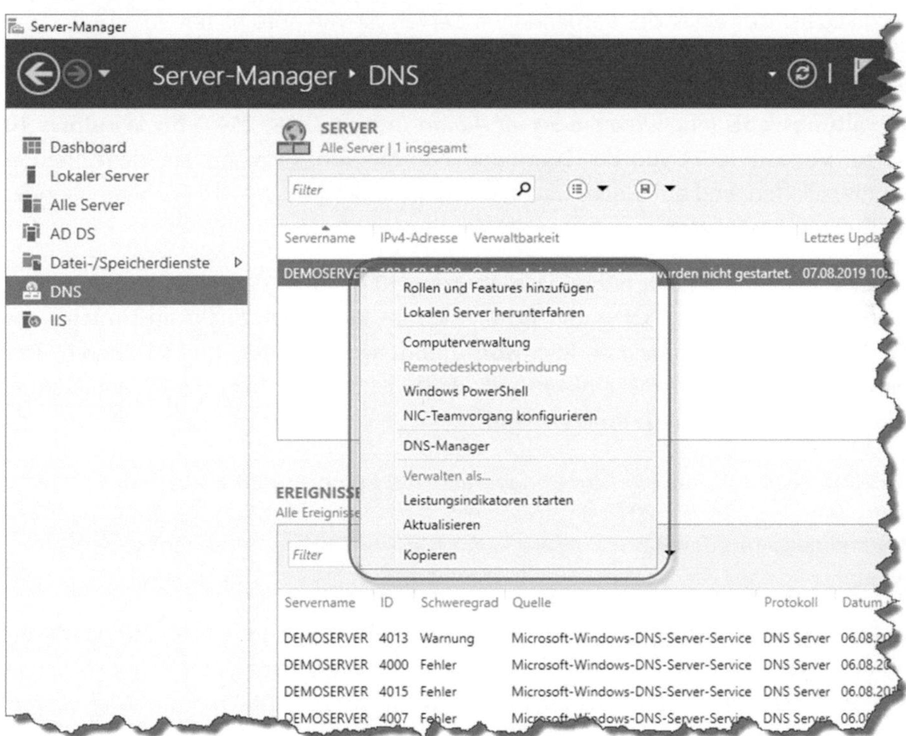

Abb. 3.13: *Aufruf der Verwaltungstools im Server-Manager*

HINWEIS ➲ Die in Windows Server 2019 enthaltenen Verwaltungskonsolen sind nicht allesamt abwärtskompatibel, und können somit nicht pauschal auch für die Verwaltung älterer Serverbetriebssysteme, wie Windows Server 2008 und Windows Server 2008 R2 eingesetzt werden. Insbesondere deutlich wird dies, wenn man mit dem Hyper-V-Manager unter Windows Server 2019 versucht, die virtuellen Maschinen auf einem unter Windows Server 2008 R2 ausgeführten Serversystem mit installierter Hyper-V-Rolle zu verwalten. Der Versuch wird mit einer Fehlermeldung und dem Hinweis auf die Inkompatibilität quittiert.

3.5 Remoteverwaltung von Servern

Verschiedene Methoden - ganz nach Bedarf

Für die Remoteverwaltung von Serversystemen unter Windows Server 2019 existieren viele Möglichkeiten. So findet man wie bereits bei den vorangegangenen Serverbetriebssystemen die Möglichkeit vor, sich mittels Remotedesktop zur Verwaltung auf die Serversysteme aufzuschalten. Der grafische Server-Manager unter Windows Server 2019 ermöglicht ebenso die zentrale Verwaltung von ganzen Serverlandschaften eines Unternehmens. Ungünstig ist es jedoch für Administratoren zumeist, sich für die zentrale Verwaltung der Serversysteme mit dem Server-Manager jeweils zuerst auf eines der vorhandenen Serversysteme aufschalten zu müssen, um dann anschließend von da aus verwaltungstechnisch im Netzwerk wirken zu können. Alternativ besteht zudem beispielsweise auch die Möglichkeit, die **Remoteserver-Verwaltungstools** (engl. *Remote Server Administration Tools, RSAT*) **für Windows 10** (bis zur Version 1803) von der Download-Website von Microsoft aus dem Internet herunterzuladen, und auf einem Clientcomputer unter Windows 10 Professional oder Enterprise zu installieren.

Ab der Version 1809 (oder höher) von Windows 10 gehören diese RSAT-Tools zu den *„Features on Demand"* (FOD), und lassen sich im Bedarfsfall direkt im Umfang des Clientbetriebssystems aus der Microsoft-Cloud herunterladen und aktivieren. Der Remotezugriff kann dann einfach mit den im Umfang von RSAT enthaltenen Verwaltungskonsolen und -tools erfolgen.

HINWEIS ➲ Die Windows PowerShell kann für Remotezugriffe auf Serversysteme unter Windows Server 2019 im Netzwerk ebenso verwendet werden. Die dazu notwendigen Anforderungen, sowie u. a. auch die praktische Vorgehensweise werden im Kapitel 4 dieses Fachbuches detailliert erklärt.

Als Administrator muss man lediglich noch die für die jeweilige Verwaltung oder Konfiguration passende Vorgehensweise wählen, um Serversysteme unter Windows Server 2019, Windows Server 2016 oder auch Windows Server 2012 (R2) remote zu verwalten.

3.5.1 Remoteverwaltung mit dem Server-Manager

Wie in den vorangegangen Seiten bereits erwähnt dient der grafische Server-Manager unter Windows Server 2019 als zentrale Verwaltungskonsole für den lokalen, aber auch

Remoteserver eines Unternehmens. Dabei ist es möglich, nicht nur Serversysteme unter Windows Server 2019, Windows Server 2016 oder Windows Server 2012 (R2) mit dem grafischen Server-Manager remote zu verwalten, auch Server Windows Server 2008 mit Service Pack 2 (SP2) und Windows Server 2008 R2 (Release 2) mit mindestens Service Pack 1 (SP1) können dabei - wenn auch etwas eingeschränkt - in die zentrale Verwaltung mit einbezogen werden.

Zentrales Verwaltungswerkzeug

HINWEIS ➲ Das Hinzufügen oder auch Entfernen von Rollen und Funktionen auf Remoteservern lässt sich aus dem neuen Server-Manager lediglich unter Windows Server 2019, Windows Server 2016 bzw. Windows Server 2012 (R2) durchführen. Bei der Verwaltung von Serversystemen unter Windows Server 2008 oder Windows Server 2008 R2 steht diese Funktion im grafischen Server-Manager unter Windows Server 2019 nicht zur Verfügung und wird daher im Kontextmenü des Server-Managers beim Rechtsklick mit der Maus auf den jeweiligen Server *„ausgegraut"* angezeigt.

Um die Remoteverwaltung mit dem Server-Manager durchführen zu können, fügen Sie das zu verwaltende Serversystem einfach als Mitglied in die Active Directory-Gesamtstruktur oder -Domänen hinzu, und schalten die Remoteverwaltung frei. Dies kann man in Windows Server 2008 R2 (Release 2) direkt im Server-Manager über die Aktivierung der Option *Remoteverwaltung für Server-Manager* erledigen.

Einfache Aktivierung in Windows Server 2008 R2

Gehen Sie wie folgt vor, um ein zu verwaltendes Serversystem in den Server-Manager unter Windows Server 2019 aufzunehmen:

1. Melden Sie sich als *Administrator* am Serversystem unter Windows Server 2019 an.
2. Öffnen Sie den *Server-Manager* (soweit dies nicht automatisch geschieht) über einen Klick in der *Taskleiste* auf das **Symbol für den Server-Manager** bzw. im *Startbildschirm* auf die entsprechende **Kachel**.
3. Klicken Sie oben im *Server-Manager* auf **Verwalten**, und dann auf **Server hinzufügen**.
4. Geben Sie im Feld *Name (CN):* den Namen (oder den Anfang des Namens) des Servers an, und klicken Sie auf **Suche starten**.
5. Klicken Sie auf den *Namen* des zu verwaltenden Servers, und übernehmen Sie ihn mit einem Klick in der Mitte auf die **Schaltfläche** (mit dem Pfeil) nach rechts in den Fensterausschnitt *Ausgewählt.* Klicken Sie anschließend auf die Schaltfläche **OK**, um den Vorgang abzuschließen.

Der zu verwaltende Server wird im Server-Manager unter Windows Server 2019 in der Servergruppe *Alle Server* sowie (je nach installierten Serverrollen) womöglich auch in anderen Servergruppen angezeigt, und kann nach dem erfolgreichen Hinzufügen zentral von dort aus verwaltet werden.

HINWEIS ➲ Die Remoteverwaltung muss auch in den Regeln der Windows-Firewall der zu verwaltenden Serversysteme unter Windows Server 2019, Windows Server 2016 bzw. Windows Server 2012 (R2) freigeschaltet sein. Kontrollieren Sie dies, falls Probleme beim Zugriff auf das zu verwaltende Serversystem auftreten. Beim Ausführen von **`WinRM quickconfig`** sollten die Windows-Firewall-Regeln eigentlich bereits entsprechend angepasst sein. Alternativ kann man die Remoteverwaltung mit dem folgenden Befehl in der Windows-PowerShell freischalten:

```
Enable-PSRemoting -force
```

3.5.2 Remoteverwaltung von Nicht-Domänenmitgliedern

Innerhalb einer Active Directory-Gesamtstruktur herrscht zwischen den darin eingesetzten Serversystemen eine grundlegende Vertrauensbasis. Die Systeme können sich gegenseitig „authentifizieren" (i.d.R. mittels Kerberos-Protokoll) und tauschen dementsprechend offen Daten zueinander aus. Anders gestaltet sich die Verwaltung von Serversystemen mittels grafischem Server-Manager, wenn die betreffenden Systeme sich außerhalb der Verwaltungsgrenzen von Active Directory-Domänen befinden. Hier muss zuerst einmal eine entsprechende, sichere Vertrauensbasis zwischen den Computersystemen geschaffen werden.

Gegenseitiges Vertrauen mittels „Trusted Host List"

Ein einfacher Weg, die außerhalb der Verwaltungsgrenzen von Active Directory-Domänen eingesetzten Serversysteme mit dem grafischen Server-Manager gemeinsam veralten zu können, beschreibt sich durch die *„**Liste vertrauenswürdiger Hostsysteme**"* (engl. *Trusted Host List*), die lokal in den Windows-Systemen unter ***WSMan*** (*Web Services for Management*) im Container ***Clients*** geführt wird. Wenn man Computersysteme in den darin enthaltenen Container mit dem Namen *TrustedHosts* aufnimmt, vertraut das lokale Computersystem diesem, und tauscht u. a. mittels NTLM (*NT LanManager-Protokoll*) die Authentifizierungsinformationen des für den Remotezugriff verwendeten Benutzerkontos - gesichert - aus. Für die notwendige Konfiguration stehen in der Windows-Power-Shell die entsprechenden Cmdlets zur Verfügung.

3.5.2.1 Schritte zum Aufnehmen von Computersystemen in die Trusted-Hosts-Liste

Gehen Sie wie folgt vor, um ein oder mehrere Computersysteme für die Remoteverwaltung mit dem grafischen Server-Manager unter Windows Server 2019 in die lokale Liste der vertrauenswürdigen Hostsysteme aufzunehmen.

1. Starten Sie auf dem Computersystem, von dem aus die Remoteverwaltung weiterer Serversysteme mittels grafischem *Server-Manager* erfolgen soll, die *Windows PowerShell*, geben Sie den folgenden Befehl ein, und drücken Sie anschließend die [↵]-Taste:

```
set-Item -Path WSMAN:\localhost\Client\TrustedHosts
-Value "<Servername>"
```

Drücken Sie anschließend nochmals die ↵-Taste, um die Abfrage zur Änderung der Liste mit **Ja** (Standard) zu bestätigen.

> **PRAXISTIPP!** ➲ Beachten Sie, dass der zuvor aufgeführte Befehl die TrustedHost-Liste mit dem dabei angegebenen Eintrag überschreibt. Mitunter bereits vorhandene Einträge werden dabei ohne Rückfrage einfach überschrieben.
>
> Wenn zu einer bereits bestehenden TrustedHosts-Liste ein weiterer Eintrag hinzugefügt werden soll, ohne die bereits vorhandenen Einträge zu überschreiben, kann man den Schalter **`-Concatenate`** einfach an den oben angegebenen Befehl anhängen.

Mit dem folgenden Befehl können Sie sich die Liste der vertrauenswürdigen Computer in der *Windows PowerShell* anzeigen lassen:

```
get-Item -Path WSMAN:\localhost\Client\TrustedHosts
```

> **HINWEIS** ➲ Mit dem zuvor angegebenen Befehl ändert man die Liste der vertrauenswürdigen Computersysteme, mit denen der lokale Server mittels NTLM die für den Zugriff notwendigen Anmeldedaten austauschen darf. Alternativ sollte man in der Praxis statt dem „*" (was für beliebige Computersysteme steht) den jeweiligen Computernamen oder die IP-Adresse der vertrauten Computersysteme eintragen. Innerhalb von Active Directory-Domänen ist dies nicht notwendig, da sich die darin eingesetzten Computersysteme gegenseitig bereits vertrauen.

2. Fügen Sie den in die *TrustedHosts*-Liste aufgenommenen Server (*<Servername>*) im grafischen *Server-Manager* über einen Klick auf **Verwalten**, und dann auf **Server hinzufügen** über die Suche in der Registerkarte **DNS** als weiteren, zu verwaltenden Server hinzu.

3. Klicken Sie im *Server-Manager* unter **Alle Server** mit der rechten Maustaste auf das neu hinzugefügte Serversystem, und wählen Sie den Eintrag **Verwalten als...**. Verwenden Sie für den Zugriff auf den Server den auf dem Remoteserver vorhandenen Anmeldenamen für das zu verwendende Administrator-Konto mit dem zugehörigen Kennwort.

3.5.2.2 Entfernen der Einträge aus der TrustedHosts-Liste

Die Einträge in der TrustedHost-Liste lassen sich zu einem späteren Zeitpunkt bei Bedarf wieder entfernen. Verwenden Sie zum Löschen vorhandener Einträge die *Windows PowerShell*, und geben Sie dazu den folgenden Befehl ein, und drücken Sie anschließend die ↵-Taste:

```
Clear-Item WSMan:\localhost\Client\TrustedHosts
```

Nach der Anwendung dieses Befehls ist die TrustedHosts-Liste geleert, und das zuvor ausgesprochene Vertrauen zu Fremdsystemen im Netzwerk somit widerrufen.

PRAXISTIPP! ➲ Nähere Informationen zum Entfernen von Einträgen aus der Trusted-Hosts-Liste unter Windows erhält man u. a. im Internet unter:

https://social.technet.microsoft.com/Forums/scriptcenter/en-US/254407bb-7651-4b28-a655-b58221208ecb/powershell-remove-wsman-trustedhosts-value

3.5.3 Exportieren von Server-Manager-Einstellungen auf andere Computer

Im grafischen Server-Manager werden die Liste verwalteter Server, Änderungen an den Server-Manager-Konsoleneinstellungen und eigens erstellte, benutzerdefinierte Servergruppen in zwei verschiedenen Dateien auf dem jeweiligen Computersystem gespeichert. Diese Einstellungen kann man auf andere Computer unter Windows Server 2019, Windows Server 2016, Windows Server 2012 (R2) oder auch beispielsweise Windows 10 exportieren, um sie dort verwenden zu können. Dies spart das mühevolle Anpassen der Server-Manager Einstellungen bei einem Rechnerwechsel.

HINWEIS ➲ Die Remoteserver-Verwaltungstools (RSAT) müssen auf Computersystemen unter Windows 10 bereits installiert sein, damit die Server-Manager-Einstellungen dort verwendet werden können.

3.5.3.1 Exportieren der Server-Manager-Einstellungen auf andere Computer in einer Domäne mittels Roaming-Profil

Gehen Sie unter Windows Server 2019 wie folgt vor, um die Server-Manager-Einstellungen auf anderen Computern in einer Active Directory-Domäne mittels eines Roaming-Profils bereitzustellen:

1. Öffnen Sie in der Konsole *Active Directory-Benutzer und Computer* die Eigenschaften des betreffenden Benutzerkontos.

2. Fügen Sie auf der Registerkarte ***Profil*** einen Pfad zu einer Netzwerkfreigabe für die Speicherung des Benutzerprofils hinzu.

3. Kopieren Sie die beiden folgenden, standardmäßig in der Ansicht ausgeblendeten Dateien von dem Computer, auf dem der Server-Manager ausgeführt wird, auf die Netzwerkfreigabe, die zum Roamingprofil des Benutzers gehört.

   %appdata%\Roaming\Microsoft\Windows\ServerManager**ServerList.xml**

   %appdata%\Local\Microsoft_Corporation\ServerManager.exe_StrongName_*GUID*\10.0.0.0**user.config**

4. Klicken Sie auf **OK**, um die Änderungen zu speichern und das Dialogfeld Eigenschaften zu schließen.

PRAXISTIPP! ➲ Innerhalb einer Arbeitsgruppe von Serversystemen muss man die beiden Dateien lediglich auf das Zielsystem kopieren, und dabei die vorhandenen Dateien überschreiben.

3.5.4 Zugriff mittels Remotedesktop

Vollständiger Zugriff auf den kompletten Desktop

Wie bereits auch unter den vorherigen Windows-Serverbetriebssystemen ist es auch unter Windows Server 2019 möglich, sich mithilfe des Remotedesktopprotokolls (engl. *Remote Desktop Protocol, RDP*) und dem RDP-Client auf die Serversysteme aufzuschalten, um diese zu verwalten. Die Vorgehensweise ist hier prinzipiell die gleiche. Einzig muss man auch unter Windows Server 2019 den RDP-Zugriff zunächst erst freischalten - am einfachsten geschieht dies direkt im grafischen Server-Manager von Windows Server 2019.

3.5.4.1 Remotedesktop aktivieren

Gehen Sie wie folgt vor, um Remotedesktop für den Remotezugriff auf einem Serversystem unter Windows Server 2019 zu aktivieren:

1. Melden Sie sich als *Administrator* am Serversystem unter Windows Server 2019 an.
2. Öffnen Sie den *Server-Manager* (soweit dies nicht automatisch geschieht) über einen Klick in der *Taskleiste* auf das **Symbol für den Server-Manager** bzw. im *Startbildschirm* auf die entsprechende **Kachel**.
3. Klicken Sie im *Server-Manager* auf **Lokaler Server**, und in den *Eigenschaften* dann neben *Remotedesktop* auf **Deaktiviert**.
4. Wählen Sie im Dialog *Systemeigenschaften* die Option **Remoteverbindung mit diesem Computer zulassen.**
5. Klicken Sie auf **Benutzer auswählen...**, fügen Sie über die Schaltfläche **Hinzufügen...** die für den Remotezugriff gewünschte Sicherheitsgruppe bzw. das Benutzerkonto hinzu, und klicken Sie dann auf **OK**.

HINWEIS ➲ Beachten Sie, dass das integrierte Administratorkonto nach der Aktivierung von Remotedesktop bereits über die Zugriffsrechte mithilfe des Remotedesktopclients auf das Serversystem unter Windows Server 2019 verfügt.

6. Klicken Sie auf **OK**, um die Konfiguration abzuschließen.

In den Eigenschaften des Serversystems wird neben *Remotedesktop* im Server-Manager jetzt **Aktiviert** angezeigt. Mitunter müssen Sie die angezeigten Eigenschaften im Server-Manager über einen Klick auf die ***Aktualisierungsschaltfläche*** im grafischen Server-Manager aktualisieren lassen.

3.5.4.2 Remotezugriff durchführen

Die Verbindung zu einem Serversystem unter Windows Server 2019 mit dem Remotedesktopclient ist nach der Aktivierung problemlos möglich. Die in der Firewall notwendige Regelanpassung wurde während der Aktivierung von Remotedesktop ebenso bereits durchgeführt.

Gehen Sie wie folgt vor, um sich mithilfe des Remotedesktopclient von einem Computersystem unter Windows 10 Enterprise oder Windows 10 Professional auf ein Serversystem unter Windows Server 2019 zu verbinden:

1. Geben Sie im *Startmenü* von Windows 10 den Programmnamen **mstsc** ein, und drücken Sie die [↵]-Taste.

2. Geben Sie den Namen des *Serversystems* bzw. dessen IP-Adresse ein, mit dem Sie sich mit Remotedesktop verbinden möchten, und drücken Sie die [↵]-Taste.

3. Wenn Sie dazu aufgefordert werden, geben Sie Ihren Benutzernamen, sowie Ihr Kennwort ein, und klicken Sie dann auf **OK**.

4. Die Remotedesktop-Sitzung auf dem Serversystem unter Windows Server 2019 können Sie problemlos beenden, indem Sie im *Startbildschirm* auf Ihren *Benutzernamen* klicken, und dann die Option **Abmelden** auswählen. Wenn Sie beabsichtigen, die Sitzung jedoch lediglich zu trennen, um sie zu einem späteren Zeitpunkt wieder aufzunehmen, so zeigen Sie in die *rechte untere oder obere Ecke*, klicken Sie auf **Einstellungen**, dann auf **Ein/Aus**, und wählen Sie die Option **Trennen**.

HINWEIS ➲ Wenn Sie eine Remotedesktop-Sitzung zu einem anderen Computersystem trennen, so bleibt diese für eine spätere Wiederaufnahme i.d.R. erhalten. Weitere Informationen hierzu finden Sie in der Windows-Hilfe.

Alternativ zur Verbindung mit dem Remotedesktop kann man bei Bedarf die Verwaltungskonsolen und -tools zur Remoteverwaltung (RSAT) auf dem Clientcomputer unter Windows 10 Professional oder Enterprise installieren bzw. über die „Features on Demand" (FOD) aktivieren. Statt auf den gesamten Desktop des zu verwaltenden Remoteservers, verbindet man sich mit den Verwaltungskonsolen aus dem RSAT gezielt mit einer bestimmten Serverrolle oder Funktion.

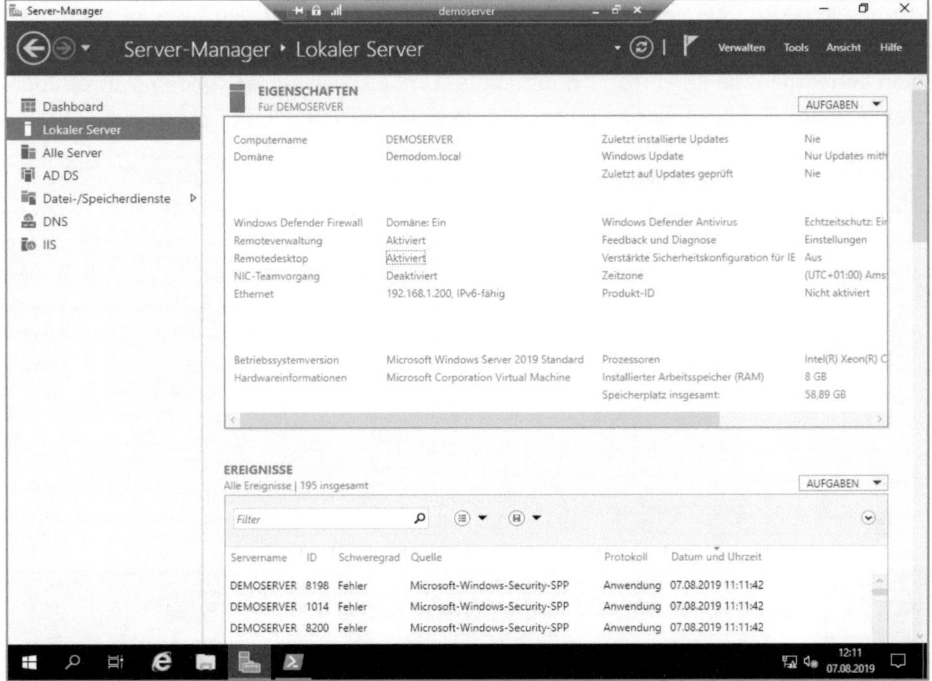

Abb. 3.14: *Remotezugriff mittels Remotedesktopclient auf einen Server unter Windows Server 2019*

3.5.5 Die Remoteserver-Verwaltungstools

Umfangreiches, optionales Verwaltungspaket

Noch unter Windows Server 2003 fand man die für die Remoteverwaltung nutzbaren Konsolen, Tools und Programme auf der Produkt-CD, sowie auf den bereits installierten Serversystemen vor - damals noch als Microsoft-Installerpaket (.msi) mit dem Dateinamen *Adminpak.msi*. Wenn man dieses Paket auf einem Clientcomputer unter Windows XP Professional installierte, so fand man sofort alle darin enthaltenen Verwaltungskonsolen, Tools und Programme auf dem jeweiligen Rechner vor. Zu den Zeiten von Windows Server 2008 und Windows Vista änderte sich dies.

Microsoft bot hierzu erstmalig die Möglichkeit, sich die für die Remoteverwaltung von Serversystemen nutzbaren *Remoteserver-Verwaltungstools* (engl. *Remote Server Administration Tools, RSAT*) nur noch direkt aus dem Internet herunterzuladen, und auf einem für die Verwaltung von Serversystemen vorgesehenen Clientcomputer zu installieren. Die im Umfang des Servers enthaltenen Konsolen und Tools konnte man somit nicht mehr einfach auf den Clientcomputer kopieren, um sie anschließend darauf zu installieren. Dies setzte sich anschließend auch unter Windows Server 2008 R2 und Windows 7, sowie deren Nachfolger bis einschließlich Windows 10 ebenso fort.

Ab Version 1809 von Windows 10 als optionale Features aktivierbar

Ab der Version 1809 von Windows 10 jedoch hat Microsoft den bislang optionalen Download der RSAT-Tools abgeschafft. Seit dem Erscheinen dieser Windows 10-Version findet man die RSAT-Tools nunmehr im Umfang des Betriebssystems als optional „aktivierbare" Features (sogenannte *„Features on Demand"*, FOD).

HINWEIS ➲ Beachten Sie, dass Microsoft die im Umfang der jeweiligen Version von RSAT auf die betreffende Zielplattform anpasst. Lediglich die Remoteserver-Verwaltungstools (engl. *Remove Server Administration Tools, RSAT*) für Windows 10, sowie auch die direkt unter Windows Server 2019 standardmäßig im Umfang enthaltenen Tools und Konsolen verfügen über die vollständigen, auf das Serverbetriebssystem angepassten Werkzeuge zur Verwaltung von Serversystemen unter Windows Server 2019. Diese RSAT-Tools können ebenso natürlich auch abwärtskompatibel für die Verwaltung vorheriger Serverbetriebssysteme verwendet werden.

Zwar kann man i.d.R. auch mit einer niedrigeren Version der Remoteserver-Verwaltungstools (*RSAT*) von einem älteren Clientcomputer auf aktuellere Serverbetriebssystemversionen zugreifen, dann jedoch oft nur mit Einschränkungen in der Funktionalität.

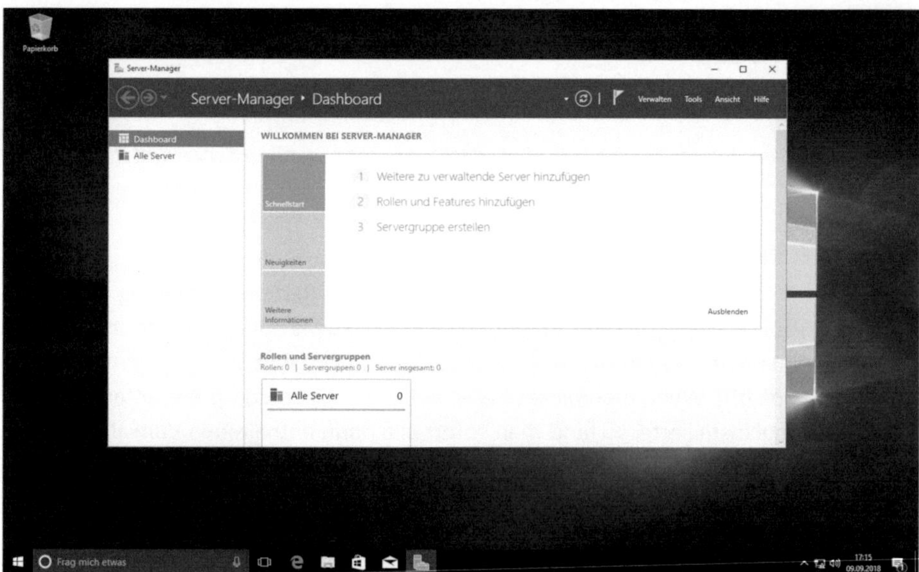

Abb. 3.15: *Der grafische Server-Manager aus den Remoteserver-Verwaltungstools (RSAT) unter Windows 10*

3.5.5.1 Aktivierung der Remoteserver-Verwaltungstools unter Windows 10 ab Version 1809

Ab der Version 1809 von Windows 10 hat die Remoteserver-Verwaltungstools (engl. *Remote Server Administration Tools, RSAT*) dem Umfang der optional verfügbaren Funktionen (engl. *„Features on Demand"*, *FOD*) von Windows 10 zugeordnet.

HINWEIS ➲ Bei der Aktualisierung eines Computersystems unter Windows 10 bis zur Version 1803 auf eine aktueller Version werden die mitunter zuvor bereits installierten RSAT-Tools und -Konsole automatisch deinstalliert. Diese müssen im Anschluss im Bedarfsfall nochmals aktiviert werden.

„Online"-Bereitstellung der Remoteserver-Verwaltungstools (RSAT)

Die Bereitstellung von RSAT erfolgt ab der Version 1809, sowie beispielsweise auch 1903 von Windows 10 nicht mehr per separatem Download, sondern über die Aktivierung als „Features on Demand" gleich im Umfang des Clientbetriebssystems. In der Regel ist für diese Vorgang eine Internetverbindung für den Clientcomputer zur Microsoft-Cloud erforderlich, so dass er sich die zu installierenden Komponenten des RSAT aus dem Internet herunterladen kann.

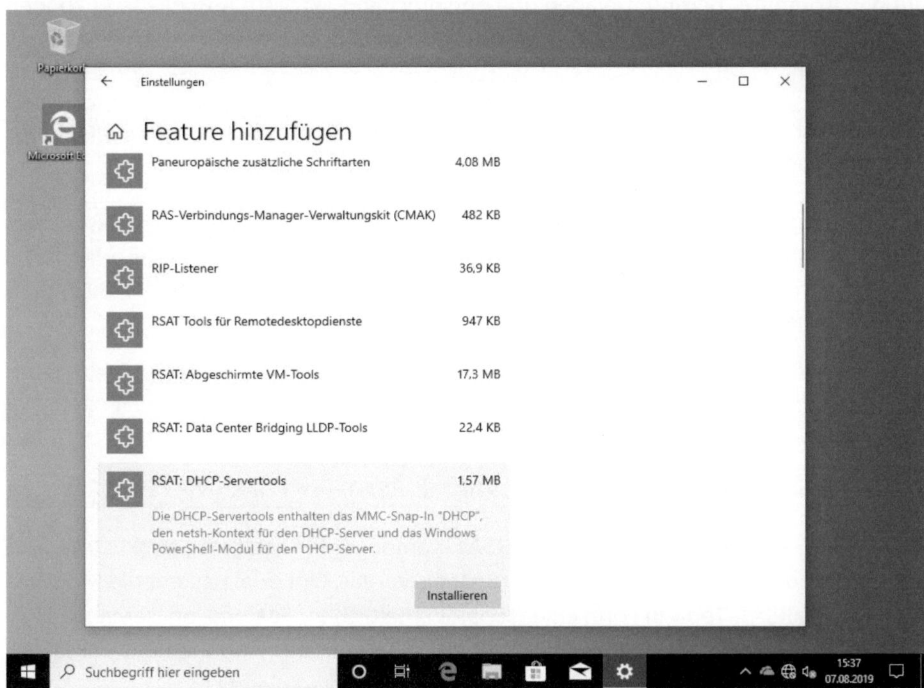

Abb. 3.16: *Aktivierung der Remoteserver-Verwaltungstools (RSAT) unter Windows 10*

Die Auswahl und auch die Aktivierung der RSAT-Komponenten erfolgt hierbei jeweils einzeln.

Gehen Sie wie folgt vor, um optionalen RSAT-Tools und -Konsolen auf einem Computersystem unter Windows 10 in der Version 1809 (oder höher) zu aktivieren:

1. Melden Sie sich als Administrator am Computersystem an.
2. Wechseln Sie durch einen Klick im *Startmenü* zu den **Einstellungen**, und dann zu **Apps**.
3. Klicken Sie im Abschnitt *Apps & Features* auf **Optionale Features**.
4. Klicken Sie auf **+ Features hinzufügen**
5. Wählen Sie das zu installierende RSAT-Feature aus, und klicken Sie dann auf **Installieren**.

Die notwendigen Installationskomponenten für die einzelnen RSAT-Tools und -Konsolen werden - eine direkte Internet-Verbindung vorausgesetzt - aus der Microsoft-Cloud auf den Computer heruntergeladen und entsprechend aktiviert. Anschließend können diese für die Verwaltung von Windows-Serversystemen im Computernetzwerk eingesetzt werden.

Nach der Aktivierung lassen sich die einzelnen RSAT-Tools über entsprechende Einträge im Startmenü von Windows 10 aufrufen.

INTERNET ➲ Es existieren verschiedene, optional verwendbare Windows PowerShell-Skripts, mittels derer man die RSAT-Komponenten ebenso direkt aus der Microsoft-Cloud auf ein Computersystem unter Windows 10 ab der Version 1809 (oder höher) herunterladen kann.

Mithilfe dieser optionalen Skriptdateien lassen sich die RSAT-Tools statt einzeln gleich auch gemeinsam (aus dem Internet downloaden) und aktivieren. Details hierzu findet man im Internet beispielsweise auf der Microsoft-TechNet-Website unter:

https://gallery.technet.microsoft.com/Install-RSAT-for-Windows-75f5f92f

Die „Online"-Aktivierung der einzelnen RSAT-Komponenten setzt eine direkte Internetverbindung des betreffenden Computersystems voraus. Optional besteht die Möglichkeit, sich die RSAT-Tools in Form eines separat erhältlichen „Features on Demand"-ISO-Datenträgers, beispielsweise im MSDN-Portal - ein gültiges Abonnement vorausgesetzt - für die anschließende „Offline"-Installation herunterzuladen.

„Offline"-Bereitstellung von RSAT mithilfe des optionalen FOD-Datenträgers

Alternativ zum „Online"-Aktivieren, sowie dem damit verbundenen Herunterladen der verschiedenen, im Umfang von RSAT enthaltenen Tools und Konsolen aus der Microsoft-Cloud kann man diese auch aus einem „alternativen Dateiquellpfad" installieren - dies setzt zuvor jedoch den Download der optional verfügbaren Features-on-Demand-ISO-Datei für Windows 10 (beispielsweise in der Version 1809 oder 1903) aus der Website von Microsoft (u. a. aus dem MSDN-Portal) voraus.

In einem ersten Schritt muss man auf dem betreffenden Computersystem den „alternativen Dateiquellpfad" (beispielsweise **d:**) mitteilen, unter welchem der optionale FOD-ISO-Datenträger erreichbar ist. Dies geschieht über die lokalen Gruppenrichtlinien durch den Aufruf des *Gruppenrichtlinieneditors* (gpedit.msc) unter dem folgenden Pfad:

Computerkonfiguration / Administrativen Vorlagen / System / Einstellungen für die Installation optionaler Komponenten und die Reparatur von Komponenten angeben:

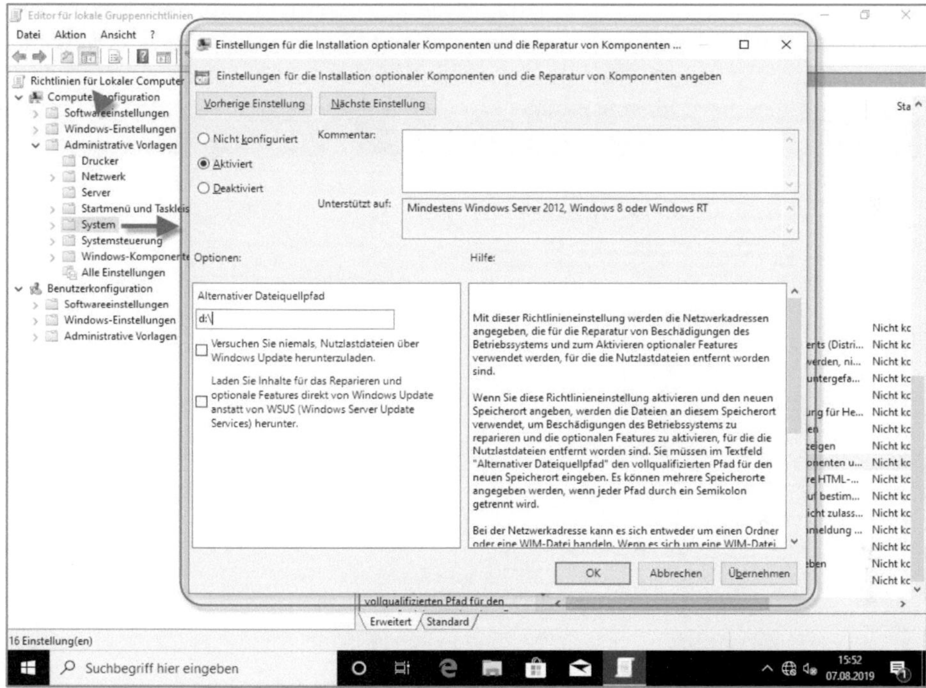

Abb. 3.17: *Alternativer Quellpfad für die Aktivierung der Remoteserver-Verwaltungstools (RSAT) unter Windows 10*

Die eigentlichen Schritte zum „Offline"-Aktivieren der einzelnen RSAT-Komponenten sind hierbei dieselben, wie bei der „Online"-Aktivierung.

Gehen Sie wie folgt vor, um optionalen RSAT-Tools und -Konsolen auf einem Computersystem unter Windows 10 in der Version 1809 (oder höher) zu aktivieren:

1. Melden Sie sich als Administrator am Computersystem an.
2. Wechseln Sie durch einen Klick im *Startmenü* zu den **Einstellungen**, und dann zu **Apps**.

3. Klicken Sie im Abschnitt *Apps & Features* auf **Optionale Features**.

4. Klicken Sie auf **+ Features hinzufügen**

5. Wählen Sie das zu installierende RSAT-Feature aus, und klicken Sie dann auf **Installieren**.

Die notwendigen Installationskomponenten für die einzelnen RSAT-Tools und -Konsolen werden - statt aus der Microsoft-Cloud - aus der zuvor bereitgestellten FOD-ISO-Datei auf den Computer entsprechend aktiviert. Anschließend können diese für die Verwaltung von Windows-Serversystemen im Computernetzwerk eingesetzt werden.

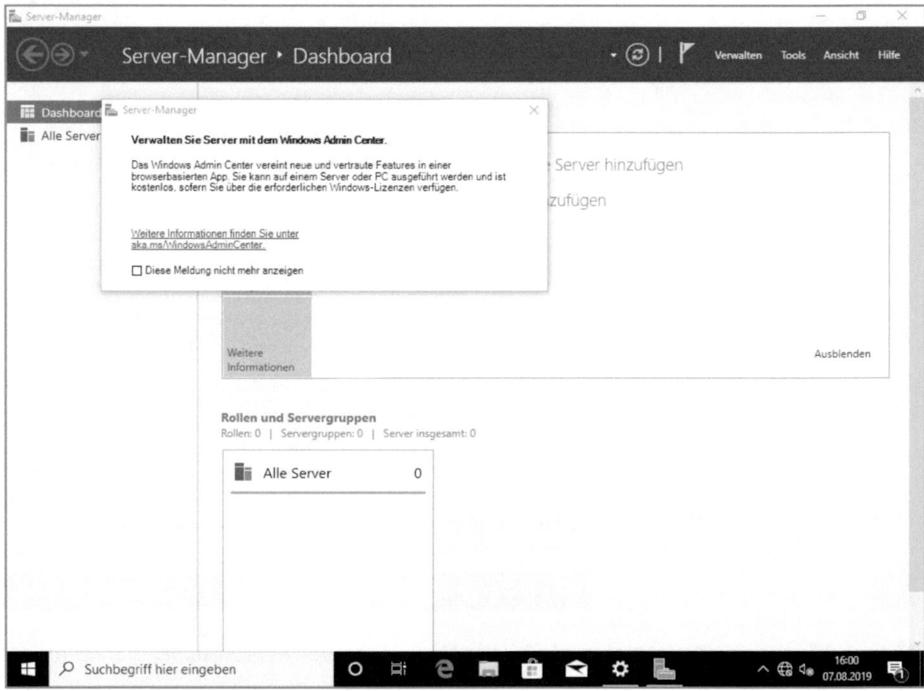

Abb. 3.18: *Der grafische Server-Manager nach der Aktivierung als Remoteserver-Verwaltungstool (RSAT) unter Windows 10*

3.5.5.2 Installation der Remoteserver-Verwaltungstools unter Windows 10 bis einschließlich der Version 1803

Nach der Installation automatisch aktiviert

Die Remoteserver-Verwaltungstools (engl. *Remote Server Administration Tools, RSAT*) bietet Microsoft bis einschließlich der Version 1803 von Windows 10 zum optionalen Download an. Nach dem Herunterladen der Remoteserver-Verwaltungstools (engl. *Remote Server Administration Tools, RSAT*) für Windows 10 müssen diese auf dem Computersystem installiert werden. Im Gegensatz noch zu den RSAT-Tools unter

Windows 7 werden die Remoteserver-Verwaltungstools (RSAT) unter Windows 10 nach der Installation automatisch auch allesamt aktiviert.

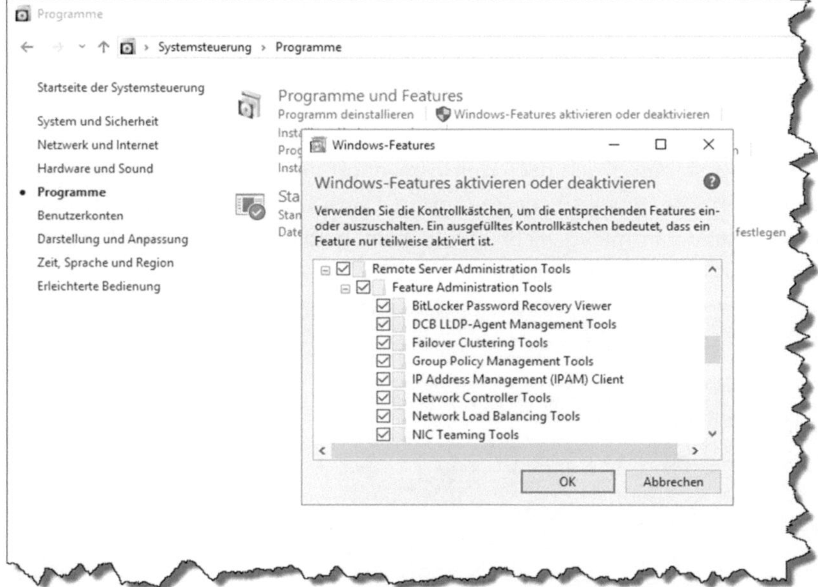

Abb. 3.19: *Remoteserver-Verwaltungstools nach der Installation in Windows 10*

PRAXISTIPP! ➲ Die Remoteserver-Verwaltungstools (engl. *Remote Server Administration Tools, RSAT*) für Windows 10 sind im Umfang von Windows 10 Professional und Enterprise standardmäßig nicht enthalten. Diese können als Update bis zur Version 1803 von Windows 10 als x86- oder x64-Version kostenfrei von der Microsoft-Website aus dem Internet heruntergeladen und auf einem Clientcomputer unter Windows 10 installiert werden. Weitere Informationen, sowie die Möglichkeit zum Download finden Sie im Internet unter:

https://www.microsoft.com/de-de/download/details.aspx?id=45520

Gehen Sie wie folgt vor, um die Remoteserver-Verwaltungstools (*RSAT*) für Windows 10 auf einem Computersystem unter Windows 10 Professional oder Windows 10 Enterprise bis zur Version 1803 zu installieren:

1. Melden Sie sich als Administrator an dem Computersystem an.
2. Wechseln Sie zum Speicherort der aus dem Internet heruntergeladenen Installationsdatei für die Remoteserver-Verwaltungstools (beispielsweise *WindowsTH-RSAT_WS_1803-x64.msu* oder *WindowsTH-RSAT_WS_1803-x86.msu*), und doppelklicken Sie auf die Update-Datei.
3. Klicken Sie im Dialog *Datei öffnen - Sicherheitswarnung* auf **Öffnen**.

4. Klicken Sie im Dialog *Eigenständiges Windows Update-Installationsprogramm* auf **Ja**.
5. Lesen Sie die *Lizenzbedingungen*, und klicken Sie auf **Ich stimme zu**.
6. Klicken Sie nach Abschluss der Installation auf **Jetzt neu starten**.

3.5.5.3 Zugriff auf die Remoteserver-Verwaltungstools

Einfacher Zugriff über das Startmenü

Die im Umfang der Remoteserver-Verwaltungstools (*RSAT*) enthaltenen Verwaltungskonsolen und Tools stehen gleich nach der Installation des Update-Pakets bzw. nach der Aktivierung unter Windows 10 zur Verfügung. Diese werden jedoch im Startmenü von Windows 10 standardmäßig nicht als Kacheln (engl. *Tiles*) angezeigt, sondern finden sich darin als Verknüpfung wieder.

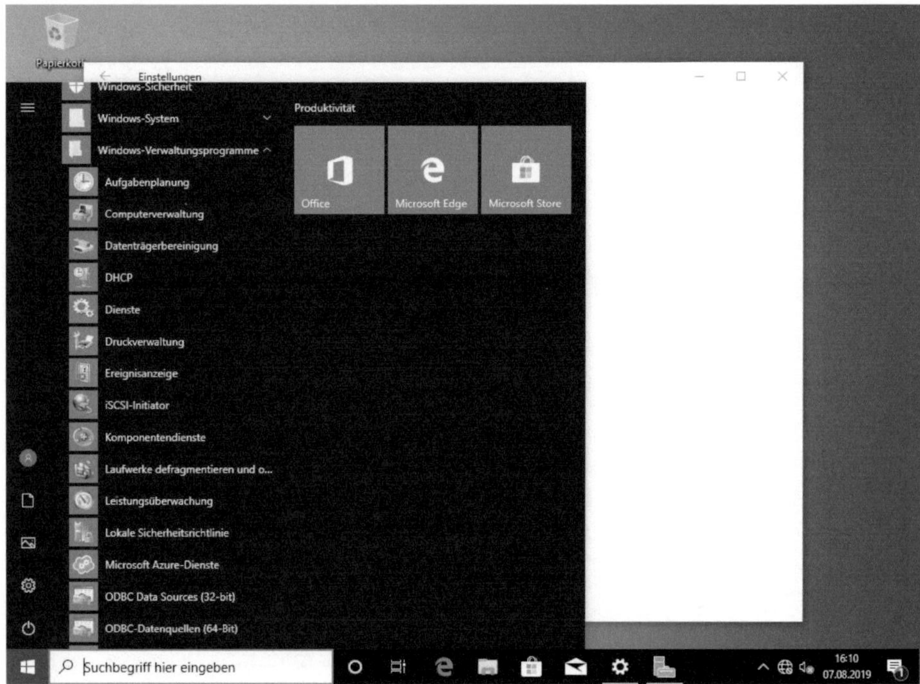

Abb. 3.20: *Verwaltungskonsolen und Tools aus den Remoteserver-Verwaltungstools (RSAT) im Startmenü von Windows 10*

Wenn Sie die Remoteserver-Verwaltungstools (RSAT) unter Windows 10 nach der Installation bzw. der Aktivierung aufrufen möchten, so gehen Sie wie folgt vor:

1. Öffnen Sie mit einem Klick auf den *Windows-Start*-Button das Startmenü von Windows 10.
2. Scrollen Sie im Startmenü nach unten, und klicken Sie anschließend auf die Programmgruppe ***Windows-Verwaltungsprogramme***.

3. Klicken Sie anschließend auf das zu öffnende Werkzeug bzw. Programm.

PRAXISTIPP! ➲ Der grafische *Server-Manager* findet sich außerhalb der Programmgruppe *Windows-Verwaltungsprogramme* direkt im Startmenü.

Bei Bedarf können Sie die einzelnen Verwaltungskonsolen oder Programme bei häufigerem Gebrauch mittels eines Rechtsklicks einfach als Kachel an das Startmenü, oder aber als Verknüpfung in die Task-Leiste anheften.

Eine sicher neue Methode zur Remoteverwaltung von Computersystemen im Netzwerk hat Microsoft mit dem Projekt „Honolulu" ins Leben gerufen. Dieses ist vollendet und das daraus entstandene Verwaltungswerkzeug steht nunmehr kostenfrei als Windows Admin Center (WAC) zum Download bereit.

3.6 Serververwaltung mit dem Windows Admin Center (WAC)

Die Verwaltung von Server- und auch Clientsystemen findet in der Praxis mit verschiedensten Tools und auch Konsolen statt. Bei der Verwaltung lokaler Serversysteme verwendet man dabei oft den grafischen Server-Manager oder eine der vielzähligen Verwaltungskonsolen. Die Verwaltung der in der Microsoft Azure-Cloud vorhandenen Computersysteme erfolgt hingegen oftmals über die webbasierten Portalfenster mithilfe des Webbrowsers direkt in der Microsoft Cloud. Microsoft hat mit dem Projekt *„Honolulu"* die Entwicklung einer einheitlich verwendbaren, webbasierten Konsole vorangetrieben, die in dem *„Windows Admin Center"* (WAC) abgeschlossen wurde. Mit dieser webbasierten, aus einem der kompatiblen Webbrowser heraus verwendbaren, grafischen Verwaltungskonsole ist es nicht nur möglich, Windows-basierte Serversysteme, sondern im Bedarfsfall auch Clientcomputer unter Windows 10 und höher zu verwalten. Zusätzlich lässt sich diese Konsole neben der rein lokalen Verwaltung - ein gültiges, in der Regel kostenpflichtiges Microsoft Azure-Abonnement vorausgesetzt - auch für die Verwaltung der in der Azure-Cloud von Microsoft bereitgestellten Computersysteme verwenden.

Der Internet Explorer von Microsoft zählt hier explizit nicht zu den mit der neuen Verwaltungskonsole *„kompatiblen"* Browsern. Alternativ sollte man auf den Microsoft Edge- oder besser gar auf den *Google Chrome*-Browser zurückgreifen, um sich mit dem *Windows Admin Center* (WAC) verbinden und dieses für die Verwaltung von Computersystemen verwenden zu können. Die Anbindung an die Microsoft Azure-Cloud ist für die Verwaltung von Serversystemen mithilfe des *Windows Admin Center* (WAC) jedoch keine Voraussetzung, grundsätzlich im Rahmen der möglichen, hybriden Verwaltung von Computersystemen aber möglich.

Bevorzugt: Google Chrome-Browser

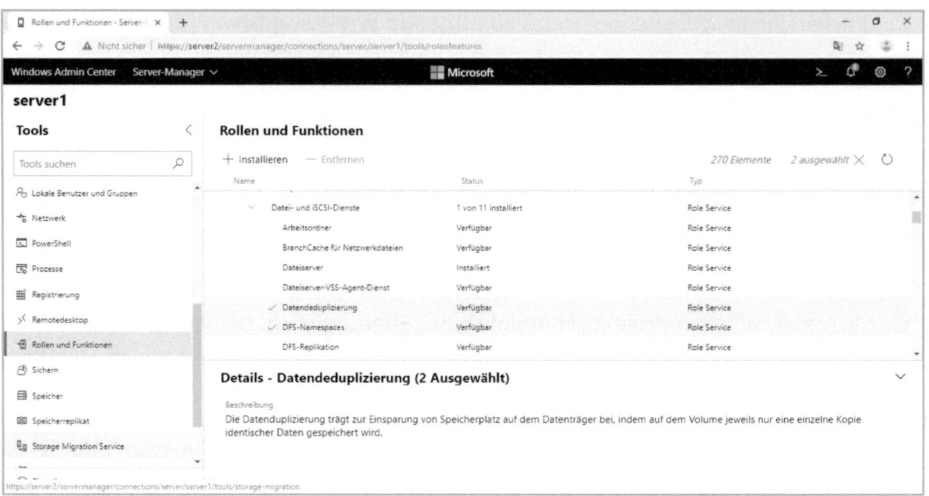

Abb. 3.21: *Rollenverwaltung mit dem grafischen Windows Admin Center (WAC)*

PRAXISTIPP! ➲ Server- und Clientcomputersysteme lassen sich im Bedarfsfall völlig ohne die Verbindung zur Microsoft Azure-Cloud-Umgebung im Internet auch nur „lokal" verwalten. Hierzu kann man das Windows Admin Center (WAC) entweder im „Desktop"-Modus auf einem Windows 10 Client lokal, oder aber im „Gateway"-Modus zur Remoteverwaltung auf einem Serversystem mit dem Serverbetriebssystem unter Windows Server 2019 oder auch Windows Server 2016 installieren.

Microsoft „kämpft" offensichtlich auch in der aktuellen Version der Verwaltungskonsole noch immer mit Kompatibilitätsproblemen zwischen dem eigenen Microsoft Edge-Browser und dem Windows Admin Center (WAC), was sich durch häufige Fehlermeldungen bei der Ausführung leider deutlich zeigt. Als einzig weitgehend fehlerfreie Alternative lässt sich aktuell der *Google-Chrome*-Browser für die Computerverwaltung mit dem Windows Admin Center (WAC) verwenden.

INTERNET ➲ Hinweise auf die vorhandenen Kompatibilitätsprobleme mit dem Edge-Browser von Microsoft mit dem Windows Admin Center (WAC) findet man im Internet unter anderem auf der folgenden Webseite:

https://windowsserver.uservoice.com/forums/295071-management-tools/suggestions/33929671--bug-msft-sme-certificate-manager-failed-to-load

3.6.1 Funktionsweise des Windows Admin Center (WAC)

Das Windows Admin Center (WAC) wird in einem Webbrowser aufgerufen, und dient der Möglichkeit der Verwaltung von Serversystemen unter Windows Server 2019, Windows Server 2016, Windows Server 2012 R2, Windows Server 2012, sowie Clientcomputern unter Windows 10. Die Installation des Windows Admin Center (WAC) findet hierbei entweder auf einem Computersystem unter Windows 10 (im Desktop-Modus) oder Windows Server 2019 (als Windows Admin Center Gateway) statt. Zum Einsatz in Rahmen der Verwaltungstätigkeiten kommen hierbei die Windows PowerShell sowie auch WMI (Windows Management Instrumentation) über WinRM (Windows Remote Management). Wenn man das Windows Admin Center Gateway mithilfe von DNS über die Unternehmensfirewall veröffentlicht, ermöglicht dies die Verbindung und auch die Verwaltung der betreffenden Serversystemen mithilfe des Microsoft Edge- oder alternativ mithilfe des Google-Chrome-Browsers von einem beliebigen Ort aus über das Internet.

Kostenfreier Download - und auch völlig kostenfrei einsetzbar

3.6.2 Mögliche Azure-Integration

Das Windows Admin Center (WAC) verfügt über verschiedene Integrationsmöglichkeiten der Verwaltung, wie etwa Microsoft Azure Active Directory (Azure AD), Azure Backup, Azure Site Recovery und vieles mehr.

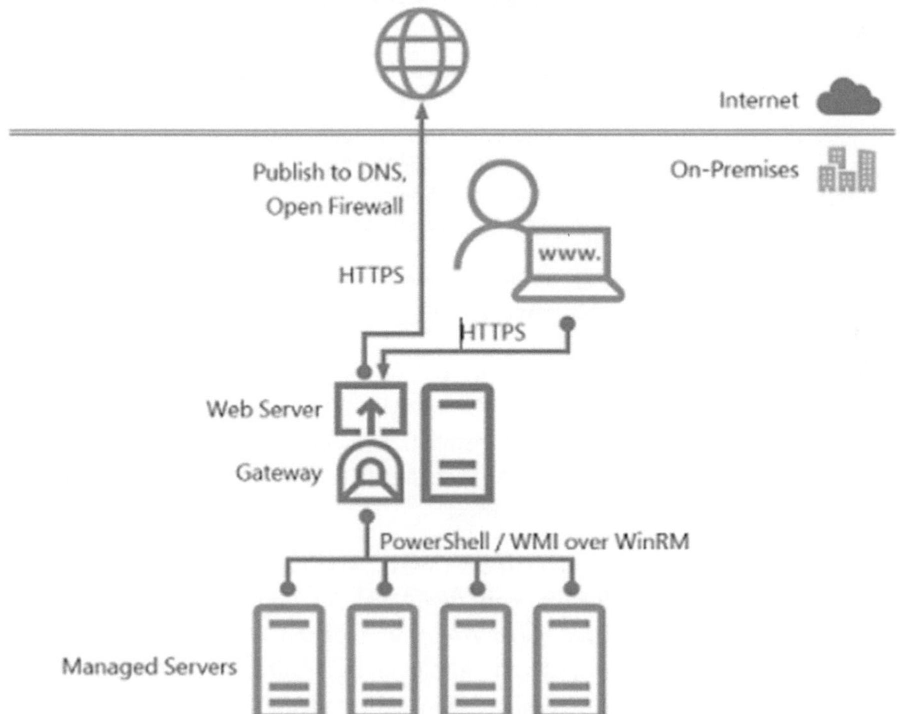

Abb. 3.22: *Hybride Verwaltungsmöglichkeit mithilfe des Windows Admin Center (WAC), (Quelle: Microsoft Corporation)*

3.6.2.1 Verwaltung von Azure IaaS-VMs

Mit dem Windows Admin Center (WAC) kann man die im lokalen Computernetzwerk vorhandenen Server- und Clientcomputer ebenso verwalten, wie auch die in der Azure-Cloud vorhanden, virtuellen Computersysteme. Durch die Konfiguration des Windows Admin Center Gateway für die Verbindung zu Azure VNet lassen sich die in der Azure-Cloud Microsofts vorhandenen Computersysteme ebenso konsistent mitsamt aller der vom WAC unterstützten Verwaltungstools verwalten.

INTERNET ➲ Die Details zur Konfiguration des Windows Admin Center (WAC) zur Integration in die Microsoft Azure-Cloud mithilfe eines Windows Admin Center Gateway findet man im Internet in der Website von Microsoft unter:

https://docs.microsoft.com/en-us/windows-server/manage/windows-admin-center/configure/azure-integration

3.6.3 Bereitstellung des Windows Admin Center (WAC)

Das Windows Admin Center (WAC) wird von Microsoft zum kostenfreien Download im Internet angeboten. Auch der Einsatz des WAC ist - ob privat oder geschäftlich - völlig kostenfrei.

INTERNET ➲ Das Windows Admin Center (WAC) kann zur Installation auf einem Computersystem unter Windows 10, Windows Server 2016 oder Windows Server 2019 jederzeit kostenfrei aus dem Internet heruntergeladen werden unter:

https://docs.microsoft.com/en-us/windows-server/manage/windows-admin-center/understand/windows-admin-center

3.6.3.1 Unterstützte Modi

Lokaler oder Remotezugriff auf das WAC

Die Bereitstellung des Windows Admin Center (WAC) kann auf verschiedene Weisen erfolgen. Grundlegend wichtig für die Installation ist die Erkenntnis über die unterstützte Betriebssystemplattform für WAC. Die Installation des Windows Admin Center (WAC) unterstützt dabei die folgenden Modi:

- **Desktop-Modus** - Die Installation im Desktop-Modus erfolgt direkt auf einem Clientcomputer (quasi „lokal"), von dem aus die Verbindung und auch die Verwaltung der betreffenden, durch WAC unterstützten Windows-Serverbetriebssysteme durch den Remote-Zugriff erfolgen. Der Aufruf des Windows Admin Center (WAC) erfolgt ebenso lokal auf dem zur Installation des WAC ausgewählten Clientcomputersystems.

- **Gateway-Modus** - Bei der Installation im Gateway-Modus wird das Windows Admin Center (WAC) auf einem Serversystem installiert. Der Aufruf und auch der

Zugriff auf das Windows Admin Center (WAC) erfolgt dabei über das Computernetzwerk von einem andern Computersystem aus mithilfe eines der mit WAC kompatiblen Webbrowsern.

3.6.3.2 Unterstützte Betriebssysteme

Noch vor der Bereitstellung des Windows Admin Center (WAC) muss man die Vorgaben durch den Hersteller in Bezug auf die Installation, sowie aber auch der für die mögliche Verwaltung mithilfe des WAC beachten.

Unterstützte Betriebssysteme für die Installation des WAC

Das Windows Admin Center (WAC) kann auf den folgenden Windows-Betriebssystemen installiert werden:

Betriebssystemversion	Installationstyp
Windows Server, Version 1709	Gateway-Modus
Windows Server 2016	Gateway-Modus
Windows Server 2019	Gateway-Modus
Windows 10, Version 1709 und neuer	Desktop-Modus

Tab. 3.3: *Unterstützte Betriebssystemplattformen für die Installation des WAC*

Unterstützte Betriebssysteme für die Verwaltung mithilfe des WAC

Das Windows Admin Center (WAC) kann verwendet werden, um Computersysteme mit den folgenden Windows-Betriebssystemen verwalten zu können:

Betriebssystem-version	Verwaltung der einzelnen Knoten über den Server-Manager	Verwaltung von Failover-Clustern mittels Failover-Clustermanager	Verwaltung von HCI-Clustern mithilfe des HCI-Clustermanagers
Windows Server 2019	Ja	Ja	Ja
Windows Server 2016	Ja	Ja	Ja (mit dem aktuellsten, kumulativen Update)
Windows Server, Version 1709	Ja	Ja	Nein
Windows Server 2012 R2	Ja	Ja	Nicht verfügbar
Windows Server 2012	Ja	Ja	Nicht verfügbar

Betriebssystemversion	Verwaltung der einzelnen Knoten über den Server-Manager	Verwaltung von Failover-Clustern mittels Failover-Clustermanager	Verwaltung von HCI-Clustern mithilfe des HCI-Clustermanagers
Windows Server 2008 R2 *	Ja, eingeschränkte Funktionalität	Nicht verfügbar	Nicht verfügbar
Windows 10, Version 1709 und neuer	Ja (über die Computerverwaltung)	Nicht verfügbar	Nicht verfügbar

Tab. 3.4: *Unterstützte Windows-Betriebssysteme für die Verwaltung mittels WAC*

* Die Verwaltung von Serversystemen unter Windows Server 2008 R2 wird lediglich durch die Windows Admin Center (WAC)-Preview-Version unterstützt. Windows Server 2008 R2 wird in der endgültigen Version des Windows Admin Center (WAC) nicht mehr unterstützt.

3.6.4 Voraussetzungen für die Verwendung des Windows Admin Center (WAC)

Das Windows Admin Center (WAC) erfordert bestimmte Windows PowerShell-Features, welche in Windows Server 2008 R2, Windows Server 2012, sowie auch in Windows Server 2012 R2 standardmäßig nicht enthalten sind. Wenn man Serversysteme auf denen eines dieser Windows-Betriebssysteme installiert ist, verwalten möchte, so wird hierbei die Installation des *Windows Management Framework (WMF)* in der Version 5.1 oder höher auf diesen betreffenden Computersystemen vorausgesetzt.

Um zu prüfen, ob das *Windows Management Framework (WMF)* in der Version 5.1 oder höher auf den zu verwaltenden Serversystemen bereits installiert ist, kann man den folgenden Befehl in der *Windows PowerShell* verwenden:

```
$PSVersionTable
```

INTERNET ➲ Sollte das *Windows Management Framework (WMF)* in der notwendigen Version 5.1 oder höher noch nicht installiert sein, so kann man dieses über die folgende Webadresse im Internet herunterladen und auf den betreffenden Serversystem installieren:

https://www.microsoft.com/en-us/download/details.aspx?id=54616

3.6.5 Bereitstellungsoptionen für das WAC

Das Windows Admin Center (WAC) kann auf verschiedene Weisen bereitgestellt werden. Die Bereitstellungsoptionen umfassen:

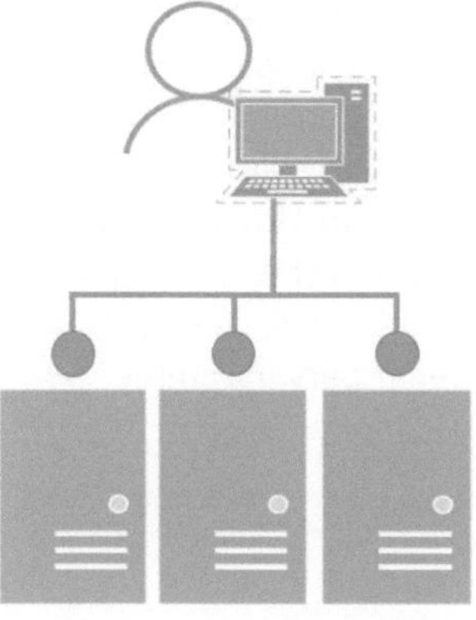

Installation des Windows Admin Center (WAC) auf einem Windows 10-Clientcomputer, welches über eine Verbindung zu den zu verwaltenden Server-Betriebssystemen verfügt. Diese Bereitstellungsoption ist ideal für einen schnellen Einstieg in die Verwaltung mit dem WAC, für Testzwecke, Ad-hoc- oder kleinere Verwaltungsumgebungen.

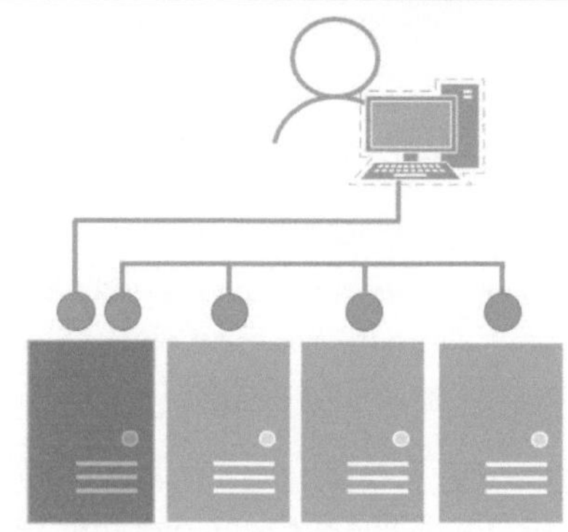

Die Installation direkt auf einem verwalteten Serversystem, für die eigene Verwaltung, oder auch für die Verwaltung eines Failover-Clusters, in welchem der Server als Clusterknoten integriert ist.

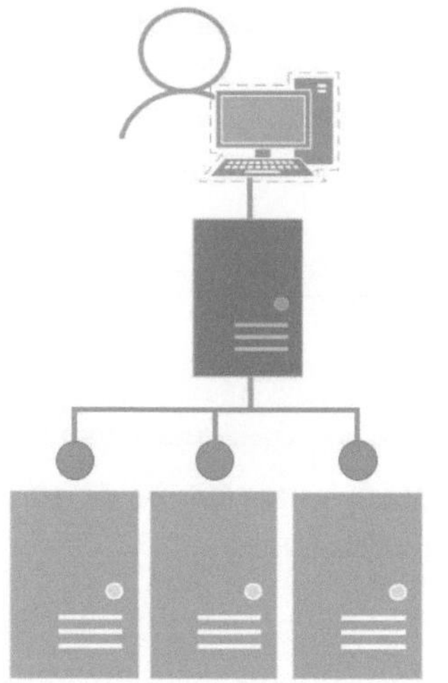

Die Installation des Windows Admin Center (WAC) auf einem als Gateway-Server designierten Serversystem, auf das von einem beliebigen Clientcomputer im vorhandenen Computersystem aus mithilfe eines kompatiblen Webbrowsers für die Verwaltung von Serversystemen zugegriffen werden soll.

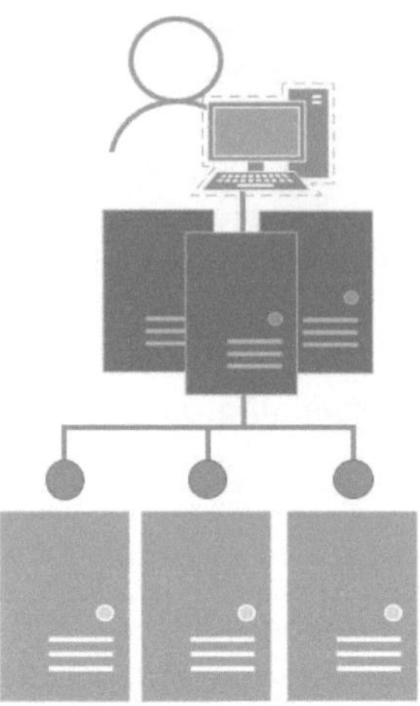

Die Bereitstellung des Windows Admin Center (WAC) in einem Failover-Cluster für die hohe Verfügbarkeit des Gateway-Servers. Ideal für die produktive Umgebung von Unternehmen und Institutionen zur Sicherstellung der Verfügbarkeit von WAC für die Verwaltung vorhandener Serversysteme.

Tab. 3.5: *Bereitstellungsoptionen des Windows Admin Center (WAC) (Quelle: Microsoft)*

3.6.6 Installation des Windows Admin Center (WAC)

Die Installation des Windows Admin Center (WAC) kann, wie zuvor bereits erklärt, lokal auf einem Computersystem unter Windows 10, oder alternativ auch auf einem Serversystem unter Windows Server 2016 oder Windows Server 2019 erfolgen.

3.6.6.1 Installation von WAC unter Windows 10

Die Installation des Windows Admin Center (WAC) auf einem Clientcomputer unter Windows 10 im *Desktop-Modus* erlaubt die netzwerkweite Verwaltung von Client- und Serversystemen von diesem betreffenden Computersystem aus. Im Gegensatz zur Installation im Gateway-Modus muss man sich zur Verwaltung der Computersysteme lokal an dem betreffenden Verwaltungscomputer anmelden, auf dem das WAC installiert wurde.

INTERNET ➲ Das Windows Admin Center steht im Internet zum direkten Download bereit unter:

https://aka.ms/windowsadmincenter

Die Installation des Windows Admin Center (WAC) unter Windows 10 kann in einfachen Schritten erfolgen. Gehen Sie dazu wie folgt vor:

1. Soweit noch nicht geschehen, laden Sie die Installationsdatei für das Windows Admin Center (WAC) von der Website von Microsoft aus dem Internet auf den betreffenden Computer herunter.

2. Klicken Sie doppelt auf die Installationsdatei des WAC, und klicken Sie im Dialog der *Sicherheitswarnung* auf **Ausführen**, um die Installation zu starten.

3. Aktivieren Sie das *Kontrollkästchen*, um den Bedingungen der Lizenzvereinbarung zuzustimmen, und klicken Sie dann auf **Weiter**.

4. Wählen Sie im Dialog zur *Auswahl der Updatefunktionen* die gewünschte Einstellung, und klicken Sie dann auf **Weiter**.

5. Klicken Sie im Dialog *Gatewayendpunkt konfigurieren* auf **Weiter**.

6. Passen Sie im Bedarfsfall den standardmäßig für die Verwendung durch das Windows Admin Center (WAC) vorgeschlagenen Kommunikationsport (*standardmäßig Port 6516*), wählen Sie die übrigen Konfigurationsoptionen nach Bedarf, und klicken Sie dann auf **Installieren**.

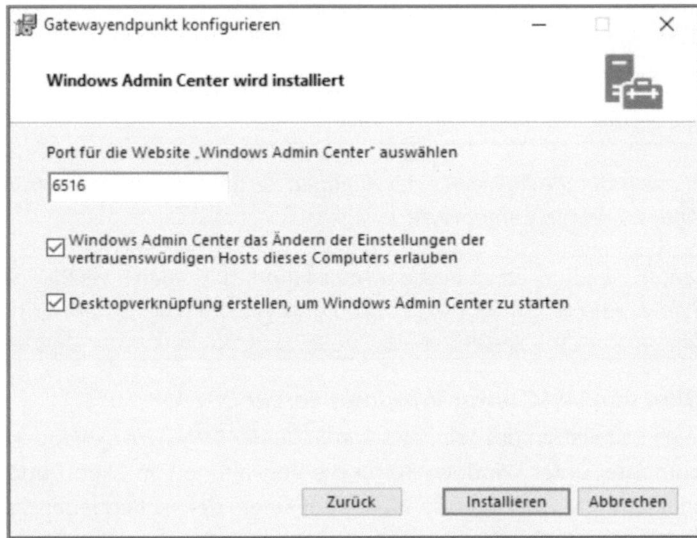

Abb. 3.27: *Anpassung der Bereitstellungsoptionen während der Installation des WAC*

7. Soweit zutreffend, bestätigen Sie die Meldung der Benutzerkontensteuerung zur Installation des Windows Admin Center (WAC) mit einem Klick auf **Ja**.

   Die Installation des Windows Admin Center (WAC) wird durchgeführt.

8. Klicken Sie zum Abschluss der Installation auf **Fertig stellen**.

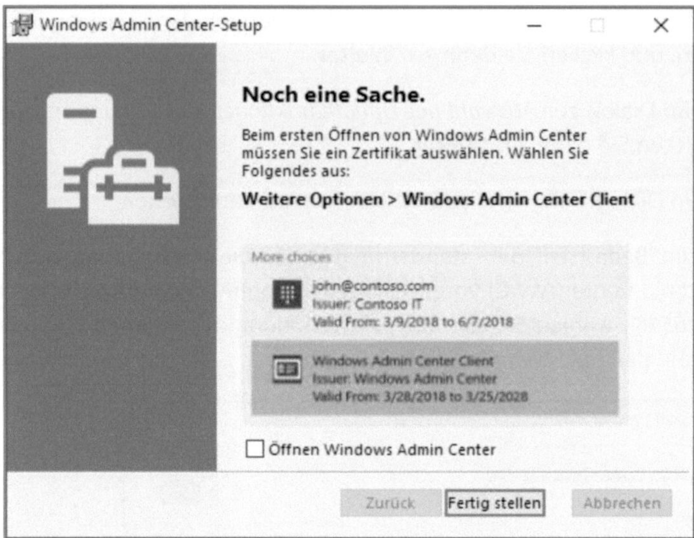

Abb. 3.28: *Hinweis auf die Auswahl eines digitalen Zertifikats zum Ende der Installation des Windows Admin Center (WAC)*

HINWEIS ➲ Beachten Sie zum Abschluss der Installation, dass gleich zu Beginn der Nutzung des *Windows Admin Center* (WAC) ein digitales Zertifikat für den Windows Admin Center Client ausgewählt werden muss.

3.6.6.2 Installation von WAC unter Windows Server 2019

Zentrale Bereitstellung des Windows Admin Center (WAC)

Alternativ zur lokalen Installation des *Windows Admin Center* (WAC) im *Desktop-Modus* auf einem Clientcomputer unter Windows 10 für die Verwaltung von Client- und Serversystemen, kann man dieses im *Gateway-Modus* auf einem der vorhandenen Serversysteme unter Windows Server 2016 oder Windows Server 2019 installieren. Der Vorteil dieser Installationsart liegt darin, dass man sich im Anschluss von einem beliebigen Computersystem im Netzwerk mithilfe eines kompatiblen Webbrowsers auf das Windows Admin Center (WAC) aufschalten, und dieses für die netzwerkweite Verwaltung von Computersystemen verwenden kann.

PRAXISTIPP! ➲ Der Gateway-Modus erspart die mitunter gleich mehrfache, lokale Installation des Windows Admin Center (WAC), wenn für die Verwaltung nicht nur ein einzelnes, sondern gleich auch mehrere Computersysteme verwendet werden, von denen aus die Verwaltung der vorhandenen Clientcomputer und Serversysteme im Netzwerk erfolgen soll.

Die Installation des Windows Admin Center (WAC) unter Windows Server 2019 kann in einfachen Schritte erfolgen. Gehen Sie dazu wie folgt vor:

1. Soweit noch nicht geschehen, laden Sie die Installationsdatei für das Windows Admin Center (WAC) von der Website von Microsoft aus dem Internet auf den betreffenden Computer herunter.

> **PRAXISTIPP!** ➲ Das Windows Admin Center steht im Internet zum direkten Download bereit unter:
>
> **https://aka.ms/windowsadmincenter**

2. Doppelklicken Sie auf die Installationsdatei für das Windows Admin Center, und klicken Sie im Willkommen-Dialog auf **Weiter**.

3. Aktivieren Sie das *Kontrollkästchen*, um den Bedingungen der Lizenzvereinbarung zuzustimmen, und klicken Sie dann auf **Weiter**.

4. Wählen Sie im Dialog zur *Auswahl der Updatefunktionen* die gewünschte Einstellung, und klicken Sie dann auf **Weiter**.

5. Klicken Sie im Dialog *Gatewayendpunkt konfigurieren* auf **Weiter**.

6. Belassen Sie die Auswahl zum Ändern der Einstellungen der vertrauenswürdigen Hosts, und klicken Sie auf **Weiter**.

7. Passen Sie im Bedarfsfall den standardmäßig für die Verbindung mit dem Windows Admin Center (WAC) vorgeschlagenen Kommunikationsport (*standardmäßig Port 443*) an.

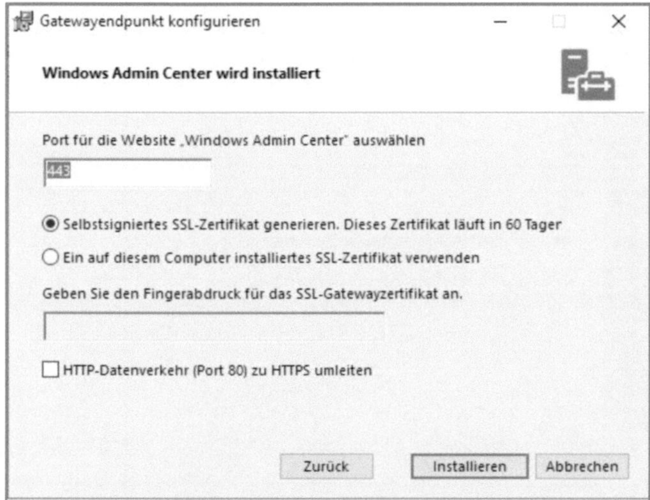

Abb. 3.29: *Auswahl des Kommunikationsports sowie des SSL-Zertifikats für das Windows Admin Center (WAC) während der Installation*

8. Wählen Sie aus, ob ein selbst signiertes SSL-Zertifikat gleich während der Installation des Windows Admin Center (WAC) generiert werden soll. Alternativ kann man in diesem Dialog auch ein zuvor erstelltes SSL-Zertifikat für die sichere Verbindung mit dem WAC über einen der kompatiblen Webbrowser angeben.

> **WICHTIG!** ➲ Zu beachten ist hier unbedingt, dass das selbstsignierte Zertifikat, welches während des Installationsprozesses des Windows Admin Center (WAC) generiert und in die Konfiguration eingebunden werden kann, lediglich eine Laufzeit von 90 Tagen besitzt. Das betreffende Zertifikat muss für die dauerhafte Nutzung des Windows Admin Center (WAC), und für die sichere Verbindung mit diesem über einen der kompatiblen Webbrowser zu einem späteren Zeitpunkt durch ein gesondert ausgestelltes, digitales SSL-Zertifikat ausgetauscht werden. Der Austausch des betreffenden, digitalen SSL-Zertifikats kann später über die *Eigenschaften* des betreffenden Computersystems mithilfe der Konfigurationsoption *Zertifikate* direkt im Windows Admin Center (WAC) erfolgen. Dieses alternative SSL-Zertifikat kann problemlos aus einer internen PKI ausgestellt sein, und muss nicht käuflich erworben werden.

9. Klicken Sie anschließend auf **Installieren**.

   Die Installation wird durchgeführt, und das Windows Admin Center (WAC) steht im Anschluss für die Verwaltung von Computersystemen bereit.

10. Klicken Sie zum Abschluss der Installation auf **Fertig stellen**.

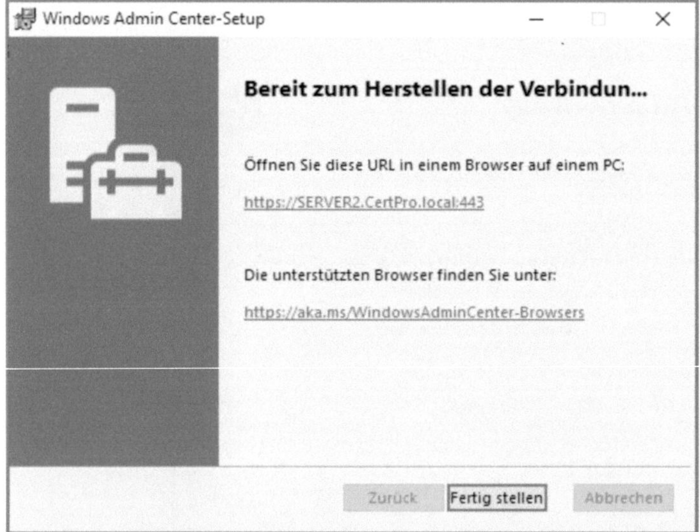

Abb. 3.30: *Abschluss der Installation des Windows Admin Center*

3.6.6.3 Installation des WAC auf einem Core-Server

Das Windows Admin Center (WAC) kann im Bedarfsfall auch über die Kommandozeile auf einem Serversystem unter Windows Server 2019 als Server Core-Installation bereitgestellt werden. Hierzu verwendet man einfach den folgenden Kommandozeilenbefehl auf dem betreffenden Serversystem:

```
Msiexec /i <Name des Installationspakets>.msi /qn /L*v
log.txt SME_PORT=6516 SSL_CERTIFICATE_OPTION=generate
```

Als `<Name des Installationspakets>.msi` verwendet man dabei einfach den Namen des von Microsoft zum Download angebotenen Installationspakets für das Windows Admin Center (WAC), wie beispielsweise „*WindowsAdminCenter1804.25.msi*".

3.6.7 Verbindung mit dem Windows Admin Center (WAC)

Die Verbindung mit dem Windows Admin Center (WAC) erfolgt mithilfe eines der mit WAC kompatiblen Webbrowser. Abhängig von der zuvor erfolgten Installationsmethode, sowie des dabei ausgewählten Installationsmodus erfolgt der Aufruf von WAC auf einer der folgenden Weisen:

- **Desktop-Modus** - Die Verbindung mit dem Windows Admin Center (WAC) erfolgt in diesem Fall mithilfe des folgenden Adressaufrufs: https://localhost:[port] (beispielsweise: https://localhost:6516)

- **Gateway-Modus** - Die Verbindung mit dem *Windows Admin Center* (WAC) erfolgt in diesem Fall mithilfe des folgenden Adressaufrufs: *https://Servername* (beispielsweise: https://server2)

HINWEIS ➲ Der Internet Explorer als Webbrowser wird durch Microsoft für die Verwaltung von Computersystemen mit dem WAC *nicht* unterstützt

Der Internet Explorer kann für die Verwaltung von Client- und Servercomputern mithilfe des Windows Admin Center (WAC) nicht verwendet werden. Alternativ besteht die Möglichkeit der Verwendung von Microsoft Edge oder des Google Chrome-Browsers.

Microsoft empfiehlt die Verwendung von *Windows 10 und Microsoft Edge oder Google Chrome* für die Remoteverwaltung des auf einem Windows-Serversystem unter Windows Server 2019 für den *Gateway-Modus* installierten Windows Admin Center (WAC).

Installation im Gateway-Modus empfohlen

3.6.7.1 Schritte zum Verbinden mit dem Windows Admin Center (WAC)

Gehen Sie wie folgt vor, um sich von einem Clientcomputer unter Windows 10 zum ersten Mal mit dem auf einem Serversystem unter Windows Server 2019 im Gateway-Modus installierten Windows Admin Center (WAC) zu verbinden:

1. Starten Sie auf dem Computer unter Windows 10 den *Google-Chrome-Browser*.

2. Geben Sie im Adressfeld **https://** gefolgt von der Adresse des Serversystems ein, auf dem das *Windows Admin Center* (WAC) zuvor installiert wurde (Beispiel: https://Server2), und drücken Sie anschließend die ↵-Taste.

3. Klicken Sie beim Erscheinen des Hinweises auf ein *Problem mit dem Sicherheitszertifikat der Website* auf die Option **ERWEITERT**, und dann auf die Option **Weiter zu <*Servername*> (unsicher)**.

4. Geben Sie den *Anmeldenamen* und das *Kennwort* ein, das für die Verbindung mit dem *Windows Admin Center* (WAC) auf dem betreffenden Serversystem unter Windows Server 2019 verwendet werden soll. Drücken Sie anschließend auf **OK**.

Das *Windows Admin Center* wird im Webbrowser angezeigt. Bei der ersten Anmeldung erscheint ein *Willkommensdialog* mit einer Einführung in das Windows Admin Center. Diese Einführung kann man im Bedarfsfall mit einem Klick auf **Einführung überspringen** einfach beenden.

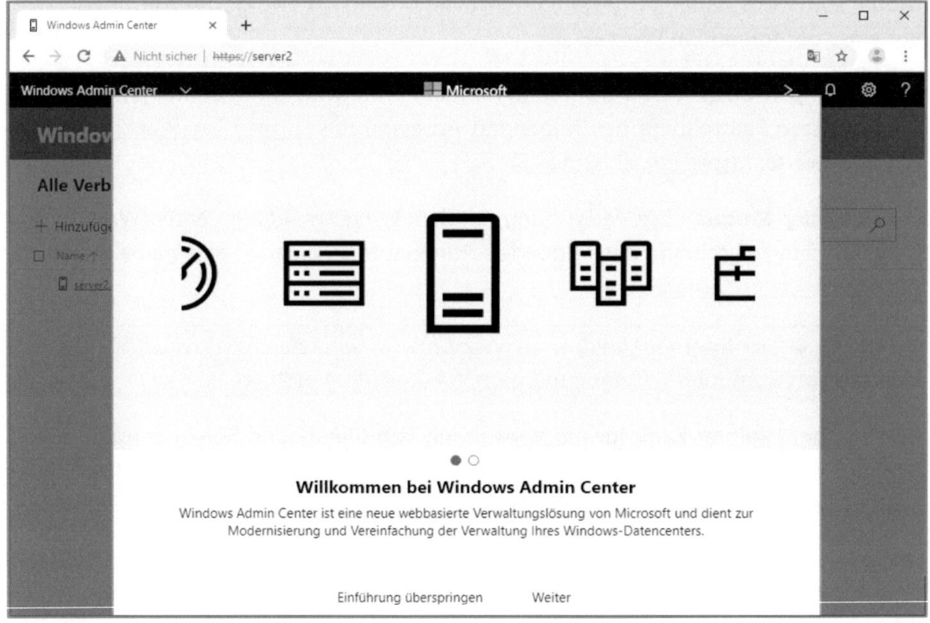

Abb. 3.31: *Das Windows Admin Center (WAC) nach dem ersten Start*

3.6.8 Vorbereitung der Netzwerkinfrastruktur für die Verwaltung von Server- und Clientcomputersystemen mit dem Windows Admin Center (WAC)

Abhängig der zu verwaltenden Server- und Clientcomputersystemen muss man die betreffenden Computersysteme vor dem Einbinden in die Verwaltung mittels des *Windows Admin Center* (WAC) entsprechend vorbereiten.

Windows Management Framework (WMF) 5.1 oder höher für die Verwaltung grundsätzlich notwendig

Wie zuvor bereits erläutert, wird für die Verwaltung von Client- und auch Servercomputern mithilfe des *Windows Admin Center* (WAC) grundsätzlich das *Windows Management Framework* (WMF) in der Version 5.1 oder höher mit der darin jeweils enthaltenen Windows PowerShell vorausgesetzt.

3.6.8.1 Vorbereitung von Microsoft Hyper-V Server 2012 R2

Um Serversysteme mit Microsoft Hyper-V Server 2012 R2 mit dem Windows Admin Center (WAC) verwalten zu können, sind die folgenden Schritte notwendig:

1. **Installation des Windows Management Framework 5.1 oder höher**
2. **Aktivierung der Remoteverwaltung**
3. **Aktivierung der Dateiserver-Rolle**
4. **Aktivierung des Hyper-V-Module für Windows PowerShell**

Gehen Sie zur Vorbereitung von Serversystemen unter Microsoft Hyper-V-Server 2012 R2 für die Verwaltung mittels Windows Admin Center (WAC) wie folgt vor:

1. Installation des Windows Management Framework 5.1

Das *Windows Admin Center* (WAC) setzt Windows PowerShell-Funktionen voraus, welche in Microsoft Hyper-V-Server 2012 R2 standardmäßig nicht enthalten sind. Für die Unterstützung muss auf den zu verwaltenden Serversystemen das *Windows Management Framework 5.1* oder höher installiert sein. Mithilfe des folgenden Befehls in der Windows PowerShell kann man die installierte Version des WMF überprüfen:

```
$PSVersionTable
```

INTERNET ➲ Sollte das WMF 5.1 oder höher auf dem betreffenden Serversystem unter Windows Server 2012 R2 noch nicht installiert sein, so findet man unter dem folgenden Weblink die Details für den Download, sowie auch die notwendigen Schritte für die Installation unter:

https://docs.microsoft.com/en-us/powershell/wmf/5.1/install-configure

2. Aktivierung der Remoteverwaltung

Gehen Sie wie folgt vor, um die Remoteverwaltung im Hyper-V-Server zu aktivieren:

1. Melden Sie sich als *Administrator* am Hyper-V-Server an.
2. Wählen Sie im Tool *Server-Konfiguration (SCONFIG)* die **4** zum Konfigurieren der *Remoteverwaltung*.
3. Geben Sie **1** zum Aktivieren der *Remoteverwaltung* ein.
4. Geben Sie **4** ein, um zum Hauptmenü zurückzukehren.

Nach der Aktivierung der Remoteverwaltung kann man das Serversystem in das *Windows Admin Center* (WAC) aufnehmen, und von dort aus die Dateidienst-Rolle, sowie auch das Hyper-V-Module für Windows PowerShell aktivieren.

3.6.8.2 Vorbereitung von Microsoft Hyper-V Server 2016 oder 2019

Um Serversysteme mit Microsoft Hyper-V Server 2016 bzw. Hyper-V Server 2019 mit dem Windows Admin Center (WAC) verwalten zu können, sind die folgenden Schritte notwendig:

1. **Aktivierung der Remoteverwaltung**
2. **Aktivierung der Dateiserver-Rolle**
3. **Aktivierung des Hyper-V-Module für Windows PowerShell**

Das *Windows Management Framework 5.1* ist in Windows Server 2016 (und höher) standardmäßig bereits enthalten. Die Installationsschritte, wie diese noch unter Windows Server 2012 R2 oder auch Windows Server 2012 notwendig sind, entfallen auf diesen Serversystemen für das WMF.

1. Aktivierung der Remoteverwaltung

Gehen Sie wie folgt vor, um die Remoteverwaltung im Hyper-V-Server zu aktivieren:

1. Melden Sie sich als Administrator am Hyper-V-Server an.
2. Wählen Sie im Tool *Server-Konfiguration (SCONFIG)* die **4** zum Konfigurieren der *Remoteverwaltung*.
3. Geben Sie **1** zum Aktivieren der *Remoteverwaltung* ein.
4. Geben Sie **4** ein, um zum Hauptmenü zurückzukehren.

Nach der Aktivierung der *Remoteverwaltung* kann man das Serversystem in das Windows Admin Center (WAC) aufnehmen, und von dort aus die *Dateidienst*-Rolle, sowie auch das *Hyper-V-Module für Windows PowerShell* aktivieren.

3.6.8.3 Vorbereitung von Microsoft Windows 10-Clientcomputern

Damit man Clientcomputersysteme unter Windows 10 mit dem *Windows Admin Center* (WAC) verwalten kann, muss zuvor der *WinRM-Dienst* (Windows Remote Management-Dienst) entsprechend vorbereitet werden. Dies kann unternehmensweit mithilfe von Gruppenrichtlinien in den Active Directory-Domänendiensten, oder jeweils lokal mithilfe der Kommandozeile erfolgen.

Gehen Sie wie folgt vor, um einen Clientcomputer unter Windows 10 für die nachfolgende Verwaltung mit dem Windows Admin Center (WAC) entsprechend vorzubereiten:

1. Melden Sie sich mit administrativen Rechten an dem zu konfigurierenden Clientcomputer unter Windows 10 an.

2. Öffnen Sie die *Eingabeaufforderung* mit administrativen Rechten, geben Sie den folgenden Befehl ein, und drücken Sie anschließend die [↵]-Taste:

   `winrm quickconfig` (oder alternativ: **`winrm qc`**)

3. Bestätigen Sie die notwendige Konfiguration, sowie auch die Konfiguration der notwendigen Ausnahmeregeln in der Windows-Firewall jeweils mithilfe der Eingabe des Buchstaben „**y**".

Das betreffende Computersystem kann anschließend zur Verwaltung in das Windows Admin Center (WAC) aufgenommen werden.

3.6.9 Verwaltung von Serversystemen und Clientcomputern mit dem Windows Admin Center (WAC)

Die Verwaltung von Serversystemen und Clientcomputern mit dem Windows Admin Center (WAC) lässt sich gleich nach der Bereitstellung durchführen. Das Windows Admin Center (WAC) ermöglicht die Verwaltung von Clientcomputern unter Windows 10, sowie die von Serversystemen unter Windows Server 2012 über Windows Server 2012 R2 bis hin zu Windows Server 2016 oder Windows Server 2019.

Die mit dem Windows Admin Center (WAC) möglichen Verwaltungsschritte umfassen beispielsweise die auf den jeweiligen Computersystemen vorhandenen Zertifikate, Geräte, Prozesse, Rollen und Features, Updates, virtuellen Computer und vieles mehr.

3.6.9.1 Hinzufügen von Computersystemen zur Verwaltung

Damit man Computersysteme mithilfe des Windows Admin Center (WAC) verwalten kann, muss man diese zuvor hinzufügen.

Vertrauen zum Übertragen der Anmeldeinformationen zwischen den Computern notwendig

Um die betreffenden Computersysteme mithilfe des Windows Admin Center (WAC) verwalten zu können, benötigt man administrative Rechte auf dem jeweiligen Computersystem. Darüber hinaus muss das zu verwaltende Computersystem sich im Vertrauen mit dem für die Verwaltung verwendeten Computersystem befinden. Innerhalb eines Active Directory-Domänenverbundes erfolgt dies über die Domänenmitgliedschaft der betreffenden Computersysteme. Zur Verwaltung von Computersystemen, die sich beispielsweise nicht als Mitglied einer Active Directory-Domäne, sondern als Mitglied beispielsweise einer Arbeitsgruppe im Netzwerk befinden, muss man diese zuvor auf dem Verwaltungscomputer in die Liste der vertrauenswürdigen Computer (engl. *Trusted Host List*) aufnehmen.

3.6.9.2 Anzeige der Liste vertrauenswürdiger Computer

Die Liste der vertrauenswürdigen Computer (engl. *Trusted Host List*) eines Computersystems kann man sich mithilfe der Windows PowerShell anzeigen lassen. Gehen Sie dazu wie folgt vor:

1. Öffnen Sie die *Windows PowerShell* mit *administrativen* Rechten.

2. Geben Sie den folgenden Befehl in der *Windows PowerShell* ein, und drücken Sie anschließend die ↵-Taste:

```
Get-Item WSMAN:\localhost\Client\TrustedHosts
```

3.6.9.3 Schritte zum Hinzufügen von Computersystemen zur Liste vertrauenswürdiger Computer

Gehen Sie wie folgt vor, um ein zu verwaltendes Computersystem auf dem für die Veraltung von Client- und Serversystemen mit dem Windows Admin Center (WAC) verwendeten Computer in die Liste der vertrauenswürdigen Computer aufzunehmen:

1. Öffnen Sie auf dem für die Verwaltung zu verwendenden Computersystem die Windows PowerShell mit administrativen Rechten.

2. Geben Sie den folgenden Befehl in der *Windows PowerShell* ein, und verwenden Sie als Wert hinter **`-Value`** den Namen oder die IP-Adresse, mit der man sich später mit dem zu verwaltenden Computersystem verbinden können soll (beispielsweise: „Server1" oder „10.10.0.200"), und drücken Sie dann die ↵-Taste:

```
Set-Item WSMAN:\localhost\Client\TrustedHosts -Value
„<Name oder IP-Adresse>" -Concatenate
```

Der Schalter **`-Concatenate`** ergänzt den bei der Befehlsausführung angegebenen Namen oder die IP-Adresse zu den womöglich bereits vorhandenen Einträgen in der TrustedHost-Liste des betreffenden Computersystems. Ohne diesen Schalter würde zwar der angegebene Name oder die IP-Adresse zwar ebenso zur *TrustedHost*-Liste hinzugefügt, mitunter zuvor bereits ergänzte Einträge würden in diesem Zusammenhang jedoch einfach überschrieben.

Hinzufügen von Einträgen zur TrustedHost-Liste

3.6.9.4 Vereinfachte Verwendung der Liste vertrauenswürdiger Computer durch ein „Wildcard"-Zeichen (*)

Im Falle, dass man häufiger neue Computersysteme zur Verwaltung zum Windows Admin Center (WAC) hinzufügen möchte, so wäre man nach dem zuvor gezeigten Beispiel ebenso oft gezwungen, neue Einträge in der TrustedHost-Liste dem für die Verwaltung zu verwendenden Computersystems zu ergänzen. Abhilfe hierzu kann man sich verschaffen, in dem man das „*"-Zeichen als „Wildcard"-Zeichen in der TrustedHost-Liste einträgt. Hierdurch entfällt anschließend das manuelle, einzelne Hinzufügen von Einträgen für Computersysteme in der TrustedHost-Liste des betreffenden Computers. Man sollte hierbei unbedingt bedenken, dass durch das „pauschal" konfigurierte Vertrauen die Sicherheit etwas herabgesetzt wird. Im Vergleich zu dem mitunter unverhältnismäßigen Aufwand, den die Wartung und Pflege der TrustedHost-Liste mitunter in Anspruch nehmen kann, dürfte dies einen klaren Kompromiss darstellen.

Einfachheit bei einer Vielzahl der zu verwaltenden Computersysteme

Gehen Sie wie folgt vor, um die Verwendung der TrustedHost-Liste durch das Hinzufügen eines „*Wildcard*"-Zeichens (*) auf dem zur Verwaltung von Client- und Serversystemen zu verwendenden Computer zu vereinfachen:

1. Öffnen Sie die *Windows PowerShell* mit *administrativen* Rechten.

2. Geben Sie den folgenden Befehl in der Windows PowerShell ein, und drücken Sie anschließend die [↵]-Taste:

```
Set-Item WSMAN:\localhost\Client\TrustedHosts -Value „*"
```

3.6.9.5 Löschen der Liste vertrauenswürdiger Computer

Im Bedarfsfall kann man die Liste der vertrauenswürdigen Computer (engl. *Trusted Host List*) eines Computersystems mithilfe der Windows PowerShell einfach löschen. Gehen Sie dazu wie folgt vor:

1. Öffnen Sie die *Windows PowerShell* mit *administrativen* Rechten.

2. Geben Sie den folgenden Befehl in der Windows PowerShell ein, und drücken Sie anschließend die [↵]-Taste:

```
Clear-Item WSMAN:\localhost\Client\TrustedHosts
```

3.6.10 Notwendige Rechte zum Verwalten von Computersystemen mit dem Windows Admin Center (WAC)

Die zu verwaltenden Clientcomputer unter Windows 10, sowie auch Serversysteme unter Windows Server 2012, Windows Server 2012 R2, Windows Server 2016, und auch Windows Server 2019 können nach dem Anmelden am Windows Admin Center (WAC) problemlos dort hinzugefügt werden.

„Passende" Rechte für die Verwaltung vorausgesetzt

Zur Verwaltung benötigt man die entsprechenden, lokalen Administratorrechte auf dem jeweiligen, zu verwaltenden Computersystem. Innerhalb einer Active Directory-Gesamtstruktur bzw. einer Active Directory-Domäne besitzen die Mitglieder der vordefinierten Sicherheitsgruppen der Organisations-Admins bzw. der Domänen-Admins nach dem Hinzufügen der zu verwaltenden Computersysteme bereits über die notwendigen Rechte.

3.6.10.1 Rollenbasierte Zugriffssteuerung

In den Einstellungen des Windows Admin Center (WAC) kann man die rollenbasierte Zugriffssteuerung verwenden, um bestimmten Benutzern oder Benutzergruppen den Zugriff auf das Windows Admin Center (WAC), und somit auch auf die darin zu verwaltenden Computersysteme zu ermöglichen. Hierbei kann man dann unterscheiden zwischen einfachen *Gatewaybenutzern*, sowie auch *Gatewayadministratoren*.

INTERNET ➲ Details zur rollenbasierten Zugriffssteuerung des Windows Amin Center (WAC) findet man im Internet auf den Webseiten von Microsoft unter:

https://docs.microsoft.com/en-us/windows-server/manage/windows-admin-center/configure/user-access-control

3.6.10.2 Option „Verwalten als"

Verwendung „alternativer Anmeldeinformationen"

Im Windows Admin Center (WAC) kann man in der Übersicht aller Verbindungen nicht nur die bereits dort vorhandenen Computersysteme anzeigen oder entfernen. Man kann darin im Bedarfsfall auch festlegen, mit welchem Benutzerkonto man sich mit dem jeweiligen Computersystem verbinden möchte. Die Option *„Verwalten als"* kann konfiguriert werden, nachdem man auf die betreffende Spalte klickt, in der das zu verwaltende Computersystem aufgelistet ist. Dabei kann dann festgelegt werden, ob man für die Verbindung zu dem jeweiligen Computersystem die aktuellen Anmeldeinformationen, oder aber alternativ ein anderes Konto für die Verbindung verwenden möchte.

Das zur Verbindung jeweils festgelegte Benutzerkonto wird in der *Übersicht aller Verbindungen* im Windows Admin Center (WAC) in der Spalte *„Verwalten als"* übersichtlich angezeigt.

3.6.11 Schritte zum Hinzufügen von Computersystemen zum Windows Admin Center (WAC)

Gleich nach dem Aufrufen des Windows Admin Center (WAC) steht die Option zum Hinzufügen von Computersystemen in der Grafikoberfläche zur Verfügung.

Gehen Sie wie folgt vor, um die zu verwaltenden Computersysteme zum Windows Admin Center (WAC) hinzuzufügen:

1. Melden Sie sich, sowie noch nicht geschehen, als Administrator am *Windows Admin Center (WAC)* an.

2. Klicken Sie in der grafischen Oberfläche des WAC auf **+ Hinzufügen**

3. Wählen Sie die notwendige Option (wie zum Beispiel „Verbindung „Server" hinzufügen) zum Hinzufügen der Verbindung aus, geben Sie den Namen, sowie im Bedarfsfall die entsprechenden Anmeldeinformationen ein, und klicken Sie auf **Übermitteln**. Die zu verwaltenden Computersysteme werden im Windows Admin Center (WAC) unter *Alle Verbindungen* in einer Liste angezeigt.

Alternativ zum Hinzufügen einzelner, zu verwaltender Systeme kann man diese auch gleich aus einer einfachen Textdatei, in der die Namen der betreffenden Computersysteme zeilenweise getrennt aufgeführt sind, importieren. Noch einfacher ist die Möglichkeit, Computersysteme gleich in den Active Directory-Domänendiensten auszuwählen, um sie zum Windows Admin Center (WAC) zur Verwaltung hinzuzufügen.

Import aus einer Textdatei möglich

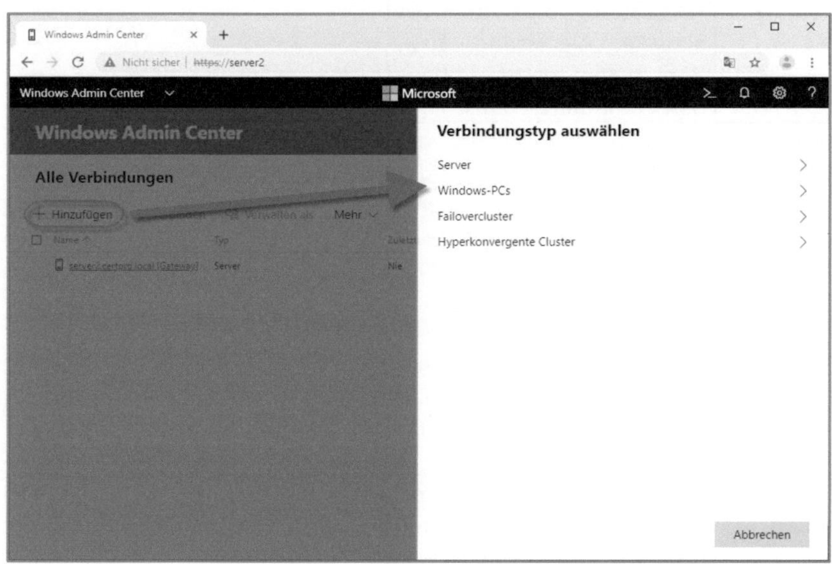

Abb. 3.32: *Hinzufügen weiterer Computersysteme zur Verwaltung mit dem Windows Admin Center (WAC)*

3.6.12 Werkzeuge des Windows Admin Center (WAC)

Nach dem Hinzufügen von Client- und Servercomputern zum Windows Admin Center (WAC) stehen darin verschiedene Tools zu deren Verwaltung bereit. Die Verwaltungsoptionen und Werkzeuge zeigen sich, sobald man auf den Namen bzw. Link eines der in der Liste der verfügbaren Verbindungen des Windows Admin Center (WAC) vorhandenen Computersysteme klickt.

3.6.12.1 Werkzeuge für die Verwaltung von Clientcomputern mit dem Windows Admin Center (WAC)

Die Verwaltungswerkzeuge des Windows Admin Center (WAC) für die Verwaltung von Serversystemen umfassen unter anderem:

Option	Beschreibung	Verfügbare Verwaltungsoptionen
Übersicht	Bietet eine Übersicht, beispielsweise zur Betriebssystemversion, dem Prozessor, dem installierten Arbeitsspeicher, des freien Speicherplatzes auf den Festplatten, sowie auch die aktuelle Auslastung bzw. Performance des betreffenden Computersystems.	- Neu starten - Herunterfahren - Datenträgermetriken aktivieren - Computer-ID bearbeiten - Einstellungen - Aktualisieren (Ansicht)
Azure-Hybriddienste	Bietet die Möglichkeit zum Einrichten und der Verwaltung von Azure-Diensten, wie beispielsweise Azure-Backup, Azure Site Recovery oder auch Azure Update Management direkt aus dem Windows Admin Center, setzt jedoch eine Registrierung zur Nutzung der Azure-Dienste voraus.	
Azure-Dateisynchronisierung	Ermöglicht das Einrichten und Verwalten der Synchronisierung lokaler Dateiserver mit Microsoft-Azure. Dies	

Option	Beschreibung	Verfügbare Verwaltungsoptionen
	setzt jedoch eine Registrierung zur Nutzung der Azure-Dienste voraus.	
Dateien	Ermöglicht den Zugriff auf die vorhandenen Dateien und Ordner des zu verwaltenden Computersystems.	- Neuer Ordner - Löschen - Herunterladen - Hochladen - Umbenennen - Extrahieren - Eigenschaften
Dienste	Zeigt die im Computersystem vorhandenen Dienste, sowie deren Status, und auch Startmodus an. Darüber hinaus kann man im Bedarfsfall notwendige Anpassungen der Einstellung der einzelnen Dienste vornehmen, diese neu starten oder beenden.	- Starten - Anhalten - Beenden - Einstellungen
Ereignisse	Bietet den Zugriff auf die im jeweiligen Computersystem vorhandenen Ereignisprotokolle und -einträge.	- Löschen - Exportieren
Firewall	Ermöglicht den Zugriff auf die Einstellungen, die Regeln für ein- und ausgehende Verbindungen, sowie auch die Profile der Windows Firewall des betreffenden Computersystems.	- Neu - Aktivieren - Deaktivieren - Löschen - Einstellungen
Geräte	Bietet die Möglichkeit der Anzeige und Verwaltung der im zu verwaltenden Computer enthaltenen Geräte.	- Gerät deaktivieren - Gerät aktivieren - Treiber aktualisieren
Installierte Apps	Ermöglicht im Bedarfsfall das Entfernen von zuvor installierter Anwendungen bzw. Apps.	- Entfernen
Lokale Benutzer und Gruppen	Erlaubt das Anzeigen, sowie die Verwaltung der lokalen	*Benutzer* - Neue Benutzer

Option	Beschreibung	Verfügbare Verwaltungsoptionen
	Benutzer und Gruppen auf dem betreffenden Computersystem.	- Mitgliedschaft verwalten - Benutzer löschen - Kennwort ändern - Benutzer bearbeiten *Gruppen* - Neue Gruppe - Gruppe löschen - Gruppe umbenenen - Gruppe bearbeiten
Netzwerk	Ermöglicht das Anzeigen und die Konfiguration der Netzwerkeinstellungen des Computersystems.	- Einstellungen
PowerShell	Bietet die Möglichkeit, sich mithilfe der Windows PowerShell auf das Computersystem aufzuschalten.	Die in der Windows PowerShell verfügbaren Cmdlets der auf dem zu verwaltenden Computer vorhandenen Windows PowerShell-Module.
Prozesse	Bietet die Möglichkeit zum Anzeigen und zum Verwalten der im Computersystem vorhandenen Prozesse.	- Prozess starten - Prozess beenden - Prozesssicherung erstellen - Handles suchen - Spalten auswählen
Registrierung	Erlaubt den Zugriff und die Verwaltung der Windows Registry.	- Importieren - Exportieren - Neuer Schlüssel - Umbenennen - Löschen - Wert hinzufügen - Ändern
Remotedesktop	Ermöglicht die Konfiguration und Anpassung der Einstellungen für Remotedesktopverbindungen. Zusätzlich kann man in den Einstellungen für Remotedesktop auch die rollenbasierte Zugriffssteuerung anpassen.	- Einstellungen aufrufen
Rollen und Funktionen	Erlaubt das Hinzufügen oder Entfernen der Rollen und	- Installieren - Entfernen

Option	Beschreibung	Verfügbare Verwaltungsoptionen
	Funktionen des zu verwaltenden Computersystems.	
Sichern	Ermöglicht die Einrichtung und Verwendung von Azure Backup zum Sichern von Daten in die Microsoft Azure-Cloud. Dies setzt eine Registrierung zur Verwendung der Microsoft Azure-Dienste voraus.	- Sichern - Wiederherstellen
Speicher	Bietet die Möglichkeit der Datenträger- und Volume-Verwaltung auf dem Computersystem. Zusätzlich lassen sich Dateifreigaben anzeigen und bearbeiten.	*Datenträger* - Volume erstellen - Datenträger initialisieren - Virtuelle Festplatte erstellen - Virtuelle Festplatte anfügen - Virtuelle Festplatte trennen - Offline - Online *Volume* - Format - Größe ändern - Volumeeigenschaften bearbeiten - Löschen
Speicherreplikat	Ermöglicht die Verwaltung von Speicherreplikaten auf dem zu verwaltenden Computersystem.	Für die Verwaltung von Speicherreplikaten mit dem WAC müssen die Remoteserver-Verwaltungstools (RSAT) für das Speicherreplikat auf dem Gatewaycomputer installiert werden.
Storage Migration Service	Bietet die Möglichkeit zur Migration von Dateifreigaben und Einstellungen von einem Dateiserver auf lokal vorhandene Serversysteme unter Windows Server 2019, oder alternativ zu Microsoft Azure.	
Systemdaten	Bietet die Installation und Verwendung der erweiter-	

Option	Beschreibung	Verfügbare Verwaltungsoptionen
	ten, vorausschauenden Analyse von Serversystemen unter Windows Server 2019 mithilfe des optional installierbaren Features „System Insights". Die damit ermittelbaren „Vorhersagen" umfassen beispielsweise die Datenträgerkapazität, die Prozessorleistung oder auch die Netzwerkkapazität des betreffenden Serversystems.	
Updates	Erlaubt die Anzeige und Konfiguration der Update-Einstellungen des betreffenden Computersystems.	- Einstellungen - Online nach Updates von Microsoft Update suchen - Sofort neu starten - Neustart planen
Zertifikate	Ermöglicht die Verwaltung von digitalen Zertifikaten auf dem Computersystem.	- Exportieren - Erneuern - Neu anfordern - Löschen

Tab. 3.6: *Enthaltene Werkzeuge des Windows Admin Center (WAC) für die Verwaltung von Serversystemen*

3.6.12.2 Werkzeuge für die Verwaltung von Clientcomputern mit dem Windows Admin Center (WAC)

Die Verwaltung von Clientcomputern unter Windows 10 gestaltet sich im Windows Admin Center (WAC) weitgehend identisch mit der Verwaltung von Serversystemen. Lediglich die Auswahl der Verwaltungsoptionen wurde im Windows Admin Center (WAC) auf die notwendigen Elemente hin angepasst.

Für die Verwaltung von Clientcomputern unter Windows 10 stehen im Windows Admin Center (WAC) unter anderem die folgenden Verwaltungsoptionen bereit:

Option	Beschreibung	Verfügbare Verwaltungsoptionen
Übersicht	Bietet eine Übersicht, beispielswiese zur Betriebssystemversion, dem Prozessor, dem installierten Arbeitsspeicher, des	- Neu starten - Herunterfahren - Computer-ID bearbeiten - Einstellungen - Aktualisieren (Ansicht)

Option	Beschreibung	Verfügbare Verwaltungsoptionen
	freien Speicherplatzes auf den Festplatten, sowie auch die aktuelle Auslastung bzw. Performance des betreffenden Computersystems.	
Apps und Features	Ermöglicht das Entfernen von zuvor installierten Apps oder auch Anwendungen, sowie auch das Aktivieren oder Deaktivieren von Windows-Funktionen (Features).	*Apps* - Entfernen *Funktionen* - Aktivieren - Deaktivieren
Dienste	Zeigt die im Computersystem vorhandenen Dienste, sowie deren Status, und auch Startmodus an. Darüber hinaus kann man im Bedarfsfall notwendige Anpassungen der Einstellung der einzelnen Dienste vornehmen, diese neu starten oder beenden.	- Starten - Anhalten - Beenden - Einstellungen
Ereignisse	Bietet den Zugriff auf die im jeweiligen Computersystem vorhandenen Ereignisprotokolle und -einträge.	- Löschen - Exportieren
Firewall	Ermöglicht den Zugriff auf die Einstellungen, die Regeln für ein- und ausgehende Verbindungen, sowie auch die Profile der Windows Firewall des Computersystems.	- Neu - Aktivieren - Deaktivieren - Löschen - Einstellungen
Geplante Aufgaben	Ermöglicht das Einrichten, Konfigurieren, sowie auch das Starten oder Beenden geplanter Aufgaben auf dem betreffenden Computersystem.	- Erstellen - Aktivieren - Deaktivieren - Starten - Beenden - Löschen - Einstellungen

Option	Beschreibung	Verfügbare Verwaltungsoptionen
Geräte	Bietet die Möglichkeit der Anzeige und Verwaltung der im zu verwaltenden Computer enthaltenen Geräte.	- Gerät deaktivieren - Gerät aktivieren - Treiber aktualisieren
Lokale Benutzer und Gruppen	Erlaubt das Anzeigen, sowie die Verwaltung der lokalen Benutzer und Gruppen auf dem betreffenden Computersystem.	*Benutzer* - Neue Benutzer - Mitgliedschaft verwalten - Benutzer löschen - Kennwort ändern - Benutzer bearbeiten *Gruppen* - Neue Gruppe - Gruppe löschen - Gruppe umbenennen - Gruppe bearbeiten
PowerShell	Bietet die Möglichkeit, sich mithilfe der Windows PowerShell auf das Computersystem aufzuschalten.	Die in der Windows PowerShell verfügbaren Cmdlets der auf dem zu verwaltenden Computer vorhandenen Windows PowerShell-Module.
Prozesse	Bietet die Möglichkeit zum Anzeigen und zum Verwalten der vorhandenen Prozesse.	- Prozess starten - Prozess beenden - Prozesssicherung erstellen - Handles suchen - Spalten auswählen
Registrierung	Erlaubt den Zugriff und die Verwaltung der Windows Registry.	- Importieren - Exportieren - Neuer Schlüssel - Umbenennen - Löschen - Wert hinzufügen - Ändern
Remotedesktop	Ermöglicht die Konfiguration und Anpassung der Einstellungen für Remotedesktopverbindungen. Zusätzlich kann man in den Einstellungen für Remotedesktop auch die rollenbasierte Zugriffssteuerung anpassen.	- Einstellungen aufrufen

Option	Beschreibung	Verfügbare Verwaltungsoptionen
Speicher	Bietet die Möglichkeit der Datenträger- und Volume-Verwaltung auf dem Computersystem. Zusätzlich lassen sich Dateifreigaben anzeigen und bearbeiten.	*Datenträger* - Volume erstellen - Datenträger initialisieren - Virtuelle Festplatte erstellen - Virtuelle Festplatte anfügen - Virtuelle Festplatte trennen - Offline - Online *Volume* - Format - Größe ändern - Volume-Eigenschaften bearbeiten - Löschen
Zertifikate	Ermöglicht die Verwaltung von digitalen Zertifikaten auf dem Computersystem.	- Exportieren - Erneuern - Neu anfordern - Löschen

Tab. 3.7: *Enthaltene Werkzeuge des Windows Admin Center (WAC) für die Verwaltung von Clientcomputern*

Die einzelnen Verwaltungsoptionen setzen entsprechende, administrative Rechte auf dem zu verwaltenden Computersystem voraus.

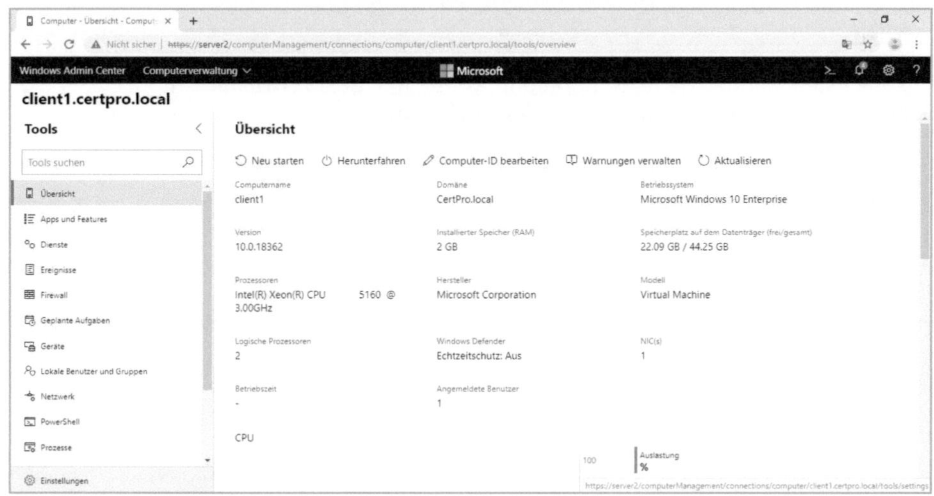

Abb. 3.33: *Die Verwaltungsoptionen für die Verwaltung von Clientcomputern mit dem Windows Admin Center (WAC)*

3.6.13 Entfernen von Computersystemen aus dem Windows Admin Center (WAC)

Entfernen - und Hinzufügen - jederzeit möglich

Im Bedarfsfall kann man die zuvor zum Windows Admin Center hinzugefügten Computersysteme jederzeit wieder daraus entfernen. Die hierzu notwendige Option steht direkt im Dialog für Alle Verbindungen im WAC bereit.

Gehen Sie wie folgt vor, um ein Computersystem aus der Liste der verwalteten Computersysteme des Windows Admin Center (WAC) zu entfernen:

1. Melden Sie sich, soweit noch nicht geschehen, mit den notwendigen, administrativen Rechten am Windows Admin Center (WAC) an.

2. Klicken Sie in der Liste für *„Alle Verbindungen"* auf die Spalte des zu entfernenden *Computersystems*, und wählen Sie oberhalb der Liste den Befehl **Entfernen**.

3. Bestätigen Sie die Meldung zum Entfernen mit einem Klick auf **Ja**.

Mit dem Windows Admin Center (WAC) schlägt Microsoft die Brücke zwischen der lokalen und der Remote-Verwaltung von Computersystemen bis hin zur Microsoft Azure-Cloud im Internet. Es empfiehlt sich in der Praxis, die neue Verwaltungskonsole unbedingt auch mal im eigenen Computernetzwerk einzusetzen.

PRAXISTIPP! ➲ Weitere, detailliertere Informationen zum Windows Admin Center findet man im CertPro-PRESS-Verlag erschienen Fachbuch mit dem Titel **„*Windows Admin Center (WAC) - Zentrale Verwaltung von Client- und Servercomputern*"** von Carlo Westbrook, ISBN: 978-3-9447-4937-2.

Im nächsten Kapitel geht es nunmehr weiter mit der Verwaltungsmöglichkeit von Windows Server 2019 - mit der Windows PowerShell.

KAPITEL 4

Einführung in die Verwaltung mit Windows PowerShell

Umfassende Verwaltungswerkzeuge - auch für sehr große Serverfarmen

Neben der klassischen Verwaltung von Windows-Systemen mithilfe der grafischen Verwaltungskonsolen kam bereits unter Windows Server 2008 die erste Version der Windows PowerShell zum Einsatz. Diese besaß entgegen der Erwartungen vieler Administratoren jedoch noch einige Einschränkungen, welche Microsoft anschließend im Umfang von Windows Server 2008 R2 (*Release 2*) durch die Implementierung der Windows PowerShell 2.0 weitgehend beseitigte. In dieser damaligen Version konnte man bereits ohne die Hinzunahme spezifischer PowerShell-CommandLets von zum Beispiel der Firma Quest Software oder anderen Unternehmen endlich mit den darin enthaltenen Befehlen bereits die Objekte der Active Directory-Domänendienste (engl. *Active Directory Domain Services, AD DS*), sowie mittels Windows PowerShell-Remoting auch andere Computersysteme im Netzwerk verwalten.

In der Version 3.0 fügte Microsoft unter Windows Server 2012 wiederum eine Vielzahl neuer Module für die Verwaltung vieler der Windows-Komponenten, wie die Netzwerkeinstellungen, und auch weiterer Rollen und Funktionen hinzu. Auch enthielt diese Version mit den Windows PowerShell Web Services (*PSWS*) zum ersten Mal die Möglichkeit der Bereitstellung eines webbasierten Zugriffs mittels eines Windows Power-Shell-Gateways für die Remoteverwaltung. In der Version 4.0 konnte Microsoft dieses, sowie weitere Features der Windows Power-Shell zum Teil nochmals verbessern.

Die in Windows Server 2016 und auch Windows Server 2019 standardmäßig enthaltene Version 5.1 der Windows PowerShell setzt damit die Erfolgsserie der - nunmehr als PowerShell Core sogar für Linux, ARM und macOS verfügbaren - Shell-Umgebung fort. Die darin eingearbeiteten Neuerungen und Verbesserungen werden in den nachfolgenden Seiten noch vorgestellt.

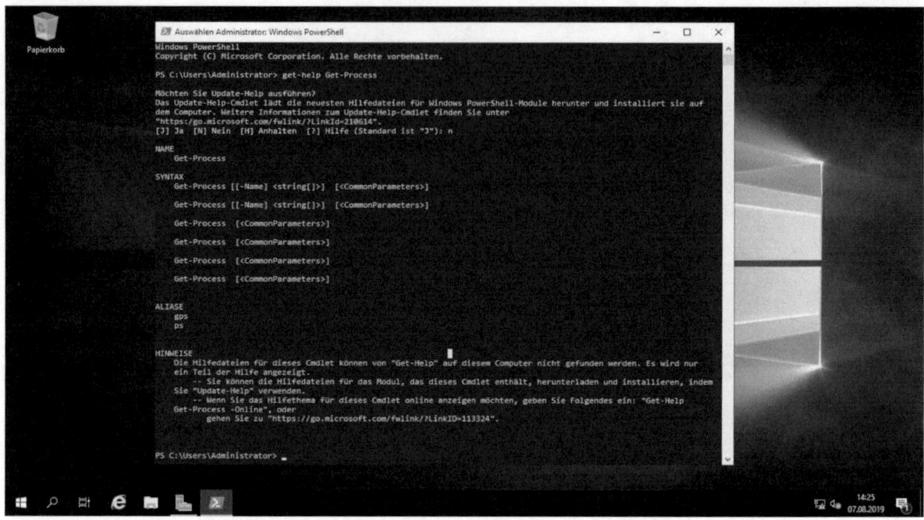

Abb. 4.1: *Die Windows PowerShell unter Windows Server 2019*

4.1 Einsatzgebiete

Vielzählige Möglichkeiten der Verwaltung und Konfiguration

Mit der Windows PowerShell lassen sich viele der Verwaltungsschritte der täglichen Verwaltungspraxis im Umfeld von Computernetzwerken durchführen. Insbesondere die Automatisierungsmöglichkeit durch das Erstellen und den Einsatz von Skriptdateien gleich auf mehreren Computersystemen parallel mit der Windows PowerShell stellt für viele der Administratoren in gerade größeren Unternehmen eine wichtige Bereicherung dar. Die Windows PowerShell kann u. a. zu den folgenden Verwaltungszwecken eingesetzt werden:

- **Verwaltung des Dateisystems** - Erstellen ändern, löschen von Dateien und Ordnern, sowie das Konfigurieren von Berechtigungen.
- **Verwaltung von Diensten** - Auflisten, starten, stoppen, neustarten von Diensten, sowie das Konfigurieren der Diensteigenschaften.
- **Verwaltung von Prozessen** - Auflisten, überwachen, starten und beenden von Prozessen.
- **Verwaltung der Windows-Registry** - Abfragen, erstellen, ändern und löschen von Registrierungsschlüsseln und -schlüsselwerten.

- **Verwaltung der Rollen und Features** - Hinzufügen, Entfernen oder Auflisten von installierten Rollen und Features in Windows Server 2016.
- **Verwenden von Windows Management Instrumentation (WMI)** - Umfangreiche Verwaltungsmöglichkeiten zum Abrufen, Löschen oder Modifizieren von Konfigurationseinstellungen u. a. im Windows-Betriebssystem, sowie in diversen Serverrollen und Diensten.
- **Durchführung von Verwaltungsaufgaben** - Umfangreiche Verwaltungsmöglichkeiten vom Zurücksetzen eines Benutzerkennworts über die Änderung der TCP/IP-Einstellungen eines Computersystems, über das Hinzufügen eines IP-Adressbereiches zu einem DHCP-Server bis hin zum Konfigurieren von virtuellen Maschinen in Hyper-V.
- **Durchsetzen der einheitlichen Konfiguration - mittels Desired State Configuration (DSC)** - Installation oder auch Deinstallation von Rollen und Features mittels vorbereiteter Vorlagendateien.

Mit der Windows PowerShell stellt Microsoft ein umfassendes Verwaltungswerkzeug für die praktische Serververwaltung und Automatisierung bereit, mit dem man nicht nur Systemeigenschaften abfragen oder verändern, sondern auch Serverrollen, wie beispielsweise die DHCP-Dienste, Hyper-V, die Active Directory-Domänendienste (*AD DS*), die Active Directory-Zertifikatdienste (*AD CS*) und auch die Windows Server Update Services (*WSUS*) verwalten kann.

Möglichkeit zur Verwaltung von Rollen bis hin zu WSUS

INTERNET ➲ Ausführliche Informationen rund um die Windows PowerShell erhält man in der umfangreichen Windows PowerShell-Dokumentation von Microsoft. Diese ist im Internet verfügbar unter:

https://docs.microsoft.com/de-de/powershell/

4.2 Neuerungen und Verbesserungen

Wenn man die Windows PowerShell in Windows Server 2019 zum ersten Mal starten, fallen die Neuerungen, die Microsoft hineingearbeitet hat, im direkten Vergleich zur vorherigen PowerShell-Version schon bei der ersten Befehlseingabe auf. Das gesamte Ausmaß der Neuerungen und Erweiterungen der Windows PowerShell wird erst im praktischen Einsatz deutlich. Es finden sich wiederum neue PowerShell-Cmdlets, die man als Administrator in der täglichen Praxis u. a. für die Automatisierung von Verwaltungsschritten einsetzen kann. Aber auch einige, für die Praxis sicher sehr interessante Verbesserungen wurden in die Windows PowerShell eingearbeitet.

In der Windows PowerShell 5.1 hat Microsoft unter anderem die folgenden Neuerungen und Verbesserungen eingebaut:

- Das neue Modul „***Microsoft.PowerShell.Archive***" enthält verschiedene Cmdlets, mit denen man Dateien und Ordner in Archivdateien (.zip) komprimieren, Dateien aus schon vorhandenen ZIP-Dateien extrahieren und ZIP-Dateien mit neueren Versionen von Dateien aktualisieren kann, die in diesen komprimiert sind.

- Das zuvor in der Windows PowerShell bereits enthaltene CmdLet „***Get-ChildItem***" verfügt auch über den neuen „***-Depth***"-Parameter, den man mit dem „*-Recurse*"-Parameter verwenden kann, um die Tiefe der Rekursion zu beschränken. So gibt beispielsweise „*Get-ChildItem -Recurse -Depth 2*" die Ergebnisse aus dem aktuellen Ordner, aus allen untergeordneten Ordnern im aktuellen Ordner und allen Ordnern innerhalb der untergeordneten Ordner zurück. Ordner, welche womöglich tiefer verschachtelt sind, werden hierbei von der Auswertung ausgenommen.

- Das zuvor in der Windows PowerShell bereits enthaltene CmdLet „***Copy-Item***" ermöglicht nun das Kopieren von Dateien oder Ordnern aus einer Windows PowerShell-Sitzung in eine andere. Das bedeutet, dass man Dateien beispielsweise auch in Sitzungen kopieren kann, die mit Remotecomputern verbunden sind (einschließlich Computern mit Nano Server, die über keine andere Schnittstelle verfügen). Zum Kopieren von Dateien gibt man „*PSSession*"-IDs als Wert für die neuen Parameter „*FromSession*" und „*ToSession*" ein. Um den Ursprungspfad und das Ziel anzugeben, fügt man „-Path" und „-Destination" hinzu. Hierzu ein Beispiel: *Copy-Item -Path c:\myFile.txt -ToSession $s -Destination d:\destinationFolder*. $s steht hierbei als Beispiel für eine zuvor initiierte Remotesession zu einem vorhandenen Remotecomputer, beispielsweise mithilfe des folgenden Befehls: *$s = New-PSSession -Computername Server1*.

- Mit dem neuen Modul „***PackageManagement***" kann man Softwarepakete im Internet ermitteln und installieren. Das Modul „*PackageManagement*" (zuvor noch als „*OneGet*" bezeichnet) dient zur Verwaltung vorhandener Paket-Manager (die auch als Paketanbieter bezeichnet werden) und zur Vereinheitlichung der Verwaltung von Windows-Paketen mithilfe einer einzigen Windows PowerShell-Schnittstelle.

- Die ***Windows PowerShell-Aufzeichnung*** wurde verbessert und gilt anstatt nur für den Konsolenhost (powershell.exe) nunmehr für alle Hosting-Anwendungen (z. B. auch die Windows PowerShell ISE). Die Aufzeichnungsoptionen (einschließlich einer systemweiten Aufzeichnung) können durch das Aktivieren der Gruppenrichtlinieneinstellung *PowerShell-Aufzeichnung aktivieren* (zu finden in den Gruppenrichtlinienobjekten unter „*Administrative Vorlagen/Windows-Komponenten/Windows PowerShell*") konfiguriert werden.

- Ein neues Feature zur ***detaillierten Ablaufverfolgung von Skripts*** ermöglicht die detaillierte Nachverfolgung und Analyse der Verwendung von Windows PowerShell-Skripts auf einem System. Nachdem man die detaillierte Ablaufverfolgung von Skripts aktiviert hat, protokolliert Windows PowerShell alle Skriptblöcke im Ereignisprotokoll im darin enthaltenen Abschnitt unter *Microsoft-Windows-PowerShell/Operational*.

- Die neuen Windows PowerShell-Cmdlets ***„Get-Clipboard"*** und ***„Set-Clipboard"*** wurden zum Modul *Microsoft.PowerShell.Utility* hinzugefügt. Diese CmdLets vereinfachen die Übertragung von Inhalten in und aus einer Windows PowerShell-Sitzung. Die *„Clipboard"*-Cmdlets unterstützen hierzu Bilddateien, Audiodateien, Dateilisten und Text.

- Das neue Cmdlet ***„New-TemporaryFile"*** ermöglicht das Anlegen einer temporären Datei während der Skripterstellung. Standardmäßig wird die neue temporäre Datei im folgenden Pfad erstellt: *C:\Users\<username>\AppData\Local\Temp*

- Das neue Cmdlet ***„Clear-RecycleBin"*** wurde zum zuvor bereits vorhandenen Modul *Microsoft.PowerShell.Utility* hinzugefügt. Dieses Windows PowerShell-CmdLet dient zum Leeren des Papierkorbs für ein Festplattenlaufwerk, oder auch externer Laufwerke. Standardmäßig wird man dazu aufgefordert, einen *„Clear-RecycleBin"*-Befehl zu bestätigen, da die *„ConfirmImpact"*-Eigenschaft des Cmdlets auf *„ConfirmImpact.High"* festgelegt ist.

INTERNET ➲ Die Windows PowerShell 5.1 enthält noch eine Reihe weiterer Neuerungen und Verbesserungen, die man im Internet in der Webseite von Microsoft nachlesen kann unter:

https://docs.microsoft.com/de-de/powershell/scripting/whats-new-in-windows-powershell-50

HINWEIS ➲ Die Windows PowerShell in der Version 5.1, so wie sie standardmäßig in Windows Server 2019 und auch Windows Server 2016 enthalten ist, wurde von Microsoft bereits in der vorherigen Version um ein Vielfaches an zusätzlichen Modulen und den darin jeweils enthaltenen PowerShell-Befehlen (*Cmdlets*) erweitert.

4.2.1 Module der Windows PowerShell 5.1

Die Windows PowerShell 5.1 umfasst viele der zumeist bereits unter den früheren Versionen bereits eingeführten Module, welche ihrerseits u. a. die für bestimmte Verwaltungszwecke notwendigen Power-Shell-Cmdlets enthalten. Wenn man sich die Masse an neuen Modulen und Cmdlets anschaut, wird es einem rasch deutlich, dass Microsoft offensichtlich kaum Mühen gescheut hat, den Ruf eines umfassenden Verwaltungswerkzeuges (den man der PowerShell zwischenzeitlich teils auch nachsagt) zu unterstreichen.

Umfangreiche Modulvielfalt

In der nachfolgenden Tabelle finden Sie eine Auswahl der in der Windows PowerShell 5.1 unter Windows Server 2019 enthaltenen Module (Auszug):

PowerShell-Modul	Beschreibung
ActiveDirectory	Enthält Cmdlets zur Verwaltung von Active Directory-Infrastrukturen und -objekten.
ADDSDeployment	Enthält Cmdlets zum Einrichten sowie Entfernen der AD DS-Rollendienste.
AppLocker	Enthält Cmdlets zum Erstellen, Konfigurieren und Testen von AppLocker-Richtlinien.
Appx	Enthält Cmdlets zum Bereitstellen, Überprüfen und Entfernen von Apps für Benutzer.
BestPractices	Enthält Cmdlets zum Best Practice Analyzer (BPA).
BitsTransfer	Enthält Cmdlets zum Einrichten und Konfigurieren des BITS-Transfers.
BranchCache	Enthält Cmdlets zum Einrichten und Konfigurieren von BranchCache-Einstellungen.
Defender	Enthält Cmdlets zur Verwaltung des standardmäßig in Windows Server 2016 enthaltenen Windows Defender.
Dism	Enthält eine Sammlung von Cmdlets zur Verwaltung von Windows-Images.
DnsClient	Enthält Cmdlets zur Verwaltung der DNS-Clientkonfiguration.
DnsServer	Enthält Cmdlets zur Verwaltung der DNS-Serverrolle.
GroupPolicy	Enthält Cmdlets zum Erstellen und Verwalten von Gruppenrichtlinienobjekten.
iSCSI	Enthält Cmdlets zur Verwaltung von iSCSI-Verbindungen zu iSCSI-Zielservern.
IscsiTarget	Enthält Cmdlets zum Einrichten und Verwalten von iSCSI-Zielservern.
Microsoft.PowerShell.LocalAccounts	Dient der Verwaltung lokaler Benutzer und (Sicherheits-)Gruppen auf dem jeweiligen Computersystem.
NetAdapter	Enthält Cmdlets für die Verwaltung der Netzwerkkarten.
NetLbfo	Enthält Cmdlets für die Einrichtung und Verwaltung von Netzwerkkarten-Teaming.

PowerShell-Modul	Beschreibung
NetSecurity	Enthält Cmdlets u. a. für die Erstellen Verwaltung von Firewall-Regeln der Windows-Firewall, sowie auch von IPSec-Verbindungen.
NetTCPIP	Enthält Cmdlets zur Konfiguration der TCP/IP-Einstellungen.
NFS	Enthält Cmdlets zur Erstellen und Verwaltung von NFS-Freigaben und -Sitzungen.
PKI	Enthält Cmdlets zum Import, Export und zur Verwaltung von digitalen Zertifikat.
PrintManagement	Enthält Cmdlets zur Drucker- und Druckverwaltung.
RemoteDesktop	Enthält Cmdlets zur Verwaltung der Remotedesktopdienste und -Sitzungen.
ScheduledTasks	Enthält Cmdlets zum Einrichten und Verwalten von geplanten Tasks.
ServerManager	Enthält Cmdlets zum Hinzufügen und Entfernen von Rollen und Funktionen.
SmbShare	Enthält Cmdlets zum Erstellen und Verwalten von SMB-Freigaben und -Sitzungen.
StartScreen	Enthält Cmdlets zum Export, Import und Verwalten der Startbildschirmeinstellungen.
Storage	Enthält umfangreiche Cmdlets zur Verwaltung von Volumes, Speicher und Speicherpools.
TrustedPlatformModule	Enthält Cmdlets zur TPM-Verwaltung.
VpnClient	Enthält Cmdlets für das Einrichten und Verwalten von clientseitigen VPN-Verbindungen.
WDAC	Enthält Cmdlets für u. a. die Abfrage, sowie die Konfiguration, das Hinzufügen und Entfernen von ODBC-Treibern, sowie deren Leistungsbewertung.
WindowsErrorReporting	Enthält Cmdlets zum Aktivieren, Deaktivieren sowie zu Überprüfen des Status der Windows-Fehlerberichterstattung.
WindowsSearch	Enthält Cmdlets zum Abfragen und Konfigurieren der Windows-Sucheinstellungen.

Tab. 4.1: *Auszug der in der Windows PowerShell 5.1 enthaltenen Module unter Windows Server 2019*

Neben den in der Tabelle aufgeführten Modulen existieren noch viele weitere, die der Windows PowerShell u. a. durch das Aktivieren von Serverrollen und -funktionen automatisch hinzugefügt werden.

4.2.1.1 Anzeigen der im Umfang der PowerShell enthaltenen Module

Eine Übersicht der in der Windows PowerShell verfügbaren Module können Sie sich mit dem folgenden Befehl anzeigen lassen:

```
Get-Module -ListAvailable
```

Die vorhandenen Module werden in einer Liste untereinander aufgereiht.

4.2.1.2 Anzeigen der in einem Modul enthaltenen Cmdlets

Um sich einen Überblick über die in den einzelnen Modulen enthaltenen Cmdlets zu verschaffen, können Sie den folgenden Befehl in der Windows PowerShell eingeben:

```
get-Command -Module <Modulname>
```

Abhängig vom jeweiligen Modul werden einige oder gar viele der darin enthaltenen Windows PowerShell-Cmdlets angezeigt.

4.2.2 Verschiedene Windows PowerShell Editionen

Verschiedene Editionen verfügbar

Die bedeutendste Neuerung findet sich sicher im Windows Management Framework 5.1 mit der Verfügbarkeit der folgenden, unterschiedlichen Edition der Windows PowerShell:

- **Desktop Edition** - Diese Edition setzt auf dem .NET Framework auf und enthält den gesamten Umfang der Windows PowerShell und der PowerShell Core als reine Windows-Edition.

- **Core Edition** - Diese Edition setzt auf dem .NET Core auf und umfasst eine im Umfang reduzierte Version der Windows PowerShell, beispielsweise für Nano Server und Windows IoT (Internet of Things). Windows PowerShell Core steht auch für die Linux-, ARM- und die macOS-Plattform zum Download zur Verfügung. Windows PowerShell Core ist ein OpenSource-Projekt, das unter GitHub im Internet veröffentlicht wurde.

INTERNET ➲ Weitere Details zum Einsatz von Windows PowerShell Core unter Linux, ARM und macOS, sowie auch zum kostenfreien Download findet man im Internet unter anderem unter:

https://github.com/powershell/powershell

Um sich einen eigenen Eindruck von den Neuerungen, sowie auch einen Einblick in die Windows PowerShell verschaffen zu können, muss man sich praktisch mit ihr befassen.

Die nächsten Seiten zeigen Ihnen die ersten Schritte und enthalten Tipps und praktische Beispiele zum Umgang mit der neuen Windows PowerShell 5.1 unter Windows Server 2019 bzw. Windows Server 2016.

4.3 Starten der Windows PowerShell

Die Windows PowerShell wird gleich während der Betriebssysteminstallation von Windows Server 2019 automatisch installiert und steht somit auch gleich zur Verfügung. Für den schnellen Start der Windows PowerShell hat Microsoft in Windows Server 2019 verschiedene Wege vorgesehen:

4.3.1 Starten der Windows PowerShell über das Startmenü

Im Startmenü von Windows Server 2019 hat Microsoft eine Kachel für die Windows PowerShell angebracht. Über einen Klick darauf kann man die PowerShell direkt starten. Wenn man einen Rechtsklick mit der Maus darauf ausführt, so kann man u. a. zusätzlich entscheiden, ob man die Windows PowerShell in einem anderen Benutzerkontext ausführen möchte. Gleich neben der Kachel zum Aufruf der Windows PowerShell findet sich auch eine weitere Kachel über die sich die Windows PowerShell ISE lässt.

Abb. 4.2: *Kacheln zum Starten der Windows PowerShell sowie auch der Windows PowerShell ISE im Startmenü von Windows Server 2019*

Alternativ kann man den Begriff `power` direkt in der Suche bzw. dem Startmenü in die Tastatur eingeben. Dadurch wird die Suche in Windows Server 2019 ausgelöst, und jedes der vorhandenen Apps (Programme und Tools) mit dem Begriff `power` im Namen bzw. der Beschreibung wird als Ergebnis angezeigt.

Starke Suchfunktion führt auch zur Windows PowerShell

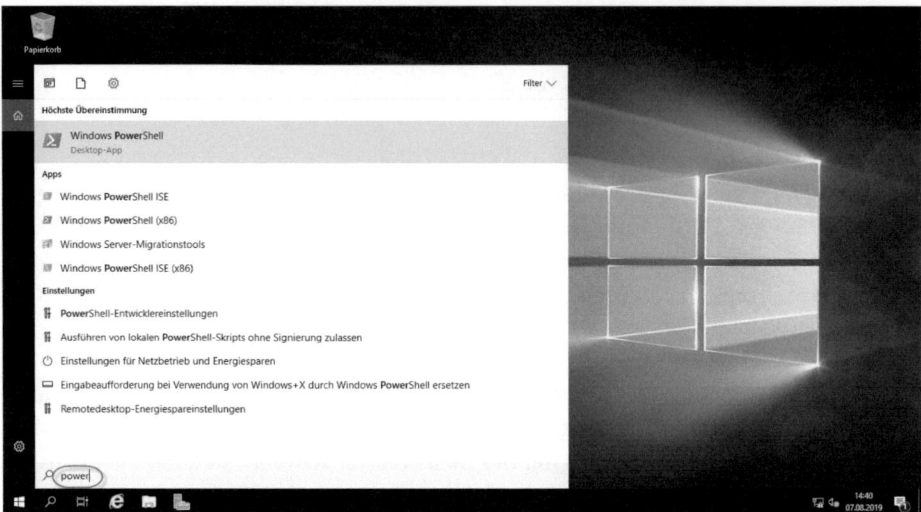

Abb. 4.3: *Suche nach der Windows PowerShell über die Suchfunktion im Startmenü*

4.3.2 Über die Ausführung von Skriptdateien in Windows-Explorer

Verknüpfung gleich im Windows-Explorer

Eine weitere Möglichkeit zum Aufruf der Windows PowerShell findet man im Windows Explorer unter Windows Server 2019. Wenn man darin mit der rechten Maustaste auf eine PowerShell-Skriptdatei klickt, so kann man dabei auswählen, dass dieser direkt in der Windows PowerShell ausgeführt wird.

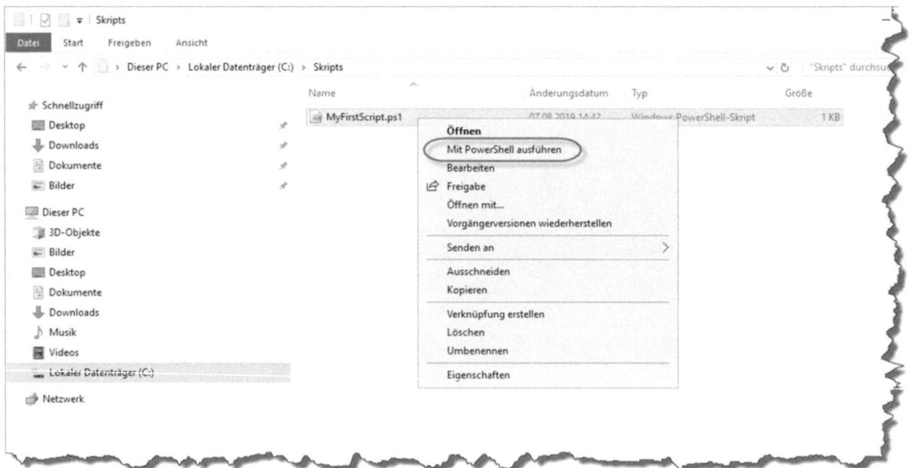

Abb. 4.4: *Starten der Windows PowerShell zum Ausführen einer Skriptdatei im Windows-Explorer von Windows Server 2019*

4.4 Die Oberfläche

Die Oberfläche der Windows PowerShell zeigt sich nach dem ersten Aufruf erst einmal sehr vertraut.

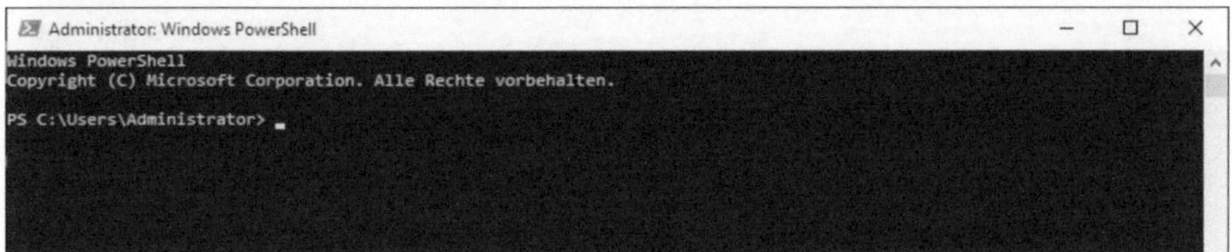

Abb. 4.5: *Eingabefenster der Windows PowerShell unter Windows Server 2019*

Wer es gewohnt war, unter den vorangegangenen Betriebssystemversionen bereits mit der *Eingabeaufforderung* von Windows zu arbeiten, wird (mit Ausnahme der standardmäßig blauen Hintergrundfarbe) deutliche Ähnlichkeiten zur *Windows PowerShell* entdecken.

Kaum Unterschiede zu erkennen - mit Absicht

```
Administrator: Eingabeaufforderung
Microsoft Windows [Version 10.0.17763.379]
(c) 2018 Microsoft Corporation. Alle Rechte vorbehalten.

C:\Users\Administrator>
```

Abb. 4.6: *Eingabefenster der Windows-Eingabeaufforderung (cmd.exe) unter Windows Server 2019*

Es war sicherlich beabsichtigt, eine gewisse Ähnlichkeit der Windows PowerShell mit der Eingabeaufforderung in den Windows-Betriebssystemen zu schaffen. So fällt es letztlich sicher leichter, sich in die für viele Administratoren noch immer neue Verwaltungsumgebung hineinzufinden.

4.5 Erste Schritte

Wenn Sie die Windows PowerShell zum ersten Mal starten, sollten Sie sich mit den darin enthaltenen Befehlen (*Cmdlets*) und Funktionen vertraut machen.

```
Administrator: Windows PowerShell
Windows PowerShell
Copyright (C) Microsoft Corporation. Alle Rechte vorbehalten.

PS C:\Users\Administrator> Get-Command

CommandType     Name                                               Version    Source
-----------     ----                                               -------    ------
Alias           Add-AppPackage                                     2.0.1.0    Appx
Alias           Add-AppPackageVolume                               2.0.1.0    Appx
Alias           Add-AppProvisionedPackage                          3.0        Dism
Alias           Add-ProvisionedAppPackage                          3.0        Dism
Alias           Add-ProvisionedAppxPackage                         3.0        Dism
Alias           Add-WindowsFeature                                 2.0.0.0    ServerManager
Alias           Apply-WindowsUnattend                              3.0        Dism
Alias           Disable-PhysicalDiskIndication                     2.0.0.0    Storage
Alias           Disable-StorageDiagnosticLog                       2.0.0.0    Storage
Alias           Dismount-AppPackageVolume                          2.0.1.0    Appx
Alias           Enable-PhysicalDiskIndication                      2.0.0.0    Storage
Alias           Enable-StorageDiagnosticLog                        2.0.0.0    Storage
Alias           Expand-IscsiVirtualDisk                            2.0.0.0    IscsiTarget
Alias           Flush-Volume                                       2.0.0.0    Storage
Alias           Get-AppPackage                                     2.0.1.0    Appx
Alias           Get-AppPackageDefaultVolume                        2.0.1.0    Appx
Alias           Get-AppPackageLastError                            2.0.1.0    Appx
Alias           Get-AppPackageLog                                  2.0.1.0    Appx
Alias           Get-AppPackageManifest                             2.0.1.0    Appx
Alias           Get-AppPackageVolume                               2.0.1.0    Appx
Alias           Get-AppProvisionedPackage                          3.0        Dism
Alias           Get-DiskSNV                                        2.0.0.0    Storage
Alias           Get-PhysicalDiskSNV                                2.0.0.0    Storage
Alias           Get-ProvisionedAppPackage                          3.0        Dism
Alias           Get-ProvisionedAppxPackage                         3.0        Dism
Alias           Get-StorageEnclosureSNV                            2.0.0.0    Storage
Alias           Initialize-Volume                                  2.0.0.0    Storage
Alias           Mount-AppPackageVolume                             2.0.1.0    Appx
Alias           Move-AppPackage                                    2.0.1.0    Appx
Alias           Move-SmbClient                                     2.0.0.0    SmbWitness
Alias           Optimize-AppProvisionedPackages                    3.0        Dism
Alias           Optimize-ProvisionedAppPackages                    3.0        Dism
Alias           Optimize-ProvisionedAppxPackages                   3.0        Dism
Alias           Remove-AppPackage                                  2.0.1.0    Appx
Alias           Remove-AppPackageVolume                            2.0.1.0    Appx
Alias           Remove-AppProvisionedPackage                       3.0        Dism
Alias           Remove-EtwTraceSession                             1.0.0.0    EventTracingManagement
Alias           Remove-ProvisionedAppPackage                       3.0        Dism
Alias           Remove-ProvisionedAppxPackage                      3.0        Dism
Alias           Remove-WindowsFeature                              2.0.0.0    ServerManager
Alias           Set-AppPackageDefaultVolume                        2.0.1.0    Appx
```

Abb. 4.7: *Aufruf einer Übersicht der in der Windows PowerShell vorhandenen Cmdlets und weiterer Elemente mit dem Befehl get-Command*

Geben Sie zum Aufruf der darin enthaltenen Cmdlets und anderen Elementen von Windows PowerShell-Befehlen den Befehl **`get-command`** ein und drücken Sie anschließend die [↵]-Taste. Eine weitere Übersicht erhalten Sie durch die Eingabe des Befehls **`get-help *`** und dem anschließenden Drücken der [↵]-Taste.

Alternativ können Sie auch Informationen zu einzelnen Befehlen anzeigen lassen. Hierzu dient das Cmdlet **`get-help`**, wobei Sie alternativ auch den Alias **`help`** (wie in der alten DOS-Welt) oder `man` (wie man es vielleicht aus der UNIX-Welt kennt) verwenden können. Das Resultat ist hierbei prinzipiell jeweils das gleiche. Bei der Verwendung von help oder man erfolgt die Ausgabe auf dem Bildschirm jedoch seitenweise.

Bei der Eingabe von **`get-help`** (bzw. den Aliasnamen `help` oder `man`) gilt die folgende Syntax:

- **get-help** gibt die Hilfe zur Verwendung der Hilfe aus.
- **get-help** * listet alle Windows PowerShell-Befehle auf.

- **get-help** <*Cmdlet-Name*> listet die Hilfe zu dem jeweiligen Befehl auf.
- **get-help** <*Cmdlet-Name*> **-Online** ruft die Onlinehilfe zum jeweiligen Befehl aus der Microsoft-Website im Webbrowser auf.
- **update-help** dient dem Herunterladen und Installieren der aktuellen Hilfedateien.
- **save-help** dient zum Speichern von aktuellen Hilfedateien in einem dabei anzugebenden Pfad.

HINWEIS ➲ Beachten Sie, dass die noch in der Windows PowerShell 2.0 vorhandenen, erweiterten Anzeigemöglichkeiten der Hilfe zu PowerShell-Cmdlets mit den Optionen *-detailed*, *-examples* und *-full* in der Hilfe der Windows PowerShell seit der Version 3.0 und höher standardmäßig lokal erst einmal nur noch sehr eingeschränkt zur Verfügung stehen. Die Hilfe lässt sich jedoch mittels *Update-Help* wiederum ergänzen, wobei die Hilfe-Inhalte aus dem Internet aktualisiert und automatisch im lokalen Computer gespeichert werden.

4.5.1 Verwendbare Befehle

Mehrere Tausend Befehle enthalten

Die Windows PowerShell ist, wie bereits auch ihre Vorversion, so konstruiert, dass Benutzer ihre *„historischen"* Kenntnisse zu Befehlszeilenprogrammen weiter nutzen können. Zu den in der Windows PowerShell verwendbaren Befehlen zählen die folgenden:

- **CommandLets** (Cmdlets) der Windows PowerShell
- **Cmd.exe-** und **UNIX-Befehle**
- **Externe Befehle**

Die Windows PowerShell 5.1 unter Windows Server 2019 bzw. Windows Server 2016 verfügt mit der Vielfalt seiner Windows PowerShell-Module nunmehr gleich mehrere Tausende verschiedene Befehle, die man als *Commandlet* (*Cmdlet*) bezeichnet. Bei Bedarf kann man zwischenzeitlich eine Vielzahl an weiteren Cmdlets teils kostenfrei von Drittanbietern aus dem Internet beziehen.

4.5.1.1 Wildcards und die Pipe

In der Windows PowerShell kann in vielen Fällen mit dem Sternzeichen (*) als Wildcard gearbeitet werden. Ein Beispiel hierfür ist die folgende Befehlseingabe:

```
get-help a*
```

In diesem Beispiel werden alle Befehle angezeigt, die mit dem Buchstaben „a" beginnen.

4.5.1.2 Verwenden von Copy & Paste

In der Windows PowerShell 5.1 kann man die Tastenkombinationen Strg+C zum Kopieren und Strg+V zum Einfügen von Textinhalten endlich auch verwenden. Dies war in den vorherigen Versionen der Windows PowerShell so noch nicht möglich.

4.5.2 Die Befehlssyntax

Die CommandLets der Windows PowerShell (so werden die kleinen Befehlsprogramme genannt) folgen einer klar definierten Richtlinie. Sie bestehen aus einem Verb und einem Nomen (Substantiv, immer in Einzahl), die durch einen Bindestrich (–) getrennt werden. Die Befehle sind im Englischen gehalten. Ein Beispiel dazu stellt der Aufruf der Online-Hilfe mithilfe des Cmdlets **get-help** dar. Die mit den CommandLets verwendbaren Parameter werden mit einem vorangestellten Bindestrich (–) gekennzeichnet, beispielsweise wie folgt:

```
get-help get-process -online
```

PRAXISTIPP! ➲ Um Tippfehler zu vermeiden, kann man in vielen Fällen die Tabulator-Taste (⭾) während der Eingabe von Cmdlets und Befehlen verwenden. Hiermit werden viele der Befehle durch die automatisch vervollständigt.

Es besteht eine weitere Möglichkeit, sich die Syntax der einzelnen Befehle anzeigen zu lassen. Dazu steht in der Windows PowerShell in Verbindung mit ***get-Help*** oder der Funktion ***help*** der Paramater ***-ShowWindow*** zur Verfügung. Die Syntax wird bei Verwendung dieses Parameters in einem eigenen Hilfe-Fenster geöffnet.

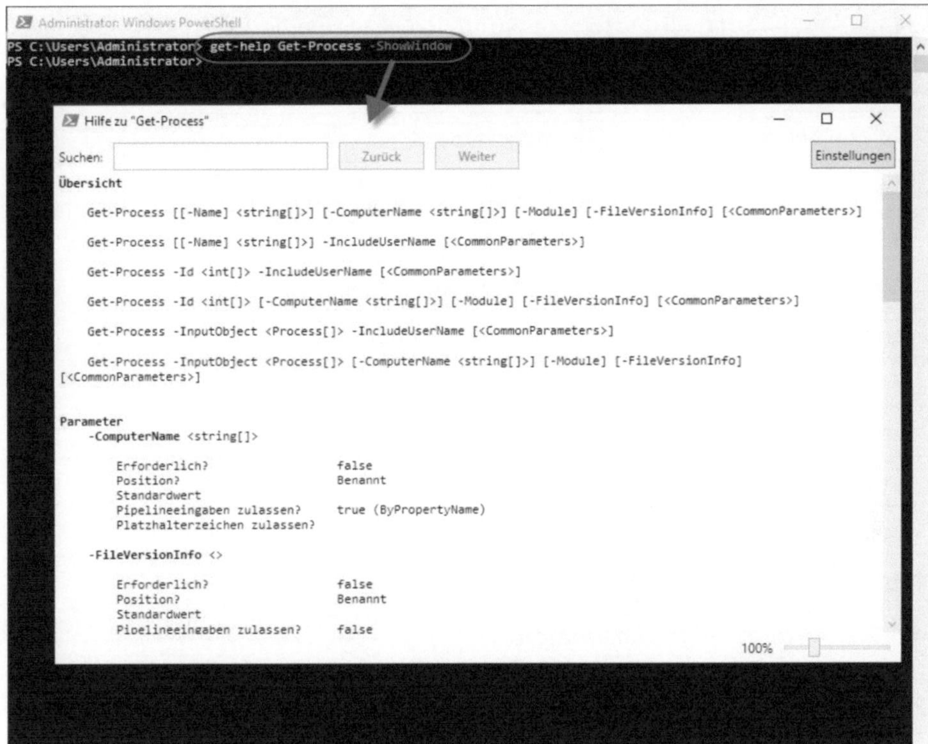

Abb. 4.8: *Aufruf der Syntax mit dem Parameter -ShowWindow*

4.5.3 Bekannte Befehle in der Windows PowerShell

Bekannte Befehle sind noch anzutreffen

Microsoft hatte sich bereits in der ersten Version bemüht, den Einstieg in die Windows PowerShell für Windows-Admins als auch für Unix-Erfahrene zu vereinfachen. Dafür wurden viele bekannte Befehle in Form von Aliasnamen verfasst und in die Windows PowerShell integriert. Beim Aufruf des jeweiligen Aliasnamens in der Windows PowerShell wird die gleiche Funktionalität ausgeführt, als wäre das eigentliche Cmdlet direkt mit Namen angesprochen worden.

4.5.3.1 Zuordnung von Aliasnamen zu bekannten (Windows-)Befehlen

In der folgenden Tabelle sehen Sie einen Auszug der von Microsoft bereits definierten Aliasnamen in Zuordnung zu den einzelnen, betreffenden Cmdlets (und Funktionen):

Cmdlet (Befehl)/Funktion	Zugeordnete(r) Aliasname(n)
clear-host	cls
copy-item	cpi, copy, cp
get-childitem	dir, gci, ls

Cmdlet (Befehl)/Funktion	Zugeordnete(r) Aliasname(n)
get-command	gcm
get-content	cat, gc, type
get-help	help, man
get-location	gl, pwd
move-item	mi, move, mv
remove-item	del, ri, rd, rm. rmdir
remove-item	del, ri, rd, rm. rmdir
rename-item	ren, rni
set-location	chdir, cd
foreach-object	foreach, %

Tab. 4.2: *Zuordnung von Cmdlets zu den dazu definierten Aliasnamen*

4.5.3.2 Anzeige aller Aliasnamen

Eine Liste aller in der Windows PowerShell enthaltenen Aliasnamen mitsamt der Zuordnung zu den jeweiligen Windows PowerShell-Cmdlets erhalten Sie durch die Eingabe des folgenden Befehls:

```
get-alias
```

Abb. 4.9: *Anzeige aller in der Windows PowerShell enthaltenen Aliasnamen*

Aliasnamen können den Cmdlets frei zugeordnet werden. Hierzu dient das Cmdlet **`set-alias`**. Beispielsweise können Sie dem Cmdlet **`get-date`** zur Anzeige des Datums einen eigenen Aliasnamen (`gd`) zuordnen. Geben Sie dazu den folgenden Befehl in der Windows PowerShell ein:

```
set-alias gd get-date
```

Das Ergebnis sehen Sie in der folgenden Grafik:

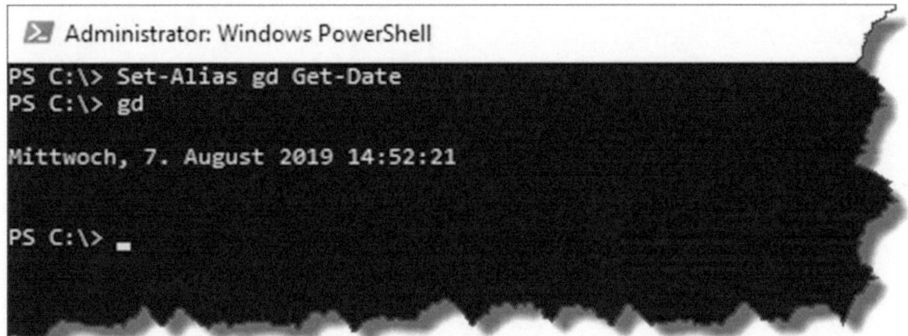

Abb. 4.10: *Aufruf eines Cmdlets mithilfe eines zuvor selbst definierten Aliasnamens in der Windows PowerShell unter Windows Server 2019*

HINWEIS ➲ Die Windows PowerShell dient nicht nur für die manuelle Eingabe einzelner Befehle. Man kann in ihr beispielsweise auch Stapelverarbeitungsdateien (*.bat oder .cmd*) sowie auch Windows PowerShell-Skriptdateien ausführen.

Da die Ausführungsmöglichkeiten auch insbesondere durch Skriptdateien fast unbegrenzt sind, muss man sich auch Gedanken um die Sicherheit und das Verhindern des möglichen Missbrauchs von Skripts in der Windows PowerShell machen.

4.5.4 „show-Command"

Mit dem Windows PowerShell-Cmdlet ***Show-Command***, was bereits in Windows PowerShell 3.0 zum ersten Mal verfügbar war, kann man sich die vorhandenen *PowerShell-Module*, sowie alle darin ebenso enthaltenen *PowerShell-Cmdlets* in einem grafischen Fenster anzeigen lassen. Zusätzlich kann man diesen in der Grafikumgebung teils sogar bestimmte Parameter und Optionen zuordnen, und sie aus dem Dialog heraus kopieren oder gleich sogar ausführen.

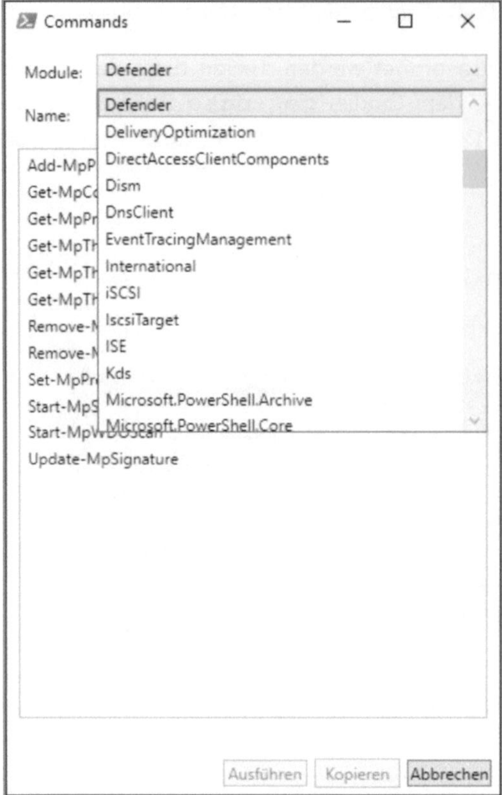

Abb. 4.11: *Durchsuchen der vorhandenen Module in Show-Command*

4.5.5 Dokumentation und Archivierung mit „Start-Transcript"

Während einer Sitzung mit der Windows PowerShell setzt man oft viele verschiedene Befehle nacheinander ab. Die Ergebnisse werden dabei in der Regel direkt auf dem Bildschirm angezeigt. Für die Zwecke der Dokumentation und Archivierung kann man in der Windows PowerShell gleich zu Beginn der Sitzung den Befehl Start-Transcript einsetzen, um die jeweils aktuelle Sitzung aufzuzeichnen. Die innerhalb der Sitzung vorgenommenen Befehlseingaben werden mitsamt aller dabei ausgelösten (Fehler-)Meldungen in eine beim Aufruf des Befehls angegebene Datei auf dem Computer dauerhaft gespeichert.

Gehen Sie wie folgt vor, um die Aufzeichnung der aktuellen Windows PowerShell-Sitzung auf einem Computersystem unter Windows Server 2019 oder Windows 10 in eine Testdatei zu starten:

1. Geben Sie zum Starten der Aufzeichnung der aktuellen Windows PowerShell-Sitzung in der *Windows PowerShell* den folgenden Befehl ein, und drücken Sie dann die [↵]-Taste:

   ```
   Start-Transcript -Path c:\temp\PSLog1.txt
   ```

   Der mit dem Parameter **-Path** angegebene Ordner (wie im oberen Beispiel der Ordner „*c:\Temp*") wird, soweit er noch nicht vorhanden ist, beim Starten der Aufzeichnung automatisch angelegt.

Die Aufzeichnung kann entweder automatisch durch das *Schließen der Sitzung* der Windows PowerShell, oder aber im Bedarfsfall auch manuell durch die *Eingabe des folgenden Befehls* in der *Windows PowerShell* beendet werden:

```
Stop-Transcript
```

PRAXISTIPP! ➲ Wenn man eine durchgängige und nachhaltige Aufzeichnung benötigt, so kann man den Befehl zum Starten der Aufzeichnung in der Windows PowerShell (**Start-Transcript**) im Bedarfsfall gleich auch in ein eigenes Windows PowerShell-Profil eintragen. Details hierzu findet man in der Hilfe der Windows PowerShell.

4.5.6 Sicherheit in der Windows PowerShell

In der Grundeinstellung der Windows PowerShell unter Windows 10, sowie parallel auch bereits unter Windows 8/8.1, Windows Server 2012 können aus Sicherheitsgründen keine Shell-Scripts ausgeführt werden. Diese Funktion muss durch einen Administrator über die Registrierung des betreffenden Rechners freigeschalten werden. Sollte also ein Benutzer nach der Installation der Windows PowerShell (versehentlich oder unbeabsichtigt) auf eine Datei mit der Endung *.ps1* doppelklicken, so wird nichts passieren. Anders ist dies unter Windows Server 2019, unter Windows Server 2016, sowie zuvor bereits auch unter 2012 R2 (Release 2) - hier wurde die Grundeinstellung auf ***RemoteSigned*** eingestellt, womit sich zumindest lokale Shell-Scripts auch ohne eine digitale Signatur ausführen lassen.

HINWEIS ➲ Windows PowerShell-Scriptdateien werden in der Regel mit der Dateinamenserweiterung ***.ps1*** gekennzeichnet. Um sicherstellen zu können, dass z. B. keinerlei Manipulationen an Scriptdateien vorgenommen wurden, kann man diese anhand eines entsprechenden, digitalen Zertifikats mit einer digitalen Signatur versehen. Die Sicherheitseinstellungen der Windows PowerShell können dann - je nach Anforderung - an die Sicherheitsanforderungen eines Unternehmens angepasst werden.

Abb. 4.12: *Standardmäßige Sicherheitseinstellung für die Skriptausführung in der Windows PowerShell 5.1 unter Windows Server 2019*

Die Sicherheitseinstellung für die Skriptausführung in der Windows PowerShell erlaubt es einem Administrator eine bestimmte Abstufung zu wählen, welche sich aus den aktuellen Sicherheitsanforderungen eines Unternehmens richtet. Hierzu stehen ihm zwei Cmdlets zur Verfügung:

- **get-executionpolicy** - Abfrage der aktuellen Sicherheitseinstellungen.
- **set-executionpolicy** - Festlegen der Sicherheitseinstellung.

4.5.6.1 Definierbare Sicherheitsstufen

Die Sicherheitsstufe für die Ausführung von Skriptdateien in der Windows PowerShell lässt sich mithilfe des Cmdlets **`Set-ExecutionPolicy`** bzw. anhand einer entsprechenden Gruppenrichtlinieneinstellung festlegen. Hierzu stehen in der Windows PowerShell die in der folgenden Tabelle enthaltenen, definierbaren Sicherheitsstufen zur Verfügung:

Sicherheitseinstellung	Beschreibung
Restricted (*Standardeinstellung unter Windows 10, sowie parallel auch unter Windows Server 2012, Windows 8 und Windows 8.1*)	Es können keine Skripte ausgeführt werden.
Allsigned	Nur signierte Skripte können ausgeführt werden.
RemoteSigned (Standardeinstellung unter Windows Server 2019, Windows Server 2016 und Windows Server 2012 R2)	Lokal erstellte Skripte sind erlaubt, andere Skripte müssen digital signiert sein.
Unrestricted	Alle Skripte können ausgeführt werden.

Tab. 4.3: *Definierbare Sicherheitseinstellungen für die Skriptausführung in der Windows PowerShell*

HINWEIS ➲ Beachten Sie, dass die Windows PowerShell unter Windows Server 2019 unter administrativen Rechten ausgeführt werden muss, um die Sicherheitseinstellungen für die Skriptausführung verändern zu können. Darüber hinaus ist eine manuelle Änderungen der in der Windows-Registry definierten Sicherheitseinstellungen lokal auf einem Serversystem nur möglich, wenn keine domänenbasierte Gruppenrichtlinie für die Konfiguration der Sicherheitseinstellungen für die Skriptausführung in der Windows PowerShell angewendet wird.

Die Sicherheitseinstellungen sollten bei Bedarf entsprechend angepasst werden, um die Cmdlets der Windows PowerShell gleich auch mithilfe von Shell-Skripten ausführen zu können. Wie aber werden diese Cmdlets denn überhaupt verwendet?

4.5.6.2 (Un)Sicherheits-Bypass - bei Bedarf

Die Sicherheitseinstellungen der Windows PowerShell können das betreffende Computersystem durch Zuhilfenahme eines digitalen Zertifikates und der damit anwendbaren, digitalen Signatur vor einer möglichen Manipulation einer Scriptdatei bewahren. Hinderlich wird dies jedoch, wenn z. B. *„Gefahr im Verzuge"* ist, und ein Administrator mittels unsigniertem Windows PowerShell-Script mitunter eine wichtige Systemänderung vornehmen muss. Hierzu sieht Microsoft einen Bypass der voreingestellten Sicherheit für die Ausführung solcher nicht signierter Scriptdateien vor.

Beispiel für das Umgehen der Sicherheitseinstellungen

Am nachfolgenden Beispiel sieht man den Befehlsaufruf für das Umgehen der Sicherheitseinstellung der Windows PowerShell bei der Scriptausführung eines unsignierten Shell-Scripts auf einem Computersystem unter Windows Server 2019 - durch den Aufruf der Windows PowerShell aus der Windows-Kommandozeile (*Cmd.exe*):

```
PS C:\> powershell.exe -ExecutionPolicy unrestricted -File .\MyFirstScript.ps1
```

Abb. 4.13: *Beispiel für das Umgehen der eingeschränkten Ausführungsrichtlinie für Scriptdateien mit der Windows PowerShell*

HINWEIS ➲ Der Parameter ***-ExecutionPolicy*** legt die Standardausführungsrichtlinie nur für die aktuelle Sitzung fest. Die in der Windows-Registry festgelegte Windows PowerShell-Ausführungsrichtlinie wird hierbei nicht geändert.

4.5.7 Cmdlets und der Umgang mit Objekten

Vielzahl verfügbarer Parameter

Cmdlets sind die Befehle in der Windows PowerShell, welche über ihren eigenen oder über einen dafür definierten Aliasnamen angesprochen werden können. Diese Cmdlets werden in der Regel gemeinsam mit zusätzlichen Informationen, wie beispielsweise Parametern, aufgerufen. Die Vielzahl der verfügbaren Parameter ist abhängig vom jeweiligen Cmdlet.

Um die Syntax eines Cmdlets mitsamt der jeweils vorhandenen Parameter anzeigen zu lassen, kann man in der Windows PowerShell einfach den Befehlsnamen, gefolgt vom Parameter **-?** eingeben.

Ein Beispiel für die Verwendung von Parametern zeigt sich anhand des Windows PowerShell-Cmdlets **copy-item** in dem folgenden Beispiel:

```
copy-item -path *.txt -destination d:\test
```

In dem angegebenen Beispiel kommen die Parameter **-path** und **-destination** gefolgt von einem jeweiligen Wert (`*.txt` und `d:\test`) zum Einsatz.

4.5.7.1 Arten von Parameter

Ausführung mitunter auch ohne Parameter möglich

Die Windows PowerShell ist in Bezug auf die Benennung von Parametern sehr flexibel. Gerade in Bezug auf das Cmdlet **copy-item** funktioniert die Befehlsausführung sogar völlig *ohne* Angabe der Parameter anhand der dabei benannten Werte. Hierzu ein passendes Beispiel:

```
copy-item *.txt d:\test
```

In diesem Beispiel erkennt die Windows PowerShell anhand der Position der Werte, dass es sich bei `*.txt` um die kopierenden Dateien (entspricht dem Parameter **-path**) und bei `d:\test` um das Zielverzeichnis (entspricht dem Parameter **-destination**) handelt. Bei **-path** und **-destination** handelt es sich um sogenannte *Positionsparameter*.

Umfangreiche Online-Hilfe im Internet

Nicht alle Parameter eines Cmdlets werden für die Befehlsausführung benötigt. Ob ein Parameter optional ist, zeigt sich beispielsweise bei Aufruf der Online-Hilfe des jeweiligen Cmdlets. Für das Cmdlet **copy-item** lässt sich diese anhand des folgenden Befehls anzeigen:

```
get-help copy-item -online
```

Das Ergebnis zeigt sich anschließend im Webbrowser wie folgt:

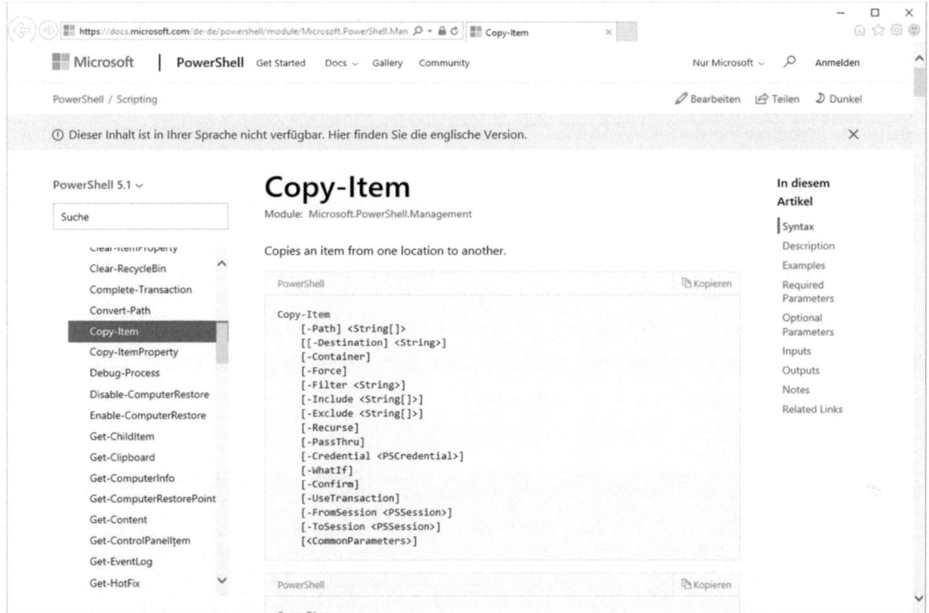

Abb. 4.14: *Ausführliche Hilfe zu PowerShell-Cmdlets in der Online-Hilfe*

Spätestens in der nach dem Aufruf der Online-Hilfe des jeweiligen Cmdlets zeigt sich anhand der Option ***„Erforderlich?“*** (engl. *„Required?“*), ob der jeweilige Parameter optional ist (***true***) oder nicht (***false***).

Die folgende Grafik verdeutlicht die verschiedenen Parametertypen eines Cmdlets der Windows PowerShell:

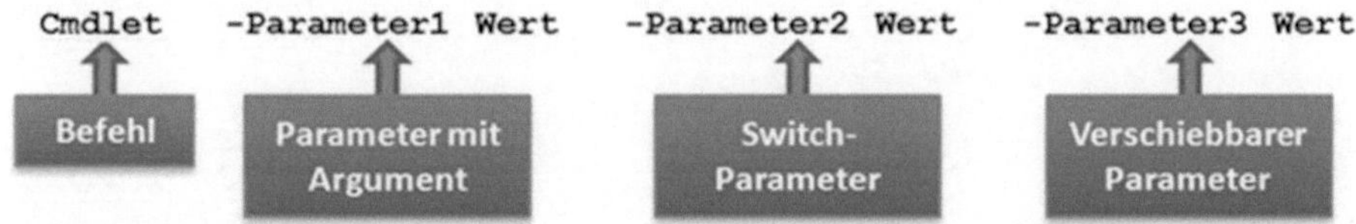

Abb. 4.15: *Die verschiedenen Parametertypen der Cmdlets der Windows PowerShell*

> **HINWEIS ➲** Für die meisten Parameter existieren bestimmte Abkürzungen (beispielsweise „`inc`“ für „`include`“ oder „`rec`“ für „`recursive`“). Es existiert leider keine Liste der Abkürzungen, jedoch können die Parameter so lange gekürzt werden, solange die Namen in Bezug auf die übrigen Parameter eindeutig bleibt.

Um zu verstehen, wie mächtig die Windows PowerShell im Umfeld der Verwaltung von Windows-Betriebssystemen eingesetzt werden kann, muss man sich neben den Cmdlets auch mit den Verwendungsmöglichkeiten befassen.

4.5.8 Die Provider der Windows PowerShell

Vielzahl an unterstützten Providern

Die umfangreichen Verwendungsmöglichkeiten der Windows PowerShell unter Windows Server 2019 werden durch die Sicht auf die darin unterstützten Provider erst deutlich. In Bezug auf die Windows PowerShell stellt ein Provider einen Namensraum (engl. *Namespace*) dar. Die verschiedenen Provider ermöglichen es einem Administrator, nicht nur Dateien und Verzeichnisse, sondern auch andere Objekte des betreffenden Windows-Systems, wie beispielsweise die Windows-Registry oder die Umgebungsvariablen, gleich auch aus der Windows PowerShell zu verwalten.

Der Wechsel zwischen den einzelnen Providern geschieht über den **`cd`**-Alias (steht für das Cmdlet **`set-location`**) gefolgt von der Providerbezeichnung und einem Doppelpunkt (**`:`**), beispielsweise „**`cd env:`**“.

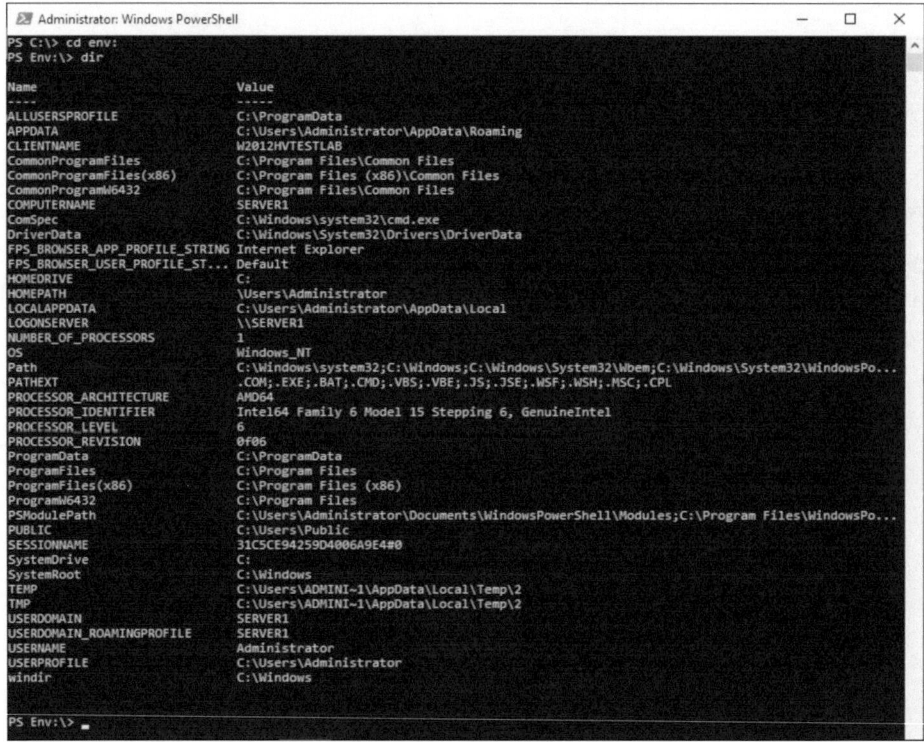

Abb. 4.16: *Wechsel zwischen verschiedenen Providern der Windows PowerShell unter Windows Server 2019*

4.5.8.1 Die wichtigsten Provider der Windows PowerShell

Die folgende Tabelle enthält eine Übersicht der wichtigsten, der von der Windows PowerShell unter Windows Server 2019 unterstützten Provider:

Providername	Beschreibung
C, D, E, A, ...	Stehen einzeln für den Zugriff auf das Dateisystem und bezeichnen dabei das betreffende Laufwerk.
hklm	Steht für den *HKEY_LOCAL_MACHINE*-Teilbaum der Windows-Registry.
hkcu	Steht für den *HKEY_CURRENT_USER*-Teilbaum der Windows-Registry.
env	Ermöglicht den einfachen Zugriff auf die Umgebungsvariablen.
cert	Ermöglicht den einfachen Zugriff auf die hierarchisch strukturierte Zertifikatablage in Windows sowie auf die darin gespeicherten, digitalen Sicherheitszertifikate.
alias	Ermöglicht den Zugriff auf die definierten Aliase in der Windows PowerShell.
function	Ermöglicht den Zugriff auf interne Funktionen der Windows PowerShell.
variable	Ermöglicht den Zugriff auf die internen Variablen der Windows PowerShell.

Tab. 4.4: *Die Provider der Windows PowerShell*

Wie in der Tabelle zu erkennen ist, existiert in der Windows PowerShell kein Provider für die Unterstützung der Active Directory-Domänendienste. Für diese steht nach der Installation der Active Directory-Domänendienste (*AD DS*) ein eigenes, ursprünglich erstmals in der Windows PowerShell 2.0 unter Windows Server 2008 R2 implementiertes *Active Directory-Modul für Windows PowerShell* zur Verfügung, auf das in den späteren Seiten noch detailliert eingegangen wird.

PRAXISTIPP! ➲ Eine Übersicht aller von dem jeweiligen Computersystem bereitgestellten und unterstützten Provider der Windows PowerShell erhält man durch den Aufruf des Cmdlets **`get-psprovider`**.

Im Umgang mit der Windows PowerShell stellt man sehr schnell noch weitere Besonderheiten in der Verwendung der Shell-Umgebung fest.

4.5.8.2 Sonderzeichen in der Windows PowerShell

Eine besondere Bedeutung kommt den in der Windows PowerShell verwendbaren Sonderzeichen zu. In der nachfolgenden Tabelle erhalten Sie eine Übersicht der wichtigsten Sonderzeichen, die in der Windows PowerShell unterstützt werden.

<table>
<tr><th>Sonderzeichen</th><th>Beschreibung</th></tr>
<tr><td>|</td><td>Pipe-Operator (Pipeline)</td></tr>
<tr><td>~</td><td>Aktuelles Verzeichnis</td></tr>
<tr><td>$</td><td>Leitet einen Code-Block ein.</td></tr>
<tr><td>%</td><td>Alias für das Cmdlet foreach-object</td></tr>
<tr><td>?</td><td>Alias für das Cmdlet where-object</td></tr>
<tr><td>!</td><td>Not-Parameter</td></tr>
<tr><td>#</td><td>Leitet einen Kommentar ein.</td></tr>
<tr><td>*</td><td>Platzhalter</td></tr>
<tr><td>?</td><td>Platzhalter</td></tr>
<tr><td>..</td><td>Repräsentiert einen Zahlenbereich (bspw. 1..10).</td></tr>
<tr><td>$_
bzw. $PSItem</td><td>Steht für das aktuelle Pipeline-Objekt, bspw. in Verwendung mit select-object oder foreach-object.</td></tr>
<tr><td>&</td><td>Leitet einen Skriptblock ein.</td></tr>
<tr><td>></td><td>Umleitungsoperator</td></tr>
<tr><td>>></td><td>Umleitungsoperator, der den Inhalt an eine Datei anhängt.</td></tr>
<tr><td>2></td><td>Leitet eine Fehlermeldung in eine Datei oder ins „Nichts" ($Null), so dass sie nicht angezeigt wird.</td></tr>
<tr><td>2>></td><td>Die betreffende Fehlermeldung wird an eine Datei angehängt.</td></tr>
</table>

Tab. 4.5: *Übersicht der wichtigsten, unterstützten Sonderzeichen der Windows PowerShell*

INTERNET ➲ Eine ausführliche Übersicht der unterstützten Sonderzeichen erhält man in der Windows PowerShell-Dokumentation von Microsoft. Dieses ist im Internet verfügbar unter:

https://docs.microsoft.com/en-us/powershell/

Natürlich könnte man jetzt noch weitere Details zu den Verwendungsmöglichkeiten und Besonderheiten der Windows PowerShell aufzeigen. Da dieses Kapitel jedoch lediglich eine Einführung in die Windows PowerShell darstellen soll, gehe ich jetzt noch etwas auf den praktischen Teil der Verwendung der Windows PowerShell ein.

4.5.9 Umgang mit Prozessen

Um ein wenig in den Umgang mit Windows PowerShell zu finden, wenden wir uns erst einmal den Prozessen auf einem Windows-System zu. Zum Arbeiten mit Prozessen stehen in der Windows PowerShell die folgenden Cmdlets zur Verfügung:

Cmdlet	Aliasname	Verwendung
debug-Process		Dient zum Debuggen eines oder mehrerer Prozesse auf einem Computer.
get-Process	**ps** oder **gps**	Dient zum Anzeigen der auf einem Computer ausgeführten Prozesse.
start-Process		Dient zum Starten von einem oder mehreren Prozessen auf einem Computer.
stop-Process	**kill** oder **spps**	Dient zum Beenden eines oder mehrerer Prozesse.
wait-Process		Wartet, bis die Prozesse beendet wurden, bevor weitere Eingaben angenommen werden.

Tab. 4.6: *Cmdlets der Windows PowerShell für den Umgang mit Prozessen*

4.5.9.1 Prozesse anzeigen lassen mit get-process

Formatierte Auflistung möglich

Mit dem Cmdlet **`get-process`** der Windows PowerShell kann man alle laufenden Prozesse auf einem Windows-System inklusive der jeweiligen Prozesskennung (*PID*) auflisten lassen.

Die Ausgabe der laufenden Prozesse kann man sortieren, filtern oder auch nach bestimmten Kriterien formatieren. Weitere Informationen hierzu finden Sie in der Produktdokumentation der Windows PowerShell. Mit der Windows PowerShell unter Windows Server 2019 ist man ebenso in der Lage, die Prozesse auf einem Remote-Computer zu steuern.

INTERNET ➲ Nähere Informationen hierzu erhalten Sie in der Online-Hilfe sowie in der Dokumentation zu Windows PowerShell unter Windows Server 2019. Alternativ bietet sich hier das Tool **`PSList.exe`** der *Sysinternals*-Tools an, welches kostenfrei von der Microsoft-Website aus dem Internet heruntergeladen werden kann unter:

https://docs.microsoft.com/de-de/sysinternals/

```
Administrator: Windows PowerShell
PS Env:\> Get-Process

Handles  NPM(K)    PM(K)      WS(K)     CPU(s)     Id  SI ProcessName
-------  ------    -----      -----     ------     --  -- -----------
    257      16     3832      23188       1,27   1192   2 ApplicationFrameHost
     69       5     2052       3640       0,13   3036   2 cmd
    250      13     9540      20536       5,06   1716   2 conhost
    252      13     4184      17416      14,42   4308   2 conhost
    256      12     1816       4724       2,03    416   0 csrss
    163      10     1940       4576       0,44    496   1 csrss
    263      13     2136       5068      23,83   2080   2 csrss
    389      15     4892      16360       2,81   3556   2 ctfmon
    225      16     3552      11396       0,61   3216   2 dllhost
    524      21    16116      34552       4,81    924   1 dwm
    640      41    27036      66900      86,95   2504   2 dwm
   1632      65    30940     102688      74,31   3928   2 explorer
     49       6     1424       3480       0,31    760   0 fontdrvhost
     49       6     1376       3436       0,28    768   1 fontdrvhost
     49       6     1864       5108       1,11   2456   2 fontdrvhost
      0       0       52          8                 0   0 Idle
    468      26    11248      43444      13,09    916   1 LogonUI
    942      23     6120      15880       5,89    636   0 lsass
    221      13     3152      10284       0,70   2528   0 msdtc
    517      60   131584      77912      86,88   1752   0 MsMpEng
    153      37     4596       7612       0,41   3132   0 NisSrv
    777      39   111848     137184      21,67   4080   2 powershell
    321      13     2540      11308       2,31   3124   2 rdpclip
      0       7      776      70352       2,28     68   0 Registry
    141       8     1584       7464       0,22    904   2 RuntimeBroker
    222      11     2388      12616       0,72   3676   2 RuntimeBroker
    410      19     6112      21000       1,64   3796   2 RuntimeBroker
   1113      68    79244     144676      18,30   1884   2 SearchUI
    804      54   130204     185492      79,72   3308   2 ServerManager
    319      11     3608       7748      24,23    624   0 services
    699      30    19956      59656      13,08   2700   2 ShellExperienceHost
    451      18     5096      26056       4,13   3184   2 sihost
     56       3      488       1164       0,75    316   0 smss
    500      23     7044      18648       1,53    716   0 spoolsv
    715      35    12956      25032       6,11    336   0 svchost
   1549      47    28740      63520     114,16    360   0 svchost
```

Abb. 4.17: *Anzeige der laufenden Prozesse mithilfe der Windows PowerShell*

Die Ausführung von Prozessen auf einem Windows-System kann auch beendet werden. Hierzu steht in der Windows-PowerShell ein eigenes Cmdlet zur Verfügung.

4.5.9.2 Prozesse beenden mit stop-process

Bitte mit Bedacht

Mit dem Cmdlet **`stop-process`** (bzw. des alternativen Alias „**`Kill`**") der Windows PowerShell kann man einen laufenden Prozess auf einem Windows-System anhand des Prozessnamens oder der Prozesskennung (*PID*) beenden.

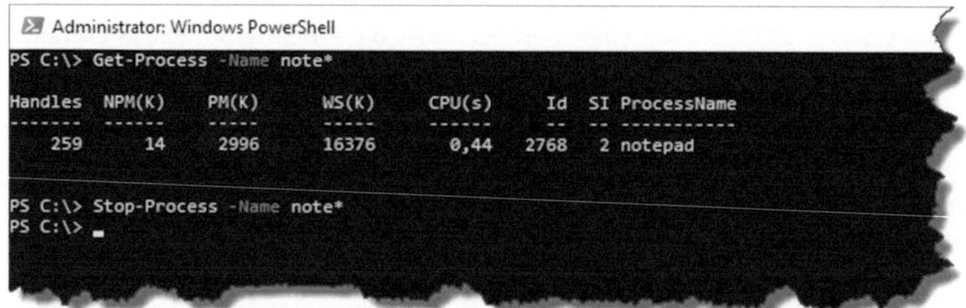

Abb. 4.18: *Beispiel für das Anzeigen und das anschließende Beenden eines Prozesses mithilfe der Windows PowerShell*

HINWEIS ➲ Beim Beenden von Prozessen mithilfe des Cmdlets **`Stop-Process`** der Windows PowerShell erfolgt von Windows aus in den meisten Fällen keinerlei Rückfrage mehr. Man sollte unbedingt darauf achten, nicht (versehentlich) den falschen Prozess zu „killen". Dies könnte im schlimmsten Fall in Form eines ungewollten Neustarts des betreffenden Computersystems enden.

Neben den Prozessen stellt auch die Verwaltung der Dienste eines Windows-Systems eine wichtige Aufgabe dar. Auch hierzu kann man die Windows PowerShell einsetzen.

4.5.10 Arbeiten mit Diensten

Die in einem Windows-System vorhandenen Dienste können mithilfe der Windows PowerShell abgefragt, gestartet oder auch beendet werden. Hierzu stehen in der Windows PowerShell neben anderen auch die in der folgenden Tabelle enthaltenen Cmdlets zur Verfügung:

Cmdlet	Aliasname	Verwendung
get-service	**gsv**	Listet einen oder mehrere Dienste auf.
start-service	**sasv**	Startet einen (zuvor) beendeten Dienst.
stop-service	**spsv**	Beendet einen Dienst.
restart-service		Beendet einen Dienst und startet ihn anschließend neu.
suspend-service		Hält einen Dienst in seiner Ausführung an.
resume-service		Setzt die Ausführung eines angehaltenen Dienstes fort.
new-service		Registriert einen bereits vorhandenen Dienst, sodass dieser anschließend gestartet werden kann.
set-service		Ändert bestimmte Eigenschaften eines Dienstes, bspw. den Anzeigenamen oder den Startmodus.

Tab. 4.7: *Cmdlets der Windows PowerShell zum Arbeiten mit Diensten*

4.5.10.1 Anzeige der aktuell ausgeführten Dienste

Anhand der in der Windows PowerShell enthaltenen Cmdlets kann man die aktuell ausgeführten Dienste eines Windows-Systems anzeigen lassen. Diese Ausgabe kann man mithilfe des Cmdlets **`Where-Object`** in Verbindung mit einer Status-Abfrage gezielt steuern.

Die Befehlseingabe in der Windows PowerShell kann dabei wie folgt aussehen:

get-service | where-object {$PSItem.Status -eq „Running"**}**

In diesem Beispiel werden die Dienste mithilfe des Cmdlets **get-service** abgefragt. Die Ausgabe des Ergebnisses wird mithilfe der Pipe (|) an das Cmdlet **where-object** übergeben, welches seinerseits den Status des jeweiligen Dienstes mit den Vorgaben **-eq** „Running" (-eq steht für „***entspricht***") vergleicht. Die anschließende Ausgabe auf dem Bildschirm ist demnach entsprechend gefiltert.

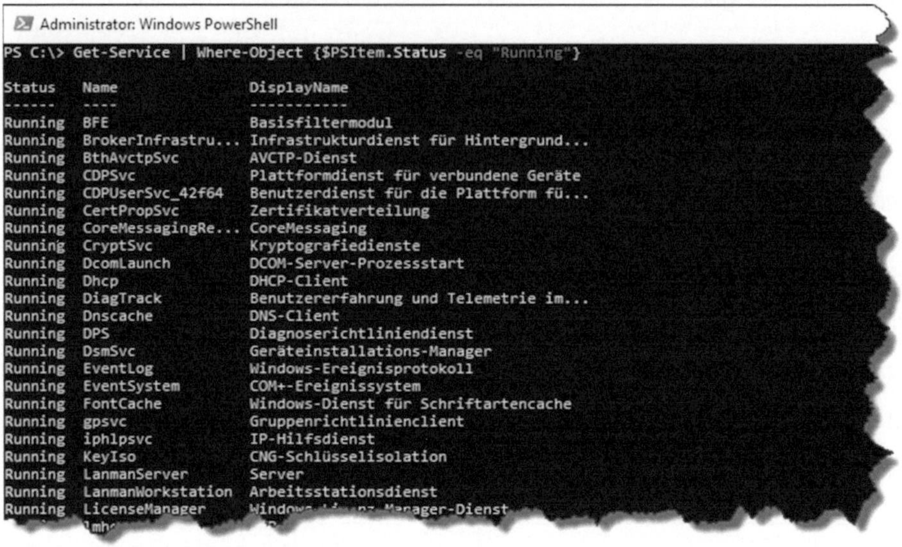

```
Administrator: Windows PowerShell
PS C:\> Get-Service | Where-Object {$PSItem.Status -eq "Running"}

Status   Name               DisplayName
------   ----               -----------
Running  BFE                Basisfiltermodul
Running  BrokerInfrastru... Infrastrukturdienst für Hintergrund...
Running  BthAvctpSvc        AVCTP-Dienst
Running  CDPSvc             Plattformdienst für verbundene Geräte
Running  CDPUserSvc_42f64   Benutzerdienst für die Plattform fü...
Running  CertPropSvc        Zertifikatverteilung
Running  CoreMessagingRe... CoreMessaging
Running  CryptSvc           Kryptografiedienste
Running  DcomLaunch         DCOM-Server-Prozessstart
Running  Dhcp               DHCP-Client
Running  DiagTrack          Benutzererfahrung und Telemetrie im...
Running  Dnscache           DNS-Client
Running  DPS                Diagnoserichtliniendienst
Running  DsmSvc             Geräteinstallations-Manager
Running  EventLog           Windows-Ereignisprotokoll
Running  EventSystem        COM+-Ereignissystem
Running  FontCache          Windows-Dienst für Schriftartencache
Running  gpsvc              Gruppenrichtlinienclient
Running  iphlpsvc           IP-Hilfsdienst
Running  KeyIso             CNG-Schlüsselisolation
Running  LanmanServer       Server
Running  LanmanWorkstation  Arbeitsstationsdienst
Running  LicenseManager     Windows-Lizenz-Manager-Dienst
```

Abb. 4.19: *Beispiel für die gefilterte Abfrage der aktuell ausgeführten Dienste eines Windows-Systems mithilfe der Windows PowerShell*

Die Abfrage von Diensten, sowie auch die Ergebnisdarstellung lassen sich ebenso sehr umfangreich anpassen und individualisieren. Nähere Informationen hierzu erhalten Sie in der Online-Hilfe oder der Dokumentation zur Windows PowerShell unter Windows Server 2019.

4.5.10.2 Starten und Beenden von Diensten

Neben der Anzeige des Ausführungsstatus von Diensten lassen sich diese mithilfe der Windows PowerShell ebenso auch beenden oder starten. Hierzu stehen die beiden Cmdlets **Start-Service** und **Stop-Service** zur Verfügung. Natürlich kann man in der Windows PowerShell auch weiterhin mit den unter Windows bekannten Befehlen **net start** und **net stop** operieren.

4.5.10.3 Ermittlung der Abhängigkeit ausgeführter Dienste

Abhängigkeiten beachten

Vor dem Beenden von Diensten sollte man sich vorweg informieren, ob nicht auch Abhängigkeiten anderer Dienste bestehen. Diese Überprüfung kann mitunter vor *„unvorhergesehenen Reaktionen"* des betreffenden Windows-Systems schützen.

Nachfolgend sehen Sie ein Beispiel für die Befehlseingabe in der Windows PowerShell, um vorweg die möglichen Abhängigkeiten anderer Dienste vom Arbeitsstationsdienst zu ermitteln:

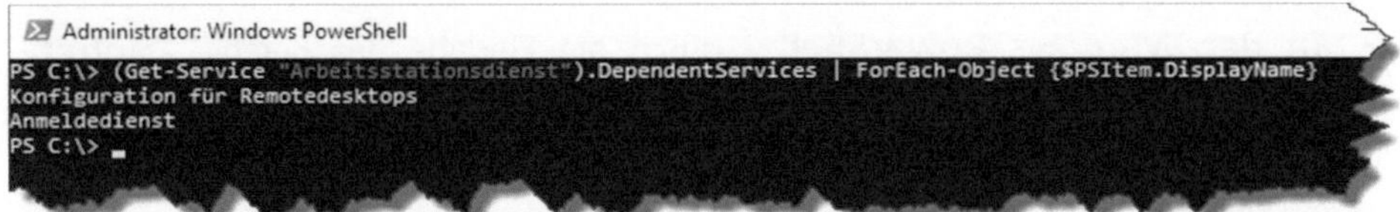

Abb. 4.20: *Abfrage der Abhängigkeiten von Diensten mithilfe der Windows PowerShell unter Windows Server 2019*

Der im vorherigen Beispiel verwendete Befehl lautet:

```
Get-Service „Arbeitsstationdienst“).DependendServices |
ForEach-Object {$PSItem.DisplayName}
```

Die in dem oberen Beispiel gezeigte Ermittlung der Abhängigkeit weiterer Dienste vom Arbeitsstationsdienst wurde mithilfe der Pipe (**|**) und der nachfolgenden Anweisung anhand des jeweiligen *Anzeigenamens* (engl. *Displayname*) gefiltert.

Wie Sie sehen, kann man die Windows PowerShell sehr gezielt einsetzen, um Dienste auf einem Windows-System zu administrieren. Hierzu und noch zu vielen anderen Möglichkeiten finden Sie Informationen und Hinweise in der Produktdokumentation der Windows PowerShell.

4.5.11 Arbeiten mit Active Directory-Objekten

In der Windows PowerShell unter Windows Server 2019 ist es möglich, auch Objekte der Active Directory-Domänendienste (engl. *Active Directory Domain Services, AD DS*) zu verwalten. Hierzu hat Microsoft das *Active Directory-Modul für Windows PowerShell* entwickelt, und bereits in Windows Server 2008 R2 erstmalig integriert. Dieses steht auf einem Serversystem unter Windows Server 2019 als Domänencontroller nach der Installation der Serverrolle der *Active Directory-Domänendienste* (*AD DS*) oder auch der *Active Directory-Lightweight Directory Services* (*AD LDS*) zur Verfügung.

Jetzt aber richtig - mit der richten Auswahl an Cmdlets

4.5.11.1 Aufruf des Active Directory-Modul für Windows PowerShell

Auf einem Domänencontroller unter Windows Server 2019 kann das *Active Directory-Modul für Windows PowerShell* bei Bedarf auf verschiedenen Wegen aufgerufen werden:

- **im Startmenü** - durch einen Klick in der Programmgruppe „*Windows-Verwaltungsprogramme*" auf **Active Directory-Modul für Windows PowerShell**.

- **im Server-Manager** - das *Active Directory-Modul für Windows PowerShell* findet sich auf Domänencontrollern unter Windows Server 2019 im Server-Manager unter **Tools**, und kann darüber durch einen einfachen Mausklick geladen werden.

- **in der Windows PowerShell** - durch die Eingabe des Befehls **`Import-Module`** `Active Directory` kann das *Active Directory-Modul für Windows PowerShell*, wie auch jedes andere, optional vorhandene Windows PowerShell-Modul importiert werden.

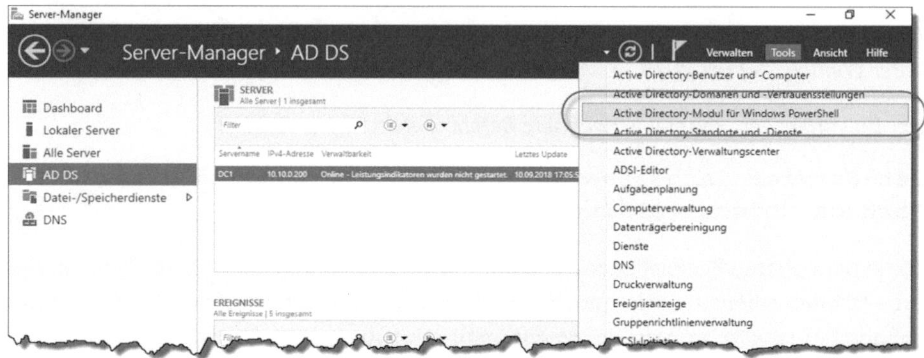

Abb. 4.21: *Das Active Directory-Modul für Windows PowerShell im Server-Manager*

HINWEIS ➲ Wenn Sie eines der im *Active Directory-Modul für Windows PowerShell* enthaltenen PowerShell-Cmdlets (bspw. **new-ADUser**) in der Windows PowerShell aufrufen, so wird das für die Ausführung notwendige Modul bei Bedarf automatisch geladen. Das betreffende PowerShell-Cmdlets kann dann ohne weiteres Zutun ausgeführt werden.

Das Modul umfasst eine Vielfalt an Windows PowerShell-Cmdlets für die Verwaltung von Objekten der Active Directory-Domänendienste (*AD DS*) bzw. der Active Directory-Lightweight Directory Services (*AD LDS*).

4.5.11.2 Beispiel für die Verwaltung von Active Directory-Objekten

Erstellen und Verwalten von AD-Objekten und mehr

Anhand der im Active Directory-Modul für Windows PowerShell enthaltenen Cmdlets können u.a. die Objekte der Active Directory-Domänendienste (*AD DS*) verwaltet, sowie auch neue Objekte erstellt werden. Um ein neues Benutzerkonto anzulegen, verwendet man beispielsweise den folgenden Befehl in der Windows PowerShell:

```
New-ADUser -Name "Carlo Westbrook" -SamAccountName
"CWestbrook" -GivenName "Carlo" -Surname "Westbrook"
-DisplayName "Carlo Westbrook" -Path
"OU=Autoren,DC=CertPro,DC=local"
```

In diesem Beispiel wird ein neues Benutzerkonto mit dem Anmeldenamen *„`CWestbrook`"* in der Organisationseinheit (OU) mit der Bezeichnung *„`Autoren`"* der Domäne *„`CertPro.local`"* erstellt.

Eine Übersicht aller verwendbaren Parameter und Optionen zum Cmdlet **New-ADUser** erhalten Sie durch die Eingabe des folgenden Befehls in der Windows PowerShell:

```
help New-ADUser -online
```

Weitere Informationen zur Verwendung des Active Directory-Moduls für Windows PowerShell unter Windows Server 2019 sowie der darin enthaltenen PowerShell-Cmdlets finden Sie in der Online-Hilfe.

4.6 Verwendung der Desired State Configuration

Desired State Configuration (DSC) stellt eine Erweiterung der PowerShell-Funktionalitäten dar. Die DSC kann für eine Reihe an Anpassungen und Konfigurationsschritten verwendet werden. Zu diese zählt man u. a.:

- Installation oder Entfernen von Serverrollen und Features,
- Verwaltung von Windows-Registry-Einstellungen,
- Verwaltung von Dateien und Ordnern,
- Starten, Beenden und Verwalten von Prozessen und Diensten,
- Verwaltung von Umgebungsvariablen,
- Ausführung von Windows PowerShell-Scripts,
- Verwaltung von Benutzerkonten und (Sicherheits-)Gruppen,
- Installation und Verwaltung von Installationspaketen, wie .MSI oder .EXE,
- Ermitteln des aktuellen Konfigurationsstatus eines Computersystems,
- Bereinigen der Konfiguration von Computersystemen nach dem vorgegebenen Konfigurationsstatus bei (*unbeabsichtigten*) Veränderungen.

Die Konfigurationsvorgaben werden von der DSC aus dafür zu erstellenden **MOF-Dateien** (*Management Object Format*) ermittelt. Diese MOF-Dateien lassen sich mittels Windows-PowerShell ISE einfach und in der passenden Syntax erstellen und anpassen. Eine Anpassung mit **Notepad.exe** wäre prinzipiell ebenso möglich.

PRAXISTIPP! ➲ Ein einfaches Beispiel für die von DSC unter der Windows PowerShell anwendbaren Konfigurationsdateien erhält man durch die Tastenkombination [Strg] + [J] in der ***Windows PowerShell ISE*** (*Integrated Scripting Environment*).

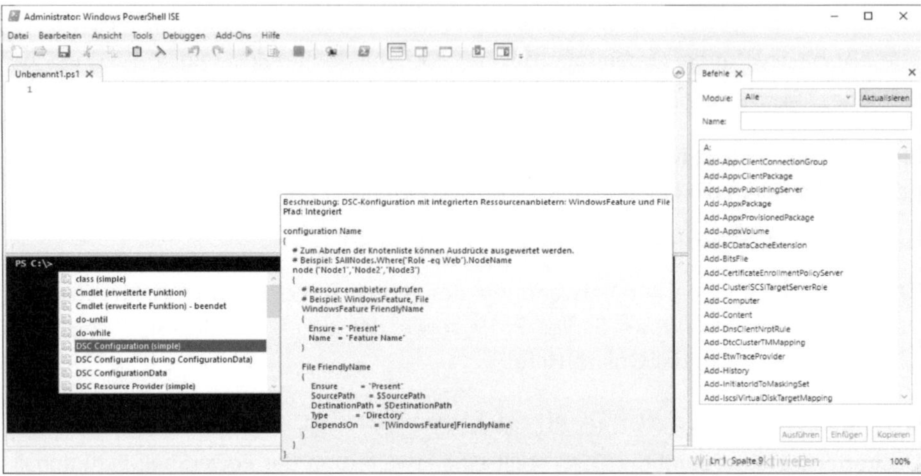

Abb. 4.22: *Beispielsyntax in der Windows PowerShell ISE*

Die Syntax der Konfigurationsdatei ist in dem Beispiel mit entsprechenden Kommentaren versehen, so dass man diese sehr einfach lesen und zuordnen kann.

Administrator: Windows PowerShell ISE

Datei Bearbeiten Ansicht Tools Debuggen Add-Ons Hilfe

Unbenannt1.ps1*

```
configuration Name
{
    # Zum Abrufen der Knotenliste können Ausdrücke ausgewertet werden.
    # Beispiel: $AllNodes.Where("Role -eq Web").NodeName
    node ("Node1","Node2","Node3")
    {
        # Ressourcenanbieter aufrufen
        # Beispiel: WindowsFeature, File
        WindowsFeature FriendlyName
        {
           Ensure = "Present"
           Name   = "Feature Name"
        }

        File FriendlyName
        {
            Ensure          = "Present"
            SourcePath      = $SourcePath
            DestinationPath = $DestinationPath
            Type            = "Directory"
            DependsOn       = "[WindowsFeature]FriendlyName"
        }
    }
}
```

Abb. 4.23: *Beispielsyntax der „DSC Configuration (simple)"*

4.6.1 Windows PowerShell Desired State Configuration (DSC)-Cmdlets

Zum Konfigurieren von Computersystemen, sowie zum späteren Auslesen der bereits angewendeten DSC-Konfiguration stehen in der Windows PowerShell im Modul **PSDesiredStateConfiguration** neben vielen weiteren Windows PowerShell-Cmdlets standardmäßig auch die folgenden Cmdlets zur Verfügung:

PowerShell-Cmdlet	Beschreibung
Get-DscConfiguration	Ermitteln der aktuellen DSC-Konfiguration auf einem Computersystem.
Start-DscConfiguration	Wendet die DSC-Konfiguration durch die beim Aufruf angegebene Konfigurationsdatei auf ein Computersystem an.

Tab. 4.8: *Windows PowerShell-Cmdlets für die Desired State Configuration (DSC)*

Eine Übersicht aller im Modul **PSDesiredStateConfiguration** enthaltenen Windows PowerShell-Cmdlets erhält man durch die Eingabe des folgenden Befehls in der *Windows PowerShell*:

```
Get-Command -Module PSDesiredStateConfiguration
```

4.6.2 Beispiel eines einfachen Konfigurationsscripts für DSC

Ein einfaches Konfigurationsscript kann beispielsweise so aussehen:

MySampleServerConfig.ps1 X

```
configuration ServerConfigTest
{
param ([string]$Computername)
    # Zum Abrufen der Knotenliste können Ausdrücke ausgewertet werden.
    # Beispiel: $AllNodes.Where("Role -eq Web").NodeName
    node ($Computername)
    {
        # Ressourcenanbieter aufrufen
        # Beispiel: WindowsFeature, File
        WindowsFeature WebserverIIS
        {
           Ensure = "Present" # Alternativ "Absent" zum Sicherstellen, dass nicht installiert
           Name = "Web-Server" # Name aus Get-WindowsFeature
        }

        WindowsFeature TelnetClient
        {
           Ensure = "Present" # Alternativ "Absent" zum Sicherstellen, dass nicht installiert
           Name = "Telnet-Client" # Name aus Get-WindowsFeature
        }

        Group TestGroup
        {
           Ensure = "Present" # Alternativ "Absent" zum Sicherstellen, dass nicht vorhanden
           GroupName = "IT-Support" # Name der (Sicherheits-)Gruppe
        }

    }
}
```

Abb. 4.24: *Beispielkonfigurationsscript für die Desired State Configuration (DSC)*

> **INTERNET** ➲ Die Beispieldatei ***MySampleServerconfig.ps1*** kann für Übungszwecke, wie z. B. die unter dem nächsten Punkt aufgezeigte Demonstration, als Bestandteil der zum Buch angebotenen ***Zusatzinhalte*** gerne direkt aus unserer Verlagsseite im Internet heruntergeladen werden unter:
>
> **http://www.certpro-press.de/9211.html**

4.6.3 Verwendung von Konfigurationsscripts mit DSC

Zum Laden des Konfigurationsscripts muss man dieses einmal ausführen. Anschließend wird die darin enthaltene Configuration mitsamt des entsprechenden Rechnernamens aufgerufen. Dieser Vorgang erstellt dann die für den Konfigurationsvergleich notwendige MOF-Datei (Konfigurationsdatei). Diese wird in einem weiteren Schritt auf das betreffende Computersystem angewendet und sorgt für die einheitliche Konfiguration - ganz nach den Vorgaben innerhalb der MOF-Datei.

Die Details zur Verwendung von Konfigurationsscripts mit DSC werden Ihnen in dem folgenden Beispiel erläutert. Verwenden Sie zum Nachmachen ein entsprechendes Test- bzw. Demosystem unter Windows Server 2019. Gehen Sie dazu wie folgt vor:

1. Melden Sie sich am Serversystem unter Windows Server 2019 - das nach Möglichkeit für diese Beispielkonfiguration auch als Active Directory-Domänencontroller konfiguriert ist - als Administrator an.
2. Installieren Sie, soweit noch nicht geschehen, die ***Windows PowerShell ISE*** auf dem betreffenden Computersystem.
3. Laden Sie sich anschließend die Beispieldatei **MySampleServerconfig.ps1** aus unserer Verlagswebsite aus dem Internet (Weblink siehe oben) auf den Server in einen neuen Dateiordner **c:\Script**.
4. Wechseln Sie in den Ordner ***c:\Script***, klicken Sie anschließend mit der rechten Maustaste auf die Beispieldatei **MySampleServerconfig.ps1**, und wählen Sie die Option **Bearbeiten**.
5. Drücken Sie die F5-Taste zum Ausführen der Scriptdatei.
6. Drücken Sie zum Wechsel in die Konsole der *PowerShell ISE* die Tastenkombination Strg + D, geben Sie dort den folgenden Befehl ein, und drücken Sie anschließend die ↵-Taste:

```
ServerConfigTest -Computername <Computername>
-OutputPath c:\Script\
```

HINWEIS ➲ Durch die Ausführung des Befehls wurde aus dem Konfigurationsscript eine MOF-Datei im Ordner ***C:\Script*** mit dem Namen *<Servername>***.mof** erzeugt. Diese Datei dient zum Anwenden der darin enthaltenen Konfigurationsanweisungen auf das betreffende Zielsystem. Eine solche MOF-Datei wird stets individuell mit dem Namen des betreffenden Computersystems versehen.

7. Geben Sie den folgenden Befehl in der Konsole der *Windows PowerShell ISE* den folgenden Befehl ein, und drücken Sie anschließend die ↵-Taste:

```
Start-DscConfiguration -Path c:\Script -verbose -wait
```

HINWEIS ➲ Durch die Ausführung des Befehls werden alle im Pfad *c:\Script* gespeicherten MOF-Dateien abgearbeitet. Dadurch wird *Webserver* als Serverrolle, sowie der *WINS-Dienst* und der *Telnet-Client* im unter *<Servername>* angegebenen Serversystem aktiviert. Zusätzlich erstellt das Script (soweit zutreffend) eine neue Sicherheitsgruppe mit dem Namen *IT-Support* in den Active Directory-Domänendiensten (*AD DS*) auf dem betreffenden Serversystem - vorausgesetzt, die AD DS sind auf diesem bereits installiert.

8. Prüfen Sie, ob die Serverrolle **Webserver**, sowie die Features „**WINS-Server**", sowie der „**Telnet-Client**" aktuell installiert sind. Zusätzlich kontrollieren Sie mit der Konsole *Active Directory-Benutzer und Computer*, dass im Container *Users* der *Active Directory-Domänendienste (AD DS)* die Sicherheitsgruppe **IT-Support** nun ebenso existiert.

INTERNET ➲ Die *Desired State Configuration* (DSC) wurde in der neuen Version zusätzlich noch um die Option **ThrottleLimit** erweitert mit der man die Anzahl der Zielcomputer festlegen kann, auf denen die gewünschte Konfiguration gleichzeitig angewendet werden soll.

Weitere Informationen zur *Windows PowerShell Desired State Configuration (DSC)* und deren Neuerungen findet man u. a. im Internet auf der Microsoft-Website unter:

https://docs.microsoft.com/en-us/powershell/dsc/overview

4.7 Bereitstellung des Windows PowerShell-Webzugriffs

Auf Wunsch: Zugriff auf die Windows PowerShell aus dem Internet möglich

Bereits unter Windows Server 2012 hat Microsoft in der Windows PowerShell 3.0 die Möglichkeit der Bereitstellung des Windows PowerShell-Webzugriffs (engl. *Windows PowerShell Web Access integriert*). Wie der Name es bereits ableiten lässt, ermöglicht diese Implementierung den Zugriff auf die Windows PowerShell über einen Webbrowser. In den nachfolgenden Versionen der Windows PowerShell wurde dieses Feature im Detail nochmals etwas verbessert, und steht auch unter Windows PowerShell in der Version 5.1 zur Verfügung.

Nicht jedem Administrator ist es wohl beim Gedanken, dass man ein so mächtiges Verwaltungswerkzeug wie die Windows PowerShell nunmehr von überall aus aufrufen und verwenden kann - bei Bedarf sogar von einem beliebigen Rechner aus dem Internet heraus. Dieses Feature bietet für andere jedoch eine bislang ungeahnte Möglichkeit der Verwaltungsvielfalt. Man kann so beispielsweise aus dem Homeoffice oder von unterwegs aus auf sichere Weise auf die Verwaltung von Serversystemen zurückgreifen - und der Zugriff lässt sich natürlich auch gezielt steuern, so dass die Sicherheit auf jeden Fall gewahrt bleibt.

Die Bereitstellung des Windows PowerShell-Webzugriffs lässt sich im Verhältnis recht einfach realisieren. Diese erfolgt i.d.R. in den folgenden Phasen:

- Schritt 1: Installieren von **Windows PowerShell Web Access**
- Schritt 2: Konfigurieren des **Windows PowerShell Web Access Gateway**
- Schritt 3: Konfigurieren von **Autorisierungsregeln** und **Websicherheit**

Ein Beispiel für die Implementierung von Windows PowerShell-Webzugriff erfahren Sie in den nächsten Seiten. Dabei werden Ihnen die einzelnen Schritte - orientiert an der möglichen Implementierung in einer Testumgebung - entsprechend dargestellt.

INTERNET ➲ Detaillierte Informationen über die Bereitstellung des Windows PowerShell-Webzugriffs erhalten Sie in der Website von Microsoft im Internet unter:

https://docs.microsoft.com/de-de/previous-versions/windows/server/hh831611(v=ws.11)

Damit man sich des Windows PowerShell-Webzugriffs bedienen kann, muss man die damit verbundenen Anforderungen beachten.

4.7.1 Anforderungen für Windows PowerShell Web Access

Auf dem Windows PowerShell Web Access Gateway, das für die Bereitstellung der Weboberfläche für den Zugriff auf die Windows PowerShell verwendet wird, muss zwingend der Webserver (IIS), das Microsoft .NET Framework 4.5 (oder höher), sowie die Windows PowerShell 3.0 (oder höher) ausgeführt werden. Windows PowerShell Web Access kann unter Windows Server 2019, Windows Server 2016 oder alternativ auch unter Windows Server 2012 (R2) installiert und bereitgestellt werden.

VORSICHT! ➲ Beachten Sie, dass der Remotezugriff auf die Windows PowerShell von außerhalb auf das Computernetzwerk eines Unternehmens stets ein Sicherheitsrisiko darstellt. Sie müssen die Implementierung des Windows PowerShell-Webzugriffs und insbesondere des dabei eingesetzten Gateways deshalb so sicher als nur möglich gestalten. Insbesondere das Härten des Serversystems, sowie der Schutz durch eine Firewall sind hier beispielsweise als obligatorisch zu betrachten. Das nachfolgende Beispiel kann wegen seines Umfangs nicht alle Gesichtspunkte rund um die Sicherheit des Windows PowerShell-Webzugriffs abdecken, und sollte deshalb lediglich für „Best Practice"-Zwecke in einer Testumgebung bereitgestellt werden.

4.7.2 Anforderungen an die Browser

Die für den Zugriff auf den Windows PowerShell-Webzugriff zu verwendenden Browser müssen die folgenden Anforderungen erfüllen:

- Öffnen und Lesen von HTTPS-Seiten
- Öffnen und Ausführen von Websites, die JavaScript verwenden
- Zulassen von Cookies von der Windows PowerShell Web Access-Gatewaywebsite.

PRAXISTIPP! ➲ Natürlich sollten die für den webbasierten Zugriff auf die Windows PowerShell verwendeten Geräte durch aktuelle Firewalls gegenüber unerlaubten Zugriffen, sowie durch aktuelle und aktive Antivirenschutzsoftware vor Viren, Würmern und Trojanern geschützt sein.

4.7.2.1 Unterstützte Internet-Browser

Der Windows PowerShell-Webzugriff unterstützt eine Vielzahl an Internet-Browsern für den Remotezugriff auf die Windows PowerShell. Zu den aktuell unterstützten Browsern zählen:

- Internet Explorer
- Microsoft Edge
- Mozilla Firefox
- Goggle Chrome
- Apple Safari

Bei den Browsern sollte man die neueste Version für den Zugriff auf das Windows PowerShell Web Access-Gateway verwenden. Der eingesetzte Webbrowser muss zusätzlich auch Cookies vom Gateway-Server akzeptieren, sowie auch JavaScript unterstützen.

Parallel zu den auf Desktop-PCs eingesetzten Internet-Browsern können i.d.R. auch Smartphones oder Tablet-PCs für den Zugriff auf das Windows PowerShell Web Access-Gateway verwendet werden.

4.7.3 Schritt 1: Installieren von Windows PowerShell Web Access

Als Windows-Feature in Windows Server 2019 enthalten

Die Implementierung von Windows PowerShell Web Access erfolgt in mehreren Schritten. In einem ersten Schritt wird dabei das Feature Windows PowerShell-Webzugriff auf einem Serversystem unter Windows Server 2019 installiert. Es bestehen verschiedene Möglichkeiten, um die Installation der Windows PowerShell-Webzugriffs auf

einem Server unter Windows Server 2019 durchzuführen - entweder mittels grafischem

Assistenten oder beispielsweise auch direkt in der Windows PowerShell. Um die Installationsphasen besser zu verdeutlichen, zeige ich im folgenden Beispiel die notwendigen Schritte zur Installation von Windows PowerShell-Webzugriff über den grafischen Server-Manager.

Gehen Sie folgt vor, um Windows PowerShell-Webzugriff im Server-Manager unter Windows Server 2019 zu installieren:

1. Öffnen Sie auf dem Server unter Windows Server 2019 den *Server-Manager.*
2. Klicken Sie in der Seite *Vorbemerkungen* auf **Weiter**.
3. Wählen Sie im Dialog *Installationstyp auswählen* die Option **Rollenbasierte oder featurebasierte Installation** aus, und klicken Sie auf **Weiter**.
4. Wählen Sie auf der Seite *Zielserver auswählen* den für die Installation geplanten Server unter Windows Server 2019 aus, und klicken Sie anschließend auf **Weiter**.
5. Klicken Sie auf der Seite *Serverrollen auswählen* auf **Weiter**.
6. Erweitern sie auf der Seite *Features auswählen* die Auswahl für *Windows PowerShell*, und wählen Sie dann **Windows PowerShell Web Access** aus.
7. Wenn Sie gefragt werden, ob die für die Installation erforderlichen Features hinzugefügt werden sollen, so klicken Sie auf **Features hinzufügen**.
8. Klicken Sie auf die Schaltfläche **Weiter**.
9. Klicken Sie unter *Rolle „Webserver" (IIS)* auf **Weiter**.
10. Klicken Sie unter *Rollendienst auswählen* auf **Weiter**.
11. Klicken Sie unter *Installationsauswahl bestätigen* auf **Installieren**.

    Die Installation von Windows PowerShell-Webzugriff wird mitsamt aller dafür notwendigen Features und Komponenten auf dem Serversystem unter Windows Server 2019 installiert.
12. Klicken Sie zum Abschluss der Installation auf **Schließen**.

Nach der erfolgreichen Installation folgt nun in einem weiteren Schritt die Konfiguration des Windows PowerShell Web Access Gateway. Die hierbei notwendigen Schritte werden Ihnen auf den nächsten Seiten erklärt.

4.7.4 Schritt 2: Konfigurieren des Windows PowerShell Web Access Gateway

Anlegen und Konfigurieren der Webanwendung und Website

Nach der Installation von Windows PowerShell-Webzugriff auf einem Server unter Windows Server 2019 folgt nun der zweite Schritt: die Konfiguration des Windows PowerShell Web Access Gateway. Es bestehen verschiedene Möglichkeiten, um die Konfiguration des Windows PowerShell Web Access Gateway auf einem Server unter Windows Server 2019 durchzuführen - entweder mit dem grafischen *IIS-Manager* oder beispielsweise auch direkt in der Windows PowerShell. Um den Vorgang vereinfacht darzustellen, zeige ich im folgenden Beispiel die für die Konfiguration des Gateway notwendigen Schritte in Verbindung mit dem `Install-PswaWebApplication`-Cmdlet der Windows PowerShell unter Windows Server 2019.

Gehen Sie wie folgt vor, um den Windows PowerShell Web Access Gateway mithilfe des PowerShell-Cmdlet *„Install-PswaWebApplication"* auf einem Server unter Windows Server 2019 zu konfigurieren:

1. Öffnen Sie das Startmenü, klicken Sie mit der rechten Maustaste auf die **Kachel** der *Windows PowerShell,* und wählen Sie unter **Mehr >** die Option **Als Administrator ausführen**.
2. Geben Sie den folgenden Befehl in der Windows PowerShell ein, und drücken Sie anschließend die ↵-Taste:

   ```
   Install-PswaWebApplication -UseTestCertificate
   ```

HINWEIS ➲ Beachten Sie, dass die Verwendung von **UseTestCertificate** in diesem Beispiel zur Darstellung des *„Best Practice"* erfolgt, und lediglich in Testumgebungen eingesetzt werden sollte. In einer Produktivumgebung sollten Sie zur Erhöhung der Sicherheit grundsätzlich ein gültiges Zertifikat einsetzen, das von einer Zertifizierungsstelle signiert wurde.

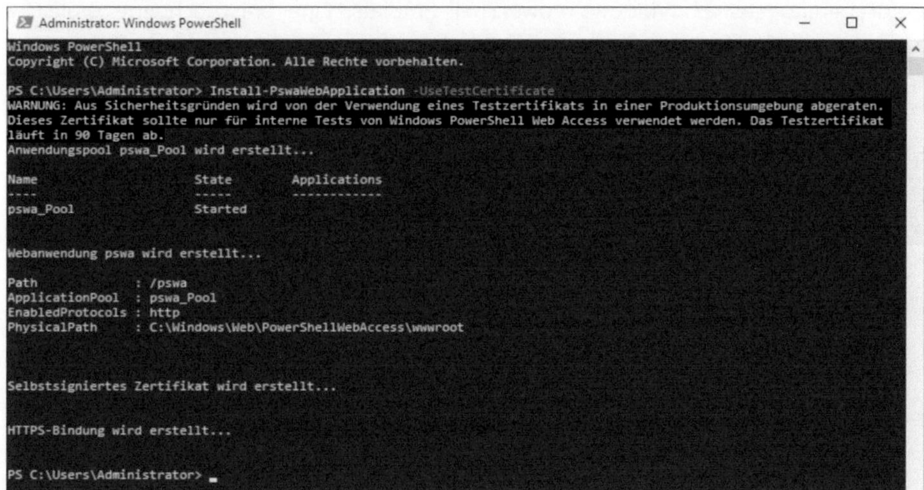

Abb. 4.25: *Konfigurieren des Windows PowerShell Web Access Gateway in der Windows PowerShell unter Windows Server 2019*

Durch die Ausführung des PowerShell-Cmdlet wird die *Windows PowerShell Web Access-Webanwendung* im Standardwebsite-Container von IIS auf dem Server installiert. Darüber hinaus wird die Infrastruktur, die für das Ausführen von Windows

PowerShell Web Access notwendig ist, auf der Standardwebsite als **https://<Server-name>/pswa** erstellt. Bei Bedarf kann man auch einen anderen Namen für das virtuelle Verzeichnis wählen. Informationen hierzu entnehmen Sie bitte der Windows-Hilfe.

Wenn Sie die Konfiguration des Windows PowerShell Web Access Gateway abgeschlossen haben, müssen Sie noch entsprechende Autorisierungsregeln erstellen, mit denen der Zugriff auf die Windows PowerShell über das Gateway ermöglicht werden soll.

4.7.5 Schritt 3: Konfigurieren von Autorisierungsregeln und Websicherheit

Im Anschluss an die Konfiguration des Windows PowerShell Web Access Gateway müssen im letzten Schritt noch die Autorisierungsregeln und die Websicherheit konfiguriert werden.

HINWEIS ➲ Die Anmeldeseite des Windows PowerShell Web Access Gateway kann über den Aufruf des URL im Webbrowser nach der Konfiguration des Gateways in Schritt 2 zwar bereits angezeigt werden, jedoch ist eine Anmeldung erst nach der expliziten Gewährung des Zugriffs durch den Administrator möglich.

Die Windows PowerShell Web Access-Zugriffssteuerung erfolgt über eine Auswahl dafür bereitgestellter Windows PowerShell-Cmdlets. Eine entsprechende grafische Konsole steht für diese Konfiguration in Windows Server 2019 nicht zur Verfügung. Die folgende Tabelle enthält die für die Zugriffssteuerung zu verwendenden Windows PowerShell-Cmdlets:

Cmdlet	Beschreibung	Konfigurierbare Parameter
Add-PswaAuthorizationRule	Dient zum Erstellen und Hinzufügen neuer Windows PowerShell Web Access-Autorisierungsregeln	• ComputerGroupName • ComputerName • ConfigurationName • RuleName • UserGroupName • UserName
Remove-PswaAuthorization-Rule	Dient zum Entfernen einer angegebenen Autorisierungsregel.	• Id • RuleName

Cmdlet	Beschreibung	Konfigurierbare Parameter
Get-PswaAuthorizationRule	Dient zum Ermitteln von Autorisierungs-regeln.	• Id • RuleName
Test-PswaAuthorizationRule	Dient zum Testen von Autorisierungs-regeln.	• ComputerName • ConfigurationName • RuleName • UserName

Tab. 4.9: *Windows PowerShell-Cmdlets zur Konfiguration von Autorisierungsregeln für den Zugriff auf den Windows PowerShell Web Access unter Windows Server 2019*

4.7.5.1 Erstellen einer expliziten Autorisierungsregel

Der Zugriff auf die Windows PowerShell eines Serversystems unter Windows Server 2019 über den Windows PowerShell Web Access Gateway wird lediglich nach der Erstellung einer expliziten Autorisierungsregel ermöglicht.

INTERNET ➲ Die zuvor erstellten Autorisierungsregeln für den Zugriff auf den Windows PowerShell Web Access Gateway lassen sich anschließend bei Bedarf jederzeit wieder entfernen, um damit zu einem späteren Zeitpunkt den Zugriff zu verhindern. Weitere Informationen hierzu erhalten Sie auf der Website von Microsoft im Internet unter:

https://docs.microsoft.com/de-de/previous-versions/windows/server/hh831611(v=ws.11)

Gehen Sie wie folgt vor, um eine explizite Autorisierungsregel für den Zugriff auf Windows Power-Shell Web Access mit der Windows PowerShell unter Windows Server 2019 zu gewähren:

1. Öffnen Sie das Startmenü, klicken Sie mit der rechten Maustaste auf die **Kachel** der *Windows PowerShell, und w*ählen Sie über die Option *Mehr* > aus, dass die Windows PowerShell *als Administrator* ausgeführt wird.

2. Geben Sie den entsprechenden Befehl im folgenden Format in der Windows PowerShell ein, und drücken Sie anschließend die [↵]-Taste:

   ```
   Add-PswaAuthorizationRule -UserName <Domäne\Benutzer | Computername\Benutzer> -ComputerName <Computername> -ConfigurationName <Sitzungskonfigurationsname>
   ```

   Hierzu ein praktisches Beispiel für die Autorisierung eines Benutzers:

```
Add-PswaAuthorizationRule -UserName
certpro\Administrator -ComputerName Server2
-ConfigurationName Microsoft.PowerShell
```

3. Falls Sie dazu aufgefordert werden, so geben Sie „**J**" für Ja in der Windows PowerShell ein, und drücken Sie die [↵]-Taste.

Die soeben erstellte Regel wird in der Windows PowerShell angezeigt.

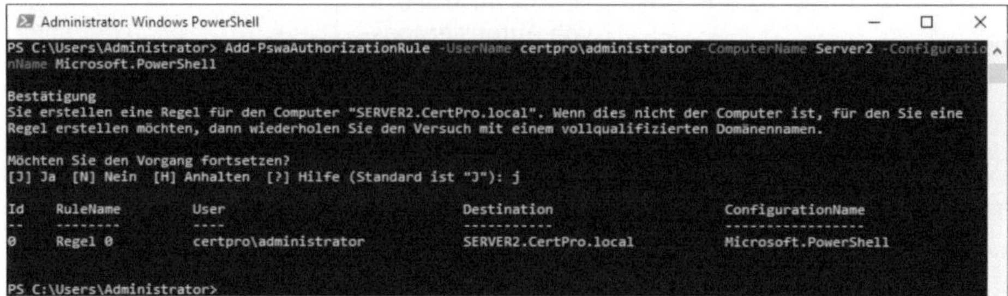

Abb. 4.26: *Neu erstellte Autorisierungsregel für den Zugriff auf die Windows Power-Shell mithilfe des Windows PowerShell Web Access Gateway*

4.7.5.2 Anmelden am Windows PowerShell Web Access Gateway

Nachdem die explizite Zugriffsregel erstellt wurde, kann man sich mithilfe des Webbrowsers den Anmeldebildschirm am Windows PowerShell Web Access Gateway anzeigen lassen.

Gehen Sie nach der Installation und Konfiguration des Windows PowerShell Web Access Gateway unter Windows Server 2019 wie folgt vor, um anschließend den Zugriff auf die Windows PowerShell zu erhalten:

1. Geben Sie in diesem Beispiel den folgenden URL in der Adressleiste des Browsers ein, und drücken Sie die [↵]-Taste:

   `https://server2/pswa`

> **INTERNET ➲** Wenn beim Aufruf der Webseite eine Fehlermeldung anzeigt, dass das verwendete Zertifikat nicht gültig ist, so klicken Sie - in unserem Beispiel - dennoch auf *Laden dieser Website fortsetzen (nicht empfohlen)*, da wir bewusst ein *Testzertifikat* für die Konfiguration verwendet haben. Diese Meldung umgeht man in der Praxis durch die Verwendung eines durch eine vertrauenswürdige Zertifizierungsstelle ausgestelltes Zertifikat.
>
> Weitere Hinweise hierzu, wie auch die Erklärung der notwendigen Schritte zum Einbinden eines solchen Zertifikats in den IIS unter Windows Server 2019 finden Sie im Internet unter:
>
> **https://docs.microsoft.com/de-de/previous-versions/windows/server/hh831611(v=ws.11)**

2. Geben Sie im Anmeldefenster die für Sie gültigen **Anmeldedaten** ein, wählen Sie als *Verbindungstyp:* **Computername**, geben Sie im darunterliegenden Eingabefeld den **Servernamen** ein, und klicken Sie dann auf **Anmelden**.

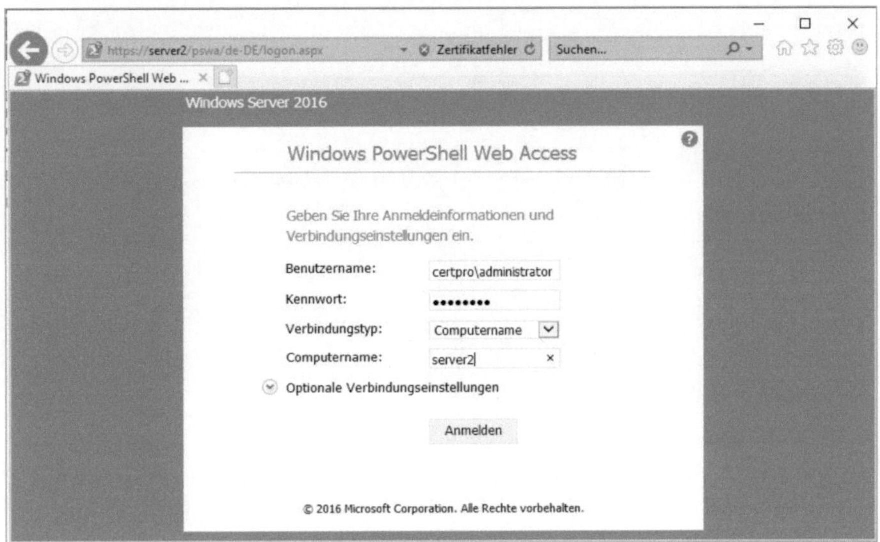

Abb. 4.27: *Formularbasierter Anmeldebildschirm am Windows PowerShell Web Access Gateway unter Windows Server 2019*

HINWEIS ➲ Im Anmeldedialog des Windows PowerShell Web Access fällt auf, dass Microsoft seit der Version unter Windows Server 2016 nichts mehr verändert hat. Die Vorgängerversion wird sogar im Hintergrundbild des Anmeldedialogs angezeigt.

Nach erfolgreicher Anmeldung erhält man Zugriff auf die Windows PowerShell des zuvor in der Konfiguration angegebenen Servers unter Windows Server 2019.

Beachten Sie, dass der Zugriff auf Windows PowerShell Web Access standardmäßig nach einer Zeit von 20 Minuten der Inaktivität automatisch wieder beendet wird.

Inaktivität trennt standardmäßig nach 20 Minuten

Integriert hat Microsoft in Windows Server 2019 wie auch zuvor schon unter Windows Server 2016 oder auch Windows Server 2012 R2 in der Weboberfläche des Windows PowerShell Web Access den Schalter **Speichern**, womit sich Sitzungen zwischenspeichern (pausen) lassen, so dass sie zu einem späteren Zeitpunkt - maximal bis zum Ablauf der Sitzung (standardmäßig 20 Minuten) - wieder aufgenommen werden können.

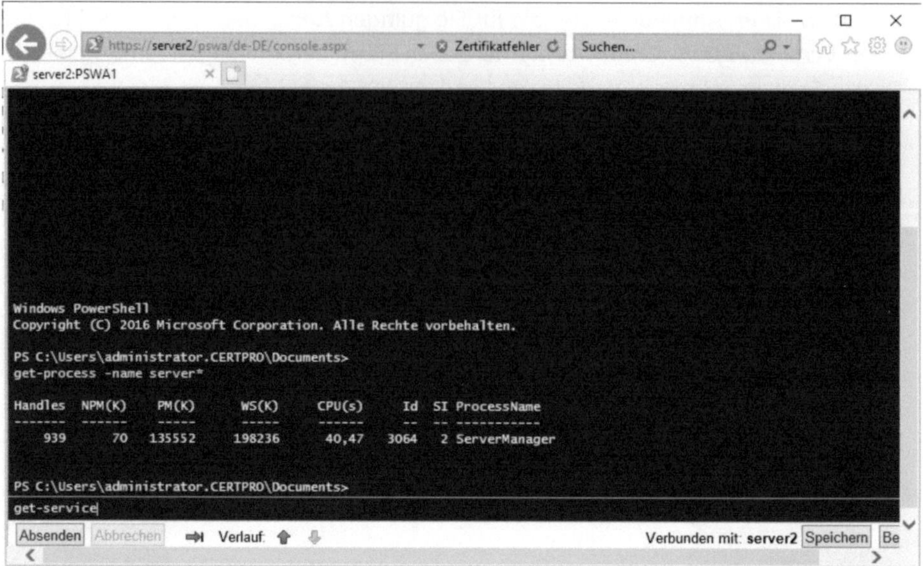

Abb. 4.28: *Zugriff auf die Windows PowerShell auf Windows Server 2019 nach erfolgreicher Anmeldung am Windows PowerShell Web Access Gateway*

4.7.6 Sitzungsverwaltung

Standardmäßig ist die Anzahl gleichzeitiger Sitzungen in Windows PowerShell Web Access auf drei je Benutzer begrenzt. Man kann die Datei **web.config** der Webanwendung im IIS-Manager bearbeiten, um einen anderen Wert für die Anzahl pro Benutzer zu konfigurieren. Die Datei **web.config** findet man auf dem Server unter Windows Server 2019 unter:

$Env:windir\web\PowerShellWebAccess\wwwroot\web.config

Auch kann die Zeitspanne für die Inaktivität eines Benutzers verändert werden, nach der eine Benutzersitzung automatisch beendet wird (*standardmäßig 20 Minuten*), bei Bedarf in der Websiteeinstellungen im IIS-Manager verändert werden.

INTERNET ➲ Details zu den Autorisierungsregeln und den Sicherheitsfeatures von Windows PowerShell Web Access findet man in der Website von Microsoft im Internet unter:

https://docs.microsoft.com/de-de/powershell/scripting/core-powershell/web-access/authorization-rules-and-security-features-of-windows-powershell-web-access?view=powershell-6

4.8 Weitere Informationen

Wie es in den vorangegangenen Seiten zu lesen war, stellt Windows PowerShell Web Access ein sicher für viele Administratoren interessantes Feature dar. Aber natürlich konnte ich in einem Buch, das den schnellen Einstieg in den Windows Server 2019 mitsamt seinen wichtigsten Rollen und Features verfolgt, leider nicht jedes Detail der Konfiguration und Verwaltung aufzeigen. Wenn man das Feature jedoch ernsthaft in der Praxis einsetzen möchte, so sollte man sich insbesondere in Punkto Sicherheit noch weiter in das Thema einarbeiten. Auch hierzu findet man wichtige Informationen direkt auf der Microsoft Website im Internet.

INTERNET ➲ Weitere Informationen zu Windows PowerShell Web Access, der Konfiguration, Installation, sowie auch zum Entfernen findet man im Internet auf der Microsoft-Website unter:

https://docs.microsoft.com/de-de/previous-versions/windows/server/hh831611(v=ws.11)

Im nächsten Kapitel dreht sich nun alles um die Bereitstellung und Verwaltung von Serverrollen, Rollendiensten und Features (Funktionen).

KAPITEL 5

Bereitstellen und Verwalten von Rollen und Features

Vielfältige Möglichkeiten - ganz nach Bedarf

Das Konzept fest definierter Serverrollen, Rollendienste und -funktionen hat Microsoft erstmalig unter Windows Server 2008 in die Serverbetriebssysteme eingeführt. Hierdurch wurde die Implementierung und Verwaltung der vom Betriebssystem unterstützten Serverrollen und -funktionen (Features) um ein Vielfaches übersichtlicher und zudem ebenso auch vereinfacht. Zur Verwaltung der einzelnen Serverrollen, Rollendienste und -funktionen (Features) findet sich unter Windows Server 2019 der mit Windows Server 2012 erstmalig eingeführte, grafische Server-Manager mitsamt aller darin enthaltenen Server-Manager-Assistenten.

Angriffsfläche verringern

Zugegeben, der Einsatz von Serverrollen ist nicht neu. Bereits unter Windows 2000 konnte man Serversystemen mithilfe des *Sicherheitskonfigurations-Assistent* (engl. *Security Configuration Wizard, SCW*) feste Serverrollen zuordnen und somit auch die primäre(n) Funktion(en) des jeweiligen Servers definieren. Durch diese Art der Konfiguration konnte der überflüssige Einsatz von nicht benötigten Serverrollen und -funktionen vermieden und somit letztlich auch die Angriffsfläche gegenüber potentiellen Hackern verringert werden (sog. *Server Hardening*).

Der grafische Server-Manager bietet die Rollen- und Feature-Verwaltung nicht nur für das jeweilige, lokale Serversystem, sondern kann auch als zentrale Verwaltungskonsole für ganze Serverfarmen eingesetzt werden.

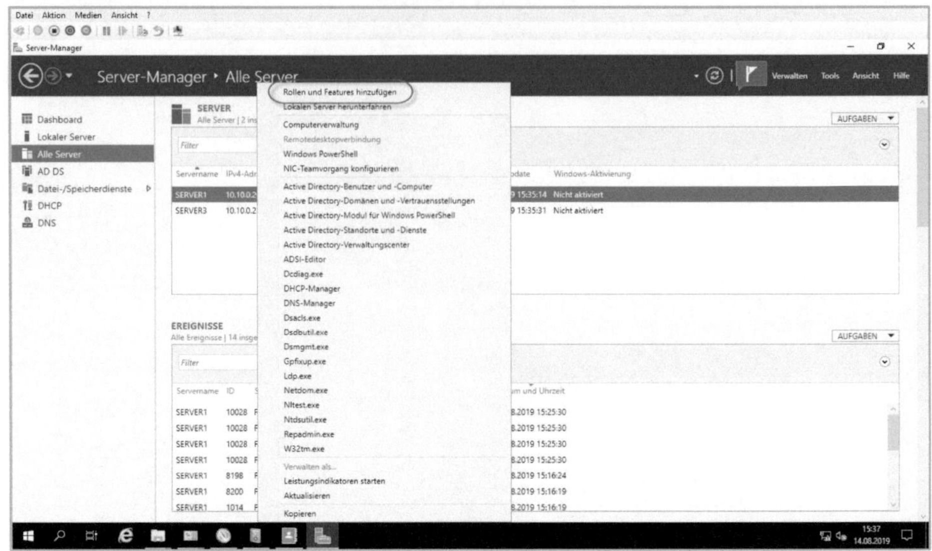

Abb. 5.1: *Verwaltung von Rollen und Features im grafischen Server-Manager*

5.1 Umfang der Rollen und Features

Windows Server 2019 unterstützt ebenso wie auch bereits seine Vorgänger eine Vielzahl verschiedener Serverrollen, Rollendienste und Features (Funktionen). Diese wurden im Umfang des neuen Serverbetriebssystems nochmals erweitert.

5.1.1 Enthaltene Rollen und Rollendienste

Ungleiche Editionen

Nicht jede der von Windows Server 2019 erhältlichen Betriebssystem-Editionen enthält auch alle verfügbaren Serverrollen, Rollendienste und -funktionen. Unter Windows Server 2019 unterscheiden sich sogar die Standard- und die Datacenter-Edition im Umfang der darin enthaltenen Serverrollen, Rollendienste und -funktionen. So enthält die Datacenter Edition teil spezielle, für Rechenzentren relevante Features, die in der Standard Edition von Windows Server 2019 nicht enthalten sind.

HINWEIS ➲ Die Windows Server 2019 Essentials Edition (welche ihrerseits zum Nachfolger des Microsoft Small Business Server erklärt wurde) ist im Umfang der darin enthaltenen Rollen und Features gegenüber den übrigen Edition eingeschränkt.

Die folgende Tabelle enthält eine Übersicht über die in den verschiedenen Editionen von Windows Server 2019 enthaltenen Serverrollen:

Unterstützte Serverrolle	Standard	Datacenter
Active Directory Lightweight Directory Services (AD LDS)	•	•
Active Directory-Domänendienste (AD DS)	•	•

Unterstützte Serverrolle	Standard	Datacenter
Active Directory-Rechteverwaltungsdienste (AD RMS)	•	•
Active Directory-Verbunddienste (AD FS)	•	•
Active Directory-Zertifikatdienste (AD CS)	•	•
Datei- und Speicherdienste	•	•
Device Health Attestation	•	•
DHCP-Server	•	•
DNS-Server	•	•
Druck- und Dokumentdienste	•	•
Faxserver	•	•
Host Guardian-Dienst	•	•
Hyper-V	•	• (einschließlich abgeschirmte virtuelle Computer)
MultiPoint Services	•	•
Netzwerkcontroller		•
Netzwerkrichtlinien- und Zugriffsdienste	• (als Server mit Desktopdarstellung)	• (als Server mit Desktopdarstellung)
Remotedesktopdienste	•	•
Remotezugriff	•	•
Volumenaktivierungsdienste	•	•
Webserver (IIS)	•	•
Windows Server Update Services (WSUS)	•	•
Windows-Bereitstellungsdienste	•	•

Tab. 5.1: *Unterstützte Serverrollen in den verschiedenen Editionen von Windows Server 2019*

Die einzelnen Serverrollen werden in der (Online-)Hilfe von Windows Server 2019 detailliert erklärt.

5.1.2 Unterstützte Features (Funktionen)

Die folgende Tabelle enthält eine Übersicht über die in den verschiedenen Editionen von Windows Server 2019 enthaltenen Features (Funktionen):

Unterstütztes Feature	Standard	Datacenter
.NET Framework 3.5-Funktionen	•	•
.NET Framework 4.6-Funktionen	•	•
BitLocker-Laufwerksverschlüsselung	•	•

Unterstütztes Feature	Standard	Datacenter
BitLocker-Netzwerkentsperrung	• (als Server mit Desktopdarstellung)	• (als Server mit Desktopdarstellung)
BranchCache	•	•
Client für NFS	•	•
Container	• (Windows Container unlimitiert, bis zu 2 Hyper-V-Container)	• (alle Containertypen unlimitiert)
Data Center Bridging	•	•
DirectPlay	• (als Server mit Desktopdarstellung)	• (als Server mit Desktopdarstellung)
Einfache TCP/IP-Dienste	• (als Server mit Desktopdarstellung)	• (als Server mit Desktopdarstellung)
Erweitertes Speichern	•	•
Failoverclustering	•	•
Gruppenrichtlinienverwaltung	•	•
Hostfähiger Webkern für Internetinformationsdienste	•	•
Hyper-V-Unterstützung für Host Guardian		•
I/O Quality of Service	•	•
IIS-Erweiterungen für OData Services for Management	•	•
Intelligenter Hintergrundübertragungsdienste (BITS)	•	•
Interne Windows-Datenbank	•	•
Internetdruckclient	• (als Server mit Desktopdarstellung)	• (als Server mit Desktopdarstellung)
IP-Adressverwaltungsserver (IPAM-Server)	•	•
iSNS-Serverdienst	•	•
LPR-Portmonitor	• (als Server mit Desktopdarstellung)	• (als Server mit Desktopdarstellung)
Media Foundation	•	•
Message Queuing	•	•
Multipfad-E/A	•	•
MultiPoint Connector	•	•
Netzwerklastenausgleich	•	•
Peer Name Resolution-Protokoll	•	•

Unterstütztes Feature	Standard	Datacenter
RAS-Verbindungs-Manager-Verwaltungskit (CMAK)	• (als Server mit Desktopdarstellung)	• (als Server mit Desktopdarstellung)
Remotedifferenzialkomprimierung	•	•
Remoteserver-Verwaltungstools	•	•
Remoteunterstützung	• (als Server mit Desktopdarstellung)	• (als Server mit Desktopdarstellung)
RPC-über-HTTP-Proxy	•	•
Sammlung von Setup- und Startereignissen	•	•
SMB-Bandbreitenbegrenzung	•	•
SMTP-Server	•	•
SNMP-Dienst	•	•
Software Load Balancer	•	•
Speicherreplikat		•
Standardbasierte Windows-Speicherverwaltung	•	•
Speichermigrationsdienst	•	•
Speichermigrationdienst-Proxy	•	•
Systemdatenarchivierer	•	•
System Insights	•	•
Telnet-Client	•	•
TFTP-Client	• (als Server mit Desktopdarstellung)	• (als Server mit Desktopdarstellung)
Unterstützung für die SMB 1.0/CIFS-Dateifreigabe	•	•
Verbessertes Windows-Audio-/Video-Streaming	•	•
VM-Abschirmungstools für die Fabricverwaltung	•	•
WebDAV-Redirector	•	•
Windows Defender-Features	•	•
Windows Identity Foundation 3.5	• (als Server mit Desktopdarstellung)	• (als Server mit Desktopdarstellung)
Windows PowerShell	•	•
Windows-Suchdienst	• (als Server mit Desktopdarstellung)	• (als Server mit Desktopdarstellung)
Windows Server-Migrationstools	•	•
Windows Server-Sicherung	•	•

Unterstütztes Feature	Standard	Datacenter
Windows-Biometrieframework	• (als Server mit Desktopdarstellung)	• (als Server mit Desktopdarstellung)
Windows-Prozessaktivierungsdienst	•	•
Windows-TIFF-IFilter	• (als Server mit Desktopdarstellung)	• (als Server mit Desktopdarstellung)
Wndows-Subsystem für Linux (WSL)	•	•
WinRM-IIS-Erweiterung	•	•
WINS-Server	•	•
WLAN-Dienst	•	•
WoW64-Unterstützung	•	•
XPS-Viewer	• (als Server mit Desktopdarstellung)	• (als Server mit Desktopdarstellung)

Tab. 5.2: *Unterstützte Features (Funktionen) von Windows Server 2019*

HINWEIS ➲ Detaillierte Informationen zu den einzelnen Features finden Sie in der (Online-)Hilfe von Windows Server 2019. Viele der in der Tabelle aufgezählten Features von Windows Server 2019 werden in den nachfolgenden Kapiteln dieses Fachbuches noch detailliert erklärt und im praktischen Zusammenhang verdeutlicht.

5.2 Installation von Serverrollen, Rollendiensten und Features

Wie eingangs dieses Kapitels bereits erwähnt, stehen unter Windows Server 2019 für das Hinzufügen, Verwaltung und Entfernen von Serverrollen, Rollendiensten und -funktionen verschiedene Tools zur Verfügung:

- **Assistent zum Hinzufügen von Rollen und Features** im Server-Manager als grafische Verwaltungskonsole
- **Deployment Image Servicing and Management** (*DISM*) als Kommandozeilen-tool
- **Windows PowerShell-Befehle** (sog. *Cmdlets*)
- **Windows Admin Center (WAC)** - *optionaler Download*

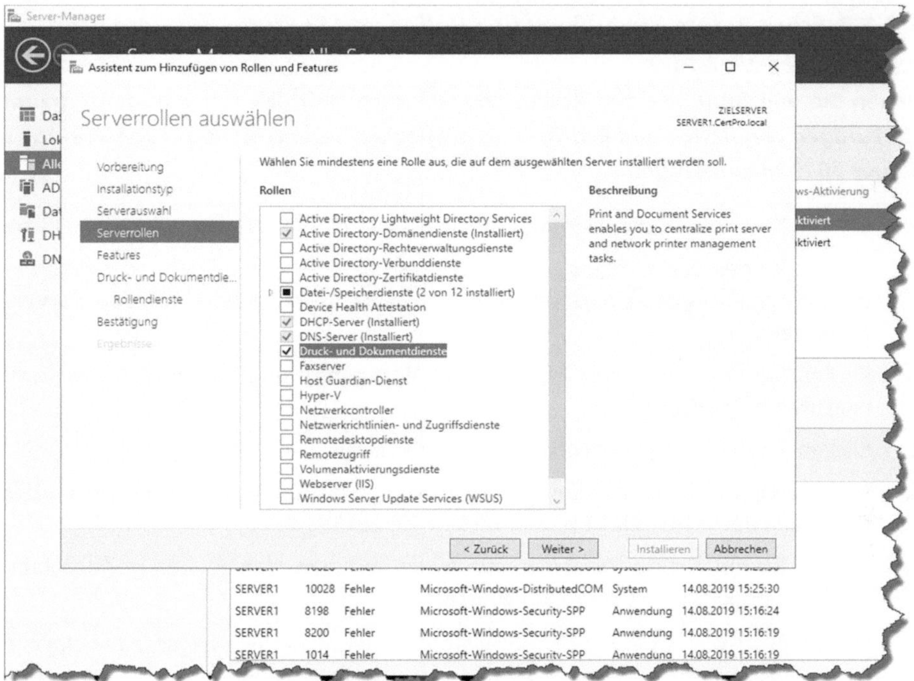

Abb. 5.2: *Hinzufügen von Serverrollen im grafischen Server-Manager*

5.2.1 Hinzufügen von Rollen und Features mit dem Server-Manager

Vereinfachter Assistent

Noch in Windows Server 2008 R2 (Release 2) wurde das Hinzufügen von Rollen und Funktionen durch einen jeweils eigens zu startenden Assistenten im Server-Manager unterstützt. Seit Windows Server 2012 wurden diese beiden Assistenten zum grafischen Assistenten zum Hinzufügen von Rollen und Features im grafischen Server-Manager zusammengefasst. Es lassen sich in einem einzigen Vorgang bei Bedarf somit neben den zu installierenden Serverrollen auch gleich noch die ebenso notwendigen Features (*Funktionen*) auswählen.

5.2.1.1 Lokal oder Remote

Seit Windows Server 2012 besteht die Möglichkeit, Rollen und Features mithilfe des grafischen Server-Managers oder auch der Windows PowerShell nicht nur auf dem lokalen, sondern auch auf einem Remoteserver im Netzwerk bereitzustellen. Dies setzt voraus, dass das Zielsystem unter Windows Server 2019, Windows Server 2016 oder Windows Server 2012 (R2) ausgeführt, und für die Remoteverwaltung mit dem Server-Manager konfiguriert wurde (die notwendigen Schritte hierzu sind im Kapitel 3 dieses Fachbuches aufgeführt).

5.2.1.2 Schritte zum Hinzufügen von Rollen und Features mit dem grafischen Server-Manager

Gehen Sie wie folgt vor, um Rollen oder Features mithilfe des Assistenten zum *Hinzufügen von Rollen und Features* im grafischen Server-Manager von Windows Server 2019 hinzuzufügen:

1. Melden Sie sich als *Administrator* am Serversystem unter Windows Server 2019 an.
2. Öffnen Sie den *Server-Manager* (soweit dies nach dem Anmelden nicht automatisch geschieht) über einen Klick im Startmenü auf die **Kachel** für den **Server-Manager**.
3. Klicken Sie oben im *Server-Manager* auf **Verwalten**, und dann auf **Rollen und Features hinzufügen**.
4. Klicken Sie im Dialog *Vorbemerkungen* auf **Weiter**.
5. Wählen Sie im Dialog *Installationstyp auswählen* die Option **Rollenbasierte oder featurebasierte Installation**, und klicken Sie auf **Weiter**.
6. Klicken Sie im Dialog *Zielserver auswählen* auf den Namen des gewünschten Servers, und klicken Sie dann auf **Weiter**.

   HINWEIS ➲ Wenn Sie bei der Auswahl des Zielservers ein Serversystem für die Remoteinstallation von Rollen oder Features auswählen, so muss auf diesem als Betriebssystem Windows Server 2019, Windows Server 2016 oder Windows Server 2012 (R2) ausgeführt werden. Zusätzlich muss auf dem Zielsystem die Remoteverwaltung für den Server-Manager aktiviert sein.

7. Wählen Sie die zu installierende Rolle aus, und klicken Sie auf **Weiter**.

   Wenn Sie dazu aufgefordert werden sollten, so klicken Sie auf die Schaltfläche **Features hinzufügen**, um die für die ausgewählte Rolle erforderlichen Features hinzuzufügen.

8. Wählen Sie bei Bedarf die zu installierenden Features aus, und klicken Sie anschließend auf **Weiter**.
9. Falls gewünscht, aktivieren Sie die Option *Zielserver bei Bedarf automatisch neu starten*, und klicken Sie dann auf **Installieren**.
10. Sie können auf die Schaltfläche **Schließen** klicken, um das Dialogfenster zu schließen. Der Vorgang wird im Hintergrund ohne Unterbrechung weitergeführt. Den Status der Installation können Sie sich anzeigen lassen, indem Sie in der Befehlsleiste des Server-Managers auf **Benachrichtigungen** (*Fähnchen-Symbol*) klicken.

Alternativ zur Installation von Rollen und Features mit dem grafischen Server-Manager kann hierzu die im Umfang von Windows Server 2019 enthaltene Windows-PowerShell verwendet werden.

5.2.2 Hinzufügen von Rollen und Features mit Windows PowerShell

Das Hinzufügen von Rollen und Features mit der Windows-PowerShell stellt insbesondere für Administratoren großer Serverlandschaften eine wirkliche Bereicherung dar. Die für den Installationsprozess notwendigen Befehle kann man in einer Skriptdatei hinterlegen, um diese automatisiert oder auch parallel gleich auf mehrere Serversysteme anzuwenden.

5.2.2.1 Schritte zum Hinzufügen von Rollen und Features mit der Windows PowerShell

Gehen Sie wie folgt vor, um Rollen oder Features mit der Windows PowerShell zu Windows Server 2019 hinzuzufügen:

1. Öffnen Sie das Windows-Startmenü, klicken Sie mit der rechten Maustaste auf die **Kachel** der *Windows PowerShell*, und wählen Sie aus, dass diese *als Administrator* ausgeführt wird.
2. Geben Sie den folgenden Befehl in der Windows PowerShell ein, um eine Liste aller auf dem System unter Windows Server 2019 verfügbaren Rollen und Features anzeigen zu lassen. Drücken Sie im Anschuss die ↵-Taste:

   ```
   Get-WindowsFeature
   ```

   Wenn Sie den Server von einem anderen Computer aus im Netzwerk remote verwalten, so können Sie den folgenden Befehl verwenden, um sich die Liste aller verfügbaren Rollen und Features von einem *Remotecomputer* anzeigen zu lassen. Drücken Sie im Anschuss die ↵-Taste:

   ```
   Get-WindowsFeature -Computername <Computername>
   ```

3. Geben Sie den folgenden Befehl in der Windows PowerShell ein, um die gewünschte Rolle oder das gewünschte Feature auf dem Zielcomputer zu installieren. Drücken Sie im Anschuss die ↵-Taste:

   ```
   Install-WindowsFeature -Name <Feature-Name>
   -Computername <Computername> -Restart
   ```

   Der Parameter **`-Restart`** bewirkt, dass (nur wenn erforderlich) ein automatischer Neustart nach der Installation der Rolle oder des Features auf dem Zielcomputer durchgeführt wird.

PRAXISTIPP! ➲ Bei der Befehlseingabe zur Installation von Rollen oder Features mithilfe der Windows PowerShell unter Windows Server 2019 können bei Bedarf gleich mehrere Rollen bzw. Features , getrennt voneinander durch ein einfaches Komma-Zeichen (,), angegeben und somit gleich in einem Vorgang nacheinander installiert werden.

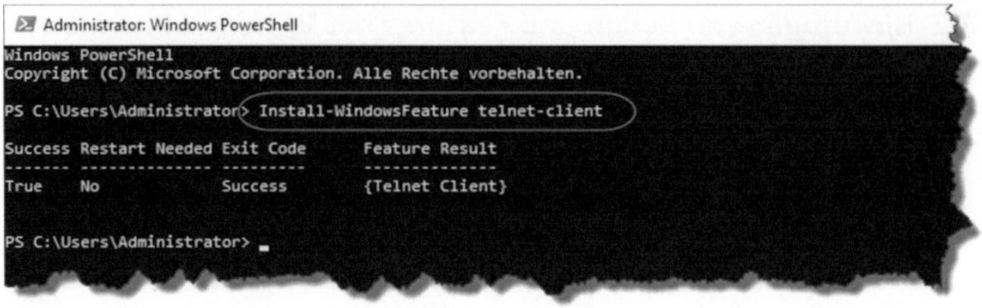

```
Administrator: Windows PowerShell
Windows PowerShell
Copyright (C) Microsoft Corporation. Alle Rechte vorbehalten.

PS C:\Users\Administrator> Install-WindowsFeature telnet-client

Success Restart Needed Exit Code      Feature Result
------- -------------- ---------      --------------
True    No             Success        {Telnet Client}


PS C:\Users\Administrator> _
```

Abb. 5.3: *Rückmeldung über die erfolgreiche Installation eines Windows-Features in der Windows PowerShell*

Nach der Installation von Rollen und Features mithilfe der Windows PowerShell sollte man stets überprüfen, ob diese erfolgreich verlief. Die dazu notwendigen Schritte werden Ihnen in den nachfolgenden Seiten noch erklärt.

5.2.3 Hinzufügen von Rollen und Features mit dem Windows Admin Center (WAC)

Das - optional verfügbare - Windows Admin Center (WAC) ermöglicht ebenso das Hinzufügen oder auch Entfernen von Serverrollen, Rollendiensten oder Features (Funktionen) auf den damit verwalteten Windows-Serversystemen.

5.2.3.1 Schritte zum Hinzufügen von Rollen und Features mit dem Windows Admin Center

Gehen Sie wie folgt vor, um Rollen oder Features mithilfe des Windows Admin Center zu einem Serversystem unter Windows Server 2019 hinzuzufügen:

1. Öffnen Sie das *Windows Admin Center* (WAC), und klicken Sie darin auf das zu verwaltende Windows-Serversystem.
2. Klicken Sie in der linken Befehlsleiste auf **Rollen und Funktionen**.
3. Klicken Sie im Abschnitt *Rollen und Funktionen* im Detailfenster auf die zu installierende Rolle bzw. die Funktion (beispielsweise DHCP-Server), und aktivieren Sie dann das davor befindliche *Kontrollkästchen*.
4. Klicken sie im oberen Abschnitt auf **+ Installieren**.
5. Aktivieren Sie (soweit zutreffend) das *Kontrollkästchen*, um das Serversystem im Bedarfsfall automatisch neu zu starten, und klicken Sie dann auf **Ja**, um die Installation durchzuführen.
6. Der Verlauf der Installation des zuvor ausgewählten Features bzw. der ausgewählten Serverrolle wird in der oberen, rechten Ecke des Windows Admin Center anhand des *Benachrichtigungssymbols* angezeigt.

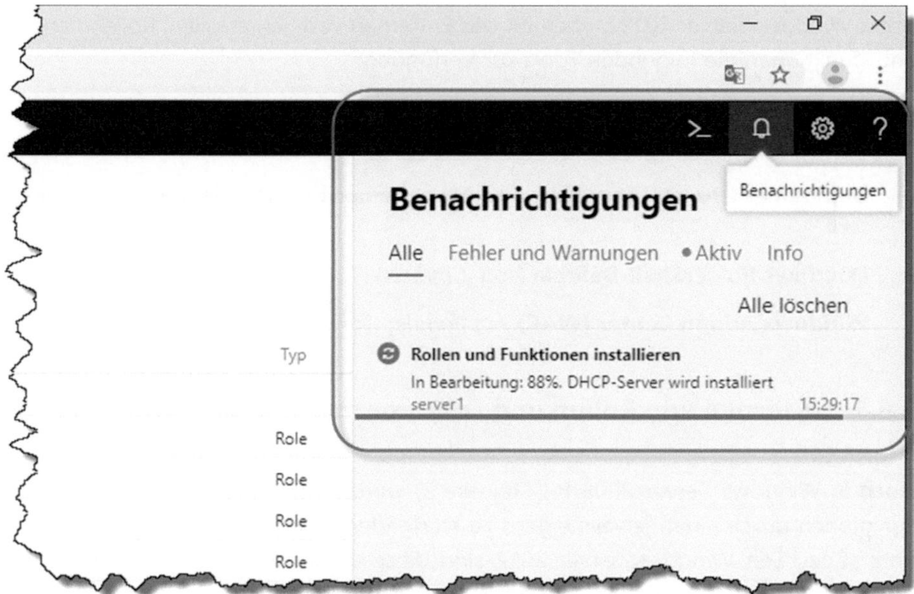

Abb. 5.4: *Benachrichtigung über den Verlauf der Rolleninstallation im Windows Admin Center (WAC)*

Nach der erfolgreichen Installation wechselt der Status der installierten Serverrolle bzw. des Features in der Spalte *„Status"* im Detailfenster *„Rollen und Funktionen"* des Windows Admin Center von zuvor noch *Verfügbar* auf *Installiert.*

HINWEIS ➲ Weitere Details zur Installation von Serverrollen, Rollendiensten und Features mithilfe des - optional erhältlichen - Windows Admin Center (WAC) werden in der Produktdokumentation des WAC ausführlich beschrieben.

5.3 Entfernen von Serverrollen, Rollendiensten und Features

Der *Assistent zum Entfernen von Rollen und Features* im Server-Manager bietet die übersichtlichste Möglichkeit, sowie ebenso auch die Gewissheit, dass alle mitunter in Abhängigkeit notwendigen, zusätzlichen Softwarekomponenten und Rollendienste mitsamt der betreffenden Serverrolle, oder auch Features (Funktionen) von dem Serversystem unter Windows Server 2019 wieder entfernt werden. Auf einem Serversystem unter Windows Server 2019 als Server Core-Installation steht dieser grafische Assistent standardmäßig nicht zur Verfügung, so dass man hier entweder auf Windows Power-Shell-Befehle (sog. *Cmdlets*) oder das Kommandozeilentool **`DISM.exe`** (*Deployment Image Servicing and Management*) zurückgreifen muss, um das Entfernen der gewünschten Rollen und Funktionen durchzuführen.

Ganz nach praktischem Bedarf auf verschiedenen Wegen möglich

Unter Windows Server 2019 stehen für das Entfernen von Serverrollen, Rollendiensten und -funktionen die folgenden Tools zur Verfügung:

- **Assistent zum Entfernen von Rollen und Features** im Server-Manager als grafische Verwaltungskonsole
- **Deployment Image Servicing and Management** (*DISM*) als Kommandozeilen-tool
- **Windows PowerShell-Befehle** (sog. *Cmdlets*)
- **Windows Admin Center (WAC)** - *optionaler Download*

5.3.1 Entfernen von Rollen und Features mit dem grafischen Server-Manager

Noch in Windows Server 2008 R2 (Release 2) wurde das Entfernen von Rollen und Funktionen durch einen jeweils eigens zu startenden Assistenten im Server-Manager unterstützt. Seit Windows Server 2012 sind diese beiden Assistenten im grafischen *Assistent zum Entfernen von Rollen und Features* im Server-Manager zusammengefasst. Es lassen sich in einem einzigen Vorgang bei Bedarf somit neben den zu entfernenden Serverrollen auch gleich auch die ebenso zu entfernenden Features (*Funktionen*) auswählen.

5.3.1.1 Lokal oder Remote

Hinzufügen und das Entfernen von Serverrollen - lokal und auf und Remoteservern möglich

Seit Windows Server 2012 besteht die Möglichkeit, Rollen und Features nicht nur auf dem lokalen, sondern auch auf einem Remoteserver im Netzwerk zu entfernen. Dies setzt voraus, dass das Zielsystem unter Windows Server 2019, Windows Server 2016 oder Windows Server 2012 (R2) ausgeführt, und für die Remoteverwaltung mit dem Server-Manager konfiguriert wurde (die notwendigen Schritte hierzu sind im Kapitel 3 dieses Fachbuches aufgeführt).

5.3.1.2 Schritte zum Entfernen von Rollen und Features mit dem grafischen Server-Manager

Gehen Sie wie folgt vor, um Rollen oder Features mithilfe des Assistenten zum *Hinzufügen von Rollen und Features* im grafischen Server-Manager von Windows Server 2019 zu entfernen:

1. Melden Sie sich als *Administrator* am Serversystem unter Windows Server 2019 an.
2. Öffnen Sie den *Server-Manager* (soweit dies nach dem Anmelden nicht automatisch geschieht) über einen Klick im Startmenü auf die **Kachel** für den **Server-Manager**.
3. Klicken Sie oben im *Server-Manager* auf **Verwalten**, und dann auf **Rollen und Features entfernen**.

4. Klicken Sie im Dialog *Vorbemerkungen* auf **Weiter**.
5. Klicken Sie im Dialog *Zielserver auswählen* auf den Namen des gewünschten Servers, und klicken Sie dann auf **Weiter**.

> **HINWEIS** ➲ Wenn Sie bei der Auswahl des Zielservers ein Serversystem zum Entfernen von Rollen oder Features auswählen, so muss auf diesem als Betriebssystem Windows Server 2019 ausgeführt werden. Zusätzlich muss auf dem Zielsystem die Remoteverwaltung für den Server-Manager aktiviert sein.

6. Wählen Sie die zu entfernende Rolle aus, und klicken Sie auf **Weiter**.

   Wenn Sie dazu aufgefordert werden sollten, so klicken Sie auf die Schaltfläche **Features entfernen**, um die mit der ausgewählten Rolle gemeinsam installierten Features zu entfernen.

7. Wählen Sie bei Bedarf die zu entfernenden Features aus, und klicken Sie anschließend auf **Weiter**.
8. Falls gewünscht, aktivieren Sie die Option *Zielserver bei Bedarf automatisch neu starten*, und klicken Sie dann auf **Entfernen**.
9. Sie können auf die Schaltfläche **Schließen** klicken, um das Dialogfenster zu schließen. Der Vorgang wird im Hintergrund ohne Unterbrechung weitergeführt. Den Status zum Entfernen von Rollen und Features können Sie sich anzeigen lassen, indem Sie in der oberen Befehlsleiste des grafischen *Server-Managers* auf **Benachrichtigungen** (*Fähnchen-Symbol*) klicken.

Alternativ zum Entfernen von Rollen und Features mit dem grafischen Server-Manager kann hierzu die im Umfang von Windows Server 2019 enthaltene Windows-PowerShell verwendet werden.

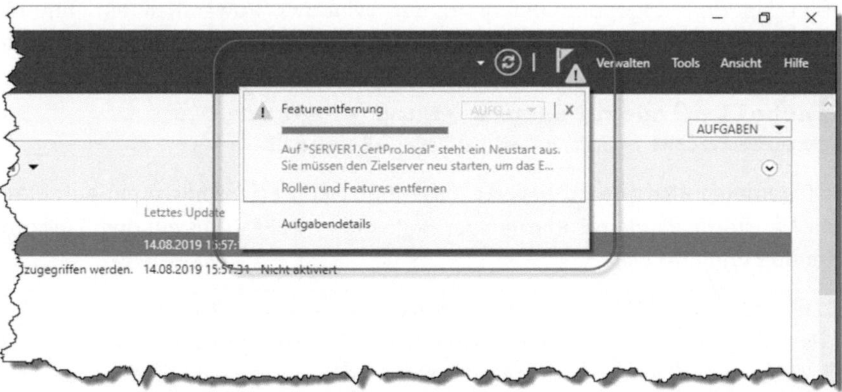

Abb. 5.5: *Meldung über das erfolgreiche Entfernen von Rollen und Features im grafischen Server-Manager*

5.3.2 Entfernen von Rollen und Features mit Windows PowerShell

Das Entfernen von Rollen und Features mit der Windows-PowerShell stellt insbesondere für Administratoren großer Serverlandschaften eine wirkliche Bereicherung dar. Die für den Entfernungsprozess notwendigen Befehle kann man in einer Skriptdatei hinterlegen, um diese automatisiert oder auch parallel gleich auf mehrere Serversysteme anzuwenden.

5.3.2.1 Schritte zum Entfernen von Rollen und Features mit der Windows PowerShell

Gehen Sie wie folgt vor, um Rollen oder Features mit der Windows PowerShell von einem Serversystem unter Windows Server 2019 zu entfernen:

1. Öffnen Sie das Windows-Startmenü, klicken Sie mit der rechten Maustaste auf die **Kachel** der *Windows PowerShell*, und wählen Sie aus, dass diese *als Administrator* ausgeführt wird

2. Geben Sie den folgenden Befehl in der Windows PowerShell ein, um eine Liste aller auf dem System unter Windows Server 2019 verfügbaren Rollen und Features anzeigen zu lassen. Drücken Sie im Anschuss die [↵]-Taste:

   `Get-WindowsFeature`

   Wenn Sie den Server von einem anderen Computer aus im Netzwerk remote verwalten, so können Sie den folgenden Befehl verwenden, um sich die Liste aller verfügbaren Rollen und Features von einem *Remotecomputer* anzeigen zu lassen. Drücken Sie im Anschuss die [↵]-Taste:

   `Get-WindowsFeature -Computername` *<Computername>*

3. Geben Sie den folgenden Befehl in der Windows PowerShell ein, um die gewünschte Rolle oder das gewünschte Feature von dem Zielcomputer unter Windows Server 2019 zu entfernen. Drücken Sie im Anschuss die [↵]-Taste:

   `Uninstall-WindowsFeature -Name` *<Feature-Name>*
   `-Computername` *<Computername>* **`-Restart`**

   Der Parameter **`-Restart`** bewirkt, dass (nur wenn erforderlich) ein automatischer Neustart nach dem Entfernen der Rolle oder des Features auf dem Zielcomputer durchgeführt wird.

PRAXISTIPP! ➲ Bei der Befehlseingabe zum Entfernen von Rollen oder Features mithilfe der Windows PowerShell unter Windows Server 2019 können bei Bedarf gleich mehrere Rollen bzw. Features , getrennt voneinander durch ein einfaches Komma-Zeichen (,), angegeben und somit gleich in einem Vorgang nacheinander entfernt werden.

Nach dem Entfernen von Rollen und Features mithilfe der Windows PowerShell sollte man stets überprüfen, ob dieser Vorgang erfolgreich verlief. Die dazu notwendigen Schritte werden Ihnen in den nachfolgenden Seiten noch erklärt.

5.3.3 Entfernen von Rollen und Features mit dem Windows Admin Center (WAC)

Das - optional verfügbare - Windows Admin Center (WAC) kann ebenso zum Entfernen von den damit verwalteten Windows-Serversystemen verwendet werden.

5.3.3.1 Schritte zum Entfernen von Rollen und Features mit dem Windows Admin Center (WAC)

Gehen Sie wie folgt vor, um Rollen oder Features mithilfe des Windows Admin Center von einem Serversystem unter Windows Server 2019 zu entfernen:

1. Öffnen Sie das *Windows Admin Center* (WAC), und klicken Sie darin auf das zu verwaltende Windows-Serversystem.
2. Klicken Sie in der linken Befehlsleiste auf **Rollen und Funktionen**.
3. Klicken Sie im Abschnitt *Rollen und Funktionen* im Detailfenster auf die zu entfernende Rolle bzw. die Funktion (beispielsweise DHCP-Server), und aktivieren Sie dann das davor befindliche *Kontrollkästchen*.
4. Klicken sie im oberen Abschnitt auf **- Entfernen**.
5. Aktivieren Sie (soweit zutreffend) das *Kontrollkästchen*, um das Serversystem im Bedarfsfall automatisch neu zu starten, und klicken Sie dann auf **Ja**, um die Deinstallation durchzuführen.

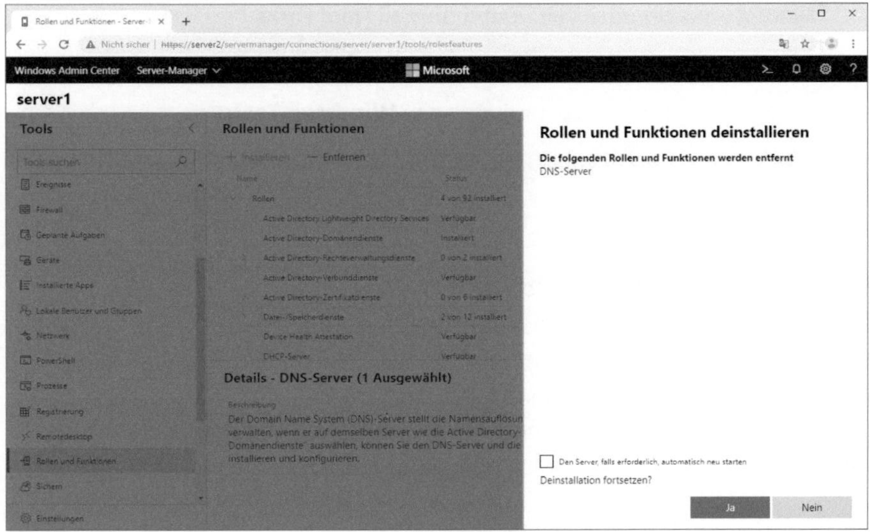

Abb. 5.6: *Deinstallation einer Serverrolle im Windows Admin Center (WAC)*

6. Der Verlauf der Deinstallation des zuvor ausgewählten Features bzw. der ausgewählten Serverrolle wird in der oberen, rechten Ecke des Windows Admin Center anhand des *Benachrichtigungssymbols* angezeigt.

Nach dem erfolgreichen Entfernen wechselt der Status der installierten Serverrolle bzw. des Features in der Spalte *„Status"* im Detailfenster *„Rollen und Funktionen"* des Windows Admin Center von zuvor noch *Installiert* zurück auf *Verfügbar*.

HINWEIS ➲ Weitere Details zum Entfernen von Serverrollen, Rollendiensten und Features mithilfe des - optional erhältlichen - Windows Admin Center (WAC) werden in der Produktdokumentation des WAC ausführlich beschrieben.

5.4 Verwaltung von Rollen und Features mit DISM.exe

Altbewährt - und bereits enthalten

Alternativ zu den Möglichkeit der Installation oder der Deinstallation von Rollen und Features mit dem grafischen Server-Manager und der Windows PowerShell bietet auch das Kommandozeilentool **DISM.exe (*Deployment Image Servicing and Management*)** u. a. die folgenden Möglichkeiten der Verwaltung:

- **Anzeigen der verfügbaren Windows-Features für ein ausgeführtes Betriebssystem**
- **Anzeigen der verfügbaren Windows-Features für** eine WIM- (Windows Image) oder VHD-Datei (Virtual Hard Disk).
- **Online-Aktivieren oder -deaktivieren** von Windows-Features für ein ausgeführtes Betriebssystem.
- **Offline-Aktivieren oder -deaktivieren** von Windows-Features für eine WIM- (Windows Image) oder VHD-Datei (Virtual Hard Disk).
- **Entfernen** von Windows-Features zur **Installation bei Bedarf**
- **Wiederherstellen** von zuvor entfernten **Windows-Features**

HINWEIS ➲ Das Befehlszeilentool **DISM.exe** (*Deployment Image Servicing and Management*) ist in Windows Server 2019, sowie auch unter Windows 10 Professional und Enterprise bereits enthalten.

5.4.1 Anzeigen von Windows-Features

Mithilfe des Befehlszeilentools **`DISM.exe`** (*Deployment Image Servicing and Management*) kann man die im Umfang von Windows Server 2019 verfügbaren Windows-Features eines bereits ausgeführten Betriebssystems oder aber auch als Bestandteil einer WIM- oder auch VHD-Datei im Offline-Zustand anzeigen lassen, um sie anschließend bei Bedarf zu aktivieren oder zu deaktivieren.

HINWEIS ➲ Weitere Informationen zum Verwalten von VHD-Dateien mit `DISM.exe` (*Deployment Image Servicing and Management*) finden Sie in der Dokumentation zum Windows Assessment and Deployment Kit (ADK) von Microsoft.

5.4.1.1 Anzeigen von Windows-Features für ein ausgeführtes Betriebssystem

Gehen Sie wie folgt vor, um sich mit DISM.exe (*Deployment Image Servicing and Management*) die verfügbaren Windows-Features in der Kommandozeile unter Windows Server 2019 anzeigen zu lassen:

1. Öffnen Sie die *Eingabeaufforderung* mit *Administratorrechten.*
2. Geben Sie an der Eingabeaufforderung den folgenden Befehl ein, und drücken Sie im Anschuss die [↵]-Taste:

   ```
   Dism /online /Get-Features
   ```

HINWEIS ➲ Um die Befehlsausgabe von **dism.exe** in der Eingabeaufforderung von Windows Server 2019 seitenweise anzeigen zu lassen, können Sie den Befehl wie folgt eingeben:

```
Dism /online /Get-Features | more
```

Wenn Sie anschließend die [ ]-Taste (Leertaste) drücken, wird die Ausgabe um jeweils eine ganze Seite, mit der [↵]-Taste um jeweils eine einzelne Zeile fortgesetzt.

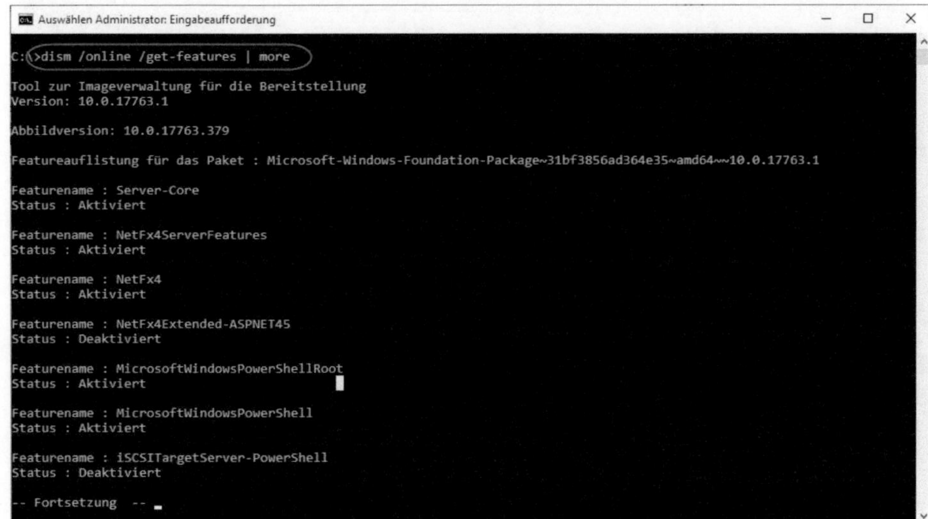

Abb. 5.7: *Seitenweise Anzeige der Windows-Features mit dism.exe in der Eingabeaufforderung*

5.4.1.2 Anzeigen von Windows-Features für eine WIM- (Windows Image) oder VHD-Datei (Virtual Hard Disk)

Das Kommandozeilentool `DISM.exe` ermöglicht u. a., wie oben bereits erwähnt, die verfügbaren Windows-Features in einer vorhandenen WIM-Datei im Offline-Zustand zu aktivieren bzw. zu deaktivieren. Um diesen Vorgang durchzuführen, kann man sich zunächst erst eine Übersicht schaffen, in der die verfügbaren Windows-Features überhaupt erst einmal angezeigt werden.

HINWEIS ➲ Um ein Offlineimage mit **DISM.exe** (*Deployment Image Servicing and Management*) bearbeiten zu können, benötigen Sie die Schreib-/Lese-Berechtigung auf die jeweilige Datei (bspw. die Datei *Install.wim*). Bei Bedarf kopieren Sie diese vom Installationsdatenträger oder aber einer Dateifreigabe in einen Ordner (beispielsweise auf der Festplatte nach Laufwerk C:), auf den Sie mindestens mit Schreib-/Lese-berechtigungen zugreifen dürfen.

Mit dem Schalter **/Readonly** von **DISM.exe** kann man mit nur „Lesezugriff" in die Image-Datei hineinsehen, jedoch keinerlei Änderungen, wie das Aktivieren oder Deaktivieren sowie das Hinzufügen oder Entfernen von Features bei Bedarf durchführen.

Gehen Sie wie folgt vor, um sich mit *DISM.exe* (*Deployment Image Servicing and Management*) die verfügbaren Windows-Features in der Kommandozeile unter Windows Server 2019 anzeigen zu lassen:

1. Erstellen Sie auf dem Serversystem unter Windows Server 2019 im **Datei-Explorer** einen neuen Ordner (beispielsweise *C:\Temp*), sowie auch einen weiteren Ordner unterhalb des neuen Ordners (beispielsweise *C:\Temp\offline*).
2. Kopieren Sie die Datei *Install.wim* vom Installationsdatenträger von Windows Server 2019 aus dem darauf befindlichen Ordner *\Sources* in den zuvor neu erstellten Ordner (beispielsweise *C:\Temp*) auf der Festplatte des betreffenden Windows-Serversystems.
3. Entfernen Sie zum weiteren Bearbeiten den *Schreibschutz* der Datei *Install.wim*.
4. Öffnen Sie die *Eingabeaufforderung* oder alternativ die *Windows PowerShell* mit *Administratorrechten*.
5. Geben Sie an der Eingabeaufforderung den folgenden Befehl ein, um die in der Imagedatei (Install.wim) enthaltenen Windows-Images (bspw. *„Windows Server 2019 Datacenter (Desktopdarstellung)"* oder aber die Index-Nummer des jeweiligen Windows-Images (bspw. *Index: „4"*) zur Auswahl des zu bearbeitenden Images anzeigen zu lassen. Drücken Sie im Anschuss die [↵]-Taste:

   ```
   Dism /get-ImageInfo /ImageFile:C:\Temp\install.wim
   ```

6. Geben Sie den folgenden Befehl in der Eingabeaufforderung ein, um das gewünschte Windows-Image aus der Imagedatei offline im angegebenen Ordner bereitzustellen (*Beispiel*). Drücken Sie im Anschuss die [↵]-Taste:

   ```
   Dism /Mount-Image /ImageFile:C:\Temp\install.wim
   /Name:"Windows Server 2019 Datacenter
   (Desktopdarstellung)" /MountDir:C:\Temp\offline
   ```

   HINWEIS ➲ In diesem Beispiel wird aus der Datei *Install.wim* im Ordner *C:\Temp* das darin enthaltene Windows-Image mit dem Namen *„Windows Server 2019 DATACENTER (Desktopdarstellung)""* im Ordner *C:\Temp\offline* bereitgestellt. Beachten Sie, dass die im Beispiel angegebenen Ordner *C:\Temp* und *C:\Temp\offline* zuvor manuell erstellt werden müssen. Das Windows Server 2019-Image (*Install.wim*) muss als Datei zuvor in den Ordner C:\Temp kopiert, sowie auch der Schreibschutz der Datei aufgehoben werden, damit DISM.exe den änderungsfähigen Zugriff auf die Datei erhält. Anschließend kann man das Image seitens der verfügbaren Windows-Features ganz nach Bedarf bearbeiten.

7. Geben Sie den folgenden Befehl ein, um sich die verfügbaren Windows-Features des zu vor bereitgestellten Windows-Images anzeigen zu lassen. Drücken Sie im Anschuss die [↵]-Taste:

   ```
   Dism /Image:C:\Temp\offline /Get-Features
   ```

PRAXISTIPP! ➲ Um die Befehlsausgabe in der Eingabeaufforderung von Windows Server 2019 in eine Textdatei ausgeben zu lassen, können Sie die folgenden Zeichen hinter die Befehlseingabe setzen: **> `FeatureList.txt`**

Der Befehlszusatz bewirkt, dass die Auflistung der verfügbaren Windows-Features in eine Datei mit dem Namen *FeatureList.txt* umgeleitet wird. Diese Datei kann dann in einem Texteditor bequem nach den Namen der Windows-Features und dem jeweiligen Status durchsucht werden.

Nach dem Bereitstellen eines Windows-Images für die Auflistung der darin enthaltenen Windows-Features, kann man dieses in einem nächsten Schritt bearbeiten.

5.4.2 Online-Aktivieren oder -Deaktivieren von Windows-Features

Die im Umfang von Windows Server 2019 enthaltenen Rollen und Features kann man - alternativ zu der Vorgehensweise im Server-Manager, dem Windows Admin Center (WAC) oder der Windows PowerShell - auch mit *DISM.exe* (*Deployment Image Servicing and Management*) bei Bedarf jederzeit aktivieren oder deaktivieren.

5.4.2.1 Online-Aktivieren von Windows-Features

Gehen Sie wie folgt vor, um Windows-Features auf einem Serversystem unter Windows Server 2019 mithilfe von *DISM.exe* (*Deployment Image Servicing and Management*) in der Eingabeaufforderung zu aktivieren:

1. Öffnen Sie die *Eingabeaufforderung* mit Administratorrechten.
2. Geben Sie an der Eingabeaufforderung den folgenden Befehl ein, und drücken Sie im Anschuss die [↵]-Taste:

   Dism /online /Enable-Feature /FeatureName:<*Name*>

HINWEIS ➲ Das unter <*Featurename*> angegebene Windows-Feature wird nach der erfolgreichen Verarbeitung der Befehlseingabe auf dem Serversystem unter Windows Server 2019 aktiviert und steht anschließend darauf zur Verfügung.

5.4.2.2 Online-Deaktivieren von Windows-Features

Das Deaktivieren von Windows-Features auf einem Serversystem unter Windows Server 2019 lässt sich - alternativ zu der Vorgehensweise im Server-Manager, dem Windows Admin Center (WAC) oder der Windows PowerShell - auch mit *DISM.exe* (*Deployment Image Servicing and Management*) bei Bedarf jederzeit einfach durchführen.

Gehen Sie wie folgt vor, um Windows-Features auf einem Serversystem unter Windows Server 2019 mithilfe von *DISM.exe* (*Deployment Image Servicing and Management*) in der Eingabeaufforderung zu deaktivieren:

1. Öffnen Sie die *Eingabeaufforderung* mit Administratorrechten.
2. Geben Sie an der Eingabeaufforderung den folgenden Befehl ein, und drücken Sie im Anschuss die [↵]-Taste:

   Dism /online /Disable-Feature /FeatureName:<*Name*>

HINWEIS ➲ Beachten Sie, dass das deaktivierte Windows-Feature im Umfang von Windows Server 2019 auf dem betreffenden Serversystem für eine spätere Reaktivierung physikalisch erhalten bleibt. Durch die Deaktivierung wird demnach auch kein Speicherplatz freigegeben.

Das Deaktivieren von Windows-Features lässt sich nicht nur auf bereits ausgeführten Serversystemen unter Windows Server 2019 durchführen - auch das Offline-Aktivieren oder -Deaktivieren von Windows-Features ist möglich.

5.4.3 Offline-Aktivieren oder -Deaktivieren von Windows-Features

Bearbeiten von WIM- und VHD-Dateien

Die im Umfang einer auf dem Installationsdatenträger enthaltenen oder später erstellten WIM-Datei (*Windows-Image*) von Windows Server 2019 oder auch die in einer bereits installierten VHD-Datei (*Virtual Hard Disk*) mit Windows Server 2019 enthaltenen Windows-Features können im Offline-Zustand mithilfe von *DISM.exe* (*Deployment Image Servicing and Management*) gezielt aktiviert oder deaktiviert werden. Wie der Name es bereits ableiten lässt, wird das Betriebssystem unter Windows Server 2019, das in den Dateien bereits enthaltenen ist, in diesem Zustand nicht ausgeführt.

PRAXISTIPP! ➲ Weitere Informationen zum Verwalten von VHD-Dateien mit *DISM.exe* (*Deployment Image Servicing and Management*) finden Sie in der Dokumentation zum Windows Assessment and Deployment Kit (ADK) von Microsoft.

5.4.3.1 Offline-Aktivierung von Windows-Features

Gehen Sie wie folgt vor, um Windows-Features offline in einer WIM-Datei mithilfe von *DISM.exe* (*Deployment Image Servicing and Management*) in der Eingabeaufforderung von Windows Server 2019 zu aktivieren:

1. Öffnen Sie die *Eingabeaufforderung* mit Administratorrechten.
2. Geben Sie an der Eingabeaufforderung den folgenden Befehl ein, um der in der Imagedatei enthaltenen Windows-Images (bspw. *„Windows Server 2019 Datacenter (Desktopdarstellung)"* oder aber die Index-Nummer des jeweiligen Windows-Images (bspw. *Index: „4"*) zur Auswahl des zu bearbeitenden Images anzeigen zu lassen. Drücken Sie im Anschuss die [↵]-Taste:

   ```
   Dism /get-ImageInfo /ImageFile:C:\Temp\install.wim
   ```

3. Geben Sie den folgenden Befehl in der Eingabeaufforderung ein, um das gewünschte Windows-Image aus der Imagedatei offline im angegebenen Ordner bereitzustellen (*Beispiel*). Drücken Sie im Anschuss die [↵]-Taste:

   ```
   Dism /Mount-Image /ImageFile:C:\Temp\install.wim
   /Name:"Windows Server 2019 DATACENTER
   (Desktopdarstellung)" /MountDir:C:\Temp\offline
   ```

4. Geben Sie den folgenden Befehl in der *Eingabeaufforderung* ein, um das gewünschte Windows-Feature im Offline-Image zu aktivieren. Drücken Sie im Anschuss die [↵]-Taste:

   ```
   Dism /Image:C:\Temp\offline /Enable-Feature
   /FeatureName:<Name>
   ```

5. Um die zuvor durchgeführte Änderung an dem Windows-Image zu übernehmen, geben Sie den folgenden Befehl in der *Eingabeaufforderung* ein. Die Bereitstellung des Images wird dadurch aufgehoben. Drücken Sie im Anschuss die [↵]-Taste:

   ```
   Dism /Unmount-Image /MountDir:C:\Temp\offline /Commit
   ```

HINWEIS ➲ Das in der oberen Befehlsauflistung unter `<Featurename>` angegebene Windows-Feature wird auf dem betreffenden Computersystem unter Windows Server 2019 durch die Ausführung des Befehls aktiviert, und kann bei Bedarf zu einem späteren Zeitpunkt jederzeit auch wieder deaktiviert werden.

5.4.3.2 Offline-Deaktivierung von Windows-Features

Gehen Sie wie folgt vor, um Windows-Features offline in einer WIM-Datei mithilfe von *DISM.exe* (*Deployment Image Servicing and Management*) in der Eingabeaufforderung zu deaktivieren:

1. Öffnen Sie die *Eingabeaufforderung* mit Administratorrechten.
2. Geben Sie an der Eingabeaufforderung den folgenden Befehl ein, um der in der Imagedatei enthaltenen Windows-Images (bspw. *„Windows Server 2019 Datacenter (Desktopdarstellung)"* oder aber die Index-Nummer des jeweiligen Windows-Images (bspw. *Index: „4"*) zur Auswahl des zu bearbeitenden Images anzeigen zu lassen. Drücken Sie im Anschuss die [↵]-Taste:

   ```
   Dism /get-ImageInfo /ImageFile:C:\Temp\install.wim
   ```

3. Geben Sie den folgenden Befehl in der *Eingabeaufforderung* ein, um das gewünschte Windows-Image aus der Imagedatei offline im angegebenen Ordner bereitzustellen (*Beispiel*). Drücken Sie im Anschuss die [↵]-Taste:

   ```
   Dism /Mount-Image /ImageFile:C:\Temp\install.wim
   /Name:"Windows Server 2019 Datacenter
   (Desktopdarstellung)" /MountDir:C:\Temp\offline
   ```

4. Geben Sie den folgenden Befehl in der *Eingabeaufforderung* ein, um das gewünschte Windows-Feature im Offline-Image zu deaktivieren. Drücken Sie im Anschuss die [↵]-Taste:

   ```
   Dism /Image:C:\Temp\offline /Disable-Feature
   /FeatureName:<Name>
   ```

5. Um die zuvor durchgeführte Änderung an dem Windows-Image zu übernehmen, geben Sie den folgenden Befehl in der *Eingabeaufforderung* ein. Die Bereitstellung des Images wird dadurch aufgehoben. Drücken Sie im Anschuss die [↵]-Taste:

   ```
   Dism /Unmount-Image /MountDir:C:\Temp\offline /Commit
   ```

HINWEIS ➲ Das in der oberen Befehlsauflistung unter *<Featurename>* angegebene Windows-Feature wird auf dem betreffenden Computersystem unter Windows Server 2019 durch die Ausführung des Befehls deaktiviert, kann jedoch zu einem späteren Zeitpunkt bei Bedarf wieder reaktiviert werden.

Reaktivierung jederzeit möglich

Durch das Deaktivieren von Windows-Features verbleiben diese, wie zuvor bereits geschildert, als aktivierbare Komponenten noch vollständig im Umfang des jeweiligen Serversystems unter Windows Server 2019 bzw. in der entsprechenden WIM-Datei. Diese Komponenten kann man im Bedarfsfall mittels der ehemals mit Windows Server 2012 ins Leben gerufene Option der *„Windows Features on Demand"* (dt. *Windows-Features bei Bedarf*) von der Festplatte entfernt werden, um Speicherplatz freizugeben.

5.5 Windows-Features bei Bedarf

Bereits unter Windows Server 2012 hat Microsoft die Option zum Entfernen der Komponenten nicht benötigter Rollen und Features unter der Bezeichnung *„Windows-Features bei Bedarf"* in das Serverbetriebssystem integriert. Hinter dieser Begrifflichkeit verbirgt sich die Möglichkeit, Features nicht einfach nur zu deaktivieren, sondern im Bedarfsfall auch physikalisch vom Computer zu entfernen. Hierdurch wird dann auch der Speicherbedarf für die Betriebssystemkomponenten auf der Festplatte (wenn i.d.R. auch nur im überschaubarem Umfang) verringert. Sollten die zuvor entfernten Windows-Features zu einem späteren Zeitpunkt wieder benötigt werden, so kann man diese - eben „bei Bedarf" - wieder zum Umfang der Betriebssysteminstallation von Windows Server 2019 hinzufügen.

PRAXISTIPP! ➲ Besonders hilfreich ist das Bereitstellen von Windows-Features bei Bedarf bei der Installation von Windows Server 2019 als Server Core-Installation. Der für die Installation des Betriebssystems notwendige Speicherplatz lässt sich durch das vollständige Entfernen nicht benötigter Windows-Features auf ein Minimum reduzieren.

5.5.1 Entfernen der Komponenten von Windows-Features

Die nicht benötigten Windows-Features können als physikalische Komponenten aus dem Umfang einer gerade ausgeführten Betriebssysteminstallation unter Windows Server 2019 - oder auch aus einer gespeicherten *Offline*-WIM- oder -VHD-Datei in der Windows Server 2019 enthalten ist - mithilfe von *DISM.exe* (*Deployment Image Servicing and Management*) in der Eingabeaufforderung vollständig entfernt werden. Alternativ kann man bei einem online ausgeführten Serversystem hierzu auch die Windows PowerShell verwenden.

HINWEIS ➲ Weitere Informationen zum Verwalten von VHD-Dateien mit *DISM.exe* (*Deployment Image Servicing and Management*) finden Sie in der Dokumentation zum Windows Assessment and Deployment Kit (ADK) von Microsoft.

5.5.1.1 Entfernen der Komponenten von Windows-Features aus einer Online ausgeführten Betriebssysteminstallation

Windows-Features lassen sich von einem gerade ausgeführten Windows-Serverbetriebssystem seitens der physikalischen Binärdateien auf verschiedene Weisen entfernen.

Entfernen der Komponenten mithilfe von DISM.exe

Gehen Sie wie folgt vor, um die physikalischen Komponenten von Windows-Features aus dem Umfang eines Serversystem unter Windows Server 2019 mithilfe von *DISM.exe* (*Deployment Image Servicing and Management*) in der Eingabeaufforderung zu entfernen:

1. Öffnen Sie die *Eingabeaufforderung* mit Administratorrechten.
2. Geben Sie an der *Eingabeaufforderung* den folgenden Befehl ein, und drücken Sie im Anschuss die [↵]-Taste:

```
Dism /online /Disable-Feature /FeatureName:<Name>
/Remove
```

HINWEIS ➲ Das in der oberen Befehlszeile unter <*Name*> angegebene Windows-Feature wird durch die Ausführung des Befehls (soweit vorweg noch nicht geschehen) zuerst deaktiviert anschließend (bedingt durch den angegebenen Schalter **`/Remove`**) aus dem Umfang von Windows Server 2019 komplett entfernt. Der durch das Feature ursprünglich belegte Speicherplatz wird für die weitere Verwendung freigegeben. Zu einem späteren Zeitpunkt ist es bei Bedarf möglich, das entfernte Windows-Feature zum Serverbetriebssystem wieder hinzuzufügen.

Entfernen von Windows-Features mithilfe der Windows PowerShell

Alternativ zu DISM.exe kann man zum Entfernen der Komponenten von Rollen und Features auf einem gerade ausgeführten Windows-Serverbetriebssystem auch den folgenden Befehl in der Windows PowerShell verwenden. Geben Sie dazu den folgenden Befehl in der *Windows PowerShell* (mit Administrator-Rechten) ein, und drücken Sie dann die [↵]-Taste:

```
Uninstall-WindowsFeature -Name <Featurename> -Remove
```

Der Befehl **`Uninstall-WindowsFeature`** (alternativ auch abrufbar mittels **`Remove-WindowsFeature`**) deaktiviert die unter **`-Name`** angegebenen Features und Rollen - die Quelldateien verbleiben dabei i.d.R. zur Reaktivierung auf dem System. Erst der Schalter **`-Remove`** erwirkt hierbei das physikalische Entfernen der betreffenden Komponenten aus dem betreffenden Computersystem.

HINWEIS ➲ Es sei erwähnt, dass die Befehle **`Unistall-WindowsFeature`** und **`Remove-WindowsFeature`** aus dem Windows PowerShell-Modul ***ServerManager*** stammen, das seitens der darin enthaltenen Befehle lediglich auf Windows-Serverbetriebssysteme, nicht jedoch auf Clientcomputer angewendet werden kann.

5.5.1.2 Entfernen der Komponenten von Windows-Features aus einem Offline-Image

Gehen Sie wie folgt vor, um die physikalischen Komponenten von Windows-Features offline aus dem Umfang einer WIM-Datei mithilfe von *DISM.exe* (*Deployment Image Servicing and Management*) in der Eingabeaufforderung zu entfernen:

1. Öffnen Sie die *Eingabeaufforderung* mit Administratorrechten.
2. Geben Sie an der *Eingabeaufforderung* den folgenden Befehl ein, um der in der Imagedatei enthaltenen Windows-Images (bspw. *„Windows Server 2019 Datacenter (Desktopdarstellung)"* oder aber die Index-Nummer des jeweiligen Windows-Images (bspw. *Index: „4"*) zur Auswahl des zu bearbeitenden Images anzeigen zu lassen. Drücken Sie im Anschuss die [↵]-Taste:

   ```
   Dism /get-ImageInfo /ImageFile:C:\Temp\install.wim
   ```

3. Geben Sie den folgenden Befehl in der *Eingabeaufforderung* ein, um das gewünschte Windows-Image aus der Imagedatei offline im angegebenen Ordner bereitzustellen (*Beispiel*). Drücken Sie im Anschuss die [↵]-Taste:

   ```
   Dism /Mount-Image /ImageFile:C:\Temp\install.wim
   /Name:"Windows Server 2016 Datacenter
   (Desktopdarstellung)" /MountDir:C:\Temp\offline
   ```

4. Geben Sie den folgenden Befehl in der *Eingabeaufforderung* ein, um das gewünschte Windows-Feature im Offline-Image zu deaktivieren. Drücken Sie im Anschuss die [↵]-Taste:

   ```
   Dism /Image:C:\Temp\offline /Disable-Feature
   /FeatureName:<Name> /Remove
   ```

5. Um die zuvor durchgeführte Änderung an dem Windows-Image zu übernehmen, geben Sie den folgenden Befehl in der Eingabeaufforderung ein. Die Bereitstellung des Images wird dadurch aufgehoben. Drücken Sie im Anschuss die [↵]-Taste:

   ```
   Dism /Unmount-Image /MountDir:C:\Temp\offline /Commit
   ```

HINWEIS ➲ Das in der oberen Befehlszeile unter *<Featurename>* angegebene Windows-Feature wird durch die Ausführung des Befehls (soweit vorweg noch nicht geschehen) zuerst deaktiviert anschließend aus dem Umfang der angegebenen WIM-Datei komplett entfernt. Der durch das Feature ursprünglich belegte Speicherplatz wird für die weitere Verwendung freigegeben. Zu einem späteren Zeitpunkt ist es bei Bedarf möglich, das entfernte Windows-Feature wieder hinzuzufügen.

5.5.2 Wiederherstellen von zuvor entfernten Windows-Features

Wenn die zuvor entfernten Windows-Features anschließend wieder benötigt werden, so kann man sie zum Umfang der Betriebssysteminstallation von Windows Server 2019 oder auch zu einer Offline-gespeicherten WIM- oder VHD-Datei, in der Windows Server 2019 enthalten ist, mithilfe von *DISM.exe* (*Deployment Image Servicing and Management*) in der Eingabeaufforderung wieder hinzufügen - ganz, wie es sich aus dem Namen ableiten lässt: *Windows-Features bei Bedarf*.

PRAXISTIPP! ➲ Weitere Informationen zum Verwalten von VHD-Dateien mit *DISM.exe* (*Deployment Image Servicing and Management*) finden Sie in der Dokumentation zum Windows Assessment and Deployment Kit (ADK) von Microsoft.

HINWEIS ➲ Als Quelle für die Wiederherstellung von Windows-Features kann beispielsweise die Installations-DVD-ROM bzw. die ISO-Installationsdatei von Windows Server 2019, ein in einem Ordner bereitgestelltes Windows-Image (WIM-Datei) oder auch Microsoft Windows Update mit den durch Microsoft dort hinterlegten Online-Images von Windows Server 2019 sein. Bei Ausführen von *DISM.exe* kann man die Quelle anhand des Schalters **`/Source`** angeben, so dass sich die Suche nach den Features gezielt steuern lässt.

5.5.2.1 Hinzufügen der Komponenten von Windows-Features zu einer Online ausgeführten Betriebssysteminstallation

Wie das Entfernen, so lässt sich auch das Hinzufügen der Komponenten von Windows-Features auf einem gerade ausgeführten Windows-Serverbetriebssystem auf verschiedenen Wegen realisieren.

Hinzufügen der Komponenten von Windows-Features mithilfe von DISM.exe

Gehen Sie wie folgt vor, um Windows-Features zum Umfang eines Serversystem unter Windows Server 2019 mithilfe von *DISM.exe* (*Deployment Image Servicing and Management*) in der Eingabeaufforderung hinzuzufügen:

1. Öffnen Sie die *Eingabeaufforderung* mit Administratorrechten.
2. Geben Sie an der Eingabeaufforderung den folgenden Befehl ein, und drücken Sie im Anschuss die [↵]-Taste:

```
Dism /online /Enable-Feature /FeatureName:<Name>
/Source:E:\sources\SxS /LimitAccess
```

HINWEIS ➲ Das in der oberen Befehlszeile unter *`<Featurename>`* angegebene Windows-Feature wird durch die Ausführung des Befehls In den in **`/Source:`** als Quelle angegebenen Speicherorten (beispielsweise der Installations-DVD) gesucht, dann zum Betriebssystem unter Windows Server 2019 hinzugefügt und anschließend direkt auch aktiviert. Zu einem späteren Zeitpunkt ist es bei Bedarf möglich, das Windows-Feature vom Serverbetriebssystem wieder zu entfernen. Der Schalter **`/LimitAccess`** verhindert, dass DISM die Aktualisierungsquelle mit Windows Update nach Online-Images bei Microsoft im Internet sucht.

Hinzufügen der Komponenten von Windows-Features mithilfe von DISM.exe

Alternativ zu DISM.exe kann man zum Hinzufügen der Komponenten von Rollen und Features auf einem gerade ausgeführten Windows-Serverbetriebssystem auch den folgenden Befehl in der Windows PowerShell verwenden:

```
Install-WindowsFeature -Name <Featurename> -Source
„\\Server2\winsxs"
```

Der Befehl **Install-WindowsFeature** (alternativ auch verwendbar mittels **Add-WindowsFeature**) aktiviert die unter **-Name** angegebenen Features und Rollen anhand der mit dem Schalter **-Source** als Quelle des Speicherorts der dazu benötigten Komponenten (im oberen Beispiel ist dies der im Netzwerk freigegebene „WinSXS"-Ordner aus dem Windows-Verzeichnis von „Server2").

5.5.2.2 Hinzufügen von Windows-Features zu einem Offline-Image

Gehen Sie wie folgt vor, um Windows-Features zu einer WIM-Datei mithilfe von *DISM.exe* (*Deployment Image Servicing and Management*) in der Eingabeaufforderung hinzuzufügen und zu aktivieren:

1. Öffnen Sie die *Eingabeaufforderung* mit Administratorrechten.
2. Geben Sie an der *Eingabeaufforderung* den folgenden Befehl ein, um der in der Imagedatei enthaltenen Windows-Images (bspw. *„Windows Server 2019 DATACENTER (Desktopdarstellung)"* oder aber die Index-Nummer des jeweiligen Windows-Images (bspw. *Index: „4"*) zur Auswahl des zu bearbeitenden Images anzeigen zu lassen. Drücken Sie im Anschuss die [↵]-Taste:

   ```
   Dism /get-ImageInfo /ImageFile:C:\Temp\install.wim
   ```

3. Geben Sie den folgenden Befehl in der *Eingabeaufforderung* ein, um das gewünschte Windows-Image aus der Imagedatei offline im angegebenen Ordner bereitzustellen (*Beispiel*). Drücken Sie im Anschuss die [↵]-Taste:

   ```
   Dism /Mount-Image /ImageFile:C:\Temp\install.wim
   /Name:"Windows Server 2019 Datacenter
   (Desktopdarstellung)" /MountDir:C:\Temp\offline
   ```

4. Geben Sie den folgenden Befehl in der *Eingabeaufforderung* ein, um das gewünschte Windows-Feature zum Offline-Image hinzuzufügen, und anschließend ebenso zu aktivieren. Drücken Sie im Anschuss die [↵]-Taste:

   ```
   Dism /Image:C:\Temp\offline /Enable-Feature
   /FeatureName:<Name> /Source:E:\sources\SxS
   /LimitAccess
   ```

5. Um die zuvor durchgeführte Änderung an dem Windows-Image zu übernehmen, geben Sie den folgenden Befehl in der *Eingabeaufforderung* ein. Die Bereitstellung des Images wird dadurch aufgehoben. Drücken Sie im Anschuss die [↵]-Taste:

   ```
   Dism /Unmount-Image /MountDir:C:\Temp\offline /Commit
   ```

HINWEIS ➲ Das in der oberen Befehlszeile in Punkt 4 unter *<Featurename>* angegebene Windows-Feature wird durch die Ausführung des Befehls In den in **/Source:** als Quelle angegebenen Speicherorten (beispielsweise der Installations-DVD) gesucht, dann zum Betriebssystem unter Windows Server 2019 hinzugefügt und anschließend direkt auch aktiviert. Zu einem späteren Zeitpunkt ist es bei Bedarf möglich, das Windows-Feature vom Serverbetriebssystem wieder zu entfernen.

HINWEIS ➲ Der Schalter `/LimitAccess` verhindert, dass DISM die Aktualisierungsquelle mit Windows Update nach Online-Images bei Microsoft im Internet sucht.

INTERNET ➲ Weitere Informationen zum Verwalten von Windows-Features mit *DISM.exe* (*Deployment Image Servicing and Management*) finden Sie in der Dokumentation zum Windows Assessment and Deployment Kit (*ADK*), sowie im Internet in der Website von Microsoft, u. a. unter:

https://docs.microsoft.com/en-us/previous-versions/windows/it-pro/windows-8.1-and-8/hh824915%28v%3dwin.10%29

INTERNET ➲ Alternativ zu DISM.exe hat Microsoft die damit ausführbaren Funktionen bereits in die Windows PowerShell unter Windows 10 und Windows Server 2019 integriert. Details hierzu, sowie auch die Auflistung der alternativen Windows PowerShell-Cmdlets findet man im Internet auf der Website von Microsoft unter:

https://docs.microsoft.com/en-us/previous-versions/windows/it-pro/windows-8.1-and-8/hh825010(v=win.10)

5.6 Überprüfung des Aufgabenstatus

Im Anschluss an die Installation oder auch das Entfernen von Rollen und Features kann man auf verschiedenen Wegen kontrollieren, ob der Vorgang erfolgreich verlief. Hierzu stehen in Windows Server 2019 u. a. die folgenden Methoden zur Verfügung:

- Überprüfung in der **Windows PowerShell**
- Überprüfung im grafischen **Server-Manager**
- Überprüfung im (optionalen) **Windows Admin Center (WAC)**

Die Überprüfung kann dabei direkt auf dem lokalen Server unter Windows Server 2019, oder bei Bedarf auch wiederum von remote über das Netzwerk ausgeführt werden.

5.6.1 Überprüfung des Aufgabenstatus in der Windows PowerShell

Den Installationsstatus von Rollen und Features kann man mithilfe der Windows PowerShell unter Windows Server 2019 auf einfache Weise mit dem folgenden Befehl anzeigen lassen:

```
Get-WindowsFeature
```

Durch den Befehl wird die Liste der auf dem Server verfügbaren Rollen und Features in der Windows PowerShell angezeigt. In der Spalte *Install State* wird angezeigt, ob diese *Available* (= *verfügbar, nicht installiert*) oder *Installed* (= *installiert*) sind. Die aus dem System mittels Feature on Demand entfernte Features und Rollen werden mit dem Status *Removed* (=entfernt, nicht installiert) angezeigt.

Abb. 5.8: *Anzeige der verfügbaren Rollen und Features sowie deren aktueller Installationsstatus in der Windows PowerShell*

Wenn die Überprüfung des Aufgabenstatus für das Hinzufügen oder Entfernen von Rollen oder Features von einem anderen Computer im Netzwerk remote ausgeführt werden soll, so können Sie hierzu den folgenden Befehl verwenden:

```
Get-WindowsFeature -Computername <Computername>
```

5.6.2 Überprüfung des Aufgabenstatus im Server-Manager

Alternativ zur Überprüfung mit der Windows PowerShell besteht unter Windows Server 2019 auch die Möglichkeit, sich den Status der Installation von Rollen oder Features im grafischen Server-Manager anzeigen zu lassen. Klicken Sie dazu in der Befehlsleiste des *Server-Managers* auf **Benachrichtigungen** (*Fähnchen-Symbol*) klicken, und dann auf **Aufgabendetails**.

Im Dialogfenster *Aufgabendetails* können Sie sich den Status zu den vorangegangenen Aufgaben anzeigen lassen. Wenn Sie in der betreffenden Spalte unter *Aktion* auf **Rollen und Features hinzufügen** klicken, so erhalten Sie eine genaue Information über die während des Vorgangs installierte Rolle oder das Feature.

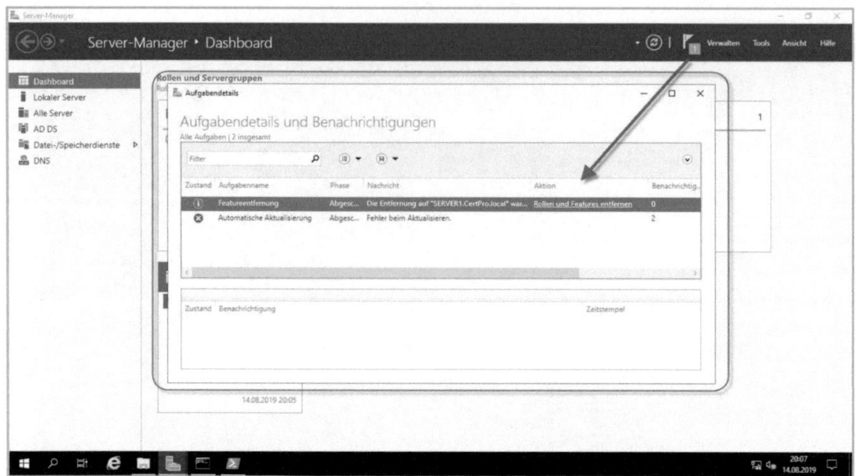

Abb. 5.9: *Überprüfung der Statusinformationen nach dem Entfernen von Rollen und Features im grafischen Server-Manager*

5.6.3 Überprüfung des Aufgabenstatus im Windows Admin Center

Im - optional verfügbaren - Windows Admin Center (WAC) besteht auch die Möglichkeit, sich den Status der Installation oder Deinstallation von Rollen oder Features anzeigen zu lassen. Hierzu steht in der rechten oberen Ecke ein entsprechendes Benachrichtigungssymbol zur Verfügung. Mit einem Klick darauf werden die möglichen Benachrichtigungen mitsamt der Aufgabendetails angezeigt.

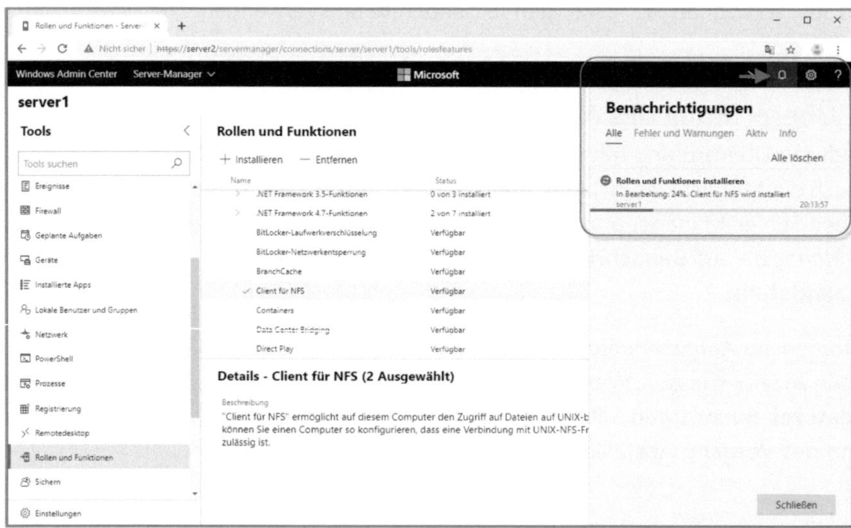

Abb. 5.10: *Überprüfung der Statusinformationen während des Hinzufügens von Rollen und Features im Windows Admin Center*

Nachdem wir uns in diesem Kapitel ausführlich mit den verschiedenen Wegen und Möglichkeiten zum Hinzufügen oder auch Entfernen von Rollen und Funktionen unter Windows Server 2019 befasst haben, so führt uns das nächste Kapitel nun in die Neuerungen des neuen Windows-Serverbetriebssystems rund um den möglichen Einsatz in Computernetzwerken.

KAPITEL 6

Windows Server 2019 im Netzwerk

Konfiguration auch mittels Windows PowerShell möglich

Serversysteme unter Windows Server 2019 werden in der Regel dazu verwendet, die darauf implementierten Serverrollen, Rollendienste und Features (*Funktionen*) für andere Benutzer, Computer oder Dienste im Unternehmensnetzwerk bereitzustellen. Für die Konfiguration der hierzu notwendigen Komponenten und Protokolle steht unter Windows Server 2019 eine passende, zentrale Benutzeroberfläche in Form des Netzwerk- und Freigabecenters zur Verfügung. Dieses wurde von Microsoft in Windows Server 2008 erstmalig eingeführt, und in Windows Server 2008 R2 nochmals überarbeitet und optimiert. Alternativ lassen sich die notwendigen Konfigurationseinstellungen beispielsweise auch mithilfe von Befehlszeilenprogrammen, und seit Windows Server 2012 sogar mithilfe der Windows PowerShell durchführen. Dies ist auf einem Serversystem unter Windows Server 2019 als Server Core-Installation sehr hilfreich, da man auf diesen Systemen die grafischen Benutzeroberfläche standardmäßig fehlt, sodass u. a. auch das *Netzwerk- und Freigabecenter* auf diesen nicht verwendet werden kann. In den neueren Versionen von Windows 10, sowie auch Windows Server 2019 stehen diese Konfigurationsmöglichkeiten neben vielen anderen bereits zusätzlich auch in den sogenannten *Einstellungen* zum Aufruf bereit.

Durch die Verwendung von PowerShell-Skripts kann man die notwendigen Konfigurationsschritte für die Netzwerkanbindung- insbesondere in größeren Serverfarmen - bei Bedarf sogar automatisieren, und hierdurch sogar die Konfigurationsabläufe optimieren.

Windows Server 2019 unterstützt für die Netzwerkkommunikation - wie auch seine direkten Vorgängerbetriebssysteme und auch Windows 10 - standardmäßig das TCP/IP-Protokoll in der Version 4 sowie auch in der Version 6.

6.1 Neuerungen und Verbesserungen

In Windows Server 2019 hat Microsoft nur wenige Neuerungen rund um die Netzwerkkommunikation in das Betriebssystem eingearbeitet. Zu nennen ist hier neben einer TCP-Leistungsverbesserung aber sicher die Erweiterungen von Windows Server 2019 um die Konfigurationsmöglichkeit sogenannter, mit Windows Server 2016 zuvor bereits erstmalig eingeführter, „softwaredefinierte Netzwerke" (engl. *Software Defined Networks, SDN*) - welche man bislang oft nur aus dem *System Center Virtual Machine Manager* (SCVMM) heraus kannte. Sogenannte SDN-Richtlinien lassen sich beispielsweise nicht nur virtuellen Computern, sondern auch Containern zuweisen. Windows Server 2019 unterstützt, wie zuvor auch Windows Server 2016, hierzu die Bereitstellung der für die Realisierung von SDN-Infrastrukturen notwendigen Netzwerkcontroller.

INTERNET ➲ Detaillierte Informationen zu der Planung und Realisierung einer „Software Defined Networking-Infrastruktur" mit Windows Server 2019 findet man im Internet unter:

https://docs.microsoft.com/de-de/windows-server/networking/sdn/plan/plan-a-software-defined-network-infrastructure

6.2 Das Netzwerk- und Freigabecenter

Alle Netzwerkverbindungen im Blick

Bereits mit Windows Server 2008 hat Microsoft zur Verwaltung der Netzwerkumgebung in dem Serverbetriebssystem das *Netzwerk- und Freigabecenter* geschaffen. Dieses wurde unter den späteren Windows-Serverbetriebssystemen nochmals an die praktischen Bedürfnisse der Systemverwalter angepasst. Unter Windows Server 2019 stellt es sich insgesamt übersichtlicher, prinzipiell *„aufgeräumter"* dar.

Alle wichtigen Konfigurationsoptionen sind innerhalb des grafischen *Netzwerk- und Freigabecenters*, welches man unter Windows Server 2019 unter anderem über die ***Einstellungen***, und dann unter ***Netzwerk und Internet*** aufrufen kann, sofort erreichbar.

Kleine Detailveränderungen

Anders als zum Beispiel noch unter Windows Server 2008 R2 (*Release 2*) erkennt man im Netzwerk- und Freigabecenter nicht mehr am Symbol der jeweiligen Verbindungen, ob der Server über diese auch mit dem Internet verbunden ist. Die fehlende Konnektivität zum Internet wird im Netzwerk- und Freigabecenter im Bedarfsfall lediglich textlich unter dem Abschnitt *Zugriffstyp:* als *„Kein Internetzugriff"*, bzw. durch ein *gelbes Warndreieck* im Netzwerksymbol in der Task-Leiste angezeigt.

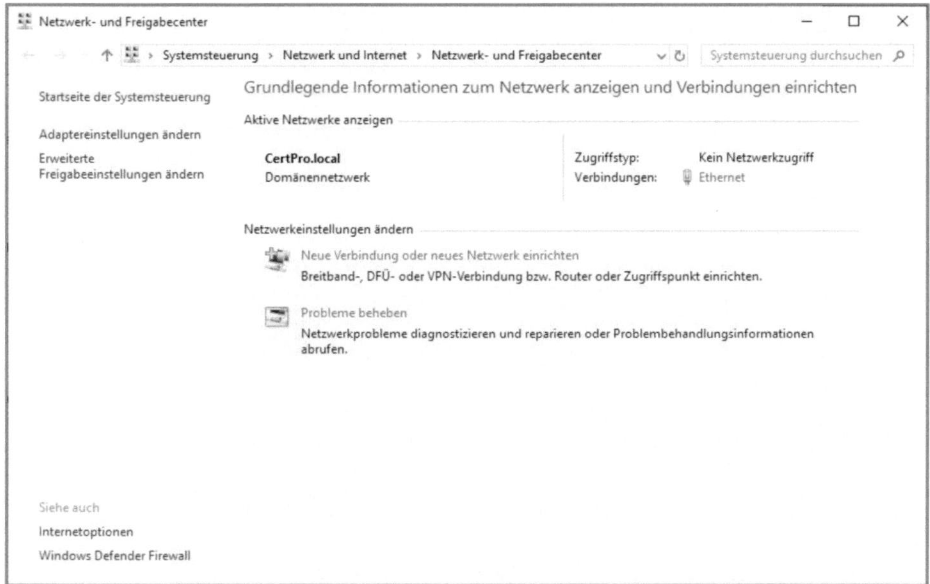

Abb. 6.1: *Das Netzwerk- und Freigabecenter unter Windows Server 2019*

Im Netzwerk- und Freigabecenter werden alle aktiven Netzwerke, wie die Verbindung zu einem lokalen Computernetzwerk (*Local Area Network, LAN*), einem Drahtlosnetzwerk (*Wireless Local Area Network, WLAN*) oder auch zum Beispiel bestehende VPN (*Virtual Private Network*) -Verbindungen angezeigt.

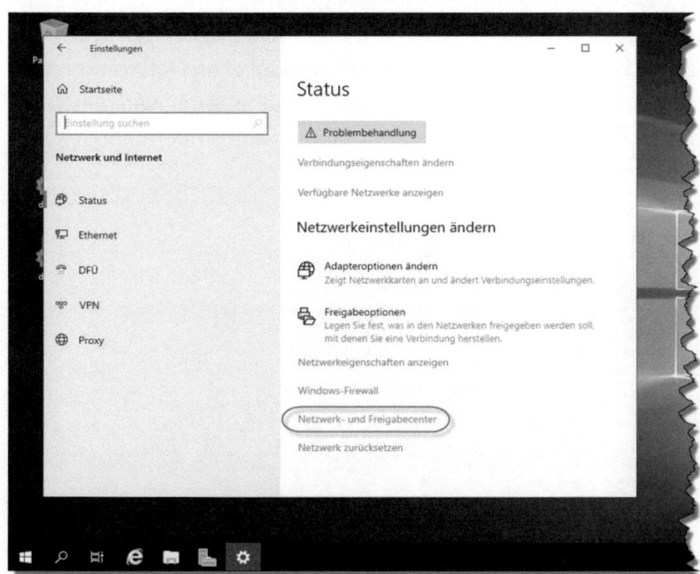

Abb. 6.2: *Verknüpfung zum Netzwerk- und Freigabecenter unter Windows Server 2019*

6.2.1 Anzeige der aktuellen Netzwerkverbindungen

Infoleiste verrät den Status

Die aktuellen Netzwerkverbindungen eines Serversystems unter Windows Server 2019 sowie auch deren möglicher Status, werden anhand eines Symbols in der *Task-Leiste* angezeigt. Durch einen einfachen Mausklick auf das *Netzwerksymbol* blendet Windows Server 2019 eine *Infoleiste* ein, auf der alle aktuellen Verbindungen sowie deren Status aufgelistet sind.

Abb. 6.3: *Anzeige der aktuellen Verbindungen*

Mittels eines Klicks mit der rechten Maustaste auf das *Netzwerksymbol* kann man im Kontextmenü entweder direkt zu den *Netzwerk- und Interneteinstellungen* wechseln, oder aber im Bedarfsfall auch die Problembehandlung bei möglichen Netzwerkproblemen einleiten. Der direkte Sprung in das Netzwerk- und Freigabecenter, wie dies zuvor unter den früheren Versionen des Windows-Serverbetriebssystems noch möglich war, ist auf diesem Wege nicht mehr vorgesehen.

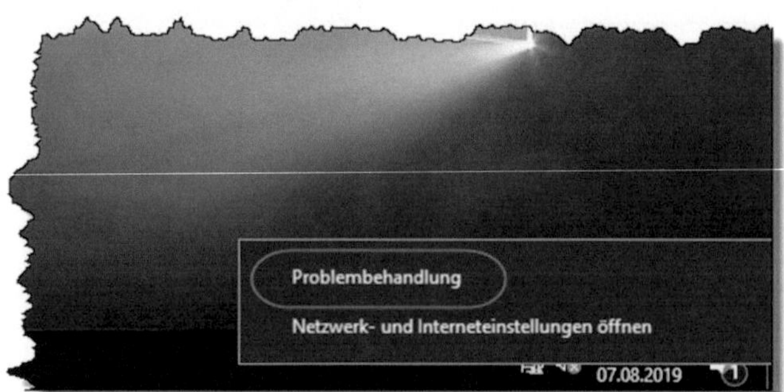

Abb.6.4: *Kontextmenü des Netzwerksymbols in der Task-Leiste*

6.2.2 IPv4-Konfiguration

Über das *Netzwerk- und Freigabecenter* kann man problemlos zu den Konfigurationsoptionen für die im Serversystem enthaltenen Netzwerkverbindungen wechseln. Dies gelingt einfach über die Option *Adaptereinstellungen ändern*. Klickt man dort mit der rechten Maustaste auf die zu konfigurierende Netzwerkverbindung und wählt im Kontextmenü die *Eigenschaften* aus, so erhält man eine Übersicht der für die Verbindung aktuell verwendeten Elemente.

Um die IPv4-Konfiguration durchzuführen, muss man lediglich auf *Internetprotokoll Version 4 (TCP/IPv4)* und anschließend auf *Eigenschaften* klicken.

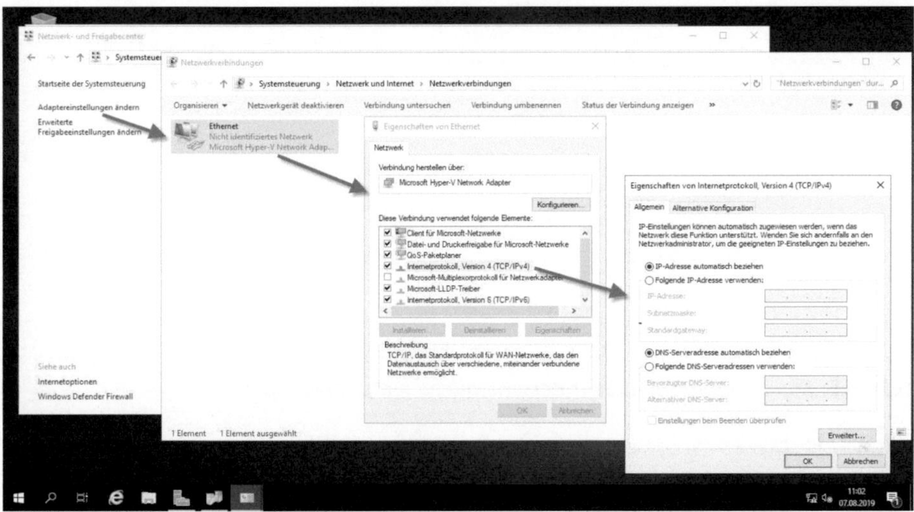

Abb. 6.5: *IPv4-Konfiguration einer Netzwerkverbindung*

Die Konfigurationsoptionen in den Eigenschaften von IPv4 unter Windows Server 2019 sind prinzipiell identisch mit denen vorheriger Windows-Betriebssysteme. Die IPv4-Adresskonfiguration kann entweder dynamisch mithilfe von *DHCP* (*Dynamic Host Configuration Protocol*) oder statisch (u.a. beispielsweise grafisch in den Eigenschaften von IPv4 im *Netzwerk- und Freigabecenter*, mithilfe des kommandozeilenbasierten Befehls *netsh*, oder mithilfe der in der Windows PowerShell enthaltenen *Cmdlets* vorgenommen werden.

(Fast) alles wie gehabt

In den Einstellungen zu IPv4 finden sich unter Windows Server 2019 ansonsten erst einmal keine weiteren Neuerungen.

6.2.3 Netzwerkprofile und die Freigabe des öffentlichen Ordners

Wie bereits auch unter Windows Server 2008 R2 (Release 2) so mussten auch unter Windows Server 2019 im *Netzwerk- und Freigabecenter* die bereits unter Windows Vista und Windows Server 2008 ursprünglich eingeführten Konfigurationsoptionen für *Netzwerkprofile* und beispielsweise auch die *Freigabe des öffentlichen Ordners* weichen. Diese finden sich in den im *Startmenü* aufrufbaren *Einstellungen*, und dann unter *Netzwerk und Internet* mittels eines Klicks im Abschnitt *Netzwerkeinstellungen ändern* auf *Freigabeoptionen*. Alternativ kann man diese auch über das *Netzwerk- und Freigabecenter* aufrufen.

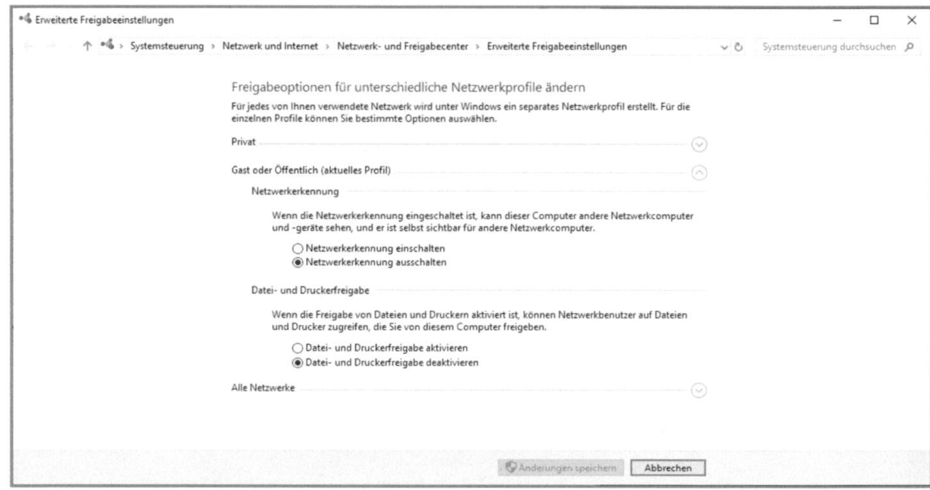

Abb. 6.6: *Freigabeoptionen für unterschiedliche Netzwerkprofile*

6.2.3.1 Netzwerkprofile

Individuelles Profil für jede Netzwerkverbindung

Ein Serversystem unter Windows Server 2019 erstellt für jedes verwendete Netzwerk (sprich: *für jede einzelne Netzwerkverbindung*) ein separates *Netzwerkprofil*. Unter Windows Server 2008 wurde dies noch als *Netzwerkstandort* bezeichnet. Man unterscheidet hierbei zwischen den folgenden, möglichen Profilen:

- **Privat oder Arbeitsplatz**
- **Öffentlich**
- **Domäne**

Die Netzwerkprofile werden primär dazu verwendet, bestimmte Optionen wie die Netzwerkerkennung, die Datei- und Druckfreigabe oder auch die Freigabe des öffentlichen Ordners zu steuern. Wenn ein Serversystem unter Windows Server 2019 als Mitglied zu einer vorhandenen Active Directory-Domäne hinzugefügt wird, so wandelt sich das Netzwerkprofil für die betreffende Netzwerkverbindung zu *„Domäne"*. In diesem Profil ist die Datei- und Druckfreigabe beispielsweise standardmäßig aktiviert, die Netzwerkerkennung sowie die Freigabe des öffentlichen Ordners hingegen deaktiviert.

Netzwerkprofile werden auch im Zusammenhang mit der Konfiguration der Windows Defender Firewall von Windows Server 2019 verwendet, um die für die jeweilige Netzwerkverbindung verwendbaren Kommunikationsports festzulegen. Somit lässt sich die Sicherheit auf Serversystemen, die mitunter über mehrere Netzwerkverbindungen (beispielsweise über VPN-Verbindungen parallel zu standardmäßigen Netzwerkverbindungen) verfügen, sehr individuell bestimmen.

Netzwerkprofile und die Windows Defender Firewall

Anpassungen der einzelnen Netzwerkprofile können im Bedarfsfall entweder lokal im Serversystem selbst oder auch zentral mithilfe von Gruppenrichtlinieneinstellungen vorgenommen werden.

PRAXISTIPP! ➲ Wenn unter Windows Server 2019 der Gateway-Eintrag nicht konfiguriert ist, bzw. der konfigurierte Gateway nicht erreichbar ist, so kann das konfigurierte Netzwerkprofil nicht verändert werden. Der Wechsel vom Profil *Öffentlich* zu *Privat* ist hierbei unmöglich. Wenn man den Wechsel des Netzwerkprofils dennoch durchführen möchte, so muss man den Computer mit den Adressinformationen eines im Netzwerk vorhanden „Gateway" konfigurieren. Alternativ kann dies problemlos auch ein anderer, im Netzwerk vorhandener Computer sein.

6.2.3.2 Der öffentliche Ordner

In Windows Vista und Windows Server 2008 eingeführt, stellt der *öffentliche Ordner* (ganz dem Namen nach) einen für alle Anwender des lokalen Systems sowie auch im Netzwerk freigegebenen Ordner auf dem Serversystem unter Windows Server 2019 dar. Dieser öffentliche Ordner dient dem schnellen und unkomplizierten Austausch von Dateien zwischen verschiedenen Anwendern. Er findet sich als Ordner **Öffentlich** (engl. *Public*) standardmäßig im lokalen Verzeichnis **C:\Benutzer** (engl. *C:\Users*) und ist für die Verwendung im Netzwerk erst einmal nicht freigegeben. Letzteres kann im Rahmen der Konfiguration eines zu nutzenden Netzwerkprofils oder im Bedarfsfall auch zentral anhand von Gruppenrichtlinieneinstellungen festgelegt werden.

Schneller und unkomplizierter Datenaustausch

Da sich die Freigabe des öffentlichen Ordners auch unter Windows Server 2019 nur sehr global anpassen lässt, sollte man dessen Verwendung vorweg gut abwägen. Bereits unter Windows Server 2008 hat es sich in einigen Unternehmensnetzwerken gezeigt, dass der öffentliche Ordner mitunter sehr schnell als „*Datenmüllhalde*" verkommen kann. Um dies zu vermeiden, sollte man ein Auge auf die Verwendung des öffentlichen Ordners durch die Anwender werfen.

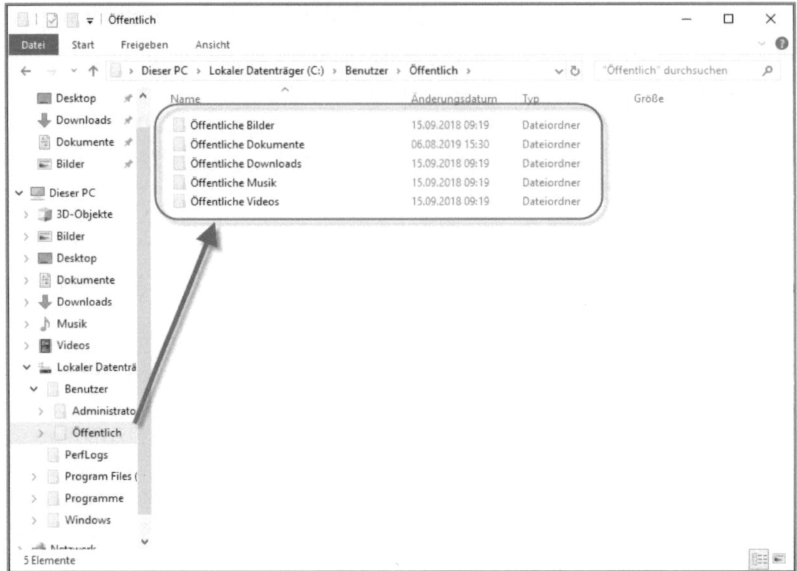

Abb. 6.7: *Ordnerstruktur des „öffentlichen Ordners" im Windows-Explorer*

6.3 IPv6-Unterstützung

Standardmäßig aktiviert

Wie auch bereits seine Vorgänger unterstützt auch Windows Server 2019 TCP/IP als Standardprotokoll für die Netzwerkkommunikation. Die Protokolle TCP und IP ermöglichen es den Computern, mithilfe von Netzwerkkarten über verschiedene Netzwerke und auch das Internet miteinander zu kommunizieren. Auch das neue Windows-Betriebssystem verfügt ebenso über eine zweischichtige IP-Schichtarchitektur (*Next Generation TCP/IP Stack*), in der *IPv4* (*Internet Protocol Version 4*) und *IPv6* (*Internet Protocol Version 6*) gleichsam implementiert sind. Die Gründe dafür sind einleuchtend. So stellt IPv6 im Vergleich zu seinem Vorgänger IPv4 einen um ein Vielfaches größeren Adressraum mit 128 Bit bereit. Damit wird die in den letzten Jahren oft benannte „Adressknappheit von IPv4-Adressen" aufgehoben. Zudem ermöglicht IPv6 eine direkte End-zu-End-Kommunikation – sogar im globalen Internet.

Bereits heute existieren neue, auf IPv6 basierte Technologien, wie beispielsweise das unter Windows Server 2008 R2 (*Release 2*) erstmalig eingeführte und anschließend in Windows Server 2012 R2 nochmals verbesserte *DirectAccess* als Alternative zu den sonst üblichen VPN-Verbindungen (*Virtual Private Network*). Weitere Technologien werden folgen.

Wenn während der Installation von Windows Server 2019 vorhandene Netzwerkhardware erkannt wird, aktiviert der Installationsprozess standardmäßig IPv4 als auch IPv6 als Netzwerkprotokolle. Eine Nachinstallation von Zusatzkomponenten für den Einsatz von IPv6 unter Windows Server 2019 ist hierdurch völlig überflüssig geworden.

Automatisch generiert: Link-Local-Adresse

Ein Serversystem unter Windows Server 2019 generiert sich nach dem Hochfahren, wie in der oberen Grafik zu erkennen, eine automatisch erzeugte, sogenannte *„verbindungslokale"* Adresse (engl. *Link Local Address*). Anhand dieser dynamischen Adresse kann das betreffende Computersystem bereits ohne weitere IPv6-Konfiguration mit anderen IPv6-aktivierten Computersystemen im Netzwerk kommunizieren.

IPv6 wird von den in Windows Server 2019 enthaltenen Serverrollen, Rollendiensten und Funktionen weitgehend vollständig unterstützt. Eine Ausnahme hierzu stellt beispielsweise der noch immer implementierbare *WINS*-Dienst (*Windows Internet Name Service*) dar, welcher auch unter Windows Server 2019 jedoch lediglich nur noch als optionales *Feature* (*Funktion*) implementierbar ist.

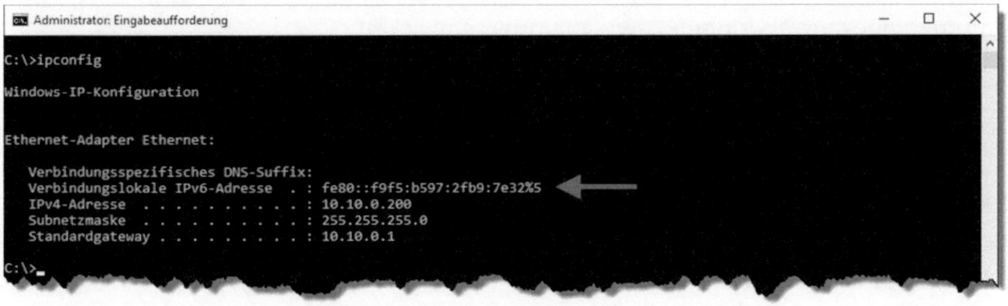

```
Administrator: Eingabeaufforderung

C:\>ipconfig

Windows-IP-Konfiguration


Ethernet-Adapter Ethernet:

   Verbindungsspezifisches DNS-Suffix:
   Verbindungslokale IPv6-Adresse  . : fe80::f9f5:b597:2fb9:7e32%5
   IPv4-Adresse  . . . . . . . . . . : 10.10.0.200
   Subnetzmaske  . . . . . . . . . . : 255.255.255.0
   Standardgateway . . . . . . . . . : 10.10.0.1

C:\>_
```

Abb. 6.8: *Automatisch generierte, verbindungslokale IPv6-Adresse*

6.3.1 Zuweisung von IPv6-Adressen

Serversystemen unter Windows Server 2019 kann man IP-Adressen, seien es IPv4- oder IPv6-Adressen, problemlos anhand verschiedener Methoden zuweisen. Neben der statischen IP-Konfiguration können die IP-Adressen für beide Protokolle bei Bedarf auch dynamisch zugewiesen werden. Unter IPv6 unterscheidet man dabei die folgenden Konfigurationsmodi:

- **Stateless** Das betreffende Serversystem erhält die Adressinformationen (u.a. Informationen über das lokale Netzwerk) von einem vorhandenen Netzwerkrouter. Hieraus ermittelt das betreffende System seine eigene Host-Adresse anschließend selbst. Ein DHCPv6-Server ist in diesem Fall nicht notwendig, kann jedoch verwendet werden, um dem Computersystem noch weitere Konfigurationsinformationen (beispielsweise die IP-Adressen von DNS-Servern) bereitzustellen.
- **Stateful** In diesem Fall wird dem Computersystem die IP-Adresse durch einen DHCPv6-Server (*Dynamic Host Configuration Protocol*) im Netzwerk dynamisch zugewiesen. Dies setzt voraus, dass ein vorhandener Netzwerkrouter dies erzwingt oder aber falls kein entsprechender Router mit der Unterstützung von IPv6 vorhanden.
- **Both** Neben den benannten Modi ist auch ein Mischbetrieb aus beiden möglich. Beispielsweise kann die eigentliche IP-Adressvergabe *stateless*, die Zuweisung von

weiteren Konfigurationsinformationen (bspw. die IP-Adressen von DNS-Servern) dann anschießend mithilfe eines DHCPv6-Servers erfolgen (*stateful*).

Wie bereits bemerkt, stellt sich die IPv6-Unterstützung unter Windows Server 2019 aus Sicht eines „IP-Clients" verhältnismäßig einfach dar. Komplex wird es jedoch, wenn die für die Netzwerkkommunikation und Adressvergabe zu verwendenden Netzwerkrouter für IPv6 konfiguriert werden müssen. Dies ist sicher auch einer der Gründe, warum IPv6 bereits mit der Veröffentlichung von früheren Windows-Betriebssystemen nicht zwangsläufig in den weltweit betriebenen Unternehmensnetzwerken eingeführt wurde. Aktuell existieren noch verhältnismäßig wenige Unternehmensanforderungen, welche die Verwendung von IPv6 in den lokalen Computernetzwerken von Unternehmen erfordern. Es bleibt abzuwarten, inwieweit sich dies in den Anforderungen künftiger Unternehmensanwendungen bzw. -lösungen entwickelt.

Wechsel zu IPv6 (noch) nicht zwingend notwendig

Die meisten internen Computernetzwerke von kleinen und mittelständigen Unternehmen (in der Masse wohl auch die großen Unternehmen) werden sicher auch die nächsten Jahren nicht ohne besonderen Grund von IPv4 zu IPv6 umgestellt werden. Dank der Implementierung von IPv6 direkt in den TCP/IP-Stack schafft dies jedoch keine bzw. kaum Probleme. Zumal die IPv6-Unterstützung unter Windows Server 2016 - wie auch bei seinen direkten Vorgängern - lediglich deaktiviert, jedoch nicht entfernt werden kann.

Die IPv6-Adresskonfiguration kann entweder dynamisch mithilfe von *DHCP* (*Dynamic Host Configuration Protocol*) oder statisch (u. a. beispielsweise grafisch in den Eigenschaften von IPv4 im *Netzwerk- und Freigabecenter*, mithilfe des kommandozeilenbasierten Befehls *netsh*, oder mithilfe der in der *Windows PowerShell* enthaltenen Befehle (*Cmdlets*) vorgenommen werden.

6.3.2 Deaktivieren von IPv6

Vermeidung seltener, jedoch mitunter möglicher Probleme

In der Regel lässt sich die unter Windows Server 2019 standardmäßig aktivierte IPv6-Unterstützung problemlos parallel zur IPv4-Unterstützung betreiben. In einigen Fällen jedoch kann es ratsam sein, IPv6 auf einem Serversystem zu deaktivieren. Ein Beispiel hierfür stellt die Namensauflösung mithilfe von DNS-Servern dar. Wenn für die Namensauflösung von Host-Namen in Unternehmensnetzwerken keine der vorhandenen DNS-Server für die Verwendung von IPv6-basierten Namenszonen konfiguriert werden, so können sich Client- und Serversysteme mit diesen Adressen bei diesen auch nicht dynamisch registrieren. Dies kann letztlich dazu führen, dass sich Client- und/oder Serversysteme über die DNS-Namensauflösung nicht finden, und dies somit zu kleineren Verzögerungen in der Netzwerkkommunikation führt. Auch kann die fehlende Unterstützung von IPv6 durch die eingesetzten Netzwerkgeräte mitunter Probleme hervorrufen, welche sich womöglich durch die Deaktivierung von IPv6 wieder bereinigen lassen.

PRAXISTIPP! ➲ Überprüfen Sie unbedingt noch *VOR* der Deaktivierung von IPv6, ob die ggf. mit Softwareherstellern getroffenen Support-Vereinbarungen oder Support-Verträge den Einsatz von IPv6 (*Internet Protocol Version 6*) mitunter nicht sogar verbindlich voraussetzen. Entscheiden Sie erst nach der Klärung, ob die Deaktivierung von IPv6 auf denen in Ihrem Netzwerk eingesetzten Computersystemen überhaupt in Frage kommt.

Deaktivieren, aber nicht deinstallieren

Deaktivieren lässt sich die IPv6-Unterstützung unter Windows Server 2019 beispielsweise direkt in der grafischen Umgebung des *Netzwerk- und Freigabecenters* unter der Option *Adaptereinstellungen ändern*. Sie müssen darin lediglich die *Eigenschaften* der zu konfigurierenden Netzwerkverbindung aufrufen, den Haken vor *Internetprotokoll Version 6 (TCP/IPv6)* entfernen und dies mit einem Klick auf die Schaltfläche **OK** bestätigen.

Abb. 6.9: *IPv6 in den Eigenschaften einer Netzwerkverbindung*

Alternativ können Sie die Unterstützung von IPv6 auch direkt in der Registrierung des betreffenden Serversystems unter Windows Server 2019 anhand des neu zu erstellenden D-WORD-Wert (32-Bit)-Schlüssels **`DisabledComponents`** mit dem Hexadezimal-Wert **`0x00000000 (0)`** im folgenden Registry-Pfad deaktivieren:

`HKEY_LOCAL_MACHINE\System\CurrentControlSet\Services\`
`TCPIP6\Parameters\`

Das Serversystem muss nach dem Erstellen des neuen Registry-Schlüssels neu gestartet werden. Anschließend ist das IPv6-Protokoll auf dem betreffenden Serversystem unter Windows 2019 vollständig deaktiviert.

Windows PowerShell als universelles Werkzeug - auch für IPv6

Weitere Möglichkeiten zum Deaktivieren aber auch zur Konfiguration von IPv6 unter Windows Server 2019, stellen der kommandozeilenbasierte Befehl *netsh*, oder alternativ die in der *Windows PowerShell* enthaltenen *Cmdlets* dar. Nähere Informationen hierzu erhalten Sie in der Windows-Hilfe.

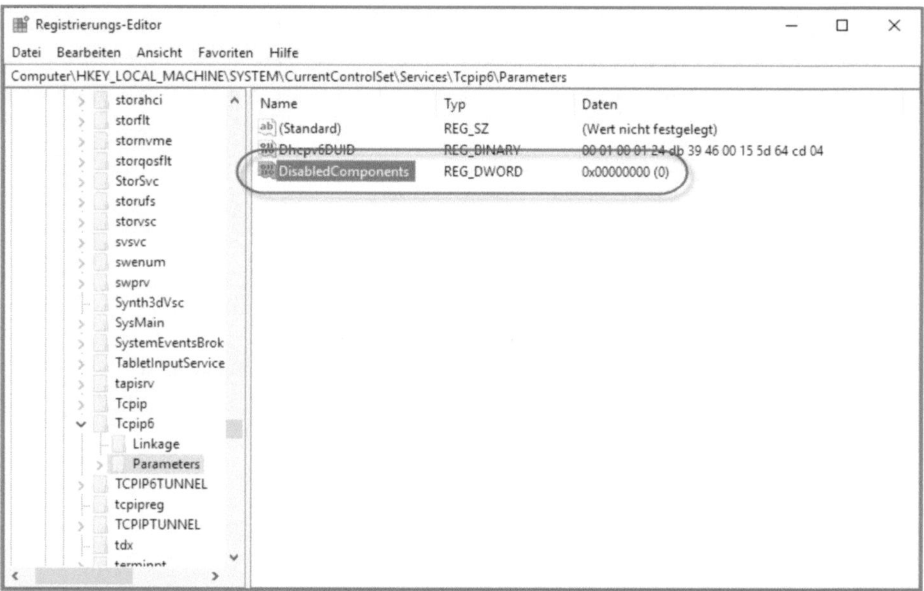

Abb. 6.10: *Deaktivieren von IPv6 in der Registrierung*

Nach dem Blick auf die Konfigurationsmöglichkeiten von TCP/IP folgt nun der Blick auf eine der zu Beginn des Kapitels bereits erwähnten Neuerungen - dem NIC-Teaming.

6.4 NIC-Teaming

Lastenausgleich und Failover - für die Netzwerke von heute

In Windows Server 2019 kann man, wie bereits auch unter seinem direkten Vorgänger, gleich mehrere Netzwerkadapterkarten innerhalb eines Computersystems zu einem Team zusammenzufassen, um somit ein Datenverkehrsfailover bei einem möglichen Ausfall einer der Netzwerkkarten, sowie auch eine Bandbreitenaggregation zu erreichen. Das hierzu verwendete Feature wird **Netzwerkadapter-Teamvorgang** (engl. *Network Interface Card Teaming, NIC-Teaming*) genannt, und war zuvor auch bereits unter Windows Server 2016, sowie auch schon unter Windows Server 2012 (R2) enthalten.

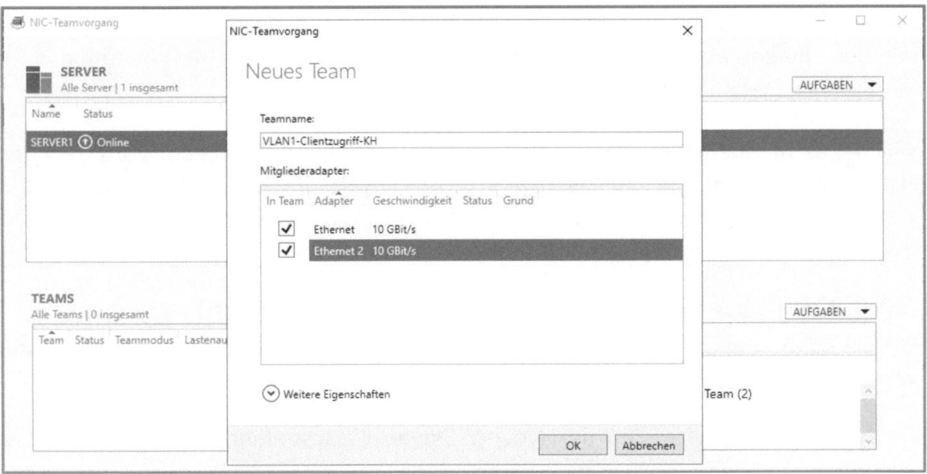

Abb. 6.11: *Konfigurationsdialog für das Konfigurieren des Netzwerkkarten-Teaming*

6.4.1 Unterstützte Modi

NIC-Teaming unter Windows Server 2019 unterstützt aus Gründen der Kompatibilität verschiedene Modi:

- **Switchunabhängiger Modus** - hierbei können die Netzwerkadapter mit unterschiedlichen Netzwerkswitches verbunden sein.
- **Switchabhängiger Modus** - hierbei müssen alle Netzwerkadapter eines Teams mit demselben Netzwerkswitch verbunden sein.

Unter Windows Server 2019 stehen die folgenden zwei switchabhängigen Modi zur Auswahl:

- *Generischer oder statischer Teamvorgang (IEEE 802.3ad Draft v1)* - Bei diesem Modus müssen der Netzwerkswitch und der Computer so konfiguriert sein, dass sie gegenseitig identifizieren können, welche Links das Team bilden. Die Konfiguration erfolgt in diesem Modus statisch.
- *Dynamischer Teamvorgang (IEEE 802.1ax, LACP)* - hierbei wird das Link Aggregation Control Protocol (LACP) verwendet, um Links zwischen dem Computer und einem Netzwerkswitch dynamisch zu identifizieren. Der Einsatz des Protokolls ermöglicht die automatische Erstellung von Teams.

Das NIC-Teaming in Windows Server 2019 unterstützt bis zu 32 Netzwerkkarten in einem Team - und funktioniert auch bei virtuellen Computersystemen. Vor der Konfiguration eines NIC-Teams in virtuellen Maschinen unter Hyper-V muss man die unter Punkt 6.4.2 angegebenen Konfigurationsanforderungen für das NIC-Teaming beachten.

Physikalisch: bis zu 32 Netzwerkkarten in einem Team

Die Konfiguration kann man einfach in der *NIC-Teaming-Konsole* durchführen, die sich mit dem Befehl **`lbfoadmin`** aufrufen lässt. Alternativ ist die Konfiguration auch mittels entsprechender Windows PowerShell-Befehle möglich.

WICHTIG! ➲ Man muss darauf achten, dass die für ein NIC-Team vorgesehenen Netzwerkadapter die gleiche Geschwindigkeit aufweisen, da sonst Probleme bei der Bereitstellung des NIC-Teams auftreten können. Im dabei ungünstigen Fall ist das betreffende Serversystem überhaupt nicht mehr im Netzwerk erreichbar.

6.4.2 Konfigurationsanforderungen für das NIC-Teaming

Für die Konfiguration des NIC-Teaming in einer virtuellen Maschine in Hyper-V unter Windows Server 2019 gelten u. a. die folgenden Netzwerkanforderungen:

- Das Host-System, auf dem die Hyper-V-Serverrolle ausgeführt wird, muss über zwei oder mehr Netzwerkadapter verfügen.
- Im Hyper-V-Manager oder mittels Windows PowerShell müssen zwei externe, virtuelle Switches erstellt werden, die jeweils einzeln mit den physikalischen Netzwerkadaptern verbunden sind.
- Die virtuelle Maschine, auf der das NIC-Team eingerichtet werden soll, muss über verschiedene Netzwerkadapter jeweils mit den externen, virtuellen Switches verbunden sein.
- NIC-Teaming in Windows Server 2019 in VMs unterstützt jeweils zwei Mitglieder in den virtuellen Computern. Größere Teams lassen sich zwar einrichten, jedoch werden diese von Microsoft nicht unterstützt (sprich: nicht supportet!).

HINWEIS ➲ Bei Einrichten eines NIC-Teams innerhalb einer virtuellen Maschine in Hyper-V mit lediglich an einem einzelnen, virtuellen Switch angeschlossenen Netzwerkadaptern tritt die folgende Fehlermeldung auf: „***Fehlerhaft: Der virtuelle Switch verfügt nicht über externe Konnektivität.***"

INTERNET ➲ Weitere Details zu den Anforderungen für das Einrichten eines NIC-Teams innerhalb von virtuellen Maschinen in Hyper-V findet man auch unter:

https://docs.microsoft.com/de-de/windows-server/networking/technologies/nic-teaming/create-a-new-nic-team-in-a-vm

6.4.3 Konfiguration von NIC-Teaming

Die Konfiguration des NIC-Teaming lässt sich - insbesondere in der grafischen *NIC-Teaming-Konsole* - verhältnismäßig einfach umsetzen. Standardmäßig ist das NIC-Teaming auf einem Serversystem unter Windows Server 2019 deaktiviert.

Gehen Sie wie folgt vor, um die in einem Serversystem unter Windows Server 2019 enthaltenen Netzwerkkarten in der NIC-Teaming-Konsole zwecks Lastenausgleich und Failover zu einem gemeinsamen Team zusammenzufassen:

1. Starten Sie den *Server-Manager* (*soweit noch nicht geschehen*).
2. Klicken Sie auf **Alle Server**.
3. Klicken Sie mit der rechten Maustaste auf den zu konfigurierenden Server unter Windows Server 2019, und klicken Sie dann auf die Option **NIC-Teamvorgang konfigurieren**.
4. Klicken Sie im Abschnitt *TEAMS* auf **AUFGABEN**, und dann auf **Neues Team**.
5. Geben Sie im Feld *Teamname:* den gewünschten Namen des zu erstellenden NIC-Teams ein, und aktivieren Sie dann unter *Mitgliederadapter:* die Kontrollkästchen für die Netzwerkkarten, die als Mitglieder des NIC-Teams vorgesehen sind.
6. Konfigurieren Sie bei Bedarf unter *Weitere Einstellungen* noch weitere Optionen, und klicken Sie anschließend auf **OK**.

HINWEIS ➲ Beachten Sie, dass einige der weiteren Einstellungen im Dialog NIC-Teamvorgang für Server, die auf virtuellen Gastcomputern ausgeführt werden, nicht zur Verfügung stehen.

Abb. 6.12: *Gemeinsamer NIC-Teamadapter in den Netzwerkverbindungen*

Das zuvor konfigurierte NIC-Team wird in der Konsole *NIC-Teamvorgang* im Abschnitt *TEAMS* mitsamt dem aktuellen Status angezeigt. Zum Abschluss der Konfiguration wurde ein entsprechendes Geräteobjekt mit dem zuvor konfigurierten Namen des NIC-Teams, sowie dem Gerätenamen *Microsoft Network Adapter Multiplexor Driver* erstellt, dass man parallel zu den Netzwerkkarten in den *Netzwerkverbindungen* des Computersystems unter Windows Server 2019 findet.

HINWEIS ➲ Beachten Sie, dass die Netzwerkkonfiguration für die im NIC-Team zusammengefassten Netzwerkadapter gemeinsam lediglich noch über den gemeinsamen NIC-Teamadapter durchgeführt wird. Dieser sieht nach dem Erstellen zunächst auf der *dynamischen Adressvergabe* mittels *DHCP (Dynamic Host Configuration Protocol)* vor. Um dem NIC-Teamadapter eine statische IP-Adresse für die Verwendung im Netzwerk zuzuweisen, wechseln Sie im *Netzwerk- und Freigabecenter* einfach über die Option *Adaptereinstellungen ändern* zu den *Netzwerkverbindungen*, und konfigurieren die gewünschten Einstellungen über die *Eigenschaften* des NIC-Teamadapters.

Nachdem wir uns mit dem NIC-Teaming als sicher sehr bedeutendes Feature in Windows Server 2019 befasst haben, geht es nun über zu einer weiteren, in vielen Computernetzwerken zwischenzeitlich oft ebenso wichtigen Neuerung - der SMB-Verschlüsselung.

6.5 Datensicherheit durch die SMB-Verschlüsselung

Schutz gegen Lauschangriffe auch im internen Netzwerk

Wie bereits sein direkter Vorgänger, bietet auch Windows Server 2019 die Möglichkeit zur Absicherung der beim Zugriff auf Datenfreigaben im Netzwerk übertragenen Datenpakete durch Verschlüsselung. Dies bietet einen möglichen Schutz gegen Lauschangriffe durch Man-in-the-Middle-Angriffe (MitT-Angriffe) im internen Netzwerk.

Schon seit Jahren setzen Unternehmen bei der Übertragung von Personal- oder Buchhaltungsdaten im internen Computernetzwerk in den Firmen beispielsweise oft IPSec (*Internet Protocol Security, IP-Sicherheit*) zur Verschlüsselung der Datenkommunikation zwischen den Computersystemen ein. Die dazu notwendige Konfiguration ist aus Sicht vieler Administratoren jedoch nicht wirklich trivial. Abhilfe schafft die in SMB 3.0 erstmalig unter Windows Server 2012 verfügbare SMB-Verschlüsselung. Diese lässt sich entweder für einzelne Dateifreigaben, oder bei Bedarf sogar für den gesamten Dateiserver konfigurieren und aktivieren.

HINWEIS ➲ Zum Schutz der im Netzwerk zu übertragenden Daten wird bei der SMB-Verschlüsselung das Verschlüsselungsverfahren AES-128-GCM (Advanced Encryption Standard - Galois/Counter Mode) eingesetzt, Windows Server 2012 R2 hingegen hatte hier noch AES-128-CCM (*Advanced Encryption Standard - Counter with CBC-MAC*) verwendet. Details zum AES Galois Counter Mode (GCM) findet man in der RFC 5288 im Internet. SMB 3.1.1 ist jedoch abwärtskompatibel, beispielsweise auch zu SMB 3.0.2, wie dies in der aktuellsten Version von Windows Server 2012 R2 zum Einsatz kommt. Der Austausch der Authentifizierungsdaten innerhalb der SMB-Sitzungen erfolgt in SMB 3.1.1 mithilfe von SHA-512 geschützt.

INTERNET ➲ Weitere Informationen zu SMB 3.1.1 findet man im Internet, u. a. unter:

https://blogs.technet.microsoft.com/josebda/2015/05/05/whats-new-in-smb-3-1-1-in-the-windows-server-2016-technical-preview-2/

6.5.1 Aktivierung der SMB-Verschlüsselung

Einfacher geht es kaum

Die SMB-Verschlüsselung lässt sich in Windows Server 2019 auf verschiedenen Wegen entweder für einzelne Freigaben, oder aber für einen gesamten Dateiserver aktivieren. Die Schritte hierzu sind im Vergleich zur Konfiguration und Aktivierung von IPSec oder ähnlichen Technologien völlig „simpel".

6.5.1.1 Aktivierung der SMB-Verschlüsselung im Server-Manager

Die SMB-Verschlüsselung kann man im Server-Manager unter Windows Server 2019 problemlos für eine bereits bestehende oder eine neu einzurichtende Dateifreigabe konfigurieren. Gehen Sie dazu wie folgt vor:

- *Beispiel 1:* **Aktivierung der SMB-Verschlüsselung für eine bereits vorhandene SMB-basierte Dateifreigabe**

  Gehen Sie wie folgt vor, um die SMB-Verschlüsselung für eine zuvor bereits eingerichtete, SMB-basierte Dateifreigabe im *Server-Manager* unter Windows Server 2019 zu aktivieren:

  1. Öffnen Sie den *Server-Manager*, und navigieren Sie zu *Datei-/Speicherdienste*.
  2. Klicken Sie auf **Freigaben**.

  HINWEIS ➲ Sollte die Verknüpfung zu *Freigaben* im Abschnitt der *Datei-/Speicherdienste* noch nicht angezeigt werden, so existiert auf dem betreffenden Serversystem noch keine zuvor angelegte Dateifreigabe. Die folgenden Schritte in diesem Beispiel lassen sich dann ebenso nicht mehr durchführen.

  3. Klicken Sie mit der rechten Maustaste auf die zu konfigurierende *Dateifreigabe*, und klicken Sie auf **Eigenschaften**.
  4. Erweitern Sie *Einstellungen*, und aktivieren Sie die Option **Datenzugriff verschlüsseln**. Klicken Sie anschließend auf **OK**.

- *Beispiel 2:* **Aktivierung der SMB-Verschlüsselung beim Anlegen einer neuen SMB-basierten Dateifreigabe**

  Gehen Sie wie folgt vor, um die SMB-Verschlüsselung für eine zuvor bereits eingerichtete, SMB-basierte Dateifreigabe im *Server-Manager* unter Windows Server 2019 zu aktivieren:

  1. Öffnen Sie den *Server-Manager*, und navigieren Sie zu *Datei-/Speicherdienste*.
  2. Klicken Sie auf **Freigaben**.

> **HINWEIS ➲** Sollte die Verknüpfung zu *Freigaben* im Abschnitt der *Datei-/Speicherdienste* noch nicht angezeigt werden, so muss man diese zunächst erst noch mit dem *Assistent zum Hinzufügen von Rollen und Features* im Server-Manager als Rollendienst der *Datei-/Speicherdienste* unter *Datei- und iSCSI-Dienste* durch die Auswahl **Dateiserver** zu dem betreffenden Server hinzufügen.

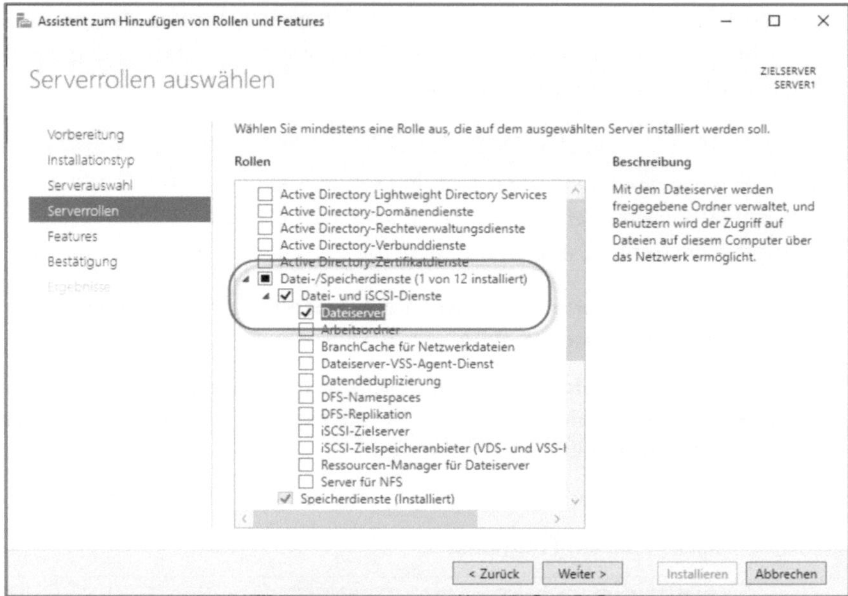

Abb. 6.13: *Assistent zum Hinzufügen des Dateiserver-Rollendienstes für die Verwaltung von Dateifreigaben unter Windows Server 2019*

3. Klicken Sie im Abschnitt *FREIGABEN* auf **AUFGABEN**, und wählen Sie die Option **Neue Freigabe...**

4. Achten Sie im *Assistent für neue Freigaben* darauf, dass unter *Dateifreigabeprofil:* die Option **SMB-Freigabe - Schnell** ausgewählt ist, und klicken Sie dann auf **Weiter**.

5. Wählen Sie den zu konfigurierenden Server im Abschnitt *Server:* aus, wählen Sie das für die Freigabe zu verwendende Volume unter *Freigabeort:* aus oder geben Sie alternativ einen *benutzerdefinierten Pfad* an, und klicken Sie auf **Weiter**.

6. Geben Sie den gewünschten Namen für die neu einzurichtenden Dateifreigabe im Feld *Freigabename:*, sowie den *Pfad* zur Freigabe ein, und klicken Sie auf **Weiter**.

7. Aktivieren Sie unter *Andere Einstellungen* das Kontrollkästchen für die Option **Datenzugriff verschlüsseln**, und klicken Sie auf **Weiter**.

8. Konfigurieren Sie die Zugriffsberechtigungen, und klicken Sie auf **Weiter**.
9. Klicken Sie im Dialog *Auswahl bestätigen* auf **Erstellen**. Klicken Sie im Anschluss auf **Schließen**.

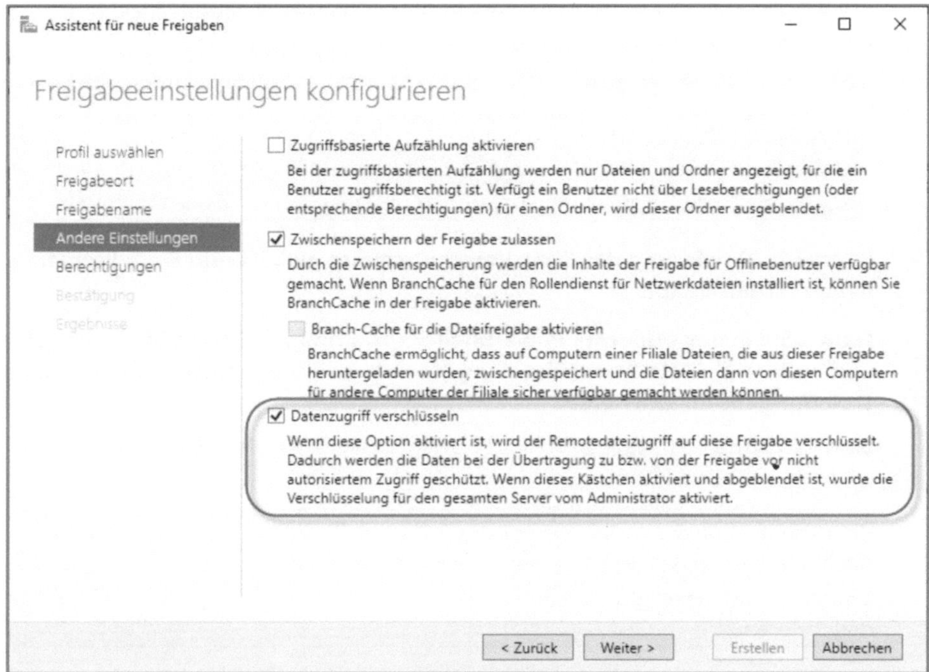

Abb. 6.14: *Konfigurationsmöglichkeit der SMB-Verschlüsselung in den Eigenschaften einer Dateifreigabe im grafischen Server-Manager*

Alternativ zum grafischen Server-Manager steht auch unter Windows Server 2019 zusätzlich u. a. noch eine Vielzahl an Windows PowerShell-Cmdlets zur Konfiguration der SMB-Verschlüsselung zur Verfügung.

6.5.1.2 Aktivierung der SMB-Verschlüsselung in der Windows PowerShell

In der Windows PowerShell 5.1 sind verschiedene PowerShell-Befehle (Cmdlets) enthalten, mit denen man die SMB-Verschlüsselung auf einem Serversystem unter Windows Server 2019 oder auch unter Windows Server 2016 bei Bedarf entsprechend konfigurieren kann.

HINWEIS ➲ Beachten Sie, dass die Windows PowerShell für die Konfiguration der SMB-Verschlüsselung auf einem Serversystem unter Windows Server 2019 mit Administrator-Rechten ausgeführt werden muss.

Für die Konfiguration der SMB-Verschlüsselung mit der Windows PowerShell 5.1 finden Sie nachfolgend verschiedene Beispiele:

- *Beispiel 1:* **Aktivierung der SMB-Verschlüsselung für eine bestehende, einzelne Dateifreigabe:**

  Gehen Sie in der Windows PowerShell 5.1 in Windows Server 2019 wie folgt vor, um die SMB-Verschlüsselung für eine bereits vorhandene, einzelne Dateifreigabe zu aktivieren:

  ```
  Set-SmbShare -Name <Freigabename> -EncryptData $true
  ```

  PRAXISTIPP! ➲ Durch die Verwendung des gleichen Befehls, jedoch mit dem Zusatz **`$false`** anstelle von **`$true`** kann man die SMB-Verschlüsselung für die jeweilige Dateifreigabe zu einem späteren Zeitpunkt problemlos deaktivieren.

- *Beispiel 2:* **Aktivierung der SMB-Verschlüsselung gleich beim Einrichten einer neuen Dateifreigabe:**

  Gehen Sie in der Windows PowerShell 5.1 in Windows Server 2019 wie folgt vor, um die SMB-Verschlüsselung gleich beim Einrichten einer neuen Dateifreigabe zu aktivieren:

  ```
  New-SmbShare -Name <Freigabename> -Path <Pfadname>
  -EncryptData $true
  ```

  PRAXISTIPP! ➲ Durch die Verwendung des im Beispiel 1 gezeigten Befehls, jedoch mit dem Zusatz **`$false`** anstelle von **`$true`** kann man die SMB-Verschlüsselung für die jeweilige Dateifreigabe zu einem späteren Zeitpunkt problemlos deaktivieren.

- *Beispiel 3:* **Aktivierung der SMB-Verschlüsselung für alle Dateifreigaben:**

  Gehen Sie in der Windows PowerShell 5.1 in Windows Server 2019 wie folgt vor, um die SMB-Verschlüsselung für einen Dateiserver komplett - und damit für alle bereits darauf eingerichteten, sowie nachfolgend neu zu erstellenden SMB-Dateifreigaben zu aktivieren:

  ```
  Set-SmbServerConfiguration -EncryptData $true
  ```

Durch die Verwendung des gleichen Befehls, jedoch mit dem Zusatz **`$false`** anstelle von **`$true`** kann man die SMB-Verschlüsselung für alle auf dem betreffenden Serversystem unter Windows Server 2019 vorhandenen SMB-basierten Dateifreigaben zu einem späteren Zeitpunkt bei Bedarf problemlos wieder deaktivieren.

6.5.2 Abwärtskompatibilität

SMB-Datenverschlüsselung - nicht mit älteren Betriebssystemen

Windows Server 2019 unterstützt die SMB-Verschlüsselung neben Windows 10 abwärtskompatibel lediglich zu Windows Server 2016, Windows Server 2012 (R2) oder parallel Windows 8.1/8. Ältere Windows-Server- oder -Clientbetriebssysteme, wie Windows Server 2008 R2 oder Windows 7 (und älter) unterstützten das SMB-Protokoll lediglich bis zur Version 2.0, und können somit auf die unter Windows Server 2019 mittels SMB-Verschlüsselung geschützte Dateifreigaben nicht zugreifen. Der Zugriff auf die Freigabe wird in diesem Fall standardmäßig verweigert.

PRAXISTIPP! ➲ Falls sich in der Praxis die Notwendigkeit der Abwärtskompatibilität ergibt - und das ist bei der Vielzahl an Computersystemen unter Windows 7, Windows Server 2008 (R2) und sogar auch teils noch Windows XP doch sehr wahrscheinlich - so kann man das „Erzwingen" der Datenverschlüsselung bei der Verwendung der SMB-Verschlüsselung in Windows Server 2019 in diesem Fall unterbinden. Hierdurch können dann auch ältere Betriebssysteme für den Zugriff auf die mit SMB-Verschlüsselung konfigurierten Dateifreigaben unter Windows Server 2019 verwendet werden. Die Übertragung der Daten findet gegenüber diesen älteren Computersystemen dann jedoch unverschlüsselt statt.

6.5.2.1 Erzwingen der SMB-Verschlüsselung deaktivieren

Aus Gründen der Abwärtskompatibilität lässt sich die SMB-Verschlüsselung unter Windows Server 2019, wie bereits auch unter Windows Server 2012 R2, so konfigurieren, dass Sie zwar die Datenverschlüsselung gegenüber kompatiblen Computersystemen unterstützt, jedoch gegenüber älteren Betriebssystemen alternativ die Klartextkommunikation ermöglicht.

HINWEIS ➲ Beachten Sie, dass die Windows PowerShell für die Konfiguration der SMB-Verschlüsselung auf einem Serversystem unter Windows Server 2019 mit Administrator-Rechten ausgeführt werden muss.

Geben Sie den folgenden Befehl in der Windows PowerShell 5.1 unter Windows Server 2019 ein, um das Erzwingen der SMB-Verschlüsselung auf einem Dateiserver aus Gründen der Abwärtskompatibilität für alle SMB-basierten Dateifreigaben zu deaktivieren:

```
Set-SmbServerConfiguration -RejectUnencryptedAccess
$false
```

PRAXISTIPP! ➲ Durch die Verwendung des gleichen Befehls, jedoch mit dem Zusatz `$true` anstelle von `$false` kann man die SMB-Verschlüsselung auf dem betreffenden Serversystem unter Windows Server 2019 jederzeit wieder erzwingen.

INTERNET ➲ Weitere Informationen zu SMB 3.1.1 finden Sie in der Online-Hilfe von Windows Server 2016, sowie in der Website von Microsoft im Internet unter:

https://blogs.technet.microsoft.com/josebda/2015/05/05/whats-new-in-smb-3-1-1-in-the-windows-server-2016-technical-preview-2/

```
Administrator: Windows PowerShell
PS C:\> Set-SmbServerConfiguration -RejectUnencryptedAccess $false

Bestätigung
Möchten Sie diese Aktion wirklich ausführen?
Der Vorgang "Modify" auf dem Ziel "SMB Server Configuration" wird ausgeführt.
[J] Ja  [A] Ja, alle  [N] Nein  [K] Nein, keine  [H] Anhalten  [?] Hilfe
(Standard ist "J"):j
PS C:\>
```

Abb. 6.15: *Konfiguration der Abwärtskompatibilität der SMB-Verschlüsselung gegenüber älteren Betriebssystemen*

Wie Sie in den vorherigen Seiten lesen konnten, haben sich im Zusammenhang mit den Netzwerkeinstellungen unter Windows Server 2019 im Vergleich zu den vorangegangenen Windows-Versionen doch eher nur marginale Änderungen eingeschlichen. Im Verhältnis dazu quasi „unverändert“ stellt sich die Namensauflösungsreihenfolge unter Windows Server 2019 gegenüber den vorherigen Windows-Betriebssystemen dar.

6.6 Namensauflösung in Windows-Netzwerken

Standardisiertes Verfahren zur Namensauflösung

Damit Computersysteme unter Windows Server 2019 - wie auch die übrigen, im Netzwerk vorhandenen Computersysteme - letztlich auf Netzwerkressourcen zugreifen können, müssen diese die von Anwendern mitunter genutzten Computernamen erst einmal in eine für sie verständliche IP-Adresse übersetzen. Dazu verwenden diese ein standardisiertes Namensauflösungsprinzip.

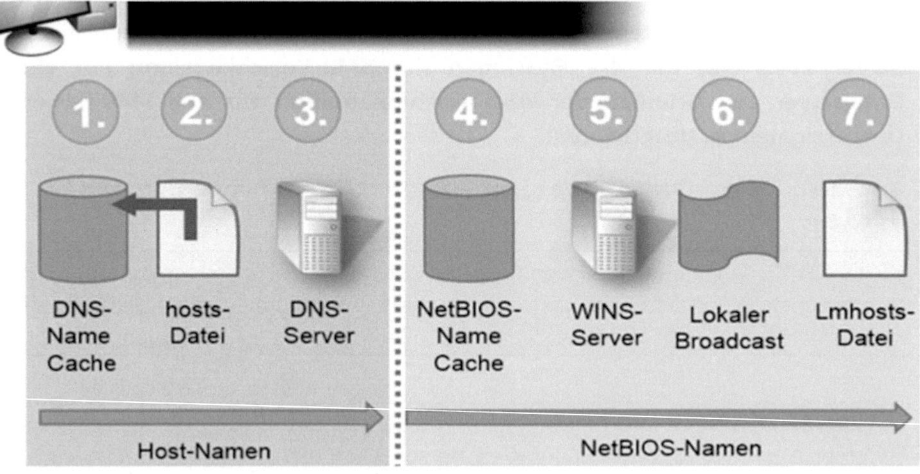

Abb. 6.16: *Standardmäßige Namensauflösungsreihenfolge*

Die standardmäßige Namensauflösungsreihenfolge durchläuft dabei die folgenden Komponenten:

Localhost (Prüfung gegenüber sich selbst)

1. Lokaler DNS-Name Cache des Clientcomputers
2. **hosts-Datei** des Clientcomputers
3. **DNS-Server** im Netzwerk
4. Lokaler NetBIOS-Name Cache des Clientcomputers
5. **WINS-Server** im Netzwerk (soweit dazu konfiguriert)
6. **Lokaler** (segmentinterner) **Broadcast**
7. **Lmhosts-Datei** des Clientcomputers

Sollte der vom Anwender angegebene Namen innerhalb dieser Komponenten nicht in die entsprechende IP-Adresse übersetzt worden sein, so erhält der Anwender eine entsprechende Fehlermeldung.

HINWEIS ➲ Die oben dargestellte Namensauflösungsreihenfolge setzt voraus, dass diese auf IPv4 basiert, und deshalb auch noch die Namensauflösungskomponenten für die NetBIOS-Namen verwendet werden können. Bei der reinen IPv6-basierten Namensauflösung entfällt die komplette NetBIOS-Verwendungsmöglichkeit und somit auch alle NetBIOS-Namenbasierte Namensauflösungskomponenten. Das obige Beispiel setzt zudem den Hybrid-(H)-Knotentyp auf dem Clientcomputer voraus, der die Reihenfolge der Komponenten 5 und 6 wie in der Darstellung regelt.

INTERNET ➲ Nähere Informationen zur Namensauflösung unter Windows-Betriebssystemen findet man u. a. auf der Website von Microsoft im Internet unter:

https://docs.microsoft.com/en-us/previous-versions/windows/it-pro/windows-2000-server/cc958818(v=technet.10)

Nachdem wir uns kurz mit der lokalen IP-Konfiguration, sowie dem Namensauflösungsprozess unter Windows Server 2019 befasst haben, ist es nunmehr an der Zeit, sich den in Computernetzwerken notwendigen Infrastrukturdiensten zuzuwenden. Dies umfasst unter anderem auch die Details des für die Namensauflösung in modernen Computernetzwerken eingesetzte Domain Name System Service (DNS-Dienst). Im nächsten Kapitel erhalten Sie Informationen rund um die wichtigsten dieser Dienste unter Windows Server 2019.

KAPITEL 7

Netzwerkinfrastrukturdienste in Windows Server 2019

In den letzten Jahren hat sich der Trend in der IT-Branche hin zum „Cloud-Computing“ fest etabliert. Viele, oftmals global arbeitende, große Unternehmen, aber auch etliche der kleineren, weltweit angesiedelten Firmen haben die Chance ergriffen, den Beschaffungs- und auch den Verwaltungsaufwand der bislang oft selbst noch unterhaltenen Serversysteme in die Hände verschiedener Cloud-Anbieter auszulagern. Hierdurch lassen sich Investitionen in Serversysteme und -dienste in den modernen Computernetzwerken problemlos auf mehrere Jahre aufteilen. Verschiedene Hochrechnungen und auch Studien haben jedoch gezeigt, dass sich die geldlichen Vorteile der Migration vorhandener Serversysteme in die „Cloud“ im Internet schon nach rund 5 Jahren umkehren, wodurch die zu Beginn anvisierte Kosteneinsparung dann spätestens quasi „pulverisiert“ wird. Solche „Langzeitprognosen“, sowie beispielsweise auch Faktoren rund um den Datenschutz führen dazu, dass sich doch viele Unternehmen gegen eine Auslagerung ihrer bislang selbst betriebenen Serversysteme in die Cloud im Internet aussprechen.

Eines aber haben die modernen Computernetzwerke, ob in der Cloud im Internet, oder lokal in den weltweit angesiedelten Unternehmen selbst, gemeinsam - darin werden vielzählige Serverrollen bereitgestellt. Damit die Kommunikation zwischen den eingesetzten Server und Clientsystemen reibungslos funktioniert, setzt man spezielle

Infrastrukturdienste auf Serversystem im Netzwerk ein. Zu diesen zählen unter anderem:

- **DHCP** (*Dynamic Host Configuration Protocol*) für die dynamische IP-Adressvergabe von IPv4- und/oder IPv6-Adressen für Clientcomputer und Server
- **DNS** (*Domain Name System*) für die Host-basierte Namensauflösung, u.a. in Active Directory-basierten Computernetzwerken

Diese Infrastrukturdienste lassen sich (neben einer Vielzahl weiterer Serverrollen und Funktionen) allesamt auf Serversystemen unter Windows Server 2019 implementieren und betreiben. Die Bereitstellung dieser Dienste kann dabei beispielsweise entweder in einer privaten Cloud im Internet, oder aber auch ganz „pragmatisch" in den lokalen Computernetzwerken in den Unternehmen selbst erfolgen.

Für die mögliche Verwaltung auch großer Netzwerkinfrastrukturen, in denen oft sehr viele, meist auch räumlich verstreute Serversysteme die Rollen eines DHCP- oder auch DNS-Servers übernehmen, hat Microsoft ebenso auch in Windows Server 2019 eine „passende" Lösung eingebaut - **IPAM** (engl. *IP Address Management*).

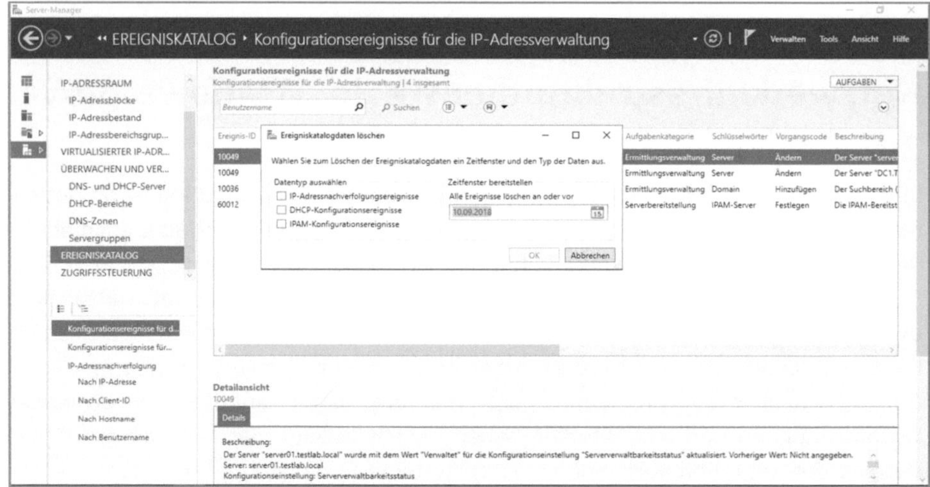

Abb. 7.1: *Zentrale IP-Adressverwaltung mittels IPAM*

Bevor man jedoch IPAM für die zentrale Verwaltung im Computernetzwerk bereitstellt, muss man sich zunächst erst einmal mit der Implementierung und Verwaltung der einzelnen, sicher wichtigsten Infrastrukturdienste unter Windows Server 2019 vertraut machen.

7.1 Adressverwaltung mittels DHCP

Die Computersysteme im modernen Netzwerken müssen sich für die direkte Kommunikation einander „ansprechen", sprich: „adressieren" können. Dies erfolgt in der Regel mithilfe sogenannter IP-Adressen (Internet Protokoll-Adressen). Kombiniert mit den in den Netzwerkkarten der Computersysteme standardmäßig hinterlegten MAC-Adressen (Media Access Control-Adressen) ergibt sich durch die Zuweisung einer IP-Adresse ein für die direkte Kommunikation ansprechbarer, quasi „eindeutiger Adressat".

Die IP-Adressvergabe in den heutigen Computernetzwerken erfolgt häufig dynamisch mithilfe des *Dynamic Host Configuration Protocols* (*DHCP*), welches auch schon zu den Zeiten von Windows NT eingesetzt wurde. Zwar ist es auch auf anderem Wege möglich, die IP-Adressvergabe für Clientcomputer und Serversysteme in Computernetzwerken zu meistern, jedoch birgt diese Art der Adressvergabe einige wichtige Vorteile in sich:

- Vermeiden doppelt vergebener IP-Adressen
- Vermeiden von „Tippfehlern" bei der IP-Adressvergabe
- Geringerer Aufwand bei notwendigen IP-Adressänderungen
- Möglichkeit zur dynamischen Konfiguration weiterer Optionen (bspw. die IP-Adressen von Routern, DNS- oder WINS-Servern)

Dies sind nur einige der Vorteile, die sich durch die dynamische IP-Adressvergabe mithilfe von DHCP in den Computernetzwerken ergeben. Letztlich spart es einfach auch Zeit – und das stellt für viele Administratoren sicher den größten Gewinn dar.

HINWEIS ➲ Der DHCP-Dienst (*Dynamic Host Configuration Protocol*) unter Windows Server 2019 unterstützt die IP-Adressvergabe unter IPv4 als auch IPv6. Da sich IPv6 aktuell in den Unternehmensnetzwerken noch nicht durchgesetzt hat, gehe ich in den nachfolgenden Schritten lediglich auf die IP-Adressvergabe unter IPv4 ein.

Die dynamische IP-Adressvergabe mithilfe eines DHCP-Servers unter Windows Server 2019 ist nicht auf die Windows-Betriebssysteme beschränkt. Clientseitig setzt der DHCP-Dienst lediglich einen (RFC-) kompatiblen, für die dynamische IP-Adressvergabe konfigurierten Client- oder Servercomputer, oder auch Mobile-Phones, Tablet-PCs, Netbooks und ähnliches voraus.

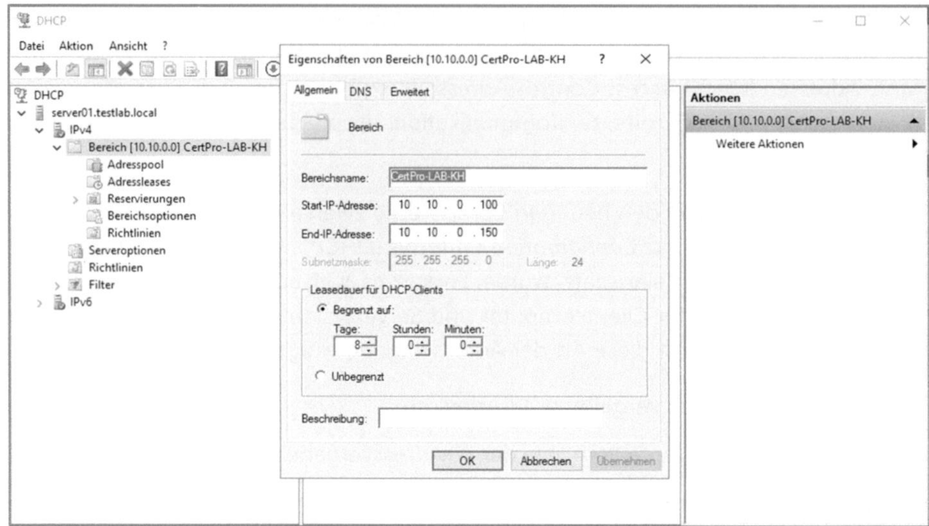

Abb. 7.2: *Verwaltungskonsole für die dynamischen IP-Adressverwaltung mittels DHCP*

7.1.1 Neuerungen und Verbesserungen

In der Serverrolle DHCP hat Microsoft unter Windows Server 2019 keine Neuerungen mehr eingebracht. Die letzten, bedeutenden Neuerungen rund um DHCP fanden sich hingegen noch in Windows Server 2016 als direkten Vorgänger des Windows Server-Betriebssystems. Diese umfassten u. a.:

- **DHCP-Failover** - Zwei DHCP-Server können zum Zwecke des Failover- oder Lastenausgleich die IP-Adressen und Optionskonfigurationen für dasselbe Subnetz oder denselben Bereich bereitstellen. Die beiden DHCP-Server replizieren Lease-Informationen, so dass jeder der Server beispielsweise bei Ausfall des anderen Servers für die im Netzwerk vorhandenen DHCP-Clients zur Verfügung steht. Diese Funktion erfordert keinerlei Clusterkonfiguration, wie dies zwecks Failover des DHCP-Servers in den vorangegangenen Windows-Betriebssystemen noch der Fall war, so dass die Lösung sich auch in kleineren Computernetzwerken kostengünstig implementieren lässt.
- **Richtlinienbasierte Zuweisung** - Die richtlinienbasierte Zuweisung in DHCP unter Windows Server 2019 ermöglicht die spezifische Zuordnung von IP-Adressen oder auch einzelne DHCP-Optionen für bestimmte DHCP-Clientcomputer. Die hierzu notwendige Auswertung vollzieht der DHCP-Server anhand bestimmter, durch den Administrator festgelegten Werte wie der MAC-Adresse, der Client-ID oder auch bestimmter Hersteller- oder Benutzerklassen.
- **Windows PowerShell-Cmdlets für DHCP** - Die Windows PowerShell 5.1 unter Windows Server 2019 verfügt wiederum über eine Vielzahl an Befehlen (Cmdlets) zur Verwaltung und Konfiguration der DHCP-Rolle.

- **Keine Unterstützung mehr für NAP** - Microsoft hat die Unterstützung von NAP (Network Access Protection) bereits unter Windows Server 2016 vollständig aus dem Windows-Serverbetriebssystem entfernt. Damit fällt auch die Unterstützung von NAP durch den DHCP-Dienst, wie dies ehemals noch in Windows Server 2012 R2 der Fall war, weg.
- **DHCP-Subnetz-Auswahloptionen** - DHCP unter Windows Server 2019 unterstützt jetzt die Optionen 118 und 82. Diese Optionen erlauben es, dass DHCP-Proxy-Clients und -Relay-Agents eine IP-Adresse für ein bestimmtes Subnetz und von einem bestimmten IP-Adressbereich anfordern können.

INTERNET ➲ Details zur DHCP-Subnetz-Auswahl, sowie auch zu weiteren Details rund um DHCP in Windows Server 2019 bzw. Windows Server 2016 finden sich in der Website von Microsoft im Internet unter:

https://docs.microsoft.com/de-de/windows-server/networking/technologies/dhcp/what-s-new-in-dhcp

7.1.2 Installation von DHCP

Installation auch unter Server Core möglich

DHCP steht unter Windows Server 2019 als Serverrolle zur Verfügung. Die Implementierung der Rolle unterscheidet sich prinzipiell erst einmal kaum von der unter Windows Server 2008 oder Windows Server 2008 R2. Einzig wird die Konfiguration der DHCP-Serverrolle, die noch unter Windows Server 2008 R2 teilweise gleich während der Installation der Rolle durchgeführt werden konnte, in Windows Server 2019 (wie zuvor bereits auch unter Windows Server 2016 oder auch unter Windows Server 2012 R2) erst nach der Installation durchgeführt.

Achten Sie vor der Installation der DHCP-Rolle unbedingt darauf, dass das dafür geplante Serversystem selbst über eine statische IP-Konfiguration verfügt. DHCP lässt sich in der Regel problemlos neben anderen Serverrollen auf einem Serversystem unter Windows Server 2019 betreiben.

HINWEIS ➲ DHCP lässt sich einerseits auf einem vollwertig installierten Serversystem unter Windows Server 2019 oder im Bedarfsfall auch auf Serversystemen als Server Core-Installation implementieren.

7.1.2.1 Installation der DHCP-Serverrolle

In einem ersten Schritt muss man die DHCP-Serverrolle auf dem betreffenden Serversystem unter Windows Server 2019 durchführen.

Gehen Sie wie folgt vor, um die DHCP-Serverrolle auf einem Serversystem unter Windows Server 2019 mithilfe des *Assistenten zum Hinzufügen von Rollen und Features* im grafischen Server-Manager hinzuzufügen:

1. Melden Sie sich als *Administrator* am Serversystem unter Windows Server 2019 an.

2. Öffnen Sie den *Server-Manager* (soweit dies nicht automatisch geschieht) über einen Klick in der *Taskleiste* auf das **Symbol für den Server-Manager** bzw. im *Startbildschirm* auf die entsprechende **Kachel**.
3. Klicken Sie oben im *Server-Manager* auf **Verwalten**, und dann auf **Rollen und Features hinzufügen**.
4. Klicken Sie im Dialog *Vorbemerkungen* auf **Weiter**.
5. Wählen Sie im Dialog *Installationstyp auswählen* die Option **Rollenbasierte oder featurebasierte Installation**, und klicken Sie auf **Weiter**.
6. Klicken Sie im Dialog *Zielserver auswählen* auf den Namen des gewünschten Servers, und klicken Sie dann auf **Weiter**.
7. Aktivieren Sie das Kontrollkästchen vor *DHCP-Server*, und klicken Sie auf **Features hinzufügen**, um die Installation der DHCP-Servertools zu bestätigen. Klicken Sie anschließend auf **Weiter**.

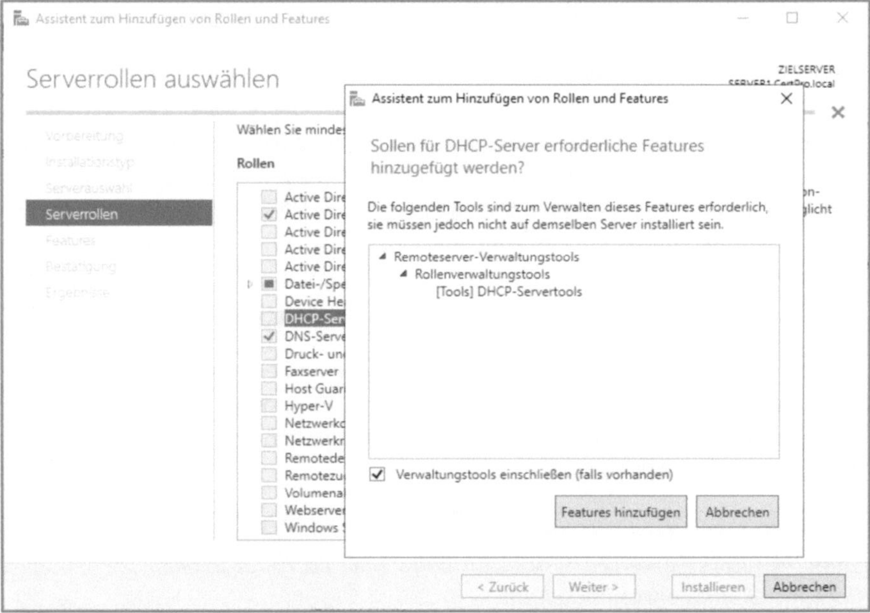

Abb. 7.3: *Auswahl der DHCP-Serverrolle im Assistent zum Hinzufügen von Rollen und Features des Server-Managers unter Windows Server 2019*

8. Klicken Sie im Dialog *Features auswählen* auf **Weiter**.
9. Klicken Sie im Dialog *DHCP-Server* auf **Weiter**.
10. Klicken Sie auf **Installieren**, um die Installationsauswahl zu bestätigen.
11. Klicken Sie auf **Schließen**, um den Dialog *Assistent zum Hinzufügen von Rollen und Features* zu schließen.

Die erfolgreiche Installation der DHCP-Serverrolle wird in der oberen *Befehlsleiste* des Server-Managers durch einen Klick auf das **Fahnensymbol** angezeigt.

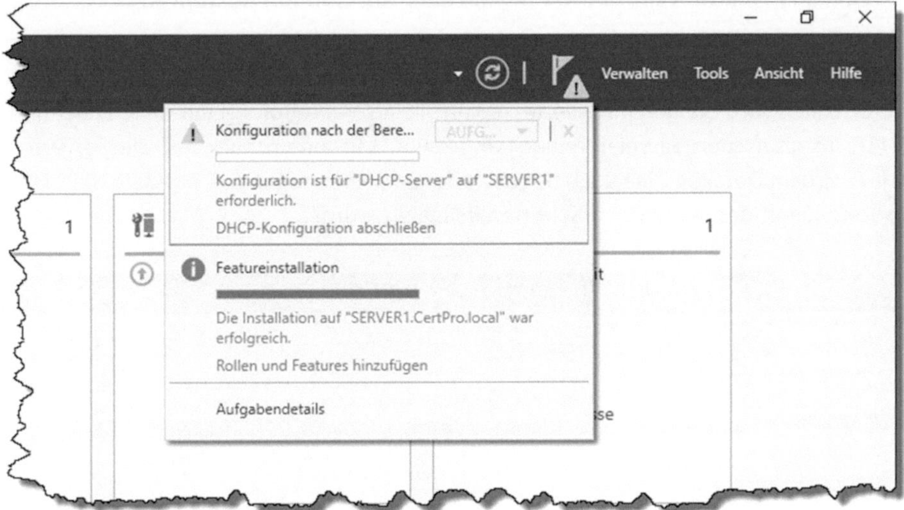

Abb. 7.4: *Anzeige der erfolgreichen Installation sowie der notwendigen Nachkonfiguration der DHCP-Serverrolle im grafischen Server-Manager*

Alternativ lässt sich zum Installieren von Rollen und Features das Windows PowerShell-CmdLet **`Install-WindowsFeature`** auf einem Server unter Windows Server 2019 verwenden. Details hierzu findet man in der Hilfe des CmdLets in der Windows PowerShell.

7.1.2.2 Abschluss der DHCP-Konfiguration

Nach der Installation der DHCP-Serverrolle auf einem Serversystem unter Windows Server 2019 muss man im nachfolgenden Schritt noch die DHCP-Konfiguration abschließen. In diesem Zusammenhang wird das betreffende Serversystem in den Active Directory-Domänendiensten zur Vergabe von IP-Adressen an Computersysteme im Netzwerk autorisiert, und es werden in diesem Zuge ebenso noch lokale Sicherheitsgruppen erstellt, um die Verwaltung der Dienste später im Bedarfsfall entsprechend delegieren zu können.

Gehen Sie zum Abschluss der Installation der DHCP-Dienste im grafischen Server-Manager unter Windows Server 2019 wie folgt vor:

1. Klicken Sie in der nach der Installation über das *Fahnensymbol* angezeigten Meldung auf die Verknüpfung **DHCP-Konfiguration abschließen**.

2. Klicken Sie in Dialog *Beschreibung* auf **Weiter**.

3. Geben Sie, falls notwendig, die *Anmeldedaten* eines Benutzerkontos mit administrativen Rechten zum Autorisieren des DHCP-Servers in den Active Directory-Domänendiensten ein, und klicken Sie dann auf **Commit ausführen**.

4. Klicken Sie im Dialog *Zusammenfassung* auf **Schließen**.

Im Anschluss wird die neu installierte Serverrolle als Verknüpfung mit der Bezeichnung *DHCP* im grafischen Server-Manager angezeigt. Mit einem Klick auf die Serverrolle DHCP wird im Detailbereich auch der betreffende Server angezeigt, auf dem die DHCP-Serverrolle mit den vorherigen Schritten installiert wurde.

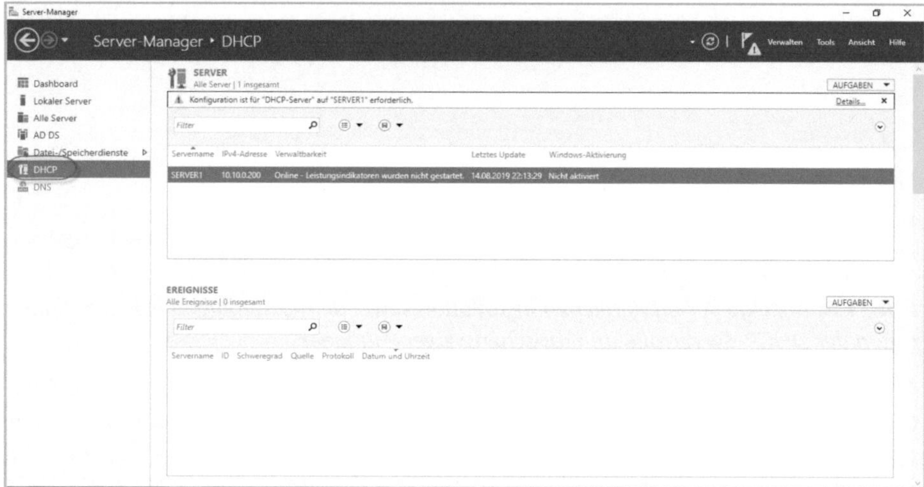

Abb. 7.5: *Hinweis auf ausstehende Konfiguration der DHCP-Serverrolle*

7.1.3 Autorisierung des DHCP-Dienstes

Schutzfunktion vor nicht-autorisierter IP-Adressvergabe

Ein DHCP-Server muss, insoweit er in einer Umgebung der Active Directory-Domänendienste (engl. *Active Directory-Domain Services, AD DS*) eingesetzt wird, in diesen zur IP-Adressvergabe autorisiert werden. Die Autorisierung erfolgt i.d.R. gleich im Anschluss an die Installation der DHCP-Rolle, wie dies in dem vorherigen Punkt auch aufgezeigt wurde.

Wenn Sie die Installation der DHCP-Rolle unter dem Benutzerkontext eines anderen Benutzers, wie beispielsweise dem lokalen Administrator des Servers, durchgeführt haben, so müssen Sie die Autorisierung noch manuell durchführen.

Gehen Sie unter Windows Server 2019 für die nachträgliche, manuelle Autorisierung des DHCP-Dienstes in den Active Directory-Domänendiensten (AD DS) wie folgt vor:

1. Melden Sie sich mit einem Benutzerkonto mit *Domänenadministrator-Rechten* am Serversystem unter Windows Server 2019 an.
2. Öffnen Sie im grafischen Server-Manager über einen Klick auf **Tools**, und dann auf **DHCP** den *DHCP-Manager*.
3. Klicken Sie mit der rechten Maustaste auf den *Servernamen*, und wählen Sie im Kontextmenü den Eintrag **Autorisieren**.

Die Autorisierung in den Active Directory-Domänendiensten (*AD DS*) wird im Hintergrund automatisch durchgeführt. Sobald die Autorisierung erfolgt ist, kann der DHCP-Server IP-Adressen an anfragende DHCP-Clientcomputer ausgeben.

7.1.4 Verwaltung von DHCP

Die Verwaltungskonsole für den installierten DHCP-Dienst wird auf dem Serversystem unter Windows Server 2019 automatisch in den Server-Manager verknüpft. Anschließend kann die Konfiguration und Verwaltung des DHCP-Dienstes somit direkt aus dem Server-Manager heraus vorgenommen werden.

INTERNET ➲ Der auf einem Serversystem unter Windows Server 2019 installierte DHCP-Dienst lässt sich problemlos beispielsweise auch von einem anderen Serversystem unter Windows Server 2019 remote verwalten. Alternativ kann man auch einen Clientcomputer unter Windows 10 für die Remoteverwaltung der DHCP-Serverrolle verwenden. Dazu muss man zuvor allerdings erst noch die *Remote Server-Verwaltungstools* (engl. *Remote Server Administration Tools, RSAT*) auf dem Clientcomputer installieren bzw. aktivieren. Unter Windows 10 ab der Version 1809 (oder höher) stehen die RSAT-Komponenten zur Aktivierung als „optionale Features" (engl. „Features on Demand", FOD) zur Verfügung, und können im Bedarfsfall aktiviert werden.

Die Remote Server-Verwaltungstools (RSAT) für Windows 10 in der Version bis einschließlich 1803 findet man zum kostenfreien Download im Internet unter:

https://www.microsoft.com/de-de/download/details.aspx?id=45520

Die Verwaltung der unter Windows Server 2019 installierten DHCP-Rolle kann man bei Bedarf bis zu einem bestimmten Maß auch von einem Clientcomputer unter Windows 7 oder von einem Serversystem unter Windows Server 2008 (R2) aus durchführen - dabei stehen in den „alten" Verwaltungskonsolen dann aber nicht alle neuen Features zur Verfügung.

HINWEIS ➲ Die neueren Funktionen, wie DHCP-Failover und auch die richtlinienbasierte Zuweisung stehen in den Verwaltungskonsolen älterer Betriebssysteme als Windows Server 2012 nicht zur Verfügung, wodurch dies die Verwaltungsfunktionalität der Serverrolle in der Praxis einschränkt. Dies sollte man bei der Auswahl der Verwaltungswege und Werkzeuge unbedingt berücksichtigen.

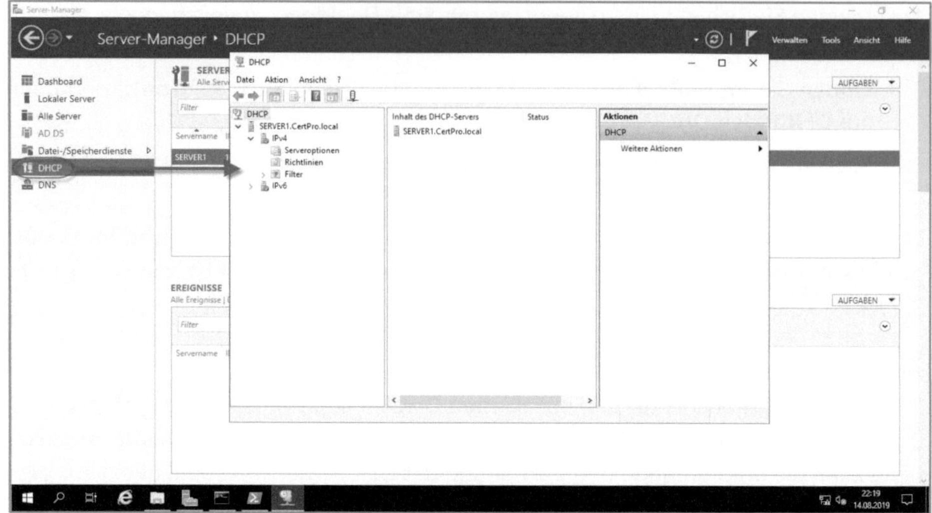

Abb. 7.6: *Die neu installierte Serverrolle DHCP im Server-Manager*

Nach der erfolgreichen Installation kann man mit der Verwaltung des DHCP-Dienstes beginnen. Die grundlegende Verwaltung ist prinzipiell identisch mit der unter den vorangegangenen Windows-Betriebssystemen.

Zur Verwaltung stehen unter Windows Server 2019 verschiedene Werkzeuge zur Verfügung:

- **DHCP-Manager** - grafische Verwaltungskonsole, die auch direkt über den Server-Manager in Windows Server 2019 aufgerufen werden kann.
- **netsh** - kommandozeilenbasiertes Verwaltungstool, das bereits in älteren Betriebssystemversionen enthalten war.
- **Windows PowerShell-Modul *DHCPServer*** - enthält umfangreiche Windows PowerShell-Befehle für die Installation und Verwaltung der DHCP-Serverrolle.

Unter Windows Server 2019 ermöglicht das jeweils im Umfang enthaltene Windows PowerShell-Modul **DHCPServer** insbesondere in sehr großen Computernetzwerken die Automatisierung der Installation und Verwaltungsschritte für die DHCP-Rolle.

7.1.4.1 Öffnen der Konsole DHCP-Manager

Den *DHCP-Manager* als grafische Verwaltungskonsole für die DHCP-Rolle können Sie entweder durch einen Klick mit der rechten Maustaste auf den Server im Abschnitt *SERVER* der *DHCP*-Serverrolle aus dem Kontextmenü, oder aber über eine Klick auf **Tools** in der Befehlsleiste des Server-Managers unter der Bezeichnung *DHCP* aufrufen.

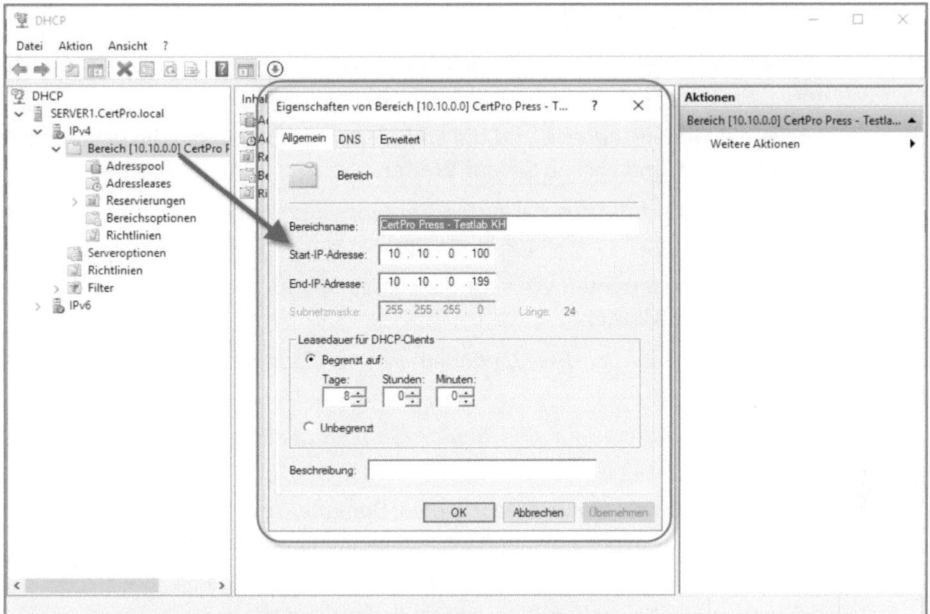

Abb. 7.7: *Konfiguration eines neuen IP-Adressbereichs in der DHCP-Verwaltungskonsole*

Im Rahmen der Verwaltung des DHCP-Dienstes können Sie neue IP-Adressbereiche erstellen, Server- oder Bereichsoptionen definieren oder auch die Sicherung der DHCP-Datenbank manuell durchführen. Die notwendigen Verwaltungsschritte hierzu sind mit denen in vorherigen Windows-Betriebssystemen prinzipiell identisch.

Verwaltung auch mithilfe der Windows PowerShell möglich

7.1.4.2 Erstellen eines neuen IP-Adressbereiches

Damit ein DHCP-Server IP-Adressen an anfragende DHCP-Clientcomputer ausgeben kann, muss man in diesem zuvor einen entsprechenden IP-Adressbereich anlegen. Hierbei kann man sogleich auch weitere Optionen, wie die IP-Adresse eines Routers (*Standardgateway*), sowie auch die IP-Adresse eines DNS-Servers für die Namensauflösung im Netzwerk konfigurieren. Diese Informationen werden den anfragenden Computersystemen parallel zu der jeweiligen IP-Adresse im Verlauf des Leasevorgangs übermittelt.

Gehen Sie wie folgt vor, um einen neuen IP-Adressbereich für IPv4-Adressen im DHCP-Manager unter Windows Server 2019 zu erstellen:

1. Melden Sie sich als Administrator am Server an, und öffnen Sie den *DHCP-Manager*.
2. Erweitern Sie den *Servernamen*, klicken Sie mit der rechten Maustaste auf **IPv4**, und wählen Sie im Kontextmenü den Eintrag **Neuer Bereich...**

3. Klicken Sie im *Willkommen-Bildschirm* auf **Weiter**.
4. Geben Sie den *Namen*, sowie (optional) eine *Beschreibung* ein, und klicken Sie auf **Weiter**.
5. Geben Sie die *Start-IP-Adresse* und die *End-IP-Adresse*, sowie die die gewünschte *Subnetzmaske* ein, und klicken Sie auf **Weiter**.
6. Geben Sie bei Bedarf die aus der Lease-Vergabe auszuschließenden IP-Adressen mittels der *Start- und End-IP-Adresse* an, und klicken Sie auf **Weiter**.
7. Geben Sie den gewünschten Wert für die *Leasedauer* an (standardmäßig 8 Tage), und klicken Sie auf **Weiter**.
8. Wählen Sie die Option *Ja, diese Optionen jetzt konfigurieren*, und klicken Sie auf **Weiter**.
9. Geben Sie die *IP-Adresse* für den *Router (Standardgateway)* an, klicken Sie auf **Hinzufügen**, und dann auf **Weiter**.
10. Geben Sie den Namen der *übergeordneten Domäne*, sowie bei Bedarf noch die IP-Adresse des *DNS-Servers* ein, und klicken Sie dann auf **Weiter**.
11. Geben Sie bei Bedarf die IP-Adresse eines *WINS-Server* ein, klicken Sie dann auf **Hinzufügen** (soweit zutreffend), und anschließend auf **Weiter**.
12. Wählen Sie unter *Bereich aktivieren* die gewünschte Option, und klicken Sie auf **Weiter**.
13. Klicken Sie auf **Fertig stellen**, um die Konfiguration abzuschließen.

Nach dem Erstellen und der Konfiguration eines IP-Adressbereiches können die darin enthaltenen IP-Adressen an anfragende DHCP-Clientcomputer vergeben werden. Zur Adressvergabe muss der betreffende IP-Adressbereich aktiviert sein. Falls Sie dies während des Anlegens noch nicht durchgeführt haben, so können Sie dieses über einen Klick mit der rechten Maustaste auf den betreffenden *Bereich*, und der Auswahl der Option **Aktivieren** im Kontextmenü einfach durchführen.

7.1.5 Konfiguration von DHCP-Clients

Damit ein Computersystem unter Windows 10, Windows Server 2019, sowie auch älteren Client- oder auch Windows-Serverbetriebssystemen als DHCP-Client eine IP-Adresse von einem DHCP-Server empfangen kann, muss man den Netzwerkadapter des betreffenden Computersystems lediglich auf die Option *IP-Adresse automatisch beziehen* einstellen. Dies gilt gleichlautend natürlich auch ebenso für Windows-Serversysteme, wobei man diese in der Praxis jedoch in der Regel mit statischen IP-Adressen konfigurieren sollte.

HINWEIS ➲ Die aktuellen Windows-Betriebssysteme, wie Windows Server 2019, oder auch Windows 10, sind seitens der Netzwerkeinstellungen gleich nach der Installation standardmäßig für die dynamische IP-Adressvergabe konfiguriert.

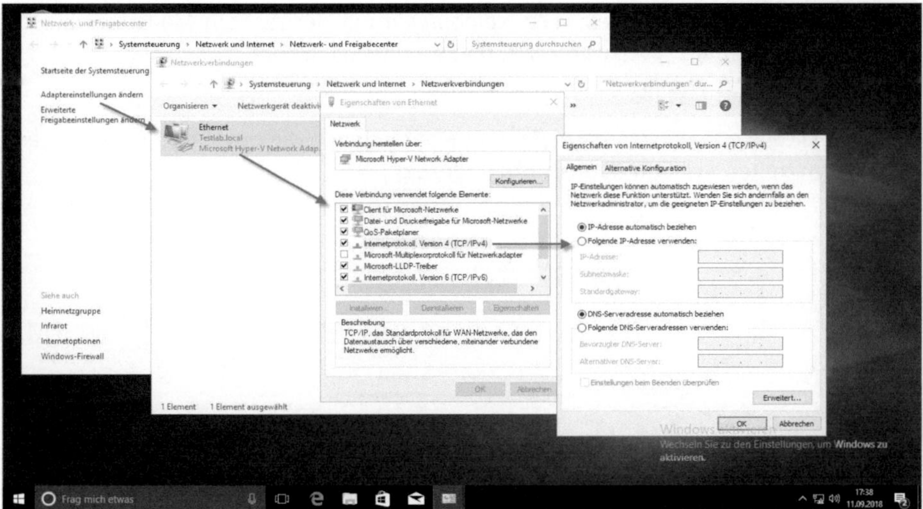

Abb. 7.8: *Konfiguration von Windows 10 als DHCP-Client für das automatische Beziehen von IP-Adressen über einen DHCP-Server*

7.1.5.1 Einzelschritte zur Konfiguration von Windows 10-DHCP-Clients

Gehen Sie auf einem Computersystem unter Windows 10 - soweit nicht bereits standardmäßig so voreingestellt - wie folgt vor, um die darin befindliche Netzwerkkarte für die automatische IP-Adressvergabe mittels DHCP zu konfigurieren:

1. Melden Sie sich als Administrator am Computer unter Windows 10 an.
2. Klicken Sie zum Öffnen des *Startmenüs* auf den **Windows-Start**-Button, und dann auf das „**Zahnrad**"-Symbol zum Aufruf der *Einstellungen*.
3. Klicken Sie auf Netzwerk und Internet, scrollen Sie im Abschnitt Status mit der Maus nach unten, und klicken Sie auf **Netzwerk- und Freigabecenter**.
4. Klicken Sie auf **Adaptereinstellungen ändern**.
5. Klicken Sie mit der rechten Maustaste auf den *Netzwerkadapter (*beispielsweise *Ethernet)*, und wählen Sie die **Eigenschaften**.
6. Klicken Sie auf **Internetprotokoll Version 4 (TCP/IPv4)**, und dann auf **Eigenschaften**.
7. Wählen Sie die Option **IP-Adresse automatisch beziehen**, sowie **DNS-Serveradresse automatisch beziehen**, und klicken Sie auf **OK**.
8. Klicken Sie im *Eigenschaften*-Dialog der Netzwerkkarte auf **Schließen**.

7.1.5.2 Überprüfung der IP-Adressvergabe am DHCP-Client

Sie können die im Hintergrund erfolgte IP-Adressvergabe im Clientcomputer unter Windows 10 kontrollieren. Gehen Sie dazu wie folgt vor:

1. Klicken Sie im Dialog *Netzwerkverbindungen* mit der rechten Maustaste auf die zuvor konfigurierte *Netzwerkkarte*, und wählen Sie **Status**.
2. Klicken Sie auf **Details**.
3. Im Dialog *Netzwerkverbindungsdetails* werden Ihnen die durch den Leasevorgang übermittelten Konfigurationswerte angezeigt.

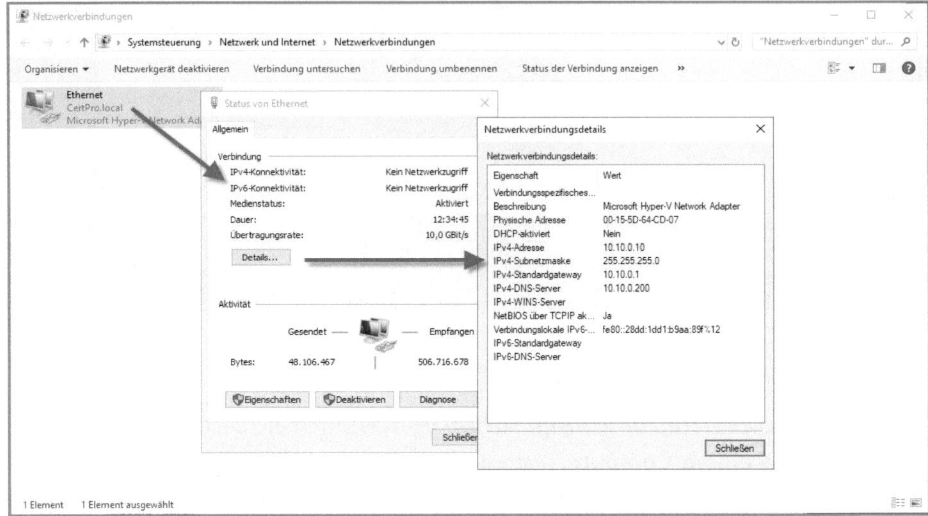

Abb. 7.9: *Anzeigen der durch den DHCP-Leasevorgang übermittelten Konfigurationseinstellungen der Netzwerkkarte*

Jederzeit manuelle IP-Konfiguration möglich

Im Bedarfsfall kann man die dynamisch bezogene IP-Adresse jederzeit durch eine manuell konfigurierte, statische IP-Adresse ersetzen. Auch dieses Konzept konnte so u. a. bereits zu Zeiten von Windows NT angewendet werden.

7.1.6 Weitere Features in DHCP

Wenn man die DHCP-Verwaltungskonsole öffnet, so findet man darin einige, für den praktischen Einsatz sicher interessante Features, die teils sogar bereits unter Windows Server 2008 R2 in die DHCP-Rolle eingeführt wurden. Diese beziehen sich in erster Linie auf die Sicherheit, so dass sich ihre Verwendung mitunter sogar in kleineren oder mittleren Netzwerken anbietet. Die wichtigsten der Features werden in den nächsten Seiten kurz dargestellt.

7.1.6.1 DHCP-Namensschutz

In den Eigenschaften von IPv4 und auch IPv6 besteht die Möglichkeit der Aktivierung der Option *DHCP-Namensschutz*, welche in Verbindung mit der Konfiguration sicherer dynamischer Updates in DNS für die betreffende DNS-Namenszone für einen reibungsloseren Ablauf der Namensregistrierung und Aktualisierung von DHCP-Clients durch den DHCP-Dienst sorgt.

Der DHCP-Namensschutz verhindert das sogenannte *Name-Squatting* (sprich: das Überschreiben eines vorhandenen Host-Eintrages eines Windows-basierten Clientcomputers oder Servers in DNS (*Domain Name System*) durch einen anderen, womöglich Windows-basierten oder nicht-Windows-basierten Clientcomputer oder Server). Der DHCP-Namensschutz kann auf Bereichsebene oder auf IPv4- oder IPv6-Knotenebene aktiviert oder bei Bedarf jederzeit auch wieder deaktiviert werden.

Aktivierung des DHCP-Namensschutzes auf Bereichsebene

Gehen Sie wie folgt vor, um den DHCP-Namensschutz auf Bereichsebene im DHCP-Dienst unter Windows Server 2019 zu aktivieren:

1. Melden Sie sich als Administrator am Server an, und öffnen Sie den *DHCP-Manager*.
2. Erweitern Sie den *Servernamen*, klicken Sie mit der rechten Maustaste auf **IPv4**, und wählen Sie im Kontextmenü den Eintrag **Eigenschaften.**
3. Wechseln Sie zur Registerkarte *DNS* und klicken Sie auf **Konfigurieren**.
4. Aktivieren Sie das Kontrollkästchen *Namensschutz aktivieren* und klicken Sie dann auf **OK**.
5. Klicken Sie anschließend auf **Übernehmen** oder **OK**.

HINWEIS ➲ Weitere Informationen zum DHCP-Namensschutz und auch zu Name-Squatting finden Sie in der Hilfe von Windows Server 2019.

Es existiert noch ein weiteres, interessantes Features im DHCP-Server unter Windows Server 2019, die Filterung auf Ebene von MAC-Adressen.

7.1.6.2 MAC-Adressfilterung

Die MAC-Adressfilterung (auch als Verbindungsschichtfilterung bezeichnet) ermöglicht die Netzwerkzugriffssteuerung für das Ausstellen und Verweigern von DHCP-Leases für IP-Adressen anhand von MAC-Adressen (*Media Access Control*).

HINWEIS ➲ Wie bereits unter Windows Server 2008 R2 (Release 2) kann die Verbindungsschicht-filterung lediglich für IPv4-Bereiche konfiguriert werden. Für IPv6-Bereiche steht diese Funktion (noch) nicht zur Verfügung.

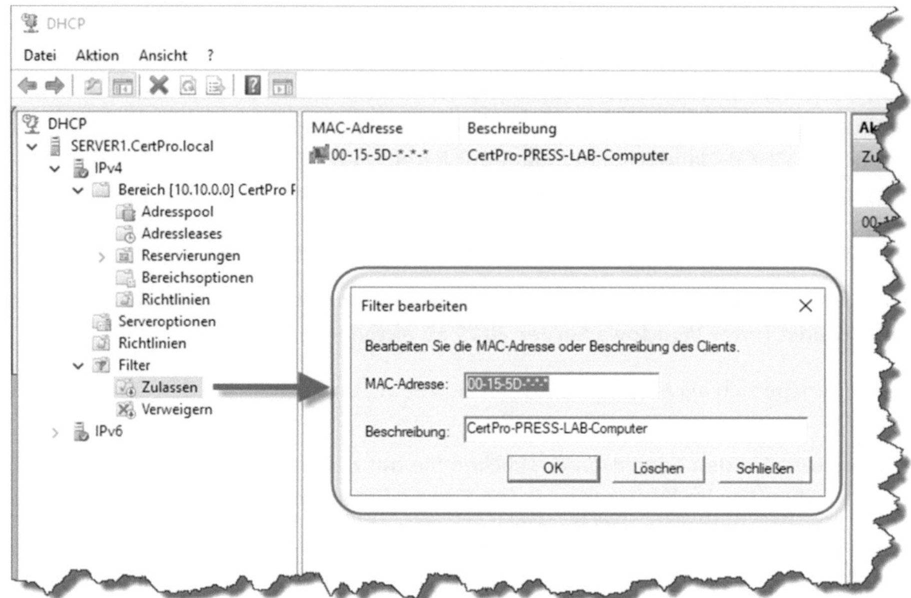

Abb. 7.10: *Dialog zur Konfiguration der MAC-Adressfilterung im DHCP-Manager*

Die Filterung kann hierbei einfach anhand einer definierten Liste von vollständigen MAC-Adressen oder auch anhand von bestimmten *MAC-Adressmustern* (*Platzhaltern*) erfolgen. Alternativ besteht die Möglichkeit der Filterung anhand einer vordefinierten Filterliste ausgeschlossener Hardwaretypen.

Unterstützte MAC-Adressmuster

DHCP unter Windows Server 2019 unterstützt die folgenden, zulässigen MAC-Adressmuster (Platzhalter):

- 00-15-5D-*-*-*
- 00-15-5D-64-*-*
- 00-15-5D-64-0C-*
- 00155D640C07
- 0015*

Konfiguration eines neuen MAC-Adressfilters

Gehen Sie wie folgt vor, um einen neuen Filter für MAC-Adressen im DHCP-Dienst unter Windows Server 2019 zu erstellen:

1. Melden Sie sich als Administrator am Server an, und öffnen Sie den *DHCP-Manager*.

2. Doppelklicken Sie in der Konsole auf den *Servernamen* und anschießend auf **IPv4**.
3. Doppelklicken Sie auf **Filter**, um die Struktur zu erweitern. Klicken Sie anschließend mit der rechten Maustaste auf **Zulassen** oder **Verweigern**.
4. Wählen Sie im Kontextmenü den Eintrag *Neuer Filter...* geben Sie dann im Dialogfenster die gewünschte MAC-Adresse bzw. das MAC-Adressmuster ein und klicken Sie anschließend auf **Hinzufügen**.
5. Beenden Sie das Dialogfenster über einen Klick auf die Schaltfläche **Schließen**.

HINWEIS ➲ Damit der neu erstellte MAC-Adressfilter angewendet werden kann, muss die MAC-Adressfilterung im DHCP-Dienst unter Windows Server 2019 erst noch aktiviert werden. Standardmäßig ist die Filterung von MAC-Adressen deaktiviert.

Aktivierung der MAC-Adressfilterung

Gehen Sie wie folgt vor, um die MAC-Adressfilterung im DHCP-Dienst unter Windows Server 2019 zu aktivieren:

1. Melden Sie sich als Administrator am Server an, und öffnen Sie den *DHCP-Manager*.
2. Doppelklicken Sie in der Konsole auf den *Servernamen*.
3. Klicken Sie mit der rechten Maustaste auf **IPv4** und klicken Sie dann auf **Eigenschaften**.
4. Klicken Sie auf **Filter**, aktivieren Sie das Kontrollkästchen *Liste „Zulassen" aktivieren* oder *Liste „Verweigern" aktivieren*.
5. Klicken Sie auf **Übernehmen** oder **OK**.

Anhand des definierten MAC-Adressfilters kann der DHCP-Dienst nunmehr genau entscheiden, welchem der anfragenden Geräte er eine IP-Adresse aus dem IPv4-Adressbereich zuweisen bzw. welchem der Geräte er das Ausstellen verweigern darf.

Zugegeben, die MAC-Adressfilterung, wie auch der DHCP-Namensschutz stellt in Computernetzwerken sicher kein „Allheilmittel" dar, aber auf jeden Fall ist das einen weiterer „Baustein" bei der Implementierung von Sicherheitsmaßnahmen gegen Hacker-Angriffe.

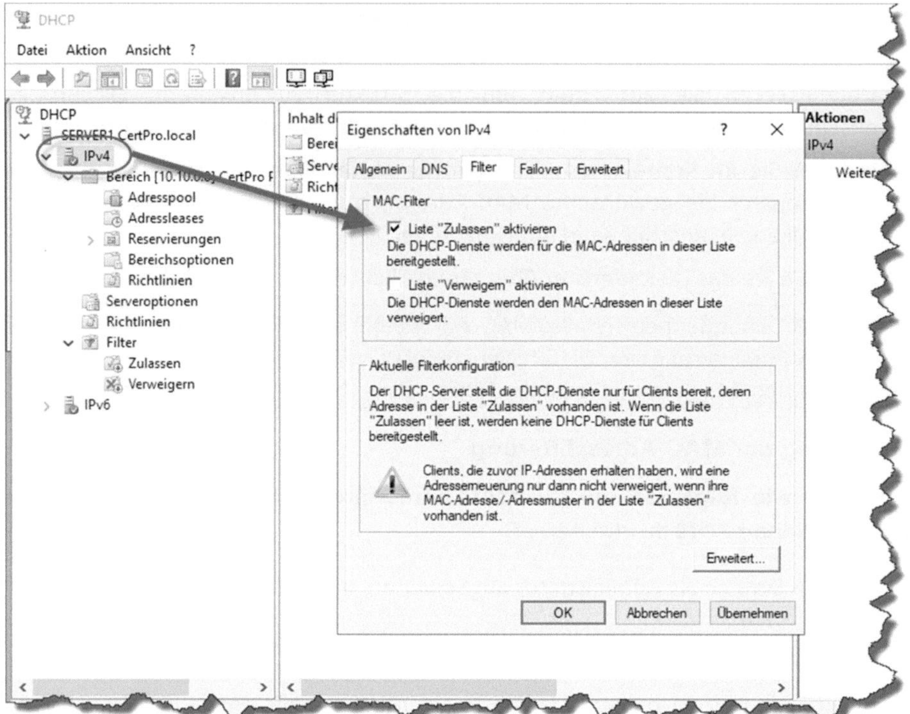

Abb. 7.11: *Aktivieren der MAC-Adressfilter im DHCP-Dienst unter Windows Server 2019*

7.1.7 Entfernen des DHCP-Dienstes

Im Bedarfsfall kann man den DHCP-Dienst als Serverrolle von einem Server unter Windows Server 2019 wieder entfernen.

HINWEIS ➲ Beim Entfernen des DHCP-Dienstes gehen alle darin konfigurierten IP-Adressbereiche und aktive IP-Adressleases verloren.

Gehen Sie wie folgt vor, um die DHCP-Serverrolle auf einem Serversystem unter Windows Server 2019 mithilfe des *Assistenten zum Entfernen von Rollen und Features* im grafischen Server-Manager entfernen:

1. Melden Sie sich als *Administrator* am Serversystem unter Windows Server 2019 an.
2. Öffnen Sie den *Server-Manager* (soweit dies nicht automatisch geschieht) über einen Klick in der *Taskleiste* auf das **Symbol für den Server-Manager** bzw. im *Startbildschirm* auf die entsprechende **Kachel**.
3. Klicken Sie oben im *Server-Manager* auf **Verwalten**, und dann auf **Rollen und Features entfernen**.
4. Klicken Sie im Dialog *Vorbemerkungen* auf **Weiter**.

5. Klicken Sie im Dialog *Zielserver auswählen* auf den Namen des gewünschten Servers, und klicken Sie dann auf **Weiter**.
6. Deaktivieren Sie das Kontrollkästchen vor *DHCP-Server*, und klicken Sie auf **Features entfernen**, um die Deinstallation der DHCP-Servertools zu bestätigen. Klicken Sie anschließend auf **Weiter**.
7. Klicken Sie im Dialog *Features entfernen* auf **Weiter**.
8. Bestätigen Sie Ihre Auswahl im Dialogfenster *Entfernungsauswahl bestätigen* über einen Klick auf die Schaltfläche **Entfernen**.
9. Klicken Sie nach Abschluss des Vorgangs im Dialogfenster *Entfernungsergebnis* auf **Schließen**.

INTERNET ➲ Weitere Informationen zu DHCP unter Windows Server 2019 erhalten Sie in der Website von Microsoft unter:

https://docs.microsoft.com/de-de/windows-server/networking/technologies/dhcp/what-s-new-in-dhcp

Nach dem Einrichten des DHCP-Dienstes für die IP-Adressvergabe ist es nunmehr an der Zeit, sich mit dem aktuell verwendeten und für die Funktionalität der Active Directory-Domänendienste „lebensnotwendigen" Namensauflösungsdienst, dem Domain Name System (*DNS*) zu befassen.

7.2 Namensauflösung mit DNS

DNS ist für Active Directory unverzichtbar

In den Anfängen basierten Windows-Netzwerke seitens der Namensauflösung im Prinzip komplett auf NetBIOS. Selbst die Domänen unter Windows NT 4.0 ließen sich noch vollständig mithilfe der NetBIOS-Namensauflösung betreiben. Erst mit der Einführung von Active Directory unter Windows 2000 hat sich Microsoft dazu entschlossen, DNS (*Domain Name System*), welches im Schwerpunkt für die Namensauflösung im Internet verwendet wurde, auch für die standardmäßige Namensauflösung in den domänenbasierten Computernetzwerken zu verwenden. Die Active Directory-Domänendienste (engl. *Active Directory Domain Services, AD DS*) setzen seitens der darin verwendeten Namensstrukturen vollständig auf dem Domain Name System (*DNS*) auf.

Die DNS-Infrastruktur wird innerhalb von Active Directory-Gesamtstrukturen beispielsweise für die Suche nach Ressourcen, aber ebenso auch zum Lokalisieren von Domänencontrollern für die Anmeldevorgänge von Benutzern und Computern in den Active Directory-Domänen verwendet. Auch nutzen viele der BackOffice-Anwendungen, wie zum Beispiel Microsoft Exchange Server 2019, die DNS-Namensauflösung für das Lokalisieren der Benutzerpostfächer über den globalen Katalog von Active Directory sowie auch für den Empfang und Versand von E-Mail-Nachrichten. Der SharePoint Server 2019 stellt seine Ressourcen über die Namensauflösung mittels DNS ebenso bereit.

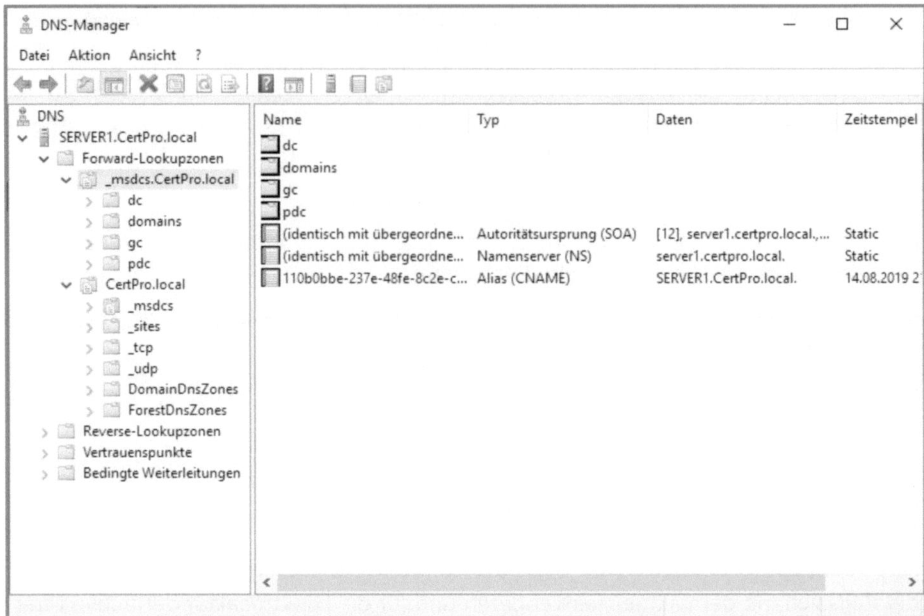

Abb. 7.12: *Verwaltung der DNS-Serverrolle im DNS-Manager*

Eine Active Directory-Infrastruktur ist völlig von einer funktionalen DNS-Infrastruktur abhängig, so dass man sich zwangsläufig intensiv auch mit den notwendigen Schritten für die Bereitstellung und Verwaltung der DNS-Dienste unter Windows Server 2019 vertraut machen muss.

7.2.1 Neuerungen und Verbesserungen in DNS

Unter Windows Server 2019 hat Microsoft keine Neuerungen oder Verbesserungen in die DNS-Serverrolle eingearbeitet. Zuvor jedoch bereits unter Windows Server 2016 hatten sich im Domain Name System (DNS) einige, für die Praxis teils doch wichtige Neuerungen eingefunden. Zu diesen zählen u. a.:

- **DNS-Richtlinien** - Diese können konfiguriert werden, um anzugeben, wie ein DNS-Server auf DNS-Abfragen reagieren soll. DNS-Antworten können dabei basierend auf Client-IP-Adresse (sprich: nach Standort des anfragenden Computers), der Tageszeit, sowie weiterer Parameter erfolgen. Die Konfiguration der DNS-Richtlinien erfolgt dabei mithilfe der Windows PowerShell.
- **Response Rate Limiting (RRL)** (*Antworten beschränken*) - Zum Schutze des Missbrauchs eines DNS-Servers für mögliche Denial of Service (DOS)-Angriffe gegen anderen Computersysteme kann man die Antworten des Servers seitens der Übertragungsrate begrenzen.
- **DNS-basierte Authentifizierung von benannten Entitäten** (engl. *DNS-based Authentication of Named Entities, DANE*) - Man kann TLSA (Transport Layer Security

Authentication)-Einträge verwenden, um das Zertifikat des Zielsystems mittels DNSSec zu prüfen. Dies soll dazu dienen, sogenannte Man-in-the-Middle-Angriffe in Form von „DNS-Cache-Poisoning"-Attacken zu verhindern, mit denen ein Angreifer den DNS-Cache von anfragenden Clientcomputern mit falschen Einträgen „verseucht", um diese zu seinen eigenen Webseiten umzuleiten.

- **Unterstützung von IPv6-Stammhinweisen** - DNS-Server unter Windows Server 2016 unterstützen nunmehr die Auflösung von Internetnamen über IPv6-basierte Stammserver.
- **Verbesserte Windows PowerShell-Unterstützung** - Es wurden in Windows Server 2016 wiederum neue Windows PowerShell-Cmdlets für die Verwaltung von DNS-Servern hinzugefügt, die natürlich ebenso auch unter Windows Server 2019 enthalten sind.

INTERNET ➲ Die Details zu den Neuerungen in DNS, wie zum Beispiel die DNS-Richtlinien oder RRL noch unter Windows Server 2016 erhält man im Internet unter:

https://docs.microsoft.com/de-de/windows-server/networking/dns/what-s-new-in-dns-server

Bevor man sich mit den Verbesserungen - oder überhaupt praktisch mit der Namensauflösung - unter Windows Server 2019 befassen kann, muss man die DNS-Dienste erst einmal installieren.

7.2.2 Installation der DNS-Serverrolle

Das Domain Name System (*DNS*) kann unter Windows Server 2019 als Installation mit grafischer Benutzeroberfläche oder auch als Server Core-Installation jeweils als Serverrolle implementiert werden. Besondere Voraussetzungen müssen hierzu nicht erfüllt werden, jedoch sollte man dem betreffenden Serversystem grundsätzlich feste IP-Adressen zuweisen.

Installation auch unter Server Core möglich

HINWEIS ➲ Der DNS-Dienst kann auch während des Heraufstufens eines Serversystems unter Windows Server 2019 zu einem Domänencontroller durch den betreffenden Assistenten automatisch eingerichtet und konfiguriert werden. Dies stellt sicher die einfachste Weise der Bereitstellung von DNS in einer Active Directory-Infrastruktur dar.

7.2.2.1 Installationsschritte im Detail

Gehen Sie wie folgt vor, um die DNS-Serverrolle auf einem Serversystem unter Windows Server 2019 mithilfe des *Assistenten zum Hinzufügen von Rollen und Features* im grafischen Server-Manager hinzuzufügen:

1. Melden Sie sich am Serversystem unter Windows Server 2019 als *Administrator* an.
2. Öffnen Sie den *Server-Manager* (soweit dies nicht automatisch geschieht) über einen Klick im Startmenü auf die **Kachel** für den **Server-Manager**.

3. Klicken Sie oben im *Server-Manager* auf **Verwalten**, und dann auf **Rollen und Features hinzufügen**.
4. Klicken Sie im Dialog *Vorbemerkungen* auf **Weiter**.
5. Wählen Sie im Dialog *Installationstyp auswählen* die Option **Rollenbasierte oder featurebasierte Installation**, und klicken Sie auf **Weiter**.
6. Klicken Sie im Dialog *Zielserver auswählen* auf den Namen des gewünschten Servers, und klicken Sie dann auf **Weiter**.
7. Aktivieren Sie das Kontrollkästchen vor *DNS-Server*, und klicken Sie auf **Features hinzufügen**, um die Installation der DNS-Servertools zu bestätigen. Klicken Sie anschließend auf **Weiter**.

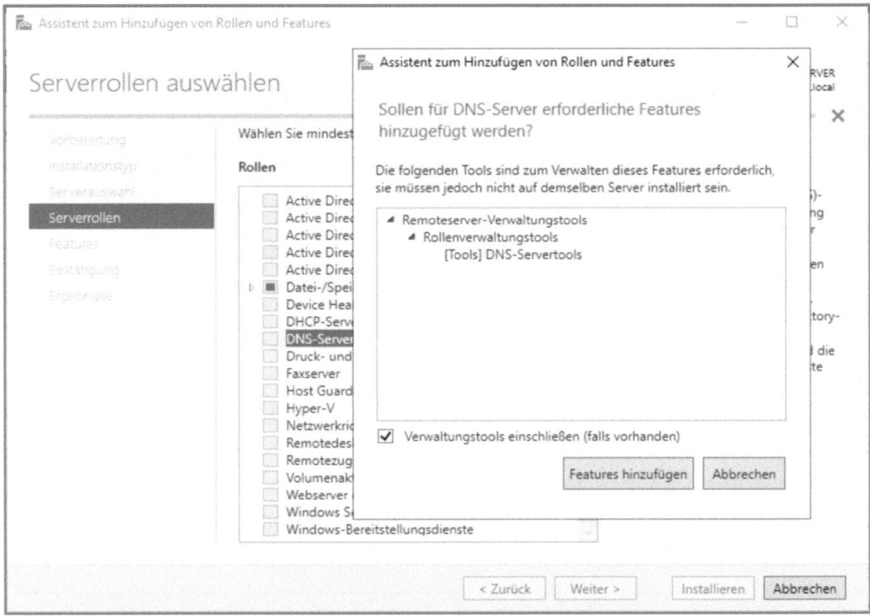

Abb. 7.13: *Auswahl der DNS-Serverrolle im Assistent zum Hinzufügen von Rollen und Features des grafischen Server-Managers*

8. Klicken Sie im Dialog *Features auswählen* auf **Weiter**.
9. Klicken Sie im Dialog *DNS-Server* auf **Weiter**.
10. Klicken Sie auf **Installieren**, um die Installationsauswahl zu bestätigen.
11. Klicken Sie auf **Schließen**, um den Dialog *Assistent zum Hinzufügen von Rollen und Features* zu schließen.

Die erfolgreiche Installation der DNS-Serverrolle wird Ihnen in der oberen *Befehlsleiste* des Server-Managers durch einen Klick auf das **Fahnensymbol** angezeigt.

Die DNS-Serverrolle kann nach der erfolgreichen Installation über den *Server-Manager* von Windows Server 2019 verwaltet werden. Nach der Installation müssen die notwendigen DNS-Namenszonen eingerichtet werden, um Namensauflösungen für die betreffenden Namensräume über den DNS-Server zu ermöglichen.

7.2.2.2 Öffnen der Konsole DNS-Manager

Den DNS-Manager als grafische Verwaltungskonsole für die DNS-Rolle können Sie entweder durch einen Klick mit der rechten Maustaste auf den Server im Abschnitt *SERVER* der DNS-Serverrolle aus dem Kontextmenü, oder aber über eine Klick auf **Tools** in der Befehlsleiste des Server-Managers unter der Bezeichnung *DNS-Manager* aufrufen.

7.2.3 DNS-Namenszonen

DNS kann unabhängig von Active Directory verwendet werden

DNS-Namenszonen bilden die Basis für die Namensauflösung innerhalb einer Active Directory-Infrastruktur. In ihr werden Namensräume mitsamt der darin notwendigen Diensteinträge (*SRV Records*), Hosteinträge (*A-Records*) der Clients und Server sowie noch weitere Einträge gespeichert, und somit für die Abfrage zur Namensauflösung auf dem DNS-Server bereitgestellt.

DNS-Namenszonen können unter Windows Server 2019 aber natürlich auch unabhängig von den Active Directory-Domänendiensten (engl. *Active Directory Domain Services, AD DS*), beispielsweise für die Bereitstellung einer Intranet- oder Internet-Namenszone, eingerichtet und verwaltet werden.

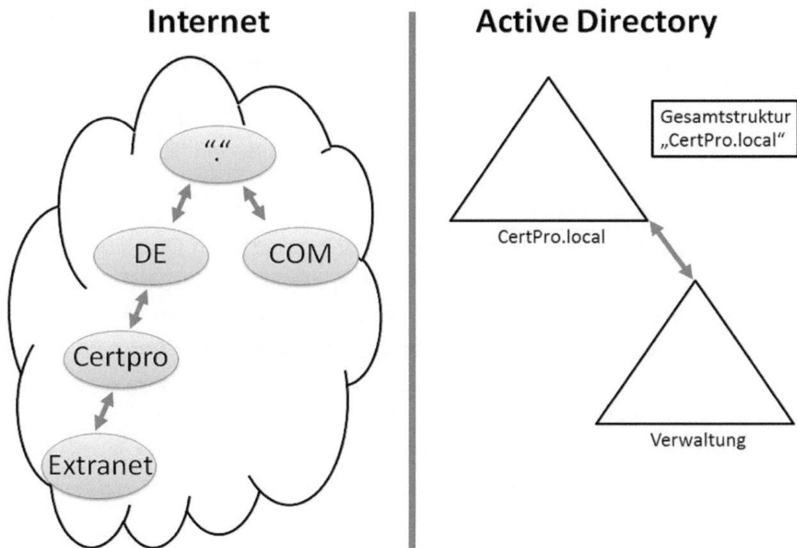

Abb. 7.14: *Vergleich des Namensraums im Internet mit dem einer Active Directory-Gesamtstruktur*

In der Grafik 7.14 sehen Sie einen Vergleich eines Namensraums im Internet mit dem einer Active Directory-Gesamtstruktur. In beiden kommen internetkonforme Namensstrukturen zum Einsatz.

7.2.3.1 Zonentypen

Die für die Namensauflösung zu verwendenden Namensräume werden in DNS-Servern mithilfe von Namenszonen definiert. Beim Einrichten von DNS-Namenszonen unter Windows Server 2019 unterscheidet man grundsätzlich zwischen

- **Standardzonen (primär oder sekundär)**
- **Active Directory-integrierten Zonen**
- **Stub-Zonen**

In den nachfolgenden Seiten werden Ihnen die einzelnen Zonentypen detailliert erklärt.

Darüber hinaus können die DNS-Namenszonen für sogenannte *Forward*-Lookup- oder Reverse-Lookup-Namensauflösungsvorgänge eingerichtet werden.

7.2.3.2 Forward-Lookup-Zonen

Namensauflösung in Active Directory in der Regel über Forward-Lookup-Zonen

Die sogenannten Forward-Lookup-Zonen im DNS-Server unter Windows Server 2019 dienen zur Auflösung von (*bekannten*) Hostnamen in die in den DNS-Namenszonen zugeordneten (*unbekannte*) IP-Adressen. Beispielsweise löst ein Clientcomputer bei einem Kommunikationsvorgang, der seitens des betreffenden Anwenders anhand eines Rechnernamens eingeleitet werden soll, den Namen für die Kommunikation mit dem betreffenden Computersystem über den DNS-Server in eine IP-Adresse auf.

Die Namensauflösungsvorgänge in einer Active Directory-Infrastruktur basieren im Schwerpunkt auf Forward-Lookup-Abfragen an die vorhandenen DNS-Server.

7.2.3.3 Reverse-Lookup-Zonen

Für Active Directory prinzipiell nicht notwendig

Bei den sogenannten Reverse-Lookup-Zonen handelt es sich um DNS-Namenszonen, die eine Auflösung einer (*bekannten*) IP-Adresse in den ihr in der DNS-Namenszone zugeordneten (*unbekannten*) Hostnamen ermöglicht. Wenn ein Anwender den Hostnamen eines lediglich anhand der IP-Adresse bekannten Rechners im Netzwerk ermitteln möchte, so kann er beispielsweise mittels **nslookup.exe** eine Reverse-Lookup-Abfrage an den konfigurierten DNS-Server senden. Wenn in dessen konfigurierter Reverse-Lookup-Zone vorweg ein passender Eintrag gespeichert wurde, so gibt der DNS-Server den in der DNS-Namenszone gespeicherten Hostnamen als Ergebnis an den anfragenden Anwender zurück.

HINWEIS ➲ Prinzipiell sind Reverse-Lookup-Zonen in einer reinen Active Directory-Infrastruktur nicht zwangsläufig notwendig, da die Namensauflösungsvorgänge für die Kommunikation innerhalb einer Umgebung der Active Directory-Domänendienste (engl. *Active Directory Domain Services, AD DS*) schwerpunktmäßig über Forward-Lookup-Abfragen durchgeführt werden. Es existieren jedoch verschiedene (*BackOffice*-)Anwendungen, die das Vorhandensein einer Reverse-Lookup-Namenszone durch bestimmte Herstellervorgaben erforderlich machen. Für die Problembehebung in Active Directory-basierten Netzwerken kann eine Reverse-Lookup-Namenszone für die Administratoren wiederum eine große Hilfe sein.

7.2.4 Standardzonen

Standardzonen auf DNS-Servern unter Windows Server 2019 sind DNS-Namenszonen, die, vergleichbar mit Namenszonen auf UNIX/Linux-basierten BIND-Namensauflösungsdiensten, in Zonendateien auf der Festplatte des betreffenden Serversystems gespeichert werden.

Als Standardzonen kann man primäre oder sekundäre Zonen erstellen.

7.2.4.1 Primäre Standardzonen

Primäre Standardzonen sind, wie es der Namen bereits ableiten lässt, die beschreibbaren (Original-)Namenszonen eines damit definierbaren DNS-Namensraums. In diesen Zonen können DNS-Einträge angelegt, geändert oder auch gelöscht werden.

7.2.4.2 Sekundäre Standardzonen

Abhängigkeit von primären Namenszonen

Eine sekundäre Standardzone stellt eine Kopie einer primären (Original-)Namenszone dar, die aus Gründen der Fehlertoleranz oder auch des Lastenausgleichs auf einem weiteren Serversystem im Netzwerk bereitgestellt wird. Sekundäre Standardnamenszonen sind schreibgeschützt und können lediglich über einen Zonenübertragungsvorgang von einer Namenszone des bei der Einrichtung der Zone zugeordneten, sogenannten *Master-DNS-Servers* aktualisiert werden.

Sekundäre Namenszonen stehen prinzipiell in Abhängigkeit von den jeweiligen primären Namenszonen.

7.2.5 Erstellen von primären DNS-Namenszonen

Primäre DNS-Namenszonen können – unabhängig von irgendwelchen weiteren Namenszonen – auf den DNS-Servern unter Windows Server 2019 erstellt werden. Sie sind, wie bereits benannt, vollwertig beschreibbare DNS-Namenszonen.

Gehen Sie zum Erstellen einer primären DNS-Namenszone auf einem Serversystem unter Windows Server 2019 wie folgt vor:

1. Starten Sie den *DNS-Manager* auf dem Server unter Windows Server 2019, und erweitern Sie die Einträge für die DNS-Server-Rolle in der Konsolenstruktur bis zum Eintrag *Forward-Lookupzonen*.
2. Klicken Sie mit der rechten Maustaste auf den Eintrag *Forward-Lookupzonen*, und wählen Sie den Kontexteintrag **Neue Zone...**
3. Klicken Sie im *Willkommensbildschirm* des Assistenten auf **Weiter**.
4. Wählen Sie den Zonentyp *Primäre Zone* aus, und klicken Sie auf **Weiter**.

> **HINWEIS ➲** Sollte der DNS-Server auch als Active Directory-Domänencontroller konfiguriert sein, so wird Ihnen das Erstellen einer Active Directory-integrierten Zone angeboten. Deaktivieren Sie in diesem Fall die Option *Zone in Active Directory speichern (DNS-Server muss als schreibbarer Domänencontroller eingerichtet sein)* für die neu einzurichtende, primäre DNS-Namenszone.

5. Geben Sie den Zonennamen der neu zu erstellenden DNS-Namenszone an und klicken Sie auf **Weiter**.
6. Wählen Sie im Dialogfenster *Zonendatei* die Option *Neue Datei mit diesem Dateinamen erstellen* und übernehmen Sie den vorgeschlagenen DNS-Zonennamen durch einen Klick auf die Schaltfläche **Weiter**.
7. Im Dialogfenster *Dynamische Updates* werden die Optionen für die dynamische Aktualisierung der Zoneninhalte angezeigt:
   a. *Nur sichere dynamische Updates zulassen (für Active Directory empfohlen)* Diese Option steht nur zur Verfügung, wenn die DNS-Namenszone als Active Directory-integrierte Zone auf einem DNS-Server eingerichtet wird.
   b. *Nicht sichere und sichere dynamische Updates zulassen* Bei Auswahl dieser Option ist die dynamische Aktualisierung von DNS-Ressourceneinträgen grundsätzlich aktiviert. Es wird bei einer Aktualisierung eines DNS-Eintrags nicht überprüft, ob der betreffende Client oder Server zum Erstellen oder Aktualisieren eines Eintrags in der betreffenden DNS-Namenszone berechtigt ist.
   c. *Dynamische Updates nicht zulassen* Bei Auswahl dieser Option können DNS-Einträge nur noch manuell durch die betreffenden Administratoren erstellen oder auch aktualisiert werden.

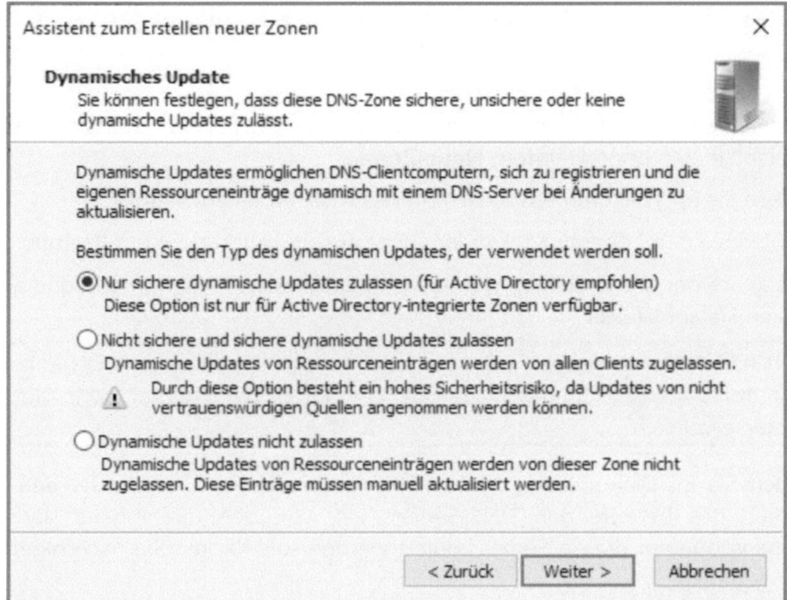

Abb. 7.15: *Konfigurationsoptionen für dynamische Updates beim Erstellen einer neuen DNS-Namenszone*

Wählen Sie die gewünschte Option und klicken Sie nachfolgend auf **Weiter**.

8. Klicken Sie im Dialogfenster *Fertigstellen des Assistenten* auf **Fertig stellen**, um die primäre DNS-Namenszone zu erstellen.

Die neu erstellte, primäre DNS-Namenszone wird im *DNS-Manager* von Windows Server 2019 unter dem Eintrag *Forward-Lookupzonen* angezeigt und kann anschließend verwaltet werden.

PRAXISTIPP! ➲ Alternativ zum Erstellen einer primären DNS-Namenszone mit dem grafischen DNS-Manager kann man diese auch mithilfe des Windows PowerShell-CmdLets *Add-DnsServerPrimaryZone* erstellen. Details hierzu erfährt man u. a. im Internet unter:

https://docs.microsoft.com/en-us/powershell/module/dnsserver/add-dnsserverprimaryzone?view=win10-ps

7.2.6 Erstellen von sekundären DNS-Namenszonen

Sekundäre Namenszonen verweisen auf eine primäre Namenszone auf einem anderen DNS-Server, der als Masterserver bezeichnet wird. Über den Zonenübertragungsvorgang von diesem Server erhält die sekundäre Namenszone ihre Inhalte.

Um eine sekundäre DNS-Namenszone auf einem DNS-Server unter Windows Server 2019 zu erstellen, gehen Sie wie folgt vor:

1. Starten Sie den *DNS-Manager* auf dem Server unter Windows Server 2019 und erweitern Sie die Einträge für die DNS-Server-Rolle in der Konsolenstruktur bis zum Eintrag *Forward-Lookupzonen*.
2. Klicken Sie mit der rechten Maustaste auf den Eintrag *Forward-Lookupzonen*, und wählen Sie den Kontexteintrag **Neue Zone...**
3. Klicken Sie im Willkommensbildschirm des Assistenten auf **Weiter**.
4. Wählen Sie den Zonentyp *Sekundäre Zone* aus und klicken Sie auf **Weiter**.
5. Geben Sie den Zonennamen der neu zu erstellenden DNS-Namenszone an und klicken Sie auf **Weiter**.

   HINWEIS ➲ Der Zonenname der neu zu erstellenden, sekundären DNS-Namenszone *muss* übereinstimmend mit der primären DNS-Namenszone auf dem Masterserver sein.

6. Geben Sie im Dialogfenster *Master-DNS-Server* die IP-Adresse oder den DNS-Namen des betreffenden DNS-Servers ein, von dem die Inhalte der DNS-Namenszone auf diesen Server kopiert werden soll. Klicken Sie nachfolgend auf die [⇆]-Taste.

   HINWEIS ➲ Die angegebene IP-Adresse oder auch der DNS-Servername werden nach dem Klick auf die Tabulator-Taste auf die Erreichbarkeit hin überprüft. Diese Option wurde mit Windows Server 2008 neu eingeführt. Falls Sie auf einen anderen als den Master-DNS-Server der betreffenden Namenszone verweisen, erhalten Sie ein Fehlersymbol, und in der Spalte *Überprüft* die Meldung, dass der betreffende DNS-Server nicht autorisierend für die betreffende Namenszone ist. Korrigieren Sie in diesem Fall ihre Angabe. Wenn der Eintrag auf den autorisierenden DNS-Namensserver für die Zone verweist, wird Ihnen dies durch den Eintrag *OK* in der Spalte *Überprüft* angezeigt

   Klicken Sie anschließend auf **Weiter**.

7. Klicken Sie im Dialogfenster *Fertigstellen des Assistenten* auf **Fertig stellen**, um die sekundäre DNS-Namenszone zu erstellen.

Die neu erstellte, sekundäre DNS-Namenszone wird im *Server-Manager* von Windows Server 2019 unter dem Eintrag *Forward-Lookupzonen* angezeigt und kann anschließend verwaltet werden.

Zonenübertragung ist standardmäßig nicht aktiviert

Mitunter erhalten Sie beim Aufruf der Inhalte der sekundären DNS-Namenszone eine Fehlermeldung, dass diese noch nicht vom Master-DNS-Server geladen werden konnten. Standardmäßig ist die Zonenübertragung der Inhalte von primären DNS-Namenszonen an sekundäre DNS-Zonenserver nicht aktiviert. In den nächsten Seiten erfahren Sie die hierzu notwendige Konfiguration.

Es sollte noch erwähnt werden, dass eine sekundäre DNS-Namenszone im Bedarfsfall (beispielsweise bei Ausfall des DNS-Servers der primären DNS-Namenszone als

Masterzone) in eine primäre DNS-Namenszone umgewandelt werden kann. Der betreffende DNS-Server wird damit für die Namenszone autorisierend, so dass darin entsprechende Änderungen (z.B. an den darin enthaltenen Host-Namenseinträgen usw.) vorgenommen werden können. Weitere Informationen hierzu erhalten Sie in der Windows-Hilfe.

PRAXISTIPP! ➲ Alternativ kann zum Erstellen von *sekundären DNS-Namenszonen* das in der Windows PowerShell in Windows Server 2019 als DNS-Server enthaltene CmdLet *Add-DnsServerSecondaryZone* verwendet werden. Details hierzu findet man in der Windows PowerShell-Hilfe bzw. im Internet unter:

https://docs.microsoft.com/en-us/powershell/module/dnsserver/add-dnsserversecondaryzone?view=win10-ps

7.2.7 Active Directory-integrierte Zonen

Primäre Namenszonen

Eine Alternative zu den primären und sekundären Standardnamenszonen stellen seit der Einführung von Windows 2000 die Active Directory-integrierten Zonen dar. Wie der Name es bereits ableiten lässt, werden diese DNS-Namenszonen direkt in der Datenbank der Active Directory-Domänendienste (engl. *Active Directory Domain Services, AD DS*) gespeichert. Dies setzt wiederum voraus, dass der betreffende DNS-Server auch als Active Directory-Domänencontroller konfiguriert ist.

HINWEIS ➲ Active Directory-integrierte DNS-Namenszonen werden grundsätzlich als primäre Zonen eingerichtet. Der jeweilige DNS-Server, der eine solche Zone führt, wird automatisch auch autorisierend für diese DNS-Namenszone. Änderungen können somit auf jedem im Netzwerk vorhandenen DNS-Server, der eine Active Directory-integrierte DNS-Namenszone führt, vorgenommen werden. Die Änderungen werden nachfolgend anhand eines zwischen den vorhandenen DNS-Servern vereinbartem Multimaster-Replikationsmodell untereinander repliziert und stehen anschließend auf allen vorhandenen DNS-Servern im Netzwerk zur Verfügung.

Eine Active Directory-integrierte DNS-Namenszone kann so konfiguriert werden, dass dynamische Aktualisierungen der DNS-Ressourceneinträge der Zone nur noch durch Clients und Server zugelassen werden, die über ein Computerkonto in einer der Domänen der betreffenden Active Directory-Gesamtstruktur verfügen. Eine Ausnahme stellen Stub-Zonen dar, die quasi als Sekundärzonen fungieren.

Gehen Sie zum Einrichten einer Active Directory-integrierte DNS-Namenszone auf einem DNS-Server unter Windows Server 2019 wie folgt vor:

1. Starten Sie den *DNS-Manager* auf dem Server unter Windows Server 2019 und erweitern Sie die Einträge für die DNS-Server-Rolle in der Konsolenstruktur bis zum Eintrag *Forward-Lookupzonen*.

2. Klicken Sie mit der rechten Maustaste auf den Eintrag *Forward-Lookupzonen* und wählen Sie den Kontexteintrag **Neue Zone...**
3. Klicken Sie im Willkommensbildschirm des Assistenten auf **Weiter**.
4. Wählen Sie den Zonentyp *Primäre Zone* aus und achten Sie darauf, dass die Option *Zone in Active Directory speichern (DNS-Server muss als schreibbarer Domänencontroller eingerichtet sein)* aktiviert ist. Klicken Sie anschließend auf **Weiter**.

> **HINWEIS ➲** Die Option *Zone in Active Directory speichern (DNS-Server muss als schreibbarer Domänencontroller eingerichtet sein)* wird Ihnen für die neu einzurichtende, primäre DNS-Namenszone nur angeboten, wenn der betreffende DNS-Server ebenso auch die Rolle als Active Directory-Domänencontroller ausführt.

5. Wählen Sie im Dialogfenster *Active Directory-Zonenreplikationsbereich* des Assistenten aus, wie die Zonendaten repliziert werden sollen. Hierzu stehen die folgenden Optionen zur Auswahl:

   a. ***Auf allen DNS-Servern in dieser Gesamtstruktur:*** *<Domänenname>* Bei Auswahl dieser Option wird der Inhalt der neu anzulegenden DNS-Namenszone auf alle DNS-Server in der Gesamtstruktur repliziert, die auch die Rolle als Active Directory-Domänencontroller ausführen.

   b. ***Auf allen DNS-Servern in dieser Domäne:*** *<Domänenname>* Bei Auswahl dieser Option wird der Inhalt der neu anzulegenden DNS-Namenszone auf alle DNS-Server in der betreffenden Active Directory-Domäne repliziert, die auch die Rolle als Active Directory-Domänencontroller ausführen.

   c. ***Auf allen Domänencontrollern in dieser Domäne (Windows 2000-Kompatibilität):*** *<Domänenname>* Bei Auswahl dieser Option wird der Inhalt der neu anzulegenden DNS-Namenszone auf alle Domänencontroller in der betreffenden Domäne repliziert.

   d. ***Auf allen Domänencontroller, die im Bereich der Verzeichnispartition angegeben werden*** Diese Option steht nur auf Active Directory-Domänencontrollern ab Windows Server 2003 zur Verfügung, die über eine entsprechende, vorweg manuell erstellte Anwendungsverzeichnispartition in der lokalen Active Directory-Datenbank verfügen. Bei Auswahl dieser Option wird der Inhalt der neu zu erstellenden DNS-Namenszone nur an die Domänencontroller repliziert, die ebenso über die gleiche, manuell erstellte Anwendungsverzeichnispartition in der Active Directory-Datenbank verfügen.

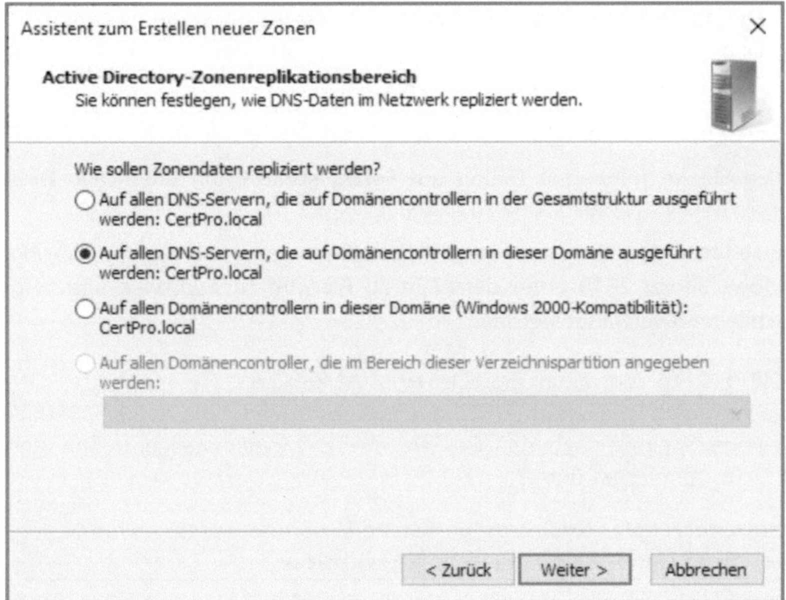

Abb. 7.16: *Auswahloptionen für den Replikationsbereich einer Active Directory-integrierten DNS-Namenszone*

Wählen Sie die gewünschte Option und klicken Sie anschließend auf **Weiter**.

6. Geben Sie den Zonennamen der neu zu erstellenden DNS-Namenszone an und klicken Sie auf **Weiter**.

7. Im Dialogfenster *Dynamische Updates* werden die Optionen für die dynamische Aktualisierung der Zoneninhalte angezeigt:

   a. ***Nur sichere dynamische Updates zulassen (für Active Directory empfohlen)*** Diese Option steht nur zur Verfügung, wenn die DNS-Namenszone als Active Directory-integrierte Zone auf einem DNS-Server eingerichtet wird, der ebenso auch die Rolle als Active Directory-Domänencontroller ausführt. Bei Auswahl dieser Option kann sich nur noch der Client oder Server in der betreffenden DNS-Namenszone dynamisch eintragen, der über ein Computerkonto in einer der Domänen der betreffenden Active Directory-Gesamtstruktur verfügt. Bei Verwendung dieser Option wird somit die Sicherheit in der Namensauflösungsumgebung erhöht.

   b. ***Nicht sichere und sichere dynamische Updates zulassen*** Bei Auswahl dieser Option ist die dynamische Aktualisierung von DNS-Ressourceneinträgen grundsätzlich aktiviert. Es wird bei einer Aktualisierung eines DNS-Eintrags nicht überprüft, ob der betreffende Client oder Server zum Erstellen oder Aktualisieren eines Eintrags in der betreffenden DNS-Namenszone berechtigt ist.

c. ***Dynamische Updates nicht zulassen*** Bei Auswahl dieser Option können DNS-Einträge nur noch manuell durch die betreffenden Administratoren erstellt oder auch aktualisiert werden.

Wählen Sie die gewünschte Option und klicken Sie nachfolgend auf **Weiter**.

8. Klicken Sie im folgenden Dialog auf **Fertig stellen**, um die Active Directory-integrierte DNS-Namenszone zu erstellen.

Die neu erstellte, Active Directory-integrierte DNS-Namenszone wird im *DNS-Manager* von Windows Server 2019 unter dem Eintrag *Forward-Lookupzonen* angezeigt und kann anschließend verwaltet werden.

PRAXISTIPP! ➲ Alternativ zum Erstellen einer Active Directory-integrierten DNS-Namenszone mit dem grafischen DNS-Manager kann man diese auch mithilfe des Windows PowerShell-CmdLets *Add-DnsServerPrimaryZone* erstellen. Details hierzu erfährt man u. a. im Internet unter:

https://docs.microsoft.com/en-us/powershell/module/dnsserver/add-dnsserverprimaryzone?view=win10-ps#description

7.2.8 Einrichten und Verwalten von Reverse-Lookupzonen

Beziehen sich auf ein Netzwerksegment

Reverse-Lookupzonen dienen, wie zuvor bereits beschrieben, zur Auflösung von IP-Adressen in zugeordnete Hostnamen. Dies kann sehr dienlich sein, wenn man in einem der Ereignisprotokolle eines Servers eine IP-Adresse lokalisiert und hierzu den Hostnamen des betreffenden Computersystems ermitteln möchte.

Reverse-Lookupzonen beziehen sich immer auf ein Netzwerksegment. Beim Einrichten einer solchen DNS-Zone muss man die Netzwerkkennung des betreffenden Subnetzes in Zahlenform angeben.

Bei der Auflösung einer IP-Adresse in einen zugehörigen Hostnamen wird seitens des betreffenden DNS-Servers eine passende Netzwerkkennung anhand der Zonennamen von vorhandenen Reverse-Lookupzonen verglichen, und (falls vorhanden) der betreffende *Zeigereintrag* (engl. *Pointer*) passend zur angegebenen IP-Adresse ermittelt. Der dazu in der Reverse-Lookupzone gespeicherte Hostname wird vom DNS-Server als Ergebnis der Abfrage zurückgegeben.

HINWEIS ➲ Eine Reverse-Lookupzone kann, vergleichbar mit einer Forward-Lookupzone, ebenso als Active Directory-integrierte DNS-Namenszone angelegt werden. Darüber hinaus stehen die Optionen für die dynamische Aktualisierung der Zoneneinträge für Reverse-Lookupzonen ebenso zur Auswahl. Auch kann eine Reverse-Lookupzone aus Redundanz- und Fehlertoleranzgründen in Form von primären und auch sekundären DNS-Namenszonen angelegt werden.

7.2.8.1 Schritte zum Einrichten einer Reverse-Lookupzone unter Windows Server 2019

Um eine primäre Reverse-Lookupzone mit dem grafischen DNS-Manager auf einem DNS-Server unter Windows Server 2019 einzurichten, gehen Sie wie folgt vor:

1. Starten Sie den *DNS-Manager* auf dem Server unter Windows Server 2019 und erweitern Sie die Einträge für die DNS-Server-Rolle in der Konsolenstruktur bis zum Eintrag *Reverse-Lookupzonen.*
2. Klicken Sie mit der rechten Maustaste auf den Eintrag *Reverse-Lookupzonen* und wählen Sie den Kontexteintrag **Neue Zone...**
3. Klicken Sie im Willkommensbildschirm des Assistenten auf **Weiter**.
4. Wählen Sie den Zonentyp *Primäre Zone* aus und klicken Sie auf **Weiter**.

   HINWEIS ➲ Sollte der DNS-Server auch als Active Directory-Domänencontroller konfiguriert sein, so wird Ihnen das Erstellen einer Active Directory-integrierten Zone angeboten. Deaktivieren Sie in diesem Fall die Option *Zone in Active Directory speichern (DNS-Server muss als schreibbarer Domänencontroller eingerichtet sein)* für die neu einzurichtende, primäre DNS-Namenszone.

5. Wählen Sie im Dialogfenster *Name der Reverse-Lookupzone* eine der folgenden Optionen:
   a. ***IPv4 Reverse-Lookupzone*** Bei Auswahl dieser Option müssen Sie nachfolgend die Netzwerk-ID des betreffenden Subnetzes als Teil einer IPv4-basierten IP-Adresse angeben.

   b. ***IPv6 Reverse-Lookupzone*** Bei Auswahl dieser Option müssen Sie nachfolgend ein IPv6-Adressenpräfix als Teil Ihres IPv6-basierten Netzwerks eingeben. Wählen Sie diese Option nur, wenn Sie in Ihrem Netzwerk IPv6-Adressen verwenden.

   Wählen Sie in diesem Beispiel die Option *IPv4 Reverse-Lookupzone* und klicken Sie anschließend auf **Weiter**.
6. Geben Sie im folgenden Dialogfenster die Netzwerkkennung des betreffenden IP-Subnetzes (*beispielsweise 192.168.1 für das Netzwerk 192.168.1.0/24*) an und klicken Sie anschließend auf **Weiter**.
7. Wählen Sie im Dialogfenster *Zonendatei* die Option *Neue Datei mit diesem Dateinamen erstellen* und übernehmen Sie den vorgeschlagenen DNS-Zonennamen durch einen Klick auf die Schaltfläche **Weiter**.
8. Im Dialogfenster *Dynamische Updates* werden die Optionen für die dynamische Aktualisierung der Zoneninhalte angezeigt:

   a. ***Nur sichere dynamische Updates zulassen (für Active Directory empfohlen)*** Diese Option steht nur zur Verfügung, wenn die DNS-Namenszone als

Active Directory-integrierte Zone auf einem DNS-Server eingerichtet wird, der ebenso auch die Rolle als Active Directory-Domänencontroller ausführt. Bei Auswahl dieser Option kann sich nur noch der Client oder Server in der betreffenden DNS-Namenszone dynamisch eintragen, der über ein Computerkonto in einer der Domänen der betreffenden Active Directory-Gesamtstruktur verfügt. Bei Verwendung dieser Option wird somit die Sicherheit in der Namensauflösungsumgebung erhöht.

b. ***Nicht sichere und sichere dynamische Updates zulassen*** Bei Auswahl dieser Option ist die dynamische Aktualisierung von DNS-Ressourceneinträgen grundsätzlich aktiviert. Es wird bei einer Aktualisierung eines DNS-Eintrags nicht überprüft, ob der betreffende Client oder Server zum Erstellen oder Aktualisieren eines Eintrags in der betreffenden DNS-Namenszone berechtigt ist.

c. ***Dynamische Updates nicht zulassen*** Bei Auswahl dieser Option können DNS-Einträge nur noch manuell durch die betreffenden Administratoren erstellt oder auch aktualisiert werden.

Wählen Sie die gewünschte Option und klicken Sie nachfolgend auf *Weiter*.

9. Klicken Sie im Dialogfenster *Fertigstellen des Assistenten* auf **Fertig stellen**, um die primäre Reverse-Lookupzone zu erstellen.

Die neu erstellte, primäre Reverse-Lookupzone wird im *Server-Manager* von Windows Server 2019 unter dem Eintrag *Reverse-Lookupzonen* angezeigt. Sie können die Zone mitsamt der Zoneninhalte nun verwalten.

PRAXISTIPP! ➲ Alternativ kann zum Erstellen von Reverse-Lookupzonen das in der Windows PowerShell in Windows Server 2019 als DNS-Server enthaltene CmdLet *Add-DnsServerPrimaryZone* in Verbindung mit dem Schalter *-NetworkID* verwendet werden. Details hierzu findet man in der Windows PowerShell-Hilfe bzw. im Internet unter:

https://docs.microsoft.com/en-us/powershell/module/dnsserver/add-dnsserverprimaryzone?view=win10-ps#examples

Vergleichbar mit dem Anlegen neuer, primärer Reverse-Lookupzonen können Sie aus Gründen der Fehlertoleranz, der Redundanz und des Lastenausgleichs bei Bedarf ebenso sekundäre Reverse-Lookupzonen auf anderen DNS-Servern erstellen. Diese beziehen sich, wie auch bei den primären DNS-Namenszonen, auf die jeweils konfigurierten Master-DNS-Server, welche die betreffende Zone autorisierend ausführen.

7.2.9 Zonenübertragung

Findet standardmäßig unverschlüsselt statt

Die Inhalte von primären Standardzonen oder auch Active Directory-integrierten DNS-Namenszonen können mittels eines Zonenübertragungsvorgangs in sekundäre DNS-Namenszonen übertragen werden. Die Zonenübertragung einer primären DNS-

Namenszone an andere DNS-Server als sekundäre Zonenserver ist unter Windows seit Server 2003 bis hin zu Windows Server 2019 standardmäßig jedoch beschränkt.

Abb. 7.17: *Konfiguration der Zonenübertragung einer DNS-Namenszone*

Die Zonenübertragung wird in den Eigenschaften der betreffenden DNS-Namenszone im Register *Zonenübertragung* konfiguriert. Hierbei stehen die folgenden Optionen zur Auswahl:

- **An jeden Server** Bei Auswahl dieser Option wird die Zonenübertragung der Zonendaten an jeden beliebigen DNS-Server und somit auch an unautorisierte DNS-Server zugelassen. Diese Option sollte man, wenn überhaupt, nur in Netzwerken mit niedriger Sicherheitsanforderung aktivieren.
- **Nur an Server, die in der Registerkarte Namensserver aufgeführt sind** Bei Auswahl dieser Option wird die Zonenübertragung der Zonendaten nur an Server zugelassen, die im Register *Namensserver* der *Eigenschaften* der betreffenden DNS-Namenszone aufgeführt sind. Diese Option verhindert die Zonenübertragung an unautorisierte DNS-Server im Netzwerk.
- **Nur an folgende Server** Diese Option ermöglicht die Angabe von für die Zonenübertragung zugelassenen DNS-Server gleich im Register *Zonenübertragung*

der *Eigenschaften* der betreffenden DNS-Namenszone. Die DNS-Server werden hierbei anhand ihrer IP-Adresse angegeben.

HINWEIS ➲ Die Zonenübertragung der DNS-Namenszonen von den primären an die sekundären DNS-Server erfolgt in der Regel *unverschlüsselt*. Wenn die Gefahr einer Man-in-the-Middle-Attacke für die zu übertragenden DNS-Zonendaten in einem Netzwerk besteht, so kann man beispielsweise die IPSec-Verschlüsselung zwischen den betreffenden DNS-Servern konfigurieren. Weitere Informationen zur Konfiguration der IPSec-Verschlüsselung finden Sie in der Hilfe von Windows Server 2019.

7.2.9.1 Standardmäßige Einstellungen in Windows Server 2019

Je nach Zonentyp existieren bestimmte Vorkonfigurationseinstellungen. Diese unterscheidet man zwischen:

- **Primären Standardzonen** - Die Zonenübertragung für DNS-Namenszonen ist bei primären Standardzonen *standardmäßig aktiviert*, unter Windows Server 2019 jedoch lediglich an DNS-Server zugelassen, die in der Registerkarte *Namensserver* aufgelistet sind. DNS-Server können bei Bedarf in der Liste der Namensserver eingetragen werden.

- **Active Directory-integrierten DNS-Namenszonen** - Die Zonenübertragung einer Active Directory-integrierte DNS-Namenszonen an sekundäre DNS-Server ist unter Windows Server 2019 **standardmäßig deaktiviert**. Um diese zuzulassen, muss diese erst aktiviert und konfiguriert werden.

7.2.9.2 Notwendige Schritte zum Einrichten der Zonenübertragung

Um die Zonenübertragung einer primären Forward-Lookupzone auf einem DNS-Server unter Windows Server 2019 an einen anderen DNS-Server, der eine sekundäre Namenszone der betreffenden Zone führt, zuzulassen, gehen Sie wie folgt vor:

1. Starten Sie den *DNS-Manager* auf dem Server unter Windows Server 2019 und erweitern Sie die Einträge für die DNS-Server-Rolle in der Konsolenstruktur bis zum Eintrag *Forward-Lookupzonen.*
2. Klicken Sie mit der rechten Maustaste auf die zu konfigurierende DNS-Namenszone und wählen Sie den Kontexteintrag **Eigenschaften**.
3. Wechseln Sie zum Register *Namensserver* und klicken Sie auf die Schaltfläche **Hinzufügen...**
4. Geben Sie den vollqualifizierten Serverdomänenname des DNS-Servers (beispielsweise: *DNS01.Certpro.local*) an, an den die Zonenübertragung zugelassen werden soll, und klicken Sie auf **Auflösen**.
5. Kontrollieren Sie in der Liste *IP-Adressen dieses Namensservereintrags* die angezeigte IP-Adresse und klicken Sie anschließend auf **OK**.

6. Der Name sowie die IP-Adresse des betreffenden DNS-Servers werden im Register *Namensserver* angezeigt. Um die Konfiguration abzuschließen, wechseln Sie nun zum Register *Zonenübertragungen*.
7. Aktivieren Sie die Option *Zonenübertragungen zulassen*, wählen Sie die Option *Nur an Server, die in der Registerkarte „Namensserver" aufgeführt sind*, und klicken Sie auf **OK**.

7.2.9.3 Konfiguration der Zonenübertragung

Die Häufigkeit der Zonenübertragung kann durch den Administrator festgelegt werden. Es existiert bereits ein Standardwert (15 Minuten) für das Aktualisierungsintervall. Diese Einstellung kann im Register *Autoritätsursprung (SOA)* in den *Eigenschaften* der betreffenden, primären DNS-Namenszone konfiguriert werden.

Abb. 7.18: *Konfigurationsoptionen für die Zonenübertragung*

Inkrementelle oder vollständige Zonenübertragung

Die Zonenübertragung zwischen dem Master-DNS-Server einer DNS-Namenszone zu dem oder den sekundären DNS-Namensserver(n) der Zone findet nach der Konfiguration entweder *inkrementell* (*IXFR*) oder *vollständig* (*AXFR*) statt. Bei der inkrementellen Zonenübertragung (*IXFR*) werden lediglich die Änderungen in der betreffenden DNS-Namenszone zwischen den betreffenden DNS-Server übertragen. Diese Art der Zonenübertragung wird erst seit der Einführung von Windows Server

2000 unterstützt. Die Zonenübertragung zu älteren Betriebssystemversionen findet demnach immer vollständig statt.

7.2.9.4 BIND-Sekundärzonen

Im Umfeld von DNS-Servern unter Windows Server 2019 können auch UNIX/Linux-basierte BIND-Server als sekundäre DNS-Zonenserver verwendet werden. Die Standardkonfiguration der Serveroptionen der DNS-Dienste wurde schon zu Zeiten von Windows Server 2008 verändert. Die Option *BIND-Sekundärzonen* ist seitdem standardmäßig deaktiviert. Hierdurch wird seit den DNS-Servern unter Windows Server 2008 eine schnellere Zonenübertragung an die BIND-Sekundärzonen durchgeführt, die von älteren BIND-Versionen (vor Version 4.9.4) noch nicht unterstützt wurde. Bei Bedarf kann diese Option im *Server-Manager* unter Windows Server 2019 jederzeit im Register *Erweitert* der *Eigenschaften* des betreffenden DNS-Servers aktiviert werden.

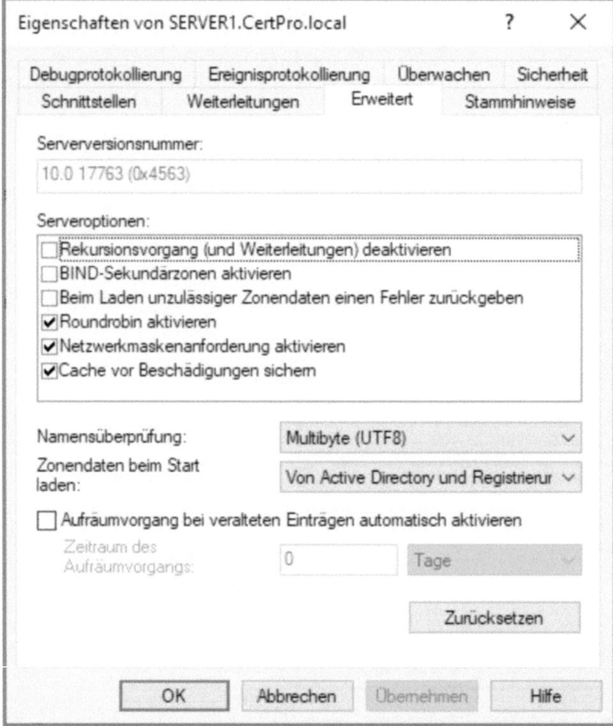

Abb. 7.19: *Standardeinstellungen für BIND-Sekundärzonen*

Die Speicherung von BIND-basierten DNS-Servern unter UNIX/Linux setzt voraus, dass man über das notwendige Wissen zur Konfiguration und auch zur Absicherung der betreffenden Namenszonen unter UNIX/Linux-Servern verfügt. Es ist auch möglich, die aktuelle BIND-Version unter UNIX/Linux-Servern für die Speicherung von primären DNS-Namenszonen für die Active Directory-Domänendienste (engl. *Active Directory*

Domain Services, AD DS) zu verwenden. Man sollte hierbei jedoch bedenken, dass man dann wiederum die Zonenübertragung konfigurieren muss, da diese Arten von DNS-Namenszonen nicht in der Active Directory-Datenbank gespeichert werden können. Demnach kann eine solche Zone auf UNIX/Linux-basierten BIND-Servern auch nicht für die sichere dynamische Aktualisierung der Zonendaten konfiguriert werden.

Keine AD-integrierten Namenszonen auf BIND-basierten DNS-Servern

7.2.10 Speicherung von DNS-Namenszonen in Anwendungsverzeichnispartitionen

Die Zonendaten einer Active Directory-integrierten DNS-Namenszone können zwecks gezielter Replikationssteuerung in einer manuell zu erstellenden Anwendungsverzeichnispartition gespeichert werden. Die Replikation kann dabei so eingerichtet werden, dass nur der Domänencontroller, der ebenso über die gleiche Anwendungsverzeichnispartition verfügt, ein Replikat der betreffenden Zonendaten erhält.

Anwendungsverzeichnispartitionen (engl. *Application Directory Partitions*) wurden erstmals auf Domänencontrollern unter Windows Server 2003 unterstützt. Sie können entweder im grafischen DNS-Manager unter Windows Server 2019, oder alternativ beispielsweise auch mithilfe des Kommandozeilenbefehls **`dnscmd.exe`** erstellt werden. In der Windows PowerShell steht hierzu das CmdLet *Add-DnsServerDirectoryParition* zur Verfügung.

Weiter Informationen zu Anwendungsverzeichnispartitionen finden Sie in der Windows-Hilfe von Windows Server 2019.

7.2.11 Verwalten von DNS-Einträgen

Nachdem Sie die entsprechenden DNS-Namenszonen erstellt haben, ist es nun an der Zeit, sich mit der Verwaltung von DNS-Einträgen zu befassen.

DNS-Namenszonen umfassen mitunter eine Vielzahl an verschiedensten Zonendaten. Neben den Diensteinträgen (*SRV Records*) für Active Directory-Domänencontrollern findet man darin auch die notwendigen Einträge für die Namensauflösung von Clients und Servern im Active Directory-Umfeld. In einer DNS-Namenszone können verschiedene DNS-Einträge, wie beispielsweise Host-Einträge (*A Records*) oder Zeiger-Einträge (*Pointer Records, kurz: PTR*), angelegt und verwalten werden.

7.2.11.1 Manuelles Erstellen von DNS-Einträgen

In den primären Standardzonen, sowie auch in den Active Directory-integrierten DNS-Namenszonen kann man als Administrator manuelle DNS-Einträge anlegen.

Um beispielsweise einen Host-Eintrag (*A Record*) für einen Clientcomputer manuell in einer DNS-Namenszone unter Windows Server 2019 anzulegen, gehen Sie wie folgt vor:

1. Starten Sie den *DNS-Manager* auf dem Server unter Windows Server 2019 und erweitern Sie die Einträge für die DNS-Server-Rolle in der Konsolenstruktur bis zum Eintrag *Forward-Lookupzonen*.
2. Klicken Sie mit der rechten Maustaste auf die zu konfigurierende, primäre DNS-Namenszone und wählen Sie den Kontexteintrag **Neuer Host (A oder AAAA)...**
3. Geben Sie im Dialogfenster *Neuer Host* im Eingabefeld *Name* den gewünschten Hostnamen und nachfolgend im Eingabefeld *IP-Adresse* die zugehörige IP-Adresse ein. Klicken Sie zum Abschluss auf die Schaltfläche **Host hinzufügen**.

> **HINWEIS ➲** Im Dialogfenster *Neuer Host* können Sie bei Bedarf die Option *Verknüpften PTR-Eintrag erstellen* aktivieren. Wenn auf dem betreffenden DNS-Server eine der IP-Adresse des neuen Hosts entsprechenden Reverse-Lookupzone vorhanden ist, so wird für ihn in dieser Zone auch gleich ein Zeigereintrag (*PTR Record*) erstellt. Es ist dann nachfolgend sogar möglich, den Hostnamen des neu eingetragenen Computersystems über die betreffende Reverse-Lookupzone anhand dessen IP-Adresse zu ermitteln.

4. Der Host-Eintrag für den betreffenden Computer wurde in der DNS-Namenszone erstellt. Bestätigen Sie den folgenden Dialog mit einem Klick auf **OK**.
5. Wenn Sie keinen weiteren Host-Eintrag mehr erstellen möchten, klicken Sie auf **Abbrechen**.

Nach dem gleichen Verfahren können Sie vorgehen, wenn Sie noch weitere Einträge in der betreffenden DNS-Namenszone manuell anlegen möchten.

7.2.11.2 Dynamische Aktualisierung

Die primären Standardzonen und auch die Active Directory-integrierten DNS-Namenszonen können auf DNS-Servern ab der Betriebssystemversion Windows 2000 so eingerichtet werden, dass eine dynamische Aktualisierung der Zoneninhalte ermöglicht wird. Bei der Konfiguration der DNS-Namenszonen können hierzu die folgenden Einstellungen vorgenommen werden:

- **Dynamische Updates: Keine** Wählen Sie diese Konfiguration der DNS-Namenszone, wenn Sie die Inhalte der Zone manuell verwalten möchten. Eine dynamische Aktualisierung durch der DNS-Einträge Clients oder Server ist bei dieser Einstellung nicht möglich.
- **Dynamische Updates: Nicht sichere und sichere** Bei Auswahl dieser Konfiguration können Clientcomputer und Server sich dynamisch in der betreffenden DNS-Namenszone registrieren. Standardmäßig ist dabei jeder Rechner in der Lage, sich dynamisch in der betreffenden DNS-Namenszone zu registrieren.
- **Dynamische Updates: Nur sichere** Diese Konfiguration steht bei für Active Directory-integrierten DNS-Namenszonen zur Verfügung. Die betreffende Namenszone muss dazu auf einem DNS-Server ab Windows 2000 und höher ausgeführt werden, der ebenso auch als Active Directory-Domänencontroller konfiguriert ist.

Die dynamische Registrierung sowie auch die nachfolgende, dynamische Aktualisierung von DNS-Einträgen sind dann nur noch möglich, wenn der betreffende Computer über ein Computerkonto in einer der vorhandenen Domänen der Active Directory-Gesamtstruktur verfügt.

PRAXISTIPP! ➲ Um den Aufwand für Verwaltung der DNS-Namenszonen zu reduzieren, gleichzeitig aber auch die Sicherheit zu erhöhen, sollte man innerhalb einer Active Directory-Gesamtstruktur für die internen DNS-Namensräume nach Möglichkeit nur Active Directory-integrierte DNS-Namenszonen verwenden. Die dynamische Aktualisierung von DNS-Einträgen sollte dabei auf *Nur sichere* eingestellt werden.

7.2.12 DNSUpdateProxy

Wichtig bei Ausfall eines DHCP-Servers

Seit der Einführung von Windows 2000 ist es möglich, dass ein DHCP-Server (*Dynamic Host Configuration Protocol*), welcher IP-Adressen dynamisch an Clientcomputer und Server im Netzwerk dynamisch vergeben kann, diese parallel auch gleich dynamisch in DNS-Namenszonen registrieren kann. Auch ist die Aktualisierung solcher Einträge, beispielsweise bei der Änderung der IP-Adresse für einen bereits registrierten Clientcomputer, durch den betreffenden DHCP-Server in der DNS-Namenszone möglich. Der DHCP-Server wird durch die Registrierung des DHCP-Clients in der betreffenden DNS-Namenszone zum Ersteller/Besitzer dieses Eintrags.

HINWEIS ➲ Die DNSUpdateProxy-Funktion bringt insoweit nur einen Nutzen, wenn sich im Netzwerk Computersysteme (beispielsweise Fertigungs- oder Steuerungsanlagen) aufhalten, die sich seitens ihres Host-Eintrages nicht selbst auch in DNS registrieren können.

Wenn ein DHCP-Server nun nachfolgend durch einen anderen DHCP-Server ersetzt werden muss, vielleicht bedingt durch den Ausfall des ursprünglichen DHCP-Servers, so steht der neue DHCP-Server nun vor einem Problem: Wenn dieser neue DHCP-Server nun versucht, einen bereits in der DNS-Namenszone durch den ursprünglichen DHCP-Server bereits registrierten DNS-Eintrag eines DHCP-Clients zu aktualisieren, ist dieser hierzu standardmäßig nicht berechtigt.

Es gilt, wie bereits benannt, auch in einer DNS-Namenszone des Ersteller/Besitzer-Prinzip: *Nur der Ersteller/Besitzer darf seine eigenen DNS-Einträge aktualisieren.*

Um eine dynamische Aktualisierung der DNS-Einträge eines ursprünglichen DHCP-Servers in einer DNS-Namenszone durch einen anderen DHCP-Server zu ermöglichen, kommt nun die Sicherheitsgruppe *DNSUpdateProxy* zum Einsatz.

Wenn man die Computerkonten der DHCP-Server vorweg als Mitglied der Gruppe *DNSUpdateProxy* definiert, können die DHCP-Server ihre Einträge auch gegenseitig aktualisieren.

Die Gruppe *DNSUpdateProxy* wird mit der Installation des DNS-Dienstes unter windows Server 2019 auf dem betreffenden Server bzw. in der Active Directory-Datenbank im Container **Users** erstellt.

7.2.13 Alterungs- und Aufräumprozess

In Active Directory-Umgebungen, in denen die dynamische Aktualisierung von DNS-Einträgen in den DNS-Namenszonen konfiguriert ist, findet man häufig veraltete DNS-Einträge. Diese stammen teilweise von Clientcomputern, die bereits vor Wochen, Monaten oder gar Jahren aus dem Unternehmensnetzwerk, jedoch nicht aus der DNS-Datenbank entfernt wurden. Die DNS-Datenbank sollte demnach in bestimmten Abständen auf solche veralteten Einträge hin kontrolliert und bereinigt werden.

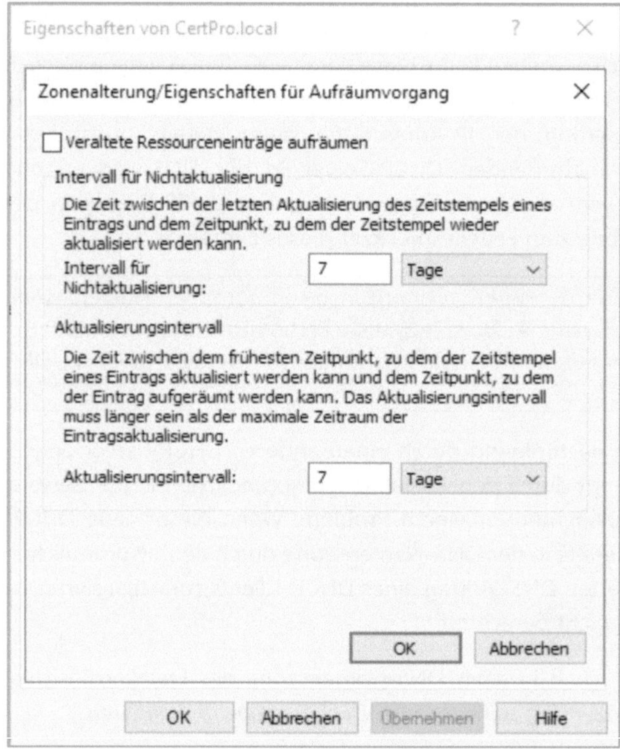

Abb. 7.20: *Konfiguration des Alterungs- und Aufräumvorgangs für eine DNS-Namenszone*

Da die manuelle Bereinigung in sehr großen Active Directory-Infrastrukturen somit zu einer Lebensaufgabe für die Administratoren mutieren würde, besitzt der DNS-Server unter Windows Server 2019 die Konfigurationsmöglichkeit des *Alterungs- und Aufräumprozesses* (engl. *Aging and Scavenging*) für die DNS-Namenszonen.

Standardmäßig ist der *Alterungs- und Aufräumprozess* auf den DNS-Servern unter Windows Server 2019 nicht aktiviert.

7.2.13.1 Konfiguration des Alterungs- und Aufräumvorgangs für eine DNS-Namenszone

Um den Alterungs- und Aufräumprozess für eine DNS-Namenszone unter Windows Server 2019 zu konfigurieren, gehen Sie wie folgt vor:

1. Starten Sie den *DNS-Manager* auf dem Server unter Windows Server 2019 und erweitern Sie die Einträge für die DNS-Server-Rolle in der Konsolenstruktur bis zum Eintrag *Forward-Lookupzonen*.
2. Klicken Sie mit der rechten Maustaste auf die zu konfigurierende DNS-Namenszone und wählen Sie den Kontexteintrag **Eigenschaften**.
3. Klicken Sie im Register *Allgemein* auf die Schaltfläche **Alterung...**
4. Aktivieren Sie im Dialogfenster *Zonenalterung/Eigenschaften für Aufräumvorgang* das Kontrollkästchen *Veraltete Ressourceneinträge aufräumen*, konfigurieren Sie die gewünschten Intervalle und klicken Sie anschließend auf **OK**. Falls Sie dazu aufgefordert werden, klicken Sie auf *Ja*, um die zuvor konfigurierten Einstellungen beizubehalten.
5. Klicken Sie im Dialogfenster *Eigenschaften von <Zonenname>* nochmals auf ***OK***, um ihre Konfiguration abzuschließen.

7.2.13.2 Aktivierung des automatischen Aufräumvorgangs bei veralteten Ressourceneinträgen

Nach der Konfiguration der Intervalle für die Alterungs- und Aufräumvorgänge muss der eigentliche Aufräumvorgang auf dem betreffenden DNS-Server noch aktiviert
werden. Gehen Sie dazu wie folgt vor:

1. Starten Sie den *DNS-Manager* auf dem Server unter Windows Server 2019, klicken Sie mit der rechten Maustaste auf den zu konfigurierenden DNS-Namensserver und wählen Sie den Kontexteintrag **Eigenschaften**.
2. Klicken Sie auf die Registerkarte **Erweitert**.
3. Aktivieren Sie das Kontrollkästchen *Aufräumvorgang bei veralteten Einträgen automatisch aktivieren.*
4. Wählen Sie für *Zeitraum des Aufräumvorgangs* aus der Dropdownliste ein Intervall in Stunden oder Tagen aus und geben Sie dann im Textfeld eine gewünschte Zahl ein.
5. Bestätigen Sie die Auswahl mit einem Klick auf die Schaltfläche ***OK***.

Die veralteten DNS-Einträge in der betreffenden DNS-Namenszone werden nach Ablauf des Alterungsintervalls (setzt sich zusammen aus dem Intervall für die Nichtaktualisierung sowie dem Aktualisierungsintervall) aus der Datenbank gelöscht, und die DNS-Namenszone auf diesem Wege aktuell gehalten.

HINWEIS ➲ Der Alterungs- und Aufräumvorgang kann über das Kontextmenü des DNS-Servers im Server-Manager direkt auch für alle vorhandenen DNS-Namenszonen festgelegt werden. Die spezifische Konfiguration der einzelnen Zonen setzt sich gegenüber diesen Einstellungen jedoch durch.

INTERNET ➲ Das Aktivieren der Alterungs- und Aufräumprozesse für eine DNS-Namenszone kann im Bedarfsfall auch mithilfe des Windows Powershell-CmdLets *Set-DnsServerZoneAging*, sowie anschließend der Aktivierung der Alterungs- und Aufräumprozesse für die darin enthaltenen Zoneneinträge mittels *Set-DnsServerResourceRecordAging* aktiviert werden. Details hierzu findet man u. a. im Internet unter:

https://docs.microsoft.com/en-us/powershell/module/dnsserver/set-dnsserver-resourcerecordaging?view=win10-ps

7.2.14 Manuelles Löschen von DNS-Einträgen

Die Einträge in den primären oder auch Active Directory-integrierten DNS-Namenszonen auf den DNS-Servern unter Windows Server 2019 können bei Bedarf einfach wieder entfernt, sprich: gelöscht werden.

Das Entfernen von einzelnen DNS-Einträgen innerhalb von sekundären DNS-Namenszonen oder Stub-Zonen ist direkt nicht möglich. Hier muss man den Umweg über das Löschen des betreffenden DNS-Eintrages in der jeweiligen primären DNS-Namenszone und anschließender Zonenübertragung gehen. Hierbei werden die in der primären DNS-Namenszone gelöschten Einträge im Zusammenhang mit der Zonenaktualisierung, die während der Zonenübertragung zur sekundären DNS-Namenszone stattfindet, auch dort nachfolgend entfernt.

Um einen DNS-Eintrag manuell aus einer primären oder auch Active Directory-integrierten DNS-Namenszone als Forward-Lookupzone im DNS-Dienst unter Windows Server 2019 zu entfernen, gehen Sie wie folgt vor:

1. Starten Sie den *DNS-Manager* auf dem Server unter Windows Server 2019 und erweitern Sie die Einträge für die *DNS-Server-Rolle* in der Konsolenstruktur bis zur betreffenden DNS-Namenszone.
2. Klicken Sie mit der rechten Maustaste auf den zu löschenden DNS-Eintrag und wählen Sie den Kontexteintrag **Löschen**.

3. Bestätigen Sie den Löschvorgang des betreffenden DNS-Eintrags mit einem Klick auf die Schaltfläche **Ja**.

   Der Eintrag wird aus der DNS-Namenszone entfernt.

Das Löschen von Zeigereinträgen (*PTR Records*) aus einer primären oder auch Active Directory-integrierten Reverse-Lookupzone unter Windows Server 2019 erfolgt vergleichbar.

INTERNET ➲ Alternativ zur Verwendung des grafischen DNS-Managers kann man unter Windows Server 2019 zum Löschen von DNS-Einträgen auch das Windows PowerShell-CmdLet *Remove-DnsServerResourceRecord* verwenden. Beispiele hierzu findet man in der Windows PowerShell-Hilfe oder im Internet unter:

https://docs.microsoft.com/en-us/powershell/module/dnsserver/remove-dnsserverresourcerecord?view=win10-ps

7.2.15 Bedingte Weiterleitungen

Können unter Windows Server 2019 in Active Directory gespeichert und repliziert werden

Die DNS-Server unter Windows Server 2019 ermöglichen die Konfiguration von *bedingten Weiterleitungen*. Diese können spezifisch für bestimmte Domänen festgelegt werden. So ist es beispielsweise möglich, die Namensauflösung bestimmter Domänen über die dafür konfigurierten DNS-Server zu ermöglichen, ohne dass dafür die Wege über die Stammserver des Internet beschritten werden müssen. Ein Unternehmen kann für die Namensauflösung der Domänennamen eines Geschäftspartners direkt deren DNS-Server zur Namensauflösung durch die Konfiguration einer bedingten Weiterleitung auf einem DNS-Server unter Windows Server 2019 definieren.

Die konfigurierbaren, bedingten Weiterleitungen werden in der DNS-Verwaltung unter Windows Server 2019 in einem eigenen Container geführt. Diese bedingten Weiterleitungen können nun sogar im Active Directory gespeichert und somit auch an andere DNS-Server oder auch Domänencontroller in der betreffenden Active Directory-Gesamtstruktur repliziert werden.

Gehen Sie zum Einrichten einer bedingten Weiterleitung im DNS-Server unter Windows Server 2019 wie folgt vor:

1. Starten Sie den *DNS-Manager* auf dem Server unter Windows Server 2019, erweitern Sie die Einträge für die DNS-Server-Rolle in der Konsolenstruktur und anschließend den Knoten für den betreffenden DNS-Server.
2. Klicken Sie mit der rechten Maustaste auf den Container *Bedingte Weiterleitungen* und wählen Sie im Kontextmenü den Menüpunkt **Neue bedingte Weiterleitung...**
3. Geben Sie im Dialogfenster *Neue bedingte Weiterleitung* im Eingabefeld *DNS-Domäne:* den gewünschten DNS-Domänennamen ein.

4. Klicken Sie im darunterliegenden Eingabefeld *IP-Adressen der Masterserver:* auf den Eintrag ***<Hier klicken, um IP-...*** und geben Sie die passende IP-Adresse des DNS-Servers ein, der für die Namensabfragen der angegebenen Domäne genutzt werden soll. Sie können bei Bedarf auch gleich mehrere IP-Adressen angeben.

   HINWEIS ➲ Aktivieren Sie das Kontrollkästchen *Diese bedingte Weiterleitung in Active Directory speichern und wie folgt replizieren:* und wählen Sie den Replikationsbereich für den Eintrag aus.

5. Klicken Sie anschließend auf **OK**, um die bedingte Weiterleitung anzulegen.

   Die gerade konfigurierte, bedingte Weiterleitung wird im *Server-Manager* unter Windows Server 2019 nun im Container *Bedingte Weiterleitungen* des betreffenden DNS-Servers angezeigt. Über die Eigenschaften der bedingten Weiterleitung können Sie im Bedarfsfall auch Änderungen vornehmen.

Wenn der DNS-Server nach einer Namensauflösung zu der betreffenden, in der bedingten Weiterleitung konfigurierten DNS-Domäne aufgefordert wird, leitet er die Anfrage direkt an den angegebenen DNS-Server weiter.

PRAXISTIPP! ➲ Alternativ zur Konfiguration der „bedingten Weiterleitung" im grafischen DNS-Manager steht unter Windows Server 2019 hierzu das Windows PowerShell-CmdLet *Add-DnsServerConditionalForwarderZone* sowie zum Anpassen vorhandener, bedingter Weiterleitung das CmdLet *Set-DnsServerConditional-ForwarderZone* zur Verfügung. Details hierzu findet man u. a. in der Hilfe des jeweiligen Befehls in der Windows PowerShell.

7.2.16 Starten und Beenden des DNS-Dienstes

Der DNS-Dienst auf einem Serversystem unter Windows Server 2019 kann über das Kontextmenü des betreffenden Servers im *DNS-Manager* oder über die Verwaltungskonsole *Dienste* angehalten, beendet, gestartet oder auch neu gestartet werden. Auch in der Kommandozeile ist dies über die Befehle **`net stop`** und **`net start`** möglich. Alternativ lässt sich dazu auch die Windows PowerShell verwenden.

Um den DNS-Dienst auf einem Server unter Windows Server 2019 im *DNS-Manager* neu zu starten, gehen Sie wie folgt vor:

1. Starten Sie den *DNS-Manager* auf dem Server unter Windows Server 2019 und erweitern Sie die Einträge für die DNS-Server-Rolle in der Konsolenstruktur.
2. Klicken Sie mit der rechten Maustaste auf den betreffenden DNS-Server und wählen Sie im Kontextmenü unter *Alle Aufgaben* den Menüpunkt **Neu starten**.

7.2.17 Entfernen von DNS-Namenszonen

Wenn sich der Bedarf ergibt, so können die im DNS-Dienst unter Windows Server 2019 angelegten DNS-Namenszonen problemlos wieder entfernt werden. Beachten Sie hierbei jedoch unbedingt, dass eine sekundäre DNS-Namenszone beim Entfernen der hierzu konfigurierten, primären oder auch Active Directory-integrierten DNS-Namenszone auf einem anderen DNS-Server alleine nicht existieren kann. Wenn notwendig, kann man die vorhandene, sekundäre DNS-Namenszone vor dem Entfernen der zugehörigen, primären DNS-Namenszone des Master-DNS-Servers ebenso in eine primäre oder Active Directory-integrierte DNS-Namenszone umwandeln. Somit bleibt der Inhalt der DNS-Namenszone vollständig erhalten und kann auch nach dem Entfernen der ursprünglichen, primären DNS-Namenszone weiter genutzt werden.

Sekundärzonen können auf Dauer alleine nicht existieren

HINWEIS ➲ Beim Entfernen einer DNS-Namenszone gehen alle darin konfigurierten DNS-Einträge verloren. Wenn Sie die Zoneninhalte weiterhin nutzen möchten, so sollten Sie die Zone vorweg zumindest beispielsweise in Form einer sekundären DNS-Namenszone auf einen anderen DNS-Server im Netzwerk übertragen. Eine sekundäre DNS-Namenszone kann im Bedarfsfall anschließend in eine primäre DNS-Namenszone umgewandelt werden. Den Vorgang hierzu hatte ich Ihnen in den vorherigen Seiten beschrieben.

Gehen Sie zum Entfernen einer DNS-Namenszone auf einem DNS-Server unter Windows Server 2019 wie folgt vor:

1. Starten Sie den *Server-Manager* auf dem Server unter Windows Server 2019 und erweitern Sie die Einträge für die DNS-Server-Rolle in der Konsolenstruktur bis zur betreffenden DNS-Namenszone.
2. Klicken Sie mit der rechten Maustaste auf die zu löschende DNS-Namenszone und wählen Sie den Kontexteintrag **Löschen**.
3. Bestätigen Sie den Löschvorgang der betreffenden DNS-Namenszone mit einem Klick auf die Schaltfläche **Ja**.

Die DNS-Namenszone wird aus dem DNS-Server entfernt.

7.2.18 Entfernen des DNS-Dienstes

Falls diese nicht mehr benötigt werden oder dem Server andere Serverrollen oder -funktionen zugewiesen werden sollen, kann man die DNS-Dienste als Serverrolle von einem Server unter Windows Server 2019 wieder entfernen,

HINWEIS ➲ Beim Entfernen des DNS-Dienstes gehen alle darin konfigurierten DNS-Namenszonen und -Einträge verloren. Wenn Sie die Zoneninhalte weiterhin nutzen möchten, so sollten Sie vorweg bei Active Directory-integrierten Zonen auf einem anderen DNS-Server ein Replikat anlegen, oder die Zone zumindest in Form einer sekundären DNS-Namenszone auf einen anderen DNS-Server im Netzwerk übertragen. Eine sekundäre DNS-Namenszone kann im Bedarfsfall nachfolgend in eine primäre DNS-Namenszone umgewandelt werden. Den Vorgang hierzu hatte ich Ihnen in den vorherigen Seiten beschrieben.

Gehen Sie wie folgt vor, um die DNS-Serverrolle auf einem Serversystem unter Windows Server 2019 mithilfe des *Assistenten zum Entfernen von Rollen und Features* im grafischen Server-Manager entfernen:

1. Melden Sie sich als *Administrator* am Serversystem unter Windows Server 2019 an.
2. Öffnen Sie den *Server-Manager* (soweit dies nicht automatisch geschieht) über einen Klick im Startmenü auf die **Kachel** für den **Server-Manager**.
3. Klicken Sie oben im *Server-Manager* auf **Verwalten**, und dann auf **Rollen und Features entfernen**.
4. Klicken Sie im Dialog *Vorbemerkungen* auf **Weiter**.
5. Klicken Sie im Dialog *Zielserver auswählen* auf den Namen des gewünschten Servers, und klicken Sie dann auf **Weiter**.
6. Deaktivieren Sie das Kontrollkästchen vor *DNS-Server*, und klicken Sie auf **Features entfernen**, um die Deinstallation der DNS-Servertools zu bestätigen. Klicken Sie anschließend auf **Weiter**.
7. Klicken Sie im Dialog *Features entfernen* auf **Weiter**.
8. Bestätigen Sie Ihre Auswahl im Dialogfenster *Entfernungsauswahl bestätigen* über einen Klick auf die Schaltfläche **Entfernen**.
9. Klicken Sie nach Abschluss des Vorgangs im Dialogfenster *Entfernungsergebnis* auf **Schließen**.
10. Führen Sie einen Neustart des betreffenden Serversystems durch, um die Deinstallation der DNS-Serverrolle abzuschließen.

Nachdem der Server neu gestartet wurde, ist der Vorgang der Entfernung der DNS-Serverrolle von dem betreffenden Serversystem unter Windows Server 2019 abgeschlossen.

Nachdem der DHCP-, sowie auch der DNS-Dienst umfangreich vorgestellt wurden, geht es nunmehr um die Möglichkeit der zentralen Verwaltbarkeit dieser Dienste.

7.3 Zentrale IP-Adressverwaltung mittels IPAM

Bereits in Windows Server 2012 hatte Microsoft die zentrale **IP-Adressverwaltung** (engl. *IP Address Management, IPAM*) erstmalig integriert. Unter Windows Server 2012 R2 wurden nunmehr nochmals verschiedene Neuerungen und Verbesserungen eingebaut. In Windows Server 2019 setzt Microsoft die Unterstützung von IPAM nunmehr weiter fort. IPAM kann von Administratoren in domänenbasierten Computernetzwerken u. a. für die folgenden Zwecke verwendet werden:

- Auffinden von Domänencontrollern, sowie DHCP-, DNS- und Netzwerkrichtlinienserver unter Windows Server 2008 oder höher,

- Überwachen der Dienstverfügbarkeit von DHCP- und DNS-Servern von Microsoft innerhalb einer Active Directory-Gesamtstruktur,
- Überprüfen von Änderungen an der Serverkonfiguration von DHCP-Servern,
- Nachverfolgung der Verwendung von IP-Adressen, sowie damit verbundenen „Nutzungstrends" für IP-Adressen,
- Verwalten des IP-Adressbereiches in Active Directory-basierten Computernetzwerken von Unternehmen.

Kontrolle der IP-Adressvergabe und -nutzung möglich

IPAM basiert auf einem Serversystem unter Windows Server 2019, Windows Server 2016 bzw. Windows Server 2012 (R2), auf dem das Feature **IP-Adressverwaltungsserver (IPAM-Server)** installiert und konfiguriert wird. Der IPAM-Server versucht in regelmäßigen Zeitabständen in einem zuvor festgelegten Suchbereich, DNS- und DHCP-Server im Computernetzwerk zu ermitteln. Man kann hierbei festlegen, welche der vorhandenen Serversysteme von IPAM verwaltet und auch welche der Serversysteme von der Überwachung durch IPAM ausgenommen werden sollen. Der IPAM-Server kommuniziert mit den verwalteten Serversystemen über eine RPC- oder WMI-Schnittstelle. Darüber hinaus überwacht der IPAM-Server die vorhandenen Domänencontroller und Netzwerkrichtlinienserver (engl. *Network Policy Server, NPS*) für die Nachverfolgung von IP-Adressen. Zur Verwaltung steht seit Windows Server 2012 R2 auch ein entsprechender **IPAM-Client** auf den für die Verwaltung mittels IPAM vorhandenen Serversystemen zur Verfügung.

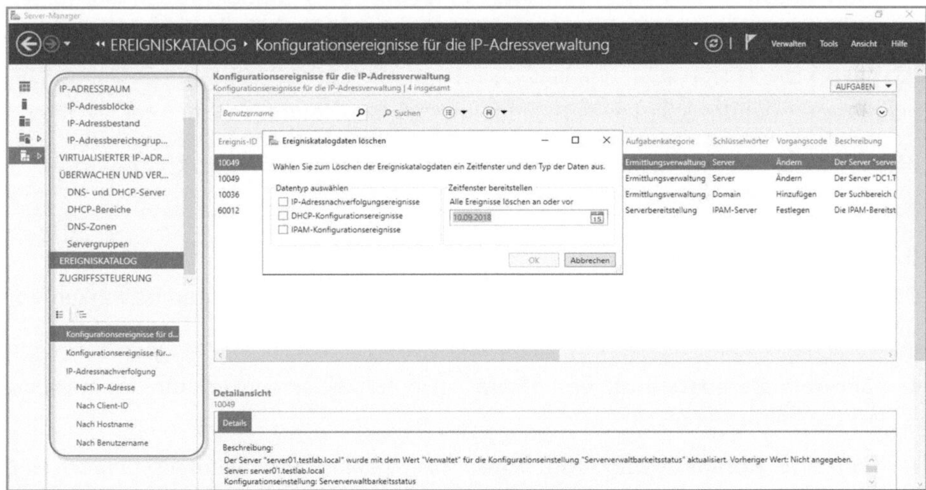

Abb. 7.21: *Zentrale IP-Adressverwaltung mittels IPAM*

7.3.1 Neuerungen und Verbesserungen in IPAM

Unter Windows Server 2019 hat Microsoft keinerlei Neuerungen oder Verbesserungen mehr in IPAM eingebaut. Zuvor jedoch unter Windows Server 2016 hatte Microsoft noch verschiedene Neuerungen und Verbesserungen in IPAM eingebaut. Zu diesen zählen u. a.:

- **Unterstützung für mehrere Active Directory-Gesamtstrukturen** - Unter Windows Server 2016 kann man mit IPAM die DNS- und DHCP-Server aus verschiedenen Active Directory-Gesamtstrukturen, die über eine bidirektionale Vertrauensstellung verfügen, gemeinsam von einer einzelnen IPAM-Konsole aus verwalten.
- **Endgültiges Löschen von Nutzungsdaten** - Die Größe der IPAM-Datenbank kann durch das Löschen alter Nutzungsdaten verringert werden. Hierzu kann man ein bestimmtes Datum festlegen, bis zu dem alle Einträge gelöscht werden sollen.
- **Erweiterte IP-Adressverwaltung** - IPAM führt nunmehr auch eine automatische IP-Adress-Inventarisierung in der IPAM-Datenbank, wonach Administratoren diese, wie dies noch unter Windows Server 2012 R2 notwendig war, nicht mehrmanuell durch den Import aus CSV-Dateien durchführen müssen.
- **Verbesserte DNS-Verwaltung** - IPAM unterstützt neben Active Directory-basierten Namenszonen in DNS nun auch dateibasierte Zonendatenbanken. Zudem kann man in der neuen Version von IPAM nunmehr auch alle Funktionen im Rahmen der DNS-Verwaltung, wie beispielsweise das Erstellen, Ändern und Löschen von DNS-Zonen oder auch Zoneneinträgen, sowie vieles mehr gleich vom IPAM-Server aus durchführen.
- **Windows PowerShell-Cmdlets für die „Rollenbasierte Zugriffssteuerung" (Role Based Access Control, RBAC) in IPAM** - Dies ermöglicht den Einsatz von Scriptdateien für die Verwaltung der rollenbasierten Zugriffssteuerung in IPAM.

INTERNET ➲ Die Details zu den vielen Neuerungen und Verbesserungen in IPAM, die bereits unter Windows Server 2016 eingeführt wurden, findet man im Internet unter:

https://docs.microsoft.com/de-de/windows-server/networking/technologies/ipam/what-s-new-in-ipam

7.3.2 IPAM-Architektur

Die Bereitstellung von IPAM in Active Directory-basierten Computernetzwerken von Unternehmen kann entweder zentral oder verteilt erfolgen.

- **Zentrale Bereitstellung von IPAM** - Ein IPAM-Server wird für das gesamte Unternehmen eingesetzt.
- **Verteilte Bereitstellung von IPAM** - An jedem Unternehmensstandort wird jeweils ein IPAM-Server bereitgestellt.
- **Hybride Bereitstellung von IPAM** - Ein zentraler IPAM-Server, der an jedem Standort mit dedizierten IPAM-Servern bereitgestellt wird.

Es findet keine automatische Kommunikation oder Datenbankfreigabe zwischen verschiedenen IPAM-Servern statt. Bei Bedarf kann man die Export- und

Importfunktionen in der Windows Power-Shell verwenden, damit IPAM den IP-Adressbereich und Adressinformationen zwischen mehreren IPAM-Servern regelmäßig aktualisiert.

HINWEIS ➲ Das für die Bereitstellung von IPAM vorgesehene Serversystem muss zuvor als Mitgliedsserver zu der Active Directory-Domäne des Unternehmens hinzufügt worden sein. Die Bereitstellung von IPAM auf Active Directory-Domänencontrollern wird nicht unterstützt. Über bidirektionale Vertrauensstellungen kann man IPAM unter Windows Server 2019 bzw. Windows Server 2016 einsetzen, um im Bedarfsfall die DNS- und DHCP-Server in gleich mehreren Gesamtstrukturen von einer einzelnen IPAM-Konsole aus gemeinsam zu verwalten.

7.3.3 IPAM-Sicherheitsgruppen

Während der Installation von IPAM auf einem Serversystem unter Windows Server 2019 werden die folgenden lokalen Sicherheitsgruppen automatisch angelegt:

- **IPAM-Benutzer** - Mitglieder dieser Gruppe können IPAM- und DHCP-Serverereignisse, sowie alle Informationen zu Serverermittlung, IP-Adressraum und Serververwaltung, jedoch keine Informationen zur IP-Adressnachverfolgung anzeigen.
- **IPAM-Administratoren** - Mitglieder dieser Gruppe können alle IPAM-Daten anzeigen, sowie sämtliche IPAM-Verwaltungsaufgaben ausführen.
- **IPAM-MSM-Administratoren** - Gruppe für die Verwaltung mehrerer IPAM-Server (Multi-Server Management, MSM). Die Mitglieder dieser Gruppe erhalten IPAM-Benutzerrechte und können allgemeine IPAM-Verwaltungsaufgaben und Serververwaltungsaufgaben durchführen.
- **IPAM-ASM-Administratoren** - Gruppe für die Adressraumverwaltung (*Address Space Management, ASM*). Die Mitglieder dieser Gruppe erhalten IPAM-Benutzerrechte und können allgemeine IPAM-Verwaltungsaufgaben und Aufgaben im Zusammenhang mit dem IP-Adressraum ausführen.
- **IPAM-IP-Überwachungsadministratoren** - Mitglieder dieser Gruppe können allgemeine IPAM-Verwaltungsaufgaben ausführen sowie Informationen zur IP-Adressnachverfolgung anzeigen.

Diese Sicherheitsgruppen werden auf dem betreffenden Serversystem unter Windows Server 2019 für die Verwaltung und Nutzung von IPAM verwendet.

7.3.4 IPAM-Aufgaben und -Standardintervalle

IPAM startet die darin vorgesehenen Verwaltungsaufgaben, wie zum Beispiel die Suche nach DNS- oder DHCP-Servern, in regelmäßigen, vordefinierten Zeitabständen. Diese sind in der folgenden Tabelle zusammengefasst:

Aufgabe	Beschreibung	Zeitintervall
AddressExpiry	Verfolgt den Ablaufstatus von IP-Adressen und protokolliert Benachrichtigungen.	1 Tag
ServerDiscovery	Ermittelt automatisch vorhandene Domänencontroller, sowie DNS- und DHCP-Server in alle ausgewählten Active Directory-Domänen.	1 Tag
AddressUtilization	Sammelt Informationen zur Adressraumverwendung von den vorhandenen DHCP-Servern.	2 Stunden
Audit	Sammelt Überwachungsinformationen von DHCP- und IPAM-Servern, sowie die IP-LeaseÜberwachungsprotokolle von Netzwerkrichtlinienservern (engl. Network Policy Server, NPS) und Domänencontrollern.	1 Tag
ServiceMonitoring	Erfasst DNS-Zonenstatusereignisse von DNS-Servern.	30 Minuten
ServerAvailability	Sammelt Informationen über den Dienst-verfügbarkeitsstatus von DNS- und DHCP-Servern.	15 Minuten.
ServerConfiguration	Erfasst Konfigurationsinformationen von DHCP- und DNS-Servern zum Anzeigen im Adressraum und in Serververwaltungsfunktionen.	6 Stunden

Tab: 7.1: *IPAM-Verwaltungsaufgaben und -Zeitintervalle*

Die standardmäßigen Zeitintervalle für die einzelnen Aufgaben von IPAM können bei Bedarf angepasst werden.

7.3.5 IPAM-Anforderungen

Domänenmitgliedschaft ist obligatorisch

Der Einsatz von IPAM beschränkt sich seit Windows Server 2016 nicht mehr auf eine einzelne Active Directory-Gesamtstruktur. IPAM fordert die Mitgliedschaft des betreffenden Serversystems in einer Active Directory-Domäne. Darüber hinaus gelten für IPAM unter Windows Server 2019 bzw. Windows Server 2016 u. a. die folgenden Spezifikationen:

- IPAM unterstützt nur Microsoft Domänencontroller, DNS-, DHCP- und Netzwerkrichtlinienserver (engl. *Network Policy Server, NPS*) unter Windows Server 2008 und höher.
- Die Verwaltung von DNS- und DHCP-Servern in mehreren Active Directory-Gesamtstrukturen setzt eine bidirektionale Vertrauensstellung voraus.
- IPAM speichert forensische Daten (IP-Adressleases, Host-MAC-Adressen, An- und Abmeldeinformationen der Benutzer) standardmäßig für 3 Jahre in einer internen Windows-Datenbank. Diese Informationen können bei Bedarf durch einen Administrator gelöscht werden.

INTERNET ➲ Weitere Informationen zu den aufgeführten, sowie noch weiteren Spezifikationen findet man im Internet unter:

https://docs.microsoft.com/de-de/previous-versions/windows/server/jj878327(v=ws.11)

7.3.6 Bereitstellung und Konfiguration von IPAM

Die Bereitstellung von IPAM und die Konfiguration für die Überwachung von Serversystemen als Domänencontroller, DHCP-, DNS- und NPS-Systeme in einer Active Directory-Domäne setzen sich aus mehreren Schritten zusammen.

Zu den notwendigen Schritten zählen:

- Installation von IPAM
- Auswahl der Bereitstellungsmethode für die Zugriffseinstellungen
- Manuelle Konfiguration bzw. Erstellung von Gruppenrichtlinienobjekten für die automatische Konfiguration von Serversystemen für die Ermittlung durch IPAM
- Konfiguration und Durchführung der Serverermittlung
- Festlegen der mittels IPAM zu überwachenden Server
- Sammlung von Serverdaten

Diese notwendigen Schritte für die Installation und Bereitstellung von IPAM werden in den nächsten Seiten detailliert erklärt.

7.3.6.1 Installation von IPAM

Die Installation von IPAM kann von einem Administrator auf einem Server unter Windows Server 2019 im grafischen Server-Manager oder alternativ in der Windows PowerShell mittels einfacher Schritte durchgeführt werden.

HINWEIS ➲ Die Installation setzt voraus, dass das betreffende Serversystem, auf dem IPAM-Installiert werden soll, bereits als Mitgliedsserver zu einer Active Directory-Domänen hinzugefügt wurde. Die Installation auf einem Domänencontroller wird hierbei nicht unterstützt. Darüber hinaus sollte IPAM nicht auf einem vorhandenen DHCP-Server installiert werden, da der Discovery-Prozess dadurch mitunter nicht ordnungsgemäß funktioniert.

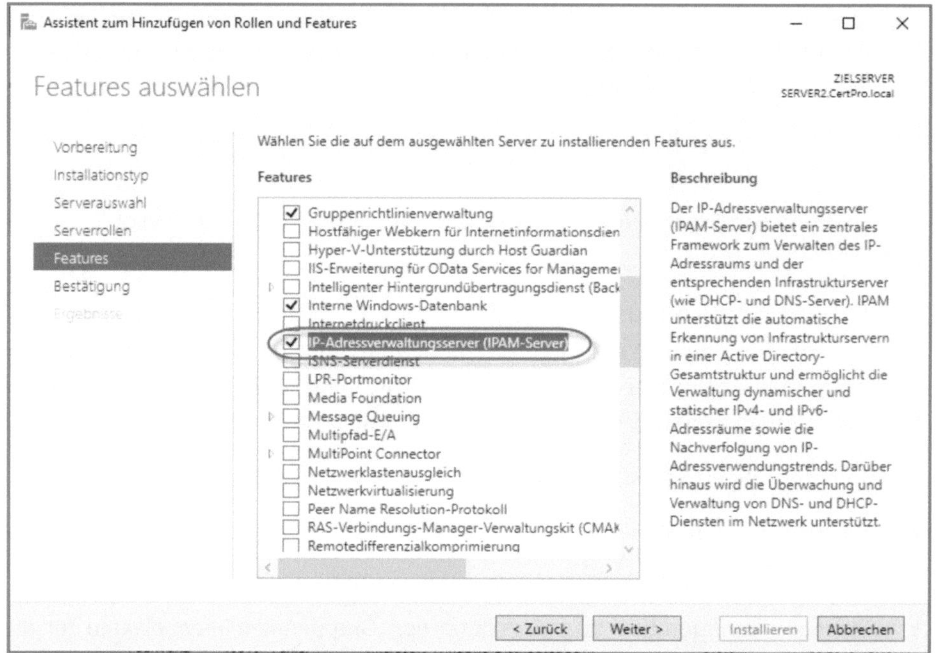

Abb. 7.22: *Auswahl von IPAM im Assistent zum Hinzufügen von Rollen und Features des grafischen Server-Managers*

Gehen Sie wie folgt vor, um IPAM als Feature auf einem Serversystem unter Windows Server 2019 mithilfe des *Assistenten zum Hinzufügen von Rollen und Features* im grafischen Server-Manager hinzuzufügen:

1. Melden Sie sich als *Administrator* am Serversystem unter Windows Server 2019 an.
2. Öffnen Sie den *Server-Manager* (soweit dies nicht automatisch geschieht) über einen Klick im Startmenü auf die **Kachel** für den **Server-Manager**.
3. Klicken Sie oben im *Server-Manager* auf **Verwalten**, und dann auf **Rollen und Features hinzufügen**.
4. Klicken Sie im Dialog *Vorbemerkungen* auf **Weiter**.
5. Wählen Sie im Dialog *Installationstyp auswählen* die Option **Rollenbasierte oder featurebasierte Installation**, und klicken Sie auf **Weiter**.

6. Klicken Sie im Dialog *Zielserver auswählen* auf den Namen des gewünschten Servers, und klicken Sie dann auf **Weiter**.
7. Klicken Sie im Dialog *Serverrollen auswählen* auf **Weiter**.
8. Aktivieren Sie das Kontrollkästchen vor *IP-Adressverwaltungsserver (IPAM-Server)*, und klicken Sie auf **Features hinzufügen**, um die Installation der erforderlichen Features zu bestätigen. Klicken Sie anschließend auf **Weiter**.
9. Klicken Sie auf **Installieren**, um die Installationsauswahl zu bestätigen.
10. Klicken Sie auf **Schließen**, um den Dialog *Assistent zum Hinzufügen von Rollen und Features* zu schließen.

Die erfolgreiche Installation von IPAM wird Ihnen in der oberen *Befehlsleiste* des Server-Managers durch einen Klick auf das **Fahnensymbol** angezeigt. IPAM kann nach der erfolgreichen Installation über den *Server-Manager* von Windows Server 2019 verwaltet werden.

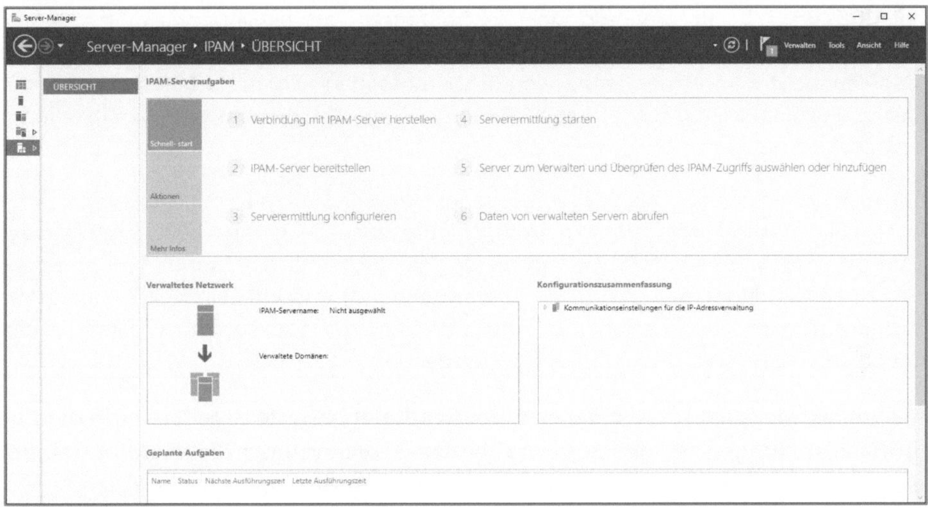

Abb. 7.23: *Bereitstellung von IPAM im grafischen Server-Manager*

7.3.6.2 Die IPAM-Verwaltungskonsole

Grafisch oder mittels Windows PowerShell

Die grafische Verwaltung von IPAM wird direkt im Server-Manager durchgeführt. Dieser enthält nach der Installation eine entsprechende Verknüpfung zu IPAM. Alternativ stehen für die Verwaltung von IPAM verwendbare Befehle in der Windows PowerShell unter Windows Server 2019 zur Verfügung.

Die grafische Benutzeroberfläche von IPAM führt Schritt für Schritt durch die notwendige Konfiguration.

HINWEIS ➲ Bei der Installation von IPAM auf einem Server unter Windows Server 2019 wird die IP-Adressüberwachungsfunktionalität automatisch aktiviert. Bei Bedarf kann diese Überwachungsaufgabe in der Aufgabenplanung des IPAM-Servers deaktiviert werden.

7.3.6.3 Bereitstellungsmethode für die Zugriffseinstellungen

Manuell oder automatisch mittels GPOs

Nach der Installation von IPAM als Feature unter Windows Server 2019 muss dieses für die Verwendung im Computernetzwerk der betreffenden Active Directory-Domäne konfiguriert werden. Dies beginnt mit der manuellen oder gruppenrichtlinienbasierten Bereitstellung der erforderlichen Zugriffseinstellungen auf den zu verwaltenden Serversystemen in der Active Directory-Domäne. Während der Bereitstellungsschritte wird auch die von IPAM für die Konfiguration und Überwachung genutzte IPAM-Datenbank (als interne Windows-Datenbank) auf dem betreffenden Serversystem unter Windows Server 2019 erstellt.

PRAXISTIPP! ➲ Die während der Konfiguration von IPAM ausgewählte Bereitstellungsmethode für verwaltete Server kann später nicht mehr geändert werden. Bei der Planung der Implementierung von IPAM muss man sich im Vorfeld somit für eine der möglichen Methoden (manuell oder gruppenrichtlinienbasierte Bereitstellung) entscheiden.

Die gruppenrichtlinienbasierte Bereitstellungsmethode stellt die einfachere von beiden möglichen Methoden dar. Wenn man sich für die manuelle Bereitstellungsmethode der Zugriffseinstellungen entscheidet, so müssen sämtliche, für die Zugriffe von IPAM auf die zu verwaltenden Server notwendigen Konfigurationsschritte inklusive Konfiguration der Überwachungsoptionen und der Erstellung der notwendigen Firewall-Regeln durch den Administrator durchgeführt werden.

Gehen Sie wie folgt vor, um die gruppenrichtlinienbasierte Bereitstellung der Zugriffseinstellungen für die zu verwaltenden Serversysteme für IPAM auf einem Serversystem unter Windows Server 2019 durchzuführen:

1. Starten Sie den *Server-Manager*, und klicken Sie auf **IPAM**.
2. Klicken Sie unter *IPAM-Serveraufgaben* auf **2) IPAM-Server bereitstellen**.

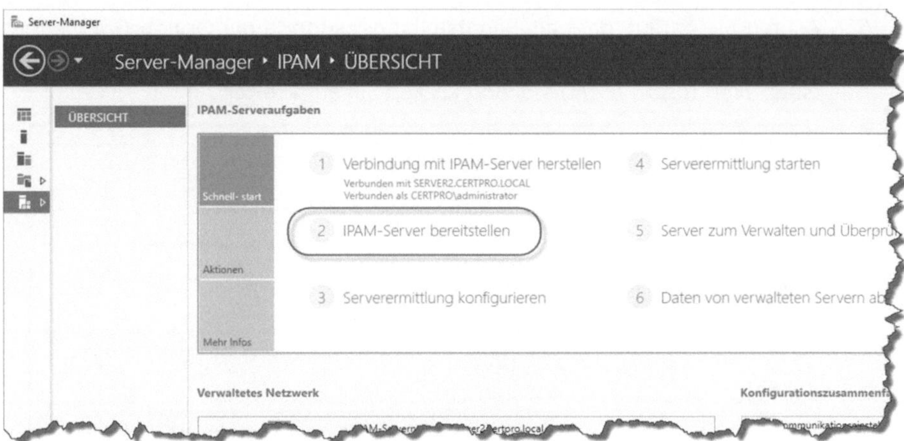

Abb. 7.24: *Konfigurationsoptionen in den IPAM-Serveraufgaben im grafischen Server-Manager*

3. Klicken Sie im Dialog *Vorbemerkungen* auf **Weiter**.
4. Wählen Sie den *Datenbanktyp* für die Verwendung mit IPAM, und klicken Sie anschließend auf **Weiter**.

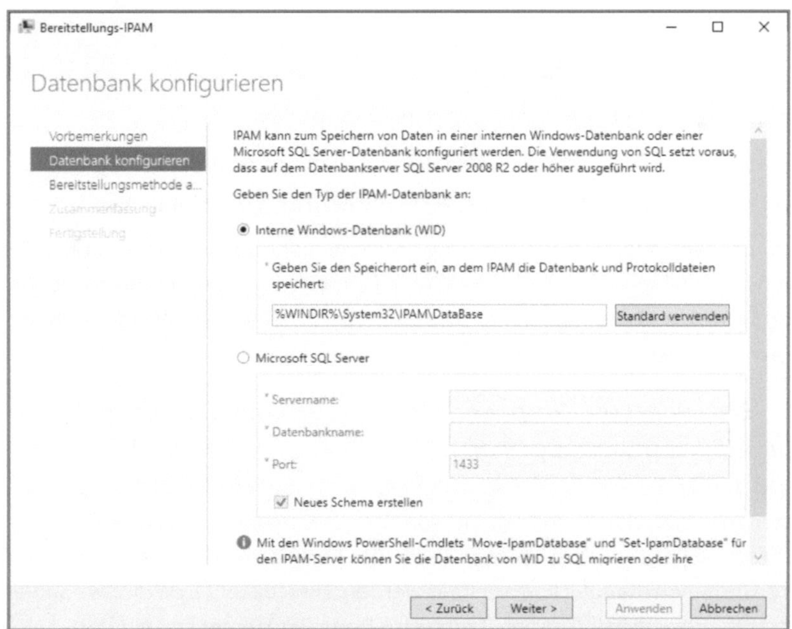

Abb. 7.25: *Datenbankauswahl bei der IPAM-Bereitstellung*

5. Achten Sie darauf, dass als Bereitstellungsmethode die Option *Gruppenrichtlinienbasiert* ausgewählt ist. Geben Sie im Feld *Präfix des Gruppenrichtliniennamens:* einen Wert (*bspw. IPAM*) ein, und klicken Sie auf **Weiter**.

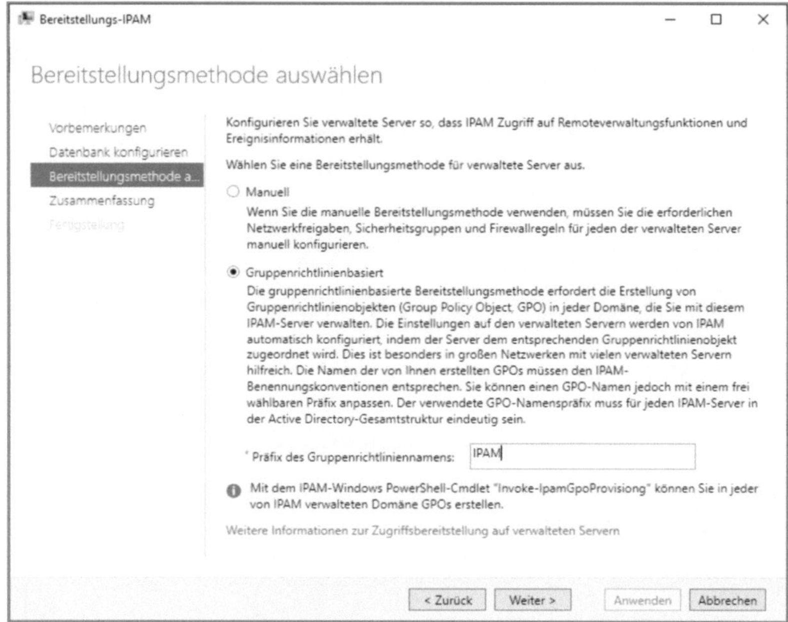

Abb. 7.26: *Auswahl der IPAM-Bereitstellungsmethode*

6. Bestätigen Sie die Einstellungen mit einem Klick auf **Anwenden**.
7. Beenden Sie die IPAM-Bereitstellung mit einem Klick auf **Schließen**.

Beachten Sie den Hinweis, dass die Gruppenrichtlinienobjekte (Group Policy Objects, GPOs) in den einzelnen von IPAM verwalteten Domänen mithilfe des IPAM-PowerShell-Cmdlets **`Invoke-IpamGpoProvisioning`** in einem nächsten Schritt noch erstellt werden müssen.

7.3.6.4 Erstellen von Gruppenrichtlinienobjekten für die automatische Konfiguration von Serversystemen

Manuelle Erstellung von GPOs

Nach der Konfiguration der Bereitstellungsmethode von IPAM und der dabei getätigten Auswahl der Verwendung von Gruppenrichtlinienobjekten (engl. *Group Policy Objects, GPOs*) müssen diese in jeder der mittels IPAM zu verwaltenden Active Directory-Domänen manuell noch erstellt werden. Hierzu steht in Windows Server 2019 das Windows PowerShell-Cmdlet **`Invoke-IpamGpoProvisioning`** zur Verfügung.

7.3.6.5 IPAM-Verwaltung in einer einzelnen Active Directory-Gesamtstruktur

Die IPAM-Verwaltung kann im simpelsten Fall innerhalb einer einzelnen Active Directory-Gesamtstruktur erfolgen.

Gehen Sie wie folgt vor, um die für die Bereitstellung der Zugriffseinstellungen in einer Active Directory-Domäne notwendigen Gruppenrichtlinienobjekte auf einem Serversystem unter Windows Server 2019 durchzuführen:

1. Starten Sie die Windows PowerShell, geben Sie den folgenden Befehl ein und drücken Sie anschließend die [↵]-Taste:

   Invoke-IpamGpoProvisioning -domain *<Domänenname>* **-GpoPrefixName** *<Präfixname>*

Abb. 7.27: *Erstellen der für IPAM (optional) notwendigen Gruppenrichtlinienobjekte*

7.3.6.6 IPAM-Verwaltung für mehrere Active Directory-Gesamtstrukturen

Die Bereitstellung der Zugriffseinstellungen für die Verwaltung einer weiteren, über eine bidirektionale Vertrauensstellung bereits angebundenen Active Directory-Gesamtstruktur kann problemlos ebenso mithilfe der Windows PowerShell erfolgen.

Gehen Sie wie folgt vor, um die für die Bereitstellung der Zugriffseinstellungen notwendigen Gruppenrichtlinienobjekte vom lokalen IPAM-Server aus in der über eine bidirektionale Vertrauensstellung angebundenen Active Directory-Domäne zu erstellen:

1. Starten Sie die Windows PowerShell, geben Sie den folgenden Befehl ein und drücken Sie anschließend die [↵]-Taste:

   Invoke-IpamGpoProvisioning -domain *<Domänenname>* **-GpoPrefixName** *<Präfixname>* **-IpamServerFqdn** *<FQDN des IPAM-Servers>*

Hinter dem Schalter **-domain** gibt man dabei den Domänennamen der mit IPAM zu verwaltenden Domäne der vertrauenden Active Directory-Gesamtstruktur, und hinter dem Schalter **`-IpamServerFqdn`** den vollqualifizierten Namen des IPAM-Servers (beispielsweise: *IPAM.certpro.local*) an.

> **HINWEIS** ➲ Die zuvor erstellten Gruppenrichtlinienobjekte (GPOs) werden automatisch mit der im Befehl angegebenen Active Directory-Domäne verknüpft und somit auf alle darin enthaltenen Serversysteme angewendet.

Die neu erstellten Gruppenrichtlinienobjekte kann man sich gleich auch auf dem IPAM-Server über einen Klick im *Server-Manager* unter **Tools** auf **Gruppenrichtlinienverwaltung** anzeigen lassen.

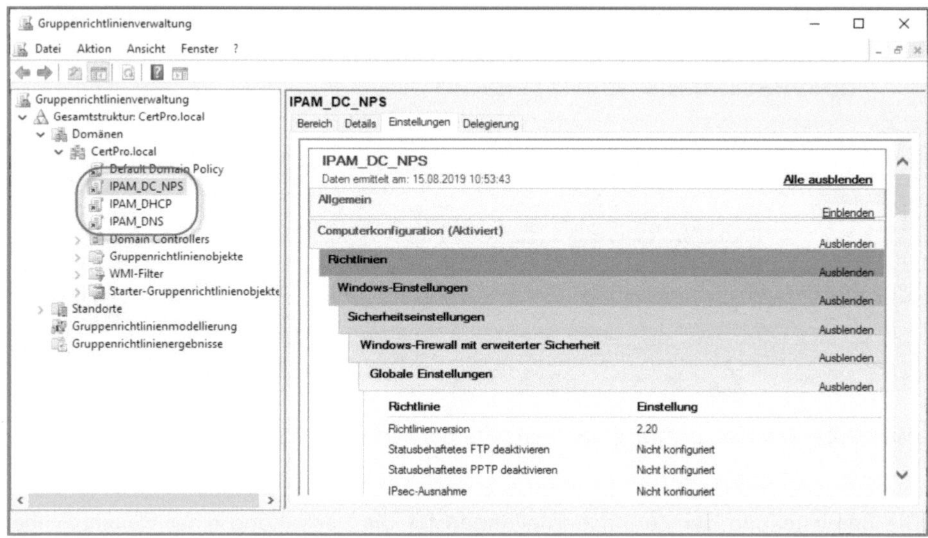

Abb. 7.28: *Zuvor erstellte Gruppenrichtlinienobjekte für die Konfiguration der vorhandenen Serversysteme für die Zugriffsanforderungen von IPAM*

7.3.6.7 Konfiguration der Serverermittlung

Im nächsten Schritt muss nun die Serverermittlung für IPAM konfiguriert werden. Hierzu steht in der Liste der IPAM-Serveraufgaben im Server-Manager von Windows Server 2019 ebenso eine entsprechende Verknüpfung zur Verfügung.

Gehen Sie auf einem Serversystem unter Windows Server 2019 als IPAM-Server zur Konfiguration der Serverermittlung wie folgt vor:

1. Öffnen Sie den *Server-Manager*, und klicken Sie auf **IPAM**.
2. Klicken Sie unter *IPAM-Serveraufgaben* auf **3) Serverermittlung konfigurieren**.

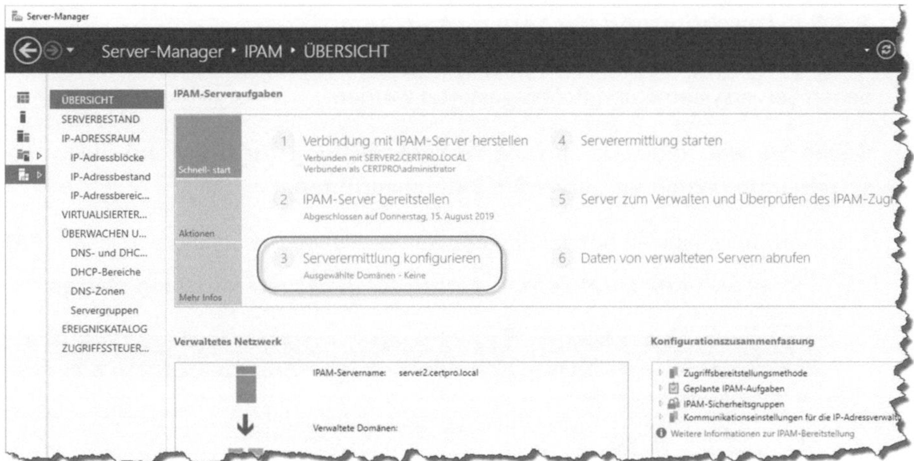

Abb. 7.29: *Aufruf der Konfiguration der Serverermittlung*

3. Klicken Sie im Dialogfenster *Serverermittlung konfigurieren* auf **Gesamtstrukturen**, bestätigen Sie die Meldung zur *Hintergrundaktualisierung* mit **OK**, und schließen Sie das Dialogfenster *Serverermittlung konfigurieren*.
4. Klicken Sie nochmals auf **3) Serverermittlung konfigurieren**.
5. Wählen Sie die gewünschte die Active Directory-Gesamtstruktur bzw. die darin zu verwaltende Domäne für die Ermittlung aus, und klicken Sie auf **Hinzufügen**.
6. Wählen Sie die *Serverrollen* zur Ermittlung aus, und klicken Sie auf **OK**.

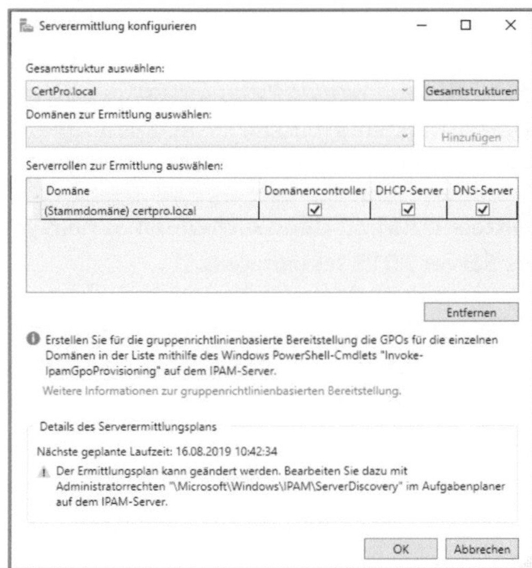

Abb. 7.29: *Konfigurationsauswahl für die Serverermittlung*

7.3.6.8 Durchführung der Serverermittlung

Nach der Konfiguration der Serverermittlung muss diese für die Ermittlung der vorhandenen Serversysteme und Rollen gestartet werden.

Gehen Sie wie folgt vor, um die Serverermittlung für IPAM auf einem Serversystem unter Windows Server 2019 durchzuführen:

1. Starten Sie (soweit notwendig) den *Server-Manager*, und klicken Sie auf **IPAM**.
2. Klicken Sie unter *IPAM-Serveraufgaben* auf **4) Serverermittlung starten**.

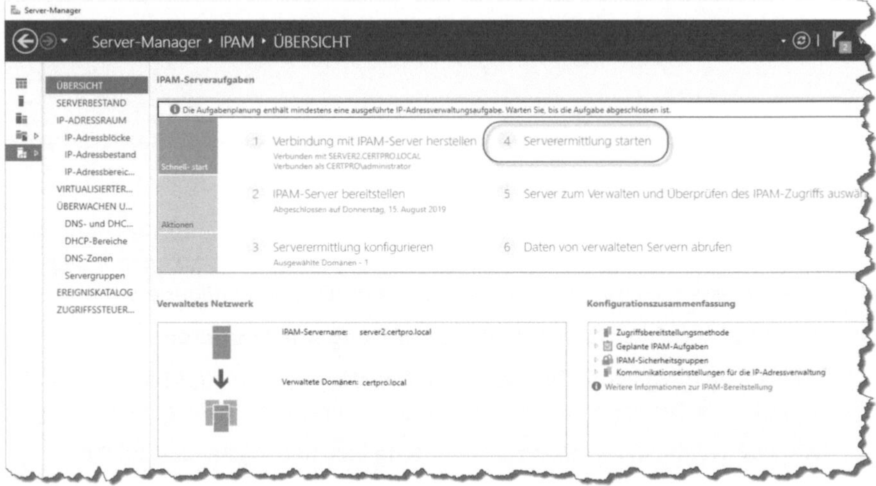

Abb. 7.30: *Starten der Serverermittlung*

7.3.6.9 Festlegen der mittels IPAM zu überwachenden Server

Nach der Ermittlung der vorhandenen Serversysteme müssen die mittels IPAM zu überwachenden Serversysteme ausgewählt und entsprechend konfiguriert werden.

Gehen Sie wie folgt vor, um die mittels IPAM zu überwachenden Serversysteme im Server-Manager unter Windows Server 2019 festzulegen:

1. Starten Sie (soweit erforderlich) den *Server-Manager*, und klicken Sie auf **IPAM**.
2. Klicken Sie im Abschnitt *IPAM-Serveraufgaben* auf **5) Server zum Verwalten und Überprüfen des IPAM-Zugriffs auswählen oder hinzufügen**.

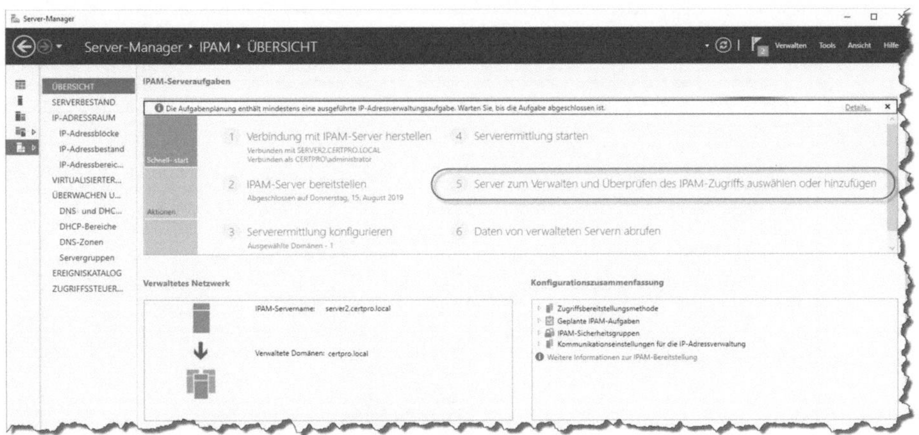

Abb. 7.31: *Festlegen der mittels IPAM zu überwachenden Server*

3. Klicken Sie im Abschnitt *SERVERBESTAND* mit der rechten Maustaste auf den zu konfigurierenden Server, und wählen Sie **Server bearbeiten...**

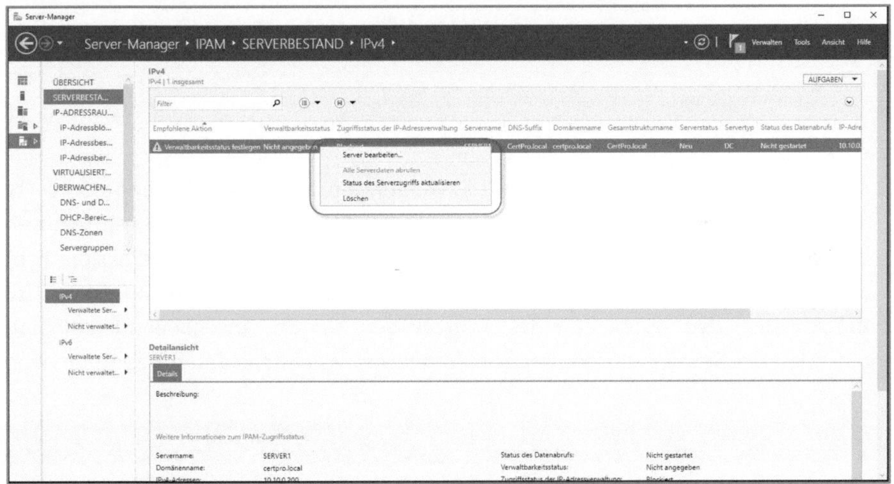

Abb. 7.32: *Konfiguration der Serverauswahl*

4. Wählen Sie die gewünschten *Servertypen* aus, ändern Sie im Abschnitt *Basiskonfiguration* den *Verfügbarkeitsstatus* auf **Verwaltet**, und klicken Sie auf **OK**.

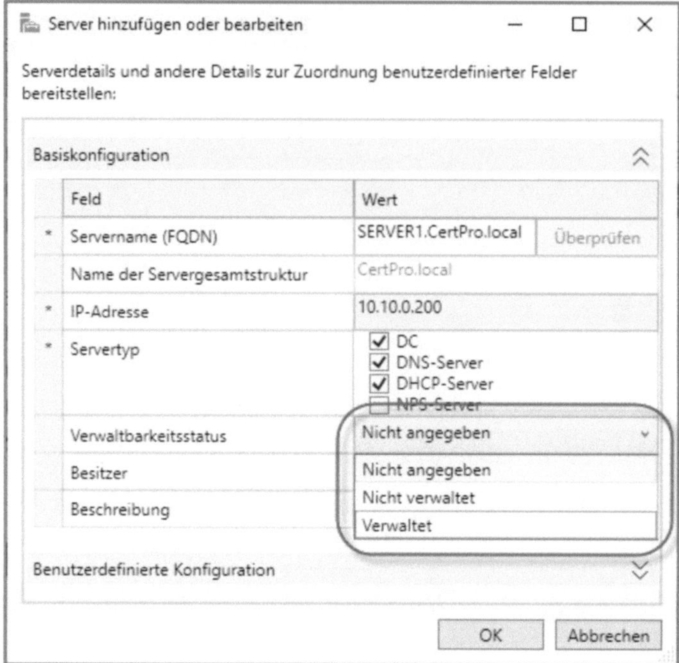

Abb. 7.33: *Granulare Auswahlmöglichkeit*

Aktualisierung notwendig

Nach der Konfiguration werden die Einstellungen auf das betreffende Serversystem angewendet. Dieser Vorgang kann bis zu einer Stunde an Zeit in Anspruch nehmen. Zwischenzeitlich sollte man IPAM im Server-Manager einfach aktualisieren, bis die ausgewählten Serversysteme in der Spalte *Empfohlene Aktion* den Zustand **Blockierung des IPAM-Zugriffs aufgehoben** zeigen. Anschließend kann auf den betreffenden Serversystemen mit der Sammlung von Serverdaten begonnen werden.

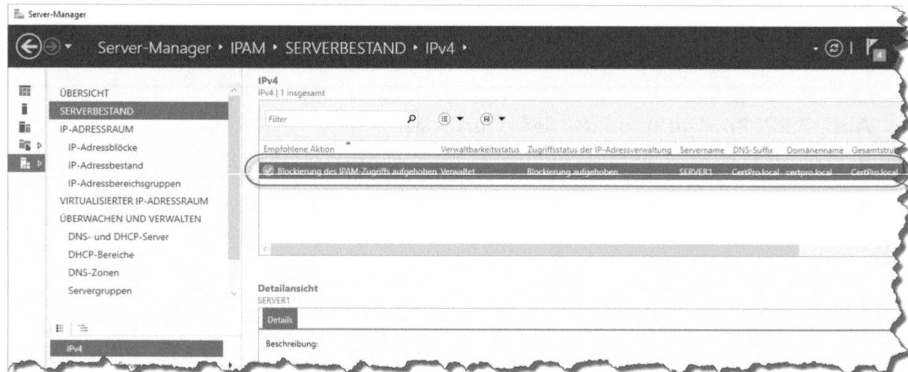

Abb. 7.34: *Hinweis auf die Aufhebung der Blockierung des IPAM-Zugriffs*

7.3.6.10 Sammlung von Serverdaten

Im letzten Schritt kann man nach der erfolgreichen Konfiguration damit beginnen, die Serverdaten zu den mittels IPAM zu verwaltenden Serversystemen zu sammeln.

Gehen Sie wie folgt vor, um Serverdaten aus den mithilfe der zuvor durchgeführten Verwaltungsschritte zu IPAM hinzugefügten Serversystemen zu sammeln:

1. Starten Sie (soweit erforderlich) den *Server-Manager*, und klicken Sie auf **IPAM**.
2. Klicken Sie im Abschnitt *SERVERBESTAND* mit der rechten Maustaste auf den zu konfigurierenden Server, und wählen Sie **Alle Serverdaten abrufen.**

Die Sammlung von Serverdaten wird im Hintergrund ausgeführt. Im Anschluss werden die ermittelten Daten im Server-Manager unter IPAM angezeigt. Mitunter muss die Ansicht im Server-Manager aktualisiert werden, um die Daten anzeigen zu lassen.

Sammlung von Serverdaten im Hintergrund

IPAM ermöglicht u. a. die domänenweite, zentrale Kontrolle und Verwaltung von IP-Adressverwaltung, sowie der auf den Serversystemen vorhandenen DNS-Namenszonen. Detaillierte Informationen hierzu finden Sie u. a. in der Hilfe von Windows Server 2019.

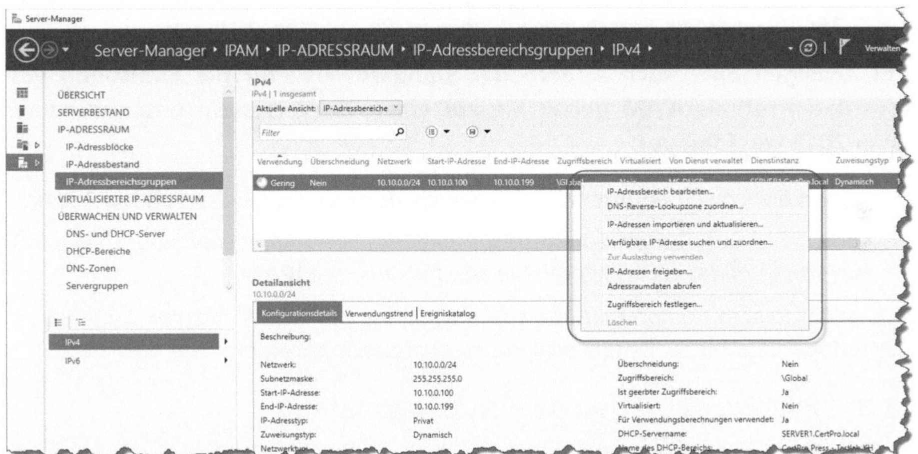

Abb. 7.35: *Konfiguration von Servern zur Sammlung von Informationen mittels IPAM*

7.3.7 Anpassen der Ermittlungsaufgaben

Die Ermittlung von Serverdaten wurde bereits bei der Installation von IPAM auf dem Serversystem unter Windows Server 2019 in der Aufgabenplanung vorkonfiguriert.

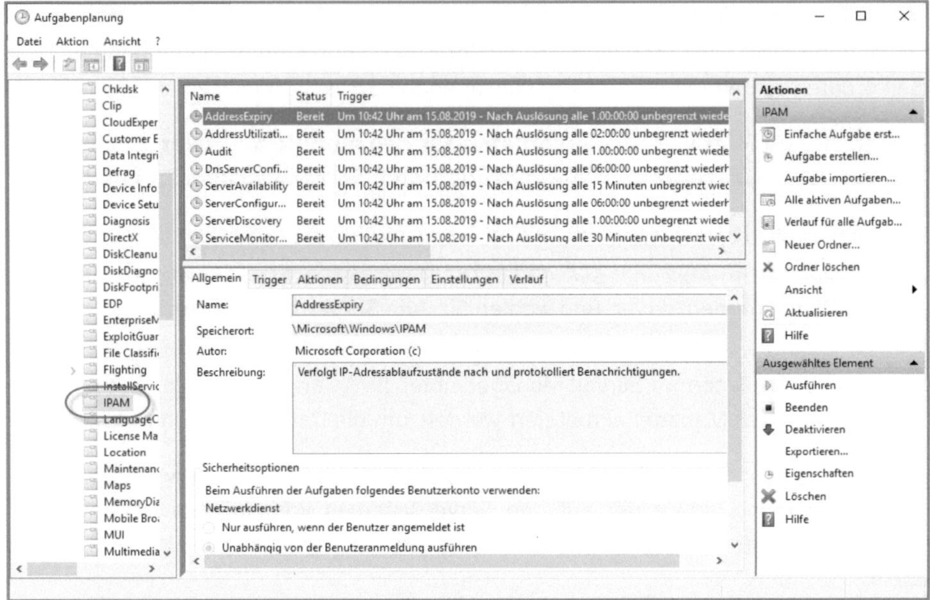

Abb. 7.36: *Anpassen der Ermittlungsaufgaben in der Aufgabenplanung*

Zum Anzeigen oder auch Ändern der Standardwerte für die Ermittlung von Serverdaten mittels IPAM gehen Sie auf einem Serversystem unter Windows Server 2019 wie folgt vor:

1. Starten Sie (soweit erforderlich) den *Server-Manager*, und klicken Sie auf **Tools**.
2. Klicken Sie auf **Aufgabenplanung**, erweitern Sie *Aufgabenplanungsbibliothek*, *Microsoft*, *Windows*, und klicken Sie anschließend auf **IPAM**.

Die standardmäßig vorkonfigurierten Aufgaben für die Sammlung von Serverdaten mittels IPAM können bei Bedarf entsprechend angepasst werden.

7.3.8 Endgültiges Löschen von Nutzungsdaten

Problemlos wieder entfernbar

Die von IPAM gesammelten Nutzungsdaten kann man unter Windows Server 2019 im Bedarfsfall - zeitlich selektiv oder vollständig - aus der IPAM-Datenbank herauslöschen. Um die Löschung von Nutzungsdaten in IPAM durchführen zu können, muss man Mitglied in der Gruppe der IPAM-Administratoren, sowie auch der lokalen Administratoren-Gruppe des IPAM-Servers sein.

Gehen Sie wie folgt vor, um zuvor erfasste Nutzungsdaten aus IPAM zu löschen:

1. Öffnen Sie den *Server-Manager*, und wechseln Sie zu ***IPAM***.

2. Klicken Sie im unteren Abschnitt der IPAM-Konsole auf **EREIGNISKATALOG**, und klicken Sie darunter dann auf die gewünschten Ereigniskategorie (wie z. B. unter *IP-Nachverfolgung* auf **Nach IP-Adresse**)

3. Klicken Sie im oberen, rechten Fensterabschnitt auf **Aufgaben**, und klicken Sie dann auf **Ereigniskatalogdaten löschen...** Das Dialogfeld *Ereigniskatalogdaten löschen* wird angezeigt.

4. Wählen Sie den zu löschenden *Datentyp*, sowie das *Datum* aus an oder vor dem die Datenlöschung stattfinden soll, und klicken Sie dann auf **OK**.

5. Bestätigen Sie die *Warnmeldung* zum Löschen der Daten mit **Ja**.

   IPAM löscht alle Datensätze bis einschließlich der Einträge zu dem angegebenen Datum im Hintergrund endgültig aus der IPAM-Datenbank. Der Abschluss des Löschvorgangs wird am oberen Fensterrand angezeigt.

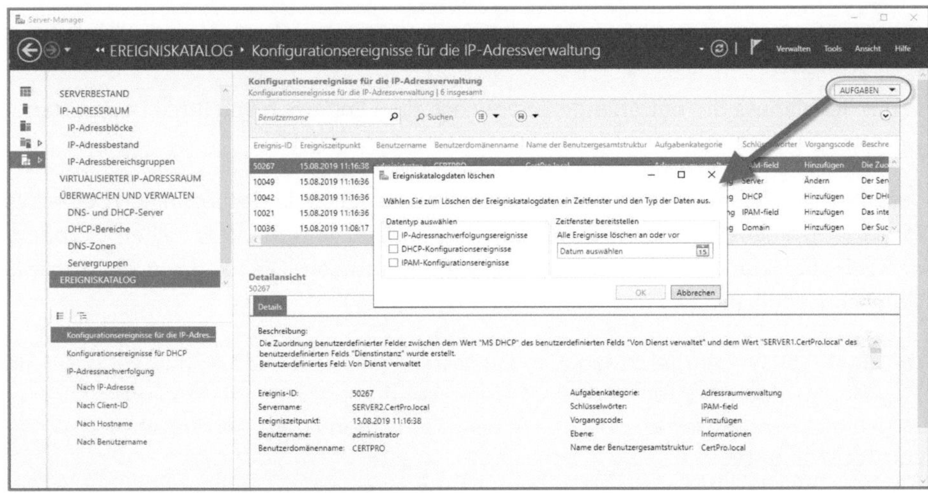

Abb. 7.37: *Einstellungen zum Löschen von Nutzungsdaten aus der IPAM-Datenbank unter Windows Server 2019*

7.3.9 Entfernen von IPAM

Im Bedarfsfall lässt sich IPAM von einem Serversystem unter Windows Server 2019 problemlos entfernen. Die dabei gesammelten Serverdaten zu den in der betreffenden Active Directory-Domäne gehen dabei jedoch unwiderruflich verloren, da neben den notwendigen Konfigurationseinstellungen auch die IPAM-Datenbank beim Entfernen des Features gelöscht wird.

Problemlos wieder entfernbar

Gehen Sie wie folgt vor, um IPAM von einem Serversystem unter Windows Server 2019 zu entfernen:

1. Melden Sie sich als *Administrator* am Serversystem unter Windows Server 2019 an.
2. Öffnen Sie den *Server-Manager* (soweit dies nicht automatisch geschieht) über einen Klick im Startmenü auf die **Kachel** für den **Server-Manager**.
3. Klicken Sie oben im *Server-Manager* auf **Verwalten**, und dann auf **Rollen und Features entfernen**.
4. Klicken Sie im Dialog *Vorbemerkungen* auf **Weiter**.
5. Klicken Sie im Dialog *Zielserver auswählen* auf den Namen des gewünschten Servers, und klicken Sie dann auf **Weiter**.
6. Klicken Sie im Dialog *Serverrollen entfernen* auf **Weiter**.
7. Deaktivieren Sie das Kontrollkästchen vor *IP-Adressverwaltungsserver (IPAM-Server)*, und klicken Sie auf **Features entfernen**, um die Deinstallation der Features zu bestätigen. Klicken Sie anschließend auf **Weiter**.
8. Bestätigen Sie Ihre Auswahl im Dialogfenster *Entfernungsauswahl bestätigen* über einen Klick auf die Schaltfläche **Entfernen**.
9. Klicken Sie nach Abschluss des Vorgangs im Dialogfenster *Entfernungsergebnis* auf **Schließen**.

In der Regel muss der betreffende Server nach dem Entfernen von IPAM neu gestartet werden.

Beachten Sie, dass nach dem Entfernen von IPAM auch die in den Domänen der Active Directory-Domänendienste (AD DS) zur Verwendung von IPAM erstellten Gruppenrichtlinienobjekte ebenso noch entfernt werden müssen. Dies kann in der Konsole *Gruppenrichtlinienverwaltung* erfolgen.

INTERNET ➲ Weitere Informationen zur Installation, sowie den Konfigurations- und Verwaltungsmöglichkeiten von IPAM unter Windows Server 2019, Windows Server 2016 bzw. Windows Server 2012 (R2) finden Sie im Internet auf der Website von Microsoft TechNet unter:

https://docs.microsoft.com/de-de/previous-versions/windows/server/jj878327(v=ws.11)

In diesem Kapitel haben Sie eine Übersicht über die im Umfeld von Windows Server 2019 eingesetzten Netzwerkinfrastrukturdiensten erhalten. Dabei wurden neben der Installation zum Teil auch die notwendigen Schritte zur Verwaltung der jeweiligen Dienste dargestellt. Auf *Domain Name System* (*DNS*) als primärer Namensauflösungsdienst wurde hierbei intensiver eingegangen, da dieser u. a. eine „lebensnotwendige" Basis für die Active Directory-Domänendienste (engl. *Active Directory Domain Services, AD DS*) darstellt. Um diese Domänendienste dreht es sich nun im nächsten Kapitel.

KAPITEL 8

Windows Server 2019 und die Active Directory-Domänendienste

Die Active Directory-Domänendienste (engl. *Active Directory Domain Services, AD DS*) stellen in Unternehmen eine zentrale Verwaltungsinstanz dar. Administratoren verwenden diese Dienste u. a. für die Bereitstellung und Verwaltung des notwendigen Ressourcenzugriffs für die Anwender. Erstmalig in Windows 2000 eingeführt, wurden die Active Directory-Domänendienste in den nachfolgenden Windows-Versionen ständig verbessert. Um die dabei bereitgestellten, neuen Funktionen rund um die Active Directory-Domänendienste verwenden zu können, musste man in der Vergangenheit die Funktionsebene der Active Directory-Gesamtstruktur bzw. der darin bereitgestellten Domänen auf die jeweils neue Serverbetriebssystemversion aktualisieren. Unter Windows Server 2019 entfällt dies vollständig, da Microsoft auf dieser Betriebssystemebene keine weitere Funktionsebene mehr entwickelt hat. Das neue Serverbetriebssystem setzt auf der vorherigen Funktionsebene *„Windows Server 2016"* auf. Microsoft begründet dies mit der Tatsache, dass in Windows Server 2019 quasi keine neuen Funktionen rund um die Active Directory-Dienste (*AD DS*) eingearbeitet wurden - und somit auch keinerlei Notwendigkeit zum Heraufstufen der Funktionsebene besteht.

Vielfach die Basis für die Ressourcenverwaltung in Computernetzwerken

Beim Heraufstufen der Funktionsebene auf *„Windows Server 2016"* ermöglicht dies nunmehr den problemlosen Mischbetrieb von Domänencontrollern unter Windows Server 2019 und Windows Server 2016 innerhalb derselben Active Directory-Domäne.

INTERNET ➲ Vor dem Einsatz von Domänencontrollern unter Windows Server 2019 sollte man die Kompatibilität zu den in Unternehmen oft ebenso eingesetzten Server-Anwendungen oder auch BackOffice-Produkten, wie Microsoft Exchange, SharePoint Server, Skype for Business oder auch die unzähligen Drittanbieterlösungen beachten.

Details zur Server-Anwendungskompatibilität findet man im Internet unter anderem auch auf der Website von Microsoft unter:

https://docs.microsoft.com/de-de/windows-server/get-started-19/app-compat-19

8.1 Neuerungen und Verbesserungen

Keine nennenswerten Änderungen

Wie vorweg bereits erwähnt finden sich in Windows Server 2019 keine wirklich „nennenswerten" Neuerungen rund um die Active Directory-Domänendienste. Zwar ermöglicht das neue Serverbetriebssystem das Heraufstufen des Active Directory-Schemas auf die Schema-Version „88", jedoch ergänzt dieser Vorgang lediglich ein einziges Attribut mit der Bezeichnung *„msDS-preferredDataLocation"*.

Im Gegensatz zu Windows Server 2019 hatte Microsoft jedoch in den vorherigen Serverbetriebssystemversionen stets Änderungen und auch Neuerungen eingebaut, die auch unter dem neuen Serverbetriebssystem zur Verfügung stehen. Diese werden der Vollständigkeit halber in den folgenden Seiten nochmals aufgezeigt werden.

8.1.1 Neuerungen und Verbesserung noch aus Windows Server 2016

Rund um die Active Directory-Domänendienste hatte Microsoft unter anderem die folgenden Neuerungen und Verbesserungen zuvor schon in Windows Server 2016 integriert:

- **Privilegierte Zugriffsverwaltung** (*Privileged Access Management, PAM*) - Dient der Erweiterung der IT-Sicherheit in Bezug auf Angriffe auf die Anmeldeinformationen, wie zum Beispiel Pass-the-Hash- oder Spear-Phishing-Angriffe. Hierbei wird die vorhandene Active Directory-Gesamtstruktur um eine weitere, völlig abgeschottete Active Directory-Gesamtstruktur als Verwaltungsinfrastruktur erweitert. Zwischen den Gesamtstrukturen werden dann spezielle PAM-Vertrauensstellungen für die Verwaltung der in der produktiven Umgebung vorhandenen Ressourcen verwendet. Dabei setzt Microsoft für PAM den Microsoft Identity Manager (MIM) als zentrale Komponente voraus, mit der man neben der zusätzlichen Absicherung von Anmeldeinformationen der Administratoren und Verwalter beispielsweise auch zeitgebundene Mitgliedschaften in Sicherheitsgruppen realisieren kann. Die Active Directory-Gesamtstruktur muss für die

Unterstützung von PAM in der Funktionsebene Windows Server 2012 (R2) oder höher ausgeführt werden.

INTERNET ➲ Weitere Informationen zur privilegierten Zugriffsverwaltung (PAM) erhält man im Internet unter:

https://docs.microsoft.com/de-de/microsoft-identity-manager/pam/privileged-identity-management-for-active-directory-domain-services

- **Microsoft Passport for Work** - Ermöglicht eine Authentifizierung von Benutzern über Biometrie oder PIN-Log, welches mit einem digitalen Zertifikat oder einem asymmetrischen Schlüsselpaar verknüpft ist. Dies dient dazu, das „kennwortfreie" Anmelden der Benutzer zu ermöglichen.

INTERNET ➲ Weitere Informationen zu Microsoft Passport for Work bzw. dem Windows Hello findet man im Internet unter:

https://docs.microsoft.com/de-de/windows/security/identity-protection/hello-for-business/hello-identity-verification

8.1.2 Neuerungen und Verbesserungen noch aus Windows Server 2012 (R2)

Bereits in Windows Server 2012 (R2) hatte Microsoft eine Vielzahl an Neuerungen und Verbesserungen in die Active Directory-Domänendienste (AD DS) eingearbeitet. Zu diesen zählten unter anderem:

- **Das Active Directory-Verwaltungscenter (AD AC)** - Das erstmalig mit Windows Server 2008 R2 eingeführte, auf Windows PowerShell-basierte Active Directory-Verwaltungscenter (engl. *Active Directory Administrative Center, AD AC*) wurde bereits in Windows Server 2012 um viele Funktionen erweitert und verbessert. So besteht darin neben vielen weiteren Optionen auch die Möglichkeit, die darin getätigten Verwaltungsschritte für die spätere Automatisierung als PowerShell-Skript zu speichern. Beim Ausführen von Aktionen in der Benutzeroberfläche werden die entsprechenden, im Hintergrund zur Ausführung verwendeten Windows PowerShell-Befehle innerhalb von *AD AC* bei Bedarf im **Windows PowerShell History Viewer** angezeigt. Man kann diese in *AD AC* als Aufgaben abschnittsweise gruppieren oder über die Zwischenablage in einen Editor kopieren und als PowerShell-Skript für die spätere Verwendung speichern.

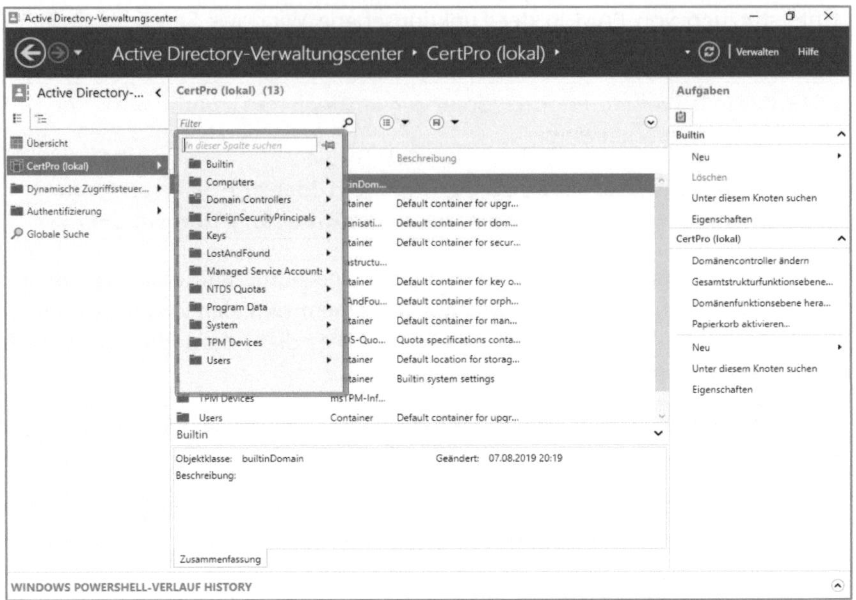

Abb. 8.1: *Das Active Directory-Verwaltungscenter in Windows Server 2019*

- **Grafischer „Active Directory-Papierkorb"** - Wie es sich vom Namen ableiten lässt, verbirgt sich hinter dem Active Directory-Papierkorb die Möglichkeit, Objekte zu löschen. Zugegeben, die Möglichkeit bestand vorher auch bereits, jedoch dient dieser neue Papierkorb dazu, die mitunter „versehentlich" gelöschten Active Directory-Objekte womöglich „unbeschadet" vollständig und ohne großen Aufwand schnell wieder herzustellen – und das ohne den Einsatz einer Datensicherung und ähnlichem. Eingeführt wurde dieses Feature bereits unter Windows Server 2008 R2, jedoch zur damaligen Zeit lediglich auf Ebene von Windows PowerShell-Cmdlets. Eine grafische Oberfläche fehlte zur damaligen Zeit noch - und wurde zum ersten Mal in Windows Server 2012 integriert. Voraussetzung für die Verwendbarkeit des Active Directory-Papierkorbs ist mindestens der Gesamtstrukturfunktionsebene im Modus „**Windows Server 2008 R2**" der Active Directory-Gesamtstruktur. Dies bedeutet, dass sich alle Domänen innerhalb der Active Directory-Gesamtstruktur in der Domänenfunktionsebene „**Windows Server 2008 R2**" und damit ebenso auch alle Domänencontroller mindestens auf Ebene des Betriebssystems Windows Server 2008 R2, Windows Server 2012 (R2), Windows Server 2016 oder Windows Server 2019 befinden müssen. Erst dann kann man den Active Directory-Papierkorb u. a. im Active Directory-Verwaltungscenter (AD AC) oder alternativ mithilfe der Windows PowerShell aktivieren. Die Schritte zum Aktivieren des Active Directory-Papierkorbs werden in den nächsten Seiten noch detailliert beschrieben.

WICHTIG! ➲ Das Aktivieren des Active Directory-Papierkorbs kann zu einem späteren Zeitpunkt nicht mehr rückgängig gemacht werden.

- **Verbesserung in der Kennwortrichtlinienverwaltung -** Die in Windows Server 2008 erstmalig eingeführten, differenzierten Kennwortrichtlinien (engl. *Fine-Grained Password Policy, FGPP*) können unter Windows Server 2019 als Kennworteinstellungen direkt im Active Directory-Verwaltungscenter (engl. *Active Directory Administrative Center, AD AC*) erstellt und verwaltet werden.

  Kennwortrichtlinieneinstellungen ermöglichen die von Gruppenrichtlinienobjekten unabhängige, granulare Definition unterschiedlicher Kennwortvorgaben für einzelne Benutzer oder Sicherheitsgruppen innerhalb einer Active Directory-Domäne. So ist es beispielsweise möglich, für Administratoren durch den Einsatz spezifischer Objekte für die Kennworteinstellungen höhere Kennwortanforderungen als den einfachen Benutzern innerhalb einer selben Domäne zu definieren. Der Umweg zur Konfiguration von Kennworteinstellungen über den ADSI-Editor oder gar der Einsatz von Drittanbietersoftware (beispielsweise ***SpecOps Password Policy Basic,*** u. ä.), wie dies noch unter Windows Server 2008 und Windows Server 2008 R2 notwendig war, bleibt den Administratoren für dieses in Punkto Sicherheit doch so wertvolle Feature endlich erspart.

Abb. 8.2: *Grafischer Dialog für die Konfiguration differenzierter Kennwortrichtlinien im Active Directory-Verwaltungscenter*

  Die Kennworteinstellungen-Objekte werden in den Active Directory-Domänendiensten, wie bereits auch unter Windows Server 2008 R2, im Container **System\ Password Settings Container** der betreffenden Active Directory-Domäne gespeichert. Vorausgesetzt wird für den Einsatz differenzierter Kennwortrichtlinien zumindest die Windows Server 2008-Domänenfunktionsebene (oder höher).

> **HINWEIS ➲** Die Details und Konfigurationsschritte zur Bereitstellung und Konfiguration differenzierter Kennwortrichtlinien unter Windows Server 2019 finden Sie in den späteren Seiten dieses Kapitels.

- **Active Directory-basierte Aktivierung -** Für die einfache Betriebssystem-Aktivierung in Unternehmen kann die schon mit Windows Server 2012 erstmalig eingeführte, Active Directory-basierte Aktivierung (engl. *Active Directory Based Activation, AD BA*) für Computerbetriebssysteme verwendet werden. Hierbei muss der von Microsoft bereitgestellte, kundenspezifische Volumenlizenzschlüssel (engl. *Volume License Key, VLK*) lediglich einmalig beim Microsoft Activation Service im Internet aktiviert werden. Anschließend erfolgt die Betriebssystemaktivierung für die in der betreffenden Active Directory-Gesamtstruktur enthaltenen Computerbetriebssysteme unter Windows 8, Windows 8.1, Windows 10, Windows Server 2012 (R2), Windows Server 2016 sowie Windows Server 2019 völlig automatisch - vorausgesetzt, wird für diese Computersysteme jedoch die Domänenmitgliedschaft in einer der in der Gesamtstruktur vorhandenen Active Directory-Domänen.

  Die Active Directory-basierte Aktivierung findet man unter Windows Server 2019 in der Serverrolle der **Volumenaktivierungsdienste**. Der Betrieb eines KMS (*Key Management Service*)-Systems, beispielsweise zur zentralen Aktivierung von Windows 7-Systemen und Microsoft Office, ist parallel zu der Active Directory-basierten Aktivierung innerhalb des gleichen Computernetzwerks problemlos möglich. Für die Verwendung der Active Directory-basierten Aktivierung muss das Active Directory-Schema der betreffenden Gesamtstruktur auf Windows Server 2012 (oder höher) erweitert sein, man benötigt hierfür jedoch keine Domänencontroller unter Windows Server 2019.

- **Klonen von Active Directory-Domänencontrollern -** Die Active Directory-Domänendienste (engl. *Active Directory Domain Services, AD DS*) unter Windows Server 2019 ermöglichen, wie zu vor auch bereits unter Windows Server 2016 oder auch unter Windows Server 2012 R2, ein effektiveres Bereitstellen weiterer, u. a. für die Ausfallsicherheit, sowie auch die Lastverteilung notwendigen Domänencontroller innerhalb einer Active Directory-Domäne. Microsoft ermöglicht hierzu das einfache Klonen eines in der Domäne zuvor eingerichteten, virtuellen Domänencontrollers. Die Verwaltungsschritte werden mit dafür bereitgestellten Windows PowerShell-Cmdlets durchgeführt. Die Eindeutigkeit eines virtuell betriebenen, mitunter bereits geklonten Domänencontrollers ergibt sich durch den Einsatz einer „**VM-Generation-ID**" auf einer unter Hyper-V betriebenen Virtualisierungsplattform.

INTERNET ➲ Die Details zum Klonen sowie zur sicheren Virtualisierung von Domänencontrollern unter Windows Server 2019, Windows Server 2016 bzw. Windows Server 2012 (R2) werden in der Website von Microsoft detailliert beschrieben. Informationen hierzu findet man im Internet unter:

https://docs.microsoft.com/en-us/previous-versions/windows/it-pro/windows-server-2012-R2-and-2012/hh831734(v=ws.11)

- **Dynamische Zugriffssteuerung -** In Windows Server 2019 kann man die Zugriffe auf die auf Dateiservern gespeicherten Daten, wie auch schon in den vorherigen Serverbetriebssystemen unter Windows Server 2016 und auch unter Windows Server 2012 (R2), durch die Verwendung der dazu neu entwickelten dynamischen Zugriffssteuerung (engl. *Dynamic Access Control, DAC*) steuern. Unternehmen können in diesem Zusammenhang zentrale Zugriffs- und Steuerungsrichtlinien in Active Directory definieren, um zu steuern, wer auf die auf Dateiservern gespeicherten Daten zugreifen kann. Die Identifizierung der Daten kann auch durch die automatische oder manuelle Klassifizierung von Dateien erfolgen, damit die dynamische Zugriffssteuerung auf diese angewendet werden kann. Die Unterstützung der Option „Zugriff verweigert" ermöglicht im Zusammenhang mit der dynamischen Zugriffssteuerung, dass Sie für die Benutzer auf einem Computersystem unter Windows 10 bzw. Windows 8/8.1, denen der Zugriff auf Dateien verweigert wurde, eine angepasste Fehlermeldung innerhalb eines Dialogfensters erhält. Dieses Dialogfenster kann so konfiguriert werden, dass er darin die Möglichkeit erhält, den Zugriff auf die Datei einfach anzufordern. Im Ressourcen-Manager für Dateiserver lässt sich eine Benutzergruppe angeben, an welche die Zugriffsanforderung des Benutzers gesendet werden soll.

INTERNET ➲ Weitere Informationen und Details zur dynamischen Zugriffssteuerung unter Windows Server 2019, Windows Server 2016 bzw. Windows Server 2012 (R2) erhalten Sie im Internet auf der Website von Microsoft unter:

https://docs.microsoft.com/de-de/windows-server/identity/solution-guides/dynamic-access-control--scenario-overview

Wie dies in den vorangegangenen Seiten zu lesen war, hatte Microsoft bereits in Windows Server 2016, wie zuvor auch in Windows Server 2012 R2 viele der für die Praxis sicher relevanten Neuerungen und Verbesserungen in die Active Directory-Domänendienste eingearbeitet. In den nächsten Seiten werden nun die notwendigen Schritte zur Installation und Verwaltung der Active Directory-Domänendienste (*AD DS*) unter Windows Server 2019 aufgezeigt.

8.2 Installieren der Active Directory-Domänendienste (AD DS)

Verschiedene Installationsmethoden

Um die zuvor benannten Funktionen im Umfeld der Active Directory-Domänendienste (engl. *Active Directory Domain Services, AD DS*) unter Windows Server 2019 überhaupt nutzen zu können, muss man diese zuerst einmal bereitstellen. Es existieren unter dem neuen Betriebssystem für die Bereitstellung der Active Directory-Domänendienste - gleichermaßen wie zuvor auch unter Windows Server 2016 - verschiedene Installationsarten, für die man sich - je nach Situation - entscheiden kann. Wichtig ist anschließend insbesondere die Überprüfung der erfolgreichen Installation der Active Directory-Domänendienste (*AD DS*). Sollte ihre Funktionsfähigkeit eingeschränkt sein, so kann dies u. a. zu schwerwiegenden Problemen bei der anschließenden Netzwerkanmeldung führen.

8.2.1 Installationsarten

Windows Server 2019 bietet u. a. gleich drei verschiedene Installationsarten für die Active Directory-Domänendienste (engl. *Active Directory Domain Services, AD DS*) an:

- Installation über den grafischen *Server-Manager*
- Installation über die *Windows PowerShell*
- *Unbeaufsichtigte Installation* mithilfe des Kommandozeilenprogramms **dcpromo.exe** in Verbindung mit einer zu erstellenden *Unattend*-Datei

Bevor die Gesamtstruktur jedoch eingerichtet werden kann, müssen zuerst die notwendigen Schritte zur Vorbereitung der Installation der Active Directory-Domänendienste (*Active Directory Domain Services, AD DS*) durchgeführt werden.

8.2.2 Vorbereitende Schritte zur Installation

Zur Vorbereitung der Installation der Active Directory-Domänendienste unter Windows Server 2019 müssen Sie die folgenden Schritte bereits abgeschlossen haben:

- **Konfiguration von statischen IP-Adressen**
- **Festlegen des Servernamens**
- **Überprüfung auf ausreichenden Speicherplatz** Die Installation erfordert ausreichend Speicherplatz zum Speichern der Active Directory-Domänendienste-Datenbank (250 MByte) und der zugehörigen Log-Dateien (50 MByte). Zusätzlich sind noch 15 MByte an freiem Speicherplatz auf der Systempartition erforderlich. Die zum Speichern der Daten geplanten Partitionen müssen mit NTFS formatiert sein.
- **Installation und Konfiguration des DNS-Dienstes** (Optional)

Nachdem die vorbereitenden Schritte für die Installation der Active Directory-Domänendienste erfolgreich abgeschlossen wurden, kann die Installation nun gestartet werden.

8.2.3 Installation der Active Directory-Domänendienste

Die Installation der Active Directory-Domänendienste-Rolle unter Windows Server 2019, sowie das Heraufstufen des jeweiligen Serversystems zu einem

Domänencontroller lässt sich in der Regel in einfachen Schritten durchführen. Die möglichen Installationsmethoden werden in den nächsten Seiten dargestellt.

8.2.3.1 Installation über den Server-Manager

Die Active Directory-Domänendienste (*Active Directory Domain Services, AD DS*) können im Server-Manager von Windows Server 2019 jederzeit über einen Klick auf **Verwalten** und dann auf **Rollen und Features hinzufügen** entweder lokal oder mitunter sogar remote auf einem Serversystem im Netzwerk installiert werden. Der grafische Installationsprozess verwendet im Hintergrund die dafür in Windows Server 2019 integrierten Windows PowerShell-Cmdlets.

HINWEIS ➲ Das Hinzufügen der Serverrolle der Active Directory-Domänendienste (*AD DS*) mithilfe des grafischen *Server-Managers* bereitet die Rolle eines Servers unter Windows Server 2019 als Domänencontroller erst einmal lediglich vor. Das eigentliche Einrichten der Serverrolle als Domänencontroller muss anschließend auf jeden Fall in einem weiteren Schritt ausgeführt werden. Der Server-Manager zeigt nach dem Hinzufügen der Rolle entsprechende Meldungen an.

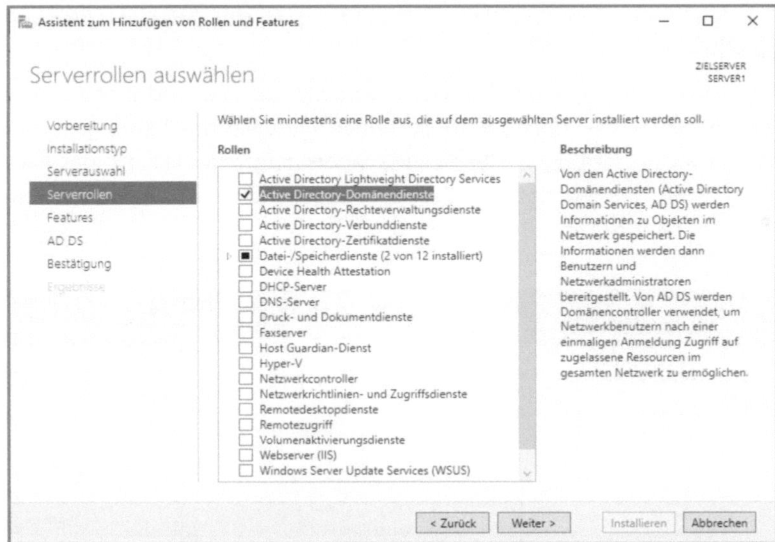

Abb. 8.3: *Auswahl der Active Directory-Domänendienste im Assistent zum Hinzufügen von Rollen und Features des Server-Managers unter Windows Server 2019*

Gehen Sie wie folgt vor, um eine neue Active Directory-Domäne in einer neuen Active Directory-Gesamtstruktur mithilfe des *Assistenten zum Hinzufügen von Rollen und Features* im grafischen Server-Manager auf einem Serversystem unter Windows Server 2019 einzurichten:

1. Melden Sie sich als *Administrator* am Serversystem an.

2. Öffnen Sie den *Server-Manager* (soweit dies nicht automatisch geschieht) über einen Klick im Startmenü auf die **Kachel** für den **Server-Manager**.
3. Klicken Sie oben im *Server-Manager* auf **Verwalten**, und dann auf **Rollen und Features hinzufügen**.
4. Klicken Sie im Dialog *Vorbemerkungen* auf **Weiter**.
5. Wählen Sie im Dialog *Installationstyp auswählen* die Option **Rollenbasierte oder featurebasierte Installation**, und klicken Sie auf **Weiter**.
6. Klicken Sie im Dialog *Zielserver auswählen* auf den Namen des gewünschten Servers, und klicken Sie dann auf **Weiter**.
7. Aktivieren Sie das Kontrollkästchen vor *Active Directory-Domänendienste*, und klicken Sie auf **Features hinzufügen**, um die Installation der notwendigen Remoteserver-Verwaltungstools zu bestätigen. Klicken Sie anschließend auf **Weiter**.
8. Klicken Sie im Dialog *Features auswählen* auf **Weiter**.
9. Klicken Sie im Dialog *Active Directory-Domänendienste* auf **Weiter**.
10. Klicken Sie auf **Installieren**, um die Installationsauswahl zu bestätigen.
11. Klicken Sie auf **Schließen**, um den Dialog *Assistent zum Hinzufügen von Rollen und Features* zu schließen.

Die erfolgreiche Installation der Active Directory-Domänendienste wird Ihnen in der oberen *Befehlsleiste* des Server-Managers durch einen Klick auf das **Fahnensymbol** angezeigt. Nach der Aktualisierung des Server-Managers zeigt ein Klick auf das Fahnensymbol zudem einen Hinweis, dass der Server in einem weiteren Schritt zu einem Domänencontroller heraufgestuft werden muss.

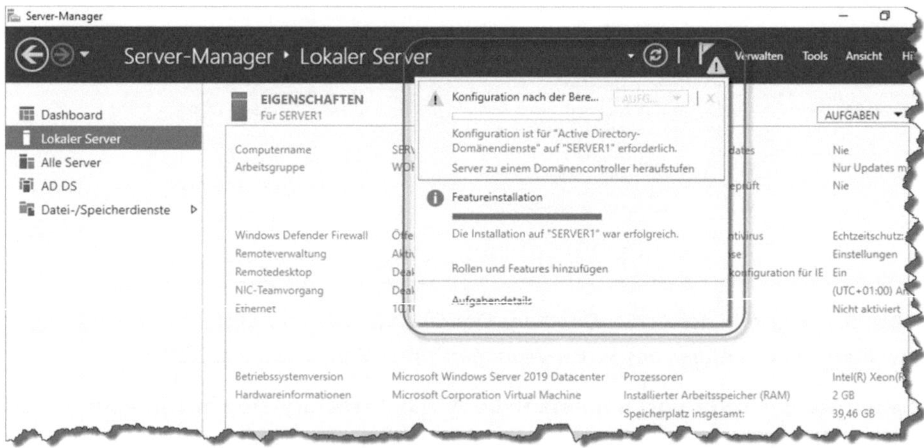

Abb. 8.4: *Hinweis auf die notwendige Konfiguration nach der Installation der Active Directory-Domänendienste (AD DS) im grafischen Server-Manager*

Eine ähnliche Meldung wird nach einem Klick auf **AD DS** im *Server-Manager* angezeigt.

8.2.3.2 Heraufstufen des Servers zu einem Domänencontroller

Gehen Sie wie folgt vor, um ein Serversystem unter Windows Server 2019 nach der Installation der Active Directory-Domänendienste (*AD DS*) zu einem Domänencontroller für eine neue Active Directory-Domäne in einer neuen Active Directory-Gesamtstruktur heraufzustufen:

1. Öffnen Sie den *Server-Manager* (soweit dies nicht automatisch geschieht) über einen Klick im Startmenü auf die **Kachel** für den **Server-Manager**.
2. Klicken Sie oben im *Server-Manager* auf das **Fahnensymbol**, und dann auf **Server zu einem Domänencontroller heraufstufen**.
3. Wählen Sie im Dialog *Bereitstellungskonfiguration* die Option **Neue Gesamtstruktur hinzufügen**, geben Sie im Feld *Name der Stammdomäne* den gewünschten Domänennamen für die neue Active Directory-Domäne ein, und klicken Sie auf **Weiter**.

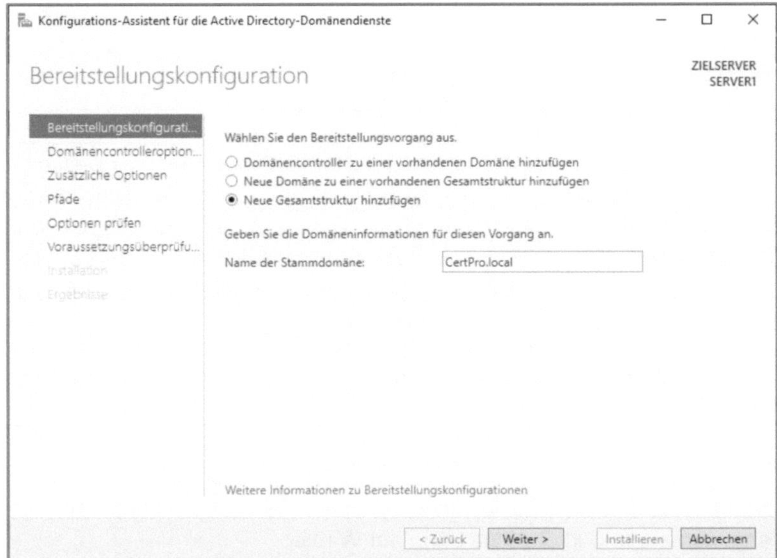

Abb. 8.5: *Auswahl des Bereitstellungsvorgangs für die Active Directory-Domänendienste unter Windows Server 2019*

4. Wählen Sie im Dialog *Domänencontrolleroptionen* die gewünschte Funktionsebene der neuen Gesamtstruktur und der Stammdomäne, achten Sie darauf, dass das Kontrollkästchen für DNS-Server aktiviert ist, Geben Sie im Feld *Kennwort*, sowie im Feld *Kennwort bestätigen* das für die mögliche Wiederherstellung der Verzeichnisdienste notwendige Kennwort ein, und klicken Sie auf **Weiter**.

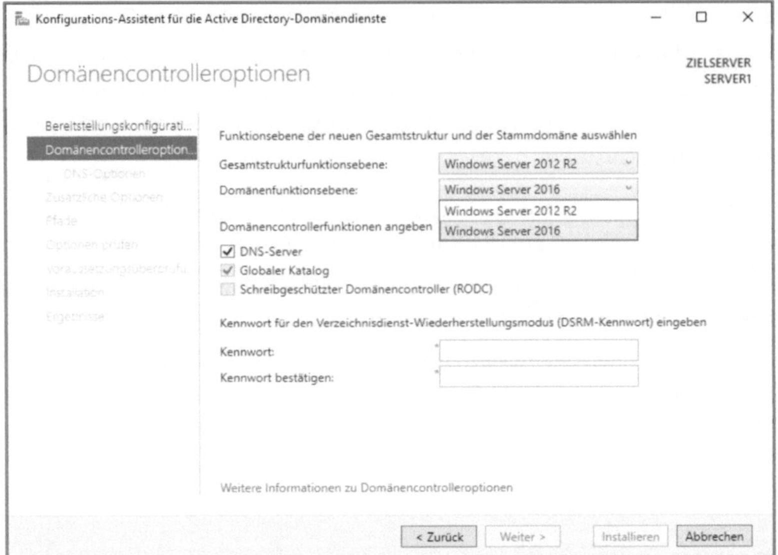

Abb. 8.6: *Konfiguration der Domänencontrolleroptionen*

INTERNET ➲ Mit der Gesamtstruktur- bzw. Domänenstrukturfunktionsebene legt man die niedrigste Betriebssystemversion der zu nutzenden Active Directory-Domänencontroller fest. Beachten Sie, dass die Gesamtstruktur- und die Domänenfunktionsebene zu einem späteren Zeitpunkt i.d.R. nicht einfach mehr niedriger eingestellt werden kann. Weitere Informationen hierzu findet man im u. a. Internet auf der Website von Microsoft unter:

https://docs.microsoft.com/de-de/windows-server/identity/ad-ds/active-directory-functional-levels

5. Klicken Sie im Dialog *DNS-Optionen* auf **Weiter**.
6. Überprüfen Sie im Dialog *Zusätzliche Optionen* den vorgeschlagenen NetBIOS-Domänennamen, und klicken Sie dann auf **Weiter**.

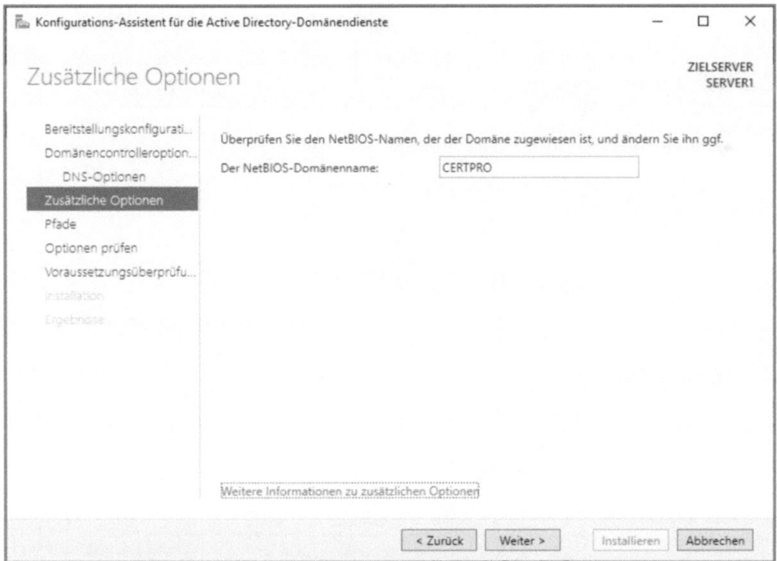

Abb. 8.7: *Angabe des NetBIOS-Domänennamens der neu zu erstellenden Active Directory-Domäne*

7. Klicken Sie im Dialog *Pfade* auf **Weiter**.

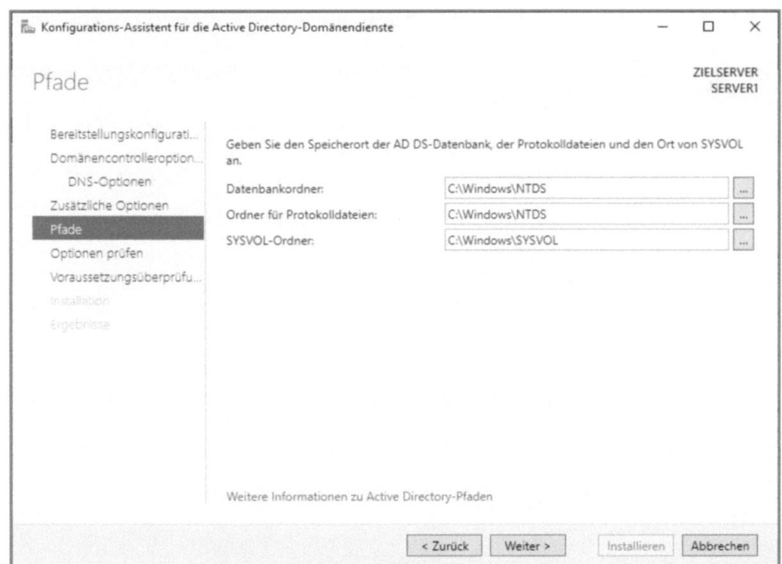

Abb. 8.8: *Bestätigung der Installationspfade*

8. Überprüfen Sie im Dialog *Optionen prüfen* die von Ihnen zuvor vorgenommene Konfigurationsauswahl, und klicken Sie dann auf **Weiter**.

PRAXISTIPP! ➲ Über die Schaltfläche **Skript anzeigen** können Sie sich die Konfigurationsschritte auf Ebene der Windows PowerShell anzeigen lassen, und diese für eine mögliche, spätere Verwendung als Skriptdatei speichern.

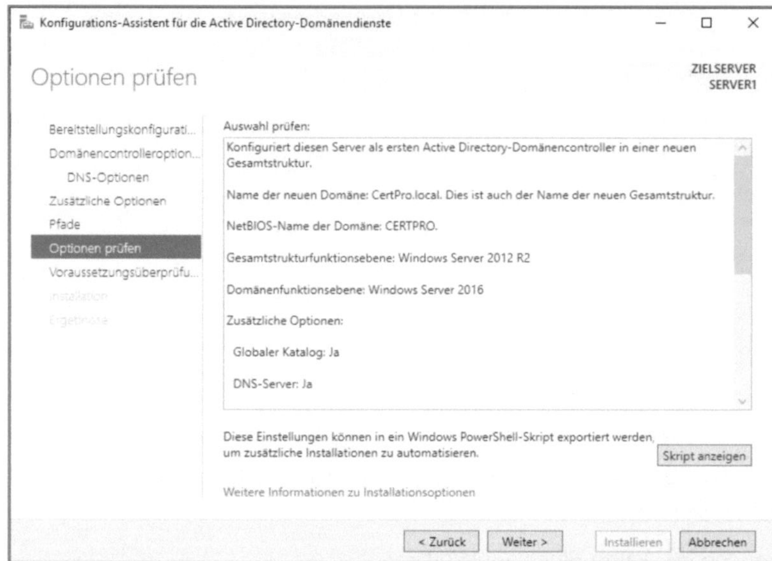

Abb. 8.9: *Möglichkeit zur Überprüfung der gewählten Konfigurationsoptionen*

9. Überprüfen Sie die Angaben im Dialog *Voraussetzungsüberprüfung*, und klicken Sie anschließend auf **Installieren**.

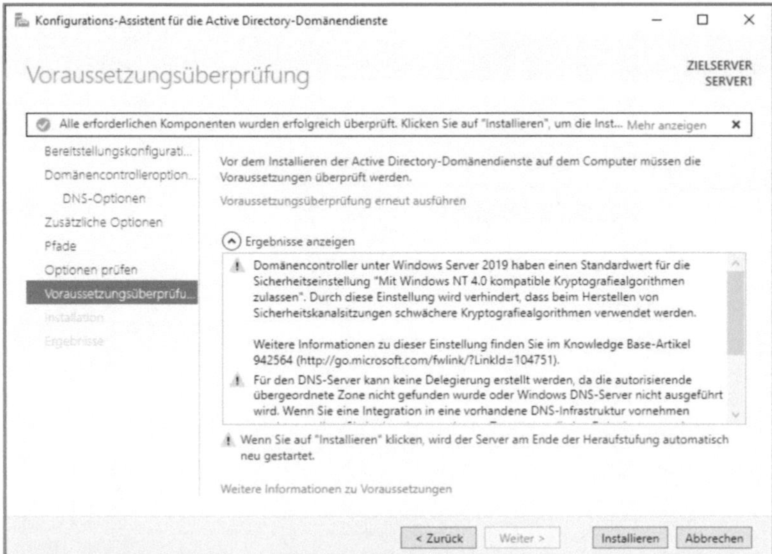

Abb. 8.10: *Ergebnis der Voraussetzungsüberprüfung im Konfigurations-Assistent für die Active Directory-Domänendienste*

HINWEIS ➲ Beachten Sie, dass der Server am Ende der Heraufstufung automatisch neu gestartet wird.

Nach der erfolgreichen Installation der Active Directory-Domänendienste (*AD DS*) auf einem Server unter Windows Server 2019, und dem Heraufstufen des Serversystems zu einem Domänencontroller kann man sich als Administrator an dem Serversystem anmelden. Mitunter erscheint während des ersten Anmeldeversuchs ein Hinweis, dass das zuvor für das lokale Administratorkonto verwendete Kennwort abgelaufen ist, und man ein neues Kennwort für das Administratorkonto der Active Directory-Domäne angeben muss.

Umfangreiche Tools für die Verwaltung und Konfiguration

Nach dem ersten Anmelden wird der Server-Manager standardmäßig automatisch gestartet. Darin findet man eine Verknüpfung zum Serverpool für die *AD DS*. Über einen Klick darauf wird der zuvor neu eingerichtete Active Directory-Domänencontroller angezeigt. Mit einem Klick mit der rechten Maustaste auf das Serversystem erhält man im Kontextmenü u. a. eine Auswahl der möglichen Verwaltungs- und Konfigurationsprogramme der Active Directory-Domänendienste (*AD DS*). Alternativ kann man diese Werkzeuge auch über einen Klick auf **Tools** in der oberen Befehlszeile des Server-Mangers aufrufen.

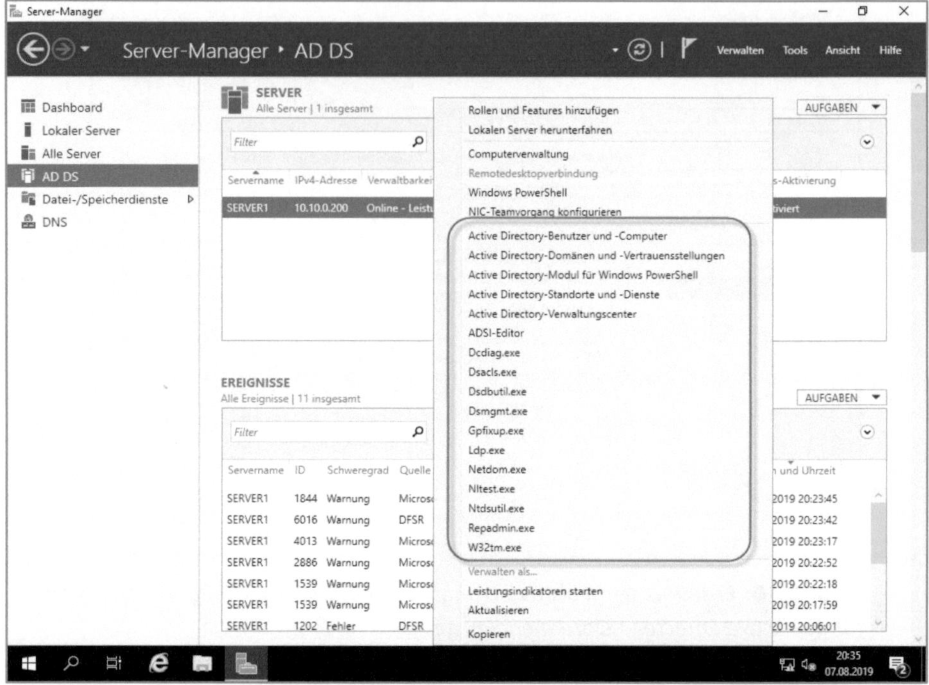

Abb. 8.11: *Aufruf der Tools für die Verwaltung und Konfiguration der Active Directory-Domänendienste im Server-Manager unter Windows Server 2019*

INTERNET ➲ Weitere Informationen zum Einrichten eines Active Directory-Domänencontrollers mithilfe des grafischen Server-Managers unter Windows Server 2019 bzw. Windows Server 2016 findet man u. a. im Internet auf der Microsoft-Website unter:

https://docs.microsoft.com/de-de/windows-server/identity/ad-ds/deploy/install-active-directory-domain-services--level-100-

8.2.3.3 Installation mithilfe der Windows PowerShell

Alternativ zur Installation der Active Directory-Domänendienste (*AD DS*) mithilfe des Server-Managers von Windows Server 2019 kann dies auch direkt in der Windows PowerShell unter Verwendung entsprechender Windows PowerShell-Cmdlets durchgeführt werden. Diese kommen im Hintergrund auch während der grafischen Installation der AD DS im Server-Manager zum Einsatz. Insbesondere die Automatisierung der Installation der Active Directory-Domänendienste (*AD DS*) in großen und auch sehr großen Computernetzwerken wird durch die Verwendung der dazu entwickelten und in Windows Server 2012 erstmalig implementierten Windows PowerShell-Cmdlets ermöglicht.

Gehen Sie wie folgt vor, um die Active Directory-Domänendienste (*AD DS*) mithilfe der Windows PowerShell auf einem Serversystem unter Windows Server

2019 für die Einrichtung einer neuen Active Directory-Domäne in einer neuen Active Directory-Gesamtstruktur zu installieren:

1. Starten Sie die *Windows PowerShell*, geben Sie zur Installation der Active Directory-Domänendienste den folgenden Befehl ein, und drücken Sie anschließend die ⏎-Taste:

   ```
   Install-WindowsFeature -name AD-Domain-Services
   -IncludeManagementTools
   ```

> **HINWEIS** ➲ Der Befehl installiert die Active Directory-Domänendienste (*AD DS*) mitsamt den notwendigen Verwaltungstools dem jeweiligen Serversystem unter Windows Server 2019.

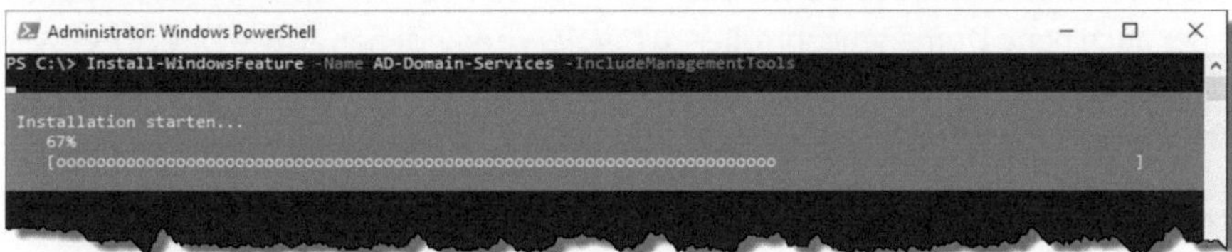

Abb. 8.12 *Installation der Active Directory-Domänendienste mithilfe der Windows PowerShell*

2. Geben Sie anschließend den folgenden Befehl in der Windows PowerShell ein, um das Serversystem unter Windows Server 2019 zu einem Domänencontroller einer neuen Stammdomäne einer neuen Active Directory-Gesamtstruktur heraufzustufen, und drücken Sie anschließend die ⏎-Taste:

   ```
   Install-ADDSForest -DomainName CertPro.local
   -DomainMode WinThreshold -ForestMode Win2012R2
   -SafeModeAdministratorPassword (read-host -prompt
   "DSRM Password:" -assecurestring)
   ```

> **HINWEIS** ➲ In dem oberen Beispiel wird eine neue Stammdomäne mit dem Namen *CertPro.local* einer neuen Active Directory-Gesamtstruktur in der Domänenfunktionsebene *Windows Server 2016 (WinThreshold)* und der Gesamtstrukturfunktionsebene Windows Server 2012 R2 eingerichtet. Für die Eingabe des Kennworts für die Verzeichnisdienstwiederherstellung erfolgt die Eingabeaufforderung gleich während der Ausführung des Befehls in der Windows PowerShell. Die Serverrolle DNS-Server wird beim Ausführen von `Install-ADDSForest` standardmäßig installiert.
>
> Details zu „WinThreshold" finden sich im Internet auf der Website von Microsoft unter:
>
> **https://docs.microsoft.com/en-us/powershell/module/addsdeployment/install-addsforest?view=win10-ps**

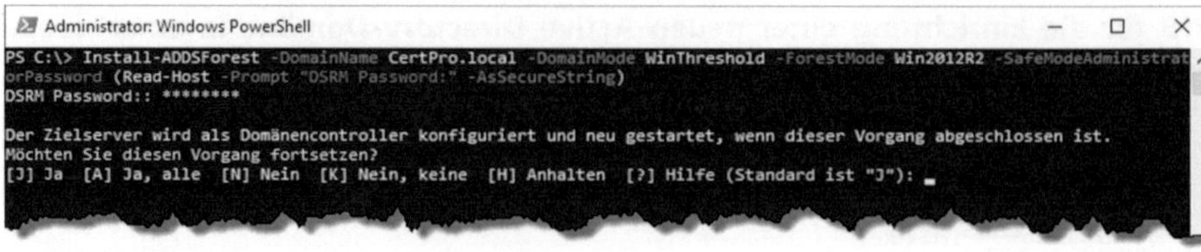

```
Administrator: Windows PowerShell
PS C:\> Install-ADDSForest -DomainName CertPro.local -DomainMode WinThreshold -ForestMode Win2012R2 -SafeModeAdministratorPassword (Read-Host -Prompt "DSRM Password:" -AsSecureString)
DSRM Password:: ********

Der Zielserver wird als Domänencontroller konfiguriert und neu gestartet, wenn dieser Vorgang abgeschlossen ist.
Möchten Sie diesen Vorgang fortsetzen?
[J] Ja  [A] Ja, alle  [N] Nein  [K] Nein, keine  [H] Anhalten  [?] Hilfe (Standard ist "J"):
```

Abb. 8.13: *Heraufstufen eines Servers mithilfe der Windows PowerShell zu einem Active Directory-Domänencontroller*

Die Windows PowerShell 5.1 kann mit den im Modul für die Active Directory-Domänendienste enthaltenen Windows PowerShell-Cmdlets ebenso dazu verwendet werden, neue Domänen zu bereits vorhandenen Active Directory-Gesamtstrukturen oder auch neue Domänencontroller zu bereits vorhandenen Active Directory-Domänen hinzuzufügen. Auch kann man die Installation der Active Directory-Domänendienste mittels Windows PowerShell-Skripts bei Bedarf auch automatisieren.

INTERNET ➲ Weitere Informationen zur Installation der Active Directory-Domänendienste und dem Heraufstufen von Serversystemen zu Domänencontrollern mittels PowerShell-Cmdlets findet man im Active Directory-Modul in der Windows PowerShell 5.1 unter Windows Server 2019 bzw. Windows Server 2016, oder auch im Internet auf der Website von Microsoft unter:

https://docs.microsoft.com/de-de/windows-server/identity/ad-ds/deploy/install-active-directory-domain-services--level-100-

8.2.3.4 Unbeaufsichtigte Installation

Neben der grafischen Installation der Active Directory-Domänendienste, sowie der Installation mithilfe der Windows PowerShell ab der Version 3.0 besteht zusätzlich die Möglichkeit, diese auch unbeaufsichtigt durchzuführen. Hierzu wird, wie bereits unter den vorangegangenen Windows-Serverbetriebssystemen der folgende Befehl verwendet:

`dcpromo.exe /unattend:[`*`Unattend-Datei`*`]`

Automatisierung der Installation

Die Installationsdaten, welche während der grafischen Installation der Active Directory-Domänendienste angegeben werden müssen, werden bei der unbeaufsichtigten Installation mittels der Datei `[`*`Unattend-Datei`*`]` an den Installationsassistenten übergeben. Der Dateiname der betreffenden Datei wird mitsamt dem Dateispeicherpfad beim Befehlsaufruf gleich hinter dem Schalter **`/unattend:`** angegeben.

Erstellen einer Datei für die unbeaufsichtigte Installation der Active Directory-Domänendienste

Der Befehl **dcpromo.exe** verfügt über einen Befehlsschalter, mit welchem man auf einem bereits bestehenden Domänencontroller unter Windows Server 2019 eine Datei zur unbeaufsichtigten Installation der Active Directory-Domänendienste auf weiteren Servern der betreffenden Active Directory-Domäne durchführen kann. Der Befehl hierzu lautet wie folgt:

dcpromo.exe /answer:DCUnattend.txt

Der Wert **DCUnattend.txt** beschreibt hierbei den Namen der zu erstellenden Datei für die nachfolgende, unbeaufsichtigte Installation der Active Directory-Domänendienste.

Beispieldatei für die unbeaufsichtigte Installation der Active Directory-Domänendienste unter Windows Server 2019

Anpassung mittels Editor möglich

Nachfolgend finden Sie den Inhalt einer Beispieldatei für die unbeaufsichtigte Installation der Active Directory-Domänendienste (*Active Directory Domain Services, AD DS*) unter Windows Server 2019:

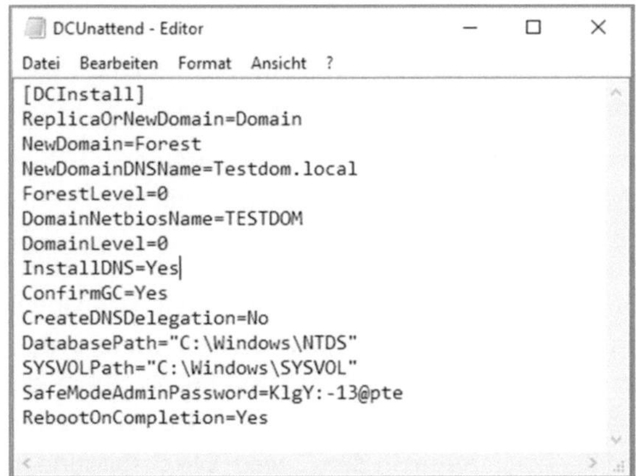

DCUnattend - Editor

Datei Bearbeiten Format Ansicht ?

```
[DCInstall]
ReplicaOrNewDomain=Domain
NewDomain=Forest
NewDomainDNSName=Testdom.local
ForestLevel=0
DomainNetbiosName=TESTDOM
DomainLevel=0
InstallDNS=Yes
ConfirmGC=Yes
CreateDNSDelegation=No
DatabasePath="C:\Windows\NTDS"
SYSVOLPath="C:\Windows\SYSVOL"
SafeModeAdminPassword=KlgY:-13@pte
RebootOnCompletion=Yes
```

Abb. 8.14: *Die Datei „DCUnattend.txt" für die unbeaufsichtigte Installation der Active Directory-Domänendienste (AD DS)*

Unter der Verwendung der oben dargestellten Beispieldatei mit dem Namen **DCUnattend.txt** wird unter dem Namen *Testdom.local* eine neue Active Directory-Gesamtstruktur eingerichtet. Darüber hinaus sind die automatische Installation des DNS-Dienstes (**InstallDNS=Yes**) sowie die Zuordnung der Funktion als globaler Katalogserver (**ConfirmGc=Yes**) bereits aktiviert. Die in der letzten Zeile der Datei angegebene Option **RebootOnCompletion=Yes** steht für den automatischen Neustart des Servers nach der Installation der Active Directory-Domänendienste (*AD DS*). Die Datei kann bei Bedarf jederzeit mit einem Editor angepasst werden.

8.2.4 Überprüfung der erfolgreichen Installation

Nach Beendigung der Installation der Active Directory-Domänendienste und dem Neustart des neuen Domänencontrollers muss nun überprüft werden, ob die Installation erfolgreich verlaufen ist. Gehen Sie hierzu wie folgt vor:

- Öffnen Sie die Verwaltungskonsole *Active Directory-Verwaltungscenter*, um die Konnektivität zur Active Directory-Domänendienste-Datenbank zu prüfen.
- In der DNS-Verwaltungskonsole muss man nun prüfen, ob die notwendigen Diensteinträge für den Domänencontroller bereits angelegt wurden.
- Anschließend sollten Sie unbedingt die für den nachfolgenden Betrieb notwendigen Freigaben (**SYSVOL** und **Netlogon**) des Domänencontrollers auf Erreichbarkeit im Netzwerk überprüfen.
- Wenn der Domänencontroller zu einer bereits vorhandenen Domänenstruktur hinzugefügt wurde, muss auch das Replikationsverhalten mit den anderen Domänencontrollern kontrolliert werden.
- Zuletzt lohnt sich ein Blick in die Ereignisanzeigenprotokolle des Servers. Hierin werden ggf. vorhandene Probleme erfasst und dokumentiert.

Anschließend dokumentieren

Wenn die Überprüfung der Installation der Active Directory-Domänendienste (*Active Directory Domain Services, AD DS*) erfolgreich verlaufen ist, sollte man dies nun in der Serverdokumentation (*Serverakte*) festhalten.

Nicht in allen Fällen möchte man die Installation eines vollwertigen Domänencontrollers durchführen. Mitunter findet man in seinem Netzwerk bestimmte Unternehmensstandorte, für die man die physikalische Sicherheit (womöglich durch die Gebäudeart, etc.) nicht garantieren kann. In solchen Fällen kann man zusätzlich zu den vorhandenen Domänencontrollern im Rechenzentrum in den (Zweig-)Niederlassungen jeweils einen weiteren, schreibgeschützten Domänencontroller (*RODC*) einsetzen.

8.3 Schreibgeschützte Domänencontroller (RODC)

In zumeist kleineren Unternehmensniederlassungen, in denen die physikalische Sicherheit für die in der Datenbank der Active Directory-Domänendienste (engl. *Active Directory Domain Services, AD DS*) gespeicherten Active Directory-Objekte nicht gewährleistet werden kann, besteht seit Windows Server 2008 die Möglichkeit, Serversysteme unter als schreibgeschützte Domänencontroller (engl. *Read-Only Domain Controller, RODC*) zu verwenden. Diese Domänencontroller besitzen, wie es sich bereits aus dem Namen ableiten lässt, lediglich eine schreibgeschützte Version der Active Directory-Domänendienste-Datenbank.

Änderungen an den Objekten in der Active Directory-Datenbank sind auf den schreibgeschützten Domänencontrollern lediglich durch die Replikation von einem in der

Schreibgeschützte Active Directory-Datenbank

jeweiligen Active Directory-Domäne vorhandenen, schreibbaren Domänencontroller unter Windows Server 2008, Windows Server 2008 R2, Windows Server 2012 (R2), Windows Server 2016 oder Windows Server 2019 möglich. Darüber hinaus lässt es sich anhand von speziellen Sicherheitsgruppen klar abgrenzen, wessen Kennwörter seitens des vollwertigen Domänencontrollers an die schreibgeschützten Domänencontroller (*RODCs*) repliziert werden dürfen. Somit liegt einem potentiellen Angreifer, wenn er einen der schreibgeschützten Domänencontroller (*RODCs*) entwenden sollte, nun doch kein Kennwort der verantwortlichen Administratoren vor. Zudem kann man innerhalb der Active Directory-Domäne alle bis zum Entwenden des schreibgeschützten Domänencontrollers darauf durch Replikationsvorgänge gespeicherten Kennwörter widerrufen. Wenn ein Angreifer es demnach schaffen würde, eines oder auch mehrere der auf dem entwendeten RODC womöglich gespeicherten Kennwörter zu entschlüsseln, so hat er nachfolgend keine Möglichkeit mehr, diese gegen die jeweilige Domäne anzuwenden.

HINWEIS ➲ Beachten Sie, dass für den Einsatz von Windows Server 2019 als Domänencontroller oder auch als schreibgeschützter Domänencontroller (RODC) die Domänenfunktionsebene mit ***Windows Server 2008 oder höher*** vorausgesetzt wird.

Vor der Installation eines schreibgeschützten Domänencontrollers in einer zuvor noch unter Windows Server 2003 betriebenen, und später auf Windows Server 2008 bzw. Windows Server 2008 R2 aktualisierten Gesamtstruktur muss zunächst noch der Befehl **adprep /rodcprep** auf einem der vorhandenen Computer in der betreffenden Gesamtstruktur ausgeführt werden. Dieser Vorgang kontaktiert den Infrastrukturmaster einer jeden vorhandenen Domäne, um die Berechtigungen für die Anwendungsverzeichnispartitionen zu aktualisieren. Wenn eine Active Directory-Gesamtstruktur schon unter Windows Server 2008 oder höher neu eingerichtet wurde, ist dieser Schritt nicht erforderlich.

- Die Gesamtstrukturfunktionsebene muss mindestens auf Windows Server 2003 heraufgestuft sein, damit die verknüpfte Wertereplikation für eine höhere Replikationskonsistenz gewährleistet werden kann. Die Domänenfunktionsebene muss Windows Server 2003 lauten, damit eine durch Kerberos eingeschränkte Delegierung zur Verfügung steht. Vor dem Einsatz von Windows Server 2019 als RODC muss die Gesamtstrukturfunktionsebene, sowie die Domänenfunktionsebene mindestens jedoch auf Windows Server 2008 (oder höher) eingestellt sein.

- In der betreffenden Active Directory-Domäne muss mindestens ein beschreibbarer Domänencontroller unter Windows Server 2008, Windows Server 2008 R2, Windows Server 2012 (R2), Windows Server 2016 oder Windows Server 2019 ausgeführt werden, welcher als Replikationspartner für den geplanten RODC dient.

8.3.1 Vorteile beim Einsatz von schreibgeschützten Domänencontrollern

Der Einsatz von schreibgeschützten Domänencontrollern (engl. *Read-Only Domain Controllers, RODCs*), beispielsweise in Zweigniederlassungen, birgt die folgenden Vorteile für Unternehmen:

- **Schreibgeschützte Active Directory-Datenbank** Die Active Directory-Datenbank liegt auf einem RODC lediglich als schreibgeschützte Version vor, so dass Änderungen an den darin gespeicherten Objekten standardmäßig lediglich durch die Replikation von einem schreibbaren Domänencontroller erfolgen können.
- **Unidirektionale Replikation** Änderungen an der auf den schreibgeschützten Domänencontrollern (*RODCs*) gespeicherten AD DS-Datenbank sind nur über die unidirektionale Replikation von einem vollwertigen Domänencontroller möglich. Sollte ein Angreifer es doch schaffen, Änderungen an der Datenbank eines schreibgeschützten Domänencontrollers vorzunehmen, so würden diese lediglich lokal auf dem betroffenen Server wirken, jedoch aufgrund der lediglich unidirektionalen Replikation nicht an die anderen Domänencontroller der Active Directory-Gesamtstruktur repliziert werden.
- **Zwischenspeichern von Anmeldeinformationen** Schreibgeschützte Domänencontroller speichert standardmäßig keine Benutzerkontenkennwörter zwischen, wodurch die Sicherheit gegenüber Hackern erhöht wird.
- **Schreibgeschützter DNS-Server** RODCs können neben der Rolle als schreibgeschützte Domänencontroller auch die von schreibgeschützten DNS-Servern übernehmen.
- **Aufteilung der Administratorrolle** Die Administratorrolle kann aufgeteilt werden, so dass ein vor Ort befindlicher Administrator einer Zweigniederlassung zwar zum lokalen Administrator des schreibgeschützten Domänencontrollers (*RODCs*) bestimmt werden kann, ihm dadurch trotzdem jedoch keinerlei Änderungen an den in der Datenbank der Active Directory-Domänendienste gespeicherten Objekten auf dem jeweiligen Server ermöglicht werden.
- **Attributsatz mit RODC-Filter** Es besteht die Möglichkeit, die Speicherung von vertraulichen Active Directory-Daten (beispielsweise Anmeldeinformationen, Verschlüsselungsschlüsseln usw.) auf den schreibgeschützten Domänencontrollern (*RODCs*) durch einen definierbaren Attributsatz mit RODC-Filter zu verhindern.
- **RODC als globaler Katalogserver** Schreibgeschützte Domänencontroller (*RODCs*) können problemlos auch die Funktion des globalen Katalogservers übernehmen.

8.3.2 Einschränkungen beim Einsatz von RODCs

Die Implementierung von schreibgeschützten Domänencontrollern bringt neben den benannten Vorteilen auch einige Einschränkungen mit sich. Schließlich handelt es sich bei dieser Art von Domänencontroller ja nicht um einen vollwertig beschreibbaren Domänencontroller. Die Active Directory-Datenbank liegt auf den RODCs lediglich als *schreibgeschützte* Version vor. Beachten Sie deshalb bei der Planung des Einsatzes von schreibgeschützten Domänencontrollern die folgenden Einschränkungen:

Direkte Änderungen nicht möglich

- RODCs können die Replikation lediglich von einem schreibbaren Domänencontroller unter Windows Server 2008, Windows Server 2008 R2, Windows Server 2012 (R2), Windows Server 2016 oder Windows Server 2019 erhalten. Die Replikation von einem Domänencontroller unter Windows Server 2003 zu einem RODC wird nicht unterstützt.
- Zwischen den schreibgeschützten Domänencontrollern innerhalb einer Gesamtstruktur können keine Replikationsvorgänge durchgeführt werden.
- In Unternehmensstandorten, in denen auch Exchange-Server betrieben werden, muss mindestens ein weiterer, vollwertiger Domänencontroller vorhanden sein, der den globalen Katalog ausführt.
- Schreibgeschützte Domänencontroller können keine Betriebsmasterrollen (engl. *Flexible Single Master Operations Roles, FSMO Roles*) ausführen, da hierfür die Änderungsmöglichkeit an der jeweils lokal gespeicherten Active Directory-Datenbank notwendig wäre.
- Da die schreibgeschützten Domänencontroller lediglich eingehende Replikationsvorgänge zulassen, können diese im Rahmen der standortübergreifenden Replikation nicht als Bridgeheadserver verwendet werden.

8.3.3 Platzierung von RODCs

Den Überlegungen Microsofts zufolge, sind die schreibgeschützten Domänencontroller (*RODCs*) für Standorte entwickelt worden, in denen sich keine anderen Domänencontroller befinden. Trotzdem kann ein RODC problemlos an einem Standort parallel zu anderen Domänencontrollern betrieben werden. Lediglich im Umgang mit den vor Ort befindlichen Clientcomputern und Servern verhält sich ein RODC anders als schreibbare Domänencontroller.

Problemloser Einsatz in Zweigniederlassungen

Ein RODC kann problemlos als einziger Domänencontroller an einem Standort betrieben werden, welcher über eine WAN-Verbindung zu einem Standort mit einem schreibbaren Domänencontroller unter Windows Server 2008 R2, Windows Server 2012 (R2), Windows Server 2016 oder Windows Server 2019 angebunden ist. Wenn die WAN-Verbindung zu diesem Standort während des Anmeldeverkehrs eines Benutzers, dessen Kennwort auf dem RODC nicht zwischengespeichert ist, nicht zur Verfügung steht, so kann der Benutzer zu diesem Zeitpunkt nicht authentifiziert werden. Der Anmeldevorgang schlägt in diesem Szenario fehl. Diesen Umstand sollte man bei der Planung der Platzierung von RODCs berücksichtigen. Alternativ ist es (zumindest technisch) möglich, den RODC an dem betreffenden Standort parallel zu einem schreibbaren Domänencontroller unter Windows Server 2008 R2, Windows Server 2012

(R2), Windows Server 2016 oder Windows Server 2019 betreiben. Dies widerspricht jedoch dem möglichen Einsatzzweck eines RODCs, da die Sicherheit an dem jeweiligen Standort durch diese Konstellation wieder „aufgeweicht" wird.

Weiterleitung von Aktualisierungsanfragen an DNS-Server

Man sollte ebenso berücksichtigen, dass ein RODC in bestimmten Situationen auch außerhalb des Anmeldeverkehrs weitere Daten über die WAN-Verbindung versendet. Beispielsweise versucht ein RODC eine sofortige Replikation mit dem schreibbaren Domänencontroller unter Windows Server 2008 R2, Windows Server 2012 (R2), Windows Server 2016 oder Windows Server 2019, wenn er selbst nicht in der Lage war, bestimmte Anforderungen (beispielsweise der Versuch eines DNS-Updates eines Clientcomputers bei einem RODC als schreibgeschützter DNS mit Weiterleitung an einen schreibbaren DNS-Server) direkt zu erfüllen.

8.3.4 Überprüfung der Gesamtstrukturfunktionsebene

Wie bereits erwähnt, ist für die Implementierung eines RODCs mindestens die Gesamtstrukturfunktionsebene *Windows Server 2008* der Active Directory-Gesamtstruktur erforderlich.

Um die Gesamtstrukturfunktionsebene der Active Directory-Gesamtstruktur für die geplante Bereitstellung eines schreibgeschützten Domänencontrollers (*RODCs*) unter Windows Server 2019 zu überprüfen, gehen Sie wie folgt vor:

1. Öffnen Sie das *Active Directory-Verwaltungscenter* (*AD AC*).
2. Klicken Sie in der Konsolenstruktur mit der rechten Maustaste auf den Namen der Domäne, und wählen Sie im Kontextmenü den Eintrag **Eigenschaften**.
3. Überprüfen Sie, ob die Gesamtstrukturfunktionsebene mindestens unter Windows Server 2008 (oder höher) angezeigt wird. Klicken Sie anschließend auf **Abbrechen**.
4. Falls die Gesamtstrukturfunktionsebene noch heraufgestuft werden muss, klicken Sie in der Konsolenstruktur mit der rechten Maustaste auf den Domänennamen, und wählen Sie im Kontextmenü den Eintrag **Gesamtstrukturfunktionsebene heraufstufen...**
5. Wählen Sie unter *Wählen Sie eine verfügbare Gesamtstrukturfunktionsebene aus:* die Option *Windows Server 2008* (oder höher) und klicken Sie dann auf **OK**.
6. Bestätigen Sie den Hinweis, dass der Vorgang unter Umständen nicht mehr rückgängig gemacht werden kann mit einem Klick auf **OK**.

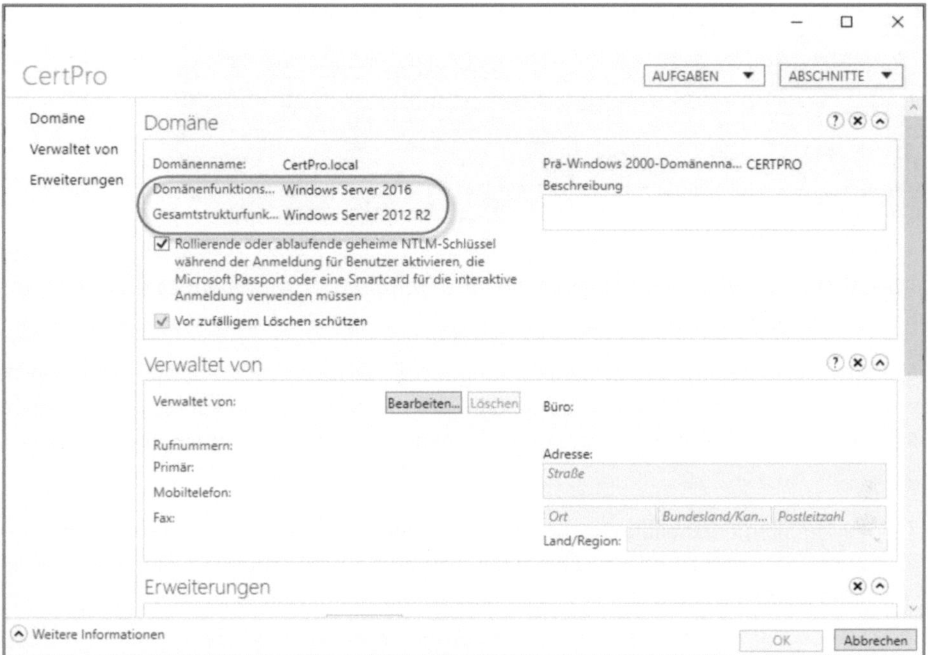

Abb. 8.15: *Überprüfung der Gesamtstrukturfunktionsebene einer Active Directory-Gesamtstruktur im Active Directory-Verwaltungscenter*

Nachdem die Gesamtstrukturfunktionsebene überprüft bzw. heraufgestuft wurde, kann die Bereitstellung eines RODCs nun mit dem nächsten Schritt fortgesetzt werden.

8.3.5 Aktualisieren der Berechtigungen für DNS-Anwendungsverzeichnispartitionen

In Active Directory-Gesamtstrukturen, die nicht als neue Gesamtstrukturen gleich unter Windows Server 2008 (oder höher) neu eingerichtet wurden, müssen vor der Bereitstellung von schreibgeschützten Domänencontrollern vorweg die Berechtigungen für die DNS-Anwendungsverzeichnispartitionen aktualisiert werden. Somit können diese anschließend auf alle RODCs repliziert werden, die ebenfalls als DNS-Server konfiguriert sind.

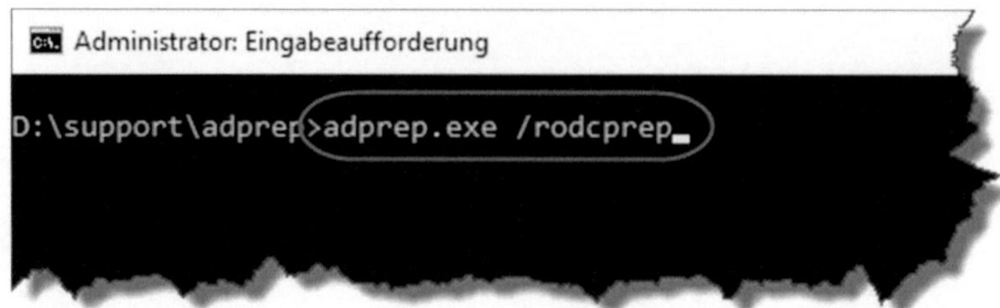

Abb. 8.16: *Aktualisierung der Berechtigungen für die DNS-Anwendungsverzeichnispartitionen mithilfe von adprep.exe*

Um die Aktualisierung der Berechtigungen für die DNS-Anwendungsverzeichnispartitionen in einer Active Directory-Gesamtstruktur als Vorbereitung auf die nachfolgende Bereitstellung von schreibgeschützten Domänencontrollern (*RODCs*) durchzuführen, gehen Sie wie folgt vor:

1. Legen Sie die Installations-DVD-ROM für Windows Server 2019 in das DVD-Laufwerk ein, öffnen Sie die Eingabeaufforderung und wechseln Sie zum Ordner **\support\adprep**.
2. Geben Sie in der Eingabeaufforderung anschließend den Befehl **`adprep /rodcprep`** ein und drücken Sie dann auf die [↵]-Taste.

Nach der Aktualisierung der Berechtigungen für die in der Active Directory-Gesamtstruktur vorhandenen DNS-Anwendungsverzeichnispartitionen steht nun der nächste Schritt der Vorbereitung der Bereitstellung von schreibgeschützten Domänencontrollern (*RODCs*) an.

8.3.6 Bereitstellung eines schreibbaren Domänencontrollers unter Windows Server 2019

Mindestens ein schreibbarer DC unter Windows Server 2008 (oder höher)

Soweit noch nicht geschehen, müssen Sie in der vorhandenen Active Directory-Domäne, in welcher Sie den schreibgeschützten Domänencontroller implementieren möchten, zumindest einen schreibbaren (vollwertigen) Domänencontroller unter Windows Server 2008, Windows Server 2008 R2, Windows Server 2012 (R2), Windows Server 2016 oder Windows Server 2019. Dieser dient als Quelle für die Replikation von Daten zu den schreibgeschützten Domänencontrollern (*RODCs*). Der schreibbare Domänencontroller kann dabei als vollwertige Installation oder als Server Core-Installation von Windows Server 2008 (oder höher) ausgeführt werden.

Wenn die Installation abgeschlossen ist, kann anschließend mit der Bereitstellung eines schreibgeschützten Domänencontrollers (*RODCs*) begonnen werden.

Nach dem erfolgreichen Abschluss der vorbereitenden Schritte kann die Installation eines schreibgeschützten Domänencontrollers (*RODCs*) unter Windows Server 2019 durchgeführt werden. Hierbei besteht die Möglichkeit, den RODC auf einer vollständigen Installation oder einer Server Core-Installation unter Windows Server 2019 durchzuführen. Nachfolgend werden die notwendigen, praktischen Schritte zum Einrichten eines RODC unter Windows Server 2019 detailliert erläutert.

RODC auch unter Server Core

8.3.6.1 Installation eines RODCs unter Windows Server 2019

Die Installation eines schreibgeschützten Domänencontrollers (*RODCs*) auf einer vollständigen Installation von Windows Server 2019 lässt sich in der Grafikumgebung völlig transparent durchführen.

Gehen Sie wie folgt vor, um einen schreibgeschützten Domänencontroller auf einer vollständigen Installation von Windows Server 2019 einzurichten:

1. Melden Sie sich als *Administrator* am Serversystem an.
2. Öffnen Sie den *Server-Manager* (soweit dies nicht automatisch geschieht) über einen Klick im Startmenü auf die **Kachel** für den **Server-Manager**.
3. Klicken Sie oben im *Server-Manager* auf **Verwalten**, und dann auf **Rollen und Features hinzufügen**.
4. Klicken Sie im Dialog *Vorbemerkungen* auf **Weiter**.
5. Wählen Sie im Dialog *Installationstyp auswählen* die Option **Rollenbasierte oder featurebasierte Installation**, und klicken Sie auf **Weiter**.
6. Klicken Sie im Dialog *Zielserver auswählen* auf den Namen des gewünschten Servers, der als RODC eingerichtet werden soll, und klicken Sie dann auf **Weiter**.
7. Aktivieren Sie das Kontrollkästchen vor *Active Directory-Domänendienste*, und klicken Sie auf **Features hinzufügen**, um die Installation der notwendigen Remoteserver-Verwaltungstools zu bestätigen. Klicken Sie anschließend auf **Weiter**.
8. Klicken Sie im Dialog *Features auswählen* auf **Weiter**.
9. Klicken Sie im Dialog *Active Directory-Domänendienste* auf **Weiter**.
10. Klicken Sie auf **Installieren**, um die Installationsauswahl zu bestätigen.
11. Klicken Sie auf **Schließen**, um den Dialog *Assistent zum Hinzufügen von Rollen und Features* zu schließen.

Die erfolgreiche Installation der Active Directory-Domänendienste wird Ihnen in der oberen *Befehlsleiste* des Server-Managers durch einen Klick auf das **Fahnensymbol** angezeigt. Nach der Aktualisierung des Server-Managers zeigt ein Klick auf das Fahnensymbol zudem einen Hinweis, dass der Server in einem weiteren Schritt zu einem Domänencontroller heraufgestuft werden muss.

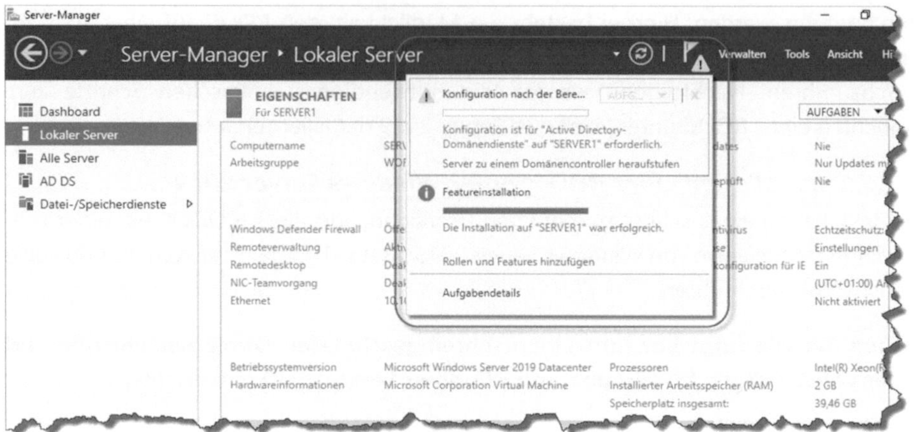

Abb. 8.17: *Hinweis auf die notwendige Konfiguration nach der Installation der Active Directory-Domänendienste (AD DS) im grafischen Server-Manager*

Eine ähnliche Meldung wird nach einem Klick auf **AD DS** im Server-Manager angezeigt.

8.3.6.2 Heraufstufen des Servers zu einem RODC

Das Heraufstufen eines Serversystems unter Windows Server 2019 lässt sich mit sicher überschaubarem Aufwand durchführen.

Gehen Sie wie folgt vor, um ein Serversystem unter Windows Server 2019 nach der Installation der Active Directory-Domänendienste (*AD DS*) zu einem schreibgeschützten Domänencontroller (*Read Only Domain Controller, RODC*) für eine bereits vorhandene Active Directory-Domäne heraufzustufen:

1. Öffnen Sie den *Server-Manager* (soweit dies nicht automatisch geschieht) über einen Klick im Startmenü auf die **Kachel** für den **Server-Manager**.
2. Klicken Sie oben im *Server-Manager* auf das **Fahnensymbol**, und dann auf **Server zu einem Domänencontroller heraufstufen**.
3. Wählen Sie im Dialog *Bereitstellungskonfiguration* die Option **Domänencontroller zu einer vorhandenen Domäne hinzufügen**, wählen Sie im Feld *Domäne* den gewünschten *Domänennamen* aus, zu welcher der Server als RODC hinzugefügt werden soll, passen Sie bei Bedarf noch die *Anmeldeinformationen* an, und klicken Sie auf **Weiter**.

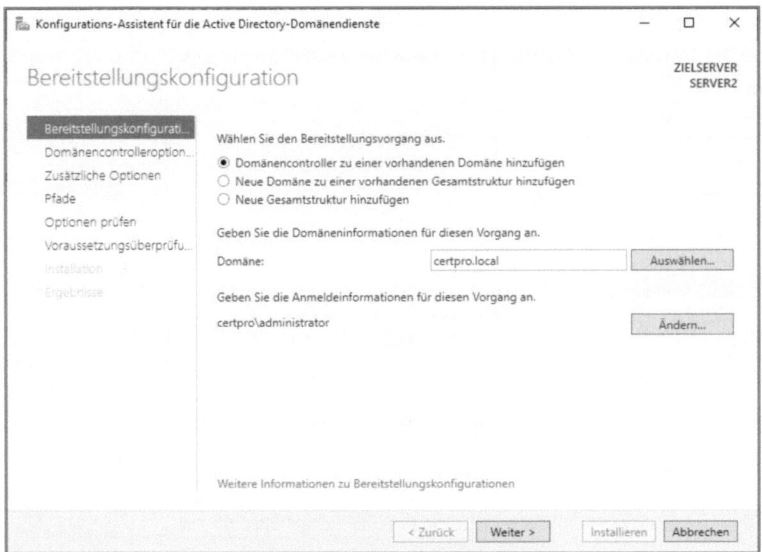

Abb. 8.18: *Festlegen der Bereitstellungskonfiguration*

4. Aktivieren Sie im Dialog *Domänencontrolleroptionen* die Option **Schreibgeschützter Domänencontroller (RODC)**, wählen Sie den zutreffenden *Active Directory-Standort* für den Server aus, geben Sie das *Kennwort für den Verzeichnisdienst-Wiederherstellungsmodus* in die zutreffenden Felder ein, und klicken Sie auf **Weiter**.

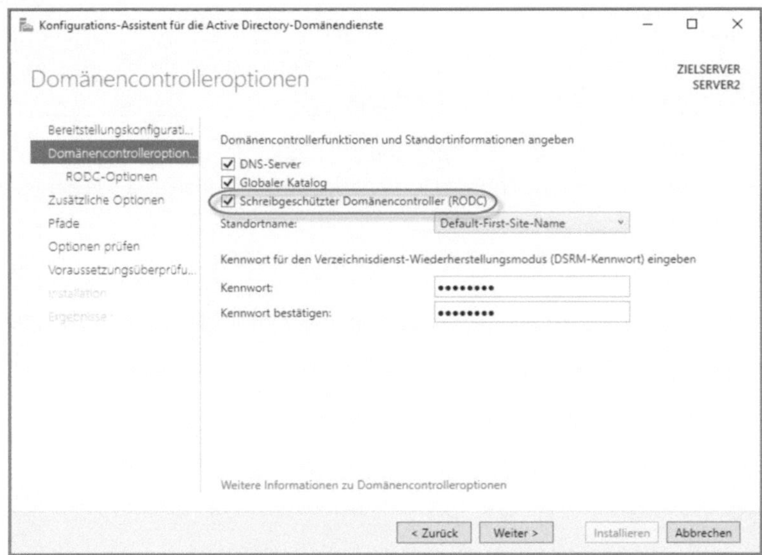

Abb. 8.19: *Auswahl der Konfigurationsoption als schreibgeschützter Domänencontroller (RODC)*

5. Wählen Sie im Dialog *RODC-Optionen* ein Benutzerkonto bzw. eine Sicherheitsgruppe als *Delegiertes Administratorkonto* (soweit zutreffend), und klicken Sie auf **Weiter**.

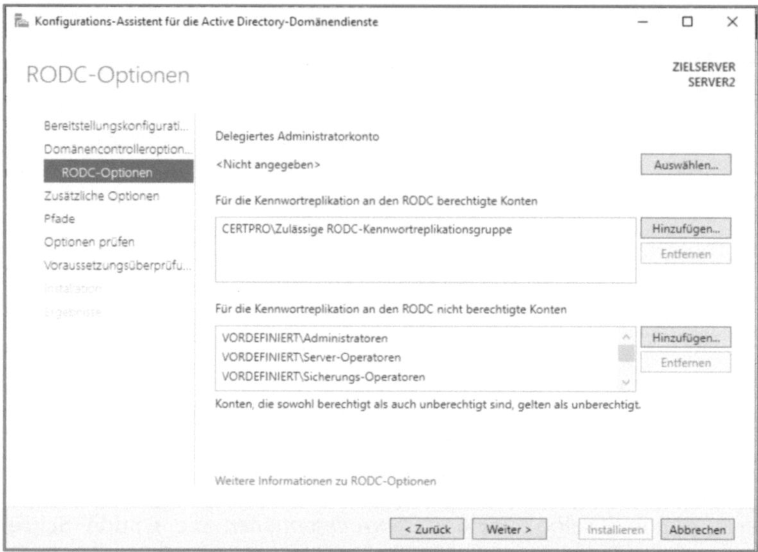

Abb. 8.20: *Festlegen der RODC-Optionen*

HINWEIS ➲ Der ausgewählte Benutzer bzw. die ausgewählte Gruppe als Delegiertes Administratorkonto erhält die Berechtigung, den Server als lokaler *Administrator* zu verwalten. Die Konfiguration der Kennwortreplikation kann gleich in dem Dialog *RODC-Optionen* oder bei Bedarf auch problemlos zu einem späteren Zeitpunkt vorgenommen werden.

6. Wählen Sie im Dialog *Zusätzliche Optionen* bei Bedarf noch den für die Replikation auf den RODC zu verwendenden Domänencontroller aus, und klicken Sie auf **Weiter**.

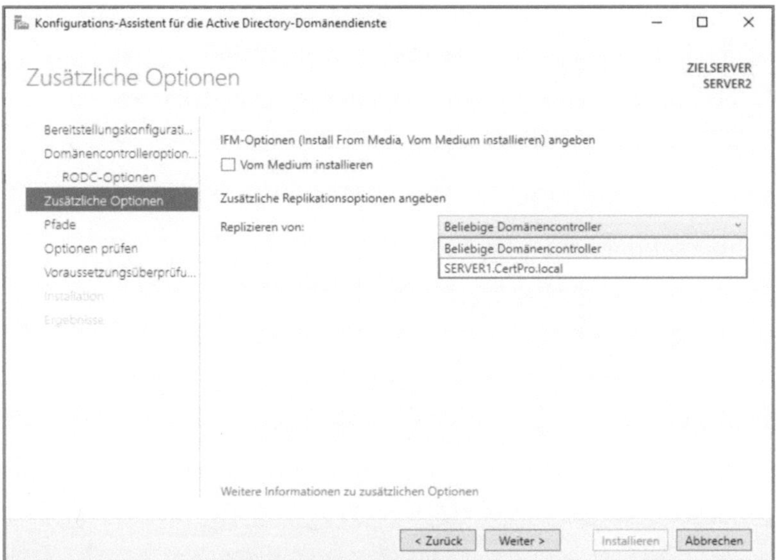

Abb. 8.21: *Festlegen zusätzlicher Optionen*

7. Bestätigen Sie im Dialog *Pfade* die angegebenen Standardpfade, bzw. passen Sie diese bei Bedarf entsprechend an. Klicken Sie dann auf **Weiter**.

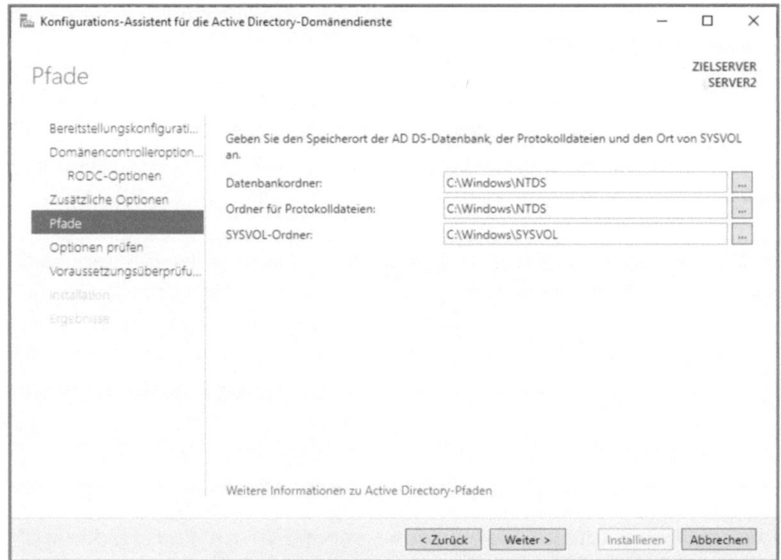

Abb. 8.22: *Konfiguration der Speicherpfade für die AD DS-Datenbank, die Protokolldateien und den Ordner SYSVOL*

8. Prüfen Sie im Dialog *Optionen prüfen* nochmals die von Ihnen vorgenommen Konfigurationseinstellungen, und klicken Sie dann auf **Weiter**.
9. Klicken Sie im Dialog *Voraussetzungsüberprüfung* auf **Installieren**.

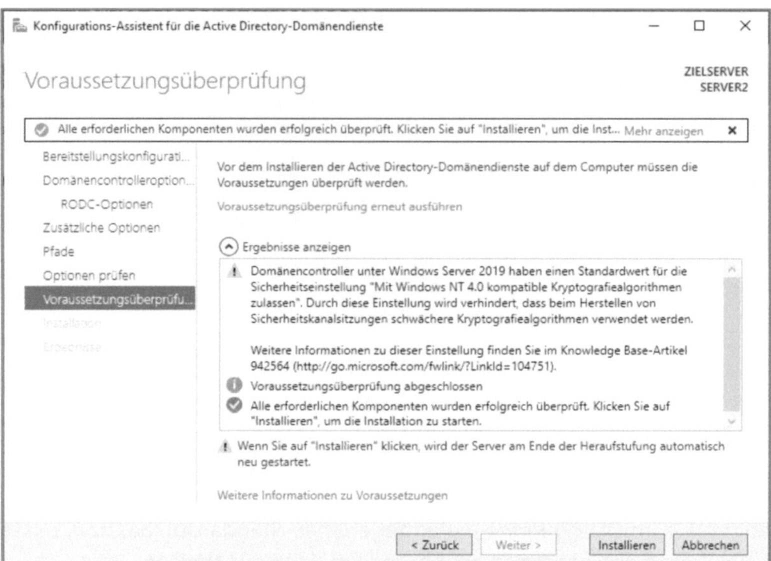

Abb. 8.23: *Voraussetzungsüberprüfung für die Installation als schreibgeschützter Domänencontroller (RODC)*

Die Installation des Serversystems als schreibgeschützter Domänencontroller (*RODC*) wird durchgeführt. Zu Abschluss der Konfiguration wird der Server automatisch gestartet. Nach dem Neustart steht der Server als schreibgeschützter Domänencontroller (*RODC*) in der betreffenden Active Directory-Domäne zur Verfügung.

INTERNET ➲ Alternativ zur Installation des RODCs auf einer vollständigen Installation unter Windows Server 2019 können Sie diesen auf einem Server mit einer Server-Core-Installation einrichten. Die Schritte zur Durchführung der Installation unterscheiden sich jedoch von den bisher gezeigten, da eine Server Core-Installation von Windows Server 2019 im Prinzip nicht über die notwendige Grafikoberfläche für die Ausführung von Programmen verfügt. Detaillierte Informationen zur Einrichtung eines RODC auf einem Server unter Windows Server 2012 bis hin zu Windows Server 2019 als Server Core-Installation erhalten Sie u. a. im Internet auf der Website von Microsoft unter:

https://docs.microsoft.com/de-de/windows-server/identity/ad-ds/deploy/rodc/install-a-windows-server-2012-active-directory-read-only-domain-controller--rodc---level-200-

8.3.7 Delegierung der Installation von schreibgeschützten Domänencontrollern

Die Installation von schreibgeschützten Domänencontrollern kann im Bedarfsfall an einfache Benutzer in Zweigstellennetzwerken delegiert werden. Hierzu kann ein verantwortlicher Domänenadministrator vorweg ein entsprechendes RODC-Konto in der Domäne erstellen und während dieses Vorgangs die Installation und nachfolgende Serververwaltung an einen bestimmten Benutzer oder eine bestimmte Sicherheitsgruppe delegieren.

Delegierung der Verwaltung an Benutzer oder Sicherheitsgruppen möglich

Für die Delegierung der Installation von schreibgeschützten Domänencontrollern steht im Active Directory-Verwaltungscenter eine entsprechende Option zur Verfügung, um ein Computerkonto in der jeweiligen Active Directory-Domäne vorab zu erstellen und entsprechend zu konfigurieren.

Gehen Sie wie folgt vor, um im Rahmen der Delegierung der Installation eines schreibgeschützten Domänencontrollers ein entsprechendes Computerkonto im Active Directory-Verwaltungscenter unter Windows Server 2019 vorab zu erstellen:

1. Melden Sie sich als *Administrator* am Serversystem an.
2. Öffnen Sie den *Server-Manager* (soweit dies nicht automatisch geschieht) über einen Klick im Startmenü auf die **Kachel** für den **Server-Manager**.
3. Klicken Sie oben im *Server-Manager* auf **Tools**, und dann auf **Active Directory-Verwaltungscenter**.
4. Klicken Sie doppelt auf den *Domänennamen*, und anschließend auf den Container **Domain Controllers**.
5. Klicken Sie in der *Aufgabenleiste* auf die Option **Konto für schreibgeschützten Domänencontroller vorab erstellen...**
6. Klicken Sie im Willkommensbildschirm auf **Weiter**.
7. Verwenden Sie die aktuellen oder bei Bedarf alternative Anmeldeinformationen, und klicken Sie auf **Weiter**.
8. Geben Sie den *Namen* des Computers an, der als schreibgeschützter Domänencontroller (RODC) vorgesehen ist. Das Konto wird in der Datenbank der Active Directory-Domänendienste erstellt. Klicken Sie dann auf **Weiter**.

> **HINWEIS ➲** Der Server, für den das RODC-Computerkonto erstellt wird, darf unter dem angegebenen Namen noch nicht Mitglied der betreffenden Active Directory-Domäne sein. Es ist nicht möglich, ein Computerkonto mit dem Namen eines in der Domäne bereits vorhandenen Computerkontos zu erstellen.

Abb. 8.24: *Festlegen des Computernamens für den neu einzurichtenden, schreibgeschützten Domänencontroller (RODC)*

9. Wählen Sie den *Standort* für den neuen Domänencontroller aus, und klicken Sie auf **Weiter**.
10. Wählen Sie, soweit vorgesehen, noch weitere Optionen für den neuen Domänencontroller fest, und klicken Sie auf **Weiter**.
11. Legen Sie für *die Delegierung der Installation und der Verwaltung des RODCs* den Benutzer oder die Sicherheitsgruppe fest, und klicken Sie dann auf **Weiter**.

HINWEIS ➲ Der ausgewählte Benutzer bzw. die ausgewählte Sicherheitsgruppe erhält die Berechtigung, den Server als RODC an die betreffende Active Directory-Domäne anzubinden, sowie diesen anschließend als lokaler Administrator zu verwalten.

12. Überprüfen Sie in der *Zusammenfassung* die zuvor ausgewählten Konfigurationsoptionen, und klicken Sie dann zum Erstellen des RODC-Computerkontos auf **Weiter**.
13. Klicken Sie nach Abschluss auf die Schaltfläche **Fertig stellen**, um den Assistenten zu schließen.

Das zuvor neu erstellte RODC-Computerkonto wird im *Active Directory-Verwaltungscenter* in der Organisationseinheit *Domain Controllers* (Domänencontroller) als *„Nicht belegtes Domänencontrollerkonto…"* angezeigt.

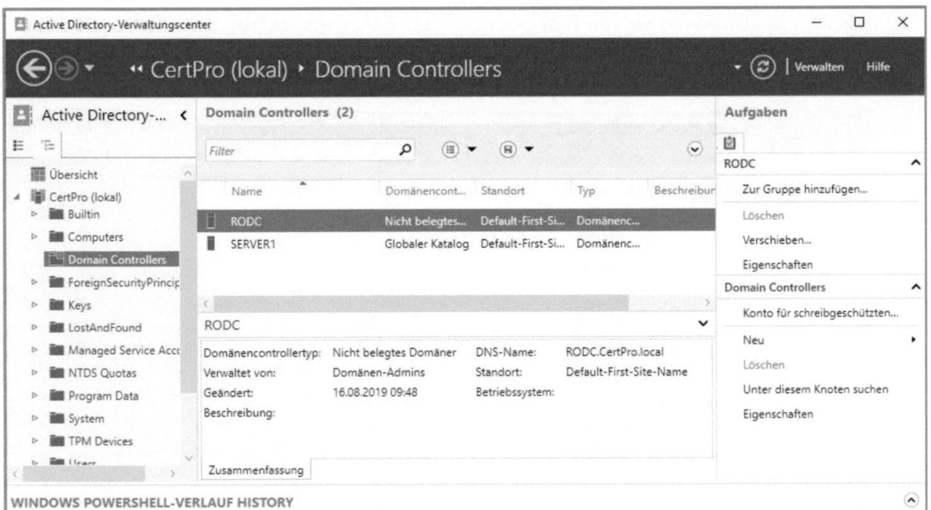

Abb. 8.25: *Zuvor neu erstelltes Computerkonto für einen schreibgeschützten Domänencontroller (RODC)*

8.3.8 Durchführung der delegierten Installation des schreibgeschützten Domänencontrollers

Nach der Einrichtung des vorbereiteten Computerkontos für den schreibgeschützten Domänencontroller (*RODC*) kann der jeweils delegierte Benutzer bzw. ein Mitarbeiter als Mitglied der delegierten Sicherheitsgruppe den betreffenden Server unter Windows Server 2019 (welcher zur Zeit noch als Mitglied einer Arbeitsgruppe definiert ist) umbenennen. Anschließend kann dieser die Active Directory-Domänendienste (AD DS) auf dem betreffenden Serversystem installieren und den Server dann zu einem RODC heraufstufen.

HINWEIS ➲ Damit der Server als RODC zu einer bestehenden Active Directory-Domäne hinzugefügt werden kann, muss dieser in der Lage sein, den Domänennamen in eine für die Kommunikation notwendige IP-Adresse aufzulösen. Zu diesem Zweck muss wenigstens einer der für die entsprechende DNS-Namenszone autorisierten DNS-Server anhand dessen IP-Adresse in der TCP/IP-Konfiguration des geplanten RODCs eingetragen sein.

Gehen Sie nach der Installation der Active Directory-Domänendienste (AD DS) auf dem als RODC geplanten Server unter Windows Server 2019 wie folgt vor, um ihn als RODC zu einer vorhandenen Active Directory-Domäne hinzuzufügen:

1. Öffnen Sie den *Server-Manager* (soweit dies nicht automatisch geschieht) über einen Klick im Startmenü auf die **Kachel** für den **Server-Manager**.

2. Klicken Sie oben im *Server-Manager* auf das **Fahnensymbol**, und dann auf **Server zu einem Domänencontroller heraufstufen**.

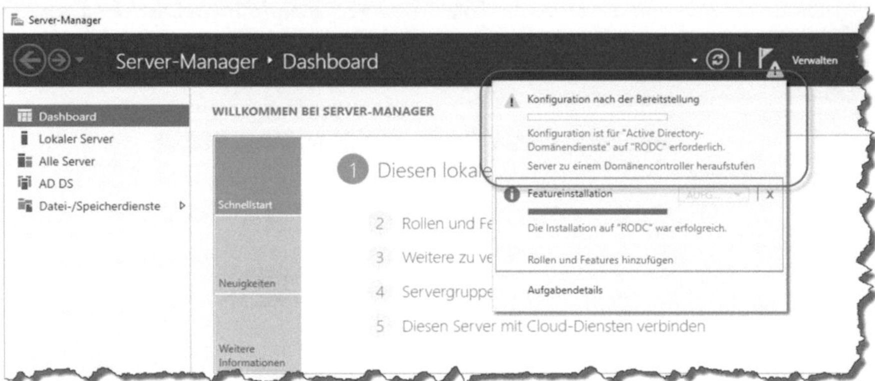

Abb. 8.26: *Konfigurationshinweis im Server-Manager*

3. Wählen Sie im Dialog *Bereitstellungskonfiguration* die Option **Domänencontroller zu einer vorhandenen Domäne hinzufügen**, geben Sie im Feld *Domäne* den gewünschten *Domänennamen* ein, zu welcher der Server als RODC hinzugefügt werden soll, passen Sie bei Bedarf noch die *Anmeldeinformationen* an, und klicken Sie auf **Weiter**.

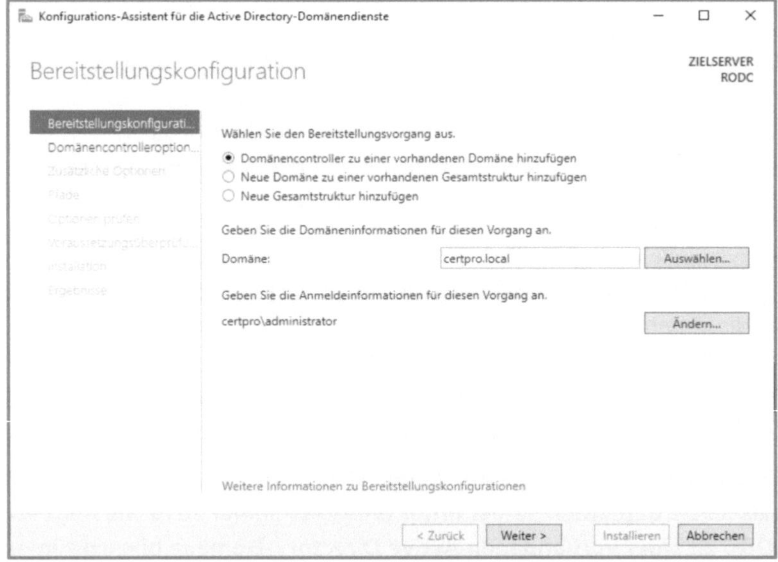

Abb. 8.27: *Auswahl der Bereitstellungsoption während der Installation eines RODC*

4. Im Dialog *Domänencontrolleroptionen* wird in einem Hinweis erklärt, dass ein zuvor erstelltes RODC-Konto in den Active Directory-Domänendiensten bereits vorhanden ist, welches den gleichen Namen wie der aktuell verwendete trägt.

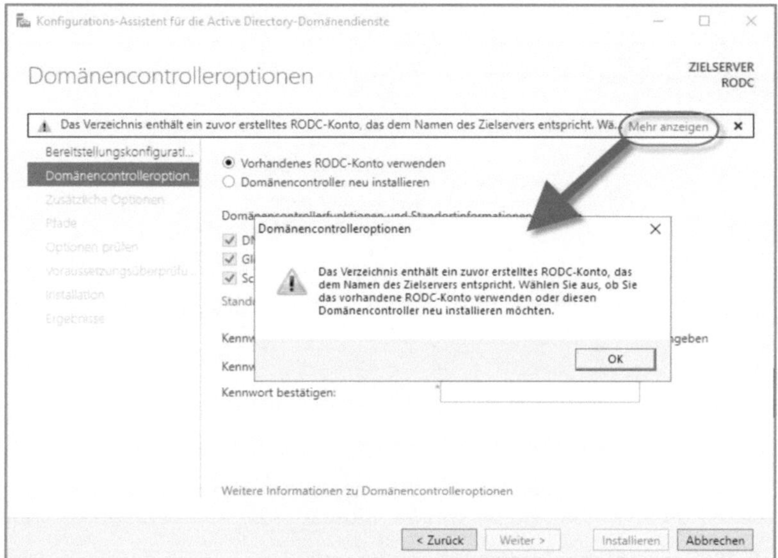

Abb. 8.28: *Hinweis auf ein bereits vorhandenes Computerkonto in der Active Directory-Domäne während des Hinzufügens eines Servers als RODC*

Belassen Sie im Dialog *Domänencontrolleroptionen* die Option auf *Vorhandenes RODC-Konto verwenden*, wählen Sie im Feld *Standortname:* den gewünschten Standort aus, geben Sie das für die Verzeichnisdienst-Wiederherstellung zu verwendende *Kennwort* in die entsprechenden Felder ein, und klicken Sie auf **Weiter**.

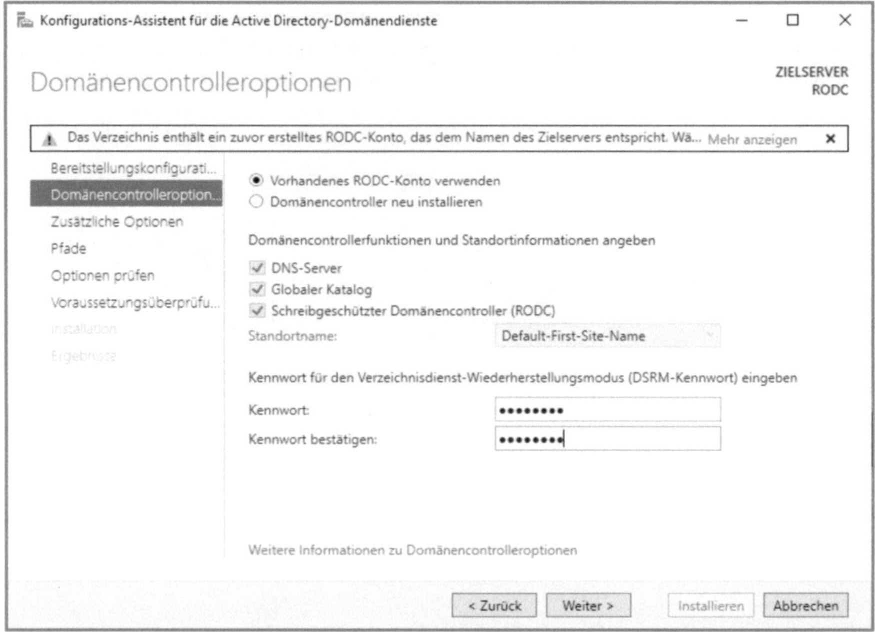

Abb. 8.29: *Auswahl der Domänencontrolleroptionen*

5. Wählen Sie im Dialog *Zusätzliche Optionen* den gewünschten Domänencontroller, von dem aus die Replikation zum RODC durchgeführt werden soll, und klicken Sie auf **Weiter**.
6. Passen Sie im Dialog *Pfade* bei Bedarf die Installationspfade für die AD DS-Datenbank, die Protokolldateien und den Ordner SYSVOL entsprechend an, und klicken Sie auf **Weiter**.
7. Kontrollieren Sie im Dialog *Optionen prüfen* die zuvor vorgenommenen Konfigurationseinstellungen, und klicken Sie auf **Weiter**.

PRAXISTIPP! ➲ Über einen Klick auf die Schaltfläche *Skript anzeigen* im Dialog *Optionen prüfen* können Sie sich die für die Konfiguration verwendeten Windows PowerShell-Cmdlets mitsamt aller vorgenommenen Konfigurationsoptionen anzeigen lassen. Diese kann man bei Bedarf als Vorlage für eine Skriptdatei für die spätere Verwendung abspeichern.

8. Klicken Sie im Dialog *Voraussetzungsprüfung* auf **Installieren**, um das Serversystem unter Windows Server 2019 zu einem schreibgeschützten Domänencontroller (RODC) heraufzustufen.

Die Installation des Serversystems als schreibgeschützter Domänencontroller (*RODC*) wird durchgeführt. Zu Abschluss der Konfiguration wird der Server automatisch gestartet.

Nach der Installation erhält man auf dem lokalen RODC lediglich Lesezugriff auf die darauf gespeicherten Active Directory-Objekte. Im nächsten Schritt folgt nun die Verwaltung des RODCs.

8.3.9 Verwaltung von schreibgeschützten Domänencontrollern

Die Verwaltung der schreibgeschützten Domänencontroller fällt auf dem jeweiligen Serversystem (insgesamt betrachtet) sehr gering aus. Der delegierte Benutzer darf an den Inhalten der auf dem RODC gespeicherten Active Directory-Datenbank keinerlei Änderungen vornehmen. Diese werden lediglich auf dem vollwertig schreibbaren Domänencontroller ermöglicht und anschließend anhand eines unidirektionalen Replikationsvorgangs auf den RODC übertragen.

Gleiche Verwaltungsschritte unter einem RODC

Die eigentlichen Verwaltungsaufgaben auf dem schreibgeschützten Domänencontroller (*RODC*) sind prinzipiell gleich mit denen eines schreibbaren Domänencontrollers. Hierunter zählen beispielsweise die routinemäßige Datensicherung sowie auch das Installieren von Software-Updates. Durch die Delegierung ist der jeweilige Benutzer in der Lage, diese administrativen Schritte zu erledigen.

8.3.9.1 Verwaltung der Kennwortreplikationsrichtlinie

Enthält alle Konten, deren Kennwörter zwischengespeichert werden dürfen

Bei der ersten Bereitstellung eines schreibgeschützten Domänencontrollers wird anhand der Kennwortreplikationsrichtlinie festgelegt, welche der Kennwörter auf den RODC repliziert werden darf. Die Kennwortreplikationsrichtlinie fungiert als Zugriffssteuerungsliste (engl. *Access Control List, ACL*). Anhand dieser Liste wird bestimmt, ob ein Kennwort von einem RODC zwischengespeichert werden darf. Wenn ein RODC eine Anmeldeanforderung eines authentifizierten Benutzers oder Computers erhält, bestimmt er anhand der Vorgaben aus der Kennwortreplikationsrichtlinie, ob das jeweilige Kennwort zwischengespeichert werden darf.

Die Kennwortreplikationsrichtlinie listet die Konten auf, die zwischengespeichert werden dürfen, sowie die Konten, für welche die Zwischenspeicherung untersagt wird.

HINWEIS ➲ Die Liste der Benutzer- und Computerkonten in einer Kennwortreplikationsrichtlinie lässt noch nicht darauf schließen, ob die Kennwörter der betreffenden Objekte bereits auf dem schreibgeschützten Domänencontroller (*RODC*) zwischengespeichert wurden.

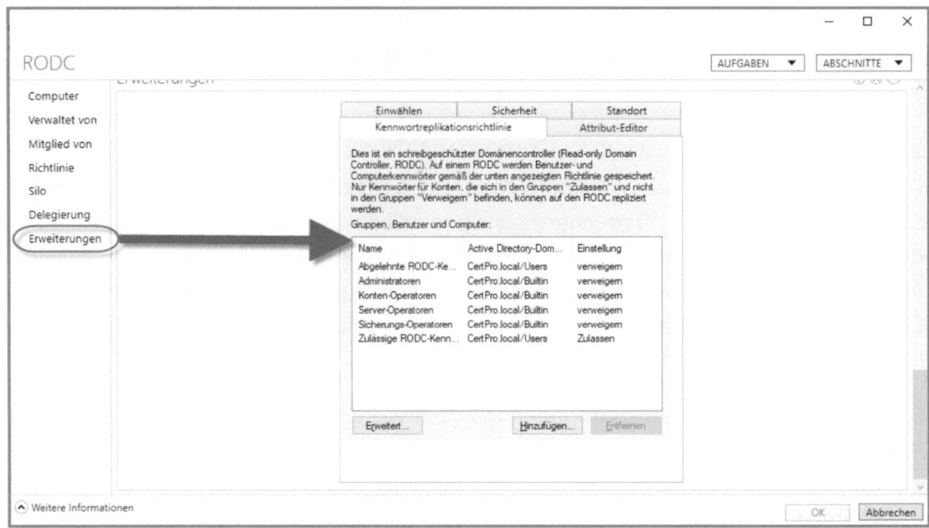

Abb. 8.30: *Standardmäßige Kennwortreplikationsrichtlinien im Abschnitt Erweiterungen in den Eigenschaften eines RODC-Computerkontos im Active Directory-Verwaltungscenter*

Damit ein schreibgeschützter Domänencontroller (*RODC*) bestimmte Benutzer-, Computer- oder Dienstkonten lokal verarbeiten kann, müssen diese zur Kennwortreplikationsrichtlinie hinzugefügt werden.

Genaue Planung notwendig

In der Planung der Kennwortreplikationsrichtlinie sollte man sehr genau abwägen, für welche der Kennwörter der Benutzer-, Computer- und Dienstkonten einer Zweigniederlassung man die Replikation verweigert bzw. zulassen möchte.

Die Kennwörter in der Liste der zulässigen Objekte kann man bei Bedarf jederzeit manuell auf den RODC replizieren. Es spielt dabei überhaupt keine Rolle, ob sich das jeweilige Konto vorweg bereits am RODC angemeldet hat. Dieser Vorgang wird ausschließlich zur Vereinfachung der Verwaltung durch die Benutzeranmeldung ausgelöst.

HINWEIS ➲ Die Kennwortreplikationsrichtlinie kann für jeden RODC innerhalb einer Active Directory-Domäne verschieden sein. Wenn keine der Kennwortrichtlinien geändert werden, gilt die effektive Richtlinie für alle RODC in einer Domäne gleich.

8.3.9.2 Steuerung der Replikation von Kennwörtern

Um die gezielte Steuerung der möglichen Replikationsvorgänge von Kennwörtern im Umfeld der schreibgeschützten Domänencontroller (*RODCs*) zu ermöglichen, hat Microsoft zwei neue, integrierte Gruppen zu den Active Directory-Domänendiensten (*AD DS*) hinzugefügt:

- **Zulässige RODC-Kennwortreplikationsgruppe**

- **Abgelehnte RODC-Kennwortreplikationsgruppe**

Die beiden Gruppen werden standardmäßig im Container ***Users*** einer Active Directory-Domäne gespeichert. Über diese Gruppen lassen sich Standardlisten der zulässigen Objekte bzw. der verweigerten Objekte für die RODC-Kennwortreplikationsrichtlinie implementieren.

Standardmäßig keine Mitglieder enthalten

Zulässige RODC-Kennwortreplikationsgruppe Diese Gruppe enthält standardmäßig keine Mitglieder. In der Kennwortreplikationsrichtlinie ist diese Gruppe als einzige für die Replikation von Kennwörtern definiert. Sobald man einen Benutzer-, Computerobjekt oder eine Sicherheitsgruppe als Mitglied zu dieser Gruppe hinzufügt, wird damit die Replikation des jeweiligen Kennworts an schreibgeschützte Domänencontroller (*RODCs*) erlaubt.

Abgelehnte RODC-Kennwortreplikationsgruppe Für alle Mitglieder dieser Gruppe ist die Replikation des jeweils zugehörigen Kennworts an schreibgeschützte Domänencontroller (*RODCs*) verweigert. Diese Gruppe enthält standardmäßig bereits die folgenden Mitglieder:

- **Domänen-Admins**
- **Domänencontroller**
- **Domänencontroller ohne Schreibzugriff**
- **krbtgt**
- **Organisations-Admins**
- **Richtlinien-Ersteller-Besitzer**
- **Schema-Admins**
- **Zertifikatherausgeber**

Bei Bedarf können problemlos noch weitere Benutzer, Gruppen oder Computer als Mitglied zur Gruppe Abgelehnte RODC-Kennwortreplikationsgruppe hinzugefügt werden.

8.3.9.3 Attribute für die Steuerung der Kennwortreplikation

Neben den benannten Sicherheitsgruppen für die Steuerung der Kennwortreplikation zu schreibgeschützten Domänencontrollern (RODCs) verfügt jedes RODC-Computerkonto in den *Eigenschaften* über die folgenden Attribute:

- **Liste der zulässigen Objekte** (*msDS-Reveal-OnDemandGroup*)
- **Liste der verweigerten Objekte** (*msDS-NeverRevealGroup*)

Diese beiden Attribute ermöglichen die genaue Regelung der möglichen Kennwortreplikation für jeden einzelnen, schreibgeschützten Domänencontroller (*RODC*) innerhalb einer Active Directory-Domäne. Die Attribute werden in der Kennwortreplikationsrichtlinie der Eigenschaften des jeweiligen RODCs verwaltet.

HINWEIS ➲ Die deutschsprachige Namensvergabe für die neuen, der für die Kennwortreplikation genutzten Attribute (Liste der zulässigen Objekte und Liste der verweigerten Objekte) stellt sich seitens des Begriffs „Liste" eher zweideutig dar. Beachten Sie, dass es sich hierbei um Attribute und Attributwerte, nicht jedoch um einzeln verwaltbare Listen handelt. Angezeigt wird die Listenauswahl lediglich bei Erstellen neuer Kennwortreplikationsrichtlinien. Die den einzelnen Attributen zugewiesenen Werte (*Einträge*) werden jedoch gemeinsam innerhalb des dabei verwendeten Dialogs angezeigt.

Standardmäßige Einträge in der Kennwortreplikationsrichtlinie Standardmäßig enthält das Attribut *Liste verweigerter Objekte* der Kennwortreplikationsrichtlinie in den Eigenschaften eines schreibgeschützten Domänencontrollers (*RODCs*) unter Windows Server 2019 die folgenden Einträge:

- **Abgelehnte RODC-Kennwortreplikationsgruppe**
- **Administratoren**
- **Konten-Operatoren**
- **Server-Operatoren**
- **Sicherungs-Operatoren**

Die Kennwörter aller Mitglieder der Liste der verweigerten Objekte sind von der Replikation ausgeschlossen.

In dem Attribut *Liste der zulässigen Objekte* findet sich jedoch standardmäßig auch bereits ein Eintrag:

- **Zulässige RODC-Kennwortreplikationsgruppe**

Die Replikation aller Mitglieder dieser Gruppe ist somit standardmäßig erlaubt.

In Verbindung mit den domänenweiten Gruppen *Zulässige RODC-Kennwortreplikationsgruppe* und *Abgelehnte RODC-Kennwortreplikationsgruppe* bieten diese beiden Attribute eine ideale Kombinationsmöglichkeit für die Verwaltung der Kennwortreplikation zu den schreibgeschützten Domänencontrollern (*RODCs*) einer Domäne.

HINWEIS ➲ Das Attribut *Liste verweigerter Objekte* hat im Konfliktfall grundsätzlich Vorrang vor dem Attribut *Liste zugelassener Objekte*.

8.3.10 Konfigurieren der Kennwortreplikationsrichtlinie für einen RODC

Die Konfiguration der Kennwortreplikationsrichtlinie eines schreibgeschützten Domänencontrollers (*RODCs*) kann jeweils völlig unabhängig von womöglich weiteren, vorhandenen RODCs in derselben Domäne erfolgen. Standardmäßig verfügen die Mitglieder der Gruppe der Domänen-Admins über die Berechtigung zur Verwaltung der Kennwortreplikationsrichtlinie für RODCs in der jeweiligen Domäne.

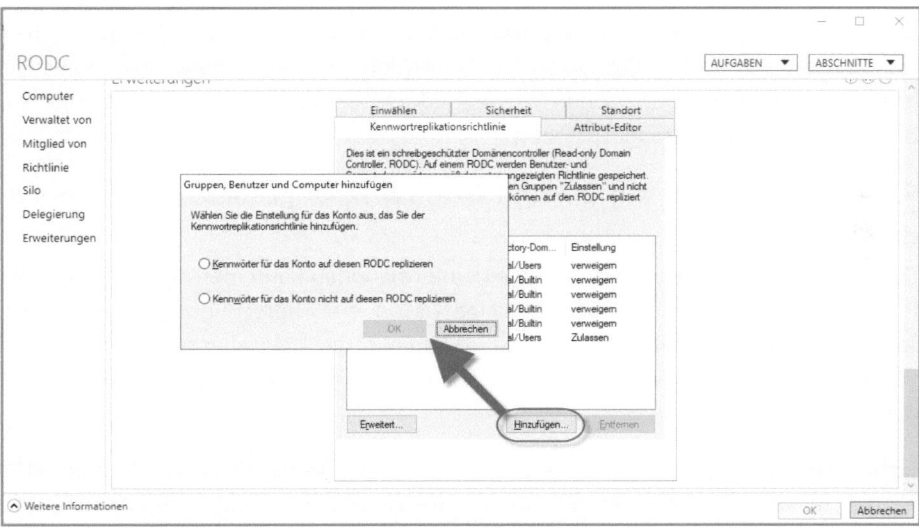

Abb. 8.31: *Definition der Kennwortreplikation für einen RODC*

Gehen Sie wie folgt vor, um die Kennwortreplikationsrichtlinie für einen RODC unter Windows Server 2019 zu konfigurieren:

1. Melden Sie sich als *Administrator* am Serversystem an.
2. Öffnen Sie den *Server-Manager* (soweit dies nicht automatisch geschieht) über einen Klick im Startmenü auf die **Kachel** für den **Server-Manager**.
3. Klicken Sie oben im *Server-Manager* auf **Tools**, und dann auf **Active Directory-Verwaltungscenter**.
4. Klicken Sie doppelt auf den *Domänennamen*, und anschließend auf den Container **Domain Controllers**.
5. Klicken Sie mit der rechten Maustaste auf das *Computerkonto* des zu konfigurierenden RODCs, und wählen Sie im Kontextmenü den Eintrag **Eigenschaften**.
6. Klicken Sie in den *Eigenschaften* auf **Erweiterungen**, und dann auf das Register **Kennwortreplikationsrichtlinie**.

7. Klicken Sie auf die Schaltfläche **Hinzufügen**, um weitere Gruppen und Benutzer zum Attribut *Liste der verweigerten* oder *zugelassenen Objekte* für die Kennwortreplikation hinzuzufügen. Wählen Sie im angezeigten Dialogfenster die gewünschte Option und klicken Sie dann auf **OK**.
8. Wählen Sie dann im folgenden Dialog die gewünschte Gruppe, den Benutzer oder den Computer aus und klicken Sie auf **OK**.
9. Klicken Sie zum Abschluss im Dialogfenster *Eigenschaften* des jeweiligen RODC-Computerkontos auf **OK**.

Konten, deren Anmeldeinformationen nicht auf dem RODC zwischengespeichert werden, können den RODC dennoch zur Anmeldung an der Domäne verwenden. Die jeweiligen Anmeldeinformationen werden jedoch für spätere Anmeldevorgänge auf dem RODC nicht zwischengespeichert.

8.3.11 Anzeige der auf einem RODC zwischengespeicherten Anmeldeinformationen

Jedem Benutzer erlaubt

Die jeweils aktuell gespeicherten Anmeldeinformationen kann man sich für jeden der RODC anzeigen lassen. Hierzu sind keine besonderen Berechtigungen notwendig. Jeder Domänenbenutzer kann sich standardmäßig die Liste aller aktuell auf einem RODC zwischengespeicherten Anmeldeinformationen anzeigen lassen – natürlich nicht das Kennwort selbst.

Gehen Sie wie folgt vor, um die auf einem RODC unter Windows Server 2019 aktuell zwischengespeicherten Anmeldeinformationen anzeigen zu lassen:

1. Melden Sie sich als *Administrator* am Serversystem an.
2. Öffnen Sie den *Server-Manager* (soweit dies nicht automatisch geschieht) über einen Klick im Startmenü auf die **Kachel** für den **Server-Manager**.
3. Klicken Sie oben im *Server-Manager* auf **Tools**, und dann auf **Active Directory-Verwaltungscenter**.
4. Klicken Sie doppelt auf den *Domänennamen*, und anschließend auf den Container **Domain Controllers**.
5. Klicken Sie mit der rechten Maustaste auf das *Computerkonto* des zu konfigurierenden RODCs, und wählen Sie im Kontextmenü den Eintrag **Eigenschaften**.
6. Klicken Sie in den *Eigenschaften* auf **Erweiterungen**, und dann auf das Register **Kennwortreplikationsrichtlinie**.
7. Klicken Sie auf **Erweitert**.
8. Klicken Sie in der Dropdownliste auf **Konten, deren Kennwörter auf diesem schreibgeschützten Domänencontroller gespeichert sind**. Die jeweiligen Konten werden in der Liste angezeigt.

8.3.12 Überprüfung der für einen RODC authentifizierten Konten

Die Liste der aktuell auf einem RODC zwischengespeicherten Informationen, wie sie in der vorangegangenen Schrittfolge angezeigt wurde, bietet einem Administrator die Überprüfungsmöglichkeit der Benutzer, die sich vorweg bereits über den RODC im Netzwerk angemeldet haben.

Um die bereits für einen bestimmten RODC authentifizierten Konten unter Windows Server 2019 anzeigen zu lassen, gehen Sie wie folgt vor:

1. Melden Sie sich als *Administrator* am Serversystem an.
2. Öffnen Sie den *Server-Manager* (soweit dies nicht automatisch geschieht) über einen Klick im Startmenü auf die **Kachel** für den **Server-Manager**.
3. Klicken Sie oben im *Server-Manager* auf **Tools**, und dann auf **Active Directory-Verwaltungscenter**.
4. Klicken Sie doppelt auf den *Domänennamen*, und anschließend auf den Container **Domain Controllers**.
5. Klicken Sie mit der rechten Maustaste auf das *Computerkonto* des zu konfigurierenden RODCs, und wählen Sie im Kontextmenü den Eintrag **Eigenschaften**.
6. Klicken Sie in den *Eigenschaften* auf **Erweiterungen**, und dann auf das Register **Kennwortreplikationsrichtlinie**.
7. Klicken Sie auf **Erweitert**.
8. Klicken Sie in der Dropdownliste auf **Von diesem schreibgeschützten Domänencontroller authentifizierte Konten**. Die jeweiligen Konten werden, soweit zutreffend, in der Liste angezeigt.

Wenn es geplant ist, die Kennwörter bestimmter Benutzer im Netzwerk auf den jeweils vorhandenen RODCs zwischenzuspeichern, so kann man dies für die Benutzer noch gezielter vorbereiten.

8.3.13 Auffüllen des Kennwortcache für RODCs

Vorbereitung von Zweigstellen

Bereits bevor sich ein Benutzer oder Computer im Netzwerk über einen RODC anmeldet, kann man sein Kennwort bereits auf dem schreibgeschützten Domänencontroller in der jeweiligen Zweigstelle zwischenspeichern. Hierzu steht eine Funktion zur Verfügung, mit welcher sich der Kennwortcache eines RODCs manuell auffüllen lässt.

Sofortige Anmeldung möglich

Durch das manuelle Auffüllen des Kennwortcache stellt man sicher, dass sich ein Benutzer oder Computer (bspw. in Niederlassungsstandorten) auch dann im Netzwerk anmelden kann, wenn die WAN-Verbindung zu den schreibbaren Domänencontrollern (am Hauptstandort des Unternehmens) unterbrochen ist.

Der Kennwortcache eines RODCs kann beispielsweise über die grafische Oberfläche mithilfe der Konsole *Active Directory-Verwaltungscenter* oder alternativ über den Kommandozeilenbefehl **repadmin.exe** aufgefüllt werden. Um den Kennwortcache eines RODCs aufzufüllen, muss man zur Gruppe der Domänen-Admins gehören.

8.3.13.1 Auffüllen des Kennwortcache mithilfe von Active Directory-Benutzer und -Computer

Gehen Sie wie folgt vor, um den Kennwortcache eines RODCs unter Windows Server 2019 mithilfe der Konsole *Active Directory-Verwaltungscenter* aufzufüllen:

1. Melden Sie sich als *Administrator* am Serversystem an.
2. Öffnen Sie den *Server-Manager* (soweit dies nicht automatisch geschieht) über einen Klick im Startmenü auf die **Kachel** für den **Server-Manager**.
3. Klicken Sie oben im *Server-Manager* auf **Tools**, und dann auf **Active Directory-Verwaltungscenter**.
4. Klicken Sie doppelt auf den *Domänennamen*, und anschließend auf den Container **Domain Controllers**.
5. Klicken Sie mit der rechten Maustaste auf das *Computerkonto* des zu konfigurierenden RODCs, und wählen Sie im Kontextmenü den Eintrag **Eigenschaften**.
6. Klicken Sie in den *Eigenschaften* auf **Erweiterungen**, und dann auf das Register **Kennwortreplikationsrichtlinie**.
7. Klicken Sie auf **Erweitert**.
8. Klicken Sie auf **Kennwörter auffüllen**.
9. Geben Sie den Namen der Benutzer- oder Computerkonten ein, deren Kennwörter in den Kennwortcache des jeweiligen RODCs aufgenommen werden sollen und klicken Sie dann auf **OK**.
10. Bestätigen Sie die folgende Abfrage, ob die Kennwörter der jeweiligen Konten an den RODC gesendet werden sollen, mit einem Klick auf die Schaltfläche **Ja**.

Alternativ können Sie dies beispielsweise auch mithilfe des Befehls **repadmin.exe** auch über die Kommandozeile erledigen.

Wie es in den vorangegangenen Schritten gezeigt wurde, lassen sich die Kennwörter der Benutzer und Computer problemlos auf die RODCs übertragen und auf diesen zwischenspeichern. Was jedoch geschieht, wenn ein RODC von unbekannten Dritten entwendet oder kompromittiert wird?

8.3.14 Überprüfen den Kennwortzwischenspeicherung für einzelne Benutzer

Im Fall der Fehlerbehebung beispielsweise kann man anhand eines Ergebnissatzes genau feststellen, ob ein Kennwort eines bestimmten Active Directory-Kontos für die Zwischenspeicherung zugelassen oder verweigert wird.

Gehen Sie wie folgt vor, um festzustellen, ob das Kennwort für ein bestimmtes Benutzerkonto für die Replikation auf einen RODC unter Windows Server 2019 zugelassen oder verweigert wird:

1. Melden Sie sich als *Administrator* am Serversystem an.
2. Öffnen Sie den *Server-Manager* (soweit dies nicht automatisch geschieht) über einen Klick im Startmenü auf die **Kachel** für den **Server-Manager**.
3. Klicken Sie oben im *Server-Manager* auf **Tools**, und dann auf **Active Directory-Verwaltungscenter**.
4. Klicken Sie doppelt auf den *Domänennamen*, und anschließend auf den Container **Domain Controllers**.
5. Klicken Sie mit der rechten Maustaste auf das *Computerkonto* des zu konfigurierenden RODCs, und wählen Sie im Kontextmenü den Eintrag **Eigenschaften**.
6. Klicken Sie in den *Eigenschaften* auf **Erweiterungen**, und dann auf das Register **Kennwortreplikationsrichtlinie**.
7. Klicken Sie auf **Erweitert**.
8. Wechseln Sie zum Register *Richtlinienergebnis*.
9. Klicken Sie auf **Hinzufügen**, wählen Sie das zu überprüfende Konto aus und klicken Sie dann auf **OK**.
10. Es wird Ihnen in der Spalte *Ergebniseinstellung* sofort angezeigt, ob die Zwischenspeicherung des Kennworts für das überprüfte Konto auf dem RODC zugelassen oder verweigert wird.

8.3.15 Zurücksetzen der zwischengespeicherten Kennwörter

Die Active Directory-Domänendienste (*AD DS*) unter Windows Server 2019 ermöglichen nicht nur den Einsatz von schreibgeschützten Domänencontrollern (*RODCs*). Microsoft hat das Konzept zu Ende gedacht und bietet eine Lösung für den Fall des Diebstahls eines RODCs mit zwischengespeicherten Kennwörtern. Hierbei wird das Computerkonto des gestohlenen oder kompromittierten RODCs in der Active Directory-Domäne einfach gelöscht. In diesem Zusammenhang können auch gleich alle auf dem betreffenden RODC bislang zwischengespeicherten Kennwörter zurückgesetzt werden. Es besteht innerhalb dieser Konfigurationsschritte auch die Möglichkeit, eine Liste als Übersicht aller betroffenen Konten, die nach dem Löschen des RODC-Kontos zurückgesetzt werden müssen, in eine Datei zu exportieren.

Schutz für Kennwörter im Falle von Diebstahl

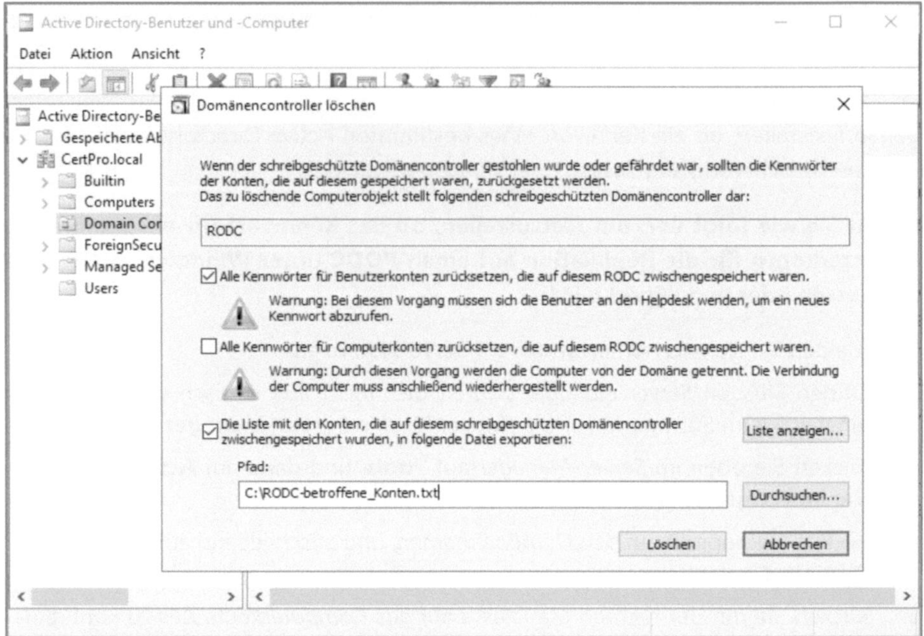

Abb. 8.32: *Abfragedialog beim Löschen eines RODC-Computerkontos in der Konsole Active Directory-Benutzer und -Computer*

Um die auf einem RODC unter Windows Server 2019 zwischengespeicherten Kennwörter im Fall eines Diebstahls oder des Kompromittierens zurückzusetzen, gehen Sie wie folgt vor:

1. Melden Sie sich als *Administrator* am Serversystem an.
2. Öffnen Sie den *Server-Manager* (soweit dies nicht automatisch geschieht) über einen Klick im Startmenü auf die **Kachel** für den **Server-Manager**.
3. Klicken Sie oben im *Server-Manager* auf **Tools**, und dann auf **Active Directory-Benutzer und -Computer**.
4. Erweitern Sie den *Domänennamen*, und anschließend den Container **Domain Controllers**.
5. Klicken Sie mit der rechten Maustaste auf das *Computerkonto* des zu entfernenden RODCs, und wählen Sie im Kontextmenü den Eintrag **Löschen**.
6. Klicken Sie zur Bestätigung des Löschvorgangs auf **Ja**.
7. Kontrollieren Sie, dass im Dialogfeld die Option *Domänencontroller löschen* das Kontrollkästchen *Alle Kennwörter für Benutzerkonten zurücksetzen, die auf diesem RODC zwischengespeichert waren* - wie in der folgenden Abbildung dargestellt - aktiviert ist. Geben Sie unterhalb der ebenso aktivierten Option *Die Liste mit den Konten, die auf diesem schreibgeschützten Domänencontroller zwischengespeichert*

wurden, in folgende Datei exportieren im Feld *Pfad:* einen Speicherpfad an, in dem die Liste aller von der Löschung des RODC-Kontos betroffenen Konten gespeichert werden soll. Die Kennwörter dieser Konten müssen nach Abschluss der Löschung des RODC-Kontos zurückgesetzt werden. Diese Kontoliste ist nach dem Löschen des RODC-Computerkontos ohne das Speichern als Datei sonst nicht mehr aufrufbar.

Wie Sie in den vorangegangenen Seiten erfahren haben, sind die einzelnen Schritte zur Installation und Verwaltung von schreibgeschützten Domänencontrollern (*RODCs*) unter Windows Server 2019 sicher überschaubar und auch nachvollziehbar. Auch wurde dargestellt, wie man beim Erstellen eines RODC-Computerkontos die Verwaltung für den schreibgeschützten Domänencontroller (*RODC*) an bestimmte Benutzer oder Sicherheitsgruppen delegieren kann.

Es ist nunmehr an der Zeit, sich mehr der eigentlichen Verwaltung der Active Directory-Domänendienste (*AD DS*) sowie der darin vorhandenen Rollen, Funktionen und auch Objekten zu befassen.

8.4 Verwalten der Active Directory-Domänendienste (AD DS)

Nachdem wir uns intensiv mit der Einrichtung der Active Directory-Domänendienste (*AD DS*) und der darin eingesetzten Domänencontroller unter Windows Server 2019 befasst haben, so geht es nun an die Verwaltung der Active Directory-Infrastruktur.

8.4.1 Verwalten der Betriebsmasterrollen (FSMO)

In einer Active Directory-Gesamtstruktur kommen auf den darin vorhandenen Domänencontrollern zusätzlich noch sogenannte Betriebsmasterrollen (engl. *Flexible Single Master Operation Roles, FSMO-Roles*) zum Einsatz. Diese stellen bestimmte Funktionen in der Active Directory-Infrastruktur bereit.

Insgesamt existieren in einer Active Directory-Gesamtstruktur die folgenden Betriebsmasterrollen:

1. **Nur in der *Stammdomäne der Active Directory-Gesamtstruktur je 1x*:**
   - *Schema-Master* (engl. *Schema Master*)
   - *Domänennamenmaster* (engl. *Domain Naming Master*)
2. ***In einer jeden Domäne* der Active Directory-Gesamtstruktur *je 1 x*:**
   - *PDC-Emulator* (engl. *Primary Domain Controller Emulator*)
   - *RID-Master* (engl. *Relative Identifier, RID-Master*)
   - *Infrastrukturmaster* (engl. *Infrastructure Master*)

Auf dem ersten in der Stammdomäne der Gesamtstruktur eingerichteten Domänencontroller befinden sich somit alle fünf Betriebsmasterrollen. Auf dem jeweils ersten

Domänencontroller aller zusätzlich in der Gesamtstruktur eingerichteter Domänen befinden sich dann zusätzlich drei der Betriebsmasterrollen einer jeweiligen Domäne.

Diese Betriebsmasterrollen können im Bedarfsfall (beispielsweise aus längerfristigen Wartungsgründen) von einem anderen in der jeweiligen Domäne vorhandenen Domänencontroller übernommen werden.

Lassen Sie uns vorweg noch einmal kurz auf die einzelnen Betriebsmasterrollen eingehen, bevor die Schritte zum Übernehmen der einzelnen Rollen auf andere Server erklärt werden.

8.4.1.1 Schemamaster

Nur ein Schema-Master in der Gesamtstruktur

Im Active Directory-Schema (oft auch als „Blaupause" oder auch „Vorlage" des Active Directory bezeichnet) werden die Klassen und Attribute der in einer Infrastruktur der Active Directory-Domänendienste (*AD DS*) genutzten Objekte festgelegt. Anhand dieser Vorgaben, die als gemeinsames Schema auf allen in einer Active Directory-Gesamtstruktur vorhandenen Domänencontroller gleich sind, werden die Active Directory-Objekte erstellt. Eine besonders tragende Rolle übernimmt hierbei der lediglich nur einmal in einer Active Directory-Gesamtstruktur vorhandene Schemamaster. Dieser führt die folgenden Funktionen aus:

- Enthält die originalen, änderbaren Schemainformationen über alle vorhandenen Objektklassen und -attribute.
- Steuert die Aktualisierung des Active Directory-Schemas.
- Repliziert die Schemaaktualisierungen an alle anderen Domänencontroller innerhalb der jeweiligen Active Directory-Gesamtstruktur.

In einer Active Directory-Gesamtstruktur gibt es nur einen einzigen Domänencontroller in der Stammdomäne, der die Betriebsmasterrolle des Schemamasters ausführt. Somit wird eine zentrale Steuerung von Schemaänderungen (beispielsweise durch die Implementierung von Microsoft Exchange Server, wozu verschiedene Schemaerweiterungen notwendig werden) möglich.

HINWEIS ➲ Sollte der Schemamaster aus bestimmten Gründen einmal nicht mehr verfügbar sein, so können in dieser Zeit am Active Directory-Schema keine Änderungen oder Aktualisierungen vorgenommen werden.

Standardmäßig dürfen nur Mitglieder der Gruppe *Schema-Administratoren* Änderungen am Active Directory-Schema vornehmen.

8.4.1.2 Domänennamenmaster

Eine Active Directory-Gesamtstruktur ist in ihrer Art flexibel gehalten und kann ganz nach Bedarf skaliert werden. Innerhalb einer Active Directory-Gesamtstruktur werden dazu Domänen erstellt bei Bedarf auch wieder aufgelöst. Die hierbei anfallenden

Änderungen in der Active Directory-Infrastruktur werden zwischen den einzelnen Domänencontrollern einer Active Directory-Gesamtstruktur repliziert.

Der Domänennamenmaster (engl. *Domain Naming Master*) führt als Betriebsmasterrolle dabei die folgenden Funktionen aus:

- Steuert das Hinzufügen und Entfernen von Domänen innerhalb einer Active Directory-Gesamtstruktur.
- Verhindert, dass mehrere Domänen mit dem gleichen Namen innerhalb einer Active Directory-Gesamtstruktur implementiert werden.

In einer Active Directory-Gesamtstruktur gibt es nur einen einzigen Domänencontroller in der Stammdomäne, der die Betriebsmasterrolle des *Domänennamenmasters* ausführt. Somit wird eine zentrale Steuerung der Änderungen an der gesamten Active Directory-Infrastruktur möglich.

Nur einmal pro Gesamtstruktur

HINWEIS ➲ Sollte der Domänennamenmaster aus bestimmten Gründen einmal nicht mehr verfügbar sein, so können zu der betroffenen Active Directory-Gesamtstruktur beispielsweise keine Domänen hinzugefügt und auch keine der vorhandenen Domänen aus der Gesamtstruktur entfernt werden.

Standardmäßig dürfen nur die Organisations-Admins Domänen zu einer bestehenden Active Directory-Gesamtstruktur hinzufügen. Diese Berechtigung kann aber an andere Benutzer in der Active Directory-Gesamtstruktur delegiert werden.

8.4.1.3 PDC-Emulator

Ein PDC-Emulator (engl. *Primary Domain Controller, PDC Emulator*) ist in seiner Grundfunktion vergleichbar mit einem primären Domänencontroller unter Windows NT 4.0. Er steht für Betriebssysteme auf Clientcomputer und Servern, die älter als Windows 2000 sind, beispielsweise als Anmeldeserver sowie für notwendige Kennwortänderungen zur Verfügung.

Der PDC-Emulator führt als Betriebsmasterrolle in einer Active Directory-Domäne u.a. die folgenden Funktionen aus:

- Er dient als Zeitgeber für die Domänencontroller innerhalb der jeweiligen Active Directory-Domäne.
- In Active Directory-Umgebungen bis einschließlich Windows Server 2003, in denen mitunter noch Sicherungsdomänencontroller (eng. *Backup Domain Controllers, BDCs*) unter Windows NT 4.0 zum Einsatz kommen, repliziert der PDC-Emulator die Änderungen in der Active Directory-Domäne an diese Domänencontroller.
- Er minimiert die Replikationslatenz für Kennwortänderungen innerhalb der Domäne. Wenn das Kennwort eines Clientcomputers unter Windows 2000 oder höher geändert wird, leitet der betreffende Domänencontroller diese Änderung

sofort an den PDC-Emulator der Domäne weiter. Sollte die Authentifizierung bei einem der Domänencontroller der Domäne wegen der mitunter noch unbekannten Kennwortänderung fehlschlagen, so leitet dieser Domänencontroller die betreffende Anmeldeanfrage an den PDC-Emulator weiter, bevor der Anmeldeversuch als Fehlschlag gewertet wird.

Nur einmal pro Domäne

In einer Active Directory-Domäne gibt es nur einen einzigen Domänencontroller, der die Betriebsmasterrolle des PDC-Emulators (engl. *Primary Domain Controller, PDC Emulator*) ausführt.

HINWEIS ➲ Wenn der PDC-Emulator (engl. *Primary Domain Controller, PDC Emulator*) einer Active Directory-Domäne ausgefallen ist, können Kennwörter von Clientcomputern, auf denen keine Active Directory-Clientsoftware ausgeführt wird, nicht mehr geändert werden. Auch synchronisieren die in einer Domäne vorhandenen Domänencontroller ihre Systemzeit mit dem Server, der den PDC-Emulator führt, so dass ein länger andauernder Ausfall beispielsweise zu Problemen in der Kerberos-Authentifizierung führen kann.

8.4.1.4 RID-Master

Der RID-Master (engl. *Relative ID, RID Master*) sorgt durch das Bereitstellen von RID-Pools für die vorhandenen Domänencontroller für die Eindeutigkeit der Active Directory-Objekte einer Domäne. Wenn auf einem der Domänencontroller einer Active Directory-Domäne ein neues Objekt erstellt wird, so wird diesem eine eindeutige Sicherheitskennung (*Security Identifier, SID*) zugewiesen. Die Sicherheitskennung setzt sich aus der Domänenkennung und einer RID zusammen, welche für jedes Objekt innerhalb einer Domäne eindeutig ist.

Der RID-Master führt als Betriebsmaster innerhalb einer Active Directory-Domäne die folgenden Funktionen aus:

- Weist jedem Domänencontroller einen RID-Pool (ein eindeutiger Block an Sicherheitskennungen) für das Erstellen von Objekten zu.
- Verhindert das Entstehen doppelter Objekte beim Verschieben von Active Directory-Objekten zwischen Domänen.
- Füllt die RID-Pools auf den Domänencontrollern innerhalb der Active Directory-Domäne auf Anforderung wieder auf, wenn diese aufgebraucht sind.

Nur einmal pro Domäne

In einer Active Directory-Domäne gibt es nur einen einzigen Domänencontroller, der die Betriebsmasterrolle des RID-Masters (engl. *Relative ID, RID Master*) ausführt.

HINWEIS ➲ Wenn der RID-Master in einer Active Directory-Domäne ausgefallen ist, hat dies meist keine direkte Auswirkung auf die Funktionsfähigkeit der Domäne. Die auf den Domänencontrollern vorhandenen RID-Pools können dann jedoch nicht mehr aufgefüllt werden, so dass in der betroffenen Domäne in absehbarer Zeit keine Active Directory-Objekte mehr erstellt werden können.

8.4.1.5 Infrastrukturmaster

Der Infrastrukturmaster (engl. *Infrastructure Master*) einer Active Directory-Domäne aktualisiert die Objektreferenzen (den globalen Bezeichner, kurz: *GUID für Global Uniqueness ID*, sowie den Objektnamen) von Active Directory-Objekten innerhalb und auch bei der Verschachtelung von Objekten über die Grenzen einer Active Directory-Domäne, beispielsweise bei der Verschachtelung einer globalen Sicherheitsgruppe in die domänenlokale Sicherheitsgruppe einer anderen Domäne der Gesamtstruktur.

Der Infrastrukturmaster (engl. *Infrastructure Master*) führt als Betriebsmaster innerhalb einer Active Directory-Domäne die folgende Funktion aus:

- Aktualisiert die Objektidentifikation, wenn ein Active Directory-Objekt in eine andere Domäne der Gesamtstruktur verschoben oder verknüpft wird.

In einer Active Directory-Domäne gibt es nur einen einzigen Domänencontroller, der die Betriebsmasterrolle des Infrastrukturmasters ausführt.

Nur einmal pro Domäne

HINWEIS ➲ Wenn der Infrastrukturmaster einer Active Directory-Gesamtstruktur mit nur einer einzigen Domäne ausgefallen ist, hat dies keinerlei Auswirkungen. Lediglich wenn mehrere Domänen vorhanden sind, können die Objektreferenzen zwischen den Active Directory-Domänen nicht mehr aktualisiert werden, so dass dies unter Umständen zu Problemen bei der Gruppenverschachtelung zwischen den betroffenen Domänen führen kann.

Neben den Betriebsmasterrollen finden sich noch weitere, wichtige Funktionen auf den Domänencontrollern im Umfeld der Active Directory-Gesamtstrukturen und Domänen. Nicht in allen Fällen jedoch kann man diese wahlfrei auf den Domänencontrollern platzieren. So besteht bereits seit Windows 2000 in einer gewissen Konstellation ein Problem beim gemeinsamen Einsatz des Infrastrukturmasters und des globalen Kataloges auf ein und demselben Domänencontroller.

HINWEIS ➲ Der globale Katalog (engl. *Global Catalog, GC*) steht in Active Directory-Gesamtstrukturen als ein *„Repository"* (sprich: *eine Auswahl*) von Informationen über die darin gespeicherten Active Directory-Objekte dar. Dieser wird beim Einrichten des ersten Domänencontrollers einer Active Directory-Gesamtstruktur automatisch auf ihm erstellt. Im Bedarfsfall können noch weitere Domänencontroller die Funktion des globalen Katalogservers übernehmen. Nähere Informationen zum globalen Katalog erhalten Sie weiter unten in diesem Kapitel.

8.4.1.6 Infrastrukturmaster und der globale Katalog

Der Infrastrukturmaster überprüft innerhalb einer Active Directory-Domäne in regelmäßigen Zeitabständen die Objektreferenzen von Objekten, die sich auf anderen Domänencontrollern befinden. Aktuelle Informationen zu den betreffenden Objekten (beispielsweise den definierten Namen und der Sicherheitskennung) fragt er bei einem globalen Katalogserver ab. Sollten hierbei Änderungen auftreten, so übernimmt er diese in seine lokale Active Directory-Datenbank und repliziert diese an alle anderen Domänencontroller der betreffenden Active Directory-Domäne.

Infrastrukturmaster nicht auch globaler Katalog

Der Domänencontroller, welchem die Betriebsmasterrolle des Infrastrukturmasters zugeordnet ist, darf in Gesamtstrukturen, in denen mehrere Active Directory-Domänen vorhanden sind, nicht auch als globaler Katalogserver konfiguriert sein. Ist dies doch der Fall, so funktioniert die Aktualisierung der Objektreferenzen der betreffenden Active Directory-Domäne durch den Infrastrukturmaster nicht mehr, da für ihn durch den auf dem gleichen Server vorhandenen globalen Katalog keine Änderungen an den Active Directory-Objekten mehr erkennbar sind. Eine Ausnahme stellen hierbei Active Directory-Domänen dar, in denen alle vorhandenen Domänencontroller ebenso auch als globale Katalogserver konfiguriert sind. In einem solchen Szenario kann die Rolle des Infrastrukturmasters prinzipiell auf einem beliebigen Domänencontroller implementiert sein.

8.4.2 Verschieben von Betriebsmasterrollen

Standardmäßig werden die Betriebsmasterrollen auf dem jeweils zuerst eingerichteten Domänencontroller einer Domäne oder auch der Stammdomäne der Gesamtstruktur platziert. Wenn es aus wartungstechnischen Gründen einmal notwendig wird, so kann man die Betriebsmasterrollen mit einfachen Konfigurationsschritten von dem ursprünglichen Rolleninhaber auf einen anderen Domänencontroller der betreffenden Domäne übertragen. Dies setzt voraus, dass beide Domänencontroller, der ursprüngliche Rolleninhaber sowie der geplante Rolleninhaber der Betriebsmasterrollen, funktional sind und zueinander kommunizieren können.

8.4.2.1 Gründe für das Verschieben von Betriebsmasterrollen

In der Praxis ergeben sich bestimmte Gründe, weshalb die Betriebsmasterrollen von einem Active Directory-Domänencontroller auf einen anderen Domänencontroller verschoben werden müssen:

- Austausch bzw. Aussonderung veralteter Serverhardware
- Wartung eines Serversystems über einen längeren Zeitraum
- Optimierung der Active Directory-Infrastruktur

8.4.2.2 Auswirkungen auf die Active Directory-Infrastruktur

Bei der Übertragung der Betriebsmasterrollen zwischen funktionalen Domänencontrollern innerhalb einer Active Directory-Domäne treten keinerlei Probleme oder gar Datenverlust auf. Die Betriebsmasterrolle wird bei der Übertragung einfach auf einen anderen Domänencontroller verschoben. Die Änderung des Rolleninhabers der betreffenden Betriebsmasterrolle wird auf alle anderen Domänencontroller der Active Directory-Domäne bzw. der Gesamtstruktur repliziert.

Übergabe der Rollen beim Herunterstufen

Wenn ein Active Directory-Domänencontroller, welcher die Betriebsmasterrollen einer Domäne oder gar der Gesamtstruktur ausführt, zu einem Mitgliedsserver herabgestuft wird, so übergibt er die betreffenden Betriebsmasterrollen während dieses Vorgangs an einen anderen, vorhandenen Active Directory-Domänencontroller der jeweiligen Domäne. Es kommt hierbei zu keinerlei Ausfall der Betriebsmasterrollen. Die Änderung wird nachfolgend an alle Active Directory-Domänencontroller der betreffenden Active Directory-Domäne bzw. der -Gesamtstruktur repliziert.

8.4.2.3 Notwendige Berechtigungen

Um die Betriebsmasterrollen von einem Domänencontroller auf einen anderen Domänencontroller zu verschieben, muss man über die ausreichenden Berechtigungen innerhalb der betreffenden Active Directory-Domäne oder gar -Gesamtstruktur verfügen.

Die folgende Tabelle zeigt Ihnen die hierzu notwendigen Gruppenmitgliedschaften in Sicherheitsgruppen, um die Berechtigung zum Verschieben der Betriebsmasterrollen innerhalb einer Domäne oder der Gesamtstruktur zu erhalten:

Betriebsmasterrolle	Notwendige Gruppenmitgliedschaft
Schemamaster	Schema-Admins
Domänennamenmaster	Organisations-Admins
PDC-Emulator	Domänen-Admins
RID-Master	Domänen-Admins
Infrastrukturmaster	Domänen-Admins

Tab. 8.1: *Notwendige Gruppenmitgliedschaft zum Verschieben der Betriebsmasterrollen in Active Directory*

8.4.2.4 Ermitteln des Rolleninhabers der Betriebsmasterrollen

Vor der Übertragung der Betriebsmasterrollen auf einen anderen Active Directory-Domänencontroller sollte man den ursprünglichen Rolleninhaber erst einmal ermitteln.

Ermitteln des FSMO-Rolleninhabers mit der Eingabeaufforderung

Anzeige der Rolleninhaber über die Kommandozeile

Sie können zum Anzeigen der Rolleninhaber der Betriebsmasterrollen in einer Gesamtstruktur den folgenden Befehl in der Eingabeaufforderung von Windows Server 2019 ausführen:

```
netdom query fsmo
```

Nach der Ausführung des Befehls werden die Rolleninhaber der einzelnen Betriebsmasterrollen wie folgt angezeigt:

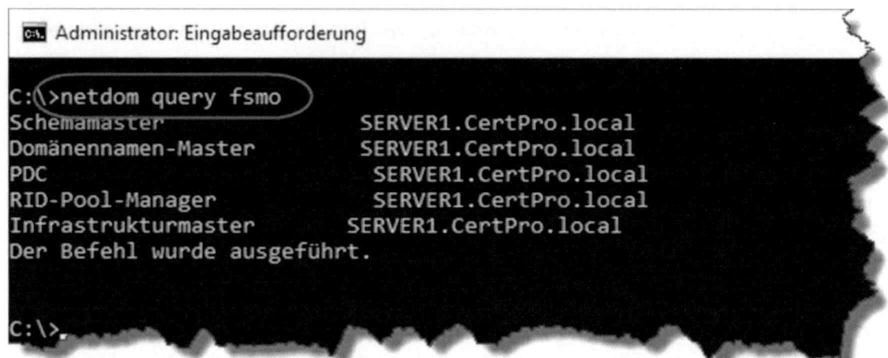

Abb. 8.33: *Ermitteln der aktuellen Rolleninhaber der Betriebsmasterrollen*

Ermitteln des FSMO-Rolleninhabers in der Windows PowerShell

Die Betriebsmasterrollen lassen sich im Bedarfsfall auch mithilfe der Windows PowerShell unter Windows Server 2019 ermitteln.

Geben Sie den folgenden Befehl in der Windows PowerShell ein, um den *Schema-Master*, sowie den *Domänennamenmaster* in der Active Directory-Gesamtstruktur zu ermitteln, und drücken Sie anschließend die ↵-Taste:

```
Get-ADForest | Select SchemaMaster,DomainNamingMaster
```

Geben Sie den folgenden Befehl in der Windows PowerShell ein, um den *PDC-Emulator*, den *RID-Master* sowie den *Infrastruktur-Master* in der Active Directory-Gesamtstruktur zu ermitteln, und drücken Sie anschließend die ↵-Taste:

```
Get-ADDomain | Select PDCEmulator,RIDMaster,InfrastructureMaster
```

Ermitteln des FSMO-Rolleninhabers in den Managementkonsolen

Es ist darüber hinaus möglich, die Rolleninhaber in den grafischen Managementkonsolen für die Active Directory-Verwaltung anzeigen zu lassen.

Ermitteln des Schemamaster-Rolleninhabers

Um den Rolleninhaber der Betriebsmasterrolle des Schemamasters anzeigen zu lassen, müssen Sie in der Regel zuerst einmal das MMC-Snap-In *Active Directory-Schema* über die Datei schmmgmt.dll im betreffenden Domänencontroller registrieren. Gehen Sie dazu wie folgt vor:

1. Melden Sie sich am betreffenden Domänencontroller unter Windows Server 2019 als Administrator an.
2. Starten Sie die *Eingabeaufforderung* (cmd.exe), geben Sie den folgenden Befehl ein, und drücken Sie anschließend die [↵]-Taste:

   ```
   regsvr32 schmmgmt.dll
   ```

3. Bestätigen Sie den nachfolgenden Dialog für die erfolgreiche Registrierung über einen Klick auf die Schaltfläche **OK**.

Nun können Sie das MMC-Snap-In *Active Directory-Schema* aufrufen. Gehen Sie dazu wie folgt vor:

1. Wechseln Sie zum Startbildschirm, und geben Sie den folgenden Befehl in die Tastatur ein, und drücken Sie anschließend die [↵]-Taste:

   ```
   mmc.exe
   ```

2. Bestätigen Sie den Dialog für die *Benutzerkontensteuerung* mit einem Klick auf die Schaltfläche **Ja**.
3. Klicken Sie in der leeren MMC-Konsole auf **Datei** und dann auf **Snap-In hinzufügen/entfernen**
4. Wählen Sie unter *Verfügbare Snap-Ins:* das MMC-Snap-In *Active Directory-Schema* aus, klicken Sie auf die Schaltfläche **Hinzufügen**, und dann auf **OK**.
5. Klicken Sie auf den Konsolenstamm *Active Directory-Schema*, um die Einstellung zu fokussieren.
6. Klicken Sie dann mit der rechten Maustaste auf *Active Directory-Schema*, und wählen Sie im Kontextmenü den Eintrag **Betriebsmaster...**

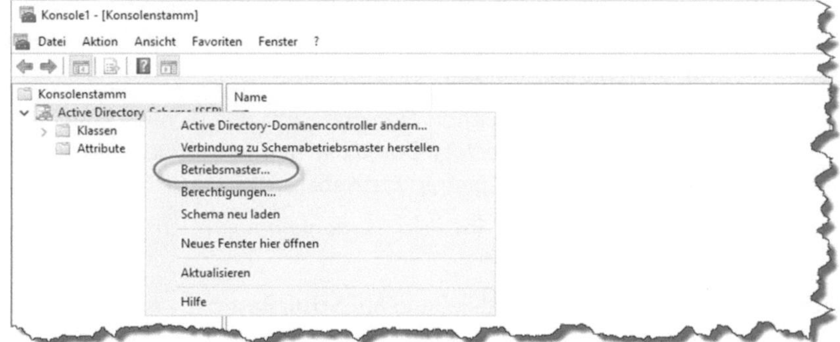

Abb. 8.34: *Verwaltungskonsole für das Active Directory-Schema*

7. Im nun folgenden Dialog wird der Rolleninhaber unter *Aktueller Schemamaster (online):* angezeigt.

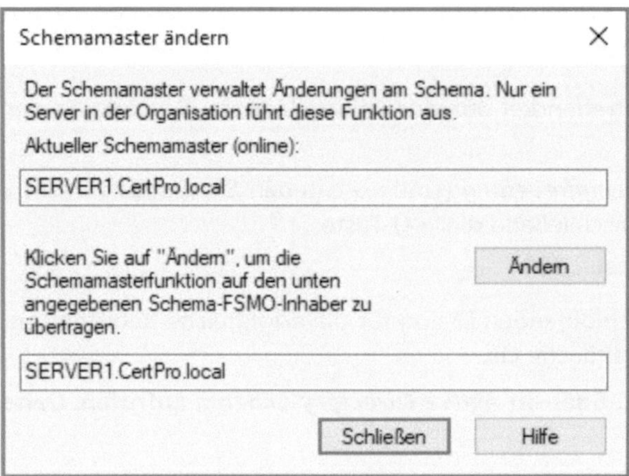

Abb. 8.35: *Anzeige des aktuellen Schema-Masters*

8. Klicken Sie anschließend auf *Schließen*, um das Dialogfenster zu schließen.

In dem Dialog könnte man den aktuellen Schemamaster auf ähnlichem Wege auch auf einen anderen Domänencontroller übertragen. Dies erfordert jedoch noch weitere, kleine Schritte, die in den nächsten Seiten detailliert erklärt werden.

8.4.2.5 Domänennamenmaster

Um den aktuellen Rolleninhaber für die Betriebsmasterrolle des Domänennamenmasters einer Active Directory-Gesamtstruktur zu ermitteln, gehen Sie wie folgt vor:

1. Melden Sie sich als *Administrator* am Serversystem unter Windows Server 2019 an.
2. Öffnen Sie den *Server-Manager* (soweit dies nicht automatisch geschieht) über einen Klick im Startmenü auf die **Kachel** für den **Server-Manager**.
3. Klicken Sie oben im *Server-Manager* auf **Tools**, und dann auf **Active Directory-Domänen und -Vertrauensstellung**.
4. Klicken Sie oberhalb der angezeigten Domänen mit der rechten Maustaste auf den Konsolenstamm *Active Directory-Domänen und -Vertrauensstellungen* und wählen Sie im Kontextmenü den Eintrag **Betriebsmaster...**
5. Der aktuelle Rolleninhaber wird im Feld *Domänennamen-Betriebsmaster:* angezeigt.
6. Klicken Sie im Dialogfenster anschließend auf **Schließen**.

8.4.2.6 PDC-Emulator

Um den aktuellen Rolleninhaber für die Betriebsmasterrolle des PDC-Emulators einer Active Directory-Domäne zu ermitteln, gehen Sie wie folgt vor:

1. Melden Sie sich als *Administrator* am Serversystem unter Windows Server 2019 an.
2. Öffnen Sie den *Server-Manager* (soweit dies nicht automatisch geschieht) über einen Klick im Startmenü auf die **Kachel** für den **Server-Manager**.
3. Klicken Sie oben im *Server-Manager* auf **Tools**, und dann auf **Active Directory-Benutzer und -Computer**.
4. Klicken Sie mit der rechten Maustaste auf den *Domänennamen* und wählen Sie im Kontextmenü den Eintrag **Betriebsmaster...**
5. Wechseln Sie zum Register *PDC*. Der aktuelle Rolleninhaber wird Ihnen im Feld *Betriebsmaster:* angezeigt.

8.4.2.7 RID-Master

Um den aktuellen Rolleninhaber für die Betriebsmasterrolle für den RID-Master einer Active Directory-Domäne zu ermitteln, gehen Sie wie folgt vor:

1. Melden Sie sich als *Administrator* am Serversystem unter Windows Server 2019 an.
2. Öffnen Sie den *Server-Manager* (soweit dies nicht automatisch geschieht) über einen Klick im Startmenü auf die **Kachel** für den **Server-Manager**.
3. Klicken Sie oben im *Server-Manager* auf **Tools**, und dann auf **Active Directory-Benutzer und -Computer**.
4. Klicken Sie mit der rechten Maustaste auf den *Domänennamen* und wählen Sie im Kontextmenü den Eintrag **Betriebsmaster...**
5. Wechseln Sie zum Register *RID*. Der aktuelle Rolleninhaber wird Ihnen im Feld *Betriebsmaster:* angezeigt.

8.4.2.8 Infrastrukturmaster

Um den aktuellen Rolleninhaber für die Betriebsmasterrolle des Infrastrukturmasters einer Active Directory-Domäne zu ermitteln, gehen Sie wie folgt vor:

1. Melden Sie sich als *Administrator* am Serversystem unter Windows Server 2019 an.
2. Öffnen Sie den *Server-Manager* (soweit dies nicht automatisch geschieht) über einen Klick im Startmenü auf die **Kachel** für den **Server-Manager**.
3. Klicken Sie oben im *Server-Manager* auf **Tools**, und dann auf **Active Directory-Benutzer und -Computer**.
4. Klicken Sie mit der rechten Maustaste auf den *Domänennamen* und wählen Sie im Kontextmenü den Eintrag **Betriebsmaster...**
5. Wechseln Sie zum Register *Infrastruktur*. Der aktuelle Rolleninhaber wird Ihnen im Feld *Betriebsmaster:* angezeigt.

Wie Sie festgestellt haben, werden die domäneninternen Betriebsmasterrolleninhaber innerhalb des gleichen Dialogfensters angezeigt. Auch wurde hier wiederum die Möglichkeit der Übertragung der jeweiligen Betriebsmasterrolle auf einen anderen Domänencontroller angeboten. Der genauen Vorgehensweise hierzu werden wir uns nun zuwenden.

8.4.3 Übertragen der Betriebsmasterrollen

Übernahme problemlos möglich

Es existieren verschiedene Möglichkeiten, die Betriebsmasterrollen von einem funktionalen Active Directory-Domänencontroller auf einen anderen Domänencontroller zu übertragen. Einerseits kann diese mittels des Befehls **`Dsmgmt.exe`** (alternativ: **`ntdsutil.exe`**) über die Kommandozeile, andererseits aber auch, wie bereits vorweg erwähnt, über die vorhandenen, grafischen *MMC-Snap-Ins* durchgeführt werden. Alternativ kann man hierzu auch die Windows PowerShell verwenden.

HINWEIS ➲ Um eine der Betriebsmasterrollen mittels der grafischen MMC-Snap-Ins auf einen anderen als den aktuellen Domänencontroller zu übertragen, müssen Sie sich mit dem jeweiligen Zieldomänencontroller verbinden und können so die Betriebsmasterrolle auf diesen übernehmen (Pull-Verfahren), sprich: man „zieht" die Rolle quasi auf den betreffenden Zieldomänencontroller. Die Übertragung einer Betriebsmasterrolle von einem bestehenden Rolleninhaber auf einen anderen Domänencontroller ist mittels Push-Verfahren nicht möglich.

8.4.3.1 Übertragung mithilfe der Windows PowerShell

Die Betriebsmasterrollen der Active Directory-Domänendienste (AD DS) können im Bedarfsfall problemlos mithilfe der Windows PowerShell im Netzwerk übertragen werden.

Übertragung anhand der Namen der einzelnen Rollen

Für die Übertragung einzelner oder gar aller Betriebsmasterrollen kann man den folgenden Befehl in der Windows PowerShell verwenden:

```
Move-ADDirectoryServerOperationMasterRole -Identity
<Ziel-DC> -OperationMasterRole SchemaMaster,Domain-
NamingMaster,RIDMaster,PDCEmulator,InfrastructureMaster
```

Unter *<Ziel-DC>* gibt man den Namen des Servers an, der die Betriebsmasterrollen übernehmen soll.

Alternativ: Zahlenwerte der einzelnen Rollen

Alternativ kann man bei der Auswahl auch numerische Werte für die einzelnen Betriebsmasterrollen verwenden. Diese gliedern sich wie folgt:

- PDC-Emulator (0)
- RID-Master (1)

- Infrastruktur-Master (2)
- Domänennamenmaster (3)
- Schema-Master (4)

Der Befehl für die Übertragung der Betriebsmasterrollen kann dann so aussehen:

`Move-ADDirectoryServerOperationMasterRole -Identity` *<Ziel-DC>* **`-OperationMasterRole 0,1,2,3,4`**

Unter *<Ziel-DC>* gibt man den Namen des Servers an, der die Betriebsmasterrollen übernehmen soll.

Alternativ sind auch die folgenden Möglichkeiten geboten, um die Betriebsmasterrollen der Active Directory-Domänendienste (AD DS) auf einen anderen Server im Netzwerk zu übertragen.

8.4.3.2 Schemamaster

Wie bereits beschrieben, besteht die Möglichkeit, die Betriebsmasterrollen entweder mittels der grafischen MMC-Snap-Ins oder mittels des Kommandozeilenbefehls **`Dsmgmt.exe`** bzw. **`ntdsutil.exe`** von einem ursprünglichen auf einen anderen Domänencontroller zu übertragen. Alternativ kann man hierzu auch die Windows PowerShell verwenden.

Übertragung der Schemamasterrolle mittels MMC-Snap-In

Um die Betriebsmasterrolle des Schemamasters mittels des MMC-Snap-Ins *Active Directory-Schema* auf einen anderen als den aktuellen Domänencontroller zu übertragen, gehen Sie wie folgt vor:

1. Wechseln Sie zum Startbildschirm, und geben Sie den folgenden Befehl in die Tastatur ein, und drücken Sie anschließend die [↵]-Taste:

   `mmc.exe`

2. Bestätigen Sie den Dialog für die Benutzerkontensteuerung mit einem Klick auf die Schaltfläche **Ja**.
3. Klicken Sie in der leeren MMC-Konsole auf **Datei** und dann auf **Snap-In hinzufügen/entfernen**
4. Wählen Sie unter *Verfügbare Snap-Ins:* das MMC-Snap-In *Active Directory-Schema* aus, klicken Sie auf die Schaltfläche **Hinzufügen**, und dann auf **OK**.
5. Klicken Sie auf den Konsolenstamm *Active Directory-Schema*, um die Einstellung zu fokussieren.
6. Klicken Sie dann mit der rechten Maustaste auf *Active Directory-Schema* und wählen Sie im Kontextmenü den Eintrag **Active Directory-Domänencontroller ändern**

7. Wählen Sie den Domänencontroller aus, auf welchen Sie die Betriebsmasterrolle des Schemamasters übertragen wollen, und klicken Sie anschließend auf **OK**.
8. Klicken Sie dann mit der rechten Maustaste auf *Active Directory-Schema* und wählen Sie im Kontextmenü den Eintrag **Betriebsmaster...**
9. Klicken Sie im Dialogfenster *Schemamaster ändern* auf die Schaltfläche **Ändern** und bestätigen Sie die nachfolgende Abfrage mit einem Klick auf die Schaltfläche **Ja**.
10. Bestätigen Sie die fehlerfreie Übertragung auf den betreffenden Domänencontroller mit einem Klick auf die Schaltfläche **OK** und klicken Sie nachfolgend auf die Schaltfläche **Schließen**, um das Dialogfenster *Schemamaster ändern* zu schließen.

8.4.3.3 Domänennamenmaster

Die Betriebsmasterrolle des Domänennamenmasters einer Active Directory-Gesamtstruktur kann ähnlich einfach auf einen anderen Domänencontroller übertragen werden. Auch hier besteht die Möglichkeit, entweder den entsprechenden MMC-Snap-In *Active Directory-Domänen und -Vertrauensstellungen* oder den Kommandozeilenbefehl **`Dsmgmt.exe`** bzw. **`ntdsutil.exe`** zu verwenden. Alternativ kann man hierzu auch die Windows PowerShell verwenden.

Übertragung der Domänennamenmasterrolle mittels MMC-Snap-In

Gehen Sie zum Übertragen der Betriebsmasterrolle des Domänennamenmasters einer Active Directory-Gesamtstruktur mittels des MMC-Snap-Ins *Active Directory-Domänen und -Vertrauensstellungen* auf einen andern Domänencontroller wie folgt vor:

1. Melden Sie sich als *Administrator* am Serversystem unter Windows Server 2019 an.
2. Öffnen Sie den *Server-Manager* (soweit dies nicht automatisch geschieht) über einen Klick im Startmenü auf die **Kachel** für den **Server-Manager**.
3. Klicken Sie oben im *Server-Manager* auf **Tools**, und dann auf **Active Directory-Domänen und -Vertrauensstellung**.
4. Klicken Sie oberhalb der angezeigten Domänen mit der rechten Maustaste auf den Konsolenstamm *Active Directory-Domänen und -Vertrauensstellungen* und wählen Sie im Kontextmenü den Eintrag **Domänencontroller ändern**
5. Wählen Sie den Domänencontroller aus, auf welchen Sie die Betriebsmasterrolle übertragen wollen und klicken Sie anschließend auf **OK**.
6. Klicken Sie dann mit der rechten Maustaste auf *Active Directory-Domänen und -Vertrauensstellungen* und wählen Sie im Kontextmenü den Eintrag **Betriebsmaster...**
7. Klicken Sie im Dialogfenster *Betriebsmaster* auf die Schaltfläche **Ändern** und bestätigen Sie die nachfolgende Abfrage mit einem Klick auf die Schaltfläche ***Ja***.

8. Bestätigen Sie die fehlerfreie Übertragung auf den betreffenden Domänencontroller mit einem Klick auf die Schaltfläche **OK** und klicken Sie nachfolgend auf die Schaltfläche **Schließen**, um das Dialogfenster *Betriebsmaster* zu schließen.

8.4.3.4 PDC-Emulator, RID-Master und Infrastrukturmaster

Die innerhalb einer jeden Active Directory-Domäne jeweils einmal vorhandenen Betriebsmasterrollen des PDC-Emulators, des RID-Masters und des Infrastrukturmasters können im Bedarfsfall ebenso einfach auf einen anderen Domänencontroller übertragen werden. Auch hier besteht die Möglichkeit, entweder der entsprechende MMC-Snap-In *Active Directory-Benutzer und -Computer* oder den Kommandozeilenbefehl **`Dsmgmt.exe`** bzw. **`ntdsutil.exe`** zu verwenden. Alternativ kann man hierzu auch die Windows PowerShell verwenden.

Übertragung von PDC-Emulator, RID-Master oder Infrastrukturmaster mittels MMC-Snap-In

Gehen Sie zum Übertragen der Betriebsmasterrolle des PDC-Emulators, des RID-Masters oder des Infrastrukturmasters einer Active Directory-Domäne mittels des MMC-Snap-Ins *Active Directory-Benutzer und -Computer* auf einen anderen Domänencontroller wie folgt vor:

1. Melden Sie sich als *Administrator* am Serversystem unter Windows Server 2019 an.
2. Öffnen Sie den *Server-Manager* (soweit dies nicht automatisch geschieht) über einen Klick im Startmenü auf die **Kachel** für den **Server-Manager**.
3. Klicken Sie oben im *Server-Manager* auf **Tools**, und dann auf **Active Directory-Benutzer und -Computer**.
4. Klicken Sie mit der rechten Maustaste auf den *Domänennamen* und wählen Sie im Kontextmenü den Eintrag **Domänencontroller ändern**
5. Wählen Sie den Domänencontroller aus, auf welchen Sie die Betriebsmasterrolle übertragen wollen und klicken Sie anschließend auf **OK**.
6. Klicken Sie dann nochmals mit der rechten Maustaste auf den Domänennamen und wählen Sie im Kontextmenü den Eintrag **Betriebsmaster...**
7. Klicken Sie im Dialogfenster *Betriebsmaster* auf das Register der zu übertragenden Betriebsmasterrolle, anschließend auf die Schaltfläche **Ändern** und bestätigen Sie die nachfolgende Abfrage mit einem Klick auf die Schaltfläche **Ja**.
8. Bestätigen Sie die fehlerfreie Übertragung auf den betreffenden Domänencontroller mit einem Klick auf die Schaltfläche **OK** und klicken Sie nachfolgend auf die Schaltfläche **Schließen**, um das Dialogfenster ***Betriebsmaster*** zu schließen.

Alternativ zur Übertragung der Betriebsmasterrollen mithilfe der MMC-Snap-Ins lässt sich dies auch mithilfe des Kommandozeilenbefehls **`Dsmgmt.exe`** bzw. mittels **`ntdsutil.exe`** durchführen. Nähere Informationen hierzu erhalten Sie in der Hilfe von **`Dsmgmt.exe`**, **`ntdsutil.exe`** und in der Windows-Hilfe unter Windows Server 2019.

PRAXISTIPP! ➲ Da ich in diesem Buch aufgrund des geplanten Umfangs nicht alle Schritte zur Wiederherstellung von Betriebsmasterrollen darstellen kann – und die benannten Schritte sicher als „kritisch" einzustufen sind – möchte ich Sie aber gerne auf ein zuvor von mir bereits veröffentlichtes, vollständiges Werk zu Active Directory verweisen, welches die betreffenden Schritte – sowie noch mehr an Inhalten erklärt – und ebenso vom Verlag CertPro-PRESS bei diversen Buchhandlungen sowie auch im Online-Handel erhältlich ist:

Buchtitel: ***Active Directory in Windows Server 2012 R2 - Planung und praktischer Einsatz in Windows-Netzwerken***, 700 Seiten, Autor: Carlo Westbrook, ISBN: 978-3944749020

Sicher ebenso wichtig wie die Betriebsmasterrollen stellt sich innerhalb von Active Directory-Gesamtstrukturen auch der globale Katalog dar – alleine schon bei der Benutzeranmeldung im Netzwerk. Warum? – Das erfahren Sie gleich im nächsten Abschnitt.

8.4.4 Der globale Katalog (GC)

Unverzichtbare Funktion

Der globale Katalog (engl. *Global Catalog, GC*) steht in Active Directory-Gesamtstrukturen als ein *„Repository"* (sprich: *eine Auswahl*) von Informationen über die darin gespeicherten Active Directory-Objekte dar. Dieser wird beim Einrichten des ersten Domänencontrollers einer Active Directory-Gesamtstruktur automatisch auf ihm erstellt. Im Bedarfsfall können auch weitere Domänencontroller die Funktion des globalen Katalogservers übernehmen.

8.4.4.1 Funktionen des globalen Katalogservers

Ein Domänencontroller unter Windows führt als ein globaler Katalogserver grundsätzlich die folgenden Funktionen aus:

- Ermöglicht die Netzwerkanmeldung der Benutzer durch die Bereitstellung der Informationen zu Gruppenmitgliedschaften in universellen Gruppen einer Active Directory-Gesamtstruktur.
- Stellt auf Anfrage die gespeicherten Informationen zu Active Directory-Objekten, wie beispielsweise die E-Mail-Adresse eines bestimmten Benutzers bereit.

Der globale Katalogserver wird seitens der im Netzwerk vorhandenen Client- und Servercomputer anhand von sogenannten *Diensteinträgen* (*Service Records, SRV Records*) in *Domain Namen System* (*DNS*) ermittelt, und steht für Anfragen aus allen Domänen einer Active Directory-Gesamtstruktur bereit.

HINWEIS ➲ Wenn in einer bestehenden Active Directory-Gesamtstruktur nicht mindestens ein funktionaler, globaler Katalogserver vorhanden ist, so können sich die darin enthaltenen Benutzer in den Domänen ab der Domänenfunktionsebene Windows 2000 (pur) oder höher im Netzwerk nicht mehr anmelden. Dies resultiert aus der Situation, dass die vorhandenen Domänencontroller die mögliche Gruppenmitgliedschaft der einzelnen Benutzer in universellen Gruppen nicht mehr ermitteln können und somit womöglich die Sicherheit der Gesamtstruktur gefährdet werden könnte. Um diesem Problem vorzubeugen, empfiehlt es sich grundsätzlich, wenigstens zwei oder mehr der Domänencontroller als globalen Katalogserver einzusetzen.

8.4.4.2 Zuweisen der Funktion als globaler Katalogserver

Vorsicht bei schmalbandigen Verbindungen

Innerhalb einer Active Directory-Gesamtstruktur kann prinzipiell jedes vorhandene Serversystem ab Windows 2000 und höher, das als vollwertiger Domänencontroller eingesetzt wird, auch gleichzeitig die Funktion des globalen Katalogservers übernehmen. Eine Ausnahme stellen hierbei prinzipiell nur die schreibgeschützten Domänencontroller (engl. *Read Only Domain Controllers, RODCs*) dar. Einzig sollten Sie bei schmalbandigen Verbindungen zwischen Standorten und Servern aufgrund der zu erwartenden Replikationsvorgänge zwischen den einzelnen Domänencontrollern vorweg eine Bandbreitenmessung vornehmen, um den Einsatz von globalen Katalogservern entsprechend planen zu können.

Gehen Sie wie folgt vor, um einem vollwertigen Domänencontroller unter Windows Server 2019 die Funktion eines globalen Katalogservers zuzuweisen:

1. Melden Sie sich als *Administrator* am Serversystem an.
2. Öffnen Sie den *Server-Manager* (soweit dies nicht automatisch geschieht) über einen Klick im Startmenü auf die **Kachel** für den **Server-Manager**.
3. Klicken Sie oben im *Server-Manager* auf **Tools**, und dann auf **Active Directory-Standorte und -Dienste**.
4. Erweitern Sie den Knoten für *Sites* (*Standorte*), dann den gewünschten Standort, den Container *Servers* (*Server*) und anschließend den des betreffenden Domänencontrollers.
5. Klicken Sie mit der rechten Maustaste auf *NTDS-Settings* des gewünschten Domänencontrollers und wählen Sie im Kontextmenü den Eintrag **Eigenschaften**.
6. Aktivieren Sie das Kontrollkästchen *Globaler Katalog*, und klicken Sie dann auf **OK**.

Nach der Aktivierung der Funktion als globaler Katalogserver repliziert der Domänencontroller die Inhalte des globalen Katalogs mit den übrigen, vorhandenen globalen Katalogservern.

Wie bereits erwähnt, enthält ein globaler Katalogserver einen Auszug an Informationen über die in einer Active Directory-Gesamtstruktur vorhandenen Benutzer-, Computer- und Gruppenobjekte. Diese Objekte kann man in einem Serversystem unter Windows

Server 2019 oder unter Windows Server 2016 gegenüber den vorherigen Betriebssystemversionen nunmehr noch gezielter verwalten. Es stehen, wie bereits vorweg erwähnt, einige neue Verwaltungswerkzeuge und Methoden zur Verfügung.

8.5 Erstellen und Verwalten von Active Directory-Objekten

Die Active Directory-Domänendienste (engl. *Active Directory Domain Services, AD DS*) setzt man in Unternehmen im Schwerpunkt für die netzwerkweite Ressourcenbereitstellung und -steuerung ein. Hierzu erstellt man für die vorhandenen Benutzer entsprechende Benutzerobjekte, die sich dann beispielsweise zugriffs-, fach- oder abteilungsbezogen wiederum in Gruppenobjekten zusammenfassen lassen. Diese Vorgehensweise erleichtert u.a. auch die Verwaltung von Zugriffsrechten auf freigegebene Dateien und Drucker.

HINWEIS ➲ Im Gegensatz zu lokalen Benutzerkonten (beispielsweise unter Windows 7, Windows 8, Windows 8.1, Windows 10, Windows Server 2012 (R2), Windows Server 2016 oder auch Windows Server 2019) lassen sich Ressourcen mithilfe von Benutzerobjekten der Active Directory-Domänendienste (AD DS) sogar netzwerkweit verwalten und auch delegieren.

Für die vorhandenen Computer- und Serversysteme erstellt man in der Datenbank der betreffenden Active Directory-Domäne dann noch jeweilige Computerobjekte. Diese dienen der Identifikation und der Verwaltbarkeit der in der Active Directory-Umgebung vorhandenen Server- und Computersysteme. Dies ermöglicht beispielsweise auch die Anwendung bestimmter Gruppenrichtlinien auf die betreffenden Systeme. Computerobjekte können beispielsweise entweder manuell bzw. skriptbasiert oder gleich während des Hinzufügens eines Computersystems zu einer Active Directory-Domäne automatisch erstellt werden.

8.5.1 Planen und Erstellen von Organisationseinheiten

Die Active Directory-Objekte werden in der Regel nicht wahllos, sondern oft in klaren Verwaltungsstrukturen gespeichert. Hierzu legt man in der jeweiligen Active Directory-Domäne sogenannte *Organisationseinheiten* (engl. *Organizational Units, OUs*) an, die dann als Containerobjekte für die zu verwaltenden Active Directory-Objekte dienen. Diese können verwendet werden, um die zu verwaltenden Active Directory-Objekte beispielsweise nach einem physikalischen Standort, einer Abteilungen oder einer Funktion zu organisieren. Häufig wird sogar eine Mischform hieraus verwendet.

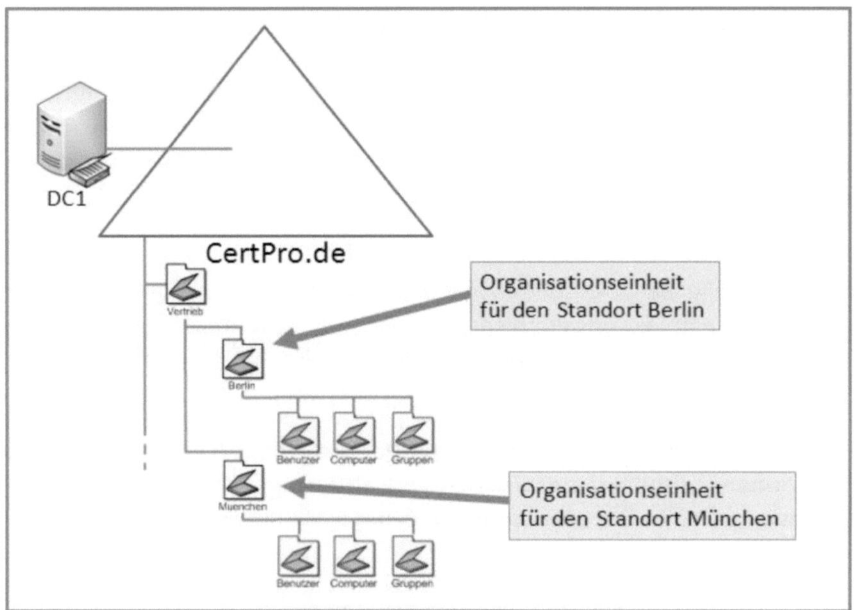

Abb. 8.36: *Beispiel einer Organisationseinheitenstruktur*

Standardmäßig finden sich in einer neu installierten Active Directory-Domäne unter Windows Server 2019 bereits vordefinierte Active Directory-Objekte. Diese werden im Standardcontainer ***Users*** (*Benutzer*) gespeichert.

Vordefinierte Konten im „Users"-Container

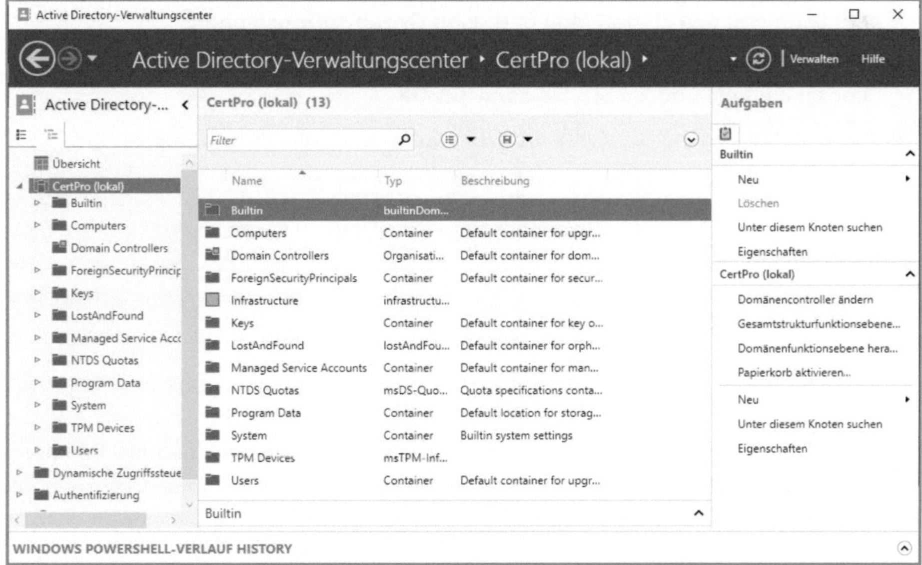

Abb. 8.37: *Standardmäßig vorhandene Active Directory-Container*

Authentifizierung und Autorisierung

Im Umfang der vordefinierten Active Directory-Objekte findet sich neben dem Gast-Konto auch das eigentliche Administrator-Konto sowie notwendige, verwaltungsbezogene Sicherheitsgruppen. Um die zur Verwaltung von Unternehmensressourcen zu erstellenden Active Directory-Objekte effektiv verwalten zu können, werden anstelle des Standardcontainers ***Users*** zumeist eigens dafür erstellte Organisationseinheiten-Container verwendet.

8.5.1.1 Erstellen von Organisationseinheiten

Organisationseinheiten (engl. *Organizational Units, OUs*) können innerhalb einer Active Directory-Domäne mithilfe von verschiedenen Tools – unter Windows Server 2019 bei Bedarf sogar mithilfe von speziellen Windows PowerShell-Cmdlets – erstellt und verwaltet werden.

Gehen Sie wie folgt vor, um eine neue Organisationseinheit (*OU*) in einer Active Directory-Domäne mithilfe der grafischen Verwaltungskonsole *Active Directory-Verwaltungscenter* eines Domänencontrollers unter Windows Server 2019 zu erstellen:

1. Melden Sie sich als *Administrator* am Serversystem an.
2. Öffnen Sie den *Server-Manager* (soweit dies nicht automatisch geschieht) über einen Klick im Startmenü auf die **Kachel** für den **Server-Manager**.
3. Klicken Sie oben im *Server-Manager* auf **Tools**, und dann auf **Active Directory-Verwaltungscenter**.
4. Klicken Sie mit der rechten Maustaste auf den *Domänennamen* und wählen Sie im Kontextmenü den Eintrag **Neu** und dann **Organisationseinheit**.
5. Geben Sie im Feld *Name:* den gewünschten Namen der zu erstellenden Organisationseinheit ein und klicken Sie dann auf **OK**.

Die neu erstellte Organisationseinheit (*OU*) wird in der Konsole angezeigt.

HINWEIS ➲ Die in den Active Directory-Domänendiensten (*AD DS*) unter Windows Server 2019 neu erstellten Organisationseinheiten-Objekte (*Organizational Units, OUs*) werden standardmäßig vor „versehentlichem Löschen" geschützt. Bevor man diese löschen kann, muss man die Option *Vor versehentlichem Löschen schützen* in den Eigenschaften des Containers zuerst deaktivieren.

Neben den Objektcontainern benötigt man für die Ressourcenzugriffssteuerung oder auch alleine bereits für die Anmeldung in einem Computernetzwerk, in dem die Active Directory-Domänendienste ihre Verwendung finden, ein entsprechendes Benutzerkonto. Dieses wird in den Active Directory-Gesamtstrukturen und -Domänen als Benutzerobjekt erstellt und verwaltet.

8.5.2 Erstellen und Verwalten von Benutzerobjekten

Benutzerobjekte werden für die eindeutige Benutzerauthentifizierung sowie auch die Autorisierung (beispielsweise im Zugriff auf bestimmte Ressourcen) verwendet. Zum Erstellen und Verwalten solcher Objekte stehen im Umfeld der Active Directory-Domänendienste (engl. *Active Directory Domain Services, AD DS*) unter Windows Server 2019 beispielsweise die folgenden Tools und Programme zur Verfügung:

- **Active Directory-Verwaltungscenter**
- MMC-Snap-In ***Active Directory-Benutzer und -Computer***
- **dsadd.exe**
- **dsmod.exe**
- **dsrm.exe**
- **csvde.exe**
- **ldifde.exe**
- **net user**
- Windows Script Host (*WSH*)
- Windows PowerShell

HINWEIS ➲ Detaillierte Informationen zum Erstellen von Benutzerobjekten mithilfe der Kommandozeilenbefehle und grafischen Verwaltungskonsolen finden Sie in der jeweiligen Hilfe unter Windows Server 2019.

8.5.2.1 Beispiel für das Erstellen eines Benutzerobjekts

Gehen Sie wie folgt vor, um ein neues Benutzerobjekt mithilfe der Verwaltungskonsole *Active Directory-Verwaltungscenter* auf einem Domänencontroller unter Windows Server 2019 zu erstellen:

1. Melden Sie sich als *Administrator* am Serversystem an.
2. Öffnen Sie den *Server-Manager* (soweit dies nicht automatisch geschieht) über einen Klick im Startmenü auf die **Kachel** für den **Server-Manager**.
3. Klicken Sie oben im *Server-Manager* auf **Tools**, und dann auf **Active Directory-Verwaltungscenter**.
4. Klicken Sie mit der rechten Maustaste auf den gewünschten Container, in dem das neue Benutzerobjekt erstellt werden soll, und wählen Sie im Kontextmenü den Eintrag **Neu** und dann **Benutzer**.
5. Geben Sie im Dialog *Benutzer erstellen* die gewünschten Informationen ein und klicken Sie anschließend auf **OK**.

> **HINWEIS ➲** Das Benutzerkennwort muss gemäß den standardmäßigen Kennwortrichtlinien der Domäne der darin geforderten Komplexitätsvoraussetzung entsprechen. Einfache Kennwörter, die beispielsweise lediglich aus Groß- oder Kleinbuchstaben bestehen, werden in Active Directory-Domänen standardmäßig nicht unterstützt.

Das neue Benutzerobjekt wird angelegt und anschließend im betreffenden Objektcontainer angezeigt.

> **HINWEIS ➲** Über die *Eigenschaften* des jeweiligen Benutzerobjekts im *Active Directory-Verwaltungscenter* kann man auch im Nachhinein noch viele weitere Benutzereigenschaften (beispielsweise die Telefonnummer, die E-Mail-Adresse oder auch die Anschrift des Benutzers) definieren oder ändern.

Nach dem Erstellen lassen sich die Benutzerkonten mit den benannten Werkzeugen zweckgemäß verwalten. Häufig fallen dabei Verwaltungsschritte wie das Zurücksetzen von Benutzerkennwörtern, das Ändern von Benutzerkonteneigenschaften oder ähnliche an.

Prinzipiell genauso einfach wie die Benutzerkonten lassen sich auf einem Domänencontroller unter Windows 2019 auch Computerkonten erstellen, die dann für die eindeutige Authentifizierung der vorhandenen Computersysteme und Server verwendet werden können.

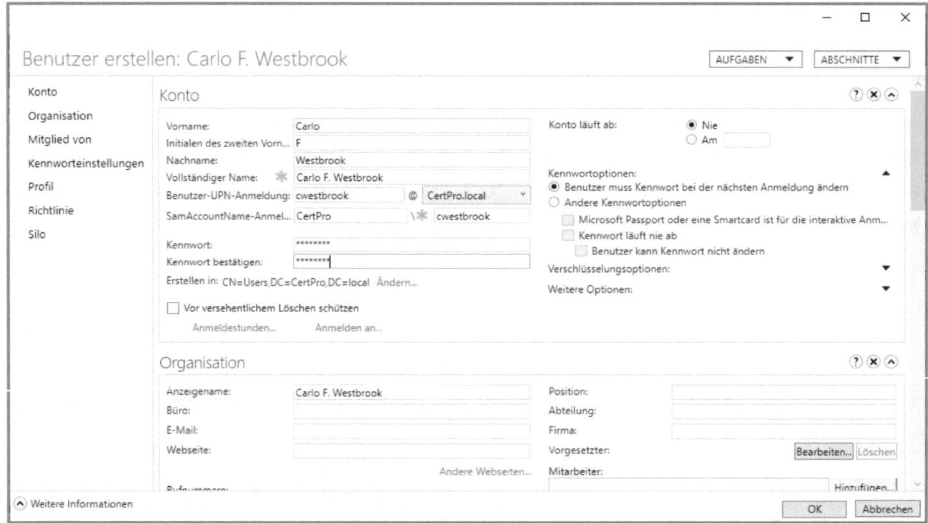

Abb. 8.38: *Anlegen eines neuen Benutzerobjekts im Active Directory-Verwaltungscenter*

> **HINWEIS ➲** Weitere Informationen für das Erstellen und Verwalten von Benutzerkonten erhalten Sie in der Hilfe von Windows Server 2019.

8.5.3 Erstellen und Verwalten von Gruppenobjekten

Um in einer Active Directory-Gesamtstruktur die Zugriffe auf Ressourcen sowie auch das Anmeldeverhalten zu steuern, werden zusätzlich zu den Benutzerobjekten in der Regel auch Gruppenobjekte eingesetzt. Diese dienen in erster Linie dazu, die Rechte- und Berechtigungsvergabe innerhalb eines Computersystems oder gar innerhalb ganzer Active Directory-Gesamtstrukturen zu vereinfachen. Benutzer, die beispielsweise gemeinsamen Zugriff auf bestimmte Ressourcen benötigen, fasst man zu einer Sicherheitsgruppe zusammen und vergibt die benötigten Zugriffsberechtigungen letztlich der Gruppe statt jedem Benutzer einzeln. Diese Vorgehensweise vereinfacht die Verwaltung der Zugriffsberechtigung auf Ressourcen besonders bei mittelgroßen bis großen Netzwerkumgebungen mit vielen zu verwaltenden Datei- und Druckressourcen ungemein. Gruppen werden in Active Directory-Umgebungen jedoch nicht nur für die Rechte- oder Berechtigungsvergabe verwendet.

8.5.3.1 Gruppentypen

In einer Active Directory-Gesamtstruktur unterscheidet man zwischen Sicherheits- und Verteilergruppen. Sicherheitsgruppen werden, wie es der Name bereits ableiten lässt, oft für die Berechtigungs- oder Rechtevergabe verwendet. Reine Verteilergruppen dagegen können beispielsweise in einer Microsoft Exchange-Umgebung dazu verwendet werden, um E-Mail-Nachrichten, die an die jeweilige Gruppe versandt wurden, an alle Gruppenmitglieder in Form von Kontakt- oder auch E-Mail-aktivierten Benutzerobjekten weiterzureichen, sprich: zu „verteilen". Eine Rechtevergabe an eine Verteilergruppe ist technisch nicht vorgesehen. Eine Verteilergruppe kann jedoch zu einer Sicherheitsgruppe konvertiert werden, insoweit die Domänenfunktionsebene der betreffenden Domäne mindestens Windows 2000 einheitlich oder höher beträgt.

Konvertierung möglich - aber nicht ratsam

Sicherheitsgruppen in Active Directory besitzen erst einmal die gleichen Eigenschaften wie auch die reinen Verteilergruppen. Diese Gruppen können anhand ihrer Sicherheitskennung (engl. *Security Identifier, SID*), wie bereits erwähnt, zusätzlich aber auch zur Rechte- und Berechtigungsvergabe verwendet werden. Allen Mitgliedern der betreffenden Gruppen werden demnach auch die gleichen Rechte und Berechtigungen eingeräumt, wie sie für die jeweilige Gruppe definiert wurden.

VORSICHT! ➲ Technisch ist es möglich, Sicherheitsgruppen zu Verteilergruppen zu konvertieren. Von dieser Möglichkeit sollte man aus Sicherheitsgründen jedoch absehen. Wenn eine Sicherheitsgruppe anhand ihrer Sicherheitskennung (*SID*) beispielsweise Zugriffsberechtigungen auf bestimmte Ressourcen erhält, so bleiben diese Berechtigungen auch nach der Konvertierung zu einer reinen Verteilergruppe erhalten. Da der Gruppentyp der betreffenden Gruppe nach der Konvertierung jedoch als Verteilergruppe angezeigt wird, kann dies zu Verwirrungen in der Rechtevergabe und Zugriffssteuerung führen.

8.5.3.2 Gruppenbereiche

In den Active Directory-Domänendiensten (AD DS) unterscheidet man zwischen drei verschiedenen Gruppenbereichen:

- **domänenlokal**
- **global**
- **universell**

Der jeweilige Gruppenbereich entscheidet über die Einsatzmöglichkeit und Wirkungsweise, aber auch über die Verschachtelungsmöglichkeiten einer jeweiligen Gruppe.

Die folgende Tabelle zeigt die Unterscheidungsmerkmale der verschiedenen Gruppenbereiche in einer Active Directory-Umgebung:

Gruppenbereich	Mögliche Gruppenmitgliedschaft	Verwendung
domänenlokale Gruppe	kann Benutzerkonten sowie globale und universelle Gruppen aus jeder Domäne der Gesamtstruktur, sowie aus vertrauten Domänen enthalten; kann im einheitlichen Domänenmodus domänenlokale Gruppen derselben Domäne enthalten.	zur Vergabe von Rechten und Berechtigungen in der lokalen Domäne; auf allen Domänencontrollern in der Domäne unter Windows 2000, Windows Server 2003, Windows Server 2008 (R2), Windows Server 2012 (R2), Windows Server 2016 und Windows Server 2019.
globale Gruppe	kann Benutzerkonten der eigenen Domäne enthalten; kann im einheitlichen Domänenmodus andere globale Gruppen derselben Domäne enthalten.	zur Vergabe von Rechten und Berechtigungen in allen Domänen innerhalb und auch zwischen vertrauenden Gesamtstrukturen; auf allen Domänencontrollern und Mitgliedsservern unter Windows NT, Windows 2000, Windows Server 2003, Windows Server 2008 (R2), Windows Server 2012 (R2), Windows Server 2016 und Windows Server 2019.

Gruppenbereich	Mögliche Gruppenmitgliedschaft	Verwendung
universelle Gruppe	kann Benutzerkonten sowie globale und auch universelle Gruppen einer beliebigen Domäne der Gesamtstruktur enthalten. steht erst im einheitlichen Domänenmodus ab *Windows 2000 einheitlich* zur Verfügung.	zur Vergabe von Rechten und Berechtigungen in allen Domänen innerhalb und auch zwischen vertrauenden Gesamtstrukturen; auf allen Domänencontrollern und Mitgliedsservern unter Windows 2000, Windows Server 2003, Windows Server 2008 (R2), Windows Server 2012 (R2), Windows Server 2016 und Windows Server 2019.

Tab. 8.2: *Mögliche Gruppenbereiche in Active Directory*

8.5.3.3 Vordefinierte Gruppen

Gleich nach der Installation der Active Directory-Domänendienste (*Active Directory Domain Services, AD DS*) unter von Windows Server 2019 existieren eine Reihe von vordefinierten Gruppen. Diese werden im Container *Builtin* bzw. im Container *Users* gespeichert.

Domänenlokale Gruppen

Standardgruppen im Builtin-Container Die im *Builtin*-Container vorhandenen Gruppen entsprechen in vielem denen auf Mitgliedsservern unter Windows Server 2019 nach der Installation standardmäßig enthaltenen Gruppen. Eine Ausnahme stellt beispielsweise die Gruppe der *Kontenoperatoren* dar, welche zwar auf Domänencontrollern, nicht jedoch auf Mitgliedsservern existiert. Umgekehrt wiederum existiert die Gruppe der *Hauptbenutzer* nur auf Mitgliedsservern, jedoch nicht auf Domänencontrollern.

Die in diesem Container enthaltenen Gruppen gelten innerhalb der Active Directory-Domäne für alle darin enthaltenen Domänencontroller gleichermaßen einheitlich. Bei den vordefinierten Gruppen im *Builtin*-Container handelt es sich um domänenlokale Gruppen.

Nach der Installation der Active Directory-Domänendienste auf einem Domänencontroller unter Windows Server 2019 sind im *Builtin*-Container standardmäßig die folgenden Gruppenobjekte enthalten:

Gruppenname	Beschreibung
Administratoren	Mitglieder dieser Gruppe besitzen uneingeschränkten Zugriff auf die Domänencontroller in der Domäne.
Benutzer	Mitglieder dieser Gruppe können keine zufälligen oder beabsichtigten Änderungen am betreffenden System durchführen, dürfen aber die meisten herkömmlichen Anwendungen ausführen.
Distributed COM-Benutzer	Mitglieder dieser Gruppe können Distributed-COM-Objekte auf den Domänencontrollern starten, aktivieren und verwenden.
Druck-Operatoren	Mitglieder dieser Gruppe können Drucker auf den Domänencontrollern der Domäne verwalten.
Ereignisprotokollleser	Mitglieder dieser Gruppe dürfen Ereignisprotokolle der Domänencontroller lesen.
Erstellungen eingehender Gesamtstrukturvertrauensstellung	Mitglieder dieser Gruppe können eingehende, unidirektionale Vertrauensstellungen zu dieser Gesamtstruktur erstellen.
Gäste	Mitglieder dieser Gruppe besitzen eingeschränkte Zugriffsrechte in der Domäne.
Hyper-V-Administratoren	Die Mitglieder dieser Gruppe erhalten uneingeschränkten Zugriff auf sämtliche Features von Hyper-V.
IIS_IUSRS	Von Internetinformationsdiensten verwendete integrierte Gruppe.
Konten-Operatoren	Mitglieder dieser Gruppe können Domänenbenutzer und -gruppen verwalten.
Kryptografie-Operatoren	Mitglieder dieser Gruppe sind berechtigt, kryptografische Vorgänge durchzuführen.
Leistungsprotokollbenutzer	Mitglieder dieser Gruppe können die Protokollierung von Leistungsindikatoren planen, Trace-Anbieter aktivieren und Ereignis-Traces sammeln, sowohl lokal als auch über Remotezugriff.
Leistungsüberwachungsbenutzer	Mitglieder dieser Gruppe können lokal oder remote auf Leistungszählerdaten zugreifen.
Netzwerkkonfigurations-Operatoren	Mitglieder dieser Gruppe verfügen über einige Administratorrechte zum Verwalten der Konfiguration von Netzwerkfunktionen.

Gruppenname	Beschreibung
Prä-Windows 2000 kompatibler Zugriff	Eine mit Vorgängerversionen kompatible Gruppe, die allen Benutzern und Gruppen in der Domäne Lesezugriff gewährt.
RDS-Endpunktserver	Auf den Servern dieser Gruppe werden virtuelle Computer ausgeführt und Sitzungen für RemoteApp-Programme und persönliche virtuelle Desktops der Benutzer gehostet. Die Gruppe muss auf denjenigen Servern aufgefüllt werden, die den RD-Verbindungsbroker ausführen. Bei der Bereitstellung verwendete RD-Sitzungshostserver und RD-Virtualisierungshostserver müssen dieser Gruppe angehören.
RDS-Remotezugriffsserver	Die Server dieser Gruppe bieten Benutzern von RemoteApp-Programmen und persönlichen virtuellen Desktops Zugriff auf diese Ressourcen. Bei Bereitstellungen mit Internetzugriff werden sie in der Regel einem Umkreisnetzwerk zugeordnet. Die Gruppe muss auf denjenigen Servern aufgefüllt werden, die den RD-Verbindungsbroker ausführen. Bei der Bereitstellung verwendete RD-Gatewayserver und Server mit RD-Web Access müssen dieser Gruppe angehören.
RDS-Verwaltungsserver	Auf den Servern dieser Gruppe werden administrative Routineaktionen für Server ausgeführt, auf denen die Remotedesktopdienste (RDS) installiert sind. Die Gruppe muss auf allen Servern aufgefüllt werden, die Teil der RDS-Bereitstellung sind. Server, auf denen der zentrale RDS-Verwaltungsdienst ausgeführt wird, müssen dieser Gruppe angehören.
Remotedesktopbenutzer	Mitglieder dieser Gruppe haben die Berechtigung, sich remote anzumelden.
Remoteverwaltungsbenutzer	Mitglieder dieser Gruppe können über Verwaltungsprotokolle auf WMI-Ressourcen zugreifen (z. B. WS-Verwaltung über den Windows-Remoteverwaltungsdienst). Dies gilt nur für WMI-Namespaces, die dem Benutzer Zugriff gewähren.
Replikations-Operator	Unterstützt Dateireplikationen in Domänen.
Server-Operatoren	Mitglieder dieser Gruppe können Domänenserver verwalten.

Gruppenname	Beschreibung
Sicherungs-Operatoren	Mitglieder dieser Gruppe können Daten sichern und wiederherstellen, sowie sich am System lokal anmelden.
Storage Repl. Admin	Mitglieder dieser Gruppe haben vollständigen und uneingeschränkten Zugriff auf alle Funktionen von Speicherreplikaten.
Terminalserver-Lizenzserver	Mitglieder dieser Gruppe können Benutzerkonten in Active Directory für Nachverfolgungs- und Berichtszwecke mit Informationen zur Lizenzausstellung aktualisieren.
Windows-Autorisierungszugriffsgruppe	Mitglieder dieser Gruppe haben Zugriff auf das berechnete Attribut „tokenGroupsGlobalAndUniversal" für Benutzerobjekte.
Zertifikatdienst-DCOM-Zugriff	Mitglieder dieser Gruppe sind berechtigt, eine Verbindung mit den Zertifizierungsstellen im Unternehmen herzustellen.
Zugriffssteuerungs-Unterstützungsoperatoren	Mitglieder dieser Gruppe können remote Autorisierungsattribute und -berechtigungen für Ressourcen auf dem Computer abfragen.

Tab. 8.3: *Standardgruppen im Builtin-Container*

Standardgruppen im Users-Container Nach der Einrichtung der Active Directory-Domänendienste (*Active Directory Domain Services, AD DS*) finden sich auf den Domänencontrollern unter Windows Server 2019 im Container *Users* noch weitere, vordefinierte Gruppen. Diese Gruppen dienen zur Vergabe von Rechten und Berechtigungen in Active Directory und den darin enthaltenen Ressourcen.

Standardmäßig sind im Container ***Users*** nach der Einrichtung der Active Directory-Domänendienste die folgenden Gruppenobjekte enthalten:

Gruppenname	Beschreibung
Abgelehnte RODC-Kennwortreplikationsgruppe	Mitglieder, deren Kennwörter nicht auf schreibgeschützten Domänencontrollern (RODCs) repliziert werden.
DNSAdmins	Mitglieder dieser Gruppe können DNS-Objekte in der Domäne verwalten.

Gruppenname	Beschreibung
DNSUpdateProxy	Mitglieder dieser Gruppe (typischer Weise DHCP-Server) können im Namen anderer Clients dynamische Aktualisierungen in der DNS-Datenbank vornehmen.
Domänen-Admins	Mitglieder dieser Gruppe besitzen administrative Rechte und Berechtigungen innerhalb der Active Directory-Domäne.
Domänen-Benutzer	Alle Benutzerkonten in dieser Domäne.
Domänencomputer	Alle Arbeitsstationen und Mitgliedsserver in dieser Domäne.
Domänencontroller	Alle Domänencontroller in dieser Domäne.
Domänen-Gäste	Alle Gäste dieser Domäne.
Klonbare Domänen-controller	Mitglieder dieser Gruppe sind Domänencontroller, die geklont werden.
Organisations-Admins	Mitglieder dieser Gruppe besitzen administrative Rechte in der Active Directory-Gesamtstruktur.
Protected Users	Mitglieder dieser Gruppe erhalten zusätzlichen Schutz vor Sicherheitsbedrohungen.
RAS- und IAS-Server	Server in dieser Gruppe können auf die RAS-Eigenschaften von Benutzern zugreifen.
Richtlinien-Ersteller-Besitzer	Mitglieder dieser Gruppe können Gruppenrichtlinienobjekte in der Domäne erstellen oder ändern.
Schema-Admins	Mitglieder dieser Gruppe können Änderungen im Schema der Active Directory-Gesamtstruktur vornehmen.
Schlüsseladministratoren	Mitglieder dieser Gruppe können administrative Aktionen für Schlüsselobjekte innerhalb der Domäne ausführen. Mitglieder dieser Gruppe verfügen über delegierte Schreibzugriffsrechte nur auf das Attribut „msdsKeyCredentialLink". Diese Gruppe wird beispielsweise in manchen Szenarien rund um AD FS eingesetzt.
Schreibgeschützte Domänencontroller	Mitglieder dieser Gruppe sind schreibgeschützte Domänencontroller in der Domäne.
Schreibgeschützte Domänencontroller der Organisation	Mitglieder dieser Gruppe sind schreibgeschützte Domänencontroller im Unternehmen.

Gruppenname	Beschreibung
Unternehmensschlüsseladministratoren	Mitglieder dieser Gruppe können administrative Aktionen für Schlüsselobjekte innerhalb der Gesamtstruktur ausführen. Mitglieder dieser Gruppe verfügen über delegierte Schreibzugriffsrechte nur auf das Attribut „msdsKeyCredentialLink". Diese Gruppe wird beispielsweise in manchen Szenarien rund um AD FS eingesetzt.
Zertifikatherausgeber	Mitglieder dieser Gruppe können Zertifikate innerhalb von Active Directory veröffentlichen.
Zulässige RODC-Kennwortreplikationsgruppe	Mitglieder, deren Kennwörter auf schreibgeschützte Domänencontroller (RODCs) repliziert werden.

Tab. 8.4: *Standardgruppen im Users-Container*

HINWEIS ➲ Um Benutzern die Berechtigungen auf bestimmte Ressourcen innerhalb einer Active Directory-Gesamtstruktur oder -Domäne zu erteilen, sollte man die Verwendung der bereits vorhandenen Gruppen überprüfen. Nur wenn bestimmte, nicht mit den vorhandenen Gruppen übereinstimmende, oder gar eingeschränktere Rechte oder Berechtigungen vergeben werden sollen, sollte man das Anlegen weiterer Gruppen in Erwägung ziehen.

8.5.3.4 Gruppenstrategien

Auch in kleinen bis mittleren Netzwerken sinnvoll

In Unternehmensnetzwerken müssen oft mehrere hundert bis zu mehreren tausend Ressourcen für die Benutzer bereitgestellt werden. Hierdurch ergibt sich für die verantwortlichen Administratoren zwangsläufig ein oft nicht unbedeutender Aufwand in der Steuerung der Zugriffsberechtigung auf die einzelnen Ressourcen. Um die in Active Directory-Gesamtstrukturen notwendigen Zugriffsberechtigungen, sowie auch Rechte effektiv einsetzen und verwalten zu können, wendet man in der Regel entsprechende Gruppenstrategien an, in denen man sich die Gruppenbereiche zu Nutze macht.

Die zumeist verwendete Gruppenstrategie in einer Active Directory-Infrastruktur lautet dabei:

A - G - DL - P

Bei dieser Gruppenstrategie werden die **Benutzerkonten** (*Accounts, A*) in **globalen Gruppen** (*Global Groups, G*) zusammengefasst. Diese globalen Gruppen wiederum werden anschließend einer sogenannten **domänenlokalen Gruppe** (*Domain Local Group, DL*) zugeordnet (verknüpft), welcher die entsprechende **Berechtigung** (*Permission, P*) zugewiesen wird.

Durch die hierdurch entstehende Gruppenverschachtelung erhält jedes Mitglied der betreffenden, globalen Gruppen die jeweils bestimmte Berechtigung. Diese Art der

Verwaltung erspart den Administratoren gerade in mittelgroßen, großen bis sehr großen Umgebungen unwahrscheinlich viele Administrationsschritte. Statt den Benutzern einzeln Berechtigungen zuzuweisen, geschieht dies zeitsparend und übersichtlich über die entsprechenden Gruppen.

HINWEIS ➲ Da die Gruppensymbole in der Active Directory-Verwaltung, beispielsweise dem MMC-Snap-In *Active Directory-Benutzer und -Computer* im Aussehen gleichen, empfiehlt es sich, den jeweiligen Gruppen einfach einen Kennzeichner für den jeweiligen Gruppenbereich im Namen voranzustellen. Somit wird die Übersichtlichkeit in der Gruppenverwaltung mitunter sogar um ein Vielfaches verbessert.

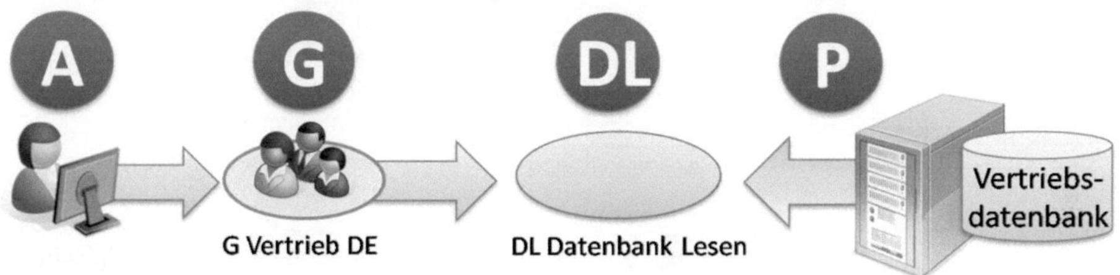

Abb. 8.39: *Gruppenstrategie für die effektive Zugriffssteuerung*

Neben der bereits benannten Gruppenstrategie bestehen noch weitere Strategien für die effektive und effiziente Zugriffs- und Rechteverwaltung in einer Active Directory-Infrastruktur. So findet eine weitere Strategie ihre Verwendung, sobald man eine Arbeitsstation oder einen Mitgliedsserver zu einer bestehenden Domäne hinzufügt:

A - G - L - P

Hierbei wird während des Vorgangs eines Rechners als Mitglied zur einer Active Directory-Domäne die **globale Gruppe** (*G*) der Domänen-Administratoren automatisch zur **lokalen Gruppe** (*L*) der Administratoren des betreffenden Computersystems verknüpft und erhält auf diese Weise die **Berechtigung** (*P*) zur Verwaltung. Da das in der Domäne standardmäßig vorhandene **Benutzerkonto Administrator** (*A*) automatisch auch Mitglied der **globalen Gruppe der Domänen-Administratoren** (*G*) ist, vervollständigt sich hierdurch die Gruppenstrategie.

Natürlich existieren noch weitere Gruppenstrategien, die in den weltweit vorhandenen Active Directory-Infrastrukturen mehr oder weniger häufig zum Einsatz kommen. Zu diesen Gruppenstrategien zählen unter anderem:

A - G - G - U - DL - P

Diese Gruppenstrategie kommt mitunter bei sehr großen Active Directory-Infrastrukturen zum Einsatz. Sehen Sie hierzu ein Beispiel:

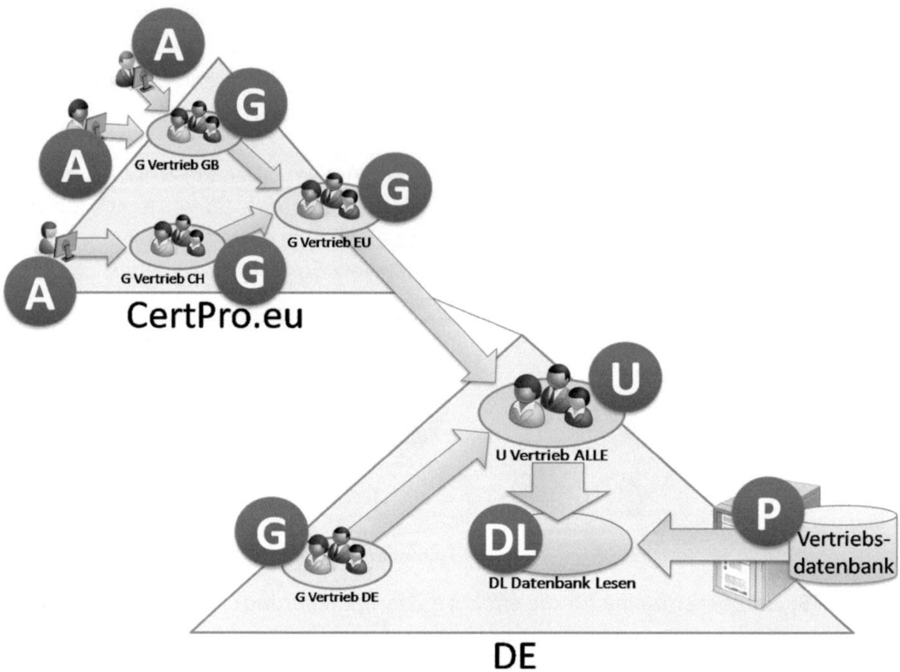

Abb. 8.40: *Beispiel für die Anwendung einer Gruppenstrategie in großen bis sehr großen Active Directory-Infrastrukturen*

In dem oben dargestellten Beispiel werden die Benutzerkonten der **Mitarbeiter** (*A*) der verschiedenen Vertriebsgruppen der einzelnen Domänen in jeweils eigene **globale Gruppen** (*G*) verschachtelt. Diese **globalen Gruppen** (*G*) werden zum Teil nochmals in einer weiteren **globalen (Haupt-) Gruppe** (*G*) zusammengefasst. Um nun den einheitlichen Zugriff für alle Vertriebsmitarbeiter auf die vorhandene Vertriebsdatenbank zu ermöglichen, werden alle globalen (Haupt-) Gruppen gemeinsam in eine **universelle Gruppe** (*U*) verknüpft. Die **Zugriffsberechtigung** (*P*) wird letztlich durch die Gruppenverschachtelung der **universellen Gruppe** (*U*) in die dazu vorgesehene **domänenlokale Gruppe** (*DL*) ermöglicht.

Dieses Beispiel verdeutlicht die Möglichkeit der effizienten Zugriffsverwaltung über eine entsprechende Gruppenstrategie. Da die Zugriffsanforderungen in der Praxis jedoch oft völlig unterschiedlich sind, muss man sich für die jeweils effektivste und oft auch effizienteste Gruppenstrategie entscheiden. Es existieren jedoch noch viel einfachere Beispiele für die Gruppenverschachtelung:

A - G - P

Bei dieser Gruppenstrategie wird einer **globalen Gruppe** (*G*), in die ein oder mehrere **Benutzer** (*A*) verknüpft sind, direkt auch die **Berechtigung** (*P*) zugewiesen.

A - L - P

Bei dieser Gruppenstrategie erhält ein **Benutzerkonto** (*A*) durch die direkte Gruppenverschachtelung in die **lokale Gruppe** (*L*) die entsprechende **Zugriffsberechtigung** (*P*).

Nachvollziehbar und kontrollierbar

Für welche der Gruppenstrategien man sich in der Praxis auch immer entscheidet – wichtig ist es, diese ordnungsgemäß und vollständig zu dokumentieren. Damit wird eine Nachvollziehbarkeit und Kontrollierbarkeit bei möglichen Unstimmigkeiten im Bedarfsfall ermöglicht.

8.5.3.5 Tools zum Erstellen und Verwalten von Gruppenobjekten

Gruppenobjekte in einer Active Directory-Domäne können mit verschiedenen Tools erstellt, verwaltet und auch wieder gelöscht werden. Zu diesen Tools zählen unter anderem:

- **Active Directory-Verwaltungscenter**
- MMC-Snap-In ***Active Directory-Benutzer und -Computer***
- **dsadd.exe**
- **dsmod.exe**
- **dsrm.exe**
- **csvde.exe**
- **ldifde.exe**
- **net group**
- Windows Script Host (*WSH*)
- Windows PowerShell

Beispiel für das Erstellen von Gruppenobjekten Gruppenobjekte lassen sich auf einfache Weise mittels der Konsole *Active Directory-Veraltungscenter* erstellen.

Gehen Sie zum Erstellen von Gruppenobjekten in einer Active Directory-Domäne unter Windows Server 2019 im Active Directory-Verwaltungscenter wie folgt vor:

1. Melden Sie sich als *Administrator* am Serversystem an.
2. Öffnen Sie den *Server-Manager* (soweit dies nicht automatisch geschieht) über einen Klick im Startmenü auf die **Kachel** für den **Server-Manager**.
3. Klicken Sie oben im *Server-Manager* auf **Tools**, und dann auf **Active Directory-Verwaltungscenter**.

4. Klicken Sie mit der rechten Maustaste auf den gewünschten Container, in dem das neue Benutzerobjekt erstellt werden soll, und wählen Sie im Kontextmenü den Eintrag **Neu** und dann **Gruppe**.

5. Geben Sie im Dialog *Gruppe erstellen:* die gewünschten Informationen ein und klicken Sie anschließend auf **OK**.

   Das neue Gruppenobjekt wird angelegt.

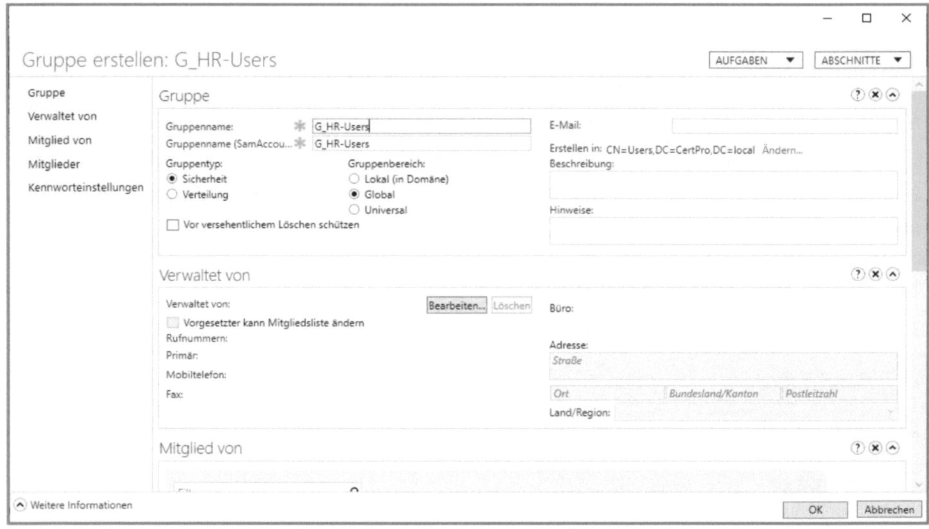

Abb. 8.41: *Erstellen eines neuen Gruppenobjekts im Active Directory-Verwaltungscenter*

Die vorhandenen Gruppenobjekte können in dem *Active Directory-Verwaltungscenter*, sowie auch in der Konsole *Active Directory-Benutzer und -Computer* verwaltet und bei Bedarf auch wieder entfernt werden.

8.6 Der Active Directory-Papierkorb

Während der Verwaltung der Active Directory-Objekte kann es mitunter passieren (und so ist dies in der täglichen Praxis wohl vielen Administratoren bereits ergangen), dass man ein eigentlich noch benötigtes Active Directory-Benutzer- oder -Computerobjekt versehentlich löscht. Um auf diesen Fall entsprechend vorbereitet zu sein, kann man den *Active Directory-Papierkorb* (engl. *Active Directory Recycle Bin, ADRB*) innerhalb der Active Directory-Gesamtstruktur aktivieren. Im Anschluss steht dieser innerhalb jeder der vorhandenen Active Directory-Domänen jeweils lokal auf den vorhandenen Domänencontrollern zur Verfügung.

8.6.1 Aktivierung des Active Directory-Papierkorbs

Die Aktivierung des Active Directory-Papierkorbs kann auf verschiedene Weisen erfolgen - die Aktivierung kann jedoch im Anschluss nicht mehr rückgängig gemacht werden.

8.6.1.1 Aktivierung des Active Directory-Papierkorbs im Active Directory-Verwaltungscenter (AD AC)

Der Active Directory-Papierkorb kann auf einfache Weise im grafischen Active Directory-Verwaltungscenter aktiviert werden.

HINWEIS ➲ Beachten Sie, dass dies die Gesamtstruktur- und Domänenfunktionsebene von mindestens Windows Server 2008 R2 erfordert. Das Aktivieren des Papierkorbes kann später nicht mehr rückgängig gemacht werden.

Gehen Sie wie folgt vor, um den Active Directory-Papierkorb im Active Directory-Verwaltungscenter (*AD AC*) auf einem Server unter Windows Server 2019 zu aktivieren:

1. Melden Sie sich als *Administrator* am Domänencontroller unter Windows Server 2019 an.
2. Öffnen Sie den *Server-Manager* (soweit dies nicht automatisch geschieht) über einen Klick im Startmenü auf die **Kachel** für den **Server-Manager**.
3. Klicken Sie oben im *Server-Manager* auf **Tools**, und dann auf **Active Directory-Verwaltungscenter**.
4. Klicken Sie im *Active Directory-Verwaltungscenter* mit der rechten Maustaste auf den *Domänennamen*, und wählen Sie im Kontextmenü die Option **Papierkorb aktivieren...**

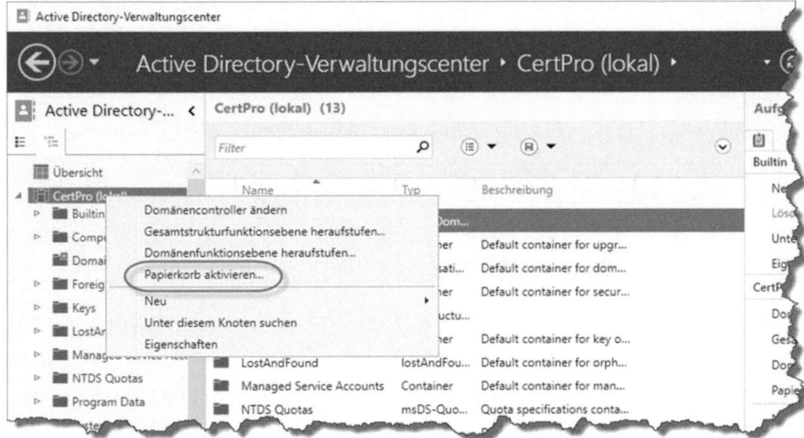

Abb. 8.42: *Aktivieren des Active Directory-Papierkorbs in Windows Server 2019*

5. Bestätigen Sie die Meldung, dass der Papierkorb nach der Aktivierung nicht mehr deaktiviert werden kann, durch einen Klick auf **OK**.

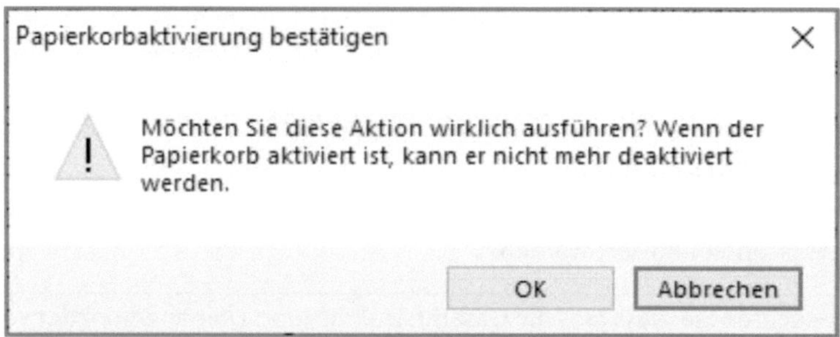

Abb. 8.43: *Hinweismeldung während der Aktivierung des Active Directory-Papierkorbs*

6. Bestätigen Sie den Dialog zur notwendigen Aktualisierung des Active Directory-Verwaltungscenters mit einem Klick auf **OK**.

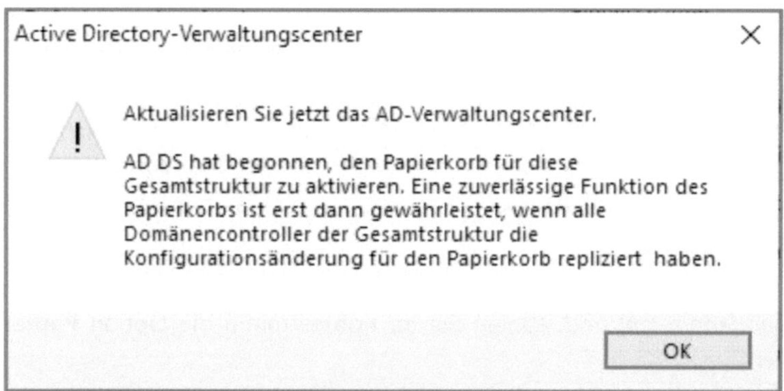

Abb. 8.44: *Hinweis auf die Notwendigkeit der Aktualisierung des Active Directory-Verwaltungscenters während der Aktivierung des Active Directory-Papierkorbs*

HINWEIS ➲ Nach der Aktivierung des Active Directory-Papierkorbs muss, wie dies in der vorangegangenen Meldung auch aufgezeigt wurde, die Replikation in der Active Directory-Gesamtstruktur zwischen den einzelnen, darin vorhandenen Domänencontrollern durchgeführt werden. Erst im Anschluss ist sichergestellt, dass man (versehentlich) gelöschte Active Directory-Objekt zuverlässig wieder herstellen kann.

8.6.1.2 Aktivierung des Active Directory-Papierkorbs mittels Windows PowerShell

Alternativ zur Aktivierung des Active Directory-Papierkorbs im Active Directory-Verwaltungscenter kann dies ebenso auch in der Windows PowerShell 5.1 unter Windows Server 2019 oder Windows Server 2016 erfolgen.

Geben Sie zum Aktivieren des Active Directory-Papierkorbs den folgenden Befehl in der Windows PowerShell ein, und drücken Sie anschließend die [↵]-Taste:

```
Enable-ADOptionalFeature -Identity "CN=Recycle Bin
Feature,CN=Optional Features,CN=Directory Service,
CN=Windows NT,CN=Services,CN=Configuration,
DC=CertPro,DC=local" -Scope ForestOrConfigurationSet
-Target "certpro.local"
```

HINWEIS ➲ In dem aufgeführten Beispiel wird der Active Directory-Papierkorb für die Domäne *CertPro.local* als optionales Feature aktiviert. Um diesen Befehl anwenden zu können, muss zuvor das Active Directory-Modul für Windows PowerShell geladen werden.

8.6.2 Anpassung des Aufbewahrungszeitraums gelöschter Objekte

Standardmäßig werden die gelöschten Objekte für den gesamten Zeitraum von 180 Tagen im Active Directory-Papierkorb aufbewahrt, und können dort heraus im Bedarfsfall wieder hergestellt werden. Den Aufbewahrungszeitraum kann man im Bedarfsfall anhand des Attributs „**msDS-deletedObjectLifeTime**“ entsprechend anpassen.

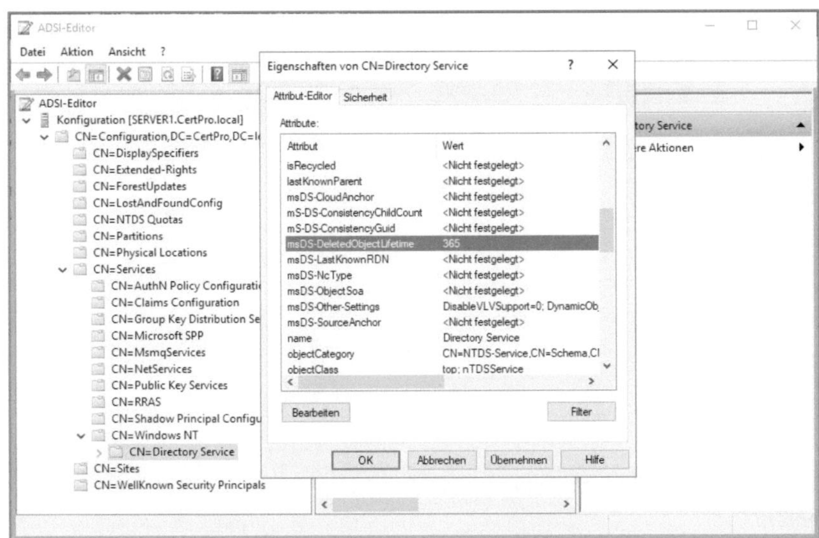

Abb. 8.45: *Der Aufbewahrungszeitraum für gelöschte Active Directory-Objekte im ADSI-Editor unter Windows Server 2019*

Hierzu kann man den folgenden Befehl in der Windows PowerShell verwenden:

```
Set-ADObject -Identity "CN=Directory Service,CN=Windows
NT,CN=Services,CN=Configuration,DC=certpro,DC=local"
```

```
-Partition "CN=Configuration, DC=certpro,DC=local"
-Replace:@{"msDS-DeletedObjectLifetime" = 365}
```

Der Befehl verändert die Aufbewahrungszeit für gelöschte Objekte im Active Directory-Papierkorb für die dabei angegebene Gesamtstruktur (CertPro.local) auf 365 Tage.

Zur Änderung des Zeitwerts kann im Bedarfsfall auch das Tool *ADSI-Editor* (ADSIEdit.msc) eingesetzt werden.

8.6.3 Anzeigen und Wiederherstellen gelöschter Active Directory-Objekte

Die gelöschten Objekte in den Active Directory-Domänendiensten (AD DS) unter Windows Server 2019 werden nach der Aktivierung des Active Directory-Papierkorbs im Active Directory-Verwaltungscenter unterhalb der jeweiligen Domäne im Container ***Deleted Objects*** angezeigt.

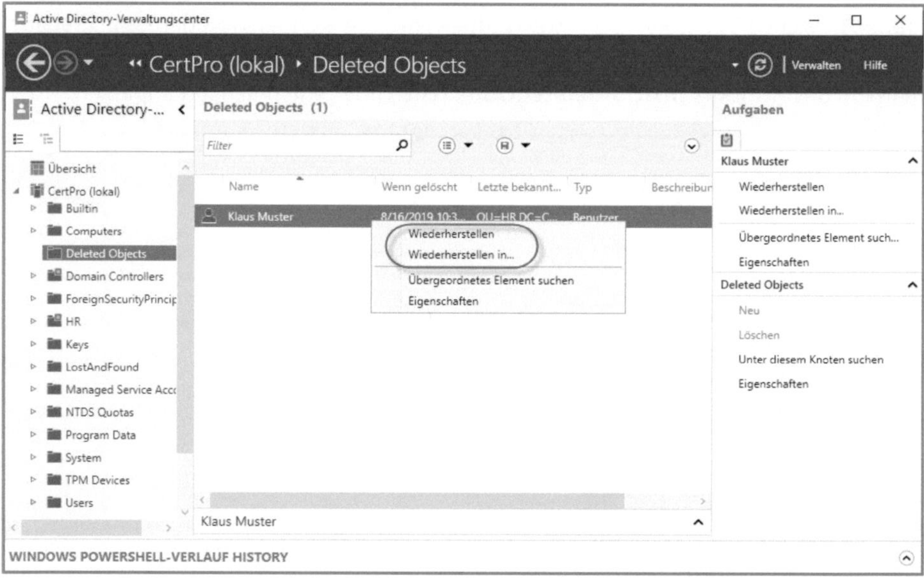

Abb. 8.46: *Gelöschte Objekte im Container Deleted Objects des Active Directory-Verwaltungscenters*

Die gelöschten Active Directory-Objekte lassen sich i.d.R. problemlos mittels eines Klicks mit der rechten Maustaste, und der Auswahl der entsprechenden Option **Wiederherstellen...** bzw. **Wiederherstellen in...** aus dem Papierkorb (sprich: dem Container „***Deleted Objects***") zurückholen. Die Option **Wiederherstellen in...** ermöglicht es alternativ, das zuvor gelöschte Active Directory-Objekt bei Bedarf in einem anderen als dem ursprünglichen Container in der Active Directory-Datenbank wieder herzustellen.

Beim Wiederherstellen von Active Directory-Objekten aus dem Active Directory-Papierkorb werden auch alle zuvor zugewiesenen Attribute gleichsam ebenso wieder hergestellt.

PRAXISTIPP! ➲ Bereits vor Windows Server 2019 bot Microsoft das Komandozeilentool **`ADRestore.exe`** zum Wiederherstellen von gelöschten Active Directory-Objekten auf der Kommandozeilenebene zum kostenfreien Download an. Der große Nachteil dieses Tools: Im Vergleich zum Active Directory-Papierkorb stellt dieses das eigentliche Active Directory-Objekt lediglich mitsamt des Objektnamens und der Objektkennung (*Object SID*), jedoch *ohne* die ursprünglich mitunter zugeordneten Attributwerte (beispielsweise Vor- und Nachname, Gruppenzugehörigkeit, Kennwort etc.) wieder her. Der Active Directory-Papierkorb ist - zumal er seit Windows Server 2012 auch grafisch zur Verfügung steht - sicher die bessere Wahl!

8.7 Gruppenrichtlinien

Optimale Verwaltungswerkzeuge nochmals verbessert

Mit Gruppenrichtlinien, die man in Active Directory-Domänen zusammengefasst in Gruppenrichtlinienobjekten (engl. *Group Policy Objekts, GPOs*) bereitstellt, kann man für die darin enthaltenen Benutzer- und Computerobjekte zentral diverse Konfigurationen vornehmen. So lassen sich mit Gruppenrichtlinien zum Beispiel auch Werte in der Windows-Registry der davon betroffenen Computer modifizieren, um den Windows-Desktop eines Benutzers auf die Bedürfnisse des jeweiligen Unternehmens anpassen.

Die Verwaltung der dazu verwendeten Gruppenrichtlinienobjekte findet in der Regel mit der *Gruppenrichtlinienverwaltungskonsole* (engl. *Group Policy Management Console, GPMC*) statt, die unter Windows Server 2019 beim Einrichten des Servers als Domänencontroller (standardmäßig) automatisch installiert wird.

Man startet diese Konsole anschließend einfach in der oberen Befehlsleiste des *Server-Managers* unter Windows Server 2019 über einen Klick auf **Tools**, und dann auf **Gruppenrichtlinienverwaltung**.

Diese Konsole kann im Bedarfsfall mithilfe der *Remote-Server-Verwaltungstools* (engl. *Remote Server Administration Tools, RSAT*) beispielsweise auch auf einem Clientcomputer unter Windows 7, Windows 8/8.1 oder Windows 10 für die Remoteverwaltung der Gruppenrichtlinienobjekte innerhalb einer Active Directory-Domäne eingesetzt werden.

Die in Windows Server 2019 enthaltenen Gruppenrichtlinienobjekte können - das entsprechende, stets aktuelle, kumulative Update vorausgesetzt - für die Verwaltung der im Netzwerk vorhandenen Windows 10-Clientcomputer, der Windows Server 2019-Server, sowie auch abwärtskompatibel gegenüber älteren Client- und Serverbetriebssystemen bis hin zu Windows 2000 verwendet werden.

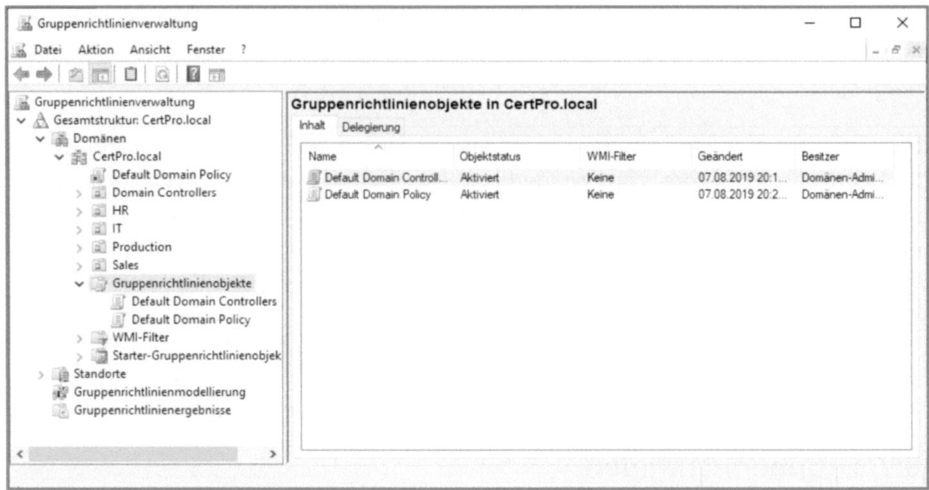

Abb. 8.47: Die Gruppenrichtlinienverwaltungskonsole auf einem Domänencontroller unter Windows Server 2019

Insgesamt umfasst Windows Server 2019 gleich mehrere Tausend Richtlinien, die sich als Werkzeuge zentral verwalten und auf die in Computernetzwerken von Unternehmen vorhandenen Computersysteme und Benutzer u. a. auch zur Steuerung der Ressourcenzugriffe anwenden lassen.

8.7.1 Gruppenrichtlinienaktualisierung - auch grafisch möglich

Bislang hat man in der Praxis oft das Kommandozeilentool **`gpupdate`** (mit dem Schalter **`/force`**) jeweils lokal auf den Computersystemen zum Aktualisieren der zu verarbeitenden Gruppenrichtlinieneinstellungen verwenden. Dies geht in der Konsole *Gruppenrichtlinienverwaltung* seit Windows Server 2012 - von zentraler Stelle aus gegen die Computer im Netzwerk und direkt auch aus der grafischen Konsole *Gruppenrichtlinienverwaltung*.

Aktualisierung innerhalb von 10 Minuten

Mittels eines Rechtsklicks auf einen der gewünschten Container in der Konsole *Gruppenrichtlinienverwaltung* lässt sich die Gruppenrichtlinienaktualisierung über die Option **Gruppenrichtlinienupdate** auf alle darin befindlichen Benutzer- und Computerkonten erzwingen. Die Aktualisierung von Gruppenrichtlinien wird für die betreffenden Objekte **innerhalb eines Zeitraumes von standardmäßig 10 Minuten erzwungen**. Hilfreich ist diese Funktion in der Praxis sicher in vielen möglichen Situationen - und nicht nur aus der Sicht der IT-Sicherheit.

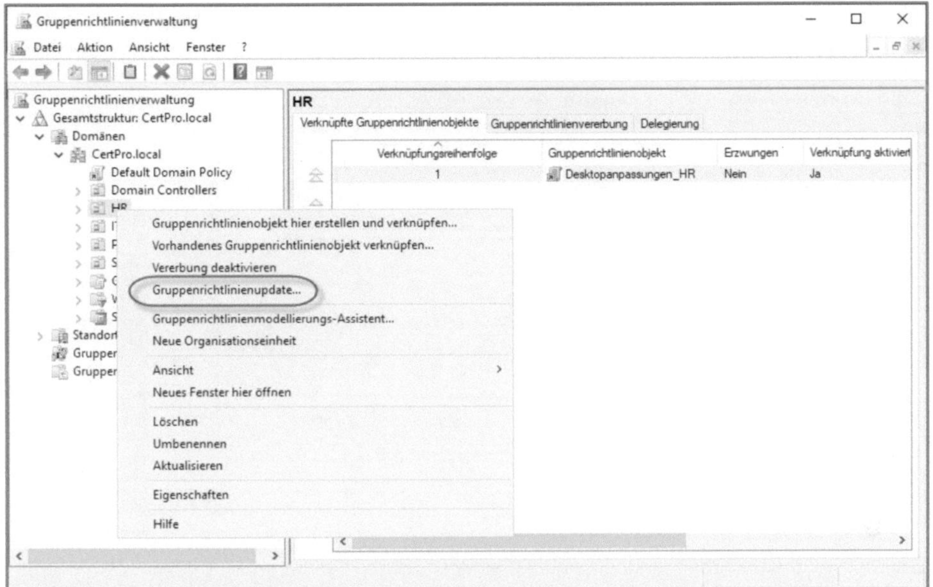

Abb. 8.48: *Gruppenrichtlinienaktualisierung aus der Konsole Gruppenrichtlinienverwaltung*

Gehen Sie wie folgt vor, um die Gruppenrichtlinienaktualisierung auf einem Container in einer Active Directory-Domäne mithilfe der Konsole *Gruppenrichtlinienverwaltung* unter Windows Server 2019 auf alle darin gespeicherten Benutzer- und Computerobjekte zu erzwingen:

1. Melden Sie sich als *Administrator* am Serversystem an.
2. Öffnen Sie den *Server-Manager* (soweit dies nicht automatisch geschieht) über einen Klick im Startmenü auf die **Kachel** für den **Server-Manager**.
3. Klicken Sie oben im *Server-Manager* auf **Tools**, und dann auf **Gruppenrichtlinienverwaltung**.
4. Erweitern Sie die *Konsolenstruktur* bis zu dem gewünschten *Container*, auf den die Aktualisierung von Gruppenrichtlinien angewendet werden soll.
5. Klicken Sie mit der rechten Maustaste auf den betreffenden *Container*, und wählen Sie im Kontextmenü die Option **Gruppenrichtlinienupdate...**
6. Bestätigen Sie die Meldung zur Aktualisierung der Richtlinien mit einem Klick auf **Ja**.

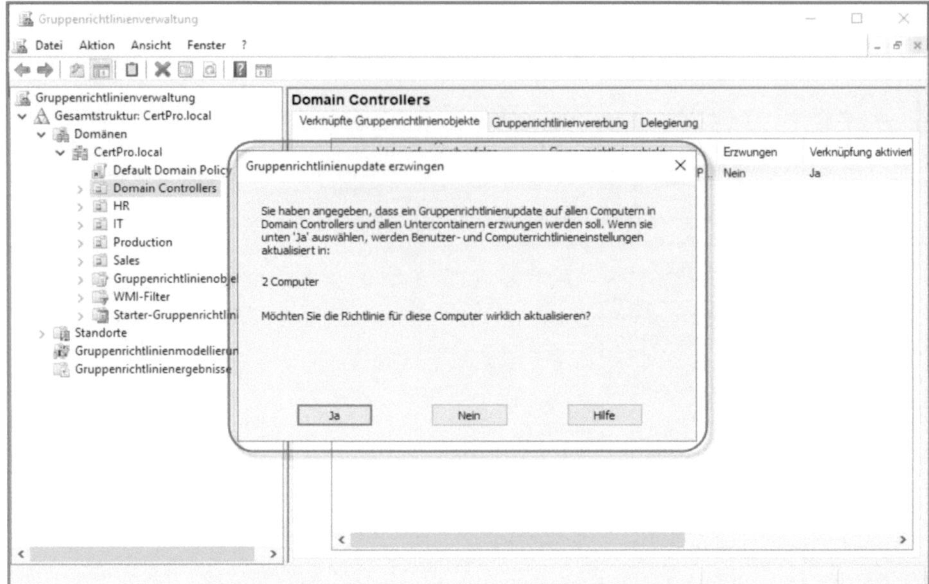

Abb. 8.49: *Aktualisierungsvorgang von Gruppenrichtlinien in der Konsole Gruppenrichtlinienverwaltung*

Die Ergebnisse der Gruppenrichtlinien-Remoteaktualisierung werden in einem Dialog angezeigt. Das Ergebnis kann bei Bedarf als CSV-Datei gespeichert werden.

HINWEIS ➲ Sollten sich in dem für die Aktualisierung ausgewählten Container in der Active Directory-Domäne kein zu aktualisierendes Computer- oder Benutzerobjekt enthalten sein, so wird dies durch den Aktualisierungsvorgang in einer entsprechenden Meldung angezeigt.

Nicht alle Features oder auch Sicherheitseinstellungen lassen sich in den Active Directory-Domänendiensten (*AD DS*) anhand von Gruppenrichtlinienobjekten und Richtlinien definieren. Dies wird deutlich, wenn man sich mit dem Gedanken befasst, womöglich unterschiedliche Kennwortvorgaben für die im Computernetzwerk vorhandenen, verschiedenen Benutzergruppen zu definieren und durchzusetzen. Zu diesem Zweck kann man die in den Active Directory-Domänen definierbaren Gruppenrichtlinienobjekte sicher ohne Zusatztools und Erweiterungen nicht einsetzen. Standardmäßig wird die Kennwortanforderung für alle Benutzerkonten einer Domäne gleichermaßen durch die Einstellungen im Abschnitt der Sicherheit des *„Default Domain Policy"*-Objektes definiert, welches ebenso standardmäßig auf den Container der betreffenden Domäne verknüpft, und somit auf alle vorhandenen Benutzerkonten angewendet wird.

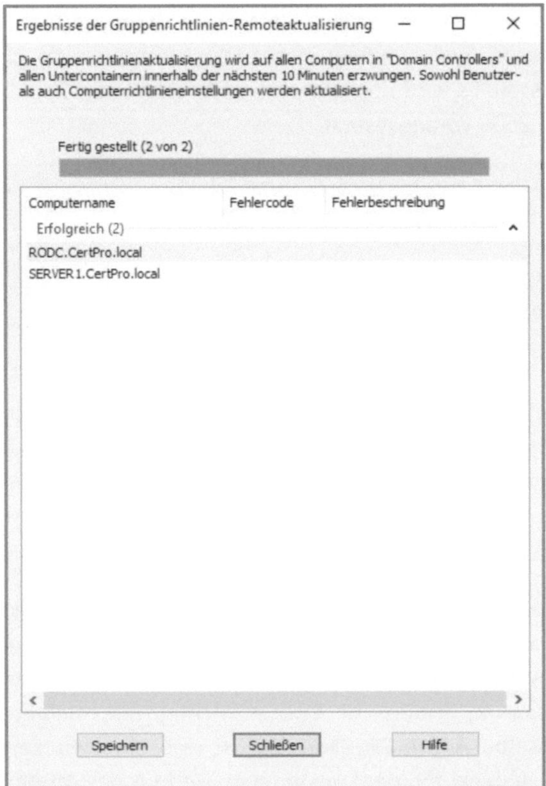

Abb. 8.50: *Bericht über die erfolgreiche Aktualisierung von Gruppenrichtlinienobjekten*

8.8 Abgestimmte Kennwortrichtlinien

Unterschiedliche Kennwortrichtlinien innerhalb einer Domäne

Unter Windows Server 2008 war es erstmalig möglich, unterschiedliche *Richtlinien für Benutzerkontenkennwörter* als sogenannte *„abgestimmte Kennwortrichtlinien“* (engl. *Fine Grained Password Policies, FGPP*) innerhalb der Grenzen einer Active Directory-Domäne zu definieren. Diese werden auch als „Kennwortrichtlinienobjekte“ (engl. *Password Policy Objects, PSOs*) bezeichnet. Hiermit kann man beispielsweise den Administratoren andere Kennwortvorgaben machen, als den übrigen, einfachen Benutzern der gleichen Active Directory-Domäne.

Zwar ist in der Definition hierbei der Begriff „Richtlinie“ enthalten, jedoch werden diese nicht innerhalb von Gruppenrichtlinienobjekten definiert. Für das Einrichten von unterschiedlichen Richtlinien für Benutzerkontenkennwörter hat Microsoft beginnend mit Windows Server 2008 (und höher) einen Active Directory-Container auf den Active Dirctory-Domänencontrollern erstellt, den „**Password Settings Container**“. Diesen findet man im Container **System** der jeweiligen Domänenpartition der Active Directory-Datenbank.

Dieser Umstand lässt sicher bereits ableiten, dass die abgestimmten Kennwortrichtlinien (auch *Richtlinien für Benutzerkontenkennwörter* genannt) sich frühestens ab Windows Server 2008 realisieren lassen. Es wird deshalb auch mindestens die Domänenfunktionsebene *Windows Server 2008* vorausgesetzt.

HINWEIS ➲ Anders als noch unter Windows Server 2008 und Windows Server 2008 R2 lassen sich die abgestimmten Kennwortrichtlinien unter Windows Server 2019, Windows Server 2016, wie zuvor auch in Windows Server 2012 (R2) im *Active Directory-Verwaltungscenter* bequem und übersichtlich verwalten. Die dazu notwendigen Konfigurationsschritte werden in den nächsten Seiten detailliert dargestellt.

8.8.1 Funktionsweise

Verknüpfung mit Benutzern und Sicherheitsgruppen möglich

Die *abgestimmten Kennwortrichtlinien* (auch *Richtlinien für Kennwörter* genannt) werden jeweils als Active Directory-Objekte (*ms-DS-Password-Settings*-Objekte) erstellt und lassen sich anschließend auf Ebene von Benutzerobjekten, InetOrgPerson-Objekten und globalen Sicherheitsgruppen verknüpfen. Eine Verknüpfung auf Ebenen von Organisationseinheiten (engl. *Organizational Units, OUs*) ist hierbei nicht möglich.

Die Objekte der abgestimmten Kennwortrichtlinien (*Richtlinien für Kennwörter)* besitzen ein Attribut mit dem Namen *ms-DS-Password-Settings-Precedence* und der Klasse *ms-DS-Password-Settings*. Anhand des Zahlenwertes, der diesem Attribut zugewiesenen ist, wird eine Priorisierung ermöglicht. Das ist wichtig, falls mehrere Richtlinienobjekte auf ein und dasselbe Active Directory-Objekt, wie ein Benutzerobjekt, verknüpft sind. Das Richtlinienobjekt mit dem niedrigeren Wert für das Attribut *ms-DS-Password-Settings-Precedence* setzt sich im Konfliktfall gegenüber allen anderen Kennwortrichtlinienobjekten durch. Auch stehen die explizit erstellten Richtlinienobjekte der „abgestimmten Kennwortrichtlinien" in der Priorisierung über der „**Default Domain Policy**" (oder einem eigens erstellten, vergleichbaren Gruppenrichtlinienobjekt), mit welcher bislang die Kennwortrichtlinie einheitlich für alle Benutzer in einer Domäne definiert wurde. Sobald einem Benutzer in einer Active Directory-Domäne eine Richtlinie für Kennwörter zugewiesen wird, setzt diese die eigentliche „**Default Domain Policy**" (oder das vergleichbar auf der Ebene der Domäne definierte Gruppenrichtlinienobjekt) für diesen Benutzer außer Kraft.

Reihenfolge durch Priorität

Sollten mehrere abgestimmte Kennwortrichtlinien mit jeweils gleicher Priorität mit einem Benutzerobjekt verknüpft sein, so setzt sich die Richtlinie durch, welche die kleinere GUID (*Global Unique Identifier* - einzigartige Kennung) besitzt. Da dieser Umstand nicht sonderlich transparent erscheint, empfiehlt Microsoft die Verwendung von eindeutigen Prioritätswerten für die Richtlinien für Kennwörter.

8.8.2 Konfigurierbare Werte

Vergleichbar mit den lokal einstellbaren Kennwortrichtlinien kann man mit abgestimmten Kennwortrichtlinien die folgenden Kennwortvorgaben definieren:

- Kennwortrichtlinienpriorität
- Option: Kennwort mit umkehrbarer Verschlüsselung speichern
- Option: Kennwort muss Komplexitätsvoraussetzungen erfüllen
- Minimale Kennwortlänge
- Minimales Kennwortalter
- Maximales Kennwortalter
- Kontosperrungsschwellenwert
- Zurücksetzungsdauer des Kontosperrungszählers
- Kontosperrungsdauer

Detaillierte Informationen zu den einzelnen Attributen findet man in der (Online-)Hilfe von Windows Server 2019.

8.8.3 Auswertelogik

Auswertungsvorgang klar definiert

Da es möglich ist, einem Objekt mitunter gleich mehrere Richtlinien zuzuweisen, geht Windows Server 2019 (sowie zuvor bereits auch die vorherigen Windows-Serverbetriebssysteme ab Windows Server 2008 bis einschließlich auch Windows Server 2016) nach einem vordefinierten Auswerteschema vor. Die nachfolgende Abbildung 8.5.1 zeigt Ihnen die Auswertelogik beim Verarbeiten der Richtlinien für Kennwörter auf Ebene der Domänencontroller unter Windows Server 2019.

Wie dies in der nachfolgenden Abbildung 8.5.1 zu sehen ist, setzen sich die abgestimmten Kennwortrichtlinien mit dem niedrigsten Attributwert für „**ms-DS-Password-Settings-Precedence**" gegenüber anderen verknüpften Kennwortrichtlinien - insbesondere auch gegenüber den Kennwortrichtlinien der standardmäßigen „**Default Domain Policy**" - durch.

Anwendung der Kennwortrichtlinien ohne Verzug

Da die Richtlinienobjekte direkt auf dem jeweiligen Domänencontroller als Active Directory-Objekte angelegt werden, können diese nach der Replikation auf alle anderen Domänencontroller einer Active Directory-Domäne sofort angewendet werden. Eine zeitliche Verzögerung, wie sie standardmäßig bei der Verarbeitung von domänenbasierten Gruppenrichtlinienobjekten auftritt, kommt hier nicht zur Anwendung. Wenn beispielsweise eine neue Kennwortrichtlinie für einen Benutzer oder ein Sicherheitsgruppe mit veränderten Werten erstellt und auf die betreffenden Objekte verknüpft wird, so können diese anschließend sofort auf diese angewendet werden.

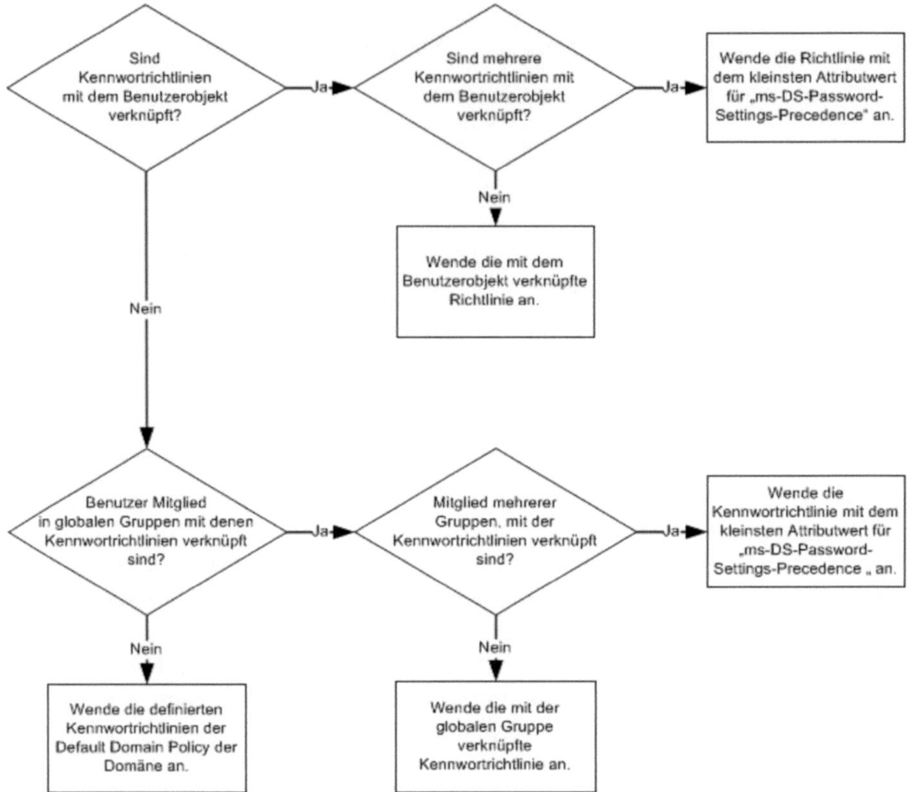

Abb. 8.51: *Auswertelogik bei der Verarbeitung von abgestimmten Kennwortrichtlinien*

8.8.4 Schritte zum Erstellen abgestimmter Kennwortrichtlinien

Unter Windows Server 2008 und auch Windows Server 2008 R2 musste man, wenn man lediglich auf die „*Onboard*"-befindlichen Tools und Programme zurückgreifen konnte, die *abgestimmten Kennwortrichtlinien* noch recht umständlich mit der Konsole **ADSIEdit.exe** erstellen und konfigurieren. Erst seit Windows Server 2012 hat Microsoft das ***Active Directory-Verwaltungscenter*** für die Verwaltung der abgestimmten Kennwortrichtlinien entsprechend erweitert.

Gehen Sie wie folgt vor, um abgestimmte Kennwortrichtlinien für Benutzer im *Active Directory-Verwaltungscenter* unter Windows Server 2019 zu erstellen und zu konfigurieren:

1. Melden Sie sich als *Administrator* am Serversystem an.
2. Öffnen Sie den *Server-Manager* (soweit dies nicht automatisch geschieht) über einen Klick im Startmenü auf die **Kachel** für den **Server-Manager**.

3. Klicken Sie oben im *Server-Manager* auf **Tools**, und dann auf **Active Directory-Verwaltungscenter**.
4. Doppelklicken Sie auf den *Domänennamen*, den Container *System*, und dann auf *Password Settings Container*.
5. Klicken Sie in der *Aufgabenleiste* auf **Neu**, und dann auf **Kennworteinstellungen**.

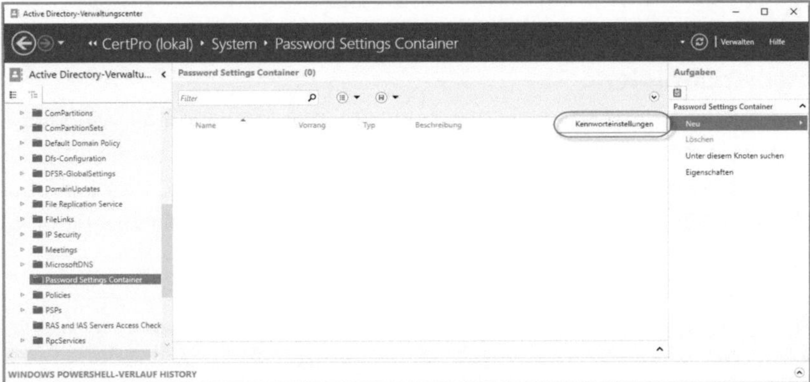

Abb. 8.52: *Erstellen eines neuen Kennwortrichtlinienobjekts im Active Directory-Verwaltungscenter*

6. Geben Sie die gewünschten Konfigurationsdaten für das neu zu erstellende Kennwortrichtlinienobjekt in die entsprechenden Felder ein. Klicken Sie anschließend auf **Hinzufügen**, um das Passwortrichtlinienobjekt nach dem Erstellen auf bestimmte Benutzer oder Sicherheitsgruppen anzuwenden, und klicken Sie anschließend auf **OK**.

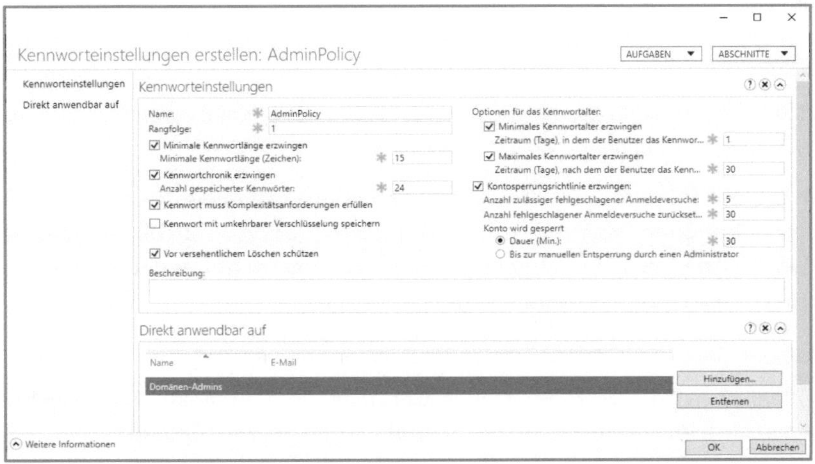

Abb. 8.53: *Konfiguration von Kennworteinstellungen während der Erstellung eines neuen Kennwortrichtlinienobjekts*

Nach dem Erstellen wird das neue Kennwortrichtlinienobjekt (engl. *Password Settings Object, PSO*) innerhalb des *Active Directory-Verwaltungscenter* im Container ***Password Settings Container (PSC)*** angezeigt. Die darin definierten Kennwortrichtlinien werden unverzüglich auf die davon betroffenen Benutzerkonten angewendet.

8.8.5 Anzeigen der auf einen Benutzer angewandten abgestimmten Kennwortrichtlinien

Kontroll-möglichkeit

Im Bedarfsfall kann man im *Active Directory-Verwaltungscenter* unter Windows Server 2019 problemlos kontrollieren, ob und welche der vorhandenen Kennwortrichtlinienobjekte auf ein bestimmtes Benutzerkonto angewendet werden. Dies kann auch im Einzelfall sehr hilfreich sein, wenn Probleme beim Ändern von Benutzerkontenkennwörtern auftreten sollten.

Abb. 8.54: *Filterergebnis bei der Suche nach bestimmten Benutzerobjekten, um resultierende Kennworteinstellungen anzeigen zu lassen*

Gehen Sie wie folgt vor, um die auf ein bestimmtes Benutzerkonto in den Active Directory-Domänendiensten unter Windows Server 2019 angewendeten Kennwortrichtlinien eines abgestimmten Kennwortrichtlinienobjekts im Active Directory-Verwaltungscenter anzeigen zu lassen:

1. Melden Sie sich als *Administrator* am Serversystem an.
2. Öffnen Sie den *Server-Manager* (soweit dies nicht automatisch geschieht) über einen Klick im Startmenü auf die **Kachel** für den **Server-Manager**.
3. Klicken Sie oben im *Server-Manager* auf **Tools**, und dann auf **Active Directory-Verwaltungscenter**.

4. Klicken Sie mit der rechten Maustaste auf den *Domänennamen*, und wählen Sie im Kontextmenü den Eintrag **Unter diesem Knoten suchen**.
5. Geben Sie im Feld *Suchen* den gewünschten Benutzernamen (oder einen Teil davon) ein, und klicken Sie auf **Suchen**.
6. Klicken Sie auf das gewünschte *Benutzerkonten*, und dann in der Aufgabenleiste auf **Resultierende Kennworteinstellungen anzeigen...**
7. Die auf das Benutzerobjekt angewendeten Kennwortrichtlinien werden angezeigt.

HINWEIS ➲ Sollten mehrere Kennwortrichtlinienobjekte auf ein einzelnes Benutzerkonto angewendet werden, so wird dennoch lediglich das letzte Objekt geöffnet, das sich am Ende gegenüber den anderen Kennwortrichtlinienobjekten durchgesetzt hat.

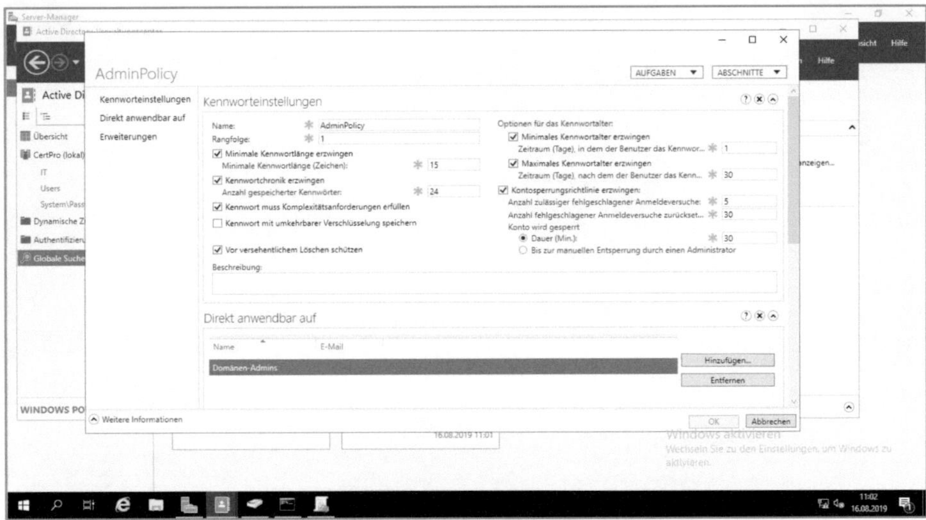

Abb. 8.55: *Effektive Kennwortrichtlinien für ein Benutzerkonto*

Wie Sie in den vorangegangenen Schritten erkennen konnten, ist das Anlegen von Richtlinienobjekten für die Definition von abgestimmten Kennwortrichtlinien (*Richtlinien für Kennwörter)* bereits unter Windows Server 2012 bis hin zu Windows Server 2019 durch die direkte Implementierung in das Active Directory-Verwaltungscenter transparent geworden. Dieser Umstand wird in absehbarer Zeit sicher dafür sorgen, dass noch mehr Administratoren sich dazu entscheiden, die abgestimmten Kennwortrichtlinien in den Computernetzwerken von Unternehmen einzusetzen.

INTERNET ➲ Weitere Informationen zu den abgestimmten Kennwortrichtlinien (*Fine Grained Password Policies, FGPP*) finden Sie in der Windows-Hilfe von Windows Server 2019, sowie in der Microsoft-Website im Internet unter:

https://docs.microsoft.com/en-us/windows-server/identity/ad-ds/get-started/adac/introduction-to-active-directory-administrative-center-enhancements--level-100-

Nach dem Exkurs zu den Active Directory-Domänendiensten, sowie den damit verbundenen Neuerungen und Aktualisierungen, geht es im nächsten Kapitel nun weiter zur Datenträger- und Speicherverwaltung unter Windows Server 2019.

KAPITEL 9

Datenträger- und Speicherverwaltung

Für die Praxis wichtige Neuerungen und Verbesserungen

Datenträger werden in Windows Server 2019 zum Speichern von Daten, wie zum Beispiel Datenbankdateien, Textdateien und Bildern verwendet. In der Regel kommen hierbei physikalische oder auch virtuelle Festplattenlaufwerke zum Einsatz auf denen man die Datenträger zur Speicherung von Daten anlegt, und mit einem durch das Betriebssystem unterstütztes Dateisystem formatiert.

Microsoft hatte bereits in Windows Server 2012, sowie parallel auch in Windows 8 die Datenträgerstrukturen und -verwaltung völlig neu konzipiert. Durch die damalige Einführung sogenannter Speicherpools in Verbindung mit physikalischen und auch virtuellen Datenträgern ist die Datenträgerverwaltung gänzlich flexibel geworden. Darüber hinaus unterstützte der Windows Server 2012 u. a. erstmalig auch ReFS (*Resilient File System*) als das „unverwüstliche" Dateisystem, dessen Unterstützung ebenso auch zum Umfang von Windows Server 2019 gehört.

Unter Windows Server 2019 hat Microsoft wiederum verschiedene Neuerungen und Verbesserungen rund um die Datenträger und Speicherverwaltung in das Betriebssystem eingearbeitet. Diese werden Ihnen in den nächsten Seiten vorgestellt.

9.1 Neuerungen und Verbesserungen

Bevor man sich in den Details verliert, sollte man sich zunächst mit den Neuerungen und Verbesserungen rund um die Datenträger und Speicherverwaltung unter Windows Server 2019 befassen.

9.1.1 Neuerungen und Verbesserungen unter Windows Server 2019

Microsoft hat unter Windows Server 2019 in der Datenträger und Speicherverwaltung einige, für die Praxis sicher relevante Neuerungen und Verbesserungen integriert.

9.1.1.1 Speichermigrationsdienst (Storage Migration Service)

Unter Windows Server 2019 hat Microsoft erstmalig den grafischen „Speichermigrationdienst" (engl. Storage Migration Service) eingearbeitet, der die Migration von Daten, Dateifreigaben, sowie der damit verbundenen Benutzerrechte in der Praxis stark vereinfacht. Im Gegensatz zu den bisherigen, oft verwendeten Wegen der Dateiservermigration, beispielsweise mithilfe des Kommandozeilentools „Robocopy.exe" oder des ebenso parallel noch im Umfang der Serverbetriebssysteme enthaltenen Dateiserver-Migrationstoolkit, soll dieser neue Dienst unter Windows Server 2019 den gesamten Vorgang der Migration vereinfachen.

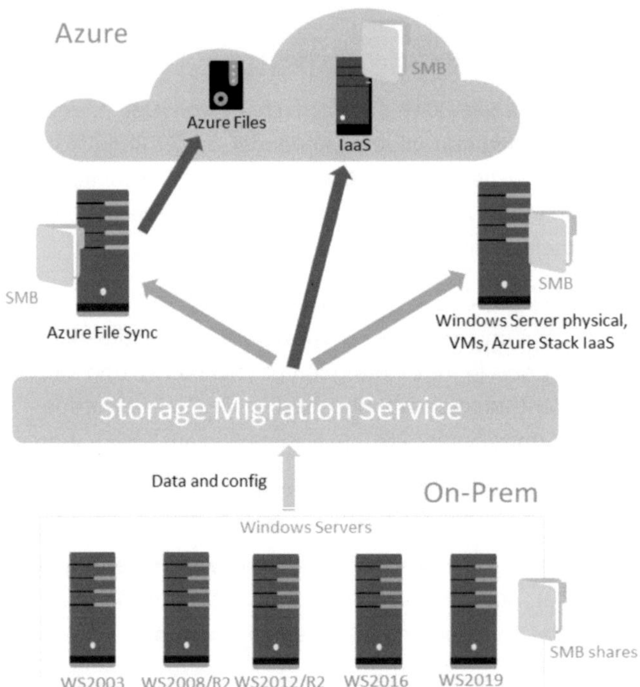

Abb. 9.1: *Speichermigrationsdienst (Storage Migration Service) in Windows Server 2019 (Quelle: Microsoft Corporation)*

Als Quelle für die Migration von Dateifreigaben mithilfe des neuen Speichermigrationsdienstes können hierbei Serversysteme von Windows Server 2003 bis hin zu Windows Server 2019 dienen. Migriert werden können hierbei nicht nur die Datendateien, sondern beispielsweise auch gleich die vorhandenen Dateifreigaben sowie auch die bereits vorhandenen Benutzerrechte. Als Ziel kann hierbei ein lokaler Server unter Windows Server 2019, oder alternativ kann die Migration auch in die Microsoft Azure-Cloud erfolgen - was jedoch ein kostenpflichtiges Abonnement der Microsoft Azure-Dienste voraussetzt. Als Zielserver kann auch ein Serversystem unter Windows Server 2016 oder auch Windows Server 2012 R2 (Release 2) verwendet werden, jedoch beschreibt Microsoft, dass die Migration auf diese „älteren" Serversysteme rund 50 % langsamer erfolgt, als dies zu einem Serversystem unter Windows Server 2019 erfolgen kann.

HINWEIS ➲ Das Dateisystem des Quell- und des Zielservers müssen gleichermaßen sein. Der Speicherreplikationsdienst unter Windows Server 2019 unterstützt keine Migration aus dem NTFS-Dateisystem auf ein ReFS-Ziellaufwerk, oder umgekehrt. Lediglich die Migration von NTFS zu NTFS, sowie von ReFS zu ReFS wird hierbei unterstützt. Diese Einschränkung leitet sich aus den unterschiedlichen Funktionalitäten, sowie auch der Unterschiede, beispielsweise der Metadaten innerhalb der verschiedenen Dateisysteme ab.

Übernahme der Identität des bisherigen Dateiservers

Während der Migration kann man beispielsweise auch die IP-Adresse, den Computernamen, sowie auch womöglich vorhandene, lokale Benutzerkonten vom Quellserver auf den Zielserver übernehmen. Dies ermöglicht eine Migration von Dateifreigaben und Konfigurationen auf neue Server bestenfalls völlig ohne Auswirkungen auf vorhandene Anwendungen oder auch Benutzer. Man muss dabei beachten, dass der Zielserver - soweit zutreffend - bei einer bestehenden Domänenmitgliedschaft zur gleichen Active Directory-Domäne gehören sollte, wie auch der zu migrierende Quellserver.

Verwaltung der Migration im Windows Admin Center (WAC)

Die Verwaltung der Migration mit dem neuen Speichermigrationsdienst erfolgt über die grafische Benutzeroberfläche des Windows Admin Center (WAC). Alternativ lässt sich die Datenübernahme auch mit den Windows PowerShell-Cmdlets aus dem neuen, zum Speichermigrationsdienst unter Windows Server 2019 gehörenden Windows PowerShell-Modul *„StorageMigrationService"* erledigen. Die Übernahme der Daten von einem Quellserver erfolgt hierbei über einen *„Storage Migration Proxy"*, der ebenso zum Umfang der Rolle des neuen Speichermigrationsdienstes zählt. Wenn auf einem Serversystem das Feature für den Speichermigrationsdienste (engl. *Storage Migration Service*) installiert ist, wird der entsprechende Menüpunkt nach dem Verbinden im

Windows Admin Center (*WAC*) angezeigt. Durch einen Klick auf *Storage Migration Service* startet man die Migration.

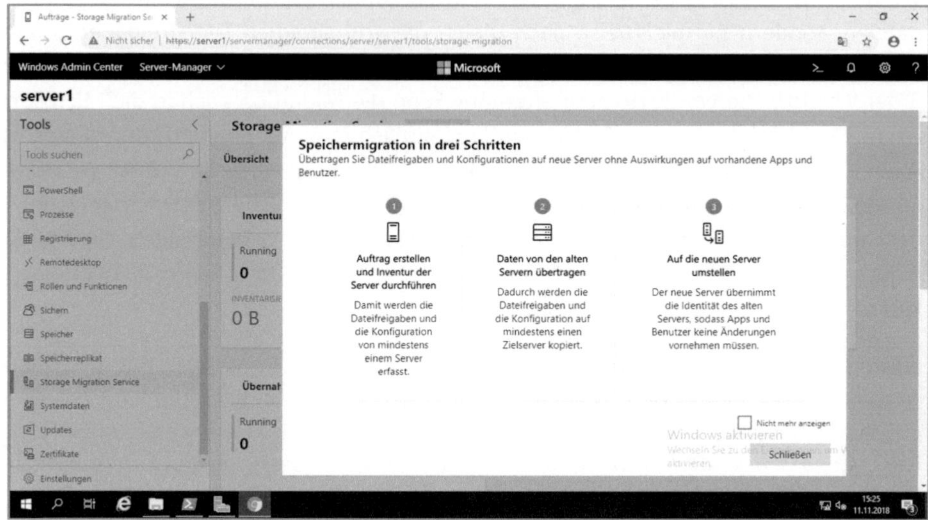

Abb. 9.2: *Speichermigrationsdienst (Storage Migration Service) im Windows Admin Center (WAC)*

Speichermigration - in drei Schritten

Die Speichermigration lässt sich nach der Installation des Speichermigrationsdienstes aus dem Windows Admin Center (WAC) heraus mit den folgenden, einfachen Schritten durchführen:

1. **Inventarisierung des Quellservers** zum Sammeln von Informationen zu den zu migrierenden Dateien und der Konfiguration (Dateifreigaben und Rechtevergabe).

2. **Übertragung (Kopieren) der Daten** vom Quellserver auf den Zielserver.

3. **Umstellung auf den neuen Zielserver** (*optional*), wobei die Identität des früheren Serversystems auf den Zielserver übernommen wird. Hierdurch können Benutzer oder auch Anwendungen, welche die Daten auf dem ursprünglichen Quellserver verwendet haben, ohne jegliche Änderung auf die Daten auf dem Zielserver zugreifen.

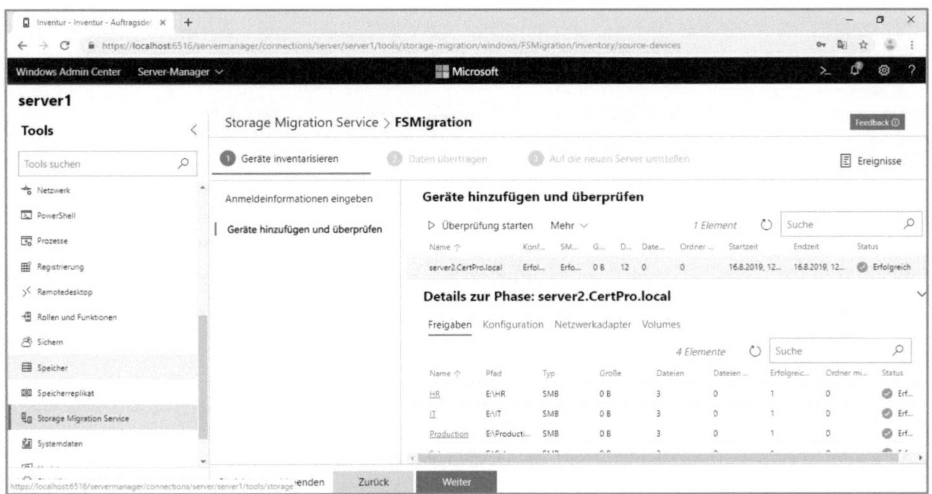

Abb. 9.3: Migrationsschritte für die Übernahme von Dateien im Windows *Admin Center (WAC)*

Der Speichermigrationsdienst unter Windows Server 2019 wird im nächsten Kapitel noch detailliert vorgestellt.

INTERNET ➲ Weitere Details zum Speichermigrationsdienst unter Windows Server 2019 findet man auf der Website von Microsoft im Internet unter:

https://docs.microsoft.com/de-de/windows-server/storage/storage-migration-service/overview

9.1.1.2 Speicherreplikat (Storage Replica)

Microsoft hat die bereits unter Windows Server 2016 eingeführten Speicherreplikate auch unter Windows Server 2019 für den praktischen Einsatz nochmals optimiert. So stehen diese nunmehr auch gleich in Windows Server 2019 als Standard Edition zur Verfügung - allerdings mit der Einschränkung der Volumengröße von maximal 2 TB, anstatt einer unbegrenzten Größe, wie dies bei der Datacenter Edition der Fall ist. Als weitere Einschränkung der Speicherreplikate in der Standard Edition von Windows Server 2019 unterstützt diese lediglich die Replikation eines einzelnen Volumes, wogegen die zu replizierenden Volumes unter der Datacenter Edition von Windows Server 2019 in der Anzahl unbegrenzt sind. Verbessert wurde ebenso noch die Protokollierleistung für Speicherreplikate. Zusätzlich neu eingearbeitet hat Microsoft die Unterstützung der Speicherreplikate für das Windows Admin Center (WAC).

INTERNET ➲ Weitere Details zu den Speicherreplikaten unter Windows Server 2019 findet man auf der Website von Microsoft im Internet unter:

https://docs.microsoft.com/de-de/windows-server/storage/storage-replica/storage-replica-overview

9.1.1.3 Storage Spaces Direct (Direkte Speicherplätze)

Die ebenso bereits unter Windows Server 2016 erstmals enthaltenen, „direkten Speicherplätze" (Storage Spaces Direct) wurden auch unter Windows Server 2019 nochmals umfangreich erweitert und optimiert. Zu den Neuerungen und Verbesserungen zählt hierbei unter anderem:

- Unterstützung der Datendeduplizierung und Komprimierung für ReFS-Volumes,
- Zwei-Server-Cluster mithilfe eines USB-Speichersticks als „Zeuge",
- Skalierung bis zu 4 PB pro Cluster,
- Unterstützung für das Windows Admin Center (WAC).

INTERNET ➲ Weitere Details zu den Neuerungen und Verbesserungen rund um die „direkten Speicherplätze" (Storage Spaces Direct) findet man im Internet auf der Website von Microsoft unter:

https://docs.microsoft.com/de-de/windows-server/storage/whats-new-in-storage#storage-spaces-direct

9.1.2 Neuerungen und Verbesserungen noch unter Windows Server 2016

Bereits unter Windows Server 2016 hatte Microsoft verschiedene Neuerungen und Verbesserungen eingebaut, die auch in Windows Server 2019 enthalten sind. Diese werden der Vollständigkeit halber in den nachfolgenden Seiten aufgezeigt.

9.1.2.1 Speicherreplikat (Storage Replica)

Das Feature Speicherreplikat (engl. *Storage Replica*) ermöglicht die Replikation von Daten auf Blockebene zwischen Serversystemen oder Failover-Clustern, beispielsweise für die Notfallwiederherstellung oder auch das Strecken von Failover-Clustern zwischen Standorten. Mithilfe der synchronen Speicherreplikation lassen sich Daten zur Ausfallsicherheit an unterschiedlichen Standorten, wie zum Beispiel unterschiedlichen Serverracks, Etagen, Gebäuden oder gar Städten spiegeln. Die asynchrone Speicherreplikation ermöglicht das Spiegeln von Daten zwischen Standorten über Netzwerkverbindungen mit höheren Latenzzeiten, dann jedoch ohne die Gewähr gleicher Kopien der Daten während einer möglichen Ausfallzeit.

Die Replikation erfolgt auf Blockebene, so dass das Risiko von Datenverlust bei der synchronen Replikation nicht auftreten kann. Für den Datentransport setzt die Speicherreplikation auf SMB3, was wiederum die Verwendung verschiedener Features, wie zum Beispiel SMB Multichannel- und die SMB Direct-Unterstützung ermöglicht.

Einsatzszenarien für Speicherreplikate

Microsoft unterstützt die Verwendung der Speicherreplikation in Windows Server 2019, sowie auch bereits in Windows Server 2016 in den folgenden Konfigurationen:

- **Stretched Cluster** Dies ermöglicht die Konfiguration von Computer und Speichern innerhalb eines einzelnen Failover Clusters, in dem die Clusterknoten asymmetrischen Speicher zueinander verwenden. Die Replikation zwischen den Knoten wird mit Standortinformationen synchron oder asynchron durchgeführt.

- **Cluster-zu-Cluster** Diese Konfiguration ermöglicht die Replikation zwischen zwei separaten Failover Clustern, die zueinander synchron oder asynchron repliziert werden.

- **Server-zu-Server** Diese Konfiguration ermöglicht die synchrone oder asynchrone Replikation von Daten zwischen zwei eigenständigen Serversystemen.

INTERNET ➲ Umfangreiche Details zur Speicherreplikation in Windows Server 2019 bzw. Windows Server 2016 erhält man in der Website von Microsoft im Internet unter:

https://technet.microsoft.com/de-de/windows-server-docs/storage/storage-replica/storage-replica-overview

9.1.2.2 Storage Spaces Direct (Direkte Speicherplätze)

Die in Windows Server 2016 erstmalig implementierten Storage Spaces Direct stellen eine Erweiterung der bisherigen Storage Spaces (Speicherplätze) dar. Analog zu VMware Virtual SAN dienen Storage Spaces Direct in Windows Server 2019 wie zuvor schon unter Windows Server 2016 dazu, lokale Festplatten- und SSD-Speicher in einem Virtualisierungscluster über mehrere Cluster-Knoten als zusammengefasster Speicherpool bereitzustellen. Dank der softwarebasierten Speichertechnologie lassen sich für die Bereitstellung von Shared Storage nunmehr auch günstige SATA-Festplatten einbeziehen, die nur an einen einzelnen Knoten des Clusters angeschlossen sind. Bislang benötigte man in den vorherigen Windows-Serverbetriebssystemen hierzu Serial Attached SCSI-Festplatten (SAS-JBODs), da diese im Gegensatz zu SATA-Festplatten auch Multi-Initiator unterstützen. Mit Windows Server 2016 beseitigt Microsoft diese Einschränkung mit Storage Spaces Direct, welche auf einer Shared-Nothing-Architektur durch den Einsatz jeweils lokaler Festplatten basieren und Daten zwischen Server-Laufwerken synchronisieren.

Setzt mindestens 4 Knoten, sowie Cluster Shared Volumes mit ReFS voraus.

Storage Spaces Direct setzt ein Failover Cluster mit mindestens vier Knoten unter Windows Server 2016 oder Windows Server 2019, sowie auch Cluster Shared Volumes (CSV) auf der Basis von ReFS (Resilient File System) voraus. Zwischen den einzelnen Cluster-Knoten wird mittels SMBv3 kommuniziert. Dies ermöglicht beispielsweise die Nutzung von SMB Direct, welches Daten über RDMB-fähige Netzwerkkarten direkt in den Arbeitsspeicher des Servers übertragen kann. Zusätzlich ermöglicht SMB Multichannel die parallele Nutzung mehrerer Netzwerkverbindungen.

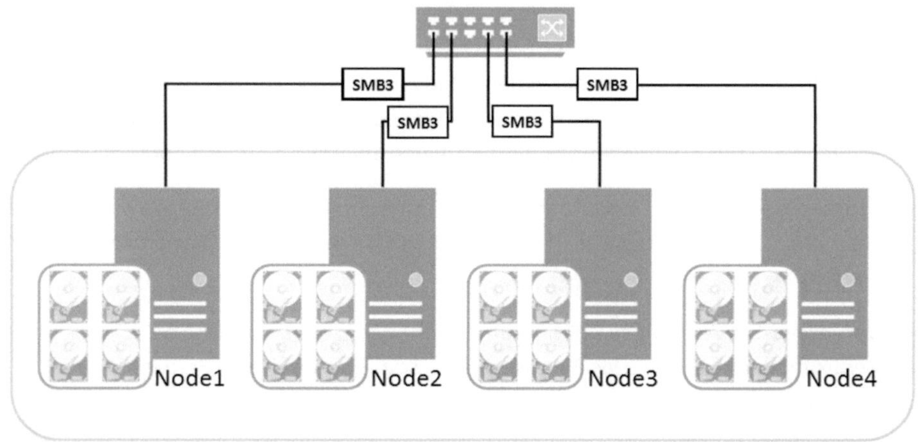

Abb. 9.4: *Storage Spaces Direct mit internen Festplatten*

Unterstützt seit Windows Server 2016, Version 1803, auch die Datendeduplizierung

Ein gängiges Szenario für die Verwendung von Storage Spaces Direct ergibt sich in der Möglichkeit, eigenständige Speichersysteme als *„Hyper-converged Infrastructure (HCI)"* so aufzubauen, dass die bislang voneinander getrennt betrachteten Komponenten - einerseits *Compute* (Hyper-V-Hosts) und andererseits *Storage* (Speichermedien) - zu einer Einheit zusammengefasst werden. Virtuelle Maschinen werden hierbei auf einem lokalen Cluster Shared Volume (CSV) bereitgestellt. Die sonst dazu notwendige Rolle eines *„Scale-Out File Servers"* (SoFS) entfällt hierbei völlig.

Windows Server 2016 unterstützt seit der Version 1803 - wie nachfolgend auch Windows Server 2019 - das ReFS-Dateisystem für Storage Space Direct, sowie auch die Datendeduplizierung.

INTERNET ➲ Details zu Storage Spaces Direct unter Windows Server 2019 und Windows Server 2016 erfahren Sie im Internet auf der Website von Microsoft unter:

https://docs.microsoft.com/de-de/windows-server/storage/storage-spaces/storage-spaces-direct-overview

9.1.2.3 Verbesserte Datendeduplizierung

Mithilfe des in Windows Server 2012 erstmals integrierten Rollendienstes, der Datendeduplizierung, lässt sich Speicherplatz insbesondere auf Dateiservern sparen. Die Datendeduplizierung ermittelt Duplikate vorhandener Daten und sorgt dafür, dass lediglich eine einzige Kopie davon innerhalb eines Volumes gespeichert wird. In Windows Server 2016 hatte Microsoft die Leistungsfähigkeiten rund um die Datendeduplizierung nochmals verbessert. So lassen sich beispielsweise durch die parallele Abarbeitung mehrerer Threads viel größere Datenmengen auf den Datenträgern verarbeiten, was den Datendeduplizierungsprozess auch zeitlich optimiert. Außerdem unterstützt die Datendeduplizierung unter Windows Server 2016 und Windows Server 2019 Volumengrößen von bis zu 64 TB (Terabytes). Auch wurde die Datendeduplizierung für die Unterstützung von Dateigrößen von bis zu 1 TB optimiert.

Optimiert für Volumes von bis zu 64 TB und Dateigrößen von bis zu 1 TB

INTERNET ➲ Weitere Informationen zur Datendeduplizierung in Windows Server 2019 und Windows Server 2016 findet man in den nächsten Seiten dieses Buches, sowie auch im Internet unter:

https://docs.microsoft.com/de-de/windows-server/storage/whats-new-in-storage

9.1.2.4 Verbesserung in der Sicherheit von SMB-Sitzungen für SYSVOL- und NETLOGON-Verbindungen

Standardmäßig rufen die im Computernetzwerk vorhandenen Computersysteme bei Starten, dem Anmeldevorgang durch Benutzer, oder aber auch in vordefinierten Zeitintervallen die auf den Domänencontrollern gespeicherten Gruppenrichtlinienobjekte und mitunter vorhandenen Start- bzw. Anmeldeskriptdateien aus den standardmäßigen Freigaben *SYSVOL* bzw. *NETLOGON* ab.

Microsoft setzt für Windows 10 und Windows Server 2019, sowie auch Windows Server 2016 für die Clientverbindungen mithilfe des SMB-Protokolls (Server Message Block) auf die *SYSVOL*- und *NETLOGON*-Freigaben die SMB-Signierung der Datenpakete, sowie die gegenseitige Authentifizierung (beispielsweise mittels Kerberos-Protokoll) voraus. Diese Änderung dient zum Schutz gegen bestimmte Man-in-the-Middle-Angriffsszenarien.

Verbesserter Schutz gegen Man-in-the-Middle-Angriffe

Sollte die SMB-Signierung der zu übertragenden Datenpakete und die gegenseitige Authentifizierung vom anfragenden Computersystem unter Windows 10, Windows Server 2016 bzw. Windows Server 2019 gegenüber dem Domänencontroller unter Windows Server 2019 oder Windows Server 2016 beim Versuch des Zugriffs auf die betreffenden Freigaben nicht auszuhandeln sein, so wird der Zugriff darauf nicht gestattet.

INTERNET ➲ Weitere Informationen zur Verbesserung der Sicherheit rund um die SMB-Sitzungen für SYSVOL- und NETLOGON-Zugriffe findet man im Internet unter:

https://docs.microsoft.com/de-de/windows-server/storage/whats-new-in-storage

9.2 Bereits in Windows Server 2012 (R2) enthaltene Neuerungen und Verbesserungen

Bereits unter Windows Server 2012 (R2) hatte Microsoft diverse Neuerungen und Verbesserungen gegenüber den vorherigen Windows-Serverbetriebssystemen integriert, welche auch unter Windows Server 2016 und Windows Server 2019 in der täglichen Praxis im Umgang mit Datenträgern und der Speicherung zum Einsatz kommen können. Zu diesen zählen unter anderem:

9.2.1 Alternatives Dateisystem: ReFS

Dateigröße - maximal 18 EB

Volumegröße - maximal 4,7 ZB

Parallel zu dem FAT (*File Allocation Table*)- und NTFS- (*New Technology File System*)-Dateisystem hat Microsoft in Windows Server 2012 erstmalig ReFS (*Resilient File System*) als „unverwüstliches" und „robustes" Dateisystem integriert. Dieses neue Dateisystem speichert Daten innerhalb der Datenträgerstruktur so, dass diese vor möglichen Datenverlusten (bspw. defekte Speichercluster) geschützt sind. ReFS besitzt einen Datenintegritätsscanner, der das jeweilige Volume regelmäßig nach verborgenen Beschädigungen untersucht, und dann proaktiv eine Reparatur dieser beschädigten Daten auslöst. Darüber hinaus ist ReFS, wie zuvor auch das NTFS-Dateisystem, für die Bereitstellung großer Dateien bis zu 18 EB (Exabytes) ausgelegt. Die maximale Volumegröße, die in NTFS-Datenträgern noch bei 256 TB (Terabyte) ihre Grenze findet, beträgt unter dem ReFS ganze 4,7 ZB (Zettabytes).

Die Rechtevergabe auf Datei- und Ordnerebene innerhalb eines mit ReFS-formatierten Volumes ist beispielsweise konform mit der in NTFS-Laufwerken.

INTERNET ➲ Weitere Informationen zu ReFS in Windows Server 2019, Windows Server 2016 oder auch Windows Server 2012 (R2) erhalten Sie im Internet auf der Website von Microsoft unter:

https://docs.microsoft.com/de-de/windows-server/storage/refs/refs-overview

9.2.2 Speicherpools und Storage Spaces

Gemeinsame Verwendung von IDE- und SCSI-Festplatten möglich

Völlig neu konzipiert hatte Microsoft die Verwaltung von Datenträgern und Volumes ebenso bereits in Windows Server 2012. Mit sogenannten Speicherpools fasst man die Datenträgerkapazitäten von physikalischen Datenträgern als gemeinsamen Speicherplatz zusammen und legt darauf nach Bedarf Volumes an. Die Anzahl der dabei verwendeten, physikalischen Datenträger ist hierbei nicht begrenzt. Auch lassen sich beispielsweise problemlos IDE- mit SCSI-Festplatten gemeinsam zu einem großen

Speicherplatz (engl. *Storage Space*) als logische Einheit in Form eines virtuellen Datenträgers zusammenfassen. Ausfallsicherheit und die Spiegelung von Daten sind bei der Verwendung von Speicherpools ebenso möglich. Die Verwaltung von Speicherpools, Storage Spaces und Volumes erfolgt in Windows Server 2016 oder Windows Server 2019 entweder im grafischen Server-Manager oder aber mithilfe der Windows PowerShell.

INTERNET ➲ Nähere Informationen zu Speicherpools und Storage Spaces finden Sie in den nachfolgenden Seiten dieses Buches, sowie auch im Internet auf der Website von Microsoft unter:

https://docs.microsoft.com/de-de/previous-versions/windows/server/hh831487(v=ws.11)

9.3 Verwendbare Datenträgertypen

Unterschiedlichste Datenträger nutzbar

Wie auch in den vorherigen Windows-Betriebssystemen unterstützt auch Windows Server 2019 verschiedene Datenträgertypen. Zu diesen zählen beispielsweise IDE-, SATA oder auch SCSI-Festplatten. Hinzukommen beispielsweise natürlich auch USB-Laufwerke, die das Serversystem bei Bedarf zur Erweiterung der auf den im Serversystem eingebauten Laufwerken (*DAS, Direct Attached Storage*) verfügbaren Speicherplatzes vermischen kann.

9.4 Unterstützte Software-RAID-Datenträger unter Windows Server 2019

„Konventionelle“ Unterstützung von softwarebasiertem RAID

Wenn auf Serversystemen kein passender RAID-Controller vorhanden ist, mit dem man die darin eingesetzten Datenträger optimieren kann, besteht die Möglichkeit auf „Altbewährtes" zurückzugreifen. Wie bereits auch die vorherigen Server-Betriebssystemversionen unterstützt Windows Server 2019 in der *Datenträgerverwaltung* weiterhin die folgenden Software-RAID-Stufen:

- **Stripeset-Volume** (RAID0 - mit mindestens 2 und höchstens 32 Datenträgern) - hierbei werden die Daten in 64 KB kleinen Teilstreifen über die Festplatten verteilt, was zu einem schnelleren Schreib-/Leseverhalten des Datenträgers führt. Dieser Datenträger verwendet keinerlei Fehlertoleranz, so dass die Daten bei Ausfall eines einzelnen Datenträgers unweigerlich verloren gehen.

- **Gespiegeltes Volume** (RAID1 - mit 2 Datenträgern) - hierbei werden die Daten des einen auf den zweiten Datenträger in einer 1-zu-1-Kopie gespeichert. Bei Ausfall eines der Datenträger stehen die Daten auf dem anderen Datenträger noch komplett zur Verfügung, jedoch kann lediglich die Hälfte des eigentlichen Speicherplatzes zur Speicherung von Daten verwendet werden.

- **RAID5-Volume** (Stripeset mit Parität - mit mindestens 3 und höchstens 32 Datenträgern) - hierbei werden die Daten in 64 KB kleine Teilstreifen über die verwendeten Festplatten verteilt. In jeweils einem der Teilstreifen werden die Paritätsinformationen zu den anderen Teilstreifen gespeichert, so dass selbst der Ausfall eines einzelnen Datenträgers keinen Datenverlust mit sich zieht. Außerdem nimmt die Redundanz der Daten bei jeder zusätzlichen Festplatte ab (3 Festplatten 33,3% Redundanz, 4 Festplatten 25% Redundanz etc.)

Alternativ bietet es sich in Windows Server 2019 an, für die Konfiguration von Datenträgern und Volumes die Speicherpools und Storage Spaces (*Speicherplätze*) zu verwenden.

9.5 Bereitstellen von Speicherpools

Flexible Bereitstellung von Datenspeicher

Die Speicherverwaltung wurde von Microsoft - beginnend mit Windows Server 2012, sowie parallel auch in Windows 8 - völlig neu konzipiert. Physikalische Datenträger kann man in Windows Server 2019, wie zuvor auch schon unter Windows Server 2016, zu Containern zusammenfassen, die als Speicherpools bezeichnet werden. Es ist dabei völlig unerheblich, ob es sich bei den verwendeten Festplatten um SATA (*Serial Advanced Technology Attachment*), IDE (*Integrated Drive Electronics*), SCSI (*Small Computer System Interface*) oder auch USB (*Universal Serial Bus*)-Laufwerke handelt. Innerhalb des jeweiligen Speicherpools als Container kann der verfügbare Speicher zu einem Speicherplatz (engl. *Storage Space*) in Form eines virtuellen Datenträgers gruppiert werden, ohne jeden physikalischen Datenträger einzeln verwalten zu müssen. Durch diese Aggregation lässt sich die verfügbare Datenträgerkapazität effizienter nutzen.

Nach dem Anlegen eines virtuellen Datenträgers erstellt man auf diesem - wie sonst auch auf physikalischen Datenträgern - Volumes, die man mit dem NTFS- oder dem ReFS-Dateisystem formatieren und anschließend mittels Laufwerksbuchstaben für die Speicherung von Daten bereitstellen kann. Wenn der Speicherplatz in einem Pool erschöpft ist, fügt man einfach weitere Datenträger hinzu.

Optimierte Speichernutzung mittels „Thin Provisioning“

Unabhängig vom eigentlich verfügbaren, physikalischen Speicherplatz kann man beim Einrichten von virtuellen Datenträgern durch die sogenannte „schlanke Speicherzuweisung“ (engl. *„Thin Provisioning“*) zum Beispiel mit einer Kapazität von 20 TB angelegt werden, welcher beim Speichern von nur wenigen Dateien zu Beginn mitunter vielleicht gerade einmal 100 MB an realem Speicherplatz beansprucht. Erst durch das Speichern weiterer Dateien wird dann auch weiterer, physikalischer Speicherplatz belegt.

9.5.1 Verwaltung von Datenträgern, Speicherpools und Volumes

Datenträger, Speicherpools und Volumes lassen sich in Windows Server 2019 bequem im grafischen Server-Manager verwalten. Gleich nach der Installation des Betriebssystems findet man darin einen eigenen Abschnitt mit der Bezeichnung *Datei-/Speicherdienste*.

Abb. 9.5: *Integration der Datei- und Speicherverwaltung im grafischen Server-Manager*

Mit einem Klick auf **Datei-/Speicherdienste** wechselt man in die Verwaltungsebene für Volumes, Datenträger und Speicherpools.

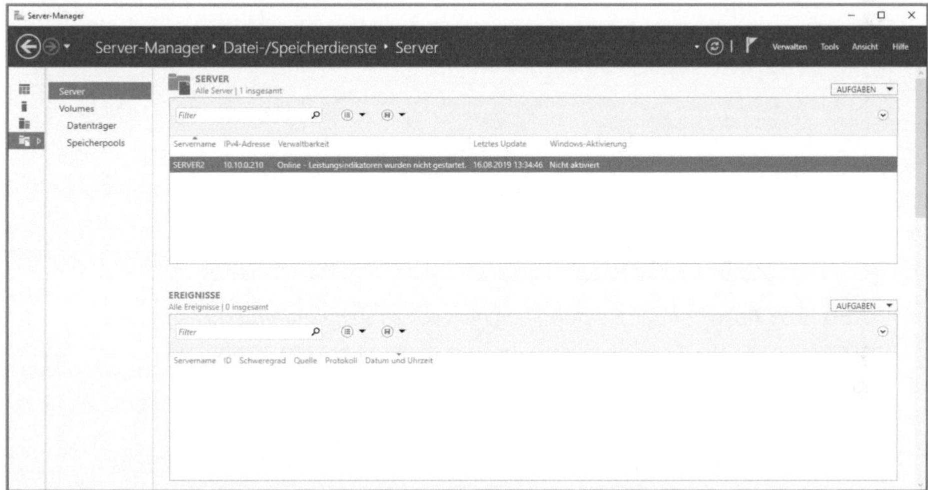

Abb. 9.6: *Datei-/Speicherdienste im grafischen Server-Manager*

9.5.1.1 Erstellen eines neuen Speicherpools

Das Anlegen eines neuen Speicherpools setzt wenigstens einen einzelnen, noch nicht verwendeten Datenträger im betreffenden Serversystem voraus.

Im Server-Manager unter Windows Server 2019 lassen sich Speicherpools völlig bequem und übersichtlich erstellen. Gehen Sie dazu wie folgt vor:

1. Starten Sie den *Server-Manager*.
2. Klicken Sie auf **Datei-/Speicherdienste**, und dann auf **Speicherpools**.
3. Klicken Sie im Abschnitt *SPEICHERPOOLS* auf **AUFGABEN**, und wählen Sie **Neuer Speicherpool...**

4. Klicken Sie im Dialog *Vorbemerkungen* auf **Weiter**.
5. Geben Sie den Namen für den neuen Speicherpool im Feld *Name:* an, und klicken Sie auf **Weiter**.
6. Wählen Sie die physikalischen oder virtuellen Laufwerke für den Speicherpool aus, und klicken Sie auf **Weiter**.

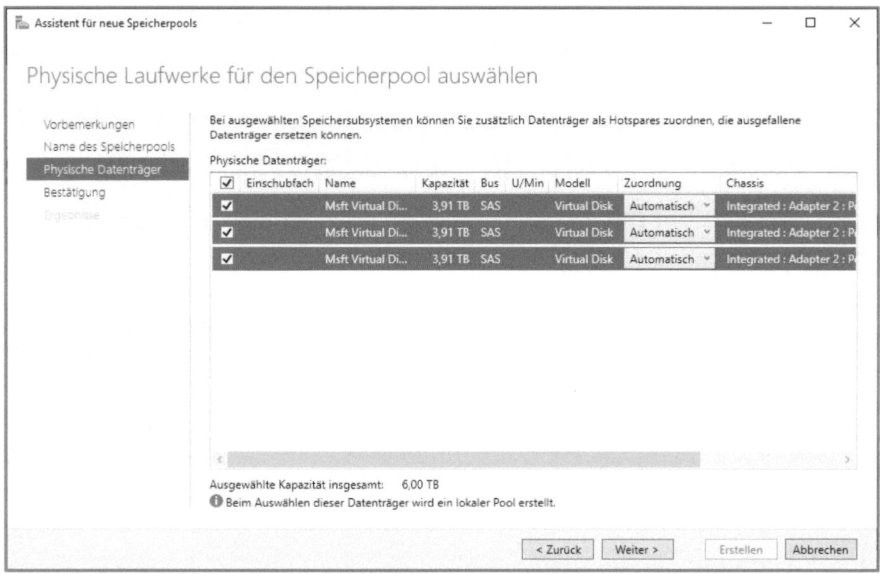

Abb. 9.7: *Auswahl der für den Speicherpool zu verwendenden Festplatten*

HINWEIS ➲ Zum Anlegen eines neuen Speicherpools muss mindestens ein freier, noch nicht verwendeter Datenträger im Serversystem vorhanden sein. Sollte ein Datenträger nach dem Hinzufügen noch nicht zur Auswahl stehen, so sollten Sie diesen im Server-Manager im Abschnitt Datenträger einfach nochmals initialisieren.

7. Klicken Sie im Dialog *Auswahl bestätigen* auf **Erstellen**.
8. Klicken Sie im Dialog *Ergebnisse anzeigen* auf **Schließen**.

Der neue Speicherpool wird im Server-Manager im Abschnitt *SPEICHERPOOLS* angezeigt.

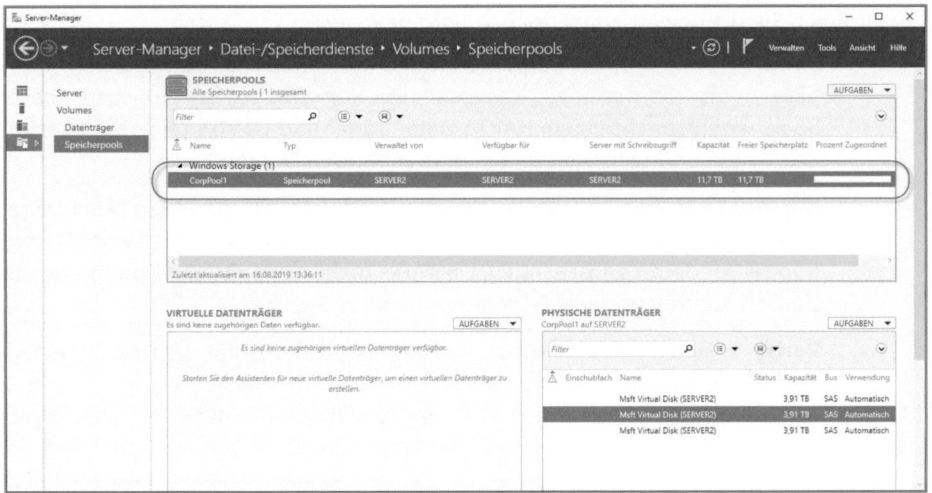

Abb. 9.8: *Neu erstellter Speicherpool im Server-Manager*

9.5.1.2 Hinzufügen weiterer Datenträger zu einem Speicherpool

Bei Bedarf völlig einfach erweiterbar

Nach dem Erstellen kann man dem Speicherpool problemlos weitere Datenträger hinzufügen. Dazu klickt man einfach mit der rechten Maustaste auf den *Speicherpool*, und wählt im Kontextmenü den Eintrag **Physischen Datenträger hinzufügen...** Im nächsten Dialog wählt man lediglich noch die betreffende Festplatte aus, die zum Speicherpool hinzugefügt werden soll, und klickt anschließend auf **OK**.

9.5.1.3 Erstellen eines neuen virtuellen Datenträgers

Nach dem Erstellen eines Speicherpools kann man daraus einen neuen virtuellen Datenträger für die Bereitstellung von Volumes für die Datenspeicherung erstellen. Gehen Sie dazu wie folgt vor:

1. Starten Sie den *Server-Manager* (soweit noch nicht geschehen).
2. Klicken Sie auf **Datei-/Speicherdienste**, und dann auf **Speicherpools**.
3. Klicken Sie im Abschnitt *SPEICHERPOOLS* mit der rechten Maustaste auf den zu verwendenden Speicherpool, und wählen Sie im Kontextmenü den Eintrag **Neuer virtueller Datenträger...**
4. Wählen Sie den zu verwendenden Speichpool aus, und klicken Sie dann auf **OK**.
5. Klicken Sie im Dialog *Vorbemerkungen* auf **Weiter**.
6. Wählen Sie den zu verwendenden *Speicherpool* aus, und klicken Sie auf **Weiter**.
7. Geben Sie den *Namen des virtuellen Datenträgers*, sowie optional eine Beschreibung an, und klicken Sie dann auf **Weiter**.
8. Klicken Sie im Dialog *Gehäuseresilizenz angeben* auf **Weiter**.

9. Wählen Sie die gewünschte *Speicheranordnung* aus:

   - **Simple** - Erstellt einen Stripeset-Datenträger über eine oder mehrere Festplatten, um die maximale Kapazität und Performance zu erreichen. Dieser Speicher entspricht einem RAID0-Datenträger und besitzt keinerlei Ausfallsicherheit beim Ausfall von einem oder mehreren Datenträgern.
   - **Mirror** - Erstellt einen auf zwei oder drei Festplatten duplizierten Datenträger (Mirroring), der die darauf gespeicherten Daten auch bei Ausfall eines Datenträgers vor dem Verlust schützt. Dies entspricht einem RAID1-Datenträger. Es werden mindestens zwei Festplatten benötigt.
   - **Parity** - Erstellt einen Stripset-Datenträger mit Parität (entspricht einem RAID5-Datenträger). Hierbei werden mindestens drei Festplatten benötigt, um die gespeicherten Daten vor dem Ausfall eines einzelnen Datenträgers schützen zu können.

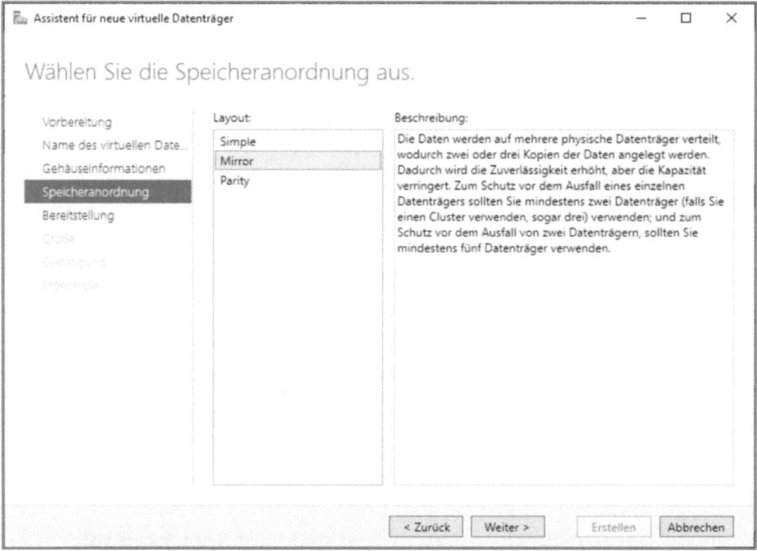

Abb. 9.9: *Auswahl der Speicheranordnung*

Klicken Sie anschließend auf **Weiter**.

9. Geben Sie den *Bereitstellungstyp* an:

   - **Dünn** - Vom Volume wird je nach Bedarf Speicher (bis zur Größe des Volumes) aus dem Speicherpool verwendet. (entspricht dem „Thin Provisioning")
   - **Fest** - Vom Volume wird Speicher aus dem Speicherpool entsprechend der Volumegröße verwendet. (der angegebene Speicherplatz wird komplett verwendet)

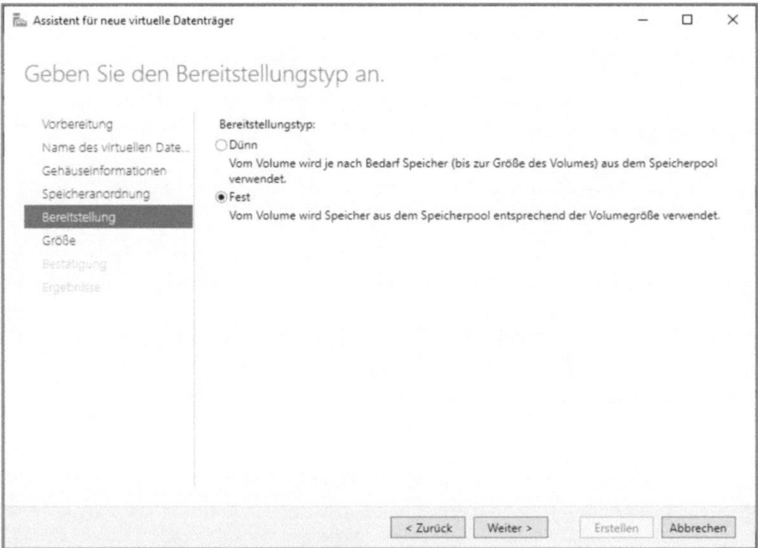

Abb. 9.10: *Auswahl des Bereitstellungstyps*

Klicken Sie anschließend auf **Weiter**.

10. Geben Sie die Größe des virtuellen Datenträgers an, und klicken Sie auf **Weiter**.
11. Klicken Sie im Dialog *Auswahl bestätigen* auf **Erstellen**.
12. Klicken Sie im Dialog *Ergebnisse anzeigen* auf **Schließen**.

Wenn Sie die Option **Volume erstellen, wenn dieser Assistent geschlossen wird** im *Ergebnisse*-Dialog aktiviert lassen, wird im Anschluss der *Assistent zum Erstellen eines neuen Volumes* automatisch gestartet. Die notwendigen Konfigurationsschritte sind die gleichen wie beim manuellen Aufruf des Assistenten.

PRAXISTIPP! ➲ Während des Anlegens virtueller Datenträger als *„Paritäts"*-Datenträger (Auswahl: *„Parity"*) traten im grafischen *Server-Manager* auch unter Windows Server 2019 in der Version 1903 noch Probleme auf, dass die Konfiguration *„Not Supported"* (nicht unterstützt) wäre - und das trotz der ausreichenden Anzahl zuvor eingebauter Festplatte. Die Festplatten wurden im grafischen Server-Manager unter MediaType als *„Unbekannt"* angezeigt - hier besteht offensichtlich ein - in der Praxis bereits wohl schon oft aufgetretenes - Problem beim Einlesen der Festplatten durch den grafischen Server-Manager.

Im Bedarfsfall sollte man den *„Medientyp"* der eingebauten Festplatten überprüfen, so dass dieser auch als „HDD" erkannt wurde. Dies kann man mit dem folgenden Befehl in der Windows PowerShell durchführen:

```
Get-PhysicalDisk
```

Sollte der Medientyp als *„Unspecified"* angezeigt werden, so lässt sich dieser mithilfe des folgenden Befehls auf *„HDD"* umstellen:

```
Set-PhysicalDisk -FriendlyName „MSFT Virtual Disk"
-MediaType HDD
```

Alternativ zum Server-Manager (bei dem auch nach dem Umstellen des Medientypes von vorhandenen Festplatten Probleme beim Anlegen virtueller Datenträger auftraten) lässt sich ein virtueller Datenträger auch mithilfe der Windows PowerShell als „Paritäts"-Datenträger anlegen. Verwenden Sie hierzu beispielsweise den folgenden Befehl:

```
New-VirtualDisk -StoragePoolFriendlyName CorpPool1
-FriendlyName SalesDisk -ResiliencySettingsName „Parity"
-Thin -MediaType HDD -PhysicalDiskRedundancy 1
```

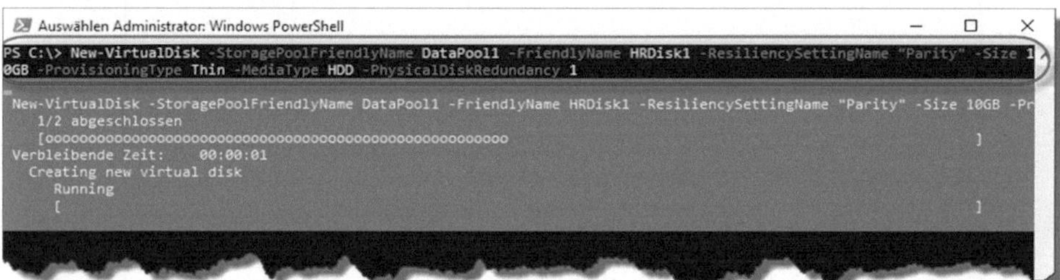

Abb. 9.11: *Erstellen eines virtuellen „Parity"-Datenträgers mithilfe der Windows PowerShell unter Windows Server 2019*

INTERNET ➲ Eine entsprechende Anleitung zum Erstellen von Speicherplätzen, virtuellen Festplatten und Volumes mithilfe der Windows PowerShell findet man in der Website von Microsoft im Internet unter:

https://docs.microsoft.com/de-de/windows-server/storage/storage-spaces/deploy-standalone-storage-spaces#prerequisites

9.5.1.4 Erstellen eines neuen Volumes

Nach dem Erstellen eines virtuellen Datenträgers im dem zuvor angelegten Speicherpool kann man für die eigentliche Datenspeicherung eines oder mehrere Volumes anlegen. Gehen Sie dazu wie folgt vor:

1. Starten Sie den *Server-Manager* (soweit noch nicht geschehen).
2. Klicken Sie auf **Datei-/Speicherdienste**, und dann auf **Speicherpools**.
3. Klicken Sie im Abschnitt *VIRTUELLE DATENTRÄGER* mit der rechten Maustaste auf den zu verwendenden Datenträger, und wählen Sie im Kontextmenü den Eintrag **Neues Volume...**
4. Klicken Sie im Dialog *Vorbemerkungen* auf **Weiter**.

5. Wählen Sie den betreffenden *Server* sowie den für das Anlegen des neuen Volumes zu verwendenden *Datenträger*, und klicken Sie auf **Weiter**.

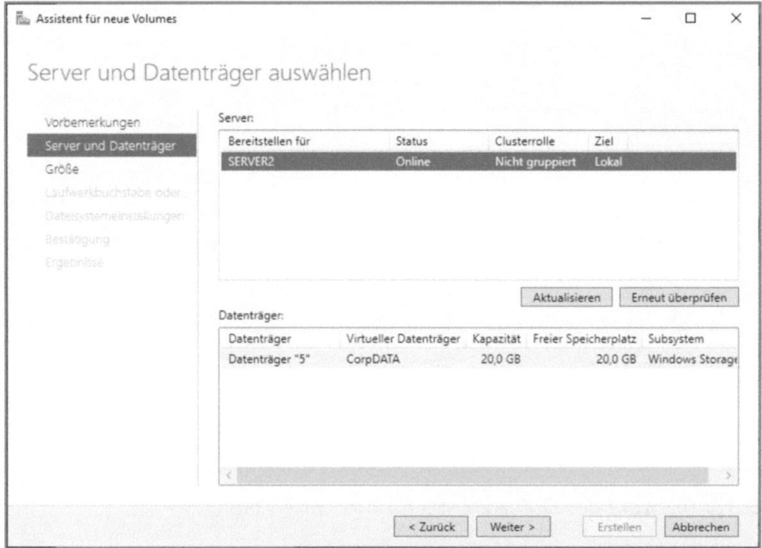

Abb. 9.12: *Auswahl des zu verwendenden Servers und des Datenträgers*

6. Geben Sie die *Größe des Volumes* an, und klicken Sie auf **Weiter**.
7. Wählen Sie einen *Laufwerksbuchstaben* für das neue Volume aus, bzw. einen *Ordner*, dem das neue Volume zugewiesen werden soll. Alternativ können Sie den Laufwerksbuchstaben oder Ordner auch später zuordnen. Klicken Sie auf **Weiter**.
8. Wählen Sie im Dialog *Dateisystemeinstellungen auswählen* das gewünschte Dateisystem (*NTFS* oder *ReFS*), bei Bedarf noch die Größe der Zuordnungseinheit (*Blockgröße*) aus, geben Sie eine *Volumebezeichnung* ein, und klicken Sie auf **Weiter**.

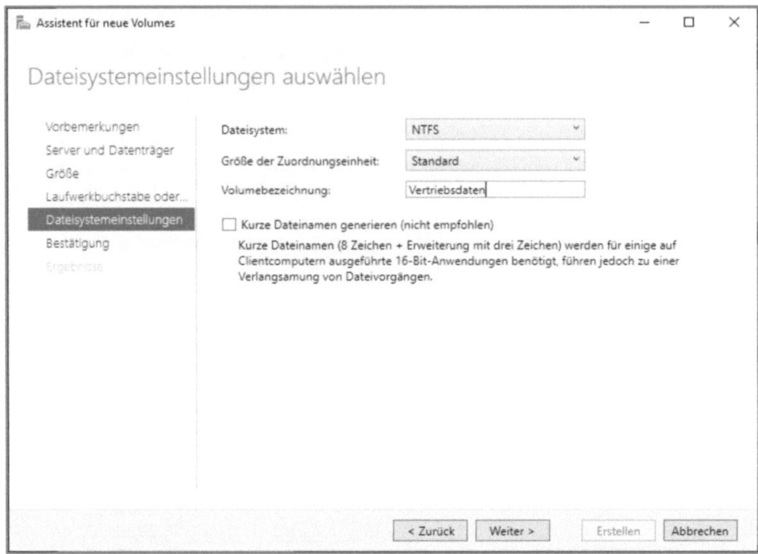

Abb. 9.13: *Auswahl des Dateisystems für das neue Volume*

9. Klicken Sie im Dialog *Auswahl bestätigen* auf **Erstellen**.
10. Klicken Sie im Dialog *Fertigstellung* auf **Schließen**.

Das neu angelegte Volume steht nun zur Datenspeicherung auf dem betreffenden Serversystem zur Verfügung.

PRAXISTIPP! ➲ Alternativ zur grafischen Verwaltung von Speicherpools, Speicherplätzen und Volumes kann man auch die in der Windows PowerShell im Modul **Storage** enthaltenen Windows PowerShell-Cmdlets verwenden. Eine Übersicht der darin enthaltenen Befehle erhält man durch die Eingabe des Befehls folgenden Befehls in der Windows PowerShell unter Windows Server 2019:

```
Get-Command -Module Storage
```

Weiter Informationen zur Speicherverwaltung mithilfe der Windows PowerShell finden Sie in der Hilfe von Windows Server 2019.

Die in Windows Server 2019 angelegten Volumes lassen sich bei Bedarf problemlos auch zu einem späteren Zeitpunkt erweitern oder auch verkleinern. Nähere Informationen hierzu finden Sie u. a. in der Windows-Hilfe.

9.6 iSCSI-Zielserver (iSCSI Target)

Unter Windows Server 2019 steht die Möglichkeit, diesen als iSCSI-Zielserver (engl. *iSCSI Target*) zu verwenden, direkt im Umfang der Rollendienste der *Datei- und Speicherdienste* zur Verfügung. Ein iSCSI-Zielserver kann in Unternehmen als SAN (Storage Area Network) z. B. für die Bereitstellung von Speicher für Failover-

Clusterserver verwendet werden. von einem iSCSI-Initiator (quasi: einem Serversystem als „Client") kann man sich dann anschließend auf den vom iSCSI-Zielserver bereitgestellten Speicher verbinden.

HINWEIS ➲ *iSCSI-Target* entspricht bei der Speicherbereitstellung der Serverkomponente, wogegen *iSCSI-Initiator* das Gegenstück, sprich: den Client darstellt. Letzterer war bereits auch in den vorherigen Versionen des Windows Server-Betriebssystems enthalten.

9.6.1 Bereitstellen eines iSCSI-Target (iSCSI-Zielservers)

Zum Konfigurieren eines Serversystems unter Windows Server 2019 als iSCSI-Target (iSCSI-Zielserver) muss man den im Umfang des Betriebssystems enthaltenen Rollendienst „iSCSI-Zielserver" installieren. Hierzu startet man im grafischen *Server-Manager* unter Windows Server 2019 den *Assistent zum Hinzufügen von Rollen und Features*, und wählt im Abschnitt *Serverrollen* unterhalb der **Datei-/Speicherdienste,** und dann unter **Datei- und iSCSI-Dienste** einfach **iSCSI-Zielserver** als Rollendienst - mitsamt der dabei angebotenen Features - zur Installation aus.

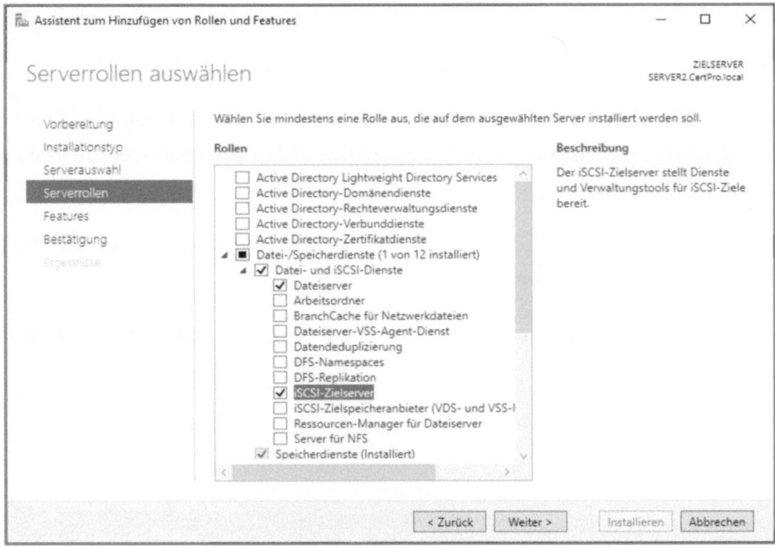

Abb. 9.14: *Installation von iSCSI-Zielserver als Rollendienst*

Anschließend steht der Rollendienst *iSCSI-Zielserver* für die entsprechende Konfiguration im *Server-Manager* unter Windows Server 2019 unter *Datei-/Speicherdienste* über einen Klick auf **iSCSI** bereit.

PRAXISTIPP! ➲ Sollte der iSCSI-Zielserver nach der erfolgreichen Installation im Abschnitt der Datei-/Speicherdienste noch nicht angezeigt werden, so müssen Sie den Server-Manager einfach aktualisieren. Dies kann entweder über die entsprechende „Aktualisierungsschaltfläche" in der oberen, rechten Befehlsleiste des *Server-Managers*, oder aber alternativ mithilfe der F5-Taste über die Tastatur erfolgen.

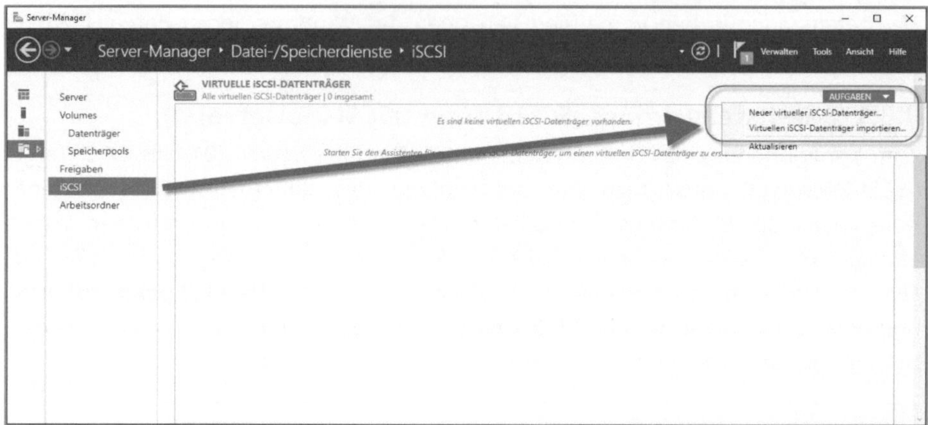

Abb. 9.15: *Konfigurationsmöglichkeit als iSCSI-Zielserver im Server-Manager*

Nach der Installation des Rollendienstes kann man nun den gewünschten Speicher für iSCSI-Initiatoren bereitstellen. Gehen Sie unter Windows Server 2019 dazu wie folgt vor:

1. Klicken Sie im Server-Manager unter *Datei-/Speicherdienste* auf **iSCSI**, und dann auf **Neuer virtueller iSCSI-Datenträger...**

2. Wählen Sie den Speicherort des virtuellen Datenträgers, und klicken Sie auf **Weiter**.

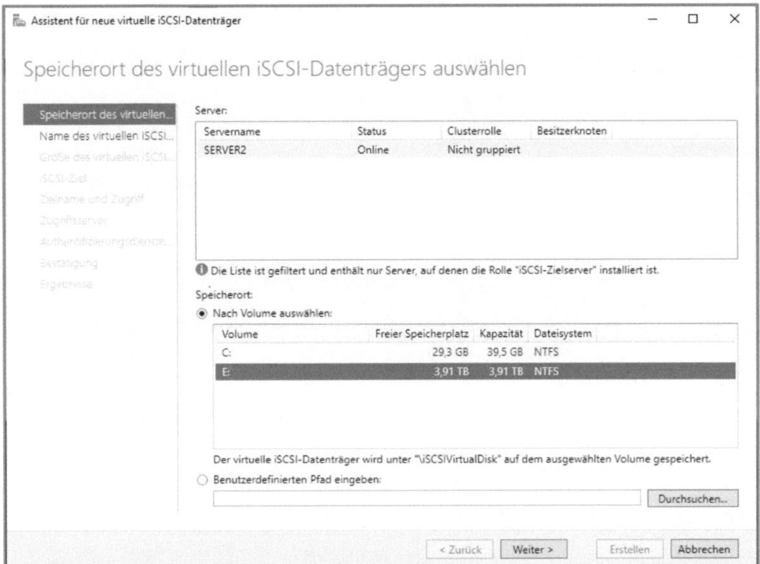

Abb. 9.16: *Auswahl des Speicherorts für den neuen virtuellen iSCSI-Datenträger*

3. Geben Sie den Namen des neuen virtuellen iSCSI-Datenträgers, sowie bei Bedarf noch eine entsprechende Beschreibung ein, und klicken Sie dann auf **Weiter**.

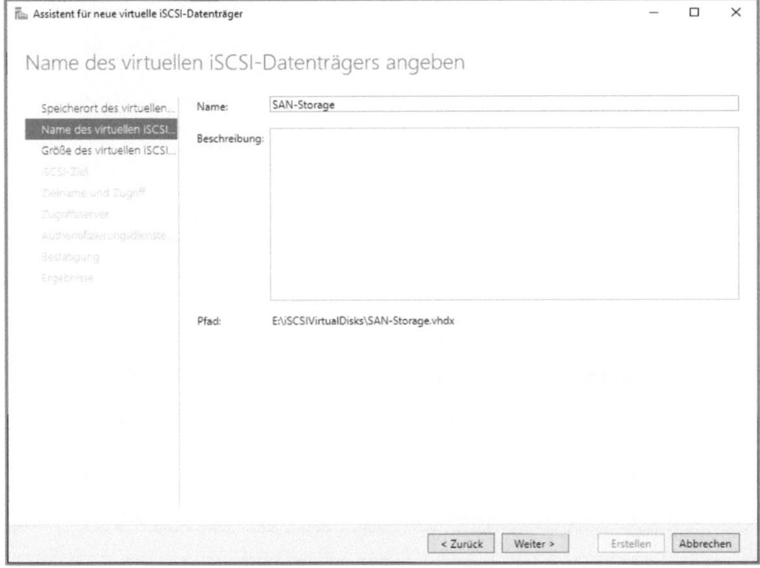

Abb. 9.17: *Festlegen des Namens des neuen virtuellen iSCSI-Datenträgers*

4. Wählen Sie die Größe des virtuellen iSCSI-Datenträgers, und klicken Sie dann auf **Weiter**.

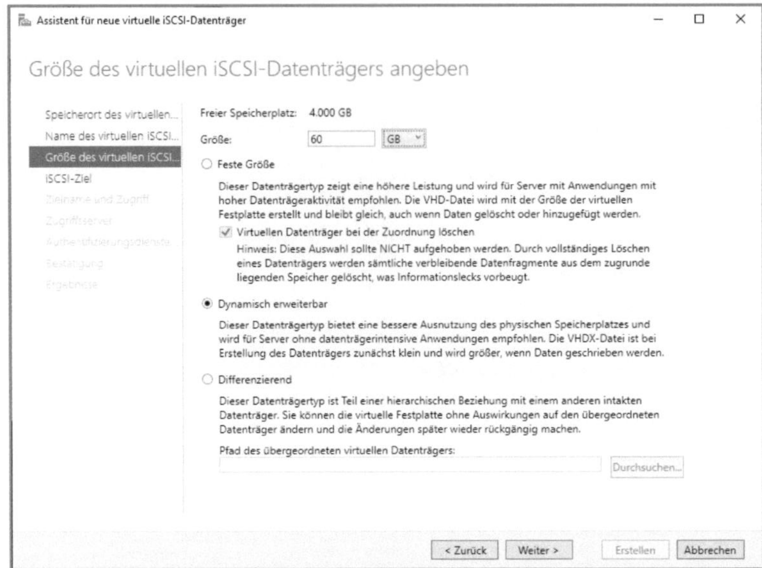

Abb. 9.18: *Angabe der Größe des neuen virtuellen iSCSI-Datenträgers*

5. Wählen Sie *Neues iSCSI-Ziel*, und klicken Sie auf **Weiter**.

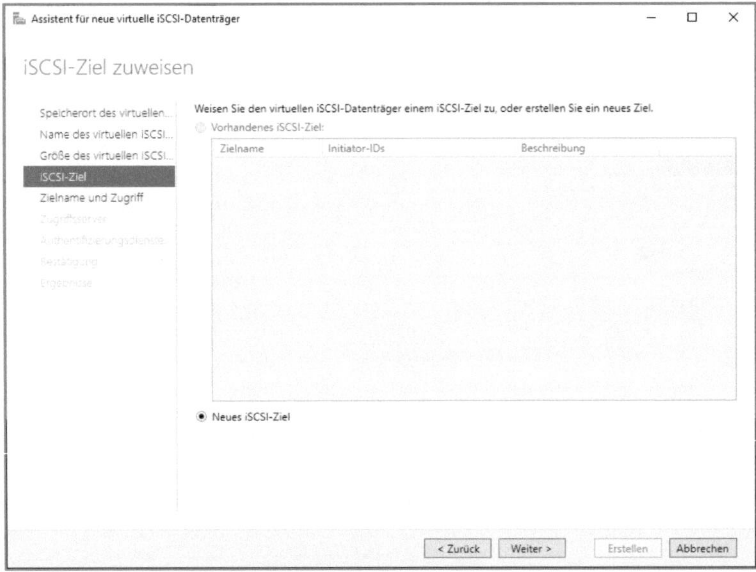

Abb. 9.19: *Zuweisung des iSCSI-Ziels*

6. Geben Sie im Dialog *Zielname angeben* einen entsprechenden Namen, sowie bei Bedarf noch eine Beschreibung ein, und klicken Sie auf **Weiter**.

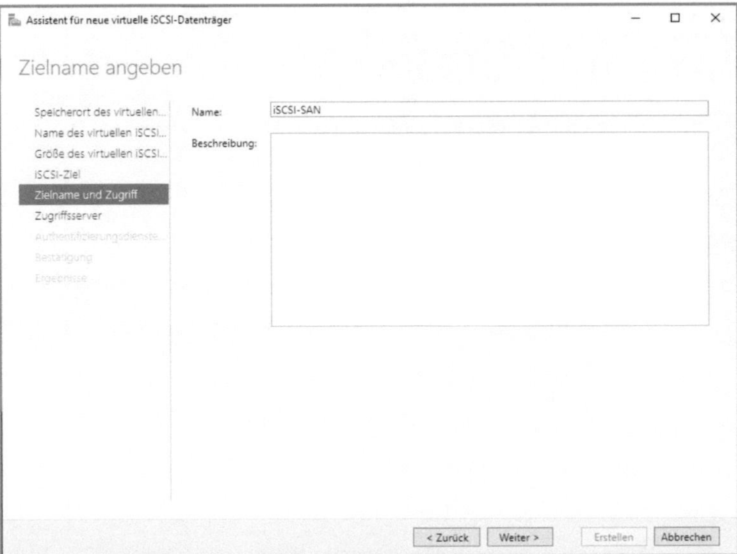

Abb. 9.20: *Angabe des Zielnamens für das neu anzulegende iSCSI-Ziel*

7. Klicken Sie im Dialog *Zugriffsserver angeben* auf **Hinzufügen...**, und fügen Sie die notwendigen Informationen (z. B. die „IP-Adresse" der gewünschten Zugriffsserver hinzu. Klicken Sie anschließend auf **Weiter**.

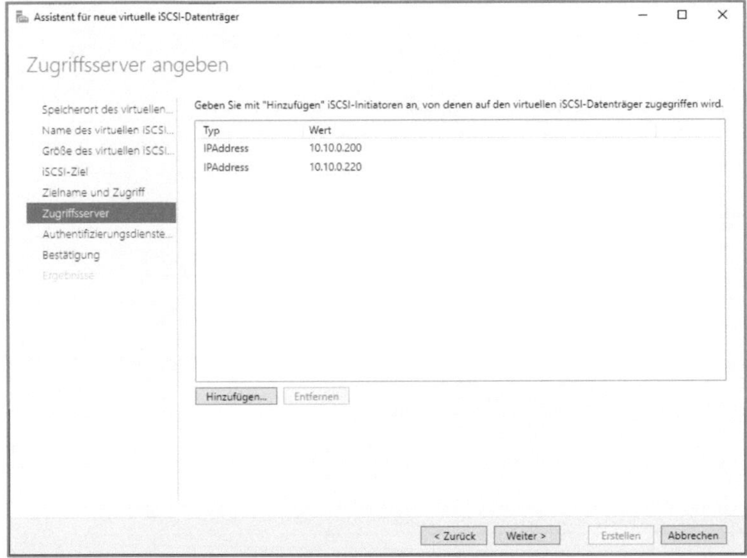

Abb. 9.21: *Festlegen der iSCSI-Initiatoren (iSCSI-Zielserver)*

8. Geben Sie im Dialog *Authentifizierung aktivieren* bei Bedarf die entsprechenden Authentifizierungsinformationen ein, und klicken Sie anschließend auf **Weiter**.

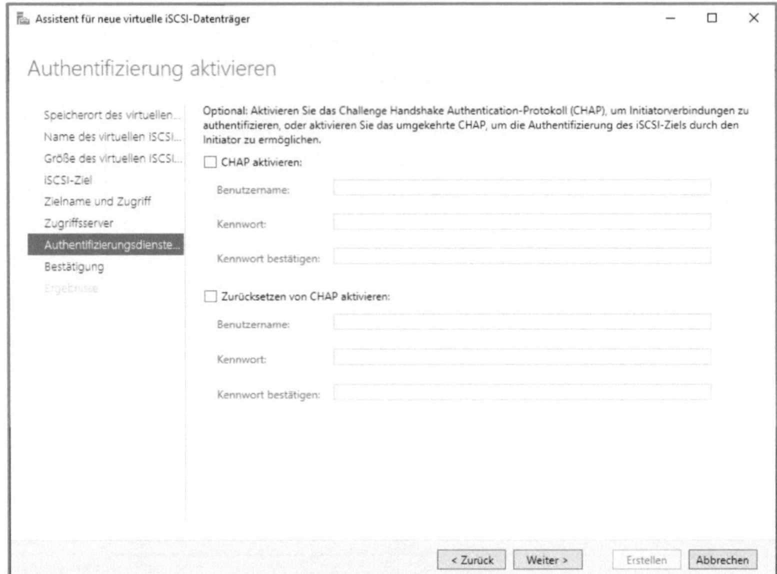

Abb. 9.22: *Möglichkeit zur Aktivierung der optionalen Authentifizierung*

9. Klicken Sie im Dialog *Auswahl bestätigen* auf **Erstellen**.

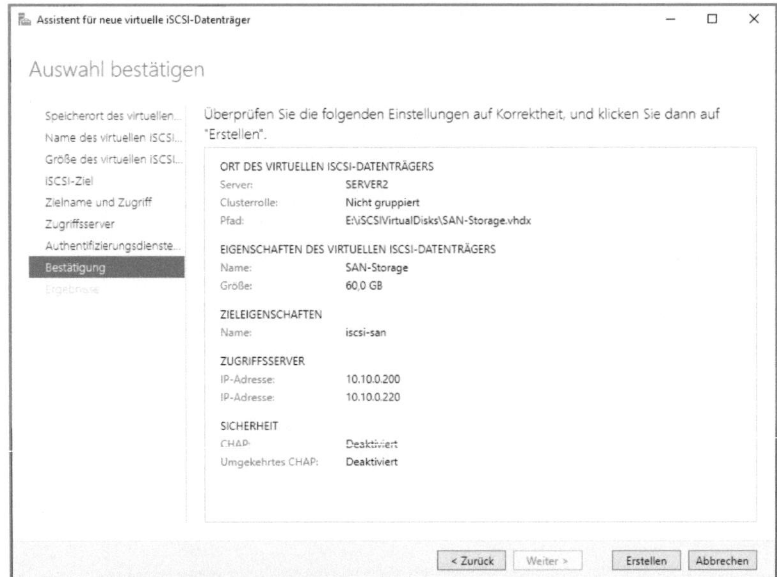

Abb. 9.23: *Bestätigung der Auswahl*

10. Klicken Sie nach Abschluss der Konfiguration auf **Schließen**.

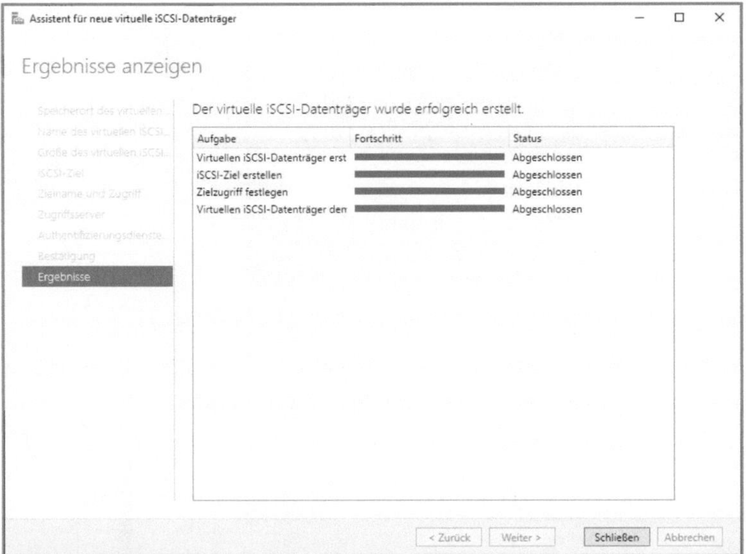

Abb. 9.24: *Ergebnisanzeige nach dem Erstellen des virtuellen iSCSI-Datenträgers*

Der virtuelle iSCSI-Datenträger wird im grafischen *Server-Manager* unter *VIRTUELLE iSCSI-DATENTRÄGER* angezeigt.

9.6.2 Verwendung von iSCSI-Targets

Nach dem Bereitstellen von Speicher als iSCSI-Target kann man sich von einem iSCSI-Initiatoren (quasi dem „iSCSI-Client") unter Windows Server 2019, Windows Server 2016, Windows Server 2012 (R2) oder aber auch von Windows 10 oder Windows 8/8.1 auf diesen verbinden. Auch hierzu enthält ein Serversystem unter Windows Server 2019 bereits alle notwendigen Komponenten.

Gehen Sie zum Verbinden mit dem auf einem iSCSI-Target bereitgestellten Speichers unter Windows Server 2019 wie folgt vor:

1. Klicken Sie im *Server-Manager* unter Windows Server 2019 in der oberen Befehlsleiste auf **Tools**, und dann auf **iSCSI-Initiator**.

2. Klicken Sie im Dialog *Microsoft iSCSI* auf **Ja**, um den Dienst bei jedem Neustart des Computers automatisch zu starten.

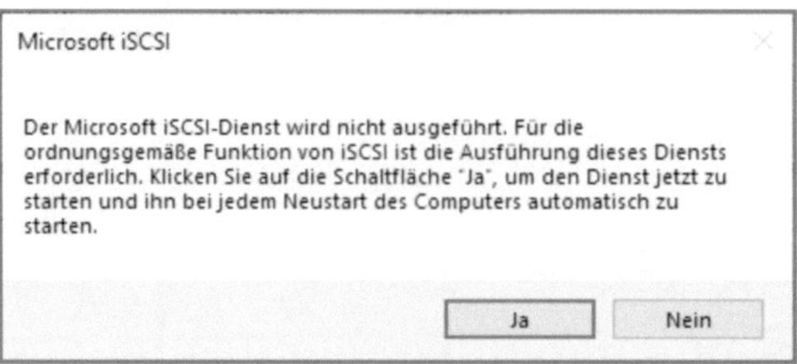

Abb. 9.25: *Festlegen des automatischen Starts für den iSCSI-Dienst*

3. Geben Sie im Dialog *Eigenschaften von iSCSI-Initiator* im Feld *Ziel* die IP-Adresse des iSCSI-Targets an, und klicken Sie dann auf **Schnell verbinden...**

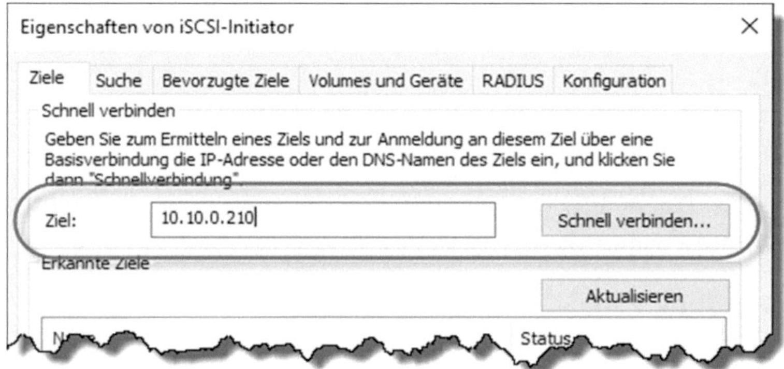

Abb. 9.26: *Auswahl des iSCSI-Target*

4. Klicken Sie unter *Schnellverbindung* auf **Fertig**.

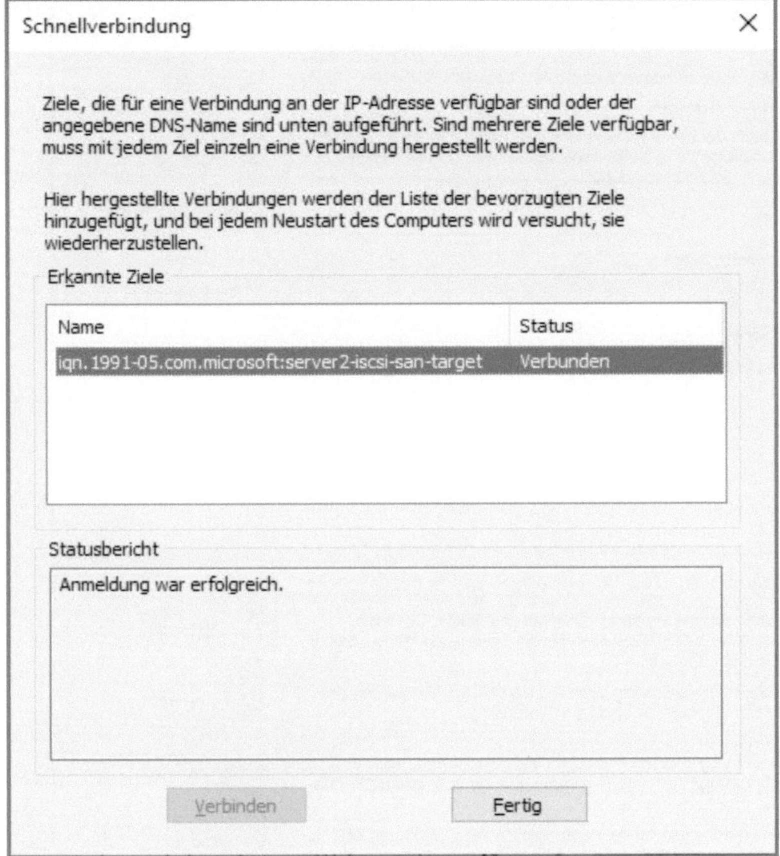

Abb. 9.27: *Schnellverbindung mit dem iSCSI-Target*

5. Klicken Sie im Dialog *Eigenschaften von iSCSI-Initiator* auf **OK**.

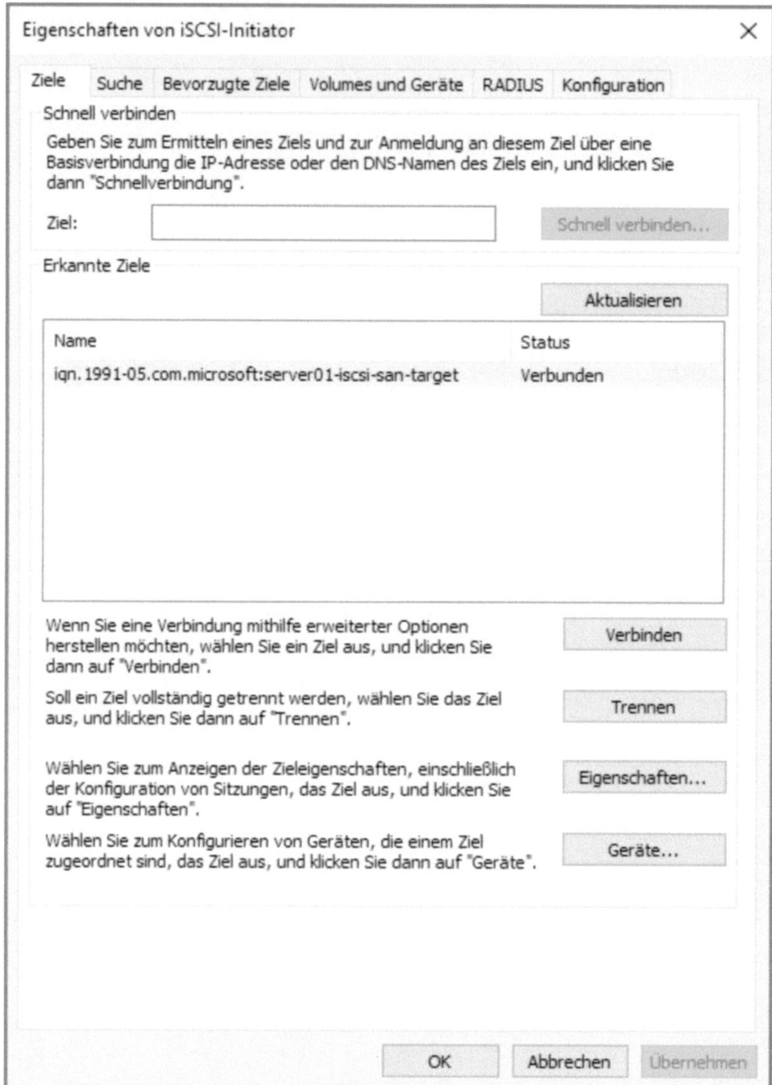

Abb. 9.28: *Fertigstellen der Verbindung zum iSCSI-Target*

6. Nach dem ***Online***-Schalten des Datenträgers kann man darauf die gewünschten Volumes erstellen und formatieren.

   Der über das iSCSI-Target bereitgestellte Speicherplatz steht im lokalen Serversystem in der Datenträgerverwaltung als *„normaler" (vergleichbar mit einem lokalen) Datenträger"* zum Erstellen von Volumes zur Verfügung.

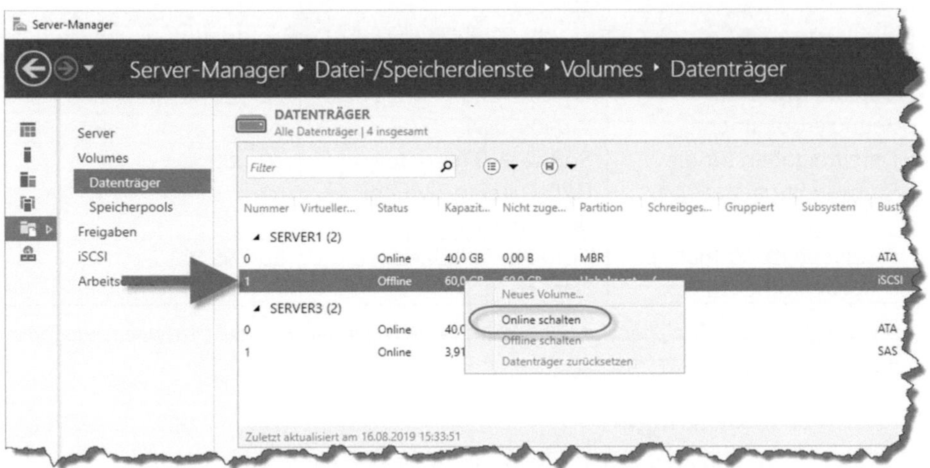

Abb. 9.29: *Der zuvor mittels iSCSI-Target neu hinzugefügte Datenträger*

Weitere Informationen zum Bereitstellen von iSCSI-Targets finden Sie in der (Online-) Hilfe von Windows Server 2019.

9.7 Datendeduplizierung

Speicher- und Kostenersparnis möglich

Die erstmalig in Windows Server 2012 integrierte Datendeduplizierung empfiehlt sich insbesondere für den Einsatz auf Dateiservern in Unternehmen. Als Rollendienst der Datei und Speicherdienste ermöglicht diese die Reduzierung des verwendeten Speicherplatzes für die Speicherung von Dateien. Die Datendeduplizierung untersucht ein Volume auf mögliche Dateiduplikate und entfernt diese automatisch. Hierzu führt der Vorgang eine Umstrukturierung innerhalb des Datenträgers und anschließend eine anhand von Zeitplänen steuerbare Optimierung durch. Die Standardeinstellungen in den vordefinierten Datendeduplizierungsrichtlinien reichen in der Regel völlig aus, um ausgezeichnete Einsparungsergebnisse ohne Auswirkung auf die Serverarbeitsauslastung zu erzielen.

9.7.1 Einsparung von Speicherplatz

Klare Bedingungen für die Unterstützung

Mithilfe der Datendeduplizierung unter Windows Server 2019 kann man die Speicherplatzbelegung auf den in einem Serversystem eingebauten Festplatten verbessern. Im Idealfall lässt sich durch eine Optimierungsquote - abhängig von der zu optimierenden Dateiart - von bis zu 95 % erreichen. Die folgende Tabelle enthält eine Übersicht über die mögliche Einsparung an Speicherplatz durch die Datendeduplizierung:

Speicherort	Inhalte	Mögliche Speicherplatz-einsparung
Dateifreigaben für Benutzerdokumente	Office-Dokumente, Fotos, Videos, usw.	30 - 50 %
Dateifreigaben für die Softwarebereitstellung	Software-Binärdateien, CAB-Dateien, Symbol-dateien, usw.	70 - 80 %
Freigaben für Virtualisie-rungsbibliotheken	Virtuelle Festplatten, ISO-Dateien, usw.	80 - 95 %

Tab. 9.1: *Mögliche Speicherplatzeinsparung durch den Einsatz der Datendeduplizierung unter Windows Server 2019*

9.7.2 Voraussetzungen

Klare Bedingungen für die Unterstützung

Volumes unter Windows Server 2019, die für eine Datendeduplizierung in Betracht kommen, müssen die folgenden Anforderungen erfüllen:

- **können NTFS- oder ReFS-formatiert sein,**
- **dürfen nicht als Wechseldatenträger verfügbar gemacht werden,**
- **dürfen kein System- oder Startvolume sein,**
- **können sich in Speicherfreigaben, wie z.B. einem iSCSI-SAN befinden, Microsoft Failover-Clustering wird vollständig unterstützt,**
- **können MBR- oder GPT-Datenträger sein.**

Darüber hinaus sollte man folgendes im Zusammenhang mit der Datendeduplizierung unter Windows Server 2019 beachten:

- die Datendeduplizierung unter Windows 10 wird von Microsoft nicht unterstützt,
- die Verwendung von Robocopy.exe in Verbindung mit der Datendeduplizierung wird seitens Microsoft nicht empfohlen,
- die Windows-Suche unterstützt die Datendeduplizierung unter Windows Server 2019 ebenso wenig, so dass alle de-duplizierten Dateien von der Windows-Suche ignoriert, und somit nicht in den Index für die Suchergebnisse innerhalb des Datenträgers aufgenommen werden kann.

Das Serversystem unter Windows Server 2019 sollte für die Durchführung der Datendeduplizierung über mindestens 4 GB Arbeitsspeicher verfügen. Weitere Anforderungen für die Verwendung der Datendeduplizierung bestehen nicht.

INTERNET ➲ Details zur Interoperabilität der Datendeduplizierung unter Windows Server 2019 und Windows Server 2016 mit anderen Komponenten findet man im Internet unter anderem unter:

https://docs.microsoft.com/en-us/windows-server/storage/data-deduplication/interop

9.7.3 Installation der Datendeduplizierung

Die Datendeduplizierung steht in Windows Server 2019 als Rollendienst der *Datei- und Speicherdienste* zur Verfügung.

Bei Bedarf kann die Datendeduplizierung auf einem Serversystem unter Windows Server 2019 mit einfachen Schritten - beispielsweise im grafischen *Server-Manager* - hinzugefügt werden. Gehen Sie dazu wie folgt vor:

1. Starten Sie den *Server-Manager*.
2. Klicken Sie in der oberen Befehlsleiste auf **Verwalten**, und dann auf **Rollen und Features hinzufügen**.
3. Klicken Sie im Dialog *Vorbemerkungen* auf **Weiter**.
4. Wählen Sie im Dialog *Installationstyp auswählen* die Option **Rollenbasierte oder featurebasierte Installation**, und klicken Sie auf **Weiter**.
5. Wählen Sie den gewünschten *Zielserver* aus, und klicken Sie auf **Weiter**.
6. Erweitern Sie im Dialog *Serverrollen auswählen* die **Datei- und Speicherdienste**, sowie die **Datei- und iSCSI-Dienste**, und aktivieren Sie das Kontrollkästchen für **Datendeduplizierung**.

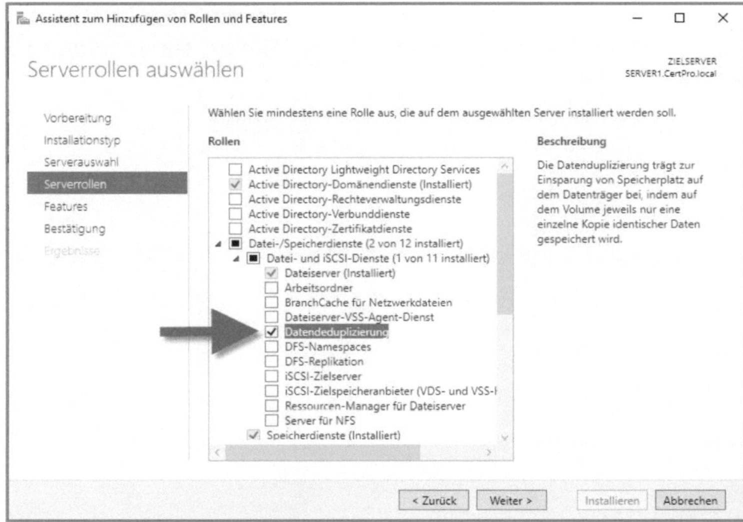

Abb. 9.30: *Installation der Datendeduplizierung im grafischen Server-Manager*

7. Bestätigen Sie den Dialog zum *Hinzufügen von Features* mit einem Klick auf **Features hinzufügen**.
8. Klicken Sie im Dialog *Serverrollen auswählen* auf **Weiter**.
9. Klicken Sie im Dialog *Features auswählen* auf **Weiter**.
10. Klicken Sie im Dialog *Installationsauswahl bestätigen* auf **Installieren**.
11. Klicken Sie im Dialog *Installationsstatus* auf **Schließen**.

Nach der Installation der Datendeduplizierung steht diese als konfigurierbare Option in der *Datei- und Speicherverwaltung* in Windows Server 2019 zur Verfügung.

PRAXISTIPP! ➲ Alternativ zur Installation mit dem grafischen Server-Manager kann man hierzu auch die Windows-PowerShell verwenden. Der Befehl hierzu lautet:

```
Install-WindowsFeature -Name FS-Data-Deduplication
```

Der hier angegebene Befehl kann beispielsweise lokal, oder aber unter Verwendung des Schalters **`-ComputerName`** gefolgt vom Namen des zu konfigurierenden Servers auch zur Installation der Datendeduplizierung auf Computersystemen im Netzwerk verwendet werden. Details hierzu findet man in der Hilfe von Windows Server 2019.

9.7.4 Konfigurieren der Datendeduplizierung

Nach der Installation der Datendeduplizierung in Windows Server 2019 kann man diese für einzelne Volumes konfigurieren. Gehen Sie dazu wie folgt vor:

1. Starten Sie den *Server-Manager* (soweit noch erforderlich).
2. Klicken Sie auf **Datei-/Speicherdienste**, und dann auf **Volumes**.
3. Klicken Sie im Abschnitt *VOLUMES* mit der rechten Maustaste auf das gewünschte *Volume*, und wählen Sie im Kontextmenü den Eintrag **Datendeduplizierung konfigurieren**.

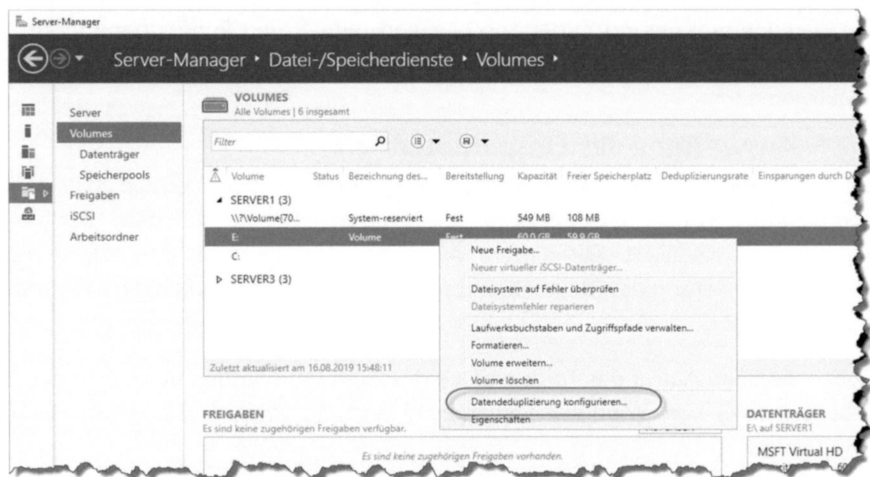

Abb. 9.31: *Konfiguration der Datendeduplizierung für ein Volume*

4. Aktivieren Sie die Option **Datendeduplizierung aktivieren**. Konfigurieren Sie das *Alter* von Dateien, ab dem diese „dedupliziert“ werden sollen. Geben Sie bei Bedarf von der Datendeduplizierung auszuschließende *Dateierweiterungen* an. Klicken Sie, falls erforderlich, auf die Schaltfläche **Hinzufügen**, um ausgewählte *Ordner* von der Datendeduplizierung auszuschließen. Legen Sie einen *Zeitplan* für die Datendeduplizierung fest, und klicken Sie anschließend auf **OK**.

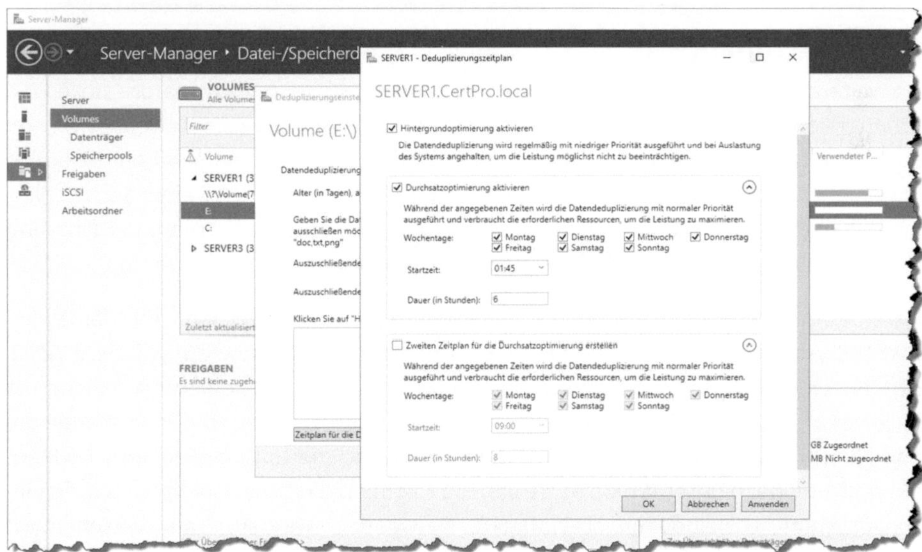

Abb. 9.32: *Festlegen eines Zeitplans für die Datendeduplizierung eines Volumes*

Die Datendeduplizierung findet anschließend gemäß den konfigurierten Zeitplänen statt. Auf gleichem Wege kann man die Datendeduplizierung bei Bedarf wiederum deaktivieren.

9.7.5 Auswertung des Einsparpotentials

Bei der Installation der Datendeduplizierung unter Windows Server 2019 wird das Kommandozeilentool **DDPEval.exe** automatisch ebenso auf dem betreffenden Serversystem installiert. Mit diesem Tool lässt sich noch *vor* der Aktivierung der Datendeduplizierung ermitteln, ob und welche Einsparungen durch die Aktivierung zu erwarten sind.

Geben Sie beim Aufruf des Tools einfach das zu überprüfenden Volume in der *Eingabeaufforderung* von Windows Server 2019 an, und drücken Sie anschließend die [↵]-Taste:

```
DDPEval.exe E:
```

INTERNET ➲ Nähere Informationen zur Planung und Bereitstellung der Datendeduplizierung unter Windows Server 2019, Windows Server 2016 sowie Windows Server 2012 (R2) findet man in der Windows-Hilfe sowie auf der Website von Microsoft im Internet unter:

https://docs.microsoft.com/de-de/windows-server/storage/data-deduplication/overview

9.8 Schattenkopien

Ein weiteres, eigentlich bereits seit Windows Server 2003 bekanntes Feature stellen die Schattenkopien dar. Anhand dieses Features konnte jeder normale Anwender die auf dem betreffenden Serversystem vorhandenen und im Netzwerk freigegebenen Dateien und Ordner nach versehentlichem Löschen oder Verändern anhand einer Schattenkopie in kürzester Zeit wieder herstellen – und das alles, ohne dafür die Bandsicherung verwenden zu müssen. Ein Administrator musste dafür nicht bemüht werden.

Möglichkeit zur Wiederherstellung gelöschter oder überschriebener Dateien

Im Hintergrund bediente sich die Funktion der Schattenkopien (im damaligen Betriebssystem wie auch zur heutigen Zeit) der *Volume Shadow Copy Service* (*VSS*). Bereits zur damaligen Zeit basierte das Prinzip auf einer Versionierung, welche die Speicherung von maximal 64 verschiedenen Versionen von den in den vorhandenen und für Schattenkopien aktivierten Freigaben gespeicherten Dateien und Ordnern ermöglichte. Auch unter Windows Server 2019 können die Schattenkopien auf den im Serversystem vorhandenen Festplatten verwendet werden, um versehentlich gelöschten oder geänderten Dateien und/oder Ordner im Bedarfsfall in einer vorherigen Version wieder herzustellen.

Seit Windows Vista kann man versehentlich gelöschte oder veränderte Dateien und Ordner statt über eine Netzwerkfreigabe mithilfe der Schattenkopien des betreffenden

Festplattenlaufwerks im Bedarfsfall sogar lokal im Windows-Explorer des betreffenden Serversystems wieder herzustellen. Da es sich im Rahmen der Schattenkopien nicht um Echtzeitsicherungen handelt, wird lediglich vorausgesetzt, dass die wiederherzustellenden Dateien oder Ordner vorweg wenigstens einmal durch den Volume Shadow Copy Service (*VSS*) in Form einer Schattenkopie erfasst werden konnten.

Keine Echtzeitsicherung von Daten

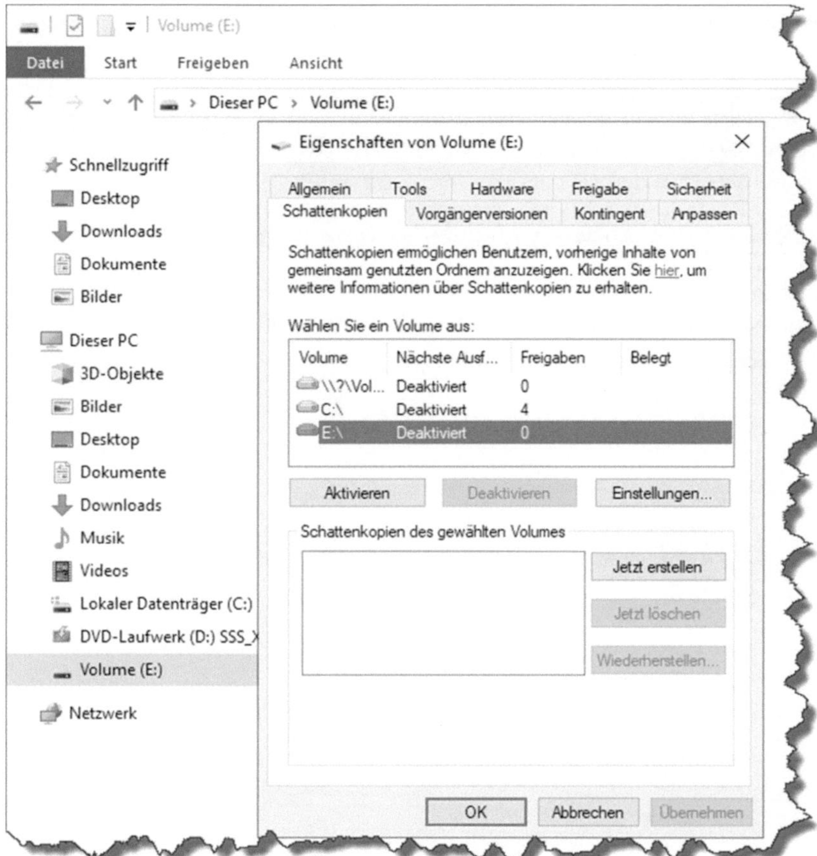

Abb. 9.33: *Konfiguration von Schattenkopien in den Eigenschaften eines Festplattenlaufwerks im Windows-Explorer*

HINWEIS ➲ Die Funktion der Schattenkopien werden in einen standardmäßig ausgeblendeten Bereich der vorhandenen, lokalen Festplattenlaufwerke (Ordner *„System Volume Information“*)geschrieben. Bei Ausfall der physikalischen Festplattenlaufwerke gehen somit auch die vorweg erstellten Schattenkopien verloren. Beachten Sie deshalb unbedingt, dass Schattenkopien die eigentlich notwendige Datensicherung nicht ersetzen können.

Die Konfiguration der Schattenkopien führt man unter Windows Server 2019 im *Windows-Explorer* direkt in den *Eigenschaften* des betreffenden Festplattenlaufwerks durch.

Zum Wiederherstellen von gelöschten oder versehentlich überschriebenen Dateien muss man lediglich mit der rechten Maustaste auf den entsprechenden *Ordner* klicken, und die Option **Vorgängerversionen wiederherstellen** auswählen. Im *Eigenschaften*-Dialog kann man bei Bedarf dann die Wiederherstellung durchführen.

INTERNET ➲ Weitere Informationen zur Datenträger- und Speicherverwaltung unter Windows Server 2019 und auch Windows Server 2016 finden Sie in der Windows-Hilfe sowie auch im Internet in der Website von Microsoft unter:

https://docs.microsoft.com/de-de/windows-server/storage/storage

Nach dem doch etwas umfangreicheren Einblick in die Datenträger und Speicherverwaltung geht es im nächsten Kapitel nun hin zur Konfiguration und Verwaltung der Datei- und Speicherdienste unter Windows Server 2019.

KAPITEL 10

Konfiguration und Verwaltung der Datei- und Speicherdienste

In modernen Computernetzwerken zählt der Zugriff auf den in Dateien gespeicherten Daten - beispielsweise neben dem Versand von Nachrichten per E-Mails - mit zu den wichtigsten Aktivitäten für Anwender. Im Umfang von Windows Server 2019 als das neueste, serverseitige Betriebssystems von Microsoft sind die Datei- und Speicherdienste für die Bereitstellung und Verwaltung von Dateien als Serverrolle bereits enthalten. Standardmäßig verwenden Windows-basierte Clientcomputer und Server das SMB-Protokoll (*Server Message Block*) für die Zugriffe auf Dateifreigaben auf den Serversystemen unter Windows Server 2019. Für UNIX- bzw. Linux-basierte Computersysteme kann man unter Windows Server 2019 optional zudem auch das Network File System (*NFS*) bereitstellen. Das Einrichten von Dateifreigaben auf dem betreffenden Windows-Serversystem erfolgt hierbei mit vergleichbaren Schritten wie unter SMB.

Praxisrelevante Dienste - auch unter Windows Server 2019

10.1 Neuerungen und Verbesserungen

Microsoft hatte schon in der Vergangenheit in jeder neu veröffentlichten Version des Windows-Serverbetriebssystems neben Neuerungen oft auch gleich Verbesserungen rund um die im Umfang jeweils enthaltenen Rollen und Dienste eingebaut.

10.1.1 Neuerungen und Verbesserungen rund um die Datei- und Speicherdienste unter Windows Server 2019

Unter dem neuesten Windows-Serverbetriebssystem, dem Windows Server 2019 hat Microsoft noch einige, für die Praxis sicher relevante Neuerungen und Verbesserungen rund um die Datei- und Speicherdienste integriert. Zu diesen zählen unter anderem:

- **Speichermigrationsdienst** (engl. *Storage Migration Service*) - ermöglicht die Migration von Dateiservern inklusive aller vorhandenen Dateifreigaben, den damit verbundenen Rechtestrukturen, sowie auch der Übernahme vorhandener, lokaler Benutzerkonten und Gruppen auf mitunter neuere Serversysteme. Die Migration des Speichers ist ab der Betriebssystem des alten Windows Server 2003 bis hin zu Windows Server 2019 - und ab der Version 1903 von Windows Server 2019 und auch des Windows Admin Center (WAC) auch sogar von einem Linux-Server mit ausgeführtem Samba - als Quellserver möglich. Als Ziel kann hierbei ein lokales Windows-Serversystem unter Windows Server 2012 (R2), Windows Server 2019 oder Windows Server 2016, oder auch ein in der Microsoft Azure-Cloud ausgeführtes Windows-Serversystem sein. Die Verwaltung und auch die Migrationsschritte erfolgen hierbei im grafischen *Windows Admin Center (WAC)*.

- **Verbesserungen rund um die „Direkten Speicherplätze"** (engl. *Storage Spaces Direct*) - ermöglichen nunmehr auch die Datendeduplizierung und Komprimierung von ReFS-formatierten Volumes. Vorhandene Volumes werden im Rahmen der Datendeduplizierung bis zu einer Größe von 64 TB unterstützt. Die Skalierung der „direkten Speicherplätze" (engl. *Storage Spaces Direct*) wurde von Microsoft auf nunmehr ganze 4 PB (Petabyte) angehoben.

INTERNET ➲ Weitere Neuerungen und Verbesserungen - rund um die Datei- und Speicherdienste von hat Microsoft ebenso noch in Windows Server 2019 eingearbeitet. Details hierzu findet man im Internet unter anderem auf der Website von Microsoft unter:

https://docs.microsoft.com/de-de/windows-server/storage/whats-new-in-storage

10.1.2 Neuerungen und Verbesserungen noch unter Windows Server 2016

Die Datei- und Speicherdienste wurden zuvor auch schon unter Windows Server 2016 um einige, für die Praxis sicher wichtige Features erweitert. Zu den Neuerungen zählten u. a.:

- **Verbesserte SMB-Verschlüsselung** - in SMB 3.1.1 wird AES-128-GCM für die Datenverschlüsselung verwendet. Im Vergleich zu Windows Server 2012 R2, bei dem noch das ältere AES-128-CCM zum Einsatz kommt, erlaubt dies unter

Windows Server 2016 schnellere Zugriffszeiten auf die mittels SMB-Verschlüsselung während der Datenübertragung im Netzwerk.

- **Höhere Sicherheit beim Zugriff auf SYSVOL- und NETLOGON-Freigaben** - der Zugriff auf diese Standardfreigaben werden mittels SMB-Signatur und SHA-512-Verschlüsselung gegenüber mögliche Man-in-the-Middle-Angriffe geschützt.

- **Höhere Leistung** - Microsoft hat im direkten Vergleich zu der älteren Version 3.0.2 noch weitere Verbesserungen - insbesondere seitens der Performance - in das neue SMB 3.1.1 eingearbeitet.

INTERNET ➲ Weitere Informationen rund um die Neuerungen und Verbesserungen in den Datei- und Speicherdiensten unter Windows Server 2016 sowie Windows Server 2012 (R2) findet man in der Windows-Hilfe, sowie u. a. im Internet auf der Website von Microsoft unter:

https://docs.microsoft.com/de-de/windows-server/get-started/whats-new-in-windows-server-2016

10.2 Unterstützung für SMB 3.1.1

Bereits unter Windows Server 2016 wurde das serverseitige Windows-Betriebssystem - gemeinsam wie parallel auch Windows 10 - mit der neuesten Version 3.1.1 des SMB-Protokolls ausgestattet. Abwärtskompatibel unterstützt aber auch ein Dateiserver unter Windows Server 2019, Windows Server 2016, wie auch Windows 10, noch das SMB-Protokoll bis hin zur Version 2.02. Die folgende Tabelle zeigt die unterschiedlichen Windows-Versionen mitsamt der darin standardmäßig unterstützten SMB-Versionen:

Betriebssystemversion	Windows Server 2019, Windows Server 2016 und Windows 10	Windows Server 2012 R2 und Windows 8.1	Windows Server 2012 und Windows 8	Windows Server 2008 R2 und Windows 7	Windows Server 2008 und Windows Vista	Ältere Betriebssysteme
Unterstützte SMB-Version	3.1.1 3.0.2 3.0 2.1 2.0 1.0 ***)**	3.0.2 3.0 2.1 2.0 1.0 ***)**	3.0 2.1 2.0 1.0	2.1 2.0 1.0	2.0 1.0	1.0

Tab. 10.1: *Unterstützte SMB-Versionen der verschiedenen Windows-Betriebssysteme*

***)** = Die Unterstützung gilt nur „optional", da das SMB 1.0 auf diesem Betriebssystem standardmäßig nicht aktiviert ist.

WICHTIG! ➲ Man sollte - insbesondere beim Einsatz von Domänencontrollern unter Windows Server 2019, Windows Server 2016 bzw. Windows Server 2012 R2 (mit den darauf vorhandenen Standardfreigaben **SYSVOL** und **Netlogon**) - beachten, dass die die fehlende SMBv1-Unterstützung gegenüber älteren Clientcomputern womöglich ein Problem z. B. beim Abruf von Anmeldeskripts, sowie Gruppenrichtlinieneinstellungen darstellt.

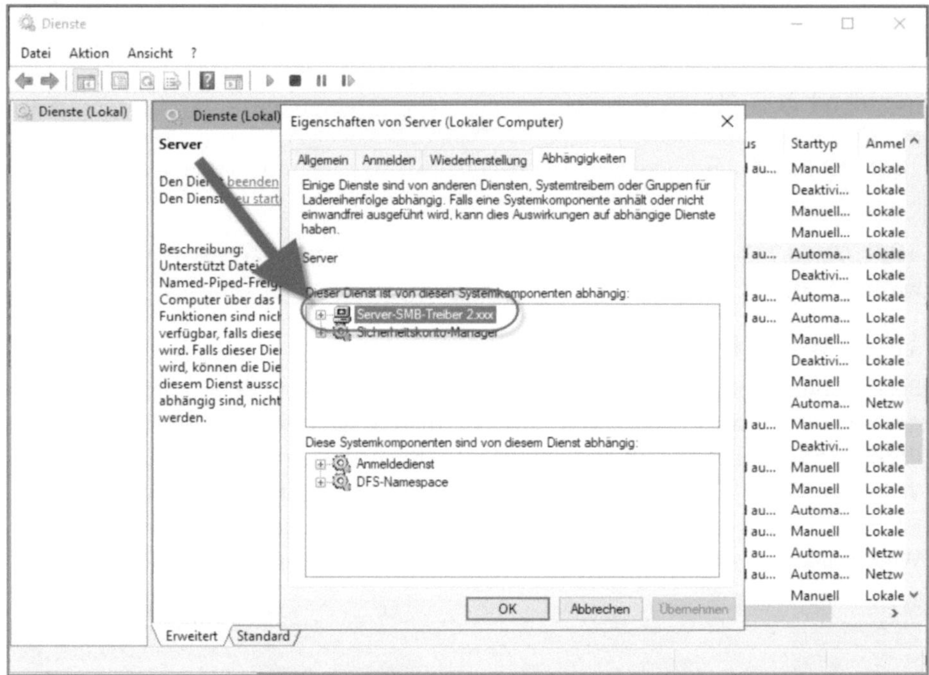

Abb. 10.1: *Fehlende Unterstützung für SMB in der Version 1.0 im SERVER-Dienst unter Windows Server 2019*

10.2.1 Reaktivierung von SMB 1.0 - möglich, jedoch eigentlich nicht erwünscht

Aus Sicherheitsgründen sollte man das alte SMB-Protokoll in der Version 1.0 - auch aus der Empfehlung des Herstellers heraus - auf modernen Computersystemen nicht mehr bereitstellen. Sollte sich jedoch eine Abwärtskompatibilität der vorhandenen Computersysteme unter Windows Server 2019, Windows Server 2016, Windows Server 2012 (R2), sowie Windows 10 bzw. Windows 8.1 zu älteren Betriebssystemversionen zwingend ergeben, die ihrerseits lediglich die Version 1.0 des SMB-Protokolls unterstützen, so lässt sich dieses im Bedarfsfall über die Windows-Registry reaktivieren.

VORSICHT! ➲ Jede Änderung in der Windows-Registry muss mit großer Sorgfalt durchgeführt werden, da sonst mitunter schwerwiegende Probleme am betreffenden Computersystem auftreten können! Im Bedarfsfall sichern Sie das Computersystem zuvor, um es im Problemfall wieder herstellen zu können.

Gehen Sie wie folgt vor, um die SMB 1.0-Unterstützung auf einem Serversystem unter Windows Server 2019 in der Windows-Registry zu aktivieren:

1. Melden Sie sich als *Administrator* am betreffenden Server unter Windows Server 2019 an, und öffnen Sie den ***Registry-Editor*** (**regedit.exe**).

2. Wechseln Sie zu **HKEY_LOCAL_MACHINE\SYSTEM\CurrentControlSet\Services \LanmanServer**, und doppelklicken Sie mit der Maus auf **DependOnService.**

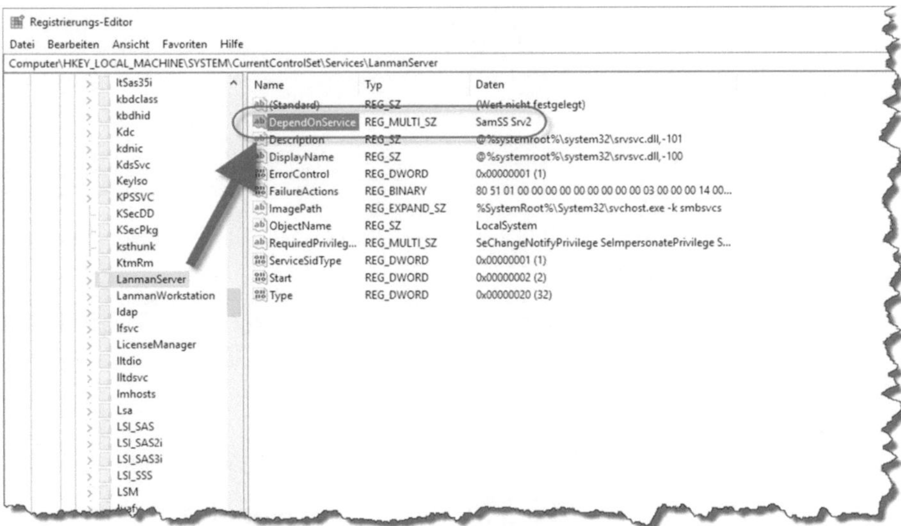

Abb. 10.2: *Windows-Registry-Schlüssel mit aktivierter SMBv1-Unterstützung*

3. Installieren Sie die **SMB 1.0/CIFS**-Unterstützung als *Feature* (beispielsweise mithilfe des grafischen Server-Managers).

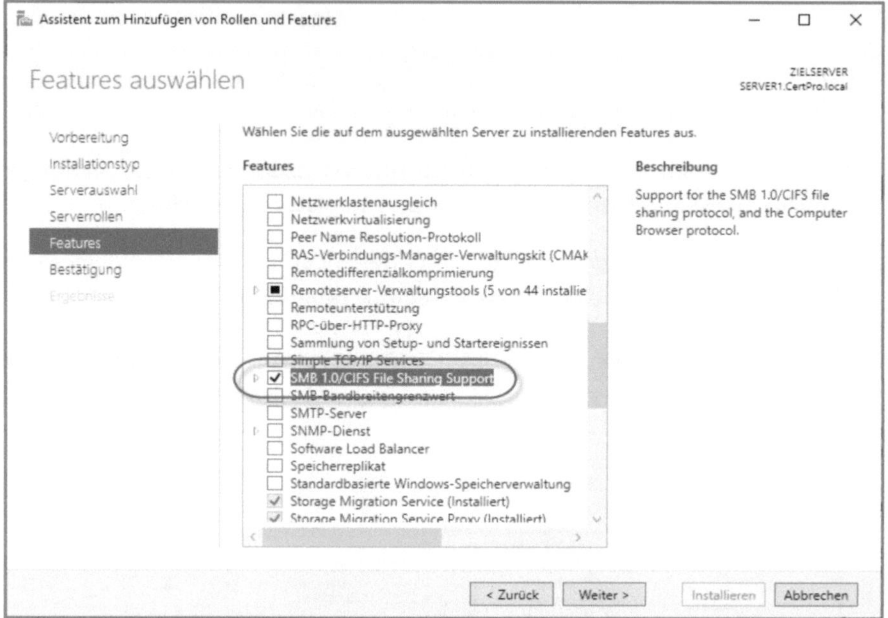

Abb. 10.3: *Installation des SMB 1.0/CIFS-Features im grafischen Server-Manager unter Windows Server 2019*

4. Ändern Sie den unter *DependOnService* den Wert ***Srv2*** auf **Srv**, und klicken Sie dann auf **OK**.

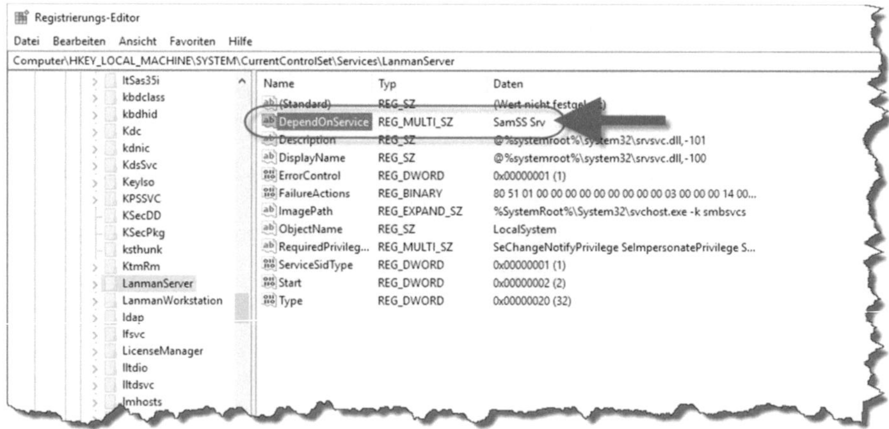

Abb. 10.4: *Windows-Registry-Schlüssel mit aktivierter SMBv1-Unterstützung*

PRAXISTIPP! ➲ Um SMBv1 zu einem späteren Zeitpunkt bei Bedarf wieder zu deaktivieren, ändern Sie unter ***DependOnService*** in der Windows-Registry den Wert **Srv** wiederum zurück auf **Srv2**.

Nach der Reaktivierung der SMBv1-Unterstützung in der Windows-Registry kann man dies auch in der Bindung des „Server"-Dienstes im Zusammenhang mit seinen Abhängigkeiten anzeigen lassen.

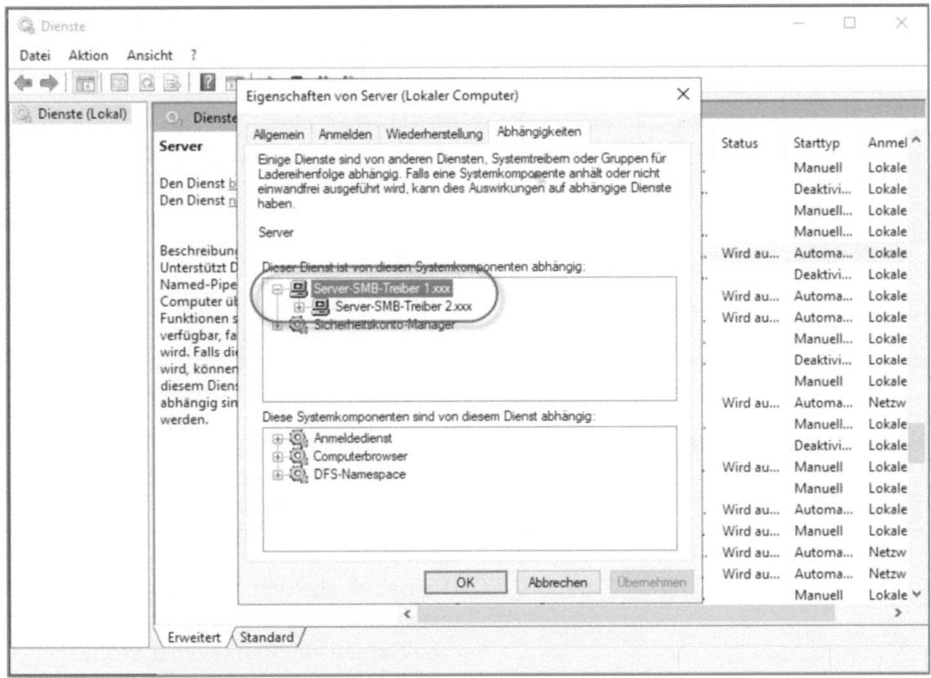

Abb. 10.5: *Aktivierte SMBv1-Unterstützung in den Eigenschaften des SERVER-Dienstes unter Windows Server 2019*

10.3 Rollendienste für Datei- und Speicherdienste

Auf einem Serversystem unter Windows Server 2019 stehen die folgenden Rollendienste in Verbindung mit der Rolle *„Datei- und Speicherdienste"* zur Installation bereit:

Rollendienst	Beschreibung
Datei- und iSCSI-Dienste	Stellt im Zusammenhang mit Dateiservern und iSCSI eine Gruppierung für Rollendienste bereit.
Dateiserver	Dient zum Verwalten von Dateifreigaben und ermöglicht Benutzern den Zugriff

Rollendienst	Beschreibung
	auf Dateien auf dem jeweiligen Computer über das Netzwerk.
Arbeitsordner	Ermöglichen die Verwendung von Arbeitsdateien auf verschiedenen Computern, einschließlich unternehmenseigenen oder gar Privatgeräten. Mithilfe von Arbeitsordnern kann man Benutzerdateien hosten und synchronisieren.
BranchCache für Netzwerkdateien	Ermöglicht Computern in Zweigstellen das Zwischenspeichern häufig heruntergeladener Dateien aus Dateifreigaben, für welche BranchCache aktiviert ist.
Dateiserver-VSS-Agent-Dienst	Ermöglicht das Erstellen von Volumeschattenkopien der Anwendungen, von denen Datendateien auf dem betreffenden Dateiserver gespeichert sind.
Datendeduplizierung	Spart Speicherplatz auf Datenträgern ein, indem Duplikate von Dateien aufgespürt und entfernt werden.
DFS-Namespaces	Ermöglicht das Gruppieren von Dateifreigaben, die sich auf unterschiedlichen Servern befinden, in logisch strukturierten Namensräumen (*Namespaces*).
DFS-Replikation	Repliziert Daten zwischen mehreren Servern über Netzwerkverbindungen mit eingeschränkter Bandbreite und über LAN-Verbindungen.
iSCSI-Zielserver	Stellt Tools zum Erstellen und Verwalten von iSCSI-Zielen und virtuellen Datenträgern bereit.
iSCSI-Zielspeicheranbieter (VDS- und VSS-Hardwareanbieter)	Unterstützt u. a. die mit einem iSCSI-Ziel verbundenen Anwendungen auf einem Server beim Erstellen von Volumeschattenkopien auf virtuellen iSCSI-Datenträgern.

Rollendienst	Beschreibung
Ressourcen-Manager für Dateiserver	Unterstützt als grafische Verwaltungskonsole das Verwalten von Dateien und Ordnern auf einem Dateiserver.
Server für NFS (Network File System)	Ermöglicht dem Computer die gemeinsame Verwendung von Dateien mit UNIX-basierten Computern.
Speicherdienste	Stellt Speicherverwaltungsfunktionen, einschließlich Speicherpools und Storage Spaces bereit.

Tab. 10.2: *Rollendienste der Datei- und Speicherdienste unter Windows Server 2019*

10.3.1 Installation der Rollendienste der Datei- und Speicherdienste

Auch unter Server Core verfügbar

Die Dateidienste stehen unter Windows Server 2019, wie bereits zuvor auch unter Windows Server 2016 oder auch Windows Server 2012 (R2), in Verbindung mit den Speicherdiensten als Serverrolle automatisch bereits nach der Betriebssysteminstallation zur Verfügung. Dies kann man auf einem Serversystem mit einer vollständigen oder auch der Server Core-Installation von Windows Server 2019 verwenden.

Die Dateidienste stehen unter Windows Server 2019, wie bereits zuvor auch unter Windows Server 2016 oder auch Windows Server 2012 (R2), in Verbindung mit den Speicherdiensten als Serverrolle automatisch bereits nach der Betriebssysteminstallation zur Verfügung. Dies kann man auf einem Serversystem mit einer vollständigen oder auch der Server Core-Installation von Windows Server 2019 verwenden.

Gehen Sie auf einem Serversystem als vollständige Installation von Windows Server 2019 wie folgt vor, um die Datei- und Speicherdienste mithilfe des grafischen Server-Managers zu installieren:

1. Starten Sie den *Server-Manager*.
2. Klicken Sie in der oberen Befehlsleiste auf **Verwalten**, und dann auf **Rollen und Features hinzufügen**.
3. Klicken Sie im Dialog *Vorbemerkungen* auf **Weiter**.
4. Wählen Sie im Dialog *Installationstyp auswählen* die Option **Rollenbasierte oder featurebasierte Installation**, und klicken Sie auf **Weiter**.
5. Wählen Sie den gewünschten *Zielserver* aus, und klicken Sie auf **Weiter**.
6. Erweitern Sie im Dialog *Serverrollen auswählen* die **Datei- und Speicherdienste**, sowie die **Datei- und iSCSI-Dienste**, und aktivieren Sie das Kontrollkästchen für den oder die zu installierenden Rollendienst(e).

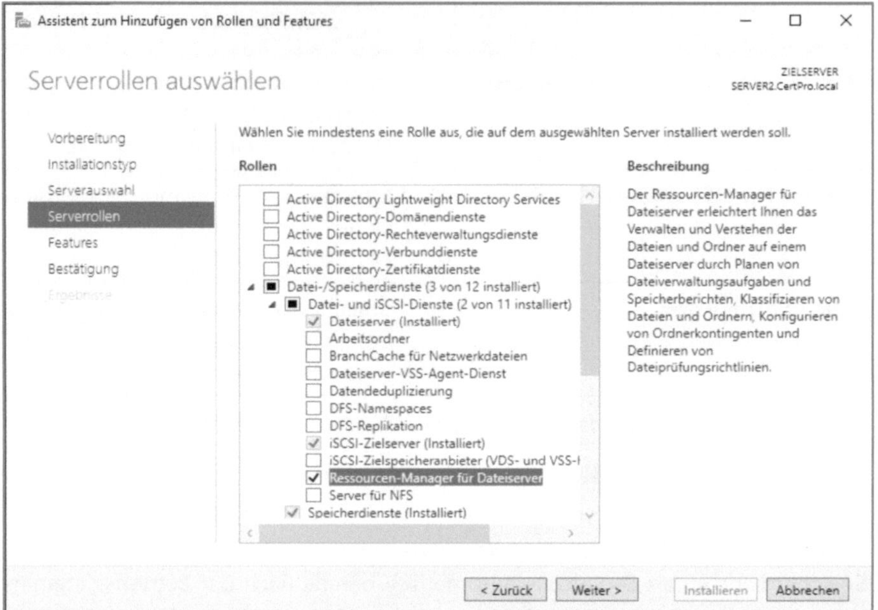

Abb. 10.6: *Auswahl der Rollendienste für die Datei- und iSCSI-Dienste*

7. Bestätigen Sie den Dialog zum *Hinzufügen von Features* mit einem Klick auf **Features hinzufügen**.
8. Klicken Sie im Dialog *Serverrollen auswählen* auf **Weiter**.
9. Klicken Sie im Dialog *Features auswählen* auf **Weiter**.
10. Klicken Sie im Dialog *Installationsauswahl bestätigen* auf **Installieren**.
11. Klicken Sie im Dialog *Installationsstatus* auf **Schließen**.

Je nachdem, welche der Rollendienste installiert wurden, stehen diese anschließend entweder direkt im grafischen Server-Manager im Abschnitt **Datei-/Speicherdienste**, oder aber über die Auswahl der **Tools** in der oberen Befehlsleiste des *Server-Managers* als eigenständige Verwaltungskonsole zur Verfügung.

10.4 Verwaltung von Dateifreigaben

Zentrale Verwaltung im Server-Manager

Nach der Installation des Rollendienstes *Dateiserver* unter Windows Server 2019 führt der erste Weg zur Verwaltung von *Dateifreigaben*. Diese findet man im *Server-Manager* nach einem Klick auf **Datei-/Speicherdienste** und dann auf **Freigaben**.

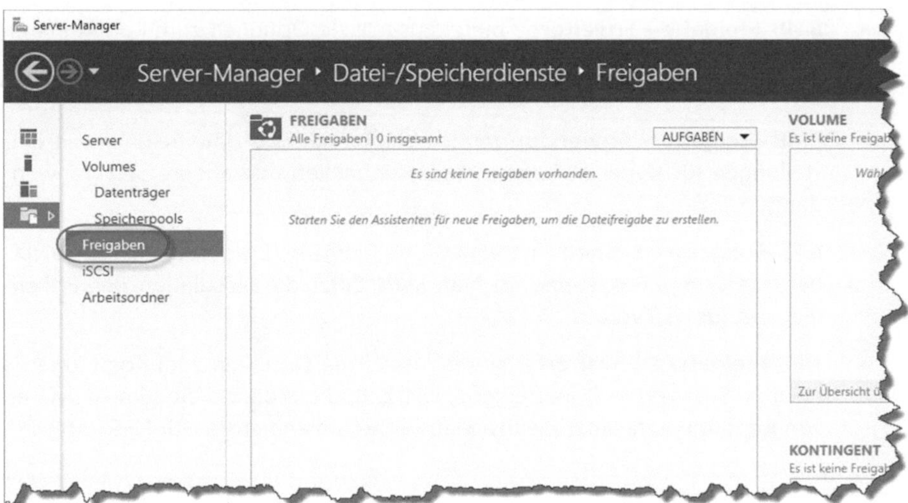

Abb. 10.7: *Verwaltung von Freigaben im grafischen Server-Manager*

Wie der Name dieses Verwaltungsabschnitts es bereits erahnen lässt, werden hier die Freigaben und der für die Datenbereitstellung zu nutzende Speicher des jeweiligen Serversystems verwaltet. Dazu steht im grafischen *Server-Manager* ein entsprechender *Assistent für neue Freigaben* zur Verfügung. Diesen Assistenten startet man entweder über einen Klick auf die entsprechende *Verknüpfung*, oder aber über einen Klick im Abschnitt *FREIGABEN* auf **AUFGABEN**, und dann auf **Neue Freigabe...**.

10.4.1 Einrichten einer neuen Dateifreigabe

Die Einrichtung von Dateifreigaben kann unter Windows Server 2019 bequem im grafischen Server-Manager erfolgen.

Gehen Sie wie folgt vor, um eine neue, erweiterte Dateifreigabe im grafischen Server-Manager unter Windows Server 2019 einzurichten:

1. Öffnen Sie den *Server-Manager* (soweit erforderlich).
2. Klicken Sie auf **Datei-/Speicherdienste**, und dann auf **Freigaben**.
3. Klicken Sie im Abschnitt *FREIGABEN* auf **AUFGABEN**, und dann auf **Neue Freigabe...**
4. Wählen Sie das gewünschte *Dateifreigabeprofil* aus:
    - **SMB-Freigabe - Schnell** - geeignet für allgemeine Dateifreigaben. Erweiterte Optionen können später mithilfe des Dialogfelds „Eigenschaften" konfiguriert werden.

- **SMB-Freigabe - Erweitert** - bietet zusätzliche Optionen zum Konfigurieren einer SMB-basierten Dateifreigabe, wie z. B. die Möglichkeit zum Aktivieren von Kontingenten.
- **SMB-Freigabe - Anwendungen** - erstellt eine SMB-Dateifreigabe mit Einstellungen für Hyper-V, bestimmte Datenbanken und andere Serveranwendungen.
- **NFS-Freigabe - Schnell** - geeignet für allgemeine Dateifreigaben für UNIX-basierte Computersysteme im Netzwerk. Setzt die Installation des Rollendienstes für NFS voraus.
- **NFS-Freigabe - Erweitert** - bietet zusätzliche Optionen zum Konfigurieren einer NFS-basierten Dateifreigabe, wie z. B. die Möglichkeit zum Aktivieren von Kontingenten. Setzt die Installation des Rollendienstes für NFS voraus.

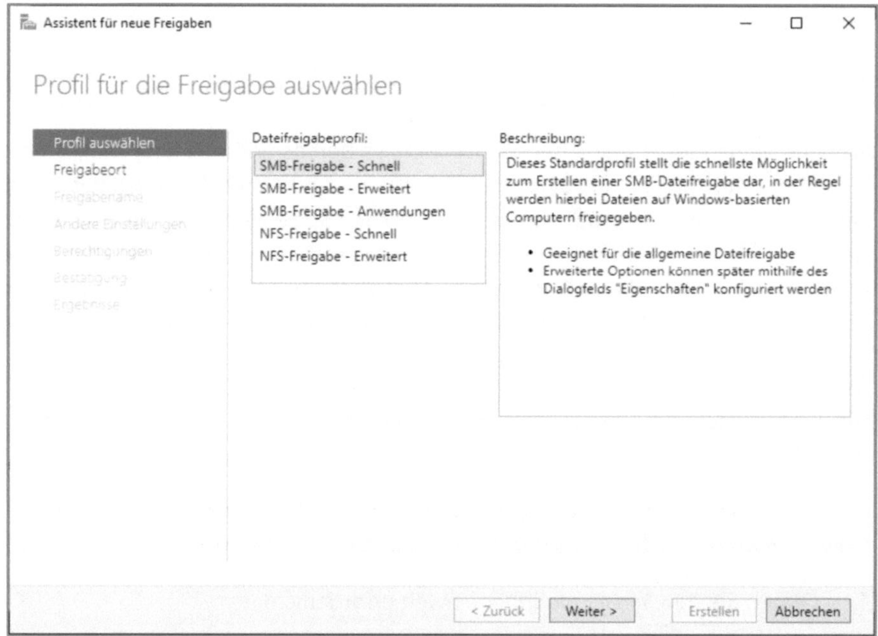

Abb. 10.8: *Auswahl des Dateifreigabeprofils*

Wählen Sie in diesem Beispiel „SMB-Freigabe - Schnell“, und klicken Sie anschließend auf **Weiter**.

5. Wählen Sie den *Server*, sowie den *Pfad für die Freigabe* aus, und klicken Sie auf **Weiter**.

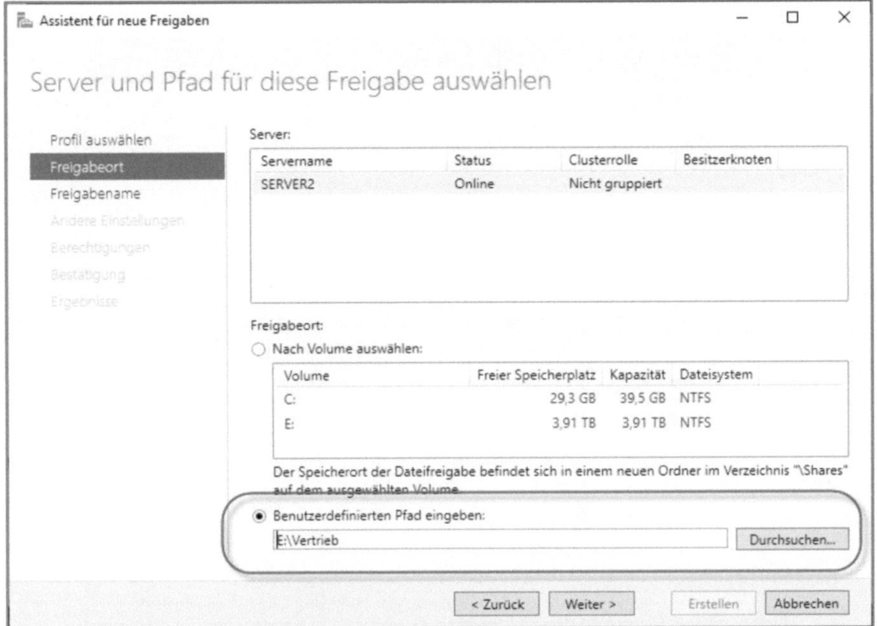

Abb. 10.9: *Auswahl des freizugebenden Dateipfades*

Hierbei kann man zwischen einem Volume oder einem benutzerdefinierten Pfad für die Freigabe von Dateien wählen. Sollte der angegebene Ordner bei der Angabe eines „benutzerdefinierten Pfades" noch nicht existieren, so wird man zur Bestätigung zum Anlegen des neuen Ordners aufgefordert. Klicken Sie in diesem Fall auf **OK**.

6. Geben Sie den *Freigabenamen* an, und klicken Sie auf **Weiter**.

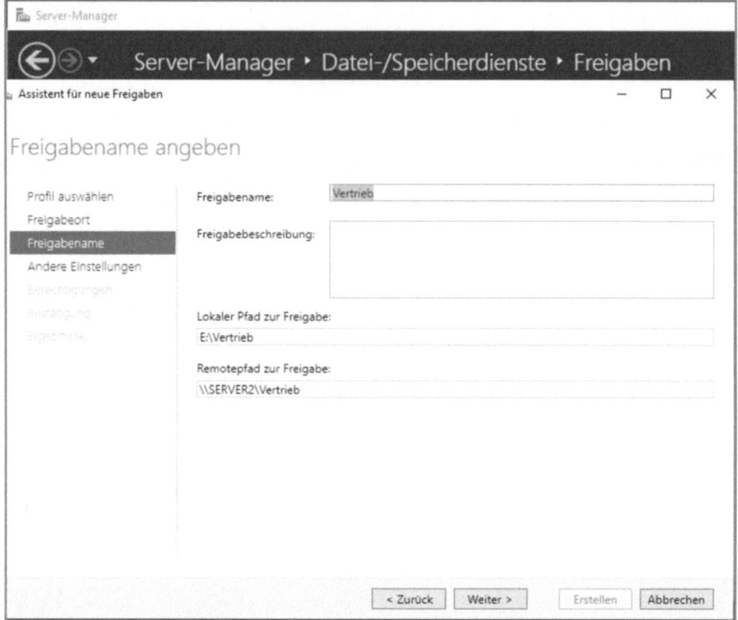

Abb. 10.10: *Festlegen des Freigabenamens*

7. Konfigurieren Sie bei Bedarf noch weitere *Freigabeeinstellungen*, und klicken Sie anschließend auf **Weiter**.

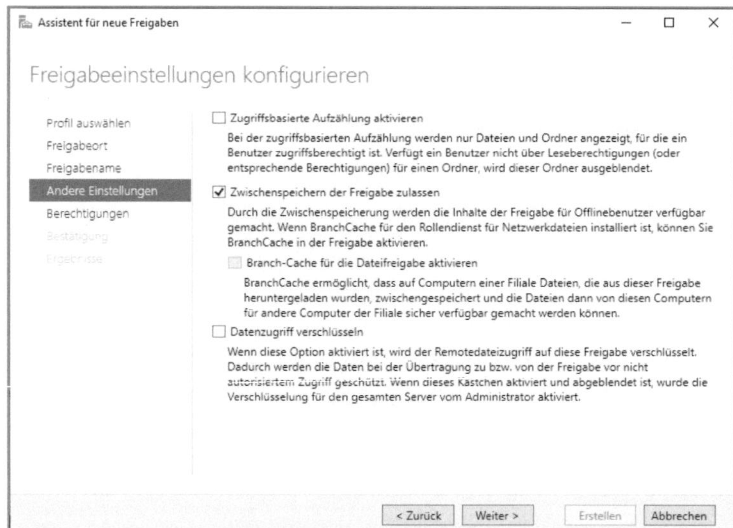

Abb. 10.11: *Möglichkeit zur Konfiguration weiterer Freigabeeinstellungen*

8. Passen Sie die *Berechtigungen zur Zugriffssteuerung* bei Bedarf entsprechen an, und klicken Sie dann auf **Weiter**.

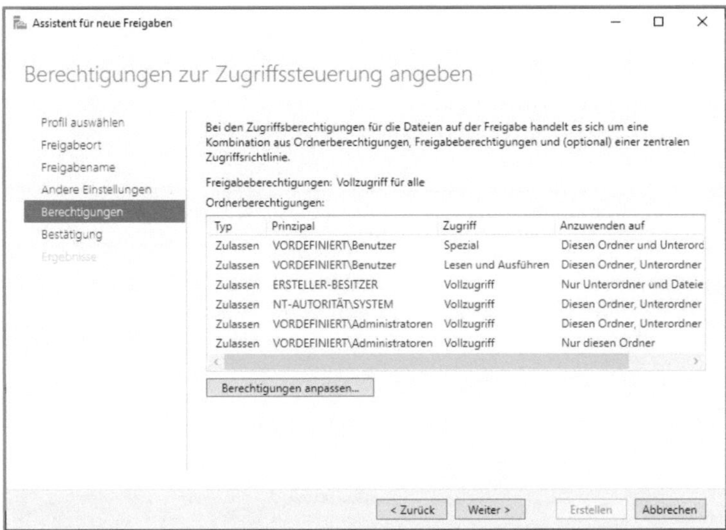

Abb. 10.12: *Anpassungsmöglichkeit der Zugriffsberechtigungen*

9. Klicken Sie im Dialog *Auswahl bestätigen* auf **Erstellen**.
10. Klicken Sie im Dialog *Ergebnisse anzeigen* auf **Schließen**.

Die zuvor neu erstellte Dateifreigabe wird im Abschnitt *FREIGABEN* angezeigt. Bei Bedarf kann man diese über einen Klick mit der rechten Maustaste auf die *Freigabe*, und der Auswahl der **Eigenschaften** entsprechend anpassen, oder auch durch die Auswahl der Option **Freigabe beenden** wieder entfernen.

PRAXISTIPP! ➲ Die Einrichtung und Verwaltung von Dateifreigaben sollte in Windows Server 2019 - ebenso wie zuvor bereits auch in Windows Server 2016 oder auch Windows Server 2012 (R2) - nicht mehr direkt im *Windows-Explorer*, sondern grundsätzlich beispielsweise im grafischen *Server-Manager* erfolgen. Wenn die Freigabe von Dateien und Ordnern direkt im *Windows-Explorer* erfolgt, so wird diese - wie bereits auch unter Windows Server 2008 R2 - im Anschluss darin nicht sichtbar angezeigt. Auch stehen auf diesem Wege nicht alle möglichen, im *Server-Manager* zusätzlich noch enthaltenen Optionen für die Konfiguration von Dateifreigaben zur Verfügung. Alternativ können Freigaben noch über die Kommandozeile bzw. mit der Windows-PowerShell eingerichtet und konfiguriert werden.

Abb. 10.13: *Zuvor freigegebener Ordner im Windows-Explorer*

10.4.2 Bedingung für den Zugriff auf Dateifreigaben

In Windows Server 2019 besteht, wie zuvor auch schon unter Windows Server 2016 und auch unter Windows Server 2012 R2, die Möglichkeit, den Zugriff auf eine Dateifreigabe an eine *Bedingung*, wie zum Beispiel die Domänenzugehörigkeit des dabei verwendenden Computers zu einer bestimmten Active Directory-Domäne zu verknüpfen. Interessant ist diese Möglichkeit insbesondere in Hinsicht der von den Mitarbeitern teils privat genutzten *„Bring Your Own Device (BYOD)"*-Geräte.

Gehen Sie wie folgt vor, um in den Datei-/Speicherdiensten unter Windows Server 2019 eine Bedingung für den Zugriff auf eine vorhandene Dateifreigabe festzulegen:

1. Öffnen Sie den *Server-Manager* (soweit erforderlich).
2. Klicken Sie auf **Datei-/Speicherdienste**, und dann auf **Freigaben**.
3. Klicken Sie im Abschnitt *FREIGABEN* mit der rechten Maustaste auf die vorhandene *Dateifreigabe*, und dann auf **Eigenschaften**.
4. Erweitern Sie die Ansicht durch einen Klick auf das **+**-Zeichen neben *Berechtigungen*, scrollen Sie im Fenster nach unten, und klicken Sie dann auf **Berechtigungen anpassen**.
5. Klicken Sie auf **Hinzufügen**, wählen Sie über die Option **Prinzipal auswählen** den gewünschten Benutzer, bzw. die gewünschte Sicherheitsgruppe aus, die den

Zugriff auf die Dateifreigabe erhalten sollen (wie zum Beispiel die Gruppe *„Domänen-Benutzer“*).

6. Legen Sie die *Berechtigungen* fest, und klicken Sie dann am unteren Rand des Dialogfensters auf **Bedingung hinzufügen**.

7. Wählen Sie links im ersten Auswahlfeld „**Gerät**“, klicken Sie dann rechts auf **Element hinzufügen**, wählen Sie die Gruppe *„Domänencomputer“* aus, und klicken Sie dann auf **OK**.

8. Klicken Sie zum Abschluss auf **OK**, und schließen Sie den Dialog *„Erweiterte Sicherheitseinstellungen für <Freigabename>“* mit einem Klick auf **OK**.

9. Schließen Sie die Eigenschaften der Freigabe mit einem Klick auf **OK**.

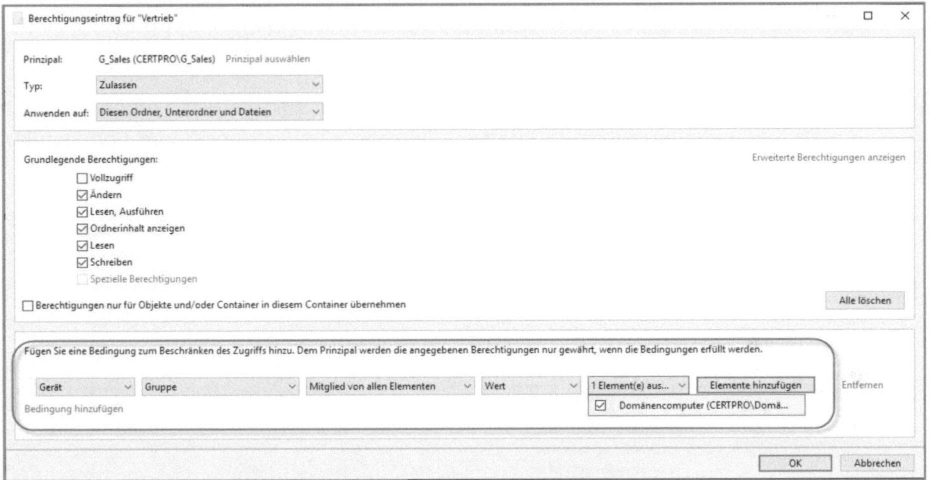

Abb. 10.14: *Bedingung zum Zugriff auf eine Dateifreigabe*

Neben den möglichen Bedingungen kann man die Datei- und Speicherdienste unter Windows Server 2019 noch umfangreicher verwenden - beispielsweise unter der Hinzunahme des optional installierbaren, im Umfang der Datei- und Speicherdienste enthaltenen *Ressourcen-Manager für Dateiserver*.

Wenn Sie den *Ressourcen-Manager für Dateiserver* im Verlauf der Installation der Rollendienste für die *Datei- und Speicherdienste* (oder im späteren Verlauf) ausgewählt haben, so steht Ihnen dieser im Server-Manager über einen Klick auf **Tools** in der oberen Befehlsleiste als grafische Verwaltungskonsole zur Verfügung.

10.5 Ressourcen-Manager für Dateiserver

Erweiterte Konfiguration möglich

Der *Ressourcen-Manager für Dateiserver* (engl. *File System Ressource Manager, FSRM*) bietet im Rahmen der Bereitstellung der Dateidienste noch weitere Verwaltungsmöglichkeiten. Zu diesen zählen:

- **Kontingentverwaltung** bietet Möglichkeiten zum Erstellen von Kontingenten, anhand deren man „harte" (erzwungen) oder „weiche" (nur Benachrichtigungen) Speicherplatzgrenzen für Volumes oder Ordnerstrukturen festlegen kann.
- **Dateiprüfungsverwaltung** bietet die Möglichkeit zum Erstellen von Dateiprüfungsregeln, mit denen man das Speichern bestimmter Dateien auf Volumes oder in Ordnerstrukturen verbieten kann.
- **Speicherberichteverwaltung** dient dem Generieren von Speicherberichten, um die Datenträgerverwendung zu überwachen, doppelt vorhandene oder ruhende Dateien zu identifizieren, den Kontingentbedarf nachzuverfolgen und die Dateiprüfung zu überwachen.
- **Klassifizierungsverwaltung** bietet die Möglichkeit zum Erstellen und Anwenden von Dateiklassifizierungseigenschaften, die man zum Kategorisieren von Dateien verwenden kann.
- **Dateiverwaltungsaufgaben** dient dem Automatisieren der Suche nach Teilmengen von Dateien auf einem Server sowie das Anwenden einfacher Befehle.

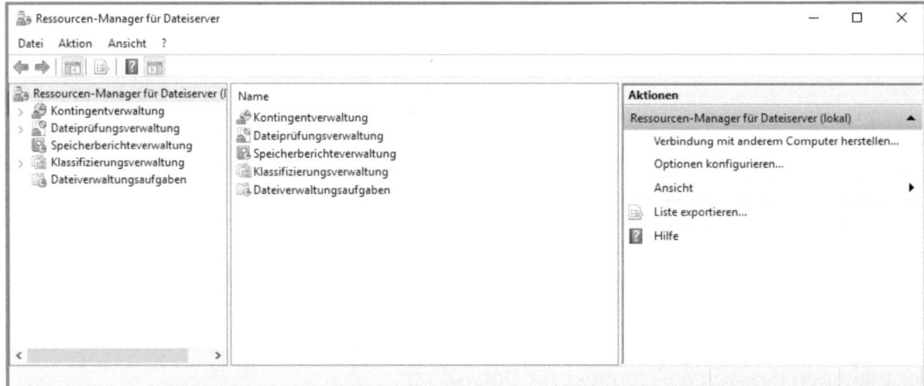

Abb. 10.15: *Verwaltungsmöglichkeiten im Ressourcen-Manager für Dateiserver*

HINWEIS ➲ Der *Ressourcen-Manager für Dateiserver* steht unter Windows Server 2019 standardmäßig erst nach der Installation als Rollendienst der *Datei-/Speicherdienste* zur Verfügung.

10.5.1 Installation des Ressourcen-Manager für Dateiserver

Im Bedarfsfall kann man den *Ressourcen-Manager für Dateiserver* als Rollendienst der *Datei-/Speicherdienste* unter Windows Server 2019 installieren. Dies kann entweder über den grafischen Server-Manager, oder im Bedarfsfall beispielsweise auch mithilfe der Windows PowerShell erfolgen.

Gehen Sie wie folgt vor, um den Ressourcen-Manager für Dateiserver mithilfe des grafischen Server-Managers auf einem Serversystem unter Windows Server 2019 zu installieren:

1. Starten Sie den *Server-Manager.*
2. Klicken Sie in der oberen Befehlsleiste auf **Verwalten**, und dann auf **Rollen und Features hinzufügen**.
3. Klicken Sie im Dialog *Vorbemerkungen* auf **Weiter**.
4. Wählen Sie im Dialog *Installationstyp auswählen* die Option **Rollenbasierte oder featurebasierte Installation**, und klicken Sie auf **Weiter**.
5. Wählen Sie den gewünschten *Zielserver* aus, und klicken Sie auf **Weiter**.
6. Erweitern Sie im Dialog *Serverrollen auswählen* die **Datei- und Speicherdienste**, sowie die **Datei- und iSCSI-Dienste**, und aktivieren Sie das Kontrollkästchen für **Ressourcen-Manager für Dateiserver**.

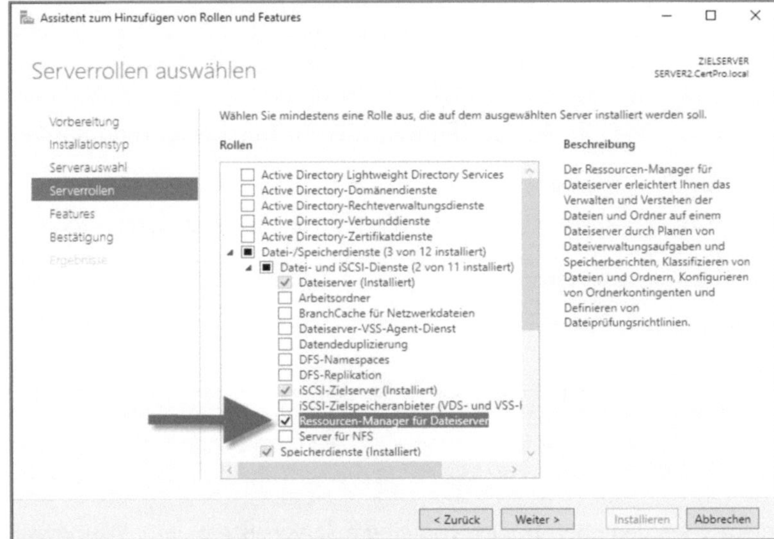

Abb. 10.16: *Installation der Datendeduplizierung über den grafischen Server-Manager*

7. Bestätigen Sie den Dialog zum *Hinzufügen von Features* mit einem Klick auf **Features hinzufügen**.
8. Klicken Sie im Dialog *Serverrollen auswählen* auf **Weiter**.
9. Klicken Sie im Dialog *Features auswählen* auf **Weiter**.

10. Klicken Sie im Dialog *Installationsauswahl bestätigen* auf **Installieren**.
11. Klicken Sie im Dialog *Installationsstatus* auf **Schließen**.

10.5.2 Kontingentverwaltung

Speicher-kontingente auf Ordner-ebene

Im Rahmen der Kontingentverwaltung kann ein Administrator den, durch Benutzer auf dem betreffenden Serversystem für die Speicherung von Daten zu nutzenden, Speicherplatz beschränken. Dies geschieht mithilfe einer vorweg zu definierenden und auf Regeln basierten *Kontingentvorlage*. Anders als die bereits auch in vorherigen Betriebssystemen nutzbaren *Quotas* (dt. *Kontingente*) auf Laufwerksebene wendet man die Kontingente im *Ressourcen-Manager für Dateiserver* auf Ordnerebene an. Somit können Vorlagen problemlos mehrfach verwendet werden.

HINWEIS ➲ Gleich nach der Installation des *Ressourcen-Manager für Dateiserver* findet man auf dem Serversystem unter Windows Server 2019 mehrere, vordefinierte Kontingentvorlagen. Diese kann man auf die eigenen Bedürfnisse anpassen, sowie auch jederzeit neue Kontingentvorlagen erstellen.

Aktionen beim Erreichen der definierten Schwellen-werte

Innerhalb der Kontingentvorlagen kann man die Speichergrenze, sowie auch mögliche Aktionen beim Erreichen oder gar dem Überschreiten des definierten Speicherwerts, festlegen. Es ist zudem möglich, E-Mail-Nachrichten bei Erreichen eines bestimmten, definierten Schwellenwertes an den jeweiligen Benutzer oder optional sogar an einen oder gleich mehrere Administratoren zu senden. Für die Gestaltung des Nachrichtentextes stehen im Ressourcen-Manager für Dateiserver rund 30 Variablen zur Verfügung.

Die Speicherplatzbeschränkung in einer Kontingentvorlage kann man festlegen als:

- **„Harte" Kontingentgrenze:** Überschreiten der Grenze nicht zulassen
- **„Weiche" Kontingentgrenze:** Überschreiten der Grenze gestatten (für Überwachungszwecke)

HINWEIS ➲ Die Dateidienste werden ebenso auch von einem Serversystem unter Windows Server 2019 als Server Core unterstützt. Die Schritte zur Implementierung der Serverrolle auf solchen Systemen werden im späteren Verlauf dieses Buches erklärt.

Die Dateidienste werden ebenso auch von einem Serversystem unter Windows Server 2019 als Server Core unterstützt. Darüber hinaus kann man entsprechende Benachrichtigungsschwellenwerte (beispielsweise bei 85%, 95% oder auch bei 100% der Speicherauslastung) festlegen, wie dies bereits auch in der oberen Grafik zu sehen ist. Bei Erreichen dieser Schwellenwerte kann man in den Eigenschaften der jeweiligen Benachrichtigungsschwellenwerte eine gewünschte Aktion festlegen, wie zum Beispiel:

- **E-Mail-Nachricht** löst eine E-Mail-Nachricht an den Benutzer und je nach Einstellung auch an den/die Administratoren aus.

- **Ereignisprotokoll** sendet einen Ereignisprotokolleintrag im Ereignisprotokoll des betreffenden Serversystems.
- **Befehl** dient dem Festlegen eines Befehls oder Skripts, welcher bei Erreichen des definierten Schwellenwerts ausgeführt werden soll.
- **Bericht** generiert beim Erreichen des Schwellenwerts einen vorweg ausgewählten Bericht und sendet diesen bei Bedarf an den Benutzer oder Administrator.

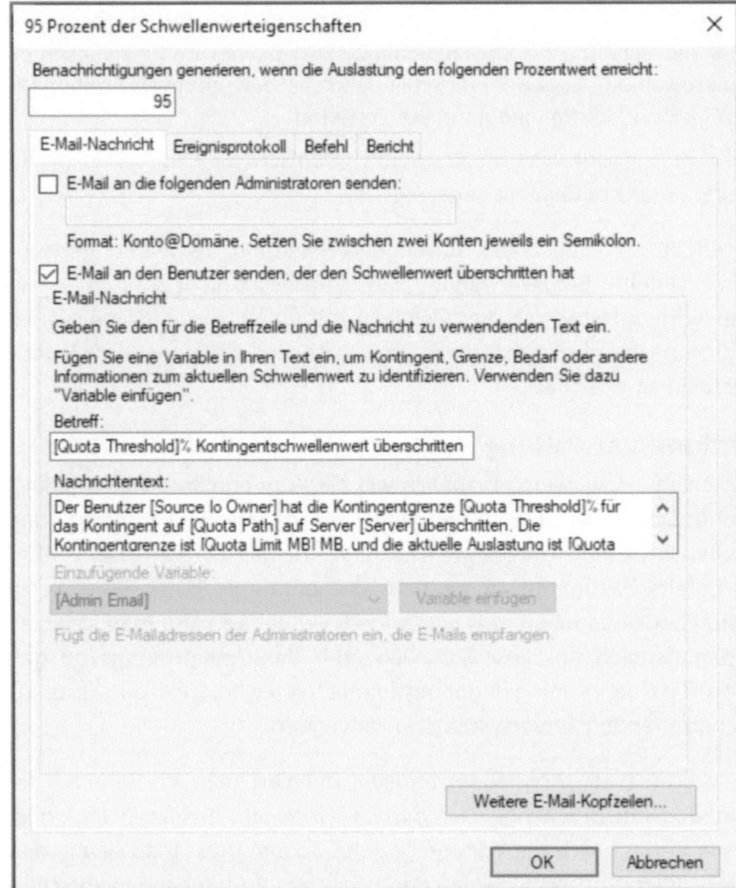

Abb. 10.17: *Dialog zum Festlegen der Schwellenwerteigenschaften*

10.5.2.1 Kontingent erstellen

Im *Ressourcen-Manager für Dateiserver* auf einem Serversystem unter Windows Server 2019 können Sie jederzeit ein neues Kontingent anhand einer vordefinierten Vorlage auf einen Ordner anwenden.

Gehen Sie wie folgt vor, um eine vordefinierte Kontingentvorlage im grafischen Ressourcen-Manager für Dateiserver auf einen vorhandenen Dateiordner anzuwenden:

1. Erweitern Sie im *Ressourcen-Manager für Dateiserver* die *Kontingentverwaltung.*
2. Klicken Sie mit der rechten Maustaste auf **Kontingente** und wählen Sie im Kontextmenü den Eintrag **Kontingent erstellen...**
3. Geben Sie im Feld *Kontingentpfad:* den gewünschten Ordnerpfad an (alternativ können Sie auf die Schaltfläche **Durchsuchen...** klicken, um den gewünschten Ordnerpfad auszuwählen). Legen Sie anschließend die gewünschten Kontingenteigenschaften fest, und klicken Sie dann auf **Erstellen**.

Das soeben erstellte Kontingent wird im *Ressourcen-Manager für Dateiserver* in der *Kontingentverwaltung* unter *Kontingente* angezeigt.

Prinzipiell ähnlich effektiv, wie auch die Kontingentverwaltung, zeigt sich Verwendungsmöglichkeit der Dateiprüfungsverwaltung. Sie ist vielleicht nicht ganz so konsequent, wie mancher Administrator sich dies vielleicht wünschen würde, da sie sich im Rahmen der Dateiprüfung lediglich anhand der Dateinamenserweiterung, nicht jedoch am eigentlichen Dateiinhalt orientiert.

10.5.3 Dateiprüfungsverwaltung

Verhindern der Speicherung unerwünschter Dateitypen

Die Dateiprüfungsverwaltung verwendet, ähnlich wie die Kontingentverwaltung, auch Vorlagen (sogenannte *Dateiprüfungsvorlagen)*, um ihrerseits jedoch die Speicherung bestimmter Dateitypen auf einem Serversystem unter Windows Server 2019 zu verhindern. Hierzu sind bereits bestimmte, anpassbare Dateigruppen (beispielsweise für Audio- und Videodateien, Bilddateien etc.) vorhanden. Bei Bedarf kann man jederzeit weitere Dateigruppen erstellen, um diese anschließend in den Dateiprüfungsvorlagen für die Konfiguration von Dateiprüfungen auf bestimmte Verzeichnisse in den Festplattenlaufwerken des betreffenden Serversystems zu verwenden.

Basiert auch auf Vorlagen

Prinzipiell ähnlich, wie auch die *Kontingentvorlagen*, definiert man im Rahmen der *Dateiprüfungsverwaltung* entsprechende *Dateiprüfungsvorlagen*. In diesen legt man fest, auf welche Dateigruppen sich die Vorlage bezieht. Zudem muss man sich in den Einstellungen der jeweiligen Vorlage für einen der möglichen Prüfungstypen entscheiden.

Für eine Dateiprüfungsvorlage kann man den Prüfungstyp festlegen auf:

- **Aktives Prüfen:** Speichern von nicht autorisierten Dateien nicht zulassen (hierbei wird das Speichern der festgelegten Dateitypen verweigert)
- **Passives Prüfen:** Speichern von Dateien zulassen (für Überwachungszwecke)

Zusätzlich kann man, wie dies auch im Rahmen der Definition von Kontingenten möglich ist, beim Speicherversuch der definierten Dateigruppen folgende Aktionen festlegen:

- **E-Mail-Nachricht** bietet die Möglichkeit, eine E-Mail-Nachricht mit Hinweis auf den Speicherversuch/-vorgang an den jeweiligen Benutzer und optional auch an den/die Administratoren zu versenden.
- **Ereignisprotokoll** sendet eine Warnung an das Ereignisprotokoll des betreffenden Serversystems und dokumentiert somit den jeweiligen Speicherversuch/-vorgang.
- **Befehl** ermöglicht es, einen definierten Befehl oder Skript auszuführen.
- **Bericht** generiert entsprechende Dateiberichte und sendet diese auf Wunsch an den jeweiligen Benutzer oder einen Administrator.

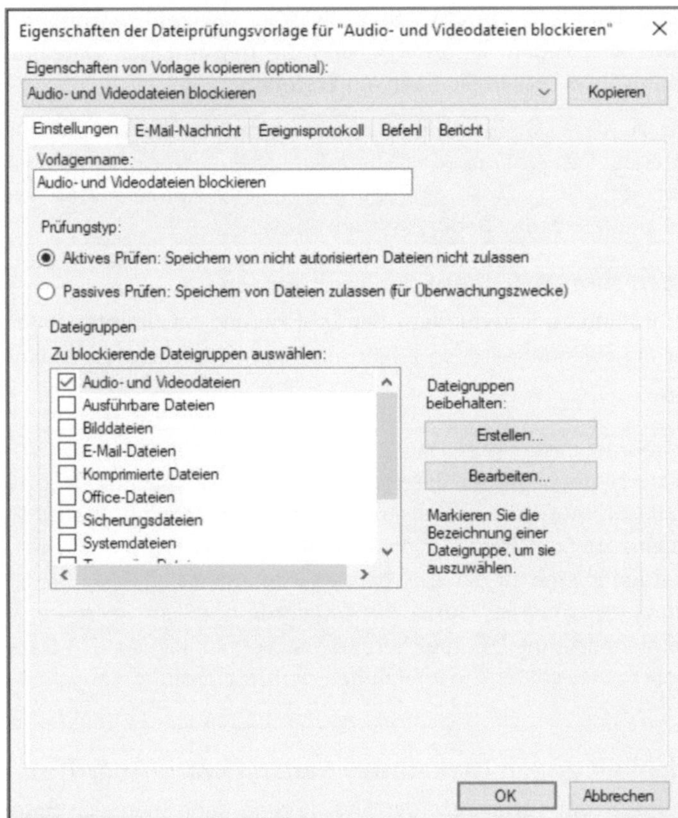

Abb. 10.18: *Dateiprüfungsverwaltung im Ressourcenmanager für Dateiserver*

10.5.3.1 Dateiprüfung erstellen

Im *Ressourcen-Manager für Dateiserver* kann man jederzeit eine Dateiprüfung erstellen, um das Speichern bestimmter Dateigruppen in bestimmten Verzeichnissen auf einem Serversystem unter Windows Server 2019 durch Benutzer entweder zu verweigern und/oder zu dokumentieren.

Gehen Sie wie folgt vor, um im grafischen Ressourcen-Manager für Dateiserver eine Dateiprüfung für das Speichern bestimmter Dateigruppen in bestimmten Dateiordnern auf einem Serversystem festzulegen:

1. Erweitern Sie im *Ressourcen-Manager für Dateiserver* die *Dateiprüfungsverwaltung*.
2. Klicken Sie mit der rechten Maustaste auf **Dateiprüfungen** und wählen Sie im Kontextmenü den Eintrag **Dateiprüfung erstellen**
3. Geben Sie im Feld *Dateiprüfungspfad:* den gewünschten Ordnerpfad an (alternativ können Sie auf die Schaltfläche **Durchsuchen...** klicken, um den gewünschten Ordnerpfad auszuwählen). Legen Sie anschließend die gewünschten Dateiprüfungseigenschaften fest und klicken Sie dann auf **Erstellen**.

HINWEIS ➲ Zusätzlich zu den Dateiprüfungen lassen sich über die Auswahl im Kontextmenü des Eintrages *Dateiprüfungen* in der *Dateiprüfungsverwaltung* auch *Dateiprüfungsausnahmen* erstellen. Diese ermöglichen einem Administrator, die Dateiprüfungen optimal an die eigenen Bedürfnisse anzupassen.

10.5.3.2 Aktives Prüfen zum Verhindern der Speicherung

Wenn eine aktive Dateiprüfung zum Verhindern der Speicherung bestimmter Dateitypen auf einen Ordner angewendet wird, so erhält man beim Speicherversuch eine entsprechende Meldung.

HINWEIS ➲ Die Speicherung bestimmter Dateigruppen lässt sich im Rahmen der Dateiprüfungen im Ressourcenmanager für Dateiserver lediglich auf Dateinamen bzw. Teile davon, sowie auf bestimmte Dateinamenserweiterungen anwenden. Wenn ein Benutzer beispielsweise eine zur Speicherung nicht erlaubte MP3-Datei (*`.mp3`*) seitens der Dateinamenserweiterung in eine für die Speicherung womöglich zugelassene ZIP-Datei (*`.zip`*) umbenennt, so wird dies durch die Dateiprüfungen im Ressourcenmanager für Dateiserver nicht erkannt. Die Speicherung der „vermeintlichen" ZIP-Datei wäre in diesem Fall möglich. Dies sollten Sie im Rahmen der Dateiprüfungsverwaltung beachten.

10.5.4 Schutzmöglichkeit gegen (bekannte) Ransomware-Angriffe

Mithilfe der aktiven Prüfung zum Verhindern der Speicherung kann man sich unter Verwendung des *Ressourcen-Manager für Dateiserver* und einer entsprechenden *Dateiprüfungsvorlage* mitunter einen Schutz gegen potentielle Ransomware-Angriffe aufbauen. Dazu muss man sich zuvor eine Dateigruppe anlegen, in der man die

Dateinamenserweiterungen aller der bereits bekannten Ransomware-Softwareelemente darin erfasst - und das Speichern solcher Dateitypen - mittels aktiver Prüfung - mithilfe des grafischen Ressourcen-Manager für Dateiserver verhindert.

Ziel ist es hierbei, die Verschlüsselung vorhandener Dateien durch Ransomware nach aller Möglichkeit zu verhindern. Ransomware versucht gemeinhin, vorhandene Dateien, wie Word- oder auch Excel-Dokumente in einem neuen, verschlüsselten Dateiformat abzuspeichern - und um dann die originale Datei im Anschluss zu löschen.

Man sollte diese Dateigruppe innerhalb einer Dateiprüfungsvorlage unbedingt zusätzlich mit einer E-Mail-Benachrichtigung konfigurieren, damit man frühzeitig über den möglichen „Speicherversuch" informiert wird, und so gegen den potentiellen Ransomware-Angriff agieren kann.

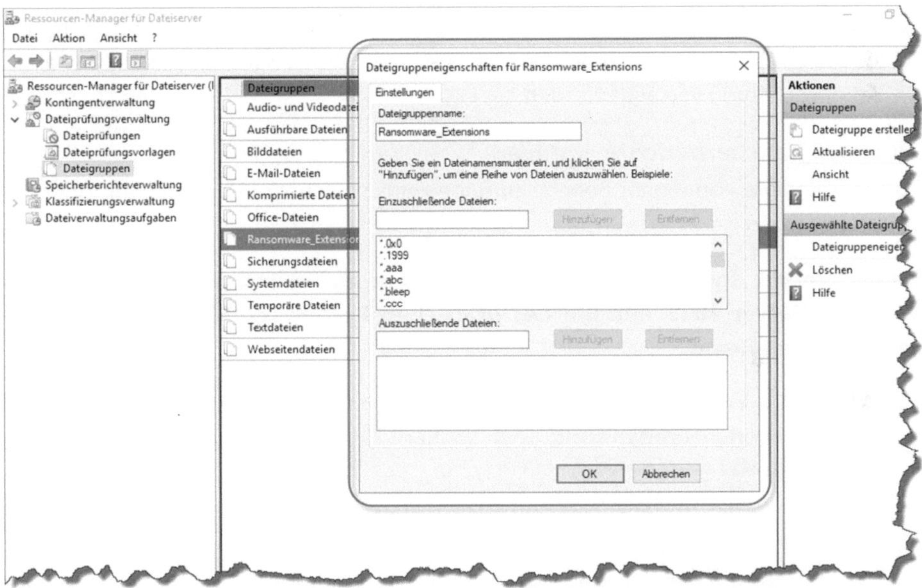

Abb. 10.19: *Dateigruppe „Ransomware" im Ressourcen-Manager für Dateiserver für die Speicherverhinderung - als möglicher Schutz gegen Ransomware-Angriffe*

Bereits fertige - und auch aktuelle - Listen der Dateinamenserweiterungen bekannter Ransomware-Software findet man über eine einfache Suche in der *Google-Suchmaschine* gleich „massenhaft". Diese kann man für das Anlegen einer Dateigruppe (beispielsweise mit der Bezeichnung „Ransomware") verwenden. Wichtig hierbei ist es, die Liste der Dateinamenserweiterungen für Ransomware stets aktuell zu halten.

INTERNET ➲ Ein Beispiel für das Anlegen einer Dateigruppe für „Ransomware" mitsamt der verschiedenen durch Ransomware bereits verwendeten Dateinamenserweiterungen findet man im Internet zum kostenfreien Download gleich auch auf der Microsoft-Website unter:

https://gallery.technet.microsoft.com/scriptcenter/Protect-your-File-Server-f3722fce

Eine weitere Möglichkeit der Dateiverwaltung auf einem Serversystem unter Windows Server 2019 stellt die Speicherberichteverwaltung dar.

10.5.5 Speicherberichteverwaltung

Dokumentierte Übersicht über die Speichernutzung

Die Speicherberichteverwaltung ermöglicht einem Administrator das Generieren verschiedener Speicherberichte, um beispielsweise Dateiduplikate oder auch den Kontingentbedarf von Benutzern zu ermitteln. Die Speicherberichte können in verschiedenen Dateiformaten gespeichert und bei Bedarf auch automatisch per E-Mail an die Administratoren versandt werden.

10.5.5.1 Speicherberichte erstellen

Speicherberichte können als Berichtsaufgabe zeitlich wiederkehrend geplant oder auf Bedarf hin sofort generiert werden.

Gehen Sie wie folgt vor, um Speicherberichte auf einem Serversystem unter Windows Server 2019 mithilfe des grafischen Ressourcen-Manager für Dateiserver zu generieren:

1. Klicken Sie im *Ressourcen-Manager für Dateiserver* mit der rechten Maustaste auf **Speicherberichteverwaltung** und wählen Sie im Kontextmenü den Eintrag **Berichte jetzt generieren...**
2. Wählen Sie die zu generierenden Berichtsdaten sowie das gewünschte Berichtsformat aus.
3. Klicken Sie unter *Bereich* auf die Schaltfläche **Hinzufügen** und wählen Sie das Laufwerk oder den gewünschten Ordner für das Erstellen der Speicherberichte aus.
4. Soweit gewünscht, können Sie im Register *Zustellung* noch die Option zum Senden der Berichte per E-Mail an einen bestimmten Adressaten aktivieren.
5. Klicken Sie zum Erstellen der Speicherberichte auf **OK**.
6. Wählen Sie im Dialog *Speicherberichte generieren* aus, ob die Speicherberichte im Vorder- oder Hintergrund erstellt werden sollen, und klicken Sie dann auf **OK**.

Die manuell erstellten oder mithilfe der Berichtsplanung generierten Speicherberichte werden auf dem Serversystem unter Windows Server 2019 standardmäßig im Ordner **C:\StorageReports** gespeichert.

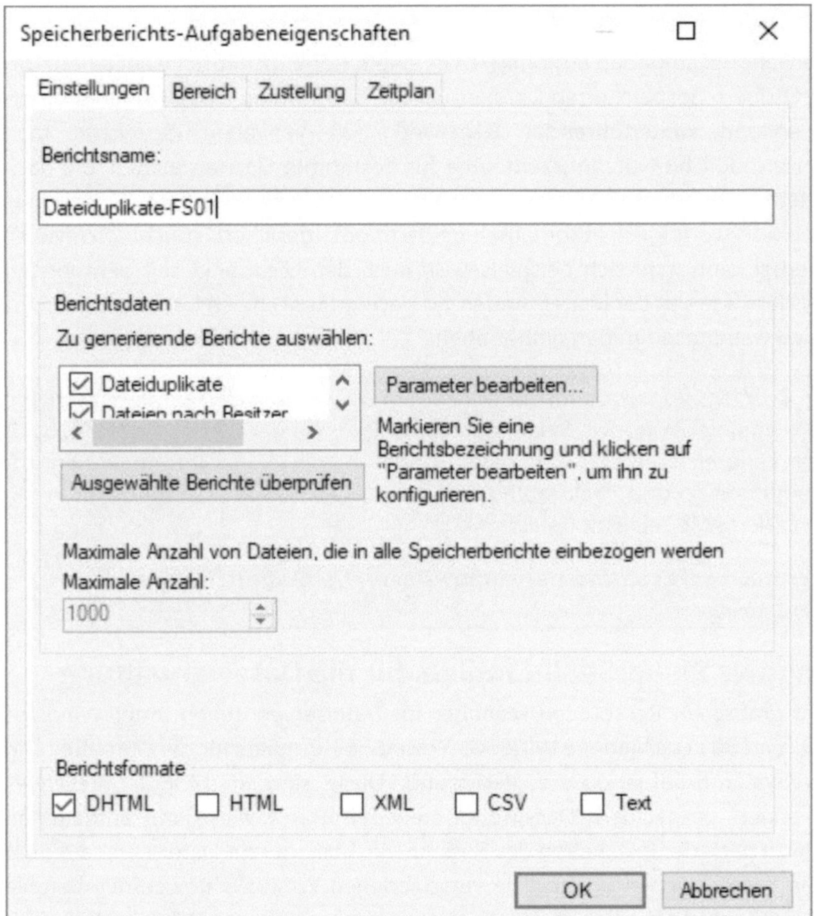

Abb. 10.20: *Speicherberichteverwaltung im Ressourcenmanager für Dateiserver*

10.5.6 Klassifizierungsverwaltung und Dateiverwaltungsaufgaben

Wie zu Beginn dieses Abschnitts bereits erwähnt, befinden sich im *Ressourcen-Manager für Dateiserver* unter Windows Server 2019 die Klassifizierungsverwaltung und die Dateiverwaltungsaufgaben.

10.5.6.1 Klassifizierungsverwaltung

Im Rahmen der *Klassifizierungsverwaltung* werden *Klassifizierungsregeln* erstellt und zum automatischen Klassifizieren von Dateien verwendet. Anschließend kann man diese für die Ausführung von *Dateiverwaltungsaufgaben* verwenden.

10.5.6.2 Dateiverwaltungsaufgaben

Festlegen des Ablaufdatums von Dateien für die mögliche Archivierung

Die Dateiverwaltungsaufgaben ermöglichen es einem Administrator, die auf einem Dateiserver in Ordnern gespeicherten Dateien, welche bestimmten Klassifizierungen entsprechen, anhand weiterführender Regelwerke zu verwalten. So kann man beispielsweise mögliche Nutzungszeiträume für bestimmte Dateien planen, die nach dem Erreichen des definierten Ablaufdatums automatisch in einen anderen Ordner verschoben und dort womöglich automatisch gelöscht oder gesichert (sprich: „*archiviert*") werden. Hierbei kann man sich beispielsweise auch dem Zeitpunkt seit dem letzten Zugriff oder der Tage seit der letzten Änderung bestimmter Dateien bedienen und dies in die Dateiverwaltungsaufgaben einbeziehen.

INTERNET ➲ Viele Verwendungsmöglichkeiten und Praxisbeispiele rund um die Dateiverwaltung unter Windows-Serversystemen werden in der Website von Microsoft teils sehr umfangreich erklärt. Bei Bedarf findet man weitere Informationen zur Planung, Konfiguration und Realisierung von Dateiverwaltungsaufgaben direkt in der Website von Microsoft-TechNet unter:

https://docs.microsoft.com/de-de/windows-server/storage/fsrm/file-management-tasks

10.6 Windows PowerShell-Cmdlets für die Dateiverwaltung

Umfangreiche Verwaltungsmöglichkeiten - auch zur Automatisierung geeignet

Parallel zum grafischen Ressourcen-Manager für Dateiserver stehen unter Windows Server 2019 rund 80 verschiedene Windows PowerShell-Cmdlets für die Durchführung von Dateiverwaltungsaufgaben zur Verfügung. Diese sind im Modul „*FileServer-ResourceManager*" gespeichert. Das Modul steht - mitsamt aller darin enthaltenen Befehle - gleich nach der Installation des Ressourcen-Manager für Dateiserver auf dem betreffenden Server zur Verfügung. Die verschiedenen Windows PowerShell-Befehle kann man sich auf einem Serversystem unter Windows Server 2019 mithilfe des folgenden Befehls in der Windows PowerShell anzeigen lassen:

```
Get-Command -Module FileServerResourceManager
```

INTERNET ➲ Beispiele für die Verwendung der einzelnen Befehle findet man unter anderem im Internet auf der Website von Microsoft unter:

https://docs.microsoft.com/en-us/powershell/module/fileserverresourcemanager

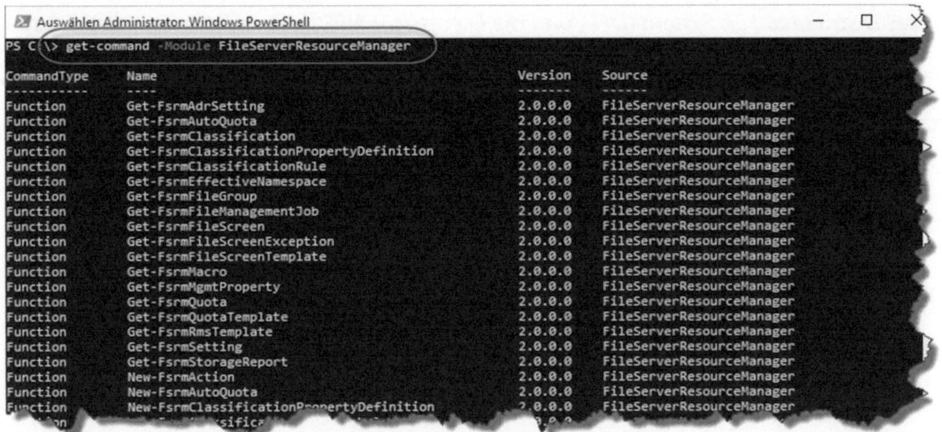

Abb. 10.21: *CmdLets des Moduls „FileServerResourceManager" zur Dateiverwaltung unter Windows Server 2019*

10.7 Befehlszeilentools für die Dateiverwaltung

Alternativ zum grafischen *Ressourcenmanager für Dateiserver* stehen unter Windows Server 2019 neben verschiedenen Windows PowerShell-Cmdlets auch die folgenden Kommandozeilenprogramme für die *Datei- und Speicherverwaltung* zur Verfügung:

- **Dirquota.exe** dient dem Erstellen und Verwalten von Kontingenten und Kontingentvorlagen.
- **Filescrn.exe** dient dem Erstellen und Verwalten von Dateiprüfungen, Dateiprüfungsausnahmen, Dateiprüfungsvorlagen und Dateigruppen.
- **Storrept.exe** wird für das Konfigurieren von Berichtsparametern und das Generieren von Speicherberichten bei Bedarf verwendet. Der Befehl kann mit dem Befehl **Schtasks.exe** kombiniert werden, um Berichtsaufgaben zu planen.

Diese Tools werden gemeinsam mit dem *Ressourcenmanager für Dateiserver* auf dem betreffenden Serversystem unter Windows Server 2019 installiert, und stehen anschließend für die Verwendung zur Verfügung.

Gleich nach der Installation verfügbar

INTERNET ➲ Weitere Informationen zur Datei- und Speicherverwaltung unter Windows Server 2019, dem Ressource-Manager für Dateiserver sowie auch zu den dargestellten Tools finden Sie auf der Website von Microsoft-TechNet im Internet unter:

https://docs.microsoft.com/de-de/windows-server/storage/fsrm/fsrm-overview

Neben den dargestellten Verwaltungsmöglichkeiten bieten die Datei- und Speicherdienste unter Windows Server 2019 natürlich auch die Möglichkeit der Verwendung des *Distributed File System* (*DFS*) und die *Dienste für NFS* (*Network File System*). Ausreichende Informationen hierzu finden Sie in der Windows-Hilfe, sowie ebenso in der oben benannten Website von Microsoft.

Bevor wir zum nächsten Kapitel gelangen, lassen Sie mich nochmals kurz auf die Möglichkeiten der Berechtigungsvergabe im Zugriff auf Dateien und Ordner unter Windows Server 2019 eingehen.

10.8 Berechtigungen für Dateien und Ordner

Dateien und Ordner können mithilfe der Dateidienste unter Windows Server 2019 nicht nur einfach bereitgestellt werden. Auch die Zugriffsberechtigungen lassen sich hiermit gezielt verwalten. Man unterscheidet dabei jedoch zwischen:

- **Datei- und Ordner-Berechtigungen** (zuvor NTFS-Berechtigungen)
- **Berechtigungen für freigegebene Ordner**

Im Idealfall setzt man im Rahmen der Vergabe von Zugriffsberechtigungen beides ein.

10.8.1 Datei- und Ordner-Berechtigungen

Bereits unter dem früheren Windows NT konnte man innerhalb eines NTFS-formatierten Datenträgers entsprechende Zugriffsrechte für die darauf gespeicherten Dateien und Ordner für bestimmte Benutzer definieren. Prinzipiell hat sich an diesem Konzept auch unter Windows Server 2019 nichts verändert. Da die konfigurierbaren Berechtigungen in Windows Server 2019 bzw. Windows Server 2016 oder auch Windows Server 2012 (R2) jedoch auch in *ReFS*-formatierten Volumes unterstützt werden, kann man diese nicht einfach mehr als *NTFS*-Berechtigungen bezeichnen. Man bezeichnet sie nunmehr allgemein als *Datei- und Ordner-Berechtigungen.* Diese können auch unter Windows Server 2019 prinzipiell direkt im *Windows-Explorer* festgelegt werden. In Hinsicht der erweiterten Verwaltungsmöglichkeiten sollte dies jedoch auch im grafischen *Server-Manager* erfolgen.

Zugewiesene Datei- und Ordnerberechtigungen kumulieren

Die Datei- und Ordner-Berechtigungen der auf den NTFS- oder ReFS-formatierten Datenträgern unter Windows Server 2019 gespeicherten Dateien und Ordner werden in einer jeweiligen *Zugriffssteuerungsliste* (engl. *Access Control List, ACL*) gespeichert. In dieser Liste werden *Zugriffssteuerungseinträge* (engl. *Access Control Entries, ACEs*) geführt, die aus der *Sicherheitskennung* (engl. *Security Identifier, SID*) der Benutzer bzw. der Sicherheitsgruppen und der jeweils zugeordneten Zugriffsberechtigung bestehen. Die einem Benutzer direkt zugewiesenen Datei- und Ordner-Berechtigungen kumulieren mit denen der Sicherheitsgruppen, denen der Benutzer als Mitglied zugeordnet ist.

HINWEIS ➲ Datei- und Ordner-Berechtigungen gelten bei lokalen Dateizugriffen sowie auch bei Remote-Zugriffen über Netzwerkfreigaben auf die betreffenden Dateien und Ordner.

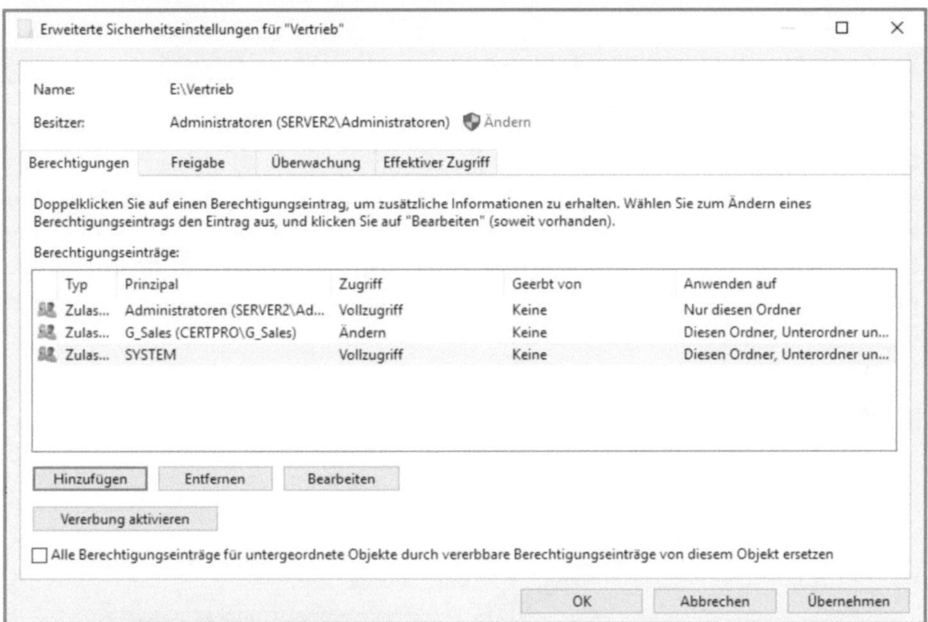

Abb. 10.22: *Möglichkeit zur Konfiguration von Datei- und Ordnerberechtigungen*

10.8.1.1 Ein Beispiel für die Zugriffsberechtigung

Wenn einem Benutzer die Berechtigung *Lesen* für eine bestimmte Datei zugewiesen wurde, und dieser gleichzeitig auch Mitglied einer Sicherheitsgruppe ist, welcher die Berechtigung *Vollzugriff* für die selbe Datei zugewiesen wurde, so ergibt sich eine effektive Berechtigung aus beidem: aus *Lesen* und *Vollzugriff* wird somit *Vollzugriff*. Anders sieht es aus, wenn die Zugriffsberechtigung auf die betreffende Datei explizit verweigert würde. **Eine Zugriffsverweigerung setzt sich gegenüber der Zugriffsberechtigung grundsätzlich durch.**

Verweigern geht über Berechtigung

10.8.1.2 Ein Beispiel für die Zugriffsverweigerung

Wenn einem Benutzer die Berechtigung *Lesen* für eine bestimmte Datei zugewiesen wurde, er gleichzeitig aber auch Mitglied einer Sicherheitsgruppe ist, welcher der Zugriff auf die betreffende Datei explizit verweigert wurde, so setzt sich die Zugriffsverweigerung gegenüber der Zugriffsgenehmigung durch.

HINWEIS ➲ Wenden Sie die explizite Zugriffsverweigerung nur mit großer Vorsicht und nur im wirklichen Bedarfsfall an und dokumentieren Sie dies unbedingt. Nur so können Sie bei späteren Zugriffsproblemen eine mögliche Problemlösung herbeiführen. Alternativ kann man den Zugriff auf Dateien und Ordner implizit verweigern, indem man den betreffenden Benutzer oder die betreffende Sicherheitsgruppe nicht in die Zugriffssteuerungsliste (*ACL*) aufnimmt.

10.8.1.3 Festlegen, Anzeigen oder Ändern von Berechtigungen für Dateien und Ordner

Standardmäßig wird vererbt

Standardmäßig erhält (erbt) eine neu erstellte Datei bzw. ein neu erstellter Ordner auf einem NTFS- oder ReFS-formatierten Laufwerk die dem jeweiligen Speicherort vorweg bereits zugewiesenen Zugriffsberechtigungen. Die Vererbung von Berechtigungen eines übergeordneten Ordners kann in den erweiterten Berechtigungen des jeweiligen Objekts bei Bedarf deaktiviert werden.

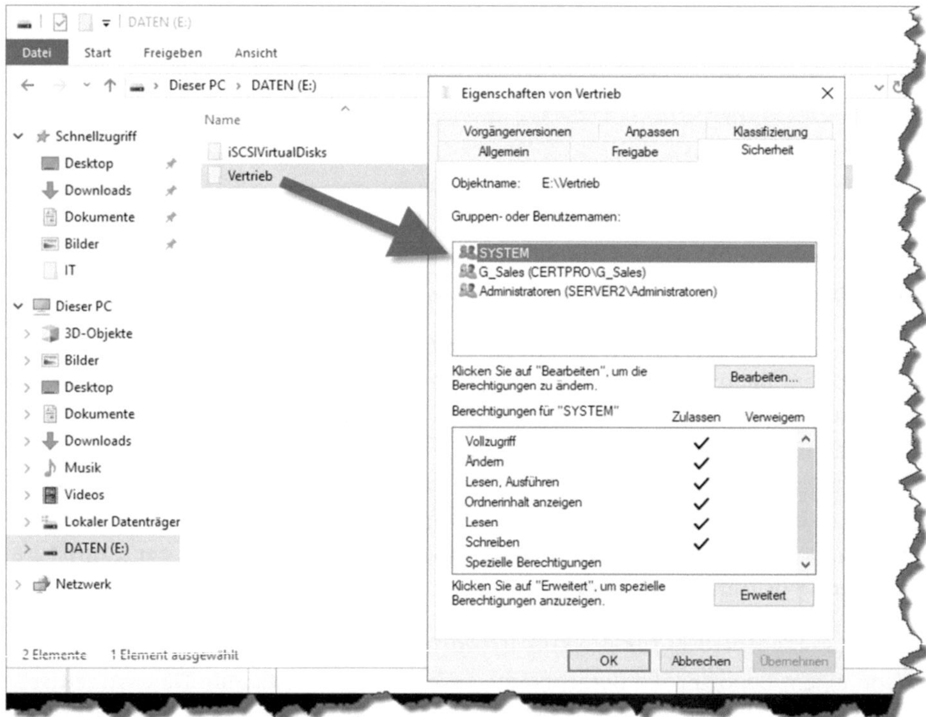

Abb. 10.23: *Konfiguration von Zugriffsberechtigungen im Windows-Explorer*

Gehen Sie wie folgt vor, um die Berechtigungen einer Datei oder einem Ordner unter Windows Server 2019 explizit zuzuweisen bzw. diese zu ändern oder zu entfernen:

1. Klicken Sie im *Windows-Explorer* mit der rechten Maustaste auf die Datei oder den Ordner, für die bzw. den Berechtigungen festgelegt werden sollen. Klicken Sie dann auf **Eigenschaften**.
2. Klicken Sie auf *Bearbeiten*, um das Dialogfeld *Berechtigungen für <Objekt>* zu öffnen.
3. Führen Sie die gewünschte Konfiguration durch und klicken Sie dann auf **OK**.
4. Klicken Sie dann nochmals auf **OK**, um den *Eigenschaften*-Dialog zu schließen.

HINWEIS ➲ Wenn Sie einem Benutzer die Datei- und Ordner-Berechtigung *Vollzugriff* für einen Ordner oder eine Datei erteilen, so kann dieser Benutzer den Besitz an dem Objekt übernehmen und die Zugriffsberechtigungen dann seinerseits auch verändern.

In Windows Server 2019 besteht, wie auch bereits in den vorangegangenen Betriebssystemen, die Möglichkeit der Ermittlung sogenannter effektiver Berechtigungen.

10.8.1.4 Anzeigen der effektiven Berechtigungen

Nicht in allen Fällen kann man innerhalb einer *Zugriffskontrollliste* (engl. *Access Control List, ACL*) einer Datei oder eines Ordners erkennen, welche Datei- und Ordner-Berechtigungen für bestimmte Benutzer festgelegt wurden. Dies wird insbesondere dann sehr undurchsichtig, wenn Benutzer verschiedenen Sicherheitsgruppen mit jeweils unterschiedlichen Zugriffsrechten auf Dateien und Ordner angehören. Hier hilft die Möglichkeit der Abfrage der effektiven Berechtigungen in den *Eigenschaften* der jeweiligen Datei bzw. des jeweiligen Ordners.

Schafft Transparenz

Gehen Sie wie folgt vor, um die effektiven Berechtigungen von Dateien oder Ordnern im *Windows-Explorer* unter Windows Server 2019 anzeigen zu lassen:

1. Öffnen Sie *Windows-Explorer* und wechseln Sie zur Datei bzw. zu dem Ordner, für die bzw. den Sie die effektiven Berechtigungen anzeigen möchten.
2. Klicken Sie mit der rechten Maustaste auf die *Datei* bzw. den *Ordner* und klicken Sie anschließend auf **Eigenschaften**.
3. Klicken Sie auf die Registerkarte **Sicherheit**.
4. Klicken Sie auf **Erweitert** und dann auf **Effektiver Zugriff**.
5. Klicken Sie auf **Einen Benutzer auswählen**.
6. Geben Sie den *Namen* des zu überprüfenden Benutzers oder einer Sicherheitsgruppe an, und klicken Sie auf **OK**.
7. Klicken Sie auf die Schaltfläche **Effektiven Zugriff anzeigen**
8. Die *effektiven Berechtigungen* werden im Dialogfenster *Erweiterte Sicherheitseinstellungen für <Objekt>* angezeigt.

Neben den Datei- und Ordner-Berechtigungen kann man die auf einem Serversystem unter Windows Server 2019 gespeicherten Dateien und Ordner auch im Rahmen der

Freigabe im Netzwerk vor unbefugten Zugriffen schützen – durch *Berechtigungen für freigegebene Ordner*.

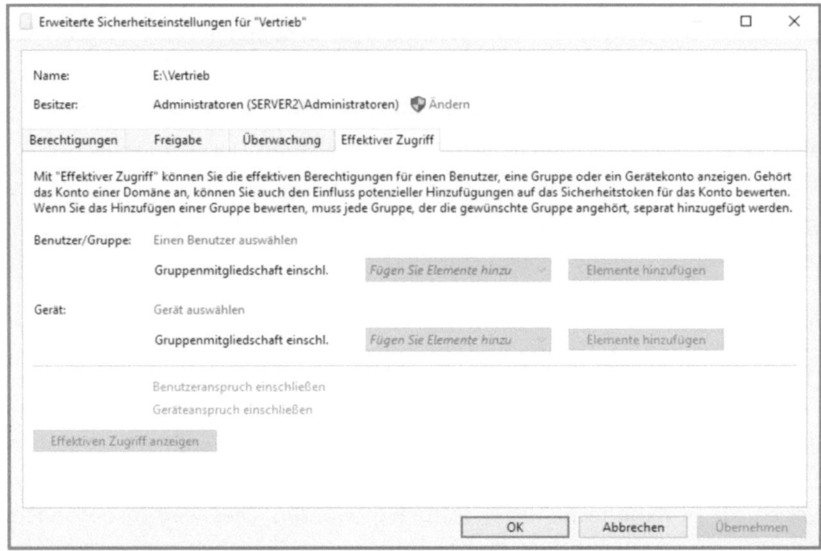

Abb. 10.24: *Liste der effektiven Berechtigungen für einen Ordner im Datei-Explorer*

10.8.2 Berechtigungen für freigegebene Ordner

WICHTIG: Kein Schutz vor lokalen Zugriffen

Mithilfe von *Berechtigungen für freigegebene Ordner* kann man die auf einem Serversystem unter Windows Server 2019 gespeicherten Dateien und Ordner für bestimmte Benutzer oder Sicherheitsgruppen im Netzwerk freigeben. Hiermit ist es jedoch nicht möglich, Dateien und Ordner vor unberechtigten Zugriffen von den lokal am betreffenden System angemeldeten Benutzern zu schützen. Dies sollte man insbesondere bei der Planung der Bereitstellung von Terminalservern beachten.

Freigaben von Dateien und Ordnern lassen sich unter Windows Server 2019 bequem im grafischen *Server-Manager* einrichten. Die Details hierzu finden sich weiter vorne in diesem Kapitel.

Freigabeberechtigungen stellen eine einfache Möglichkeit zur Zugriffsregelung dar. Häufig werden diese jedoch noch mit den Datei- und Ordner-Berechtigungen der in den Freigaben gespeicherten Dateien und Ordner kombiniert.

10.8.3 Kombination von Datei- und Ordner-Berechtigungen und Freigabeberechtigungen

In der Praxis werden Dateien häufig pauschal für die Gruppe *Benutzer* bzw. *Domänen-Benutzer* mit *Vollzugriff* als Berechtigung für den freigegebenen Ordner konfiguriert. Die eigentliche Zugriffsreglementierung findet nach dem Zugriff über die Freigabe letztlich anhand der für die darin enthaltenen Dateien und Ordner definierten Datei- und Ordner-Berechtigungen statt. Im Zugriffsverhalten auf die Freigabe im Netzwerk haben dabei erst einmal nur die erwähnten Sicherheitsgruppen uneingeschränkten Zugriff auf diese. Anschließend kann man die eigentlichen Zugriffsrechte sehr granular anhand von Datei- und Ordner-Berechtigungen im Speicherort festlegen.

Wird in der Praxis einfacher gehandhabt

Im Gegensatz zu der Zuordnung verschiedener Datei- und Ordner-Berechtigungen oder Freigabeberechtigungen kumulieren diese unterschiedlichen Berechtigungsebenen jedoch nicht miteinander. Hierbei setzt sich die jeweils höchste Einschränkung am Ende durch.

Nicht kumulativ

Wenn man einem Benutzer beispielsweise über die *Freigabeberechtigung* den *Vollzugriff* auf die darin gespeicherten Dateien und Ordner erteilt, jedoch anhand der jeweiligen Datei- und Ordner-Berechtigungen der Zugriff lediglich mit der Berechtigung *Lesen* zugewiesen wird, so erhält der Benutzer letztlich die am höchsten eingeschränkte Berechtigung. In diesem Beispiel wäre dies die Berechtigung *Lesen*. Dies gilt auch im umgekehrten Fall.

HINWEIS ➲ Beachten Sie, dass die Zugriffsverweigerung sich auch in der Kombination von Freigabeberechtigungen mit Datei- und Ordner-Berechtigungen auf dieselben Dateien bzw. Ordner letztlich gegenüber allen anderen Berechtigungen durchsetzt.

Nach der Rechtevergabe auf Datei- und Freigabeebene, sowie der Dateiverwaltung geht es nun weiter zur Möglichkeit, die Dateiserverrolle im Bedarfsfall von einem älteren auf ein neueres Serversystem zu übertragen. Hierzu stehen in Windows Server 2019 erstmalig der im Umfang der Features enthaltene *Speichermigrationsdienst* (engl. *Storage Migration Service, SMS*) zur Verfügung.

10.9 Migration von Dateiservern mithilfe der Speichermigrationsdienste

Unter Windows Server 2019 hat Microsoft erstmalig den grafischen *„Speichermigrationsdienst“* (engl. *Storage Migration Service, SMS*) eingearbeitet, der die Migration von Daten, Dateifreigaben, sowie der damit verbundenen Benutzerrechte in der Praxis stark vereinfacht. Im Gegensatz zu den bisherigen, oft verwendeten Wegen der Dateiservermigration, beispielsweise mithilfe des Kommandozeilentools **`Robocopy.exe`** oder des ebenso parallel noch im Umfang der Serverbetriebssysteme enthaltenen Dateiserver-Migrations-Toolkit, soll dieser neue Dienst unter Windows Server 2019 den gesamten Vorgang der Migration vereinfachen. Darüber hinaus kann der Speichermigrationsdienst unter anderem auch Dateien migrieren, die sich während der Migrationsphase im Zugriff durch Anwender befinden.

Migration der Dateidienste - leicht gemacht!

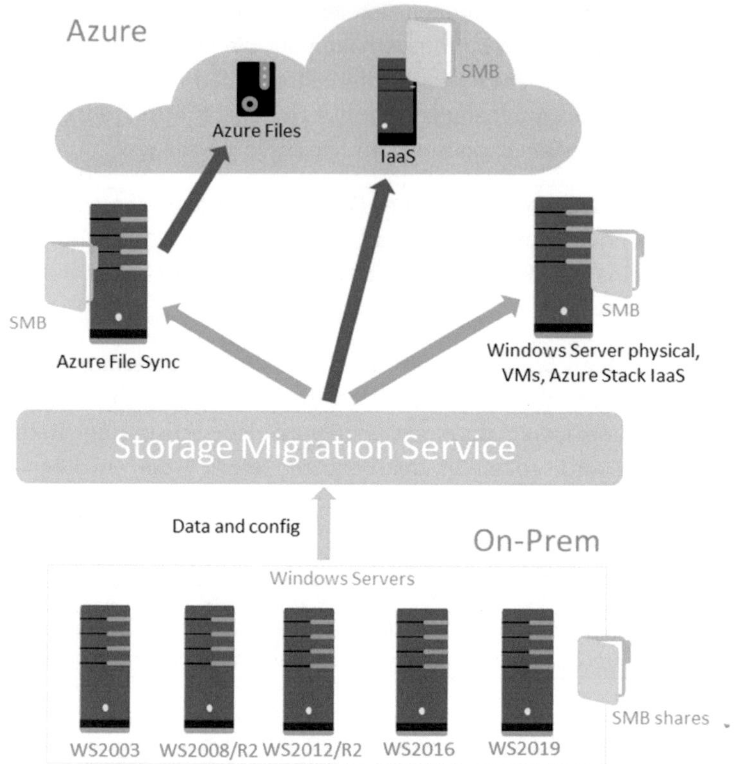

Abb. 10.25: *Speichermigrationsdienst (Storage Migration Service) in Windows Server 2019 (Quelle: Microsoft Corporation)*

Als Quelle dienen Windows-, wie auch UNIX- oder auch Linux-Server

Als Quelle für die Migration von Dateifreigaben mithilfe des neuen Speichermigrationsdienstes können hierbei Serversysteme von Windows Server 2003 bis hin zu Windows Server 2019 dienen. Ab der Version 1903 von Windows Server 2019 und dem Windows Admin Center (WAC) ist es sogar möglich, UNIX- oder Linux-Server, auf denen Samba ausgeführt wird, als mögliche Quelle für die Migration der Dateidienste zu verwenden.

Migriert werden können hierbei nicht nur die Datendateien, sondern beispielsweise auch gleich die vorhandenen Dateifreigaben mitsamt der damit verbundenen Benutzerrechte. Als Ziel kann hierbei beispielsweise ein lokaler Server verwendet werden. Alternativ kann die Migration auch direkt in die Microsoft Azure-Cloud erfolgen - was jedoch ein kostenpflichtiges Abonnement der Microsoft Azure-Dienste voraussetzt.

Das Dateisystem des Quell- und des Zielservers müssen im Rahmen der Dateiservermigration zwischen Windows-Servern gleichermaßen sein. Der Speichermigrationsdienst unter Windows Server 2019 unterstützt keine Migration aus dem NTFS-Dateisystem auf ein ReFS-Ziellaufwerk, oder umgekehrt. Lediglich die Migration von NTFS zu NTFS, sowie von ReFS zu ReFS wird hierbei unterstützt. Diese Einschränkung leitet sich aus den unterschiedlichen Funktionalitäten, sowie auch der Unterschiede, beispielsweise der Metadaten innerhalb der verschiedenen Dateisysteme ab.

Dateisystem unter Windows als Quell- und Zielsystem muss gleich sein

10.9.1 Neuerungen in der Version 1903

Der Speichermigrationsdienst wurde unter der ersten Version von Windows Server 2019 (Stand: 1809) erstmalig eingeführt. Microsoft hat unter Windows Server 2019 in der Version 1903 wiederum verschiedene Neuerungen in den Speichermigrationsdienst eingearbeitet. Zu diesen zählen Neuerungen unter anderem:

- Möglichkeit zur Migration lokaler Benutzern und Gruppen,
- Migration des Speichers von Failoverclustern,
- Migrieren von Quellservern unter Linux, auf denen Samba ausgeführt wird.

10.9.2 Übernahme der Identität des bisherigen Dateiservers

Während der Migration eines Dateiservers mithilfe der Speichermigrationsdienste unter Windows Server 2019 kann man beispielsweise auch die IP-Adresse, den Computernamen, die Domänenmitgliedschaft, sowie auch womöglich vorhandene, lokale Benutzerkonten vom Quellserver auf den Zielserver übernehmen. Dies ermöglicht eine Migration von Dateifreigaben und Konfigurationen auf neue Server bestenfalls völlig ohne Auswirkungen auf vorhandene Anwendungen oder auch Benutzer. Man muss dabei beachten, dass der Zielserver - soweit zutreffend - bei einer bestehenden Domänenmitgliedschaft zur gleichen Active Directory-Domäne gehören sollte, wie auch der zu migrierende Quellserver.

Vollständige Ablösung möglich

10.9.3 Verwaltung der Migration im Windows Admin Center (WAC)

Die Verwaltung der Migration mit dem neuen Speichermigrationsdienst erfolgt über die grafische Benutzeroberfläche des Windows Admin Center (WAC). Alternativ lässt sich die Datenübernahme auch mit den Windows PowerShell-Cmdlets aus dem neuen, zum Speichermigrationsdienst unter Windows Server 2019 gehörenden Windows PowerShell-Modul *„StorageMigrationService"* erledigen. Die Übernahme der Daten von einem Quellserver erfolgt hierbei über einen *„Storage Migration Proxy"*, der ebenso zum Umfang der Rolle des neuen Speichermigrationsdienstes zählt. Wenn auf einem Serversystem das Feature für den Speichermigrationsdienst (engl. *Storage Migration Service*) installiert ist, wird der entsprechende Menüpunkt nach dem Verbinden im Windows Admin Center (WAC) angezeigt. Durch einen Klick auf *Storage Migration Service* startet man die Migration.

Verwaltung erfolgt im Windows Admin Center - oder der Windows PowerShell

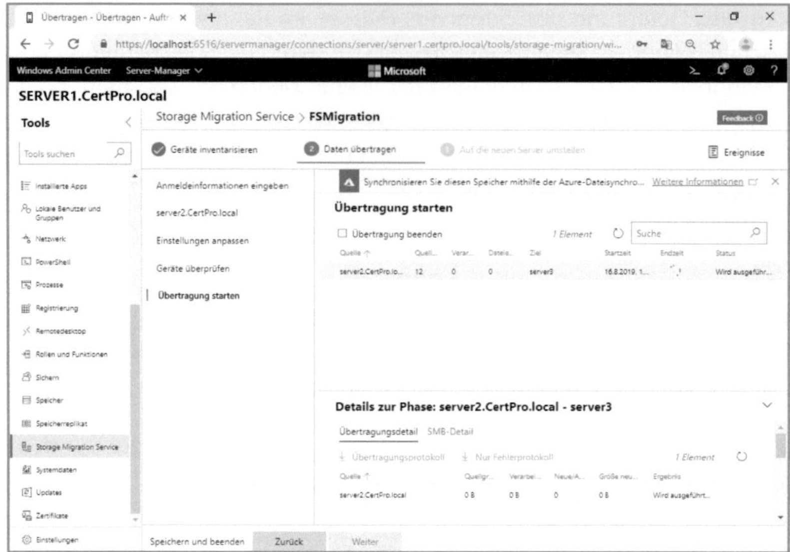

Abb. 10.26: *Speichermigrationsdienst (Storage Migration Service) im Windows Admin Center (WAC)*

10.9.4 Erforderliche Computersysteme

Für die Durchführung einer Speichermigration mithilfe des Speichermigrationsdienstes von Windows Server 2019 werden die folgenden Computersysteme benötigt:

- **Quellserver** zum Migrieren von Daten und Einstellungen,
- **Zielserver** als Migrationsziel unter Windows Server 2019 - Windows Server 2016 oder auch Windows Server 2012 R2 (Release 2) werden auch unterstützt, die Migration verläuft hierbei jedoch ca. 50 % langsamer,
- **Orchestrator-Server** unter Windows Server 2019 zum Verwalten der Migrationsaufträge - hierzu kann zwar auch der geplante Zielserver verwendet werden, jedoch wird der Einsatz eines separaten Serversystems von Microsoft empfohlen,
- **PC oder Server** mit installiertem *Windows Admin Center (WAC)* - ab der Version 1809 oder höher - die Bereitstellung des WAC kann auch direkt auf dem Orchestrator-Server erfolgen.

10.9.5 Speichermigration - Voraussetzungen und Einschränkungen

Damit die Speichermigration eines Dateiservers von einem älteren auf ein neueres Windows-Serversystem erfolgen kann, müssen bestimmte Voraussetzungen erfüllt werden. Ebenso bestehen verschiedene Einschränkungen, die man bei der Planung der Speichermigration beachten muss. Beachten Sie in diesem Zusammenhang die folgenden Gesichtspunkte:

- Der Speichermigrationsdienst (engl. *Storage Migration Service*) muss für die Orchestrierung des Migrationsverlaufs auf einem Server unter Windows Server 2019 installiert sein. Theoretisch kann hierzu der mögliche Zielserver verwendet werden, jedoch kann es während des Umschaltprozesses innerhalb des Migrationsverlaufs zu „*Timing*"-Problemen führen, wonach womöglich die Rückmeldung über den Abschluss der Migration ausbleibt. Microsoft empfiehlt grundsätzlich die Verwendung eines separaten Orchestrierungsservers.

- Auf dem Orchestrierungsserver muss das grafische *Windows Admin Center (WAC)* installiert sein.

- Auf dem Orchestrierungsserver muss zur Durchführung der Datenmigration neben dem *Storage Migration Service* ebenso auch der *Storage Migration Service Proxy* installiert werden.

- Auf dem Zielserver muss - insoweit dieser unter Windows Server 2019 ausgeführt wird - der *Storage Migration Service Proxy* installiert werden. Bei der Installation des Features werden automatisch die für die Migration notwendigen, eingehenden Firewall-Regeln in der Windows-Firewall des betreffenden Zielservers eingetragen und aktiviert. Diese Regeln umfassen:
    - ***File and Printer Sharing (SMB-In)***
    - ***Netlogon Service (NP-In)***
    - ***Windows Management Instrumentation (DCOM-In)***
    - ***Windows Management Instrumentation (WMI-In)***

- Wenn das Zielsystem nicht unter Windows Server 2016 ausgeführt wird, entfällt die Installation des *Storage Migration Service Proxy* auf diesem Server, jedoch müssen die Firewall-Regeln dann manuell auf dem Zielserver eingetragen und aktiviert werden. Für die Durchführung der Migration wird in diesem Fall der *Storage Migration Service Proxy* auf dem Orchestrierungsserver verwendet.

- Parallel zum Zielserver müssen die oben aufgeführten Firewall-Regeln auch auf den *Quellservern* für die Migration der Dateiserverrolle aktiviert werden. Dies geschieht nicht automatisch, sondern muss jeweils einzeln und manuell durch den Administrator erfolgen.

- Die Datenmigration mithilfe des Speichermigrationsdienstes kann in der aktuellen Version lediglich zwischen Serversystemen der *derselben* Active Directory-Domäne erfolgen.

- Das Dateisystem (NTFS oder ReFS) des Quellservers *muss* identisch mit dem des Zielservers sein.

- Zur Durchführung der Datenmigration wird ein *Administrator-Konto* auf dem Quell- sowie auch auf dem Zielserver benötigt.

10.9.6 Anforderungen an den Quellserver

Für die Durchführung einer Speichermigration muss auf dem Quellserver eines der folgenden Betriebssysteme ausgeführt werden:

- **Windows Server 2003**
- **Windows Server 2003 R2 (Release 2)**
- **Windows Server 2008**
- **Windows Server 2008 R2 (Release 2)**
- **Windows Server 2012**
- **Windows Server 2012 R2 (Release 2)**
- **Windows Server 2016**
- **Windows Server 2019**

Wenn der Orchestrator-Server unter Windows Server 2019 in der Version 1903 oder höher ausgeführt wird, können zusätzlich die folgenden Quellserver für die Migration verwendet werden:

- **Linux-Server**, auf denen Samba in der Version 4.x bzw. 3.6.x ausgeführt wird - getestet wurde dabei beispielsweise: RedHat Enterprise Linux 7.6, CentOS 7, Debian 8, Ubuntu 16.04 und 12.04.5, SUSE Linux Enterprise Server (SLES) 11 SP4,

- **Failovercluster**

10.9.7 Anforderungen an den Zielserver

Für die Durchführung einer Speichermigration muss auf dem Zielserver eines der folgenden Betriebssysteme ausgeführt werden:

- **Windows Server 2012 R2 (Release 2)**
- **Windows Server 2016**
- **Windows Server 2019**
- **Windows Server (halbjährlicher Kanal)**

10.9.8 Speicherung der Migrationsaufträge

Speicherung in ESE-Datenbank

Der Speichermigrationsdienst (engl. *Storage Migration Service*) verwendet für die Speicherung der Migrationsaufträge eine extensible Storage Engine (ESE)-Datenbank auf dem Orchestrierungsserver. Diese Datenbank wird im - standardmäßig ausgeblendeten - Ordner unter dem Pfad **c:\programdata\microsoft\storagemigrationservice** installiert. Der Zugriff auf die in der Datenbank gespeicherten Migrationsaufträge erfolgt direkt im grafischen *Windows Admin Center (WAC)* im Abschnitt *Storage Migration Service* des für die Migration verwendeten Orchestrierungsservers. In diesem Abschnitt kann man neue Migrationsaufträge anlegen, oder die zuvor bereits gespeicherten Migrationsaufträge öffnen, ändern und im Bedarfsfall auch wieder entfernen.

10.9.9 Speichermigration - in drei Schritten

Die Speichermigration eines Dateiservers lässt sich nach der Installation des Speichermigrationsdienstes (engl. *Storage Migration Service*) aus dem grafischen Windows Admin Center (WAC) heraus mit den folgenden drei Phasen durchführen:

1. **Inventarisierung des Quellservers** zum Sammeln von Informationen zu den zu migrierenden Dateien und der Konfiguration (Dateifreigaben und Rechtevergabe).
2. **Übertragung (Kopieren) der Daten** vom Quellserver auf den Zielserver.
3. **Umstellung auf den neuen Zielserver** (optional), wobei die Identität des früheren Serversystems auf den Zielserver übernommen wird. Hierdurch können Benutzer oder auch Anwendungen, welche die Daten auf dem ursprünglichen Quellserver verwendet haben, ohne jegliche Änderung auf die Daten auf dem Zielserver zugreifen. Der Quellserver kann im Anschluss an eine erfolgreiche Migration außer Betrieb gesetzt werden.

Abb. 10.27: *Migrationsschritte für die Übernahme von Dateien im Windows Admin Center (WAC)*

10.9.10 Beispiel für die Migration eines Dateiservers mithilfe der Speichermigrationsdienste

Die Migration eines Dateiservers mitsamt aller darauf vorhandenen Dateifreigaben umfasst im Anschluss an die Vorbereitung insgesamt drei verschiedene Phasen. Nachfolgend werden die einzelnen Schritte bis zum Abschluss der Migration eines Dateiservers anhand eines Beispiels verdeutlicht.

10.9.10.1 Vorbereitungsschritte für die Durchführung eines neuen Migrationsauftrages

Vor der eigentlichen Durchführung der Migration eines Dateiservers mithilfe des Speichermigrationsdienstes unter Windows Server 2019 müssen zuvor noch notwendige Vorbereitungsschritte durchgeführt werden. Gehen Sie dazu wie folgt vor:

1. Installieren Sie, soweit noch nicht geschehen, das **Windows Admin Center (WAC)** auf dem für die Speichermigration vorgesehenen, als *Orchestrierungsserver* zu verwendenden Windows-Serversystem unter Windows Server 2019. Installieren Sie darüber hinaus noch die Features **Storage Migration Service** sowie auch **Storage Migration Service Proxy** auf dem Orchestrierungsserver.

2. Wenn der geplante Zielserver unter Windows Server 2019 ausgeführt wird, so installieren Sie über den grafischen *Server-Manager* mithilfe der Option *Rollen und Features hinzufügen* im Abschnitt *Features auswählen* den **Storage Migration Service Proxy**.

3. Öffnen Sie das *Windows Admin Center (WAC)*, verbinden Sie sich mit dem als *Orchestrierungsserver* zu verwendenden Serversystem unter Windows Server 2019.

4. Klicken Sie auf den Abschnitt **Storage Migration Service**, und klicken Sie im *Detailfenster* auf die Schaltfläche **Installieren**.

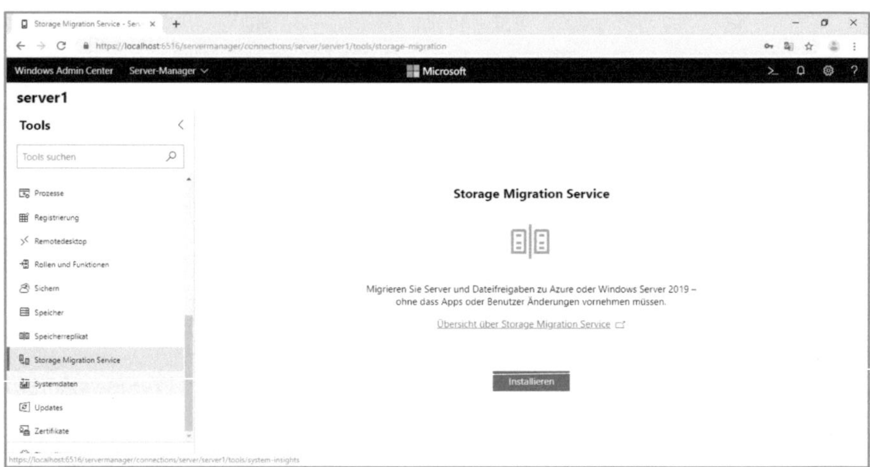

Abb. 10.28: *Installation des Speichermigrationsdienstes im Windows Admin Center (WAC)*

5. Klicken Sie im angezeigten Dialog *Speichermigration in drei Schritten* auf **Schließen**.

Phase 1 - Erstellen eines neuen Migrationsauftrages

Nach dem Abschluss der vorbereitenden Maßnahmen kann man nun mit der ersten Phase der Migration beginnen. Gehen Sie dazu wie folgt vor:

1. Klicken Sie im Windows Admin Center (WAC) im Abschnitt *Storage Migration Service* auf **+ Neuer Auftrag**.

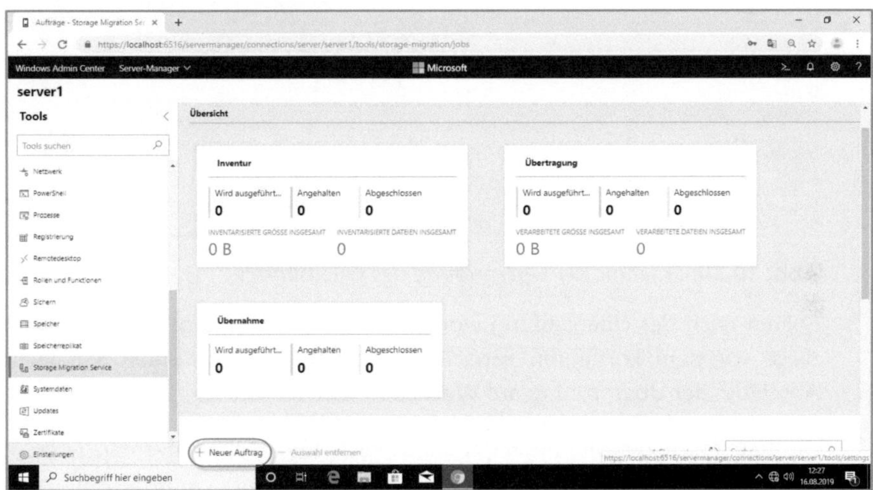

Abb. 10.29: *Anlegen eines neuen Migrationsauftrags im WAC*

2. Geben Sie im Feld *Neuer Auftrag* einen Auftragsnamen ein, und klicken Sie dann auf **OK**.

3. Geben Sie die für die Migration zu verwendenden *Anmeldeinformationen* für den Zugriff auf den *Quellserver* ein, und klicken Sie auf **Weiter**.

4. Klicken Sie auf **+Gerät hinzufügen**, geben Sie den *Namen* des zu migrierenden (Quell-)Serversystems ein, und klicken Sie dann auf **OK**.

5. Klicken Sie auf den Servernamen des zuvor hinzugefügten Serversystems, und klicken Sie dann auf **Überprüfung starten**. Hierbei wird das angegebene System auf mögliche Problem im Zusammenhang mit der geplanten Migration überprüft. Das Ergebnis der Überprüfung wird im unteren Fensterabschnitt unter *Details zur Phase: <Servername>* angezeigt.

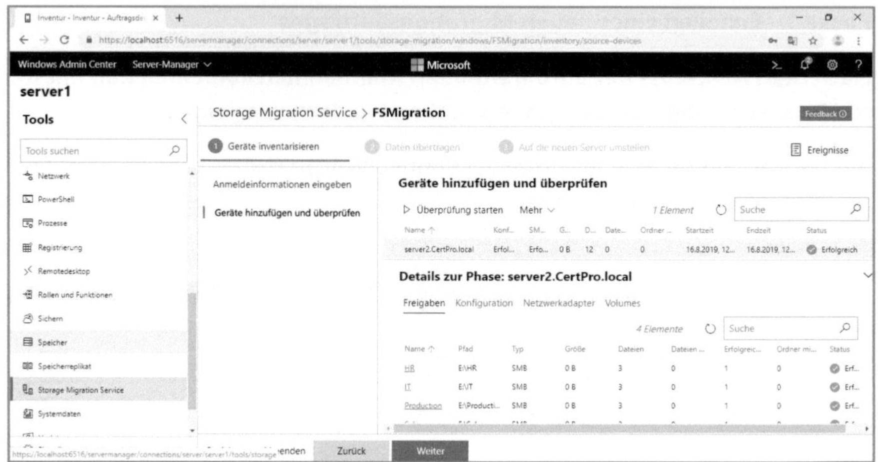

Abb. 10.30: *Ergebnis der Überprüfung des Quellservers*

Sollten nach der Überprüfung womöglich Fehler angezeigt werden, so müssen diese vor dem Fortfahren zunächst behoben werden. Klicken Sie nach dem Abschluss der Überprüfung auf **Weiter**.

Die erste Phase der Migration mit der Bezeichnung *„Geräte inventarisieren"* ist damit abschlossen.

Phase 2 - Daten übertragen

Nach der Inventarisierung folgt nun die zweite Phase - der eigentlichen „Datenübertragung". Gehen Sie nun wie folgt vor:

1. Geben Sie zu Beginn der zweiten Phase zunächst die *Anmeldeinformationen* ein, die für den administrativen Zugriff auf den Zielserver verwendet werden sollen, und klicken Sie dann auf **Weiter**.

2. Geben Sie im Abschnitt *Zielgerät und Zuordnungen für „<Servername>" hinzufügen* den *Servernamen* des Zielservers an, und klicken Sie dann auf **Gerät überprüfen**.

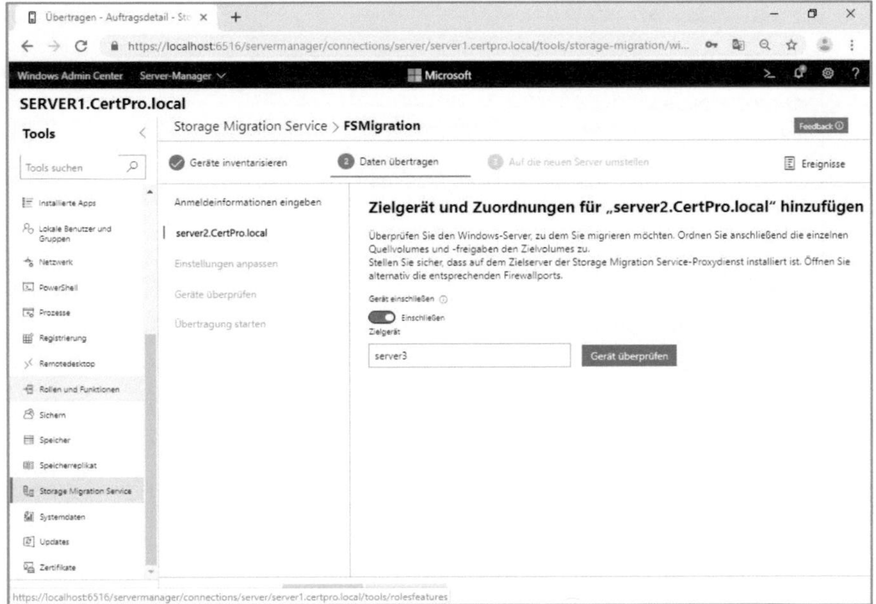

Abb. 10.31: *Überprüfung des Zielservers für die anstehende Migration*

3. Ordnen Sie im Abschnitt *Volume* das gewünschte Zielvolume zu (soweit zutreffend), bestimmen Sie im Abschnitt *Freigeben* die im Rahmen der Migration einzubeziehenden *Freigaben*, und klicken Sie anschließend auf **Weiter**.

4. Passen Sie im Bedarfsfall die *Übertragungseinstellungen*, sowie die *Einstellungen für mögliche Wiederholungen* während der Migration an, und klicken Sie dann auf **Weiter**.

5. Wählen Sie im Abschnitt *Quell- und Zielgeräte überprüfen* den zu überprüfenden Server aus, und klicken Sie dann auf **Überprüfen**.

6. Klicken Sie nach erfolgreicher Überprüfung auf **Weiter**.

7. Klicken Sie zur Durchführung der Migration auf **Übertragung starten**. Die Details werden nach einem Klick auf den zu migrierenden Servernamen im unteren Detailabschnitt des Fensters angezeigt. Nach Abschluss der erfolgreichen Migration kann man sich im Bedarfsfall auch das Übertragungsprotokoll oder das Fehlerprotokoll als .CSV-Datei anzeigen lassen. Klicken Sie nun auf **Weiter**.

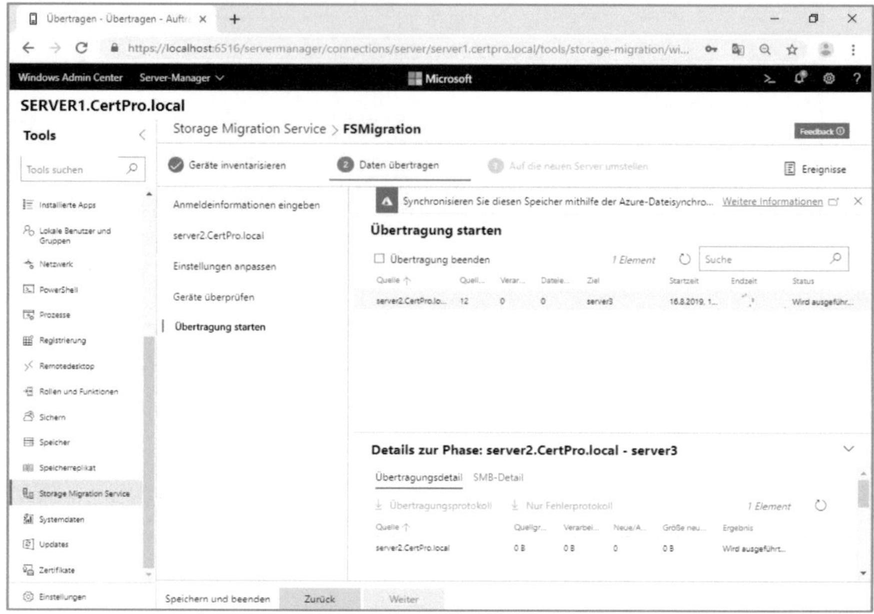

Abb. 10.32: *Übertragung der Daten vom Quell- zum Zielserver*

Wenn diese Phase erfolgreich abgeschlossen werden konnte, so stehen die Dateifreigaben auf dem neuen Serversystem bereits zur Verfügung. Prinzipiell betrachtet, kann man den alten Server zu diesem Zeitpunkt abschalten, und den neuen Server mitsamt aller darauf migrierten Dateifreigaben verwenden. Als Konsequenz jedoch müsste man den Umzug der bisher auf dem alten Server verwendeten Dateifreigaben zu dem neuen Serversystem im Computernetzwerk zuerst noch „bekannt" machen, damit die darin gespeicherten Daten von den betreffenden Anwendern auch weiterhin noch genutzt werden können. Insoweit bietet sich die nächste Phase des Migrationsprozesses an, wobei nach der Übertragung und Freigabe der Daten zusätzlich auch die Konfigurationseinstellungen des Quellservers auf den neuen Zielserver angewendet werden.

Phase 3 - Auf die neuen Server umstellen

Ratsam - aber nicht zwingend notwendig

In der abschließenden, dritten Phase des Migrationsprozesses kann man den Zielserver nun noch auf die ursprünglichen Konfigurationseinstellungen des Quellservers, wie den ursprünglichen Servernamen, sowie auch dessen ursprüngliche IP-Adresse umstellen. Gehen Sie in dieser letzten Phase wie folgt vor:

1. Geben Sie hierzu zunächst die notwendigen *Anmeldeinformationen* für den administrativen Zugriff auf den Quell- sowie den Zielserver an, und klicken Sie dann auf die Schaltfläche **Weiter**.

2. Wählen Sie, soweit gewünscht, den *Zielnetzwerkadapter* für die Umstellung auf die Netzwerkeinstellungen des Quellservers aus, geben Sie die für das Zielsystem vorgesehene *IP-Adresse* sowie auch die *Subnetzmaske* und die IP-Adresse für das *IP-Gateway* ein.

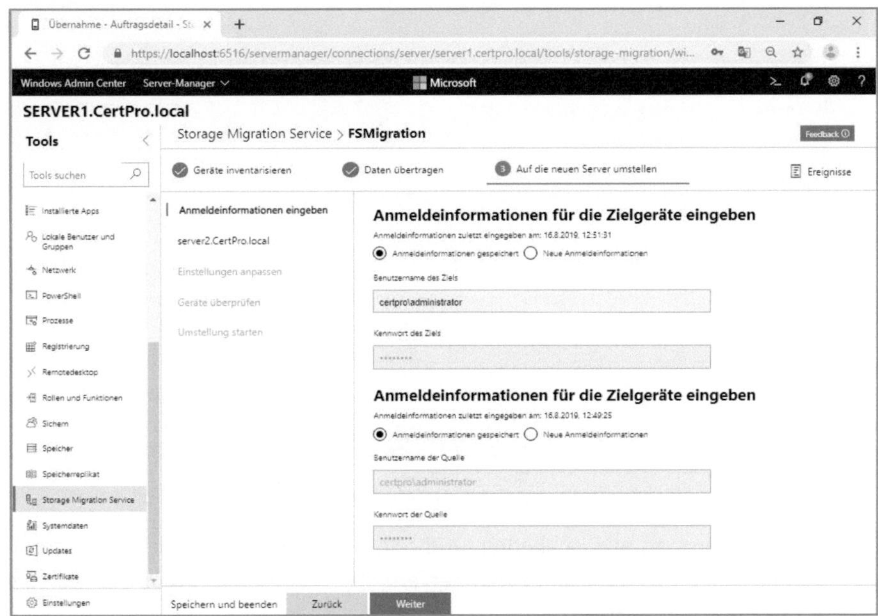

Abb. 10.33: *Anpassung der Einstellungen für den Zielserver*

3. Geben Sie im unteren Abschnitt des Konfigurationsdialogs den Namen des Zielservers ein, auf den er im Verlauf der nachfolgenden Konfigurationsanpassungen umbenannt werden soll (in der Regel der Name des ursprünglichen Quellservers), und klicken Sie dann auf die **Weiter**.

4. Klicken Sie im Dialog *Einstellungen anpassen* auf **Weiter**.

5. Klicken Sie zur *Überprüfung des Quell- und Zielservers* auf **Überprüfen**. Der Status der Überprüfung wird Ihnen im Feld *Status* angezeigt. Klicken Sie nach erfolgreicher Überprüfung der Serversysteme auf **Weiter**.

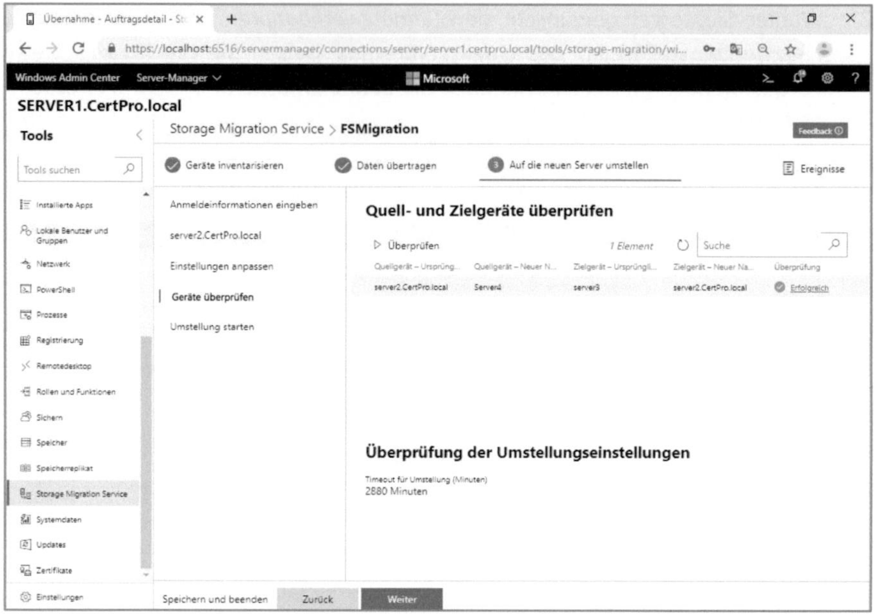

Abb. 10.34: *Überprüfung vor der Umstellung*

6. Um den Vorgang abzuschließen, und den neuen Server mit den Konfigurationseinstellungen des ursprünglichen Serversystems zu konfigurieren, klicken Sie nun auf **Umstellung starten**.

7. Klicken Sie zum Abschluss der Migration auf **Fertig stellen**.

   Der für die Migration der Dateifreigaben verwendete Quellserver wird während der Konfigurationsphase aus der Active Directory-Domäne entfernt, und in eine Arbeitsgruppe verschoben.

INTERNET ➲ Weitere Details zum Speichermigrationsdienst unter Windows Server 2019 findet man unter anderem auf der Website von Microsoft im Internet unter:

https://docs.microsoft.com/de-de/windows-server/storage/storage-migration-service/overview

In den vorangegangenen Seiten haben Sie eine Einführung in die Datei- und Speicherdienste unter Windows Server 2019 erhalten. In den Computernetzwerken werden aber auch noch andere Serverrollen eingesetzt, beispielsweise die *Druck- und Dokumentdienste*. Eine Einführung hierzu erfahren Sie gleich im nächsten Kapitel.

KAPITEL 11

Druck- und Dokumentdienste unter Windows Server 2019

In Windows Server 2019 stehen die Druck- und Dokumentdienste wie auch bereits unter den früheren Windows-Serverbetriebssystemen als eigene Serverrolle zur Verfügung. Die Erweiterung der Druckdienste um die Dokumentdienste bezieht sich hierbei auf die zusätzliche, zentrale Verwaltungsmöglichkeit von Scannern in einem Netzwerk. Die Verwaltung der Serverrolle findet hierbei in der Regel im Server-Manager, mithilfe von grafische MMC-Snap-Ins in der Druckerverwaltung und in der Scanverwaltung statt.

Druck- und Scanverwaltung vereint

HINWEIS ➲ Die Serverrolle *Druck- und Dokumentdienste* kann auch auf einem Serversystem unter Windows Server 2019 als Server Core-Installation betrieben werden.

11.1 Rollendienste der Druck- und Dokumentdienste

Bevor Sie die Druck- und Dokumentdienste als Serverrolle zu einem Serversystem unter Windows Server 2019 hinzufügen, sollten Sie sich eine Übersicht über die darin unterstützten Rollendienste schaffen. Je nach Bedarf können Sie diese gleich während der Installation der Druck- und Dokumentdienste als Serverrolle oder auch später noch zu dem betreffenden Serversystem hinzufügen.

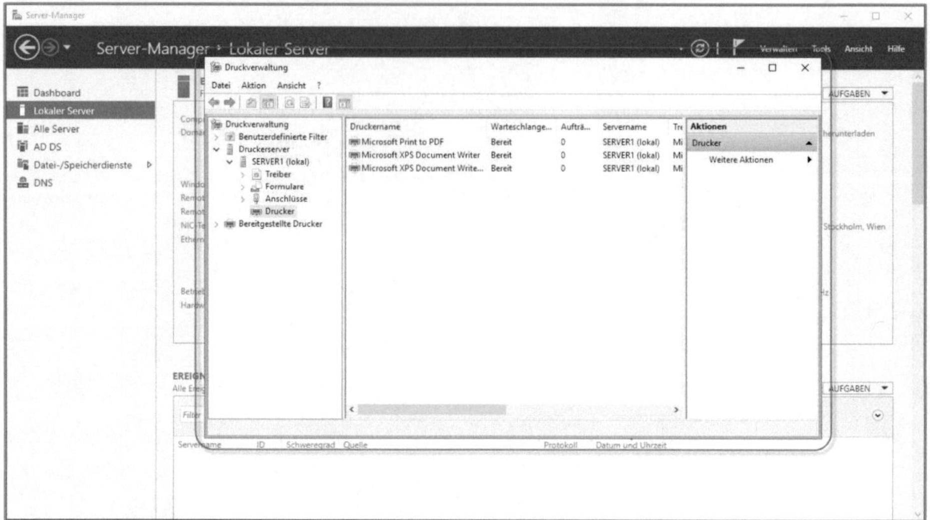

Abb. 11.1: *Druckdienste im grafischen Server-Manager*

Die Druck- und Dokumentdienste unter Windows Server 2019 unterstützen die folgenden vier relevanten Rollendienste für das Verwalten von Druck- und Scanressourcen:

- ***Druckerserver*** - installiert das Verwaltungs-Snap-In *Druckverwaltung*, mit dem man mehrere Netzwerkdrucker- oder Druckserver verwalten und Drucker von und zu anderen Windows-Druckerservern migrieren kann.
- ***Internetdrucken*** - erstellt eine von den Internet Informationsdiensten (*Internet Information Services, IIS*) gehostete Website, welche das Herstellen und Drucken mit freigegebenen Druckern auf diesem Server über einen Webbrowser und das Internet Printing Protocol (*IPP*) ermöglicht.
- ***LDP-Dienst*** - (*Line Printer Deamon*) installiert und startet den TCP/IP-Druckerserverdienst (*LPDSVC*) für UNIX-basierte oder andere Computer.
- ***Server für verteilte Scanvorgänge*** - installiert das Verwaltungs-Snap-In *Scanverwaltung*, mit der man mehrere Netzwerkscanner überwachen, Scanserver konfigurieren sowie gescannte Dokumente verarbeiten und diese anschließend im Netzwerk weiterleiten kann.

INTERNET ➲ Weitere Informationen zu den Druck- und Dokumentdiensten unter Windows Server 2019, Windows Server 2016, sowie parallel auch zu Windows Server 2012 (R2) finden Sie im Internet auf der Website von Microsoft unter:

https://docs.microsoft.com/de-de/previous-versions/windows/server/jj134163(v=ws.11)

11.2 Installation der Druck- und Dokumentdienste

Gehen Sie wie folgt vor, um die Druck- und Dokumentdienste auf einem Serversystem unter Windows Server 2019 als vollwertige Installation zu implementieren:

1. Melden Sie sich als *Administrator* am Serversystem an.
2. Öffnen Sie den *Server-Manager* (soweit dies nicht automatisch geschieht) über einen Klick im Startmenü auf die **Kachel** für den **Server-Manager**.
3. Klicken Sie oben im *Server-Manager* auf **Verwalten**, und dann auf **Rollen und Features hinzufügen**.
4. Klicken Sie im Dialog *Vorbemerkungen* auf **Weiter**.
5. Wählen Sie im Dialog *Installationstyp auswählen* die Option **Rollenbasierte oder featurebasierte Installation**, und klicken Sie auf **Weiter**.
6. Klicken Sie im Dialog *Zielserver auswählen* auf den Namen des gewünschten Servers, und klicken Sie dann auf **Weiter**.
7. Aktivieren Sie das Kontrollkästchen vor *Druck- und Dokumentdienste*, und klicken Sie auf **Features hinzufügen**, um die Installation der Rollenverwaltungstools zu bestätigen. Klicken Sie anschließend auf **Weiter**.

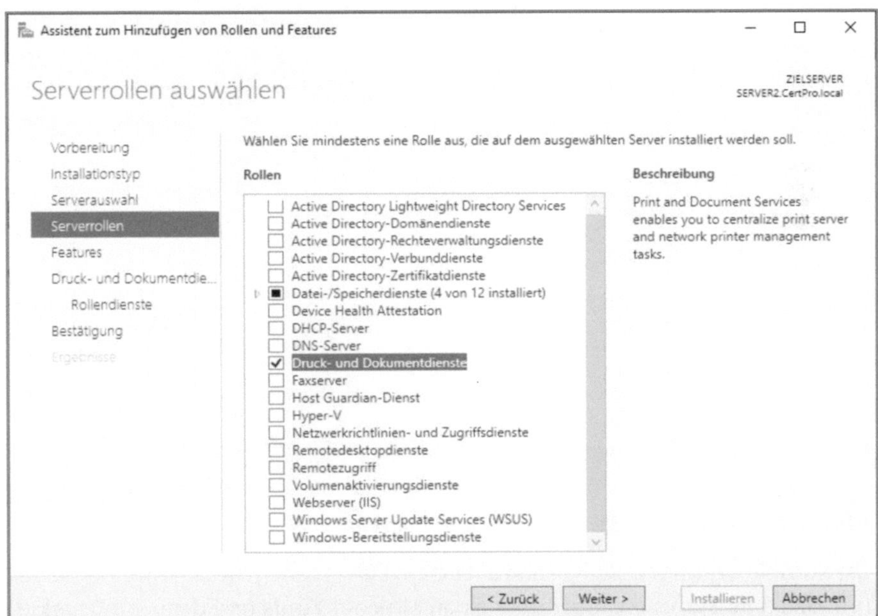

Abb. 11.2: *Auswahl der Druck- und Dokumentdienste-Serverrolle zur Installation*

8. Klicken Sie im Dialog *Features auswählen* auf **Weiter**.
9. Klicken Sie im Dialog *Druck- und Dokumentdienste* auf **Weiter**.

10. Aktivieren Sie im Dialog *Rollendienste auswählen* die zu installierenden Rollendienste, und klicken Sie anschließend auf **Weiter**.
11. Klicken Sie auf **Installieren**, um die Installationsauswahl zu bestätigen.
12. Klicken Sie auf **Schließen**, um den Dialog *Assistent zum Hinzufügen von Rollen und Features* zu schließen.

Die erfolgreiche Installation der Druck- und Dokumentdienste-Serverrolle wird Ihnen in der oberen *Befehlsleiste* des Server-Managers durch einen Klick auf das **Fahnensymbol** angezeigt.

11.3 Die Druckverwaltung

Druckverwaltung auch von Windows 10 aus möglich

Bereits unter Windows Server 2003, Windows Server 2008 und Windows Server 2008 R2 (Release 2) hatte Microsoft die Konfiguration und Verwaltung der Druckumgebung in der grafischen Verwaltungskonsole *Druckverwaltung* zusammengefasst. Die Verwaltungskonsole ist nach der Installation des Rollendienstes *Druckerserver* auf einem Server unter Windows Server 2019, ebenso beispielsweise mittels Remoteserver-Verwaltungstools (engl. *Remote Server Administration Tools, RSAT*) auch unter Windows 10, verfügbar, so dass die Druckerverwaltung durch den Administrator ohne großes Zutun problemlos vom eigenen Computer aus im Netzwerk erfolgen kann.

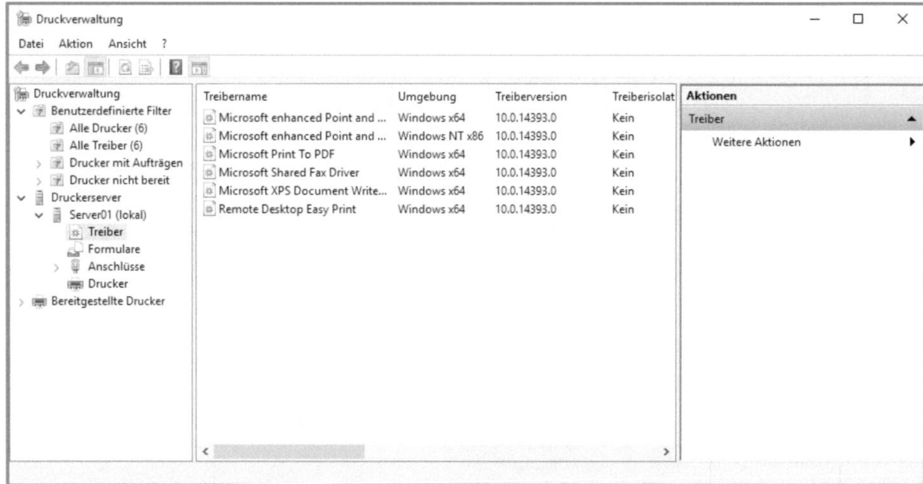

Abb. 11.3: *Verwaltungskonsole „Druckverwaltung"*

Die Konsole *Druckverwaltung* kann auf einem Serversystem unter Windows Server 2019 u. a. direkt im *Server-Manager* über einen Klick auf **Tools** und dann auf **Druckverwaltung** aufgerufen werden.

11.3.1 Windows PowerShell-Cmdlets für die Druckverwaltung

Bereits in Windows Server 2012 hatte Microsoft erstmalig auch eine Vielzahl an Windows Power-Shell-Cmdlets für die Druckverwaltung integriert. Diese können manuell oder bei Bedarf auch für die automatisierte Verwaltung von Druckservern mittels Windows PowerShell-Skripts eingesetzt werden.

Möglichkeit zur Automatisierung

Die unter Windows Server 2019 nach der Installation der Druck- und Dokumentdienste-Serverrolle verfügbaren Windows PowerShell-Cmdlets für die Druckverwaltung kann man sich mithilfe des folgenden Befehls in der Windows PowerShell anzeigen lassen:

```
Get-Command - Module PrintManagement
```

Die in Windows Server 2019 enthaltenen Windows PowerShell-Cmdlets für die Druckverwaltung umfassen u. a.:

Windows PowerShell-Cmdlet	Beschreibung
Add-Printer	Hinzufügen eines Druckers auf einem Computer.
Add-PrinterDriver	Installation eines Druckertreibers auf einem Computer.
Add-PrinterPort	Installation eines Druckerports auf einem Computer.
Get-PrintConfiguration	Abrufen der Druckerkonfiguration.
Get-Printer	Auflisten der installierten Drucker.
Get-PrintDriver	Auflisten der installierten Druckertreiber.
Get-PrinterPort	Auflisten der installierten Druckerports.
Get-PrinterPropterty	Auflisten der Druckereigenschaften.
Get-PrintJob	Auflisten der Druckaufträge für einen spezifischen Drucker.
Read-PrinterNFCTag	Listet zuvor zugeordnete Tags eines Druckers auf.
Remove-Printer	Entfernen eines Druckers von einem Computer.
Remove-PrintDriver	Löschen eines Druckertreibers auf einem Computer.
Remove-PrinterPort	Löschen eines Druckerports auf einem Computer.

Windows PowerShell-Cmdlet	Beschreibung
Rename-Printer	Umbenennen eines Druckers.
Restart-PrintJob	Neustart eines Druckauftrages.
Resume-PrintJob	Fortsetzen eines Druckauftrages.
Set-PrintConfiguration	Konfiguration eines spezifischen Druckers.
Set-Printer	Aktualisierung eines vorhandenen Druckers.
Set-PrinterProperty	Änderungen der Eigenschaften eines Druckers.
Suspend-PrintJob	Druckauftrag unterbrechen.
Write-PrinterNfcTag	Fügt einen Tag-Eintrag zu einem Drucker hinzu.

Tab. 11.1: *Verfügbare Windows PowerShell-Cmdlets für die Druckverwaltung*

Für weitere Informationen zu den einzelnen Windows PowerShell-Cmdlets für die Druckerverwaltung unter Windows Server 2019 können Sie den folgenden Befehl verwenden:

```
Get-Help <Cmdlet-Name>
```

INTERNET ➲ Weitere Informationen zu den Windows PowerShell-Cmdlets für die Druckverwaltung unter Windows Server 2019, Windows Server 2016 sowie Windows Server 2012 (R2) finden Sie auch im Internet auf der Webseite von Microsoft TechNet unter:

https://docs.microsoft.com/de-de/previous-versions/windows/powershell-scripting/hh918357(v=wps.630)

11.3.2 Die Verwaltungskonsole Druckverwaltung

Zentrale Verwaltung von Druckservern im Netzwerk

In der Verwaltungskonsole *Druckverwaltung* findet man *Benutzerdefinierte Filter*, mit denen man sich auf Anhieb eine Übersicht über alle installierten Drucker, die installierten Treiber sowie auch über den Zustand von Druckern verschaffen kann. Darüber hinaus bietet die Konsole einen Verwaltungsknoten für die vorhandenen Druckserver. Im Bedarfsfall kann man über diesen Verwaltungsknoten weitere Druckserver zur zentralen Druckverwaltung hinzufügen. Außerdem finden Sie in der Verwaltungskonsole noch eine Übersicht aller bereitgestellten Drucker.

11.3.3 Drucker installieren

Nach der Installation der Druck- und Dokumentdienste findet man auf dem betreffenden Serversystem bereits standardmäßig installierte Treiber, beispielsweise für *Microsoft Print to PDF*, oder den *Microsoft XPS Document Writer*. Weitere Drucker kann man im nächsten Schritt ganz nach Bedarf zu dem Serversystem hinzufügen.

Gehen Sie wie folgt vor, um auf dem Serversystem unter Windows Server 2019 als Druckserver einen neuen Drucker zu installieren:

1. Erweitern Sie in der Konsole *Druckverwaltung* den Knoten für *Druckerserver* sowie den Knoten des für die Installation zu verwendenden Serversystems.
2. Klicken Sie mit der rechten Maustaste auf **Drucker** und wählen Sie im Kontextmenü den Eintrag **Drucker hinzufügen.**

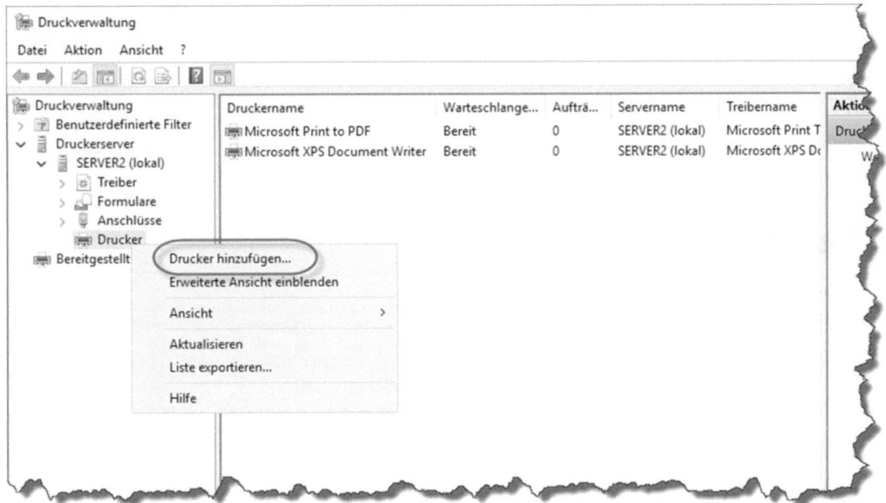

Abb. 11.4: *Hinzufügen eines neuen Druckers in der Druckverwaltung*

3. Wählen Sie die gewünschte Installationsmethode aus und klicken Sie auf **Weiter**.
4. Je nach ausgewählter Installationsmethode werden Ihnen nachfolgend weitere Dialogfenster angezeigt. Folgen Sie den Anweisungen des Installationsassistenten.

11.4 Treiber installieren

Bereitstellung von Treibern für Clientcomputer

Standardmäßig verwendet ein Druckerserver unter Windows Server 2019 sowie zuvor auch unter Windows Server 2016 lediglich noch Typ-4-Druckertreiber. Diese Treiber haben den Vorteil, dass sie unabhängig der Clientplattform die Unterstützung für x86- sowie auch x64-Betriebssysteme besitzen. Typ-4-Druckertreiber werden über Windows Update bereitgestellt, und müssen somit i.d.R. nicht mehr manuell auf einem Druckclient installiert werden.

Windows 7 unterstützt keine Typ-4-Druckertreiber, und das ist in der Praxis oft noch der Grund, warum man sich auf einem modernen Druckserver unter Windows Server 2019 oder Windows Server 2016 doch noch gezwungen sieht, ältere Treiber bereitzustellen. In der Regel greift man dann auf Typ-3-Druckertreiber (oder gar ältere) zurück, die ihrerseits jedoch wiederum einzeln für die zu unterstützenden Plattformen (x86 und x64) installiert werden müssen.

Wenn sich ein Clientcomputer anschließend mit einem der auf dem Server unter Windows Server 2019 oder Windows Server 2016 freigegebenen Druckern verbindet, so wird ihm der passende Druckertreiber innerhalb dieses Vorgangs gleich auch installiert – vorausgesetzt, der für den Clientcomputer passende Druckertreiber ist auf dem Serversystem bereits installiert.

Plattformunabhängige Treiber bereitstellen

Ein Serversystem unter Windows Server 2019 und auch unter Windows Server 2016 installiert während des Hinzufügens neuer Drucker lediglich den für dieses System notwendigen x64-Bit-Druckertreiber. Um einem Clientcomputer, beispielsweise unter Windows 7 als x86-basiertes System den passenden Druckertreiber gleich auch während des Verbindens mit dem freigegebenen Drucker installieren zu können, muss dieser Treiber auf dem Serversystem unter Windows Server 2019 vorweg als zusätzlicher Treiber installiert werden.

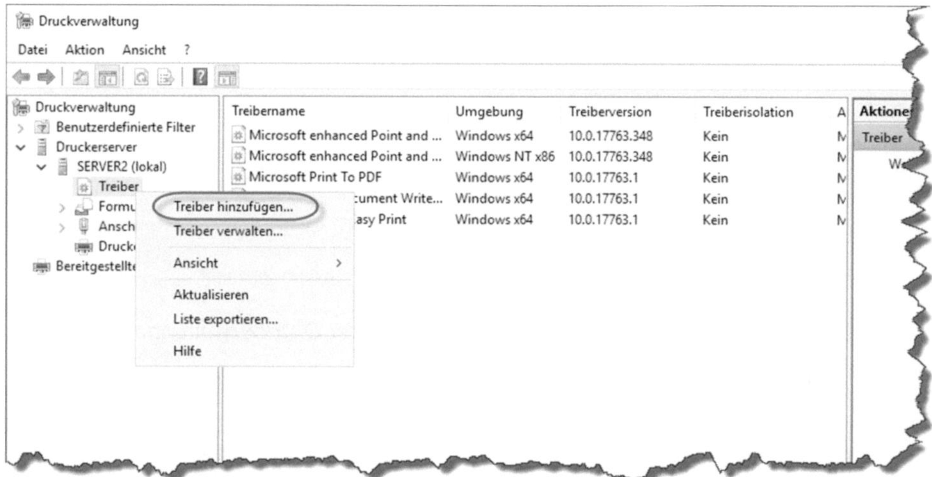

Abb. 11.5: *Hinzufügen eines zusätzlichen Treibers für einen auf dem Serversystem freigegebenen Drucker*

Gehen Sie auf einem Druckserver unter Windows Server 2019 wie folgt vor, um in der Konsole *Druckverwaltung* einen zusätzlichen Treiber für einen bereits installierten Drucker hinzuzufügen:

1. Erweitern Sie in der Konsole *Druckverwaltung* den Knoten für *Druckerserver* sowie den Knoten des für die Installation zu verwendenden Serversystems.
2. Klicken Sie mit der rechten Maustaste auf *Treiber* und wählen Sie im Kontextmenü den Eintrag **Treiber hinzufügen.**
3. Klicken Sie im *Willkommensdialog* auf **Weiter**.
4. Wählen Sie im Dialog *Prozessorauswahl* den gewünschten Prozessortyp aus und klicken Sie dann auf **Weiter**.

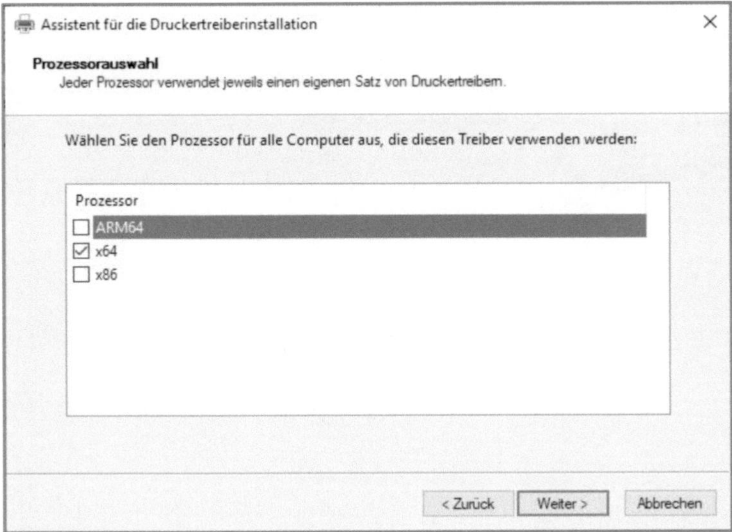

Abb. 11.6: *Prozessorauswahl während der Installation eines weiteren Druckertreibers*

5. Wählen Sie im Dialog *Druckertreiberauswahl* den gewünschten Druckertreiber aus. Sollte der gewünschte Druckertreiber nicht aufgelistet sein, so klicken Sie auf die Schaltfläche **Datenträger** und wechseln Sie zum Speicherort bzw. Datenträger, der den benötigten Druckertreiber enthält. Klicken Sie dann auf **Öffnen**.
6. Klicken Sie nach der Auswahl des gewünschten Druckertreibers auf **Weiter**.
7. Klicken Sie auf die Schaltfläche **Fertig stellen**, um die Installation des zusätzlichen Druckertreibers abzuschließen.

Der Druckertreiber steht für die Installation auf den sich nachfolgend mit der Druckerfreigabe verbindenden Clientcomputern zur Verfügung.

11.5 Druckserver konfigurieren

Speicherort des Spoolordners und mehr

In der Verwaltungskonsole *Druckverwaltung* existiert auch die Möglichkeit, den jeweils zu verwaltenden Druckserver anhand dessen *Eigenschaften*-Dialog auf die notwendigen Bedürfnisse anzupassen. So lässt sich hierüber beispielsweise auch der *Spoolordner* vom vordefinierten Standardpfad bei Bedarf auf einen anderen Datenträger ändern. Dies wird gerade dann wichtig, wenn man beispielsweise für die redundante Bereitstellung der Druckerwarteschlange einen eigenen RAID-Datenträger im Druckserver vorgesehen hat.

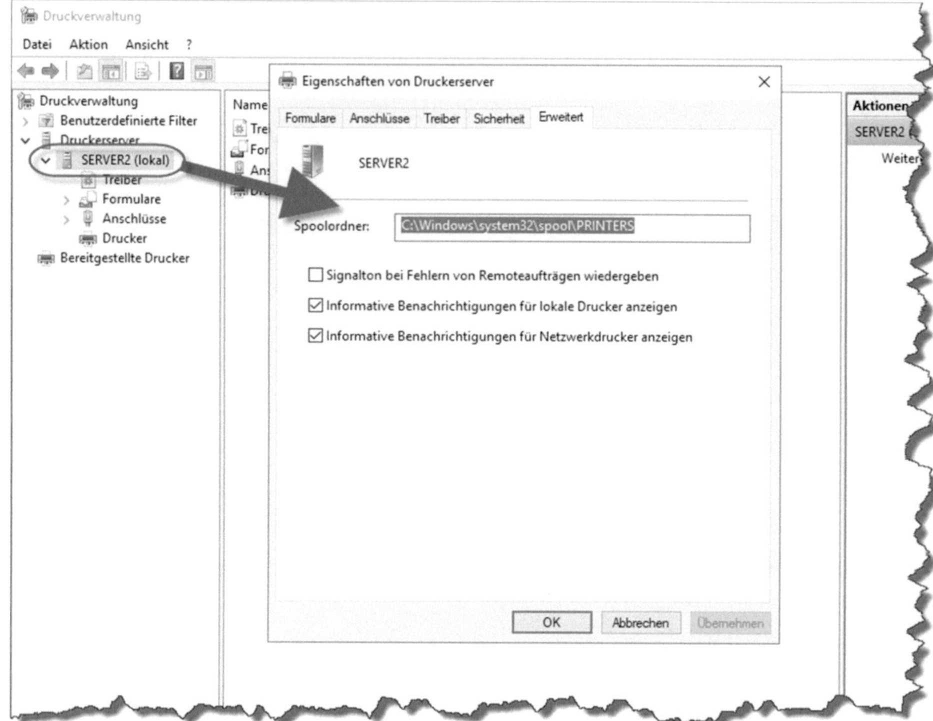

Abb. 11.7: *Eigenschaften eines Druckservers in der Druckverwaltung*

Nach der Konfiguration und Anpassung kann man den Server unter Windows Server 2019 als Druckserver im Netzwerk betreiben.

11.6 Konfiguration exportieren oder importieren

Optimale Unterstützung bei der Migration

Sollte zukünftig der Fall eintreten, dass die vorhandene Druckkonfiguration des Druckservers unter Windows Server 2019 auf einem anderen als dem eigentlichen Server ausgeführt werden soll (beispielsweise, um den „alten" Druckserver durch einen „neuen" zu ersetzen), so stehen die für die damit verbundene Migration notwendigen Verwaltungsschritte in der Konsole *Druckverwaltung* zur Verfügung. Die vorhandene Konfiguration kann auf dem Quellserver (dem alten Server) in eine Datei exportiert und auf dem Zielserver (dem neuen Server) aus der Datei wiederum importiert werden.

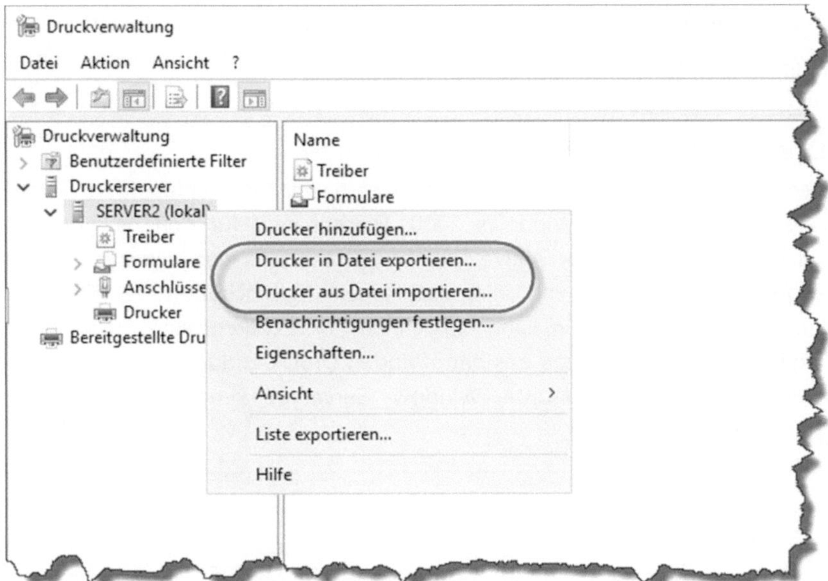

Abb. 11.8: *Optionen zum Exportieren und Importieren der vorhandenen Konfiguration des Druckservers in der Konsole Druckverwaltung*

Unterstützung ab Windows 2000

Die Verwaltungskonsole *Druckverwaltung* unter Windows Server 2019 unterstützt für die Migration die Serverbetriebssysteme ab Windows 2000, so dass es problemlos möglich ist, ältere Druckserver durch einen neuen unter Windows Server 2019 abzulösen.

Jetzt bleibt einzig noch die Frage nach der Bereitstellung der Drucker für Clientcomputer. Die Zeiten, in denen man bei der Bereitstellung neuer Drucker erst einmal die Turnschuhe überstreifte, sich die Druckertreiberdiskette schnappte und die darauf befindlichen Druckertreiber von Hand auf alle vorhandenen Clientcomputer installieren musste, ist zum Glück lange bereits vorbei. Es geht unter Windows Server 2019 zeitlich und auch vom Aufwand her viel sparsamer.

11.7 Drucker im Netzwerk bereitstellen

Wie bereits vor langer Zeit lassen sich Drucker manuell in der Benutzeroberfläche der Clientcomputer und Server bereitstellen, wenn man den Namen des freigegebenen Druckers im Netzwerk kennt. Auch setzen manche Administratoren dazu angefertigte Anmeldeskripts für Benutzer im Netzwerk ein, um die vorhandenen Drucker zuzuordnen. Viel effektiver allerdings lässt sich dies in einer Umgebung der Active Directory-Domänendienste (engl. *Active Directory Domain Services, AD DS*) vollziehen. Hierbei können die freigegebenen Drucker entweder im Verzeichnis (dem *Active Directory*) veröffentlicht werden oder aber man ordnet diese einfach anhand von Gruppenrichtlinien zu.

11.7.1 Drucker im Verzeichnis veröffentlichen

Schon seit Windows 2000 möglich

Die Möglichkeit zum Veröffentlichen von Druckern im Verzeichnis (dem *Active Directory*) besteht bereits seit Windows 2000. Hierbei wird für den betreffenden Drucker ein Druckerobjekt in der Active Directory-Datenbank der jeweiligen Active Directory-Domäne erstellt und mit allen relevanten Eigenschaften des Druckers beschrieben. Die Veröffentlichung kann einfach im Kontextmenü eines installierten Druckers bzw. in den Eigenschaften des betreffenden Druckers durchgeführt werden. In der Konsole *Druckverwaltung* unter Windows Server 2019 heißt die Option *In Verzeichnis auflisten*.

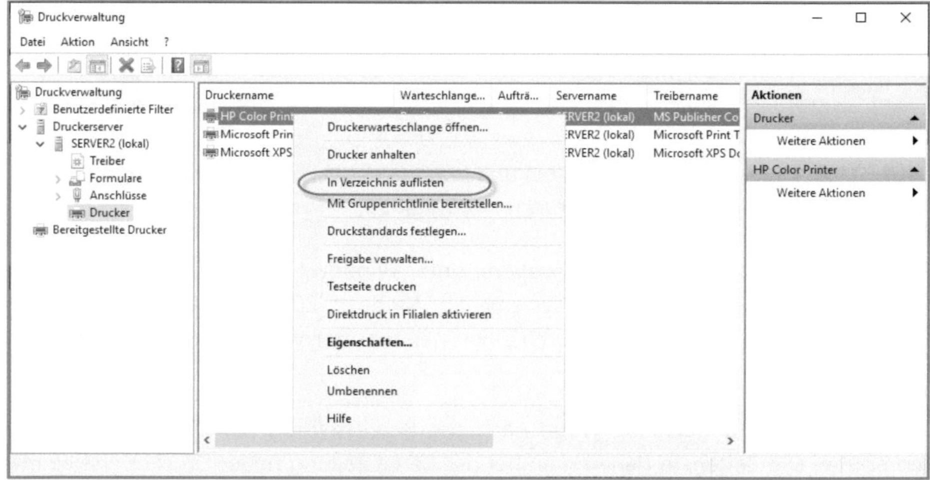

Abb. 11.9: *Veröffentlichung eines Druckers im Verzeichnis (Active Directory)*

Nach der Veröffentlichung kann ein Benutzer manuell anhand bestimmter Kriterien (beispielsweise nach Standort des Druckers oder aber nach druckbarer Seitenzahl usw.) im Active Directory nach dem Drucker suchen.

Manuelle Schritte durch den Benutzer erforderlich

Wenn der passende Drucker in den Suchergebnissen angezeigt wird, so kann man mit der rechten Maustaste auf den angezeigten Druckernamen klicken und im Kontextmenü den Eintrag *Verbinden* auswählen. Der passende Druckertreiber wird (soweit er vorweg auf dem Druckserver installiert wurde) in diesem Vorgang auch gleich auf dem Clientcomputer installiert, so dass der Drucker anschließend unter *Geräte und Drucker* angezeigt wird. Der Drucker steht dem Benutzer auf dem Clientcomputer anschließend für Ausdrucke zur Verfügung.

HINWEIS ➲ Die Veröffentlichung von Druckern im Verzeichnis kann für die Anwender eine große Hilfe darstellen, insbesondere, wenn diese über wechselnde Arbeitsplätze im Unternehmen verfügen. Andererseits jedoch kann es ein womöglich undurchsichtiges Unterfangen werden, wenn in Active Directory gar eine Vielzahl von Druckern als Abfrageergebnis zurückgeliefert wird. Man sollte dies bei der Planung der Bereitstellung von Druckern im Netzwerk unbedingt bedenken.

Die Veröffentlichung von Druckern im Verzeichnis erfordert noch immer auch manuelle Schritte, die ein Anwender durchführen muss, um einen Drucker anschließend nutzen zu können. Die Bereitstellung von Druckern im Netzwerk lässt sich jedoch auch für den Anwender viel bequemer durchführen – beispielsweise mithilfe von Gruppenrichtlinien.

11.7.2 Drucker mithilfe von Gruppenrichtlinien bereitstellen

Zentrale und unternehmensweite Druckerbereitstellung

Die Verwaltungskonsole *Druckverwaltung* unter Windows Server 2019 kann verwendet werden, um Drucker mithilfe von Gruppenrichtlinien im Computernetzwerk bereitzustellen. Hierbei kann die Veröffentlichung von Druckern entweder innerhalb eines bereits vorhandenen oder auch anhand eines neuen Gruppenrichtlinienobjekts in Active Directory erfolgen.

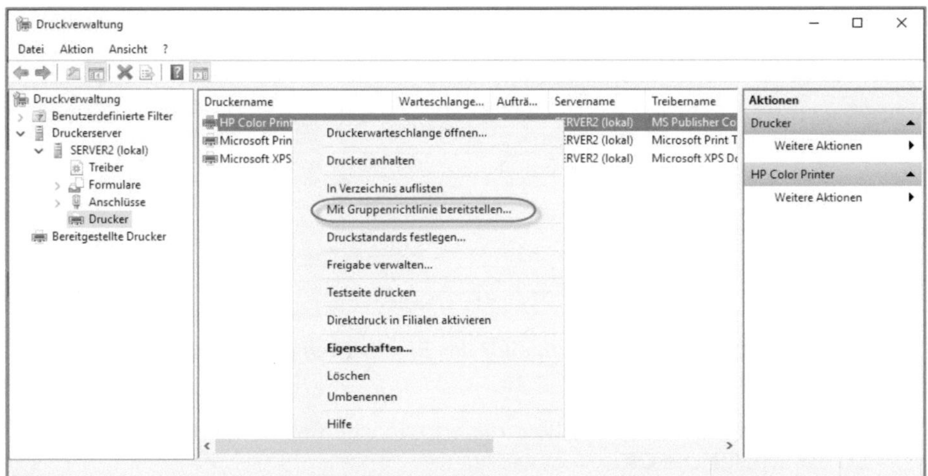

Abb. 11.10: *Option zur Bereitstellung eines Druckers mithilfe einer Gruppenrichtlinie im Kontextmenü eines bereits installierten Druckers*

Gehen Sie wie folgt vor, um einen Drucker auf einem Druckserver unter Windows Server 2019 mithilfe eines Gruppenrichtlinienobjekts im Netzwerk bereitzustellen:

1. Erweitern Sie in der Konsole *Druckverwaltung* den Knoten für *Druckerserver* sowie den Knoten des für die Installation zu verwendenden Serversystems.

2. Klicken Sie auf **Drucker** und klicken Sie dann mit der rechten Maustaste auf den zu veröffentlichenden Druckernamen. Wählen Sie im Kontextmenü den Eintrag **Mit Gruppenrichtlinie bereitstellen...**
3. Klicken Sie im Dialog *Mit Gruppenrichtlinie bereitstellen* auf die Schaltfläche **Durchsuchen...**
4. Klicken Sie mit der rechten Maustaste in das Dialogfenster *Gruppenrichtlinienobjekt suchen* und wählen Sie den Kontextmenüeintrag **Neu**.
5. Geben Sie den Namen des neu zu erstellenden Gruppenrichtlinienobjekts an und klicken Sie dann auf **OK**.
6. Legen Sie durch Auswahl fest, ob diese Druckerverbindung im Gruppenrichtlinienobjekt auf Ebene der *Benutzer-* und/oder der *Computerkonfiguration* bereitgestellt werden soll. Klicken Sie dann auf **Hinzufügen** und anschließend auf **OK**.

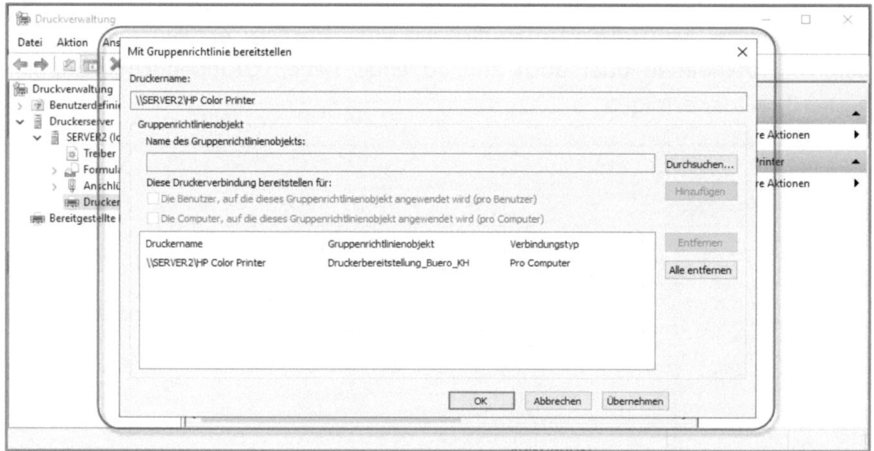

Abb. 11.11: *Festlegen der Option für das Bereitstellen eines Druckers in einem Gruppenrichtlinienobjekt*

7. Bestätigen Sie die Meldung über die erfolgreiche Bereitstellung mit einem Klick auf die Schaltfläche **OK**.

Änderungen in der Konsole Gruppenrichtlinienverwaltung möglich

Das neu erstellte Gruppenrichtlinienobjekt wird in der Konsole *Gruppenrichtlinienverwaltung* angezeigt. Je nachdem, wo Sie das neue Gruppenrichtlinienobjekt erstellt haben (mitunter direkt auf der Active Directory-Domäne), so ist dieses womöglich bereits aktiv mit der Domäne oder einer der vorhandenen Organisationseinheiten (engl. *Organizational Units, OUs*) verknüpft. Im Bedarfsfall kann man die Verknüpfungen in der Konsole *Gruppenrichtlinienverwaltung* an die notwendige Konfiguration anpassen.

Nach dem Öffnen des neu erstellten und für die Bereitstellung des Druckers verwendeten Gruppenrichtlinienobjekts mit dem *Gruppenrichtlinienobjekt-Editor* wird dieser darin angezeigt.

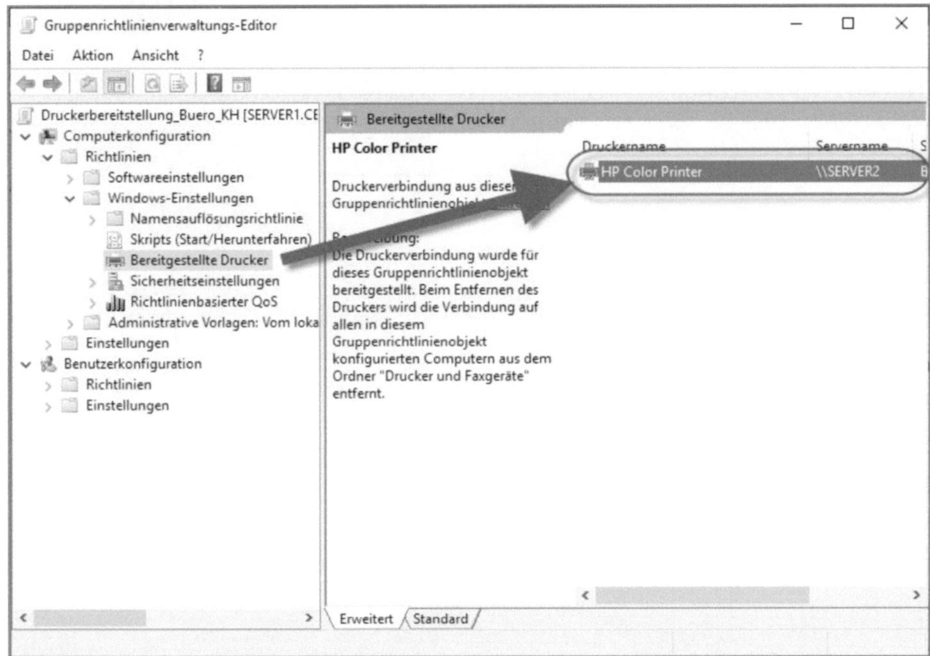

Abb. 11.12: *Bereitgestellter Drucker im neu erstellten Gruppenrichtlinienobjekt*

Nachdem das Gruppenrichtlinienobjekt auf die betreffenden Benutzer oder Computer angewendet wurde, steht der mithilfe des Gruppenrichtlinienobjekts bereitgestellte Drucker für die Verwendung zur Verfügung.

INTERNET ➲ Weitere Informationen zu den Druck- und Dokumentdiensten unter Windows Server 2019, Windows Server 2016 sowie Windows Server 2012 (R2) finden Sie im Internet auf der Website von Microsoft-TechNet unter:

https://docs.microsoft.com/de-de/previous-versions/windows/server/jj134163(v=ws.11)

11.7.3 Direktdruck in Filialen aktivieren

Reduzierung der Last auf Remoteverbindungen

Die Druckverwaltung in Windows Server 2019, wie zuvor auch schon in Windows Server 2016 oder auch Windows Server 2012 (R2), ermöglicht Administratoren die individuelle, druckerseitige Aktivierung des Features Direktdruck in Filialen. Diese Funktion kann in Unternehmen mit mehreren Standorten mitunter dazu beitragen, die über die WAN-Verbindungen (*Wide Area Network*) zu übertragenden Daten zu reduzieren - und somit mitunter Kosten sparen. Nach der Aktivierung rendert der Clientcomputer den

Druckauftrag selbst, bevor er ihn direkt zum betreffenden Druckgerät sendet. Im Gegensatz zum standardmäßigen Drucken im Netzwerk übermittelt der Clientcomputer den Druckauftrag von einer entfernten Zweigstelle nicht erst zu einem zentral im Hauptstandort installierten Druckserver, sondern im jeweiligen Standort direkt an das Druckgerät.

HINWEIS ➲ Direktdruck in Filialen wird lediglich von Windows Server 2019, Windows Server 2016, Windows Server 2012 (R2), Windows 10, Windows 8.1 sowie Windows 8 unterstützt.

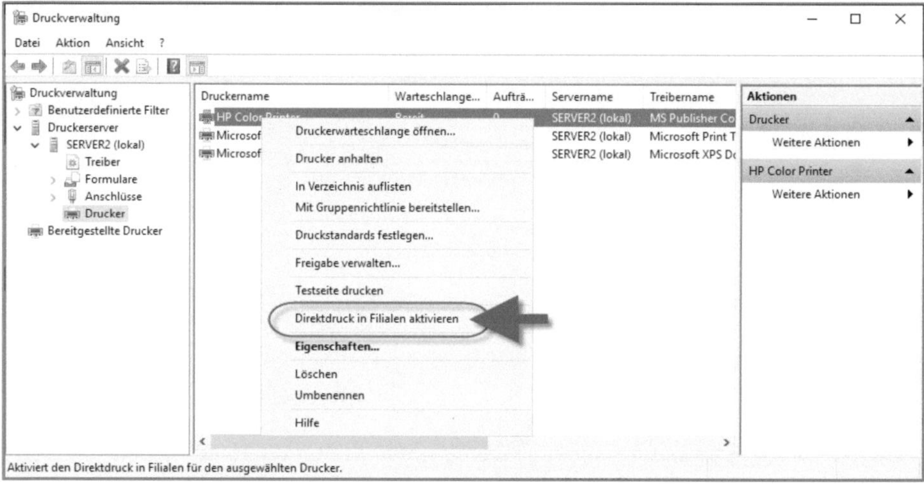

Abb. 11.13: *Aktivierung von Direktdruck in Filialen in der Druckverwaltung*

Die Aktivierung von *Direktdruck in Filialen* erfolgt in der Druckverwaltung individuell für den jeweiligen Drucker auf einem Druckserver unter Windows Server 2019. So einfach wie die Aktivierung lässt sich Direktdruck in Filialen für einen einzelnen Drucker in der Druckverwaltung bei Bedarf wiederum deaktivieren.

INTERNET ➲ Weitere Informationen zum Direktdruck in Filialen findet man in der Microsoft Website im Internet unter:

https://docs.microsoft.com/de-de/previous-versions/windows/server/jj134163(v=ws.11)

Nach der Einführung in die Druck- und Dokumentdienste dreht sich im nächsten Kapitel alles um die Möglichkeit der Virtualisierung von Computersystemen mit Hyper-V unter Windows Server 2019.

KAPITEL 12

Einführung in die Virtualisierung mit Hyper-V

Ressourcen bei geringem Energieverbrauch optimal nutzen

Die Virtualisierung von Computersystemen wird in Unternehmen bereits seit Jahren praktiziert. In erster Linie resultiert dies aus der möglichen Ersparnis bei der Hardware-Beschaffung, aber auch aus der durch die Virtualisierung mögliche Flexibilität bei der Bereitstellung von Computersystemen. Ein weiteres Ziel der Virtualisierung ist es, die vorhandenen Ressourcen bei geringerem Energieverbrauch möglichst optimal auszunutzen und gleichzeitig die Wartungskosten für die dabei eingesetzte Hardware zu reduzieren.

Nach Vmware hat auch Microsoft dies vor Jahren bereits für sich entdeckt und in den Anfangszeiten das *Microsoft VirtualPC 2004* (später 2007) sowie den *Microsoft Virtual Server 2005* (später als R2) als Virtualisierungslösungen für Unternehmen veröffentlicht. In Windows Server 2008 wurde dann erstmalig Hyper-V als serverseitige Virtualisierungslösung für Unternehmen angeboten. Parallel zu Windows Server 2008 entwickelte Microsoft sogar noch eine weitere, kostenfrei erhältliche und als reine Virtualisierungsplattform gedachte Edition mit dem Namen *Microsoft Hyper-V Server 2008*. Mit Windows Server 2008 R2 (*Release 2*) veröffentlichte Microsoft dann die nächste Version von Hyper-V, in dem bereits einige, in der Praxis sicher notwendige Verbesserungen enthalten waren. Unter Windows Server 2012 (R2) sowie nachfolgend unter Windows Server 2016 fand man die in ihren Funktionen nochmals erweiterte Hyper-V-Serverrolle. Unter Windows Server 2019 stellt die darin enthaltene Version von Hyper-V die aktuell umfangreichste, erhältliche, von Microsoft angebotene Virtualisierungsplattform dar.

Zwischenzeitlich hat sich Hyper-V parallel zu Vmware auch in Unternehmen fest als Virtualisierungsplattform für den Aufbau von privaten oder auch hybriden Cloud-Umgebungen, sowie auch zum Aufbau oder der Erweiterung von virtuellen Desktop-infrastrukturen (*Virtual Desktop Infrastructure, VDI*) etabliert.

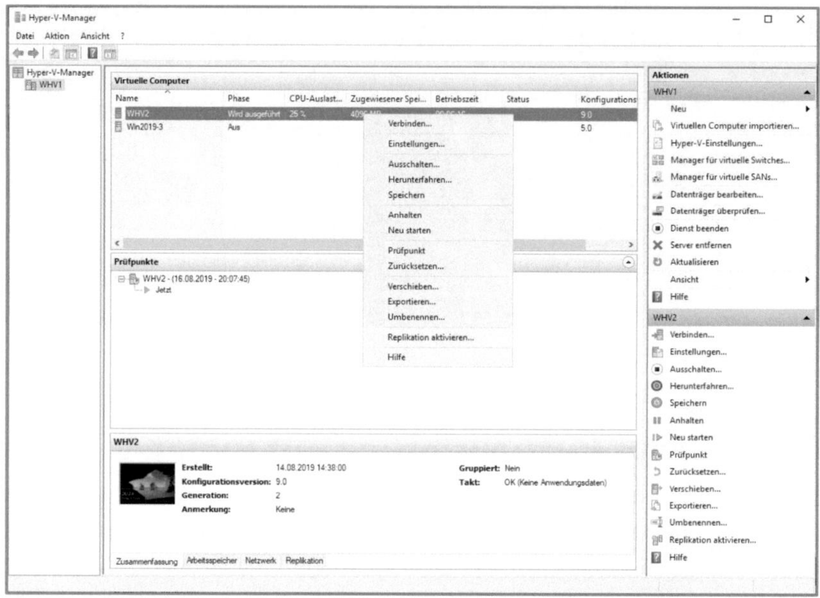

Abb. 12.1: *Verwaltung virtueller Maschinen im Hyper-V-Manager*

Wie bereits bei dem Vorgänger steht Hyper-V als Serverrolle auch unter Windows Server 2019 als Installation mit grafischer Benutzeroberfläche, sowie auch als Core-Installation zur Verfügung. Details hierzu entnehmen Sie bitte dem Kapitel 13 dieses Handbuches.

INTERNET ➲ Parallel zu den kostenpflichtigen Editionen steht Hyper-V auch als kostenfreie Edition, der Microsoft Hyper-V Server 2019, zur Verfügung. Dieser kann als kostenfreier Download von der folgenden Webseite von Microsoft im Internet heruntergeladen werden:

https://www.microsoft.com/de-de/evalcenter/evaluate-hyper-v-server-2019

12.1 Neuerungen und Verbesserungen

Wichtige Neuerungen und Verbesserungen

Microsoft verbessert die Funktionalitäten rund um Hyper-V mit jeder neuen Version des Windows-Serverbetriebssystems. Windows Server 2019 setzt nochmals auf den Neuerungen und Erweiterungen von Windows Server 2016, sowie Windows Server

2012 (R2) auf, besitzt jedoch auch grundlegend schon dessen Eigenschaften und Funktionen in Hyper-V.

12.1.1 Neuerungen und Verbesserungen in Hyper-V unter Windows Server 2019

Unter Windows Server 2019 hat Microsoft nochmals einige, für die tägliche Praxis in größeren Virtualisierungsumgebungen sicher interessante Neuerungen und Verbesserungen rund um Hyper-V eingearbeitet. Zu diesen zählt man:

- **Hinzufügen von Hyper-V-Manager zur Server Core-Installation** - Unter Windows Server 2019 ab der Version 1903 kann man den grafischen Hyper-V-Manager (virtmgmt.msc) als Bestandteil der *Server Core App-Kompatibilität-Feature on Demand (FOD)* zu einer Server Core-Installation hinzufügen. Details hierzu findet man im Kapitel 13 dieses Fachbuches.

> **INTERNET ➲** Details rund um die App-Kompatibilität der Server Core-Feature on Demand (FOD) findet man im Internet auf der Website von Microsoft unter:
>
> **https://docs.microsoft.com/de-de/windows-server/get-started-19/install-fod-19**

- **Verbesserungen für Filialen** - Abgeschirmte, virtuelle Computer (engl. Shielded VMs) können unter der Verwendung der neuen Fallback-HGS- und Offline-Modus Features ohne die direkte Konnektivität zum Host-Überwachungsdienst (engl. Host Guardian Service, HGS) bereitgestellt werden. Fallback-HGS ermöglicht es, einen weiteren Satz von URLs für die Konnektivitätsprüfung des Hyper-V zum HGS durchzuführen. Im Offline-Modus können abgeschirmte VMs auch dann gestartet werden, wenn der HGS nicht erreichbar ist - vorausgesetzt wird hierbei, dass die VMs zuvor bereits erfolgreich gestartet werden konnte, und zudem an den Sicherheitseinstellungen des Hostsystems nichts verändert wurde.

> **INTERNET ➲** Details zum Fallback-HGS, sowie zum Offline-Modus rund um die abgeschirmten VMs findet man im Internet auf der Website von Microsoft unter:

> **https://docs.microsoft.com/de-de/windows-server/security/guarded-fabric-shielded-vm/guarded-fabric-manage-branch-office#fallback-configuration**

- **Linux-Unterstützung** - In Umgebungen mit gemischten Betriebssystemen unterstützt Windows Server 2019 nun auch die Ausführung von Ubuntu, Red Hat Enterprise Linux und SUSE Linux Enterprise Server in abgeschirmten virtuellen Computern.

- **Verbesserung der Problembehandlung** - Zur Verbesserung der möglichen Problembehandlung unterstützten die abgeschirmten, virtuellen Computer nunmehr auch den erweiterten VMConnect-Sitzungsmodus, sowie auch PowerShell Direct. Diese Werkzeuge sind besonders nützlich, wenn die Netzwerkverbindung zu den bereitgestellten VMs nicht verwendet werden kann, und man die Konfiguration für die mögliche Rekonnektivität entsprechend anpassen bzw. aktualisieren muss. Diese Features müssen nicht konfiguriert werden, und sie werden automatisch zur Verfügung gestellt, wenn eine abgeschirmte VM auf einem Hyper-V-Host mit Windows Server, Version 1803 oder höher, ausgeführt wird.

Weitere Neuerungen hat Microsoft unter Windows Server 2019 neben einigen, kleineren Verbesserungen und Optimierungen erst einmal nicht in die Hyper-V-Serverrolle eingebaut. Aber natürlich sind in dem neuesten Windows-Serverbetriebssystem auch alle zuvor bereits erschienenen Neuerungen und Verbesserungen enthalten.

12.1.2 Neuerungen und Verbesserungen in Hyper-V unter Windows Server 2016

Noch unter Windows Server 2016 wurden zuvor bereits viele Neuerungen und Verbesserungen rund um die Hyper-V-Serverrolle eingebaut. Diese findet man auch unter dem neuesten Windows-Serverbetriebssystem, dem Windows Server 2019 wieder. Zu den wichtigsten Neuerungen und Änderungen zählen dabei unter anderem:

12.1.2.1 Geschachtelte Virtualisierung (Nested Virtualization)

Sicher der erstmalig darin bereitgestellten Container-Technologie geschuldet, enthalten Windows Server 2019 und Windows Server 2016 (wie parallel auch Windows 10) die in verschiedenen VMware-Virtualisierungsprodukten schon lange enthaltene Möglichkeit, virtuelle Serversysteme in der Rolle von Hyper-V-Hosts auf einem physikalischen Hyper-V-Host bereitzustellen. Dies ist nicht nur reizvoll für Testumgebungen, sondern auch in der täglichen Praxis mitunter sehr gebräuchlich. Um die geschachtelte Virtualisierung aktivieren zu können, muss das Hostsystem unter Windows Server 2019, Windows Server 2016 oder Windows 10 über mindestens 4 GB Arbeitsspeicher verfügen. Darüber hinaus ist im physikalischen Hostsystem ein Intel-Prozessor mit Intel-VT-X und -EPT-Technologie (SLAT, Second Level Address Translation) erforderlich. Die Betriebssystemversion des virtuellen und des physikalischen Hyper-V-Hostsystems müssen ebenso identisch sein, damit man die geschachtelte Virtualisierung verwenden kann.

12.1.1.2 Vergrößern/verkleinern des Arbeitsspeichers während der Ausführung

In den vorherigen Versionen von Hyper-V konnte man die Größe des einer virtuellen Maschine zugewiesenen Arbeitsspeichers nur im ausgeschalteten Zustand verändern.

In Hyper-V unter Windows Server 2016 ist dies nunmehr im eingeschalteten Zustand eines virtuellen Computers - unter Windows Server 2016, Windows Server 2019 oder Windows 10 - der Generation 1 und Generation 2 in dessen Konfigurationseinstellungen möglich.

12.1.1.3 Hinzufügen/entfernen von Netzwerkkarten während der Ausführung

Ähnlich einfach kann man virtuellen Maschinen der Generation 2 in Hyper-V unter Windows Server 2019, sowie zuvor auch unter Windows Server 2016 im Bedarfsfall Netzwerkadapter hinzufügen oder auch wieder entfernen - noch während diese ausgeführt werden. Dies funktioniert neben Windows- auch unter Linux-Gastsystemen. Die Schritte führt man auch hier einfach in den Konfigurationseinstellungen der jeweiligen, virtuellen Maschine in Hyper-V aus.

12.1.1.4 Produktionsprüfpunkte

Die Hyper-V-Serverrolle in Windows Server 2019, Windows Server 2016, sowie parallel auch in Windows 10 bietet - alternativ zu den ebenso verfügbaren Standardprüfpunkten - die Möglichkeit zum Erstellen von „Produktionsprüfpunkten", sprich: „Point-in-Time"-Images von virtuellen Computersystemen. Diese Produktionsprüfpunkte basieren auf backup-Technologie im Gastbetriebssystem anstelle des mit Standardprüfpunkten erstellten, gespeicherten Zustands. Ziel ist hierbei das Erstellen datenkonsistenter Prüfpunkte von virtuellen Computersystemen. Anders als Standardprüfpunkte enthalten die Produktionsprüfpunkte keinerlei Informationen zu ausgeführten Anwendungen. Neue virtuelle Computer in Hyper-V unter Windows Server 2019 oder auch unter Windows Server 2016 verwenden standardmäßig die Produktionsprüfpunkte.

INTERNET ➲ Nähere Details zu den neuen Produktionsprüfpunkten - auch im Unterschied zu den Standardprüfpunkten in Hyper-V unter Windows Server 2019 oder auch Windows Server 2016 erhält man im Internet unter anderem auf der Website von Microsoft unter:

https://docs.microsoft.com/de-de/windows-server/virtualization/hyper-v/manage/Choose-between-standard-or-production-checkpoints-in-Hyper-V

12.1.1.5 Guarded Fabric und Shielded VMs (abgeschirmte virtuelle Computer)

Zum Schutz von virtuellen Computersystemen beispielsweise vor Malware unterstützte bereits Windows Server 2016 sogenannte Shielded VMs (abgeschirmte virtuelle Computer). Unter dem Einsatz des neuen Host Guardian Service (HGS) lassen sich Shielded VMs gegen unautorisierten Zugriff härten - beispielsweise auch gegen allzu neugierige Virtualisierungs-Administratoren. Diese können die betreffenden, virtuellen Computersysteme zwar bei Bedarf starten oder beenden, der Zugriff auf die Inhalte der virtuellen Systeme bleibt hierbei jedoch verwehrt. Der neue Host Guardian Service (HGS) verwaltet dabei unter anderem die Chiffrierschlüssel für Shielded VMs. Darüber hinaus attestiert der HGS die Guarded Hyper-V-Hosts, auf den Shielded VMs ausgeführt werden, deren Gültigkeit.

Der Einsatz des Host Guardian Service (HGS) gemeinsam mit den Shielded VMs setzt eine Vielzahl an Features und Bedingungen voraus, wie zum Beispiel das Failover-Clustering oder auch dedizierte Active Directory-Domänendienste, sowie virtuelle Computersysteme (Shielded VMs) in Hyper-V als Generation 2-Computersysteme mit darin aktiviertem, virtuellem TPM (*virtual Trusted Plattform Module, vTPM*).

Der *Host Guardian Service* (HGS) steht nur in der Datacenter Edition von Windows Server 2019 bzw. Windows Server 2016 zur Verfügung.

INTERNET ➲ Details zur Bereitstellung von Shielded VMs unter Windows Server 2016 erhält man im Internet unter anderem in der Website von Microsoft unter:

https://docs.microsoft.com/de-de/windows-server/security/guarded-fabric-shielded-vm/guarded-fabric-and-shielded-vms

12.1.1.6 Virtual TPM und Virtual Smart Card

In Hyper-V unter Windows Server 2019 sowie auch unter Windows Server 2016 können für die Erweiterung der Schutzfunktionen der virtuellen Computersysteme der Generation 2 unter Windows Server 2019, Windows Server 2016 oder auch Windows 10 virtuelle TPMs (*Trusted Platform Modules*) eingesetzt werden, um die darin eingesetzten Festplattenlaufwerke gegen den Zugriff durch Dritte z. B. durch einfaches Kopieren zu schützen. In Verbindung mit dem zuvor bereits in Windows Server 2016 neu eingeführten Host Guardian Service (HGS) lassen sich die betreffenden, virtuellen Maschinen nicht ohne eine entsprechende Attestierung ausführen. Aber auch für den Einsatz virtueller SmartCards zur 2-Faktor-Authentifizierung benötigt man ein virtuelles TPM.

INTERNET ➲ Eine detaillierte Beschreibung mitsamt Schritt-für-Schritt-Anleitung zum Bereitstellen virtueller SmartCards (vSmartCards) mit virtuellem TPM (vTPM) findet man im Internet unter:

https://blogs.technet.microsoft.com/askds/2016/05/11/setting-up-virtual-smart-card-logon-using-virtual-tpm-for-windows-10-hyper-v-vm-guests/

Es finden sich noch weitere Neuerungen und Verbesserungen in Hyper-V unter Windows Server 2016, die teilweise auch in den nächsten Seiten noch aufgezeigt werden.

INTERNET ➲ Eine Übersicht aller in Hyper-V enthaltenen Neuerungen und auch Verbesserungen unter Windows Server 2019 sowie auch unter Windows Server 2016 findet man direkt auf der Webseite von Microsoft im Internet unter:

https://docs.microsoft.com/de-de/windows-server/virtualization/hyper-v/what-s-new-in-hyper-v-on-windows

Die verschiedenen Server-Betriebssysteme werden in der Praxis oft parallel zueinander eingesetzt werden, sind in den folgenden Seiten zusätzlich auch nochmals die Neuerungen und Verbesserungen aufgeführt, die bereits in Windows Server 2012 R2 enthalten waren.

12.1.2 Neuerungen und Verbesserungen in Hyper-V noch unter Windows Server 2012 R2

In Hyper-V unter Windows Server 2012 R2 wurden zuvor bereits auch viele, für die tägliche Praxis sicher interessante und wichtige Neuerungen und Verbesserungen eingebaut. Zu diesen zählte man unter anderem:

- **Freigegebene virtuelle Festplatten** - ermöglichen u. a. das Clustern virtueller Computer mithilfe von Dateien für freigegebene virtuelle Festplatten (engl. Virtual Hard Disk, VHDX). Die freigegebenen virtuellen Festplatten ermöglichen den Zugriff mehrerer virtueller Computer auf dieselbe VHDX-Datei, wodurch freigegebener Speicher für das Windows-Failoverclustering bereitgestellt werden kann.

- **Ändern der Größe virtueller Festplatten** - während der Ausführung des virtuellen Computers.

- **Versionsübergreifende Livemigrationen** - Hyper-V-Livemigration unterstützt auch die Migration von virtuellen Computern in Windows Server 2012 zu Windows Server 2012 R2. Hyper-V unter Windows Server 2019 oder auch Windows Server 2016 lässt die Live-Migration zu weiteren Serversystemen unter Windows Server 2019, Windows Server 2016 oder auch unter Windows Server 2012 R2 zu.

- **Exportieren von virtuellen Computern** - nun auch während der Ausführung der virtuellen Computer möglich, ohne diese zuvor herunterfahren zu müssen

- **Erweiterter Sitzungsmodus** - Die Verbindung mit virtuellen Computern unter Windows 8.1 (und höher) sowie Windows Server 2012 R2 (und höher) in Hyper-V ermöglicht die Umleitung lokaler Ressourcen des Host-Systems in die Sitzung - ähnlich wie dies seitlangem bereits mittels Remotedesktopverbindungen möglich ist.

- **Hyper-V-Replikat** - lässt sich seitens des Replikationsintervalls nun zeitlich steuern.

- **Automatische Aktivierung virtueller Computer (AVMA)** - auf der Datacenter Edition von Windows Server 2012 R2 (und höher) als Hyper-V-Host für virtuelle Serversysteme auf der Basis von Windows Server 2012 R2 (und höher) in der Standard, Datacenter und Essentials Edition - bis hin zu den entsprechenden Editionen von Windows Server 2019.

INTERNET ➲ Eine Übersicht aller in Hyper-V noch unter Windows Server 2012 (R2) enthaltenen Neuerungen und auch Verbesserungen in Hyper-V findet man direkt auf der Webseite von Microsoft im Internet unter:

https://docs.microsoft.com/en-us/previous-versions/windows/it-pro/windows-server-2012-R2-and-2012/dn282278(v=ws.11)

12.2 Unterstützte Gast-Betriebssysteme

Umfangreiche Unterstützung

Die Hyper-V-Serverrolle unterstützt unter Windows Server 2019 eine Vielzahl an installierbaren Gast-Betriebssystemen, wie beispielsweise:

- **Windows Server 2019**
- **Windows Server 2016**
- **Windows Server 2012 R2**
- **Windows Server 2012**
- **Windows 10**
- **Windows 8.1**
- **Windows 8**
- **Windows Server 2008 R2** (Release 2) mit Service Pack 1 (SP1)
- **Windows Server 2008** mit Service Pack 2 (SP2)
- **Windows 7** mit Service Pack 1 (SP1)

Darüber hinaus unterstützt Hyper-V unter Windows Server 2019 die folgenden Linux- und FreeBSD-Derivate:

- **Red Hat Enterprise Linux (RHEL) / CentOS 8.x / 7.x / 6.x / 5.x**
- **Debian 7.x - 10.x**
- **Oracle Linux 6.x / 7.x**
- **SUSE Linux Enterprise Server 12 SP2 - 15**

- **Ubuntu Linux 14.04 - 19.04**
- **FreeBSD 10.0 - 11.2**

Beachten Sie hierbei, dass nicht alle Features und Rollen aller angegebenen Linux- und FreeBSD-Derivate in Hyper-V unter Windows Server 2019 gleichermaßen unterstützt werden. Details hierzu finden Sie in der Dokumentation von Microsoft zu Hyper-V unter Windows Server 2019.

INTERNET ➲ Eine detaillierte Übersicht der von Hyper-V unterstützten Features und Rollen der einzelnen Linux-Derivate findet man in den Webseiten von Microsoft rund um Hyper-V. Weitere Informationen zu den unterstützten Linux-Gast-Betriebssystemen findet man im Internet unter anderem auf der Microsoft-Website unter:

https://docs.microsoft.com/de-de/windows-server/virtualization/hyper-v/supported-linux-and-freebsd-virtual-machines-for-hyper-v-on-windows

12.3 Limits für virtuelle Computer

Für eine optimale Planung des Einsatzes von virtuellen Computern ist es wichtig, die Anforderungen, sowie die Maximalkonfiguration von virtuellen Computern in Hyper-v unter Windows Server 2019 zu kennen. Diese unterscheiden sich zwischen den virtuellen Maschinen der Generation 1 zu Generation 2. Die jeweiligen Limits - gemäß den Angaben von Microsoft - sind in der nachfolgenden Tabelle aufgeführt:

Komponente	Maximalwert	Anmerkung
Virtuelle Prozessoren	240 für Generation 2, 64 für Generation 1	Maximale Zahl ist abhängig vom jeweiligen Gastbetriebssystem und kann niedriger sein.
Arbeitsspeicher	12 TB für Generation 2, 1 TB für Generation 1	Abhängig von dem im virtuellen Computer eingesetzten Betriebssystem.
Virtuelle IDE-Datenträger	4	Der Startdatenträger muss an eines der IDE-Geräte angeschlossen sein. Dabei kann es sich um einen virtuellen oder einen physikalischen Datenträger handeln. Unterstützung nur durch Gen1-VMs.
Virtuelle SCSI-Controller	4	Für die Verwendung von virtuellen SCSI-Controllern müssen die Integrationsdienste für das Gastbetriebssystem installiert sein.

Komponente	Maximalwert	Anmerkung
Virtuelle Viber Channel-Adapter	4	Als Empfehlung sollte jeder virtuelle Fibre Channel-Adapter mit einem eigenen virtuellen SAN verbunden sein.
Virtuelle SCSI-Datenträger	256	Maximal 64 Datenträger pro virtuellem SCSI-Controller (davon werden maximal 4 unterstützt)
Kapazität virtueller Festplatten (VHDX-Format)	64 TB	Beachten Sie, dass jede virtuelle Festplatte als VHD-Datei auf dem physikalischen Datenträger gespeichert wird.
Kapazität virtueller Festplatten (VHD-Format)	2040 GB	Beachten Sie, dass jede virtuelle Festplatte als VHD-Datei auf dem physikalischen Datenträger gespeichert wird.
Virtuelle Diskettenlaufwerke	1	Unterstützung nur durch Gen1-VMs.
Serielle (COM-) Schnittstellen	2	Unterstützung nur durch Gen1-VMs.
Virtuelle Netzwerkkarten	64 / 4	64 ist als maximale Anzahl als Typ „Netzwerkkarte möglich. Dieser Typ erfordert einen in den Integrationsdienstpaketen enthaltenen Treiber. Unterstützung von PXE-Boot nur unter Gen2-VMs integriert. 4 ist als maximale Anzahl als Typ „ältere Netzwerkkarte" möglich. Hierbei wird eine bestimmte Netzwerkkarte) emuliert und PXE (Pre-Boot eXecution Environment) unterstützt, um eine netzwerkbasierte Installation eines Betriebssystems zu ermöglichen) - nur für Gen1-VMs.
Snapshots	50	Die tatsächliche, maximale Anzahl kann geringer sein, abhängig vom physikalisch zur Verfügung stehenden Speicher. Snapshots werden als AVHD-Dateien gespeichert.

Tab. 12.1: *Maximalkonfiguration für virtuelle Computer unter Hyper-V in Windows Server 2019*

Die minimale Hardware-Anforderung bestimmter Betriebssysteme entnehmen Sie bitte der jeweiligen Herstellerdokumentation.

12.4 Serverseitige Hardware-Unterstützung

Nicht nur für virtuelle Computer gelten maximale Konfigurationswerte. Auch Hyper-V besitzt als Host-System bestimmte Obergrenzen in der Unterstützung der Hardware. Diese sind für Hyper-V unter Windows Server 2019 in der folgenden Tabelle aufgeführt:

Bis zu 8.000 Hosts im Cluster

Komponente	Maximalwert	Anmerkung
Logische Prozessoren	512	Intel-VT- oder AMD-V-Technologie muss durch die Prozessoren unterstützt werden. Die Datenausführungsverhinderung (*Data Execution Prevention, DEP*) muss im BIOS des Systems unterstützt und aktiviert sein.
Virtuelle Prozessoren	2.048	Keine
Arbeitsspeicher	24 TB	Keine
Aktive, virtuelle Computer pro Server	1.024	Keine
Maximale Anzahl an Clusterknoten	64	Keine
Maximale virtuelle Maschinen pro Cluster	8.000	Keine
Speicher	Begrenzt durch den vom Host-Betriebssystem unterstützten Speicher, jedoch keine Begrenzung durch Hyper-V.	Keine
Physikalische Netzwerkkarten	Keine Begrenzung durch Hyper-V.	Keine

Komponente	Maximalwert	Anmerkung
Virtuelle Netzwerke (Switches)	Unterschiedlich; keine Begrenzung durch Hyper-V.	Der Maximalwert hängt in der Praxis von den verfügbaren Computerressourcen ab.
Virtuelle Netzwerk-Switchports pro Server	Unterschiedlich; keine Begrenzung durch Hyper-V.	Der Maximalwert hängt in der Praxis von den verfügbaren Computerressourcen ab.

Tab. 12.2: *Maximale Hardware-Unterstützung von Hyper-V unter Windows Server 2019*

12.5 Integrationsdienste unter Hyper-V

In Hyper-V ist ein Softwarepaket, die sogenannten *Integrationsdienste für unterstützte Gastbetriebssysteme* enthalten, welches die Integration zwischen dem physikalischen Computer und den darauf ausgeführten, virtuellen Computern verbessert. Die Installation der Integrationsdienste ist auf neueren Windows-Betriebssystemen nicht notwendig, da diese die Integrationsdienste bereits enthalten.

Für die Unterstützung diverser Linux-Derivate stellt Microsoft eigens die dafür angepassten, optional downloadbaren Integrationsdienste auf der Website im Internet bereit. Auch unter Hyper-V wurde die Linux-Unterstützung nochmals verbessert.

INTERNET ➲ Eine Übersicht der unterstützten Betriebssysteme und den Versionen, für die Integrationsdienste installiert werden müssen, finde man in der Technischen Bibliothek zu Windows Server 2019 im Internet unter:

https://docs.microsoft.com/de-de/windows-server/virtualization/hyper-v/supported-windows-guest-operating-systems-for-hyper-v-on-windows

12.6 Voraussetzungen

Ohne Unterstützung durch CPU und BIOS nicht verwendbar

Hyper-V setzt unter Windows Server 2019, wie dies bereits auch für den Einsatz von Windows Server 2016 als Betriebssystem erforderlich ist, eine 64-Bit-Plattform voraus. Zudem muss im BIOS des physikalischen Hostsystems für Hyper-V die Intel VT- oder AMD-V-Technologie aktiviert sowie das Intel XD-Bit (*Execute Disable Bit*) bzw. AMD NX-Bit (*No Execute Bit*) vorhanden und ebenso aktiviert sein. Zusätzlich muss der Prozessor noch über die CPU-Erweiterung *„Extended Page Tables"* (ETP), auch als *„Second Level Address Table"* (SLAT) bekannt, unterstützen. Erst dann lässt sich Hyper-V auf dem betreffenden Serversystem betreiben.

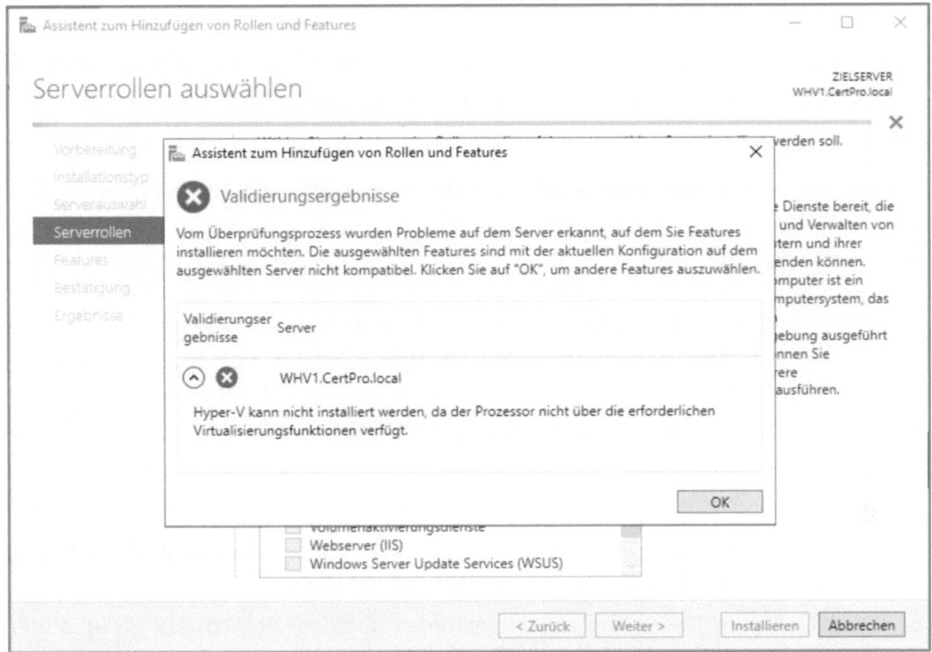

Abb. 12.2: *Hinweis zu fehlender Kompatibilität beim Hinzufügen von Hyper-V*

INTERNET ➲ Microsoft bietet das kostenfreie Kommandozeilentool ***CoreInfo.exe*** zur Überprüfung der in einem Computersystem vorhandenen Prozessoren auf die notwendige Kompatibilität zur Hyper-Virtualisierung zum kostenfreien Download an. Um genaue Angaben mit dem Tool zu erfahren, sollte auf dem zu überprüfenden Computer noch kein Hyper-Visor installiert sein. Nähere Informationen, sowie die Möglichkeit zum Download des Tools findet man im Internet unter:

https://docs.microsoft.com/de-de/sysinternals/downloads/coreinfo

Hyper-V als Serverrolle

Hyper-V steht unter der Standard, sowie der Datacenter Edition von Windows Server 2019 als Serverrolle zur Verfügung. In der Foundation sowie der Essentials Edition von Windows Server 2019 hingegen ist Hyper-V nicht enthalten. Hyper-V kann als Virtualisierungslösung auf einem vollwertig installierten Serversystem unter Windows Server 2019 oder im Bedarfsfall auch unter Server Core installiert und betrieben werden.

INTERNET ➲ Die Bereitstellung der Hyper-V-Serverrolle auf einem Nano-Server unter Windows Server 2019 ist nicht mehr vorgesehen. Details hierzu findet man im Internet unter:

https://docs.microsoft.com/de-de/windows-server/get-started/nano-in-semi-annual-channel

12.7 Installation von Hyper-V als Serverrolle

Im Lieferumfang bereits enthalten

Wie bereits vorweg beschrieben, ist Hyper-V unter Windows Server 2019 bereits im Lieferumfang enthalten und kann demnach problemlos als installierbare Serverrolle implementiert werden.

Gehen Sie auf einem Serversystem mit einer vollwertigen Installation von Windows Server 2019 (Desktopdarstellung) wie folgt vor, um Hyper-V als Serverrolle zu installieren:

1. Melden Sie sich als *Administrator* am Serversystem an.
2. Öffnen Sie den grafischen *Server-Manager* (soweit dies nicht automatisch geschieht) über einen Klick im Startmenü auf die entsprechende **Kachel**.
3. Klicken Sie oben im *Server-Manager* auf **Verwalten**, und dann auf **Rollen und Features hinzufügen**.
4. Klicken Sie im Dialog *Vorbemerkungen* auf **Weiter**.
5. Wählen Sie im Dialog *Installationstyp auswählen* die Option **Rollenbasierte oder featurebasierte Installation**, und klicken Sie auf **Weiter**.
6. Klicken Sie im Dialog *Zielserver auswählen* auf den Namen des gewünschten Servers, und klicken Sie dann auf **Weiter**.

   HINWEIS ➲ Wenn Sie bei der Auswahl des Zielservers ein Serversystem für die Remoteinstallation von Rollen oder Features auswählen, so muss auf diesem als Betriebssystem Windows Server 2019, Windows Server 2016, oder wenigstens Windows Server 2012 (R2) ausgeführt werden. Zusätzlich muss auf dem Zielsystem die Remoteverwaltung für den Server-Manager aktiviert sein (Standardeinstellung unter Windows Server 2019, Windows Server 2016 sowie auch unter Windows Server 2012 (R2)).

7. Wählen Sie **Hyper-V** als die zu installierende Rolle aus, und klicken Sie auf **Weiter**.
8. Wählen Sie die zu installierenden Features durch einen Klick auf die Schaltfläche **Features hinzufügen** aus, und klicken Sie anschließend auf **Weiter**.
9. Aktivieren Sie auf der Seite *Installationsauswahl bestätigen* die Option *Zielserver bei Bedarf automatisch neu starten*, und klicken Sie dann auf **Installieren**.
10. Sie können auf die Schaltfläche **Schließen** klicken, um das Dialogfenster zu schließen. Der Vorgang wird im Hintergrund ohne Unterbrechung weitergeführt. Den Status der Installation können Sie sich anzeigen lassen, indem Sie in der Befehlsleiste des Server-Managers auf **Benachrichtigungen** (*Fähnchen-Symbol*) klicken.

Alternativ zur Installation der Hyper-V-Serverrolle mithilfe des grafischen Server-Managers kann man hierzu auch die Windows PowerShell unter Windows Server 2019 verwenden. Der Befehl dazu lautet:

```
Install-WindowsFeature -Name Hyper-V -IncludeManagement-
Tools -Restart
```

Wenn die Installation der Hyper-V-Serverrolle nicht lokal, sondern im Netzwerk auf einem anderen Computer ausgeführt werden soll, so kann man den Befehlsschalter **-ComputerName** gefolgt vom Namen des betreffenden Computers in die oben abgebildete Befehlszeile übernehmen. Nähere Informationen hierzu finden Sie im Kapitel 4 dieses Buches.

HINWEIS ➲ Die Installation von Hyper-V auf einem Serversystem unter Windows Server 2019 als Server Core stellt sich ebenso nicht viel komplizierter dar. Nähere Informationen hierzu sind im nächsten Kapitel enthalten.

Nach der erfolgreichen Installation von Hyper-V unter Windows Server 2019 kann nunmehr die Konfiguration der Grundeinstellungen vorgenommen werden. Dies geschieht im grafischen Hyper-V-Manager.

12.8 Konfiguration von Hyper-V

Einfache Anpassungen möglich

Gleich nach der Installation sowie auch im späteren Verlauf können Sie bestimmte (Grund-)Einstellungen auf dem betreffenden Serversystem unter Windows Server 2019 in und um Hyper-V vornehmen.

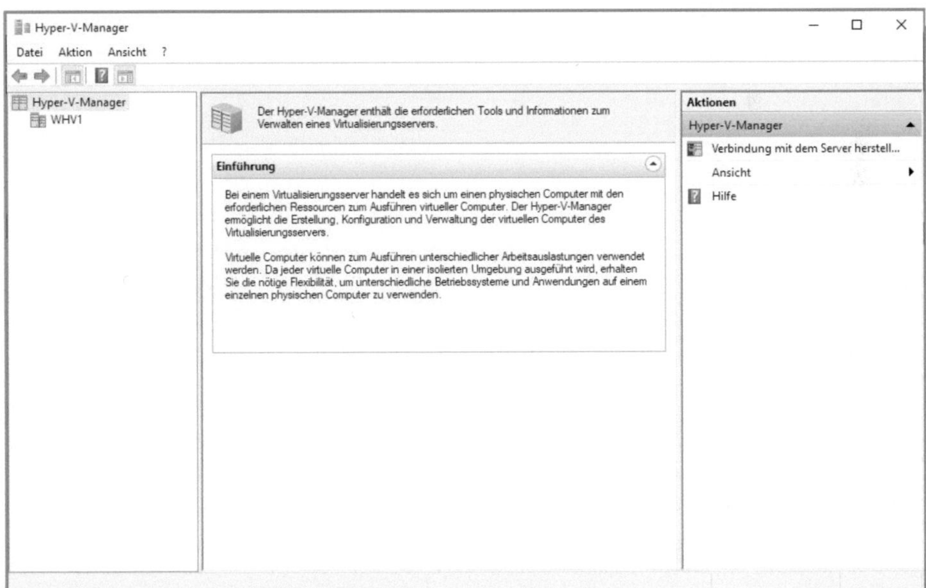

Abb. 12.3: *Verwaltungskonsole Hyper-V-Manager*

Den Hyper-V-Manager öffnen Sie im grafischen *Server-Manager* unter Windows Server 2019 über einen Klick auf **Tools** und dann auf **Hyper-V-Manager**.

12.8.1 Grundeinstellungen

Die Grundeinstellungen umfassen beispielsweise die standardmäßigen Speicherpfade für virtuelle Computer und auch virtuelle Festplatten. Bei Bedarf kann man den jeweiligen Speicherpfad entsprechend anpassen.

Den Konfigurationsdialog finden Sie im *Hyper-V-Manager* durch einen Klick mit der rechten Maustaste auf den *Namen* des zu konfigurierenden Serversystems und der Auswahl der ***Hyper-V-Einstellungen...*** im Kontextmenü des Servers.

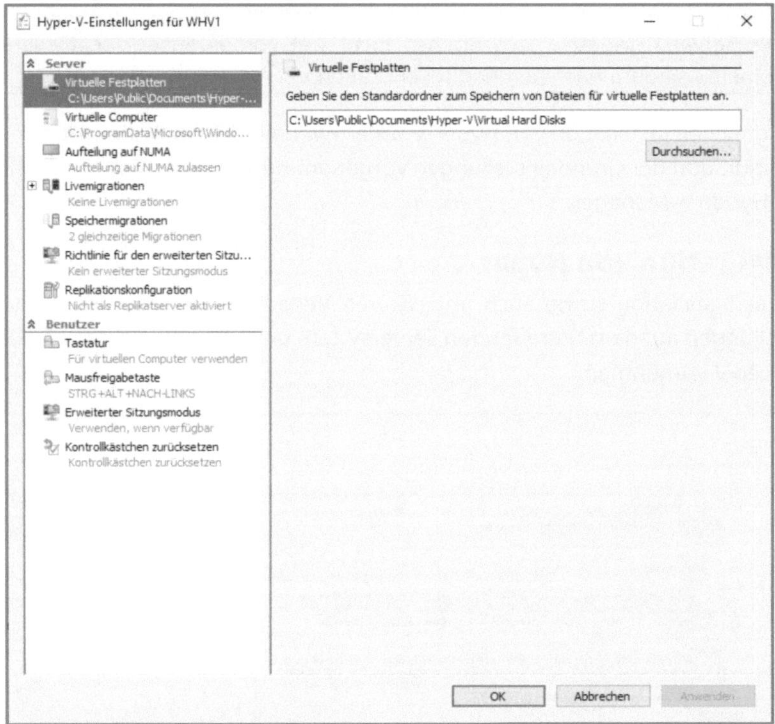

Abb. 12.4: *Dialog für die Konfiguration der Grundeinstellungen von Hyper-V unter Windows Server 2019*

Hier können auch bestimmte, benutzerbezogene Einstellungen in dem Konfigurationsdialog vorgenommen werden, wie zum Beispiel der Standardordner zum Speichern der Dateien für virtuelle Festplatten, aber u. a. auch die Einstellungen für die Live-Migration von virtuellen Computern.

12.8.2 Netzwerkeinstellungen

Gleich nach der Konfiguration der Grundeinstellungen von Hyper-V sollten Sie die *Netzwerkeinstellungen* für die anschließende Servervirtualisierung vornehmen. Hierzu legt man zunächst entsprechende, virtuelle Switches im Hyper-V-Manager an.

Den Konfigurationsdialog finden Sie im *Hyper-V-Manager* durch einen Klick mit der rechten Maustaste auf den *Namen* des zu konfigurierenden Serversystems und der Auswahl des ***Manager für virtuelle Switches...*** im Kontextmenü des Servers.

Virtuelle Switches - ganz nach Bedarf

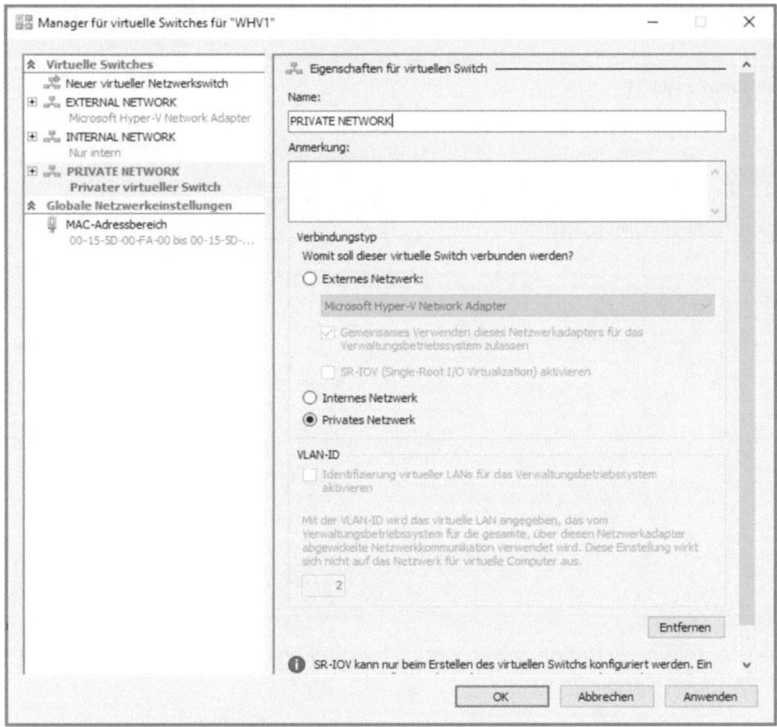

Abb. 12.5: *Konfiguration der Netzwerkeinstellungen unter Hyper-V*

In Hyper-V unter Windows Server 2019 können Sie die folgenden Arten von virtuellen Netzwerken erstellen:

- **Extern** – ist mit einer der im Hostsystem vorhandenen, physikalischen Netzwerkkarten verbunden.
- **Intern** – ermöglicht lediglich die interne Kommunikation von virtuellen Computersystemen auf und mit dem betreffenden Host-System.
- **Privat** – dient der rein internen Kommunikation virtueller Computersysteme.

Prinzipiell können Sie in Hyper-V unter Windows Server 2019 beliebig viele, virtuelle Netzwerke einrichten. Auch lassen sich die verschiedenen Arten von virtuellen Netzwerken - je nach Anforderung - quasi beliebig miteinander kombinieren. Beachten Sie jedoch, dass eine Bindung einer physikalischen Netzwerkkarte auf dem Hyper-V-Hostcomputer stets nur mit einem einzigen, externen Switch erfolgen kann.

Beliebig viele, virtuelle Netzwerke möglich

12.8.3 Erstellen neuer virtueller Computer

Nach der Installation von Hyper-V können Sie anhand der darin enthaltenen Assistenten problemlos Ihre ersten virtuellen Computer erstellen.

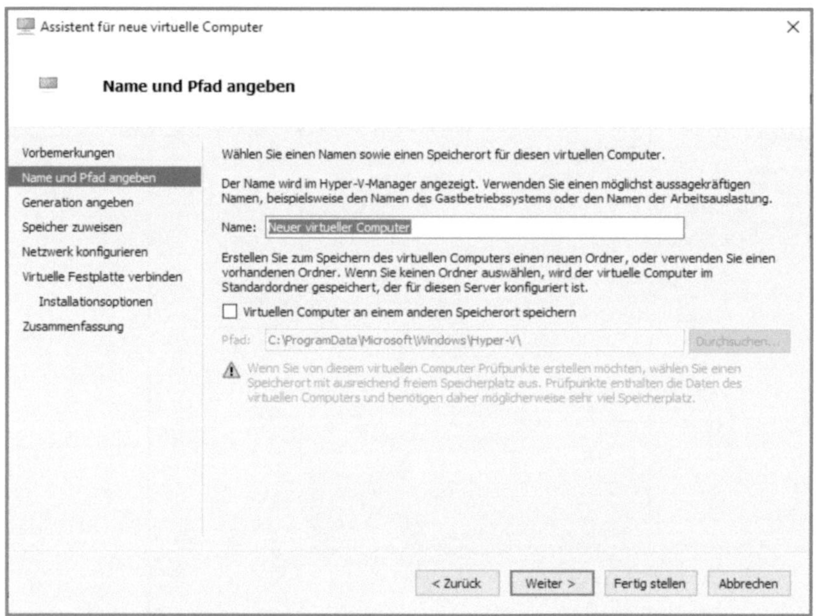

Abb. 12.6: *Assistent zum Erstellen eines neuen, virtuellen Computers im Hyper-V-Manager unter Windows Server 2019*

INTERNET ➲ Bedenken Sie, dass der Lizenzerwerb der Standard- sowie der Datacenter-Edition von Windows Server 2019, Windows Server 2016 bzw. Windows Server 2012 R2 das Virtualisierungsrecht für eine jeweils bestimmte Anzahl an virtuellen Serversystemen umfasst. Der Erwerb der Standard Edition von Windows Server 2019, Windows Server 2016 bzw. Windows Server 2012 R2 erlaubt beispielsweise den Einsatz von zwei virtuellen Servern unter Hyper-V, die Datacenter Edition ist seitens des Einsatzes von virtuellen Servern unter Hyper-V sogar unlimitiert. Weitere Informationen sowie auch Hinweise auf die Lizenzbedingungen von Hyper-V hierzu erhalten Sie im Internet unter:

https://www.microsoft.com/de-de/cloud-platform/windows-server-pricing

Gehen Sie wie folgt vor, um einen neuen, benutzerdefinierten Computer im Hyper-V-Manager unter Windows Server 2019 zu erstellen:

1. Klicken Sie im *Hyper-V-Manager* mit der rechten Maustaste auf das zu verwendende Serversystem und wählen Sie im Kontextmenü den Eintrag **Neu > Virtueller Computer...**

2. Klicken sie im Dialog *Vorbemerkungen* auf **Weiter**.
3. Geben Sie den *Namen* des neuen, virtuellen Computers an, bestimmen Sie den *Speicherort* für den virtuellen Computer, und klicken Sie auf **Weiter**.
4. Wählen Sie die gewünschte *Generation (1 oder 2)* für den virtuellen Computer, und klicken Sie dann auf **Weiter**.

   HINWEIS ➲ Beachten Sie, dass die Generation eines virtuellen Computers nach dem Erstellen nicht mehr geändert werden kann.

5. Folgen Sie den Anweisungen des Assistenten.
6. Klicken Sie zum Ende auf **Fertig stellen**, um den virtuellen Computer mit den vorgenommenen Einstellungen zu erstellen.

HINWEIS ➲ Für die eigentliche Installation des Betriebssystems des virtuellen Computers können Sie - je nach gewählter Generation des virtuellen Computers - entweder ein CD-/DVD-ROM-Laufwerk, eine ISO-Datei als Abbilddatei oder (soweit vorbereitet) eine startfähige Diskette als VFD-Datei verwenden. Die Installation eines Betriebssystems für den neu zu erstellenden, virtuellen Computer kann gleich anschließend oder auch zu einem späteren Zeitpunkt erfolgen.

12.8.4 Generation 1 und 2 - der Unterschied

Gen2 - Secure Boot und UEFI-Unterstützung

In früheren Versionen von Hyper-V gab es nur eine einzige Generation von virtuellen Computern. Die nutzbare, virtuelle Hardware war hierbei für alle virtuellen Computersysteme gleich. In Hyper-V unter Windows Server 2019 unterscheidet Microsoft - wie zuvor bereits auch in Hyper-V unter Windows Server 2016 oder auch Windows Server 2012 R2 - die darin installierten, virtuellen Computersysteme zwischen der Generation 1 und 2 - und damit im Schwerpunkt zwischen der vom virtuellen Computer verwendbaren, virtuellen Hardware.

HINWEIS ➲ Beachten Sie, dass sich ein virtuelles Computersystem seitens der bei der Einrichtung gewählten Generation (1 oder 2) im späteren Verlauf nicht mehr ändern lässt.

Der Unterschied zwischen den Generationen ergibt sich durch die Nutzungsmöglichkeit der Hardwareumgebung der jeweiligen, virtuellen Maschinen. Detailliert erklärt sich dies wie folgt:

12.8.4.1 Virtuelle Maschinen der Generation 1

Für virtuelle Maschinen der Generation 1 steht die gleiche, virtuelle Hardwareumgebung bereit wie in früheren Hyper-V-Versionen.

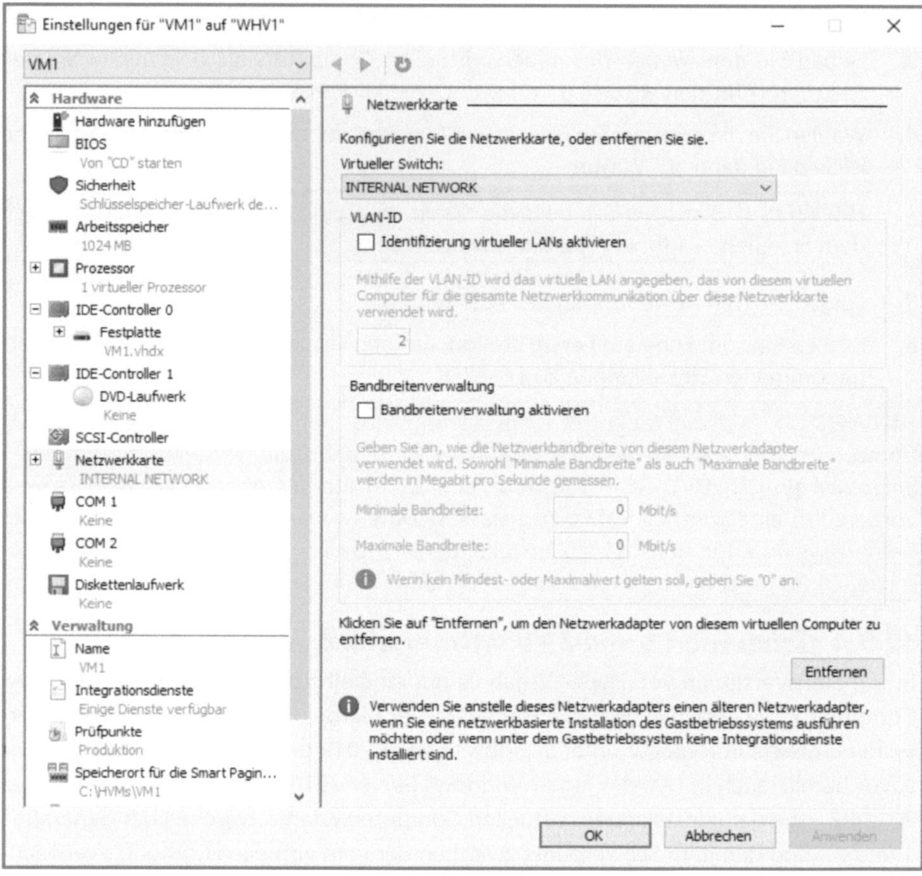

Abb. 12.7: *Einstellungen eines virtuellen Computers der Generation 1*

12.8.4.2 Virtuelle Maschinen der Generation 2

Für virtuelle Computer der Generation 2 gelten u. a. die folgenden Eigenschaften:

- PXE-Start mithilfe der standardmäßigen Netzwerkkarte
- Starten des Betriebssystems von einer virtuellen SCSI-Festplatte
- Starten von einer virtuellen SCSI-DVD (physikalische CD/DVD-ROM-Laufwerke werden von den virtuellen Maschinen der Generation 2 nicht mehr unterstützt)
- Sicherer Start (Secure Boot) - standardmäßig aktiviert
- UEFI-Firmware-Unterstützung
- IDE-Laufwerke und ältere Netzwerkkarten werden *nicht* mehr unterstützt

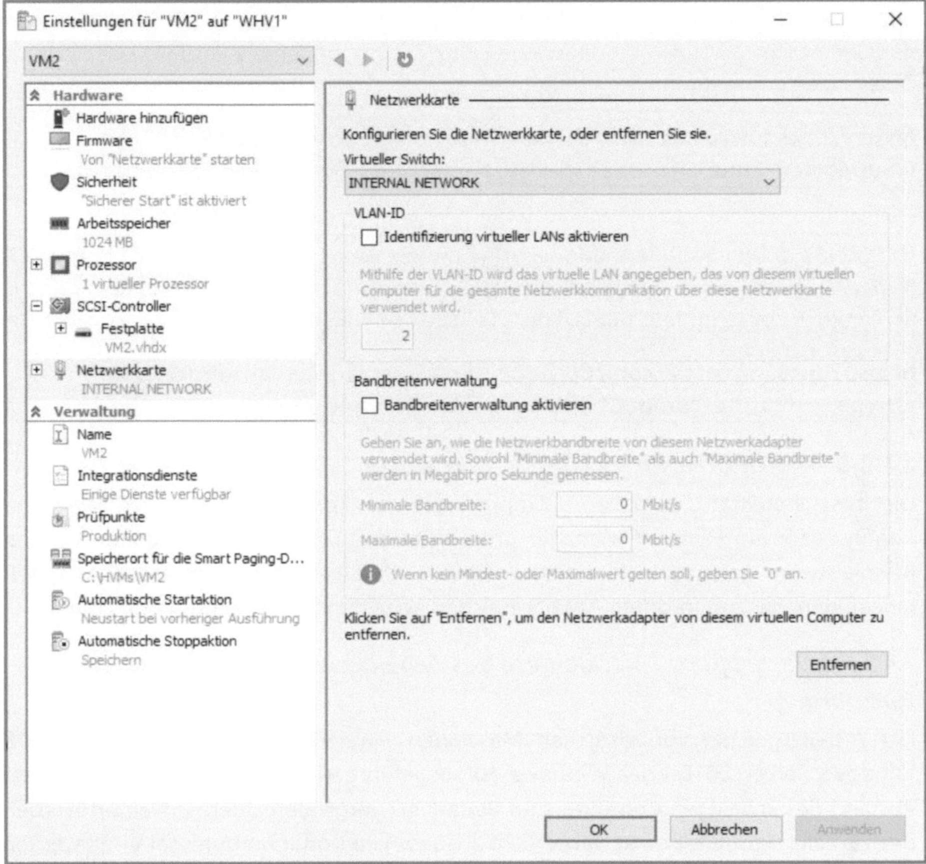

Abb. 12.8: *Einstellungen eines virtuellen Computers der Generation 2*

Anforderungen an Gast-Betriebssysteme

Die folgenden Windows-Gastbetriebssysteme werden als virtuelle Computer der Generation 2 in Hyper-V unter Windows Server 2019 unterstützt:

- Windows Server 2019
- Windows Server 2016
- Windows Server 2012 R2
- Windows Server 2012
- 64-Bit-Versionen von Windows 10
- 64-Bit-Versionen von Windows 8.1
- 64-Bit-Versionen von Windows 8

INTERNET ➲ Darüber hinaus unterstützt Hyper-V unter Windows Server 2019 seitens der Generation 2 ebenso verschiedene Linux-Distributionen als virtuelle Gastsysteme. Details hierzu findet man im Internet unter:

https://docs.microsoft.com/de-de/windows-server/virtualization/hyper-v/supported-linux-and-freebsd-virtual-machines-for-hyper-v-on-windows

INTERNET ➲ Weitere Informationen rund um die Generationen virtueller Computer in Hyper-V finden Sie in der Windows-Hilfe von Windows Server 2019 bzw. Windows Server 2016 sowie im Internet auf der Website von Microsoft unter:

https://docs.microsoft.com/de-de/windows-server/virtualization/hyper-v/hyper-v-feature-compatibility-by-generation-and-guest

12.8.5 Konfigurieren virtueller Computer

Hinzufügen und/oder Entfernen virtueller Hardware

Die neu erstellten, virtuellen Computersysteme können seitens der jeweiligen Konfiguration im Hyper-V-Manager unter Windows Server 2019 angepasst werden. Beispielsweise kann man hier neue, virtuelle Hardware zum betreffenden System hinzufügen, die zugeordnete Arbeitsspeicherkapazität verändern und vieles mehr.

12.8.5.1 Vergrößern / Verkleinern des Arbeitsspeichers während der Ausführung

Der Arbeitsspeicher von virtuellen Maschinen - auf denen Windows Server 2019, Windows Server 2016 oder Windows 10 ausgeführt wird - kann im eingeschalteten Zustand des jeweiligen Computers im Bedarfsfall vergrößert oder verkleinert werden. Der virtuelle Computer muss dabei nicht ausgeschaltet oder heruntergefahren werden. Unterstützt werden hierbei virtuelle Computer der Generation 1 und 2. Die Konfigurationsschritte zum Vergrößern bzw. zum Verkleinern des Arbeitsspeichers nimmt man einfach in den Einstellungen des virtuellen Computers im *Hyper-V-Manager* durch.

12.8.5.2 Hinzufügen / Entfernen von Netzwerkkarten während der Ausführung

In Hyper-V unter Windows Server 2019 kann man Netzwerkadapter - wie zuvor bereits auch unter Windows Server 2016 - zu den virtuellen Maschinen der Generation 2, die unter Windows Server 2019 oder unter Windows Server 2016 ausgeführt, gleich auch im laufenden Betrieb hinzufügen oder aus diesen heraus entfernen. Auch hierzu muss der betreffende, virtuelle Computer nicht erst heruntergefahren oder ausgeschaltet werden. Die hierzu notwendigen Konfigurationsschritte führt man einfach in den Einstellungen des virtuellen Computers im Hyper-V-Manager durch.

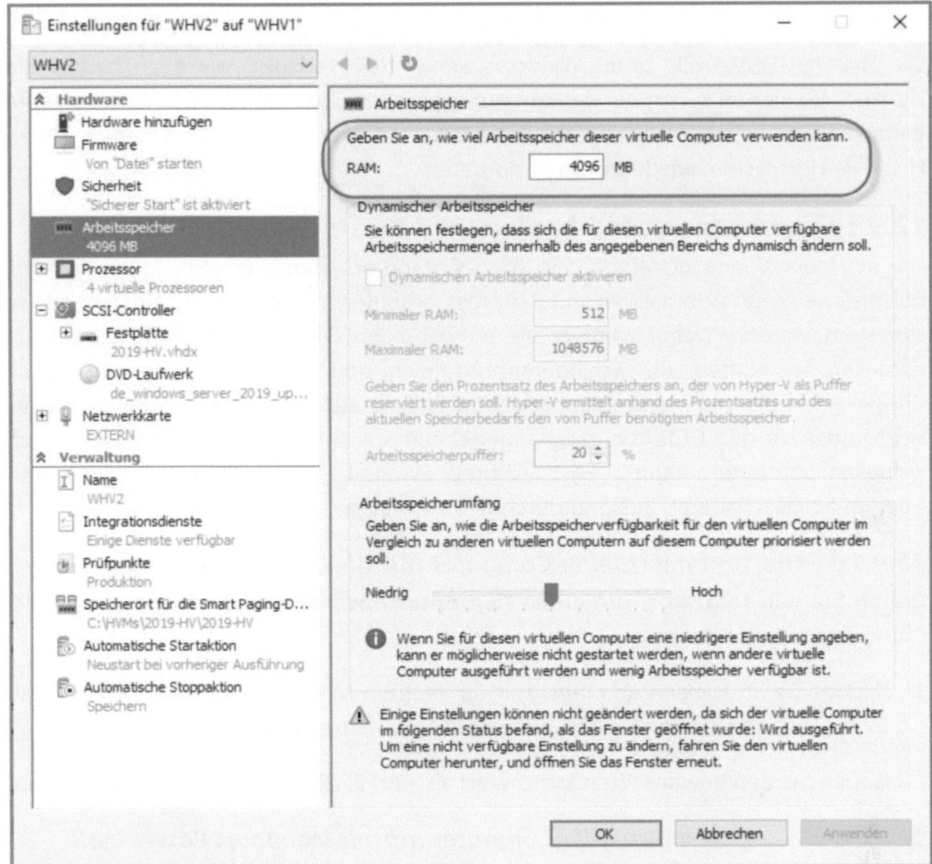

Abb. 12.9: *Dialog zum Anpassen der Arbeitsspeichergröße eines virtuellen Computersystems*

Gehen Sie wie folgt vor, um ein virtuelles Computersystem im Hyper-V-Manager unter Windows Server 2019 zu konfigurieren:

1. Klicken Sie im *Hyper-V-Manager* im Abschnitt *Virtuelle Computer* mit der rechten Maustaste auf den zu konfigurierenden, virtuellen Computer und wählen Sie im Kontextmenü den Eintrag **Einstellungen...**
2. Nehmen Sie die gewünschten Konfigurationsschritte vor und klicken Sie dann auf **OK**.

Ggf. zuerst herunterfahren

Beachten Sie, dass das betreffende, virtuelle Computersystem für einige der Konfigurationsschritte (beispielsweise das Verändern der zugeordneten Arbeitsspeicherkapazität) womöglich erst heruntergefahren werden muss.

12.9 Exportieren und Importieren von virtuellen Computern

Ggf. zuerst herunterfahren

Die Hyper-V-Serverrolle unter Windows Server 2019 erlaubt, wie auch bereits die Hyper-V-Versionen zuvor, die darauf bereitgestellten, virtuellen Computersysteme im Bedarfsfall zu exportieren, und im Bedarfsfall auf demselben oder einem anderen Hyper-V-Hostsystem wiederum zu importieren.

12.9.1 Exportieren von virtuellen Computern

Die in Hyper-V neu erstellten, virtuellen Computersysteme können im Bedarfsfall, beispielsweise um sie auf einen anderen Hostcomputer zu kopieren, auf einfache Weise exportiert werden. Dabei werden alle notwendigen Dateien, wie zum Beispiel die virtuellen Festplatten, die Konfigurationsdateien und auch alle Prüfpunkte (engl. Checkpoints) als eine zusammenhängende Einheit aus dem betreffenden Hyper-V-Host in das für den Exportvorgang angegebene Speicherziel kopiert. Der Export von virtuellen Computern kann in Hyper-V unter Windows Server 2019 im ausgeführten oder im ausgeschalteten Zustand durchgeführt werden.

12.9.1.1 Exportieren virtueller Computer mittels Hyper-V-Manager

Gehen Sie wie folgt vor, um einen Computer mithilfe des grafischen *Hyper-V-Managers* zu exportieren:

1. Klicken Sie im *Hyper-V-Manager* mit der rechten Maustaste auf den betreffenden Computer, und klicken Sie im Kontextmenü auf **Exportieren...**

2. Geben Sie den gewünschten *Speicherort* an, und klicken Sie dann auf **Exportieren**.

12.9.1.2 Exportieren virtueller Computer mittels Windows PowerShell

Alternativ zum grafischen Hyper-V-Manager kann man virtuelle Computer auch mithilfe des folgenden Befehls der Windows PowerShell exportieren:

```
Export-VM -Name <VMName> -Path <Speicherpfad>
```

12.9.2 Importieren von virtuellen Computern

Der Import von zuvor exportierten, virtuellen Computersystemen lässt sich in Hyper-V einfach realisieren. Der Import-Assistent im grafischen Hyper-V-Manager kann noch während des Importvorgangs verwendet werden, falls Inkompatibilitäten auftreten sollten. Bei Beispiel stellt hierbei ein ursprünglicher, anders benannter, virtueller Switch dar, der auf dem Zielsystem nicht vorhanden, aber in der Konfiguration der zu importierenden, virtuellen Maschine eingetragen ist.

12.9.2.1 Importieren virtueller Computer mittels Hyper-V-Manager

Gehen Sie wie folgt vor, um einen Computer mithilfe des grafischen *Hyper-V-Managers* zu importieren:

1. Klicken Sie im *Hyper-V-Manager* mit der rechten Maustaste auf den Computernamen des **Hyper-V-Hosts**, und klicken Sie im Kontextmenü auf **Virtuellen Computer importieren...**
2. Klicken Sie im Dialog *Vorbemerkungen* auf **Weiter**.
3. Wechseln Sie zum dem *Ordner*, in dem sich die zu importierende, virtuelle Maschine befindet, und klicken Sie dann auf **Weiter**.
4. Wählen Sie den zu importierenden *Computer* aus, und klicken Sie dann auf **Weiter**.
5. Wählen Sie den gewünschten *Importtyp* aus. Zur Auswahl stehen:

   a. *Virtuellen Computer direkt registrieren* (die eindeutige ID verwenden)

   b. *Virtuellen Computer wiederherstellen* (die vorhandene eindeutige ID verwenden)

   c. *Virtuellen Computer kopieren* (neue eindeutige ID erstellen)

   Klicken Sie dann auf **Weiter**.
6. Klicken Sie zum Importieren des virtuellen Computers auf **Fertig stellen**.

Der soeben importierte, virtuelle Computer wird im *Hyper-V-Manager* in der Liste unter *Virtuelle Computer* angezeigt.

12.9.2.2 Importieren virtueller Computer mittels Windows PowerShell

Alternativ zum grafischen Hyper-V-Manager kann man virtuelle Computer auch mithilfe des folgenden Befehls der Windows PowerShell unter der Angabe der ID des zu zuvor exportierten Computers importieren:

- Importtyp „*Virtuellen Computer direkt registrieren*":

  ```
  Import-VM -Path <Speicherpfad>\<VM-ID>.vmcx
  ```

- Importtyp „*Virtuellen Computer wiederherstellen*" (erfolgt aus dem Quellpfad (**-Path**) in den Zielpfad):

  ```
  Import-VM -Path <Speicherpfad>\<VM-ID>.vmcx -Copy
  -VhdDestinationPath <Zielpfad> -VirtualMachinePath
  <Zielpfad>
  ```

- Importtyp „*Virtuellen Computer kopieren*":

  ```
  Import-VM -Path <Speicherpfad>\<VM-ID>.vmcx -Copy
  -GenerateNewID
  ```

INTERNET ➲ Details zum Exportieren und Importieren von virtuellen Maschinen in Hyper-V unter Windows Server 2019 erhält man im Internet unter:

https://docs.microsoft.com/de-de/windows-server/virtualization/hyper-v/deploy/export-and-import-virtual-machines

12.10 Versionsaktualisierung von virtuellen Computern

Nach dem Import von virtuellen Computern, die auf einem älteren Hyper-V-Host, wie beispielsweise Windows Server 2012 (R2) erstellt und exportiert wurden, müssen diese zur Unterstützung der neuen Features von Hyper-V in Windows Server 2019 erst noch auf die dazu notwendige Version aktualisiert werden.

12.10.1 Unterstützung der VM-Konfigurationsversionen durch Hyper-V

Die folgende Tabelle enthält eine von Microsoft aktuell veröffentlichten Übersicht der einzelnen, durch die jeweiligen Hyper-V-Hostversionen unterstützten Konfigurations-versionen virtueller Computersysteme:

Betriebssystemversion des Hyper-V-Hostsystems	Unterstützte Konfigurationsversion der virtuellen Computersysteme
Windows Server 2019, Version 1903	9.1, 9.0, 8.3, 8.2, 8.1, 8.0, 7.1, 7.0, 6.2, 5.0
Windows Server 2019, Version 1809	9.0, 8.3, 8.2, 8.1, 8.0, 7.1, 7.0, 6.2, 5.0
Windows Server 2016, Version 1803	8.3, 8.2, 8.1, 8.0, 7.1, 7.0, 6.2, 5.0
Windows Server 2016, Version 1709	8.2, 8.1, 8.0, 7.1, 7.0, 6.2, 5.0
Windows Server 2016	8.0, 7.1, 7.0, 6.2, 5.0
Windows Server 2012 R2	5.0
Windows 10, Version 1903	9.1, 9.0, 8.3, 8.2, 8.1, 8.0, 7.1, 7.0, 6.2, 5.0
Windows 10, Version 1809	9.0, 8.3, 8.2, 8.1, 8.0, 7.1, 7.0, 6.2, 5.0
Windows 10, Version 1803	8.3, 8.2, 8.1, 8.0, 7.1, 7.0, 6.2, 5.0
Windows 10 Fall Creators Update (Version 1709)	8.2, 8.1, 8.0, 7.1, 7.0, 6.2, 5.0
Windows 10 Creators Update (Version 1703)	8.1, 8.0, 7.1, 7.0, 6.2, 5.0
Windows 10 Anniversary Update (Version 1607)	8.0, 7.1, 7.0, 6.2, 5.0

Tab. 12.3: *Unterstützte Konfigurationsversionen der virtuellen Maschinen auf den einzelnen Hyper-V-Versionen*

VORSICHT! ➲ Achten Sie darauf, dass eine Versionsaktualisierung *NICHT* rückgängig gemacht werden kann. Nach der Aktualisierung der VM-Konfigurationsversion kann die betreffende VM auf älteren, die jeweilige Version nicht unterstützende Hyper-V-Plattformen *nicht* mehr bereitgestellt werden.

HINWEIS ➲ Achten Sie darauf, dass Sie die Versionsaktualisierung der betreffenden, virtuellen Computersysteme nicht schon vorher, sondern erst nach dem Import auf dem Hyper-V-Server unter Windows Server 2019 vornehmen. Vor der Aktualisierung der VM-Konfigurationsversion muss man sicherstellen, dass die betreffende, virtuelle Maschine zu einem späteren Zeitpunkt nicht doch nochmals auf einer älteren Hyper-V-Version ausgeführt werden soll.

12.10.2 Gründe für die Versionsaktualisierung von virtuellen Computersystemen

Bestimmte Features in Hyper-V werden erst ab bestimmten Konfigurationsversionen der virtuellen Maschinen unterstützt. Die folgende Tabelle enthält hierzu einen auszugsweisen Überblick:

Hyper-V-Feature	Minimale VM-Konfigurationsversion
Hinzufügen/Entfernen von Arbeitsspeicher während der Ausführung (engl. *Hot Add/Remove Memory*)	6.2
Secure Boot für Linux-VMs	6.2
Produktionsprüfpunkte	6.2
PowerShell Direct	6.2
Virtual Trusted Platform Module (*vTPM*)	7.0
Geschachtelte Virtualisierung (engl. *Nested Virtualization*)	8.0

Tab. 12.4: *Minimale VM-Konfigurationsversion zur Unterstützung bestimmter Hyper-V-Feature*

INTERNET ➲ Die Details zur notwendigen Konfigurationsversion der virtuellen Maschinen zur Unterstützung bestimmter Hyper-V-Features findet man auf der Website von Microsoft im Internet unter:

https://docs.microsoft.com/de-de/windows-server/virtualization/hyper-v/deploy/upgrade-virtual-machine-version-in-hyper-v-on-windows-or-windows-server

Wenn man frühere VM-Konfigurationsversionen nicht aktualisiert, so stehen auf neueren Hyper-V-Plattformen die dort mitunter vorhandenen Features den betreffenden, virtuellen Computern nicht zur Verfügung.

12.10.3 Schritte zum Anzeigen der jeweiligen VM-Konfigurationsversion

Die Konfigurationsversion einer virtuellen Maschine kann man sich entweder mithilfe des grafischen Hyper-V-Managers, oder alternativ mithilfe der Windows PowerShell anzeigen lassen.

Im grafischen *Hyper-V-Manager* erfährt man die jeweilige VM-Konfigurationsversion entweder direkt im Abschnitt *Virtuelle Computer* in der Spalte *Konfigurationsversion*, oder auch durch einen Klick auf die jeweilige, virtuelle Maschine im unteren Detailbereich der Konsole im Register *Zusammenfassung*.

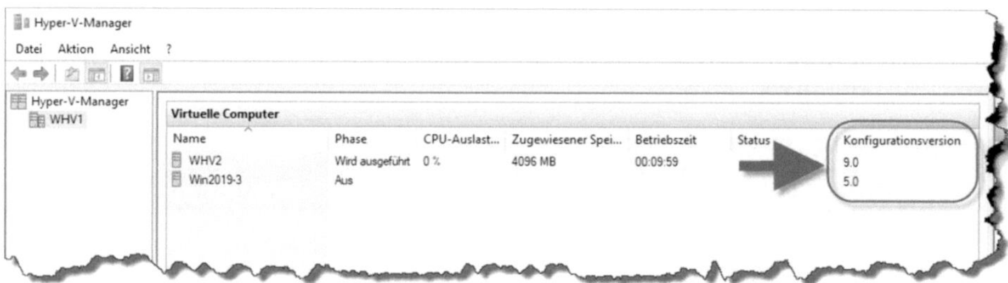

Abb. 12.10: *Anzeige der Konfigurationsversion virtueller Maschinen im Hyper-V-Manager*

Alternativ kann man sich die Konfigurationsversionen der auf einem Hyper-V-Host vorhandenen, virtuellen Maschinen auch mittels des folgenden Befehls in der Windows PowerShell anzeigen lassen:

```
Get-VM | Select Name, Version
```

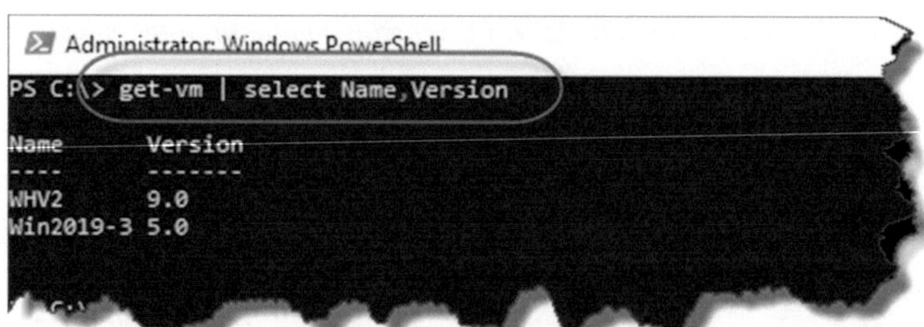

Abb. 12.11: *Anzeige der Konfigurationsversion virtueller Maschinen in der Windows PowerShell*

12.10.4 Schritte zur Aktualisierung der VM-Konfigurationsversion

Die Aktualisierung der Konfigurationsversion einer virtuellen Maschine kann entweder mithilfe des grafischen Hyper-V-Managers, oder alternativ mithilfe der Windows PowerShell erfolgen.

> **HINWEIS** ➲ Im grafischen *Hyper-V-Manager* kann man die Konfigurationsversion einer virtuellen Maschine, die von einem älteren Hyper-V-Host in diesen importiert wurde problemlos aktualisieren - *einzige Bedingung:* Die VM muss während der Aktualisierung ausgeschaltet sein.

Zum Aktualisieren klickt man im grafischen Hyper-V-Manager mit der rechten Maustaste auf den *Namen* der zu aktualisierenden, virtuellen Maschine, und wählt im Kontextmenü den Eintrag **Konfigurationsversion upgraden...** In einem nächsten Schritt klickt man im darauf folgenden Dialog einfach auf **Upgraden.**

Alternativ kann man zur Aktualisierung der Konfigurationsversion einer virtuellen Maschine auch die *Windows PowerShell* verwenden. Auch hier muss die zu aktualisierende, virtuelle Maschine während des Vorgangs ausgeschaltet sein. Verwenden Sie dann einfach den folgenden Befehl in der *Windows PowerShell*:

```
Update-VMVersion <VM-Name>
```

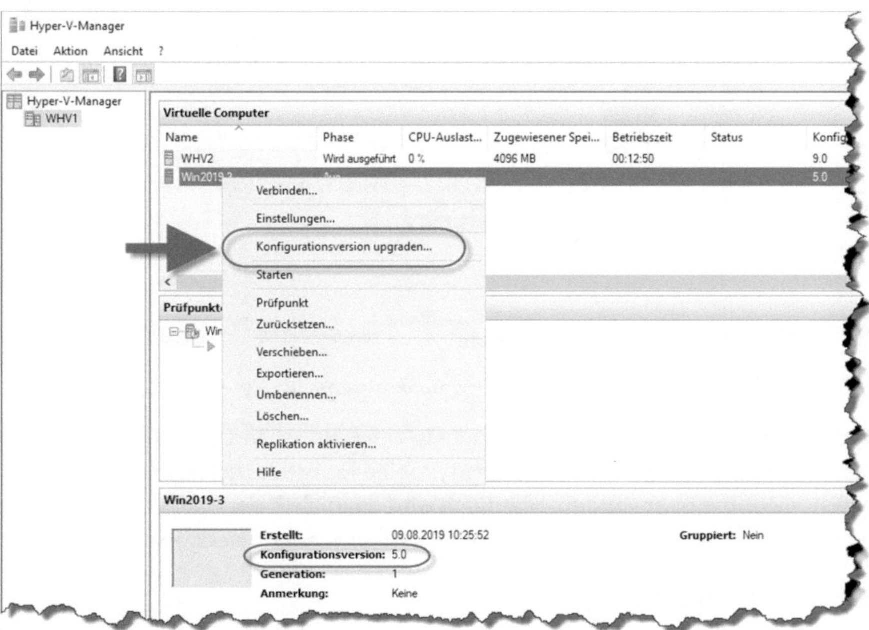

Abb. 12.12: *Aktualisieren der Konfigurationsversion einer virtueller Maschinen im grafischen Hyper-V-Manager*

12.11 Erstellen und Verwalten von Prüfpunkten (ehemals Snapshots)

Ideal für Testumgebungen

Während der Ausführung eines virtuellen Computersystems in Hyper-V unter Windows Server 2019 können im Bedarfsfall sogenannte *Prüfpunkte* (ehemals *„Snapshots"* genannt) angefertigt werden. Diese speichern den zum betreffenden Zeitpunkt vorhandenen Zustand des jeweiligen, virtuellen Serversystems, zu dem man beispielsweise nach anschließenden Änderungen am System wiederum zurückkehren kann. Typischerweise finden Prüfpunkte ihre Verwendung häufig in Testumgebungen oder auch in Entwicklungslabors. Ein weiteres Einsatzgebiet stellen mitunter auch (natürlich vorweg entsprechend vorbereitete) Vorführungen dar, bei denen man lange Installationsphasen durch einen Sprung zu einem zeitlich späteren Prüfpunkt verkürzen kann.

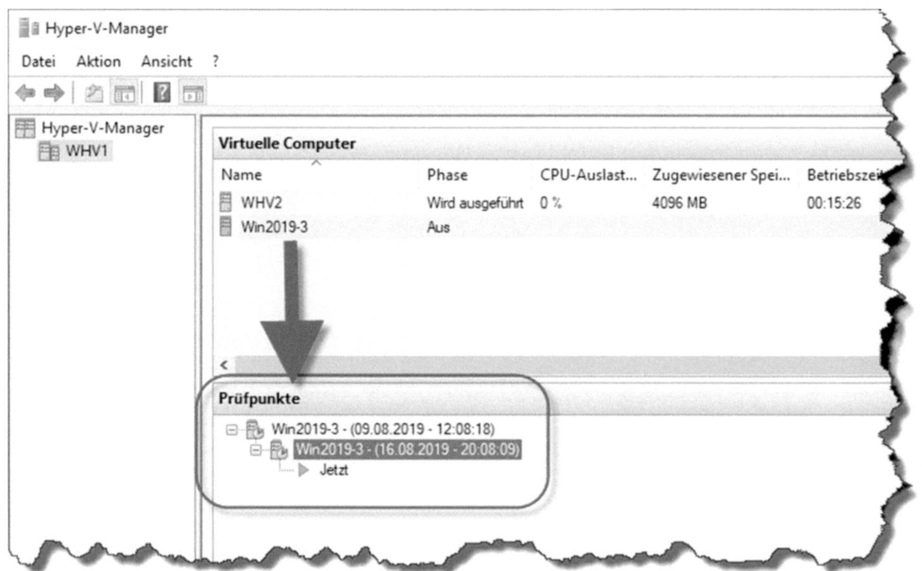

Abb. 12.13: *Prüfpunkte eines virtuellen Computersystems im Hyper-V-Manager*

Problemlos mehrere Snapshots anlegen

Es ist problemlos möglich, mehrere Prüfpunkte eines virtuellen Computersystems anzulegen. Diese können anschließend ebenso problemlos wieder gelöscht werden, wenn diese nicht mehr benötigt werden. Hierdurch wird dann auch der durch den jeweiligen Prüfpunkt belegte Speicherplatz auf dem Hostsystem wieder freigegeben.

12.11.1 Produktionsprüfpunkte

Die Hyper-V-Serverrolle in Windows Server 2019, Windows Server 2016, sowie parallel in Windows 10 bietet - alternativ zu den ebenso verfügbaren „Standardprüfpunkten" - die Möglichkeit zum Erstellen sogenannter „Produktionsprüfpunkten", sprich: *„Point-in-Time"*-Images von virtuellen Gastcomputersystemen. Diese Produktionsprüfpunkte basieren auf backup-Technologie im Gastbetriebssystem anstelle des mit Standardprüfpunkten erstellten, gespeicherten Zustands. Ziel ist hierbei das Erstellen datenkonsistenter Prüfpunkte von virtuellen Computersystemen. Anders als Standardprüfpunkte enthalten die Produktionsprüfpunkte keinerlei Informationen zu ausgeführten Anwendungen. Neue virtuelle Computer in Hyper-V unter Windows Server 2019 sowie auch Windows Server 2016 verwenden standardmäßig die Produktionsprüfpunkte. Unterstützt werden die Produktionsprüfpunkte ab der VM-Konfigurationsversion 6.2 (oder höher).

INTERNET ➲ Nähere Details zu den Produktionsprüfpunkten - auch im Unterschied zu den Standardprüfpunkten in Hyper-V unter Windows Server 2019 erhält man im Internet unter anderem auf der Website von Microsoft unter:

https://docs.microsoft.com/de-de/windows-server/virtualization/hyper-v/manage/choose-between-standard-or-production-checkpoints-in-hyper-v

HINWEIS ➲ Die Einstellungen rund um die Verwendung von Prüfpunkten kann man im grafischen Hyper-V-Manager unter Windows Server 2019 in den *Einstellungen* der jeweiligen, virtuellen Maschinen im Abschnitt „**Prüfpunkte**" vornehmen. Alternativ kann man die Einstellungen zu den Prüfpunkten auch mithilfe der Windows PowerShell vornehmen. Hierzu enthält das Modul Hyper-V den Befehl **`Set-VM`**, mit dem man mittels des Schalters **`-CheckpointType`** beispielsweise festlegen kann, ob für eine virtuelle Maschine die Standard- oder die Produktionsprüfpunkte erstellt werden sollen. Nähere Details hierzu findet man in der Hilfe zu der Windows PowerShell.

Die Vorgehensweise zum Erstellen und auch zum Anwenden von Prüfpunkten unterscheidet sich prinzipiell nicht zwischen den Standard- und den Produktionsprüfpunkten.

12.11.2 Erstellen von Prüfpunkten

Prüfpunkte der einzelnen, virtuellen Maschinen kann man entweder im grafischen Hyper-V-Manager, oder alternativ mithilfe der Windows PowerShell erstellen.

12.11.2.1 Erstellen von Prüfpunkten mit dem grafischen Hyper-V-Manager

Gehen Sie wie folgt vor, um einen Prüfpunkt eines virtuellen Computersystems im Hyper-V-Manager unter Windows Server 2019 zu erstellen:

1. Klicken Sie im *Hyper-V-Manager* im Abschnitt *Virtuelle Computer* mit der rechten Maustaste auf den gewünschten, virtuellen Computer und wählen Sie im Kontextmenü den Eintrag **Prüfpunkt**.

Der Prüfpunkt (Snapshot) des virtuellen Computersystems wird erstellt und anschließend im Abschnitt *Prüfpunkte* des Hyper-V-Managers angezeigt.

12.11.2.2 Erstellen von Prüfpunkten mit der Windows PowerShell

Geben Sie den folgenden Befehl in der Windows PowerShell unter Windows Server 2019 ein, um einen Prüfpunkt eines virtuellen Computersystems zu erstellen, und drücken Sie anschließend die [↵]-Taste:

```
Checkpoint-VM -Name <VMName> -SnapshotName UpdateInstall
```

Geben Sie unter *<VMName>* einfach den Namen des gewünschten, virtuellen Computers ein. Die Verwendung des Schalters **-SnapShotName** ist hierbei optional.

INTERNET ➲ Vorsicht sollte man beim Verwenden von Prüfpunkten (Snapshots) von virtuellen Domänencontrollern walten lassen. Beim Zurücksetzen eines solchen Serversystems auf einen früheren Zeitpunkt mittels eines zuvor erstellten Prüfpunkts (Snapshots) können beim Einsatz älterer Windows-Betriebssysteme (z. B. Windows Server 2008 oder Windows Server 2008 R2) Inkonsistenzen der Active Directory-Datenbank auftreten. Nähere Informationen hierzu findet man im Internet unter:

https://docs.microsoft.com/en-us/windows-server/identity/ad-ds/get-started/virtual-dc/active-directory-domain-services-virtualization

12.11.3 Anwenden von Prüfpunkten

Änderungen werden verworfen

Virtuelle Computersysteme können durch die Anwendung von Prüfpunkten jederzeit auf den zuvor erfassten Zustand zurückgesetzt werden. Alle Änderungen, die nach der Erstellung des Prüfpunkts an dem betreffenden, virtuellen Computersystem vorgenommen wurden, gehen bei diesem Vorgang - wenn nicht während dieses Vorgangs ein neuer Prüfpunkt erstellt wird - verloren.

Das Anwenden eines Prüfpunktes auf eine virtuelle Maschine kann entweder im grafischen Hyper-V-Manager, oder alternativ mithilfe der Windows PowerShell erfolgen.

12.11.3.1 Anwenden von Prüfpunkten mit dem grafischen Hyper-V-Manager

Gehen Sie wie folgt vor, um ein virtuelles Computersystem im Hyper-V-Manager unter Windows Server 2019 auf den Zustand eines vorweg erstellten Prüfpunkts zurückzusetzen:

1. Klicken Sie im *Hyper-V-Manager* im Abschnitt *Virtuelle Computer* auf das betreffende Computersystem.
2. Klicken Sie im Abschnitt *Prüfpunkte* mit der rechten Maustaste auf den gewünschten Prüfpunkts und wählen Sie im Kontext den Eintrag **Anwenden...**

Aktuellen Zustand sichern

Alternativ können Sie im Dialog *Prüfpunkt anwenden* auf die Schaltfläche *Prüfpunkt erstellen und anwenden* klicken. Wie es die Beschriftung bereits erklärt, wird dann zuerst ein neuer *Prüfpunkt* des aktuellen Zustands des Systems erstellt und dieses anschließend auf den Zustand des ursprünglich ausgewählten Prüfpunkts zurückgesetzt.

12.11.3.2 Anwenden von Prüfpunkten mit der Windows PowerShell

Geben Sie den folgenden Befehl in der Windows PowerShell unter Windows Server 2019 ein, um ein virtuelles Computersystem auf einen zuvor erstellten Prüfpunkt zurückzusetzen, und drücken Sie anschließend die ↵-Taste:

Restore-VMSnapshot -Name *„UpdateInstall"* **-VMName** *<VMName>*

Geben Sie unter *<VMName>* einfach den Namen des gewünschten, virtuellen Computers ein.

Den Namen des zu verwendenden Prüfpunktes kann man zuvor mithilfe des folgenden Befehls ermitteln:

Get-VMSnapshot -VMName *<VMName>*

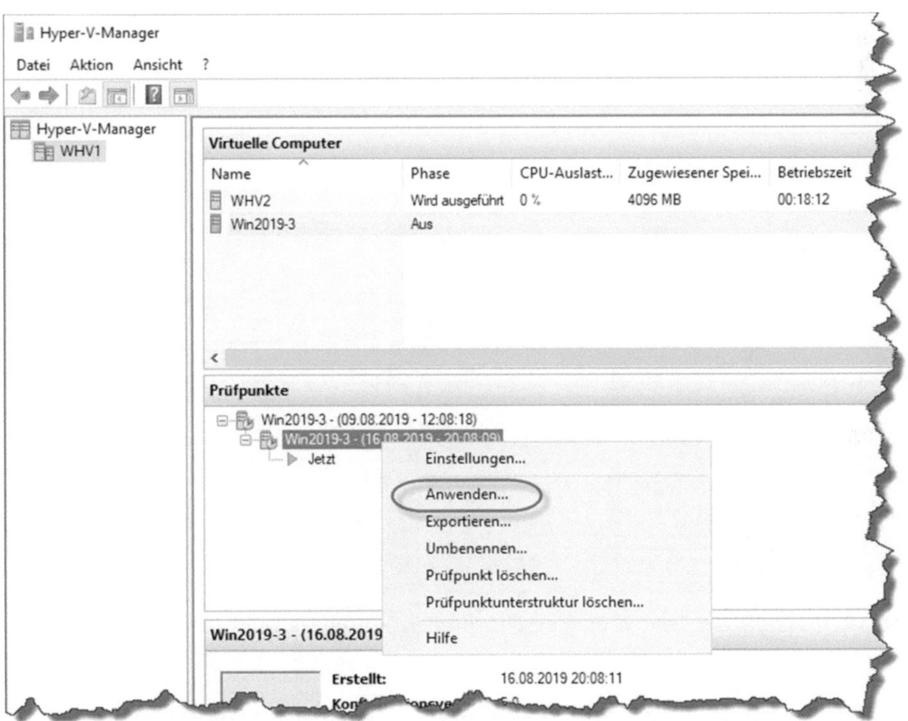

Abb. 12.14: *Anwenden eines Prüfpunkts auf ein virtuelles Computersystem im Hyper-V-Manager unter Windows Server 2019*

12.12 Geschachtelte Virtualisierung (Nested Virtualization)

Vielen Administratoren in Computernetzwerken ist die Möglichkeit der geschachtelten Virtualisierung (engl. *Nested Virtualization*) bereits unter Vmware bekannt. Dort konnte man schon seit geraumen Generationen bereits „virtualisierte" Virtualisierungshosts innerhalb von virtuellen Maschinen auf den darunter ausgeführten, physikalischen Host-Systemen bereitstellen. Dienlich ist ein solches Szenario oft in Testumgebungen, aber auch im Hosting-Bereich bietet diese Art der Bereitstellung einer „virtualisierten Virtualisierungsumgebung" entsprechende Vorteile.

In Windows Server 2016 hatte Microsoft erstmals auch möglich eingearbeitet, „virtuelle" Virtualisierungshost mit aktivierter Hyper-V-Serverrolle - und den darin ausgeführten, virtuellen Computersystemen - auf einem physikalischen Hyper-V-Host-Computer im Rahmen der „geschachtelten Virtualisierung" bereitzustellen. Ein Beispiel hierfür findet sich in der Microsoft Azure-Cloud, wo jeder Kunde seinerseits ebenso im Bedarfsfall auf die *„Nested Virtualization"* zurückgreifen kann. Parallel zu Windows Server 2019, sowie Windows Server 2016 unterstützt auch Windows 10 die Möglichkeit der *„geschachtelten Virtualisierung"*.

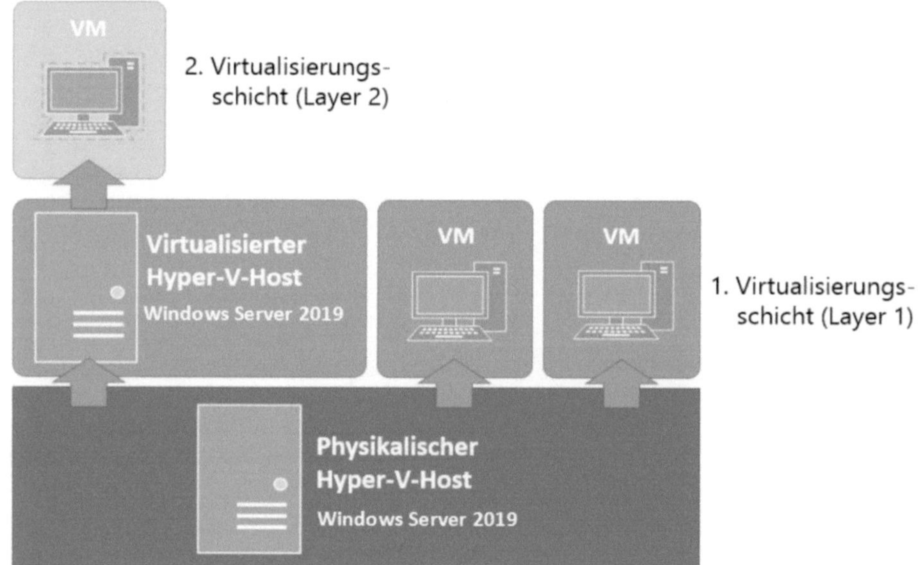

Abb.12.15: *Logisches Layout der „geschachtelten Virtualisierung" (engl. Nested Virtualization)*

12.12.1 Voraussetzungen für die geschachtelte Virtualisierung

Für die Bereitstellung der geschachtelten Virtualisierung (engl. *Nested Virtualization*) mit Hyper-V unter Windows Server 2019 gelten die folgenden Voraussetzungen:

- Intel-Prozessor mit VT-x und EPT-Technologie,
- Hyper-V-Serverrolle ist auf dem physikalischen Host-System unter Windows Server 2019 (bzw. Windows Server 2016 oder auch Windows 10) bereits installiert,

- mindestens 4 GB Arbeitsspeicher für den virtuellen Hyper-V-Hostcomputer unter Windows Server 2019 (bzw. Windows Server 2016 oder auch Windows 10),
- VM-Konfigurationsversion 8.0 oder höher.

INTERNET ➲ Weitere Details zu den Anforderungen für die geschachtelte Virtualisierung mit Hyper-V unter Windows Server 2019 erhält man im Internet unter:

https://docs.microsoft.com/en-us/virtualization/hyper-v-on-windows/user-guide/nested-virtualization

12.12.2 Bereitstellungsschritte für die geschachtelte Virtualisierung

Die Bereitstellung der geschachtelten Virtualisierung mit Hyper-V unter Windows Server 2019 lässt sich, wie zuvor auch bereits unter Windows Server 2016, mit einfachen Schritten durchführen - vorausgesetzt, alle notwendigen Anforderungen vom geplanten Host-Computer, sowie auch des für die geschachtelte Virtualisierung geplanten, virtuellen Computers werden erfüllt.

Gehen Sie wie folgt vor, um die Hyper-V-Serverrolle in einem virtuellen Windows Server 2019-Computer mithilfe der geschachtelten Virtualisierung auf einem physikalischen Virtualisierungshost unter Windows Server 2019 bereitzustellen:

1. Richten Sie in einem ersten Schritt die Hyper-V-Serverrolle auf dem physikalischen Host-Computer unter Windows Server 2019 ein, soweit noch nicht geschehen.

2. Richten Sie in Hyper-V auf dem Host-Computer eine *virtuelle Maschine unter Windows Server 2019* ein, auf welcher im späteren Schritt die Hyper-V-Rolle installiert und ausgeführt werden soll. Achten Sie dabei darauf, dass die virtuelle Maschine über mindestens 4 GB Arbeitsspeicher verfügen muss. Schalten Sie den virtuellen Computer nach der Einrichtung des Betriebssystems **aus**.

3. Geben Sie auf dem physikalischen Host-Computer den folgenden Befehl zum *Aktivieren der geschachtelten Virtualisierung* (engl. *Nested Virtualization*) in der Windows PowerShell ein, und drücken Sie anschließend die [↵]-Taste:

   ```
   Set-VMProcessor -VMName <VMName>
   -ExposeVirtualizationExtensions $true
   ```

   HINWEIS ➲ Geben Sie unter *<VMName>* den Computernamen des virtuellen Serversystems an, auf dem die Hyper-V-Serverrolle bereitgestellt werden soll.

4. Starten Sie den zuvor konfigurierten, virtuellen Computer, und installieren Sie die Hyper-V-Serverrolle. Der virtuelle Computer muss während dieses Vorgangs neu gestartet werden, um die Rolleninstallation abschließen zu können.

5. Damit die Netzwerkpakete seitens der auf dem virtualisierten Hyper-V-Host bereitgestellten, virtuellen Maschinen über zwei virtuelle Switches geroutet werden, muss das ***Spoofing von MAC-Adressen*** auf der ersten Ebene (L1) des virtuellen Switches aktiviert sein. Geben Sie dazu den folgenden Befehl auf dem ***physikalischen Host-Computer*** in der *Windows PowerShell* ein, und drücken Sie anschließend die [↵]-Taste:

```
Get-VMNetworkAdapter -VMName <VMName>  |
Set-VMNetworkAdapter -MacAddressSpoofing ON
```

> **HINWEIS** ➲ Geben Sie unter *<VMName>* den Computernamen des virtuellen Serversystems an, auf dem die Hyper-V-Serverrolle zuvor installiert wurde.

Im Anschluss an die zuvor dargestellten Konfigurationsschritte kann das virtualisierte Hyper-V-Serversystem unter Windows Server 2019 für die Bereitstellung von virtuellen Computersystemen verwendet werden.

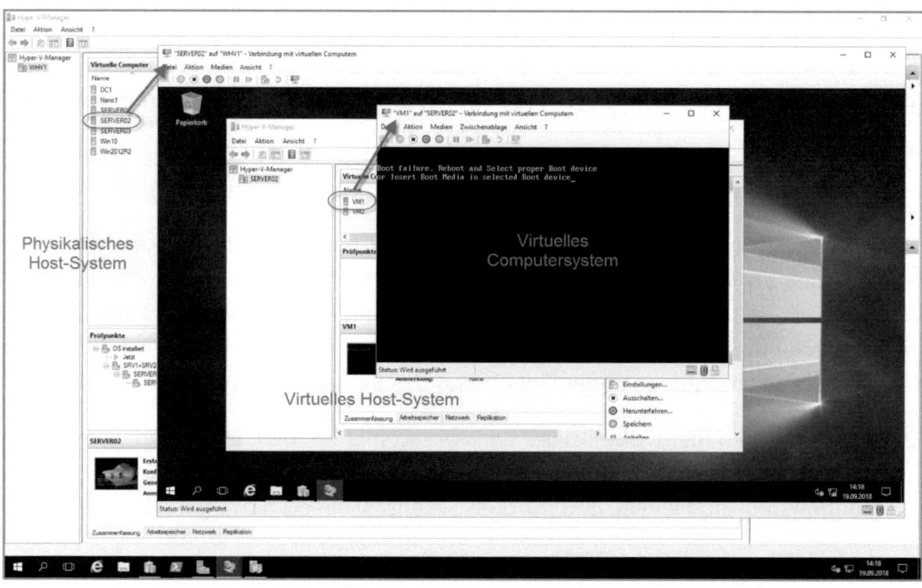

Abb.12.16: *„Geschachtelte Virtualisierung" (engl. Nested Virtualization) in Hyper-V*

12.13 Konfigurieren und Verwenden der Live-Migration

Seit Hyper-V 3.0 auch ohne Failover-Cluster möglich

Bereits in Hyper-V unter Windows Server 2008 R2 (Release 2) hatte Microsoft die Live-Migration zum Verschieben von virtuellen Maschinen zwischen Hyper-V-Hosts eingeführt. Der Verschiebevorgang mittels Live-Migration findet dabei ohne wahrnehmbare Ausfallzeit statt. Die damalige Version von Hyper-V setzte für die Verwendung der Live-Migration jedoch voraus, dass die Hyper-V-Hosts als Clusterknoten eines Failover-Clusters konfiguriert waren. Unter Windows Server 2019, Windows Server 2016 sowie

Windows Server 2012 (R2) lässt sich die Livemigration auch ohne die Verwendung der Failover-Clusterunterstützung realisieren.

12.13.1 Voraussetzungen

Um die Livemigration von virtuellen Maschinen zwischen Hyper-V-Hosts unter Windows Server 2019 ohne den Einsatz eines Failover-Clusters zu realisieren, müssen die folgenden Voraussetzungen erfüllt werden:

- Hyper-V-Rolle ist auf dem Quell- und Zielserver unter Windows Server 2019, Windows Server 2016 oder Windows Server 2012 R2 installiert. Die Live-Migration zwischen Servern mit Hyper-V ist nur möglich, wenn die zu migrierende, virtuelle Maschine die VM-Konfigurationsversion 5 (oder höher) besitzt.
- Quellserver verfügt über mindestens einen aktiven virtuellen Computer.
- Das zum Konfigurieren und Durchführen der Live-Migration verwendete Benutzerkonto *muss* Mitglied der lokalen Gruppe *„Hyper-V-Administratoren"* oder der *„Administratoren"* auf den Quell- und Zielservern sein.
- Quell- und Zielserver sind Mitglieder derselben Active Directory-Domäne, oder gehören zu Domänen, die sich gegenseitig vertrauen - Domänenmitgliedschaft wird ***vorausgesetzt***!
- Das zum Konfigurieren der eingeschränkten Delegierung (zur Kerberos-Authentifizierung) verwendete Benutzerkonto muss Mitglied der Gruppe *„Domänen-Admins"* sein.

12.13.2 Konfigurationsschritte

Die Konfiguration der Live-Migration von virtuellen Maschinen zwischen Hyper-V-Hosts unter Windows Server 2019 ohne den Einsatz eines Failover-Clusters lässt sich in wenigen Schritten durchführen.

In 2 Schritten zum Ziel

Schritt 1: Konfiguration der eingeschränkten Delegierung

Bei der Verwendung der Kerberos-Authentifizierung im Rahmen der Live-Migration muss die eingeschränkte Delegierung für die Hyper-V-Hosts in den Active Directory-Domänendiensten konfiguriert werden. Gehen Sie dazu wie folgt vor:

1. Öffnen Sie auf einem der vorhandenen Domänencontroller die Konsole *Active Directory-Benutzer und Computer*.
2. Erweitern Sie die *Domäne*, und doppelklicken Sie den Container **Computers**.
3. Klicken Sie im Container *Computers* mit der rechten Maustaste auf das *Computerkonto des Quellservers*, und klicken Sie dann auf **Eigenschaften**.
4. Klicken Sie im Dialogfeld *Eigenschaften* auf die Registerkarte **Delegierung**.

5. Wählen Sie auf der Registerkarte *Delegierung* die Option **Computer nur bei Delegierungen angegebener Dienste vertrauen** aus. Wählen Sie unter dieser Option **Nur Kerberos verwenden** aus.
6. Klicken Sie auf **Hinzufügen...**, dann auf **Benutzer oder Computer**, geben Sie den *Namen des Zielservers* ein, und klicken Sie auf **OK**.
7. Wählen Sie **Microsoft Virtual System Migration Service**, und noch **cifs** aus (falls der Speicher des virtuellen Computers mittels SMB-Freigabe bereitgestellt wurde), und klicken Sie dann auf **OK**.
8. Klicken Sie im *Eigenschaften*-Dialog auf **OK**, um die Konfiguration abzuschließen.

Wählen Sie im Container *Computers* das *Computerkonto des Zielservers* aus, und wiederholen Sie die vorherigen Schritte. Verwenden Sie im Verlauf der Konfiguration der Delegierung dann den *Namen des Quellservers*.

PRAXISTIPP! ➲ Sollte der Eintrag „Microsoft Virtual System Migration Service" bei der Auswahl der zu delegierenden Dienste fehlen, so ist dieser für den betreffenden Server schlichtweg nicht als *„Dienstprinzipalname"* (engl. *Service Principal Name, SPN*) in den Active Directory-Domänendiensten registriert. Dies kann man mit den folgenden Befehlen nachholen:

```
setspn -S „Microsoft Virtual System Migration/<Servername>" <Servername>

setspn -S „Microsoft Virtual System Migration/<Server-FQDN>" <Servername>
```

Beispielanwendung der beiden Befehle:

setspn -s „Microsoft Virtual System Migration/HV2" HV2

setspn -s „Microsoft Virtual System Migration/HV2.certpro.local" HV2

Schritt 2: Konfigurieren der Quell- und Zielserver für die Live-Migration

Im zweiten Schritt müssen der ***Quell-*** und ***Zielserver*** für das Senden und Empfangen von Live-Migrationen konfiguriert werden.

Während der Konfiguration der Server wird festgelegt, ob für den Datenverkehr bei der Live-Migration ein beliebiges verfügbares Netzwerk zulässig ist, oder ob dieser Datenverkehr nur in angegebenen Netzwerken erfolgen darf. Gehen Sie dazu wie folgt vor:

1. Öffnen Sie den *Hyper-V-Manager* (soweit noch nicht geschehen).
2. Klicken Sie im *Navigationsbereich* mit der rechten Maustaste auf den ***Quellserver***, den Sie für Livemigration konfigurieren möchten, und wählen Sie im Kontextmenü die Option **Hyper-V-Einstellungen**.
3. Klicken Sie im Dialogfeld *Hyper-V-Einstellungen* auf **Livemigrationen**.

4. Aktivieren Sie im Bereich *Livemigrationen* die Option **Ein- und ausgehende Livemigrationen ermöglichen**, und geben Sie unter *Gleichzeitige Livemigrationen* bei Bedarf einen entsprechenden Wert an..
5. Wenn spezielle Netzwerkverbindungen den Datenverkehr für die Livemigration akzeptieren sollen, klicken Sie unter *Eingehende Livemigrationen* auf **Hinzufügen**, um die IP-Adressinformationen einzugeben. Klicken Sie anderenfalls auf **Beliebiges Netzwerk für Livemigrationen verwenden**.
6. Erweitern Sie den Abschnitt *Livemigrationen*, und klicken Sie auf **Erweiterte Features**.
7. Wählen Sie unter *Authentifizierungsprotokoll* **Kerberos** aus, für das zuvor die eingeschränkte Delegierung konfiguriert wurde.
7. Wählen Sie die gewünschten *Leistungskonfigurationsoptionen* aus, und klicken Sie dann auf **OK**, um die Konfiguration abzuschließen.

Wählen Sie im *Hyper-V-Manager* den Server aus, den Sie als *Zielserver* verwenden möchten, und wiederholen Sie die vorangegangenen Schritte.

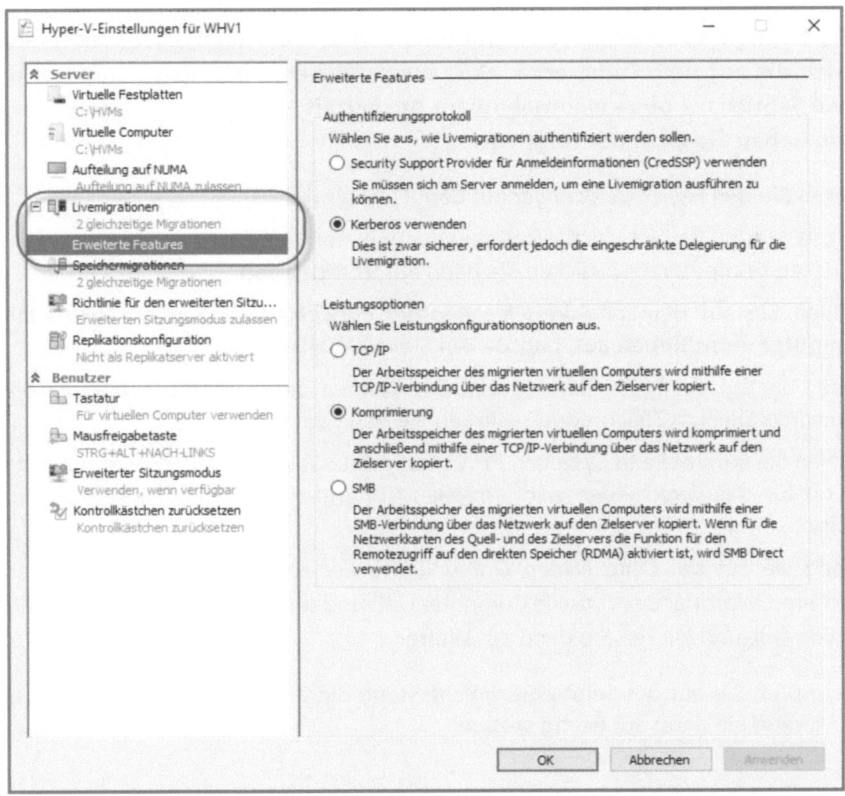

Abb. 12.17: *Konfiguration der Livemigration im Hyper-V-Manager*

Alternativ kann man die Konfiguration von Live-Migration auch in der Windows PowerShell von Windows Server 2019, Windows Server 2016 bzw. Windows Server 2012 R2 durchführen. Verwenden Sie dazu die folgenden Befehlszeilen:

```
Enable-VMMigration
Set-VMMigrationNetwork 172.20.0.200
Set-VMHost -VirtualMachineMigrationAuthenticationType
Kerberos
```

In diesem Beispiel wird mit dem Cmdlet **Enable-VMMigration** die Live-Migration aktiviert. Mit dem Befehl **Set-VMMigrationNetwork** wird das für die Livemigration zu verwendende Netzwerk (*172.20.0.200 als IP-Adresse des zu verwendenden Netzwerkadapters*) auf dem zu konfigurierenden Serversystem bestimmt. Mit dem letzten Befehl wird *Kerberos* als Authentifizierungsprotokoll für die Livemigration festgelegt.

12.13.3 Verschieben von aktiven virtuellen Computern mittels Live-Migration

Verschieben ohne Ausfallzeit

Nach der Konfiguration der Live-Migration zwischen den Quell- und Zielservern lassen sich die auf dem Quellserver aktiv ausgeführten, virtuellen Computer in einfachen Schritten - ohne wahrnehmbare Ausfallzeit - zu einem Zielserver verschieben. Gehen Sie dazu wie folgt vor:

1. Starten Sie den *Hyper-V-Manager* auf dem Quellserver.
2. Klicken Sie im Bereich *Virtuelle Computer* mit der rechten Maustaste auf den virtuellen Computer, und klicken Sie dann auf **Verschieben**.
3. Wählen Sie auf der Seite *Verschiebungstyp auswählen* die Option **Virtuellen Computer verschieben** aus, und klicken Sie auf **Weiter**.
4. Geben Sie auf der Seite *Ziel angeben* den Namen des Zielcomputers ein, oder navigieren Sie zum Zielcomputer. Klicken Sie dann auf **Weiter**.
5. Wählen Sie auf der Seite *Optionen für Verschieben auswählen* aus, die gewünschte Aktion für das verschieben den virtuellen Computers aus, und klicken Sie auf **Weiter**.
6. Geben Sie auf der Seite *Neuen Ort für „virtueller computer" auswählen* an, in welchem Zielordner der virtuelle Computer während des Verschiebens gespeichert werden soll, und klicken Sie dann auf **Weiter**.
7. Überprüfen Sie auf der Seite *Zusammenfassung* die ausgewählten Einstellungen, und klicken Sie dann auf **Fertig stellen**.

Alternativ kann man das Verschieben von aktiven virtuellen Computersystemen mittels Live-Migration auch in der Windows PowerShell von Windows Server 2019 durchführen. Verwenden Sie dazu die folgende Befehlszeile:

```
Move-VM VPC01 HV2 -IncludeStorage -DestinationStoragePath
D:\VPC01
```

In diesem Beispiel würde ein virtueller Computer mit dem Namen *VPC01* (inklusive virtueller Festplatte und bei Bedarf auch anderen Dateien, wie Prüfpunkte) auf einen Zielserver mit der Bezeichnung *HV2* in das Verzeichnis *D:\VPC01* verschoben.

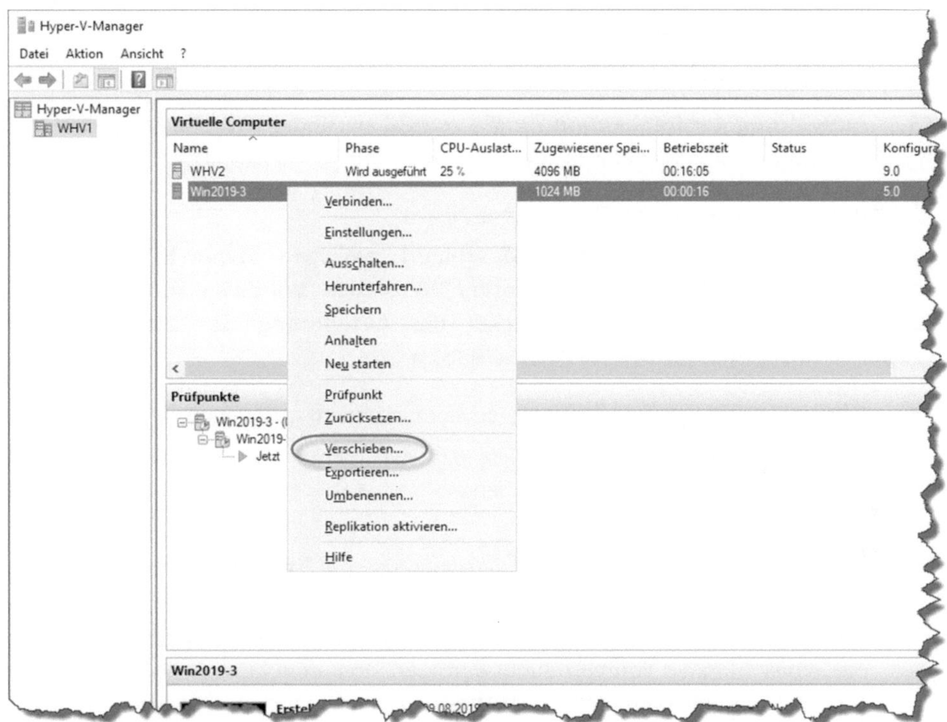

Abb. 12.18: *Verschieben von aktiven virtuellen Maschinen mittels Livemigration im Hyper-V-Manager*

12.14 Replikation von virtuellen Maschinen

(Mögliche) Alternative zu teuren Failover-Clusterlösungen

Bereits seit Windows Server 2012 besteht die die Möglichkeit zur Replikation virtueller Maschinen zwischen Hyper-V-Hosts - mittels *Hyper-V-Replica*. Hierbei wird eine Kopie einer virtuellen Maschine von einem auf einen anderen Hyper-V-Host unter Windows Server 2019, Windows Server 2016 bzw. Windows Server 2012 (R2) repliziert und anschließend standardmäßig alle 5 Minuten auf Änderungen hin aktualisiert. Dieses Replikationsintervall lässt sich in Hyper-V bei Bedarf zeitlich noch weiter anpassen - auf

30 Sekunden, 5 Minuten oder 15 Minuten. Die Replikation ermöglicht eine gewisse Ausfallsicherheit für virtuelle Maschinen - völlig ohne die Investition in teure Clusterlösungen - und ist daher sogar für kleinere Unternehmen interessant.

Die Replikation ist völlig flexibel und kann im Rahmen des Hyper-V-Replica problemlos z. B. innerhalb oder außerhalb von Active Directory-Domänen, sowie auch innerhalb oder außerhalb von Failover-Clustern, oder gar völlig eigenständig zwischen Hyper-V-Servern eingerichtet werden.

Hyper-V-Replica erfordert die folgenden Konfigurationsschritte:

1. **Aktivierung des Hyper-V-Hosts als Replikatserver**
2. **Aktivieren von Firewall-Regeln**
3. **Aktivierung der Replikation für die zu replizierende, virtuelle Maschine**

Diese Schritte werden in den folgenden Seiten detailliert beschrieben.

12.14.1 Aktivieren des Replikatservers

Einrichten des Replikatziels

Die Replikation von virtuellen Maschinen zwischen Hyper-V-Hosts unter Windows Server 2019, Windows Server 2016 bzw. Windows Server 2012 R2 erfordert im ersten Schritt zunächst die Aktivierung des Zielservers als Replikatempfänger. Gehen Sie dazu wie folgt vor:

1. Öffnen Sie den *Hyper-V-Manager* (soweit noch nicht geschehen).
2. Klicken Sie im *Navigationsbereich* mit der rechten Maustaste auf den als *Replikatserver* zu aktivierenden Server, und wählen Sie im Kontextmenü die Option **Hyper-V-Einstellungen**.
3. Klicken Sie im Dialogfeld *Hyper-V-Einstellungen* auf **Replikationskonfiguration**.
4. Aktivieren Sie das Kontrollkästchen **Diesen Computer als Replikatserver aktivieren**, sowie die Option **Kerberos (HTTP) verwenden:** (setzt voraus, dass die Server Mitglied von vertrauenswürdigen Domänen bzw. derselben Domäne sind) bzw. **Zertifikatbasierte Authentifizierung verwenden (HTTS):** (setzt voraus, dass auf den Serversystemen alternativ zu Kerberos ein digitales Zertifikat für die SSL-Verschlüsselung installiert ist).
5. Wählen Sie unter *Autorisierung und Speicherung* die gewünschte Option aus, und klicken Sie anschließend auf **OK**.

12.14.2 Aktivieren von Firewall-Regeln

Regeln müssen manuell aktiviert werden

Nach der Aktivierung von Hyper-V-Hosts als Replikatserver muss man in einem nächsten Schritt die entsprechenden Firewall-Regeln aktivieren. Dies geschieht i.d.R. nicht automatisch. Gehen Sie - je nach ausgewählter Authentifizierungsmethode - dazu wie folgt vor:

a) aktivieren der Firewall-Regeln für die Kerberos-Authentifizierung:

1. Öffnen Sie *Windows-Firewall mit erweiterter Sicherheit*, und klicken Sie auf **Eingehende Regeln**.

2. Klicken Sie mit der rechten Maustaste auf **Hyper-V-Replikat - HTTP-Listener (TCP eingehend)**, und klicken Sie anschließend auf **Regel aktivieren**.

b) aktivieren der Firewall-Regeln für die zertifikatbasierte Authentifizierung:

1. Öffnen Sie *Windows-Firewall mit erweiterter Sicherheit*, und klicken Sie auf **Eingehende Regeln**.

2. Klicken Sie mit der rechten Maustaste auf **Hyper-V-Replikat - HTTPS-Listener (TCP eingehend)**, und klicken Sie anschließend auf **Regel aktivieren**.

Damit ist die Windows-Firewall für die Hyper-V-Replikation entsprechend vorbereitet.

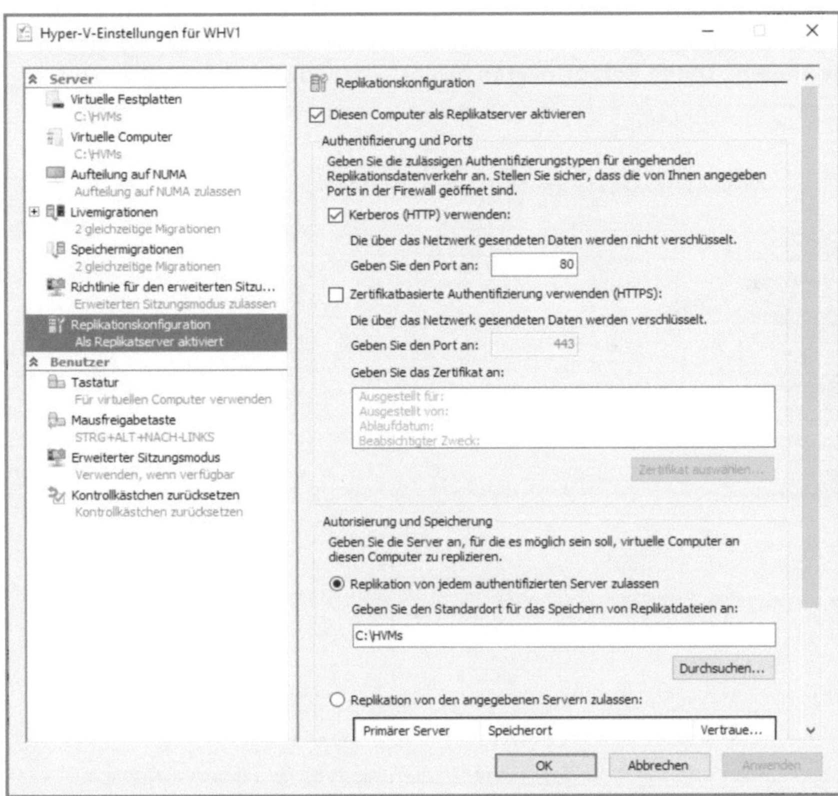

Abb. 12.19: *Aktivierung eines Hyper-V-Hosts als Replikatserver*

12.14.3 Aktivieren von virtuellen Maschinen für Hyper-V-Replica

Individuelle Aktivierung der VMs für die Replikation

Nach der Aktivierung von Hyper-V-Hosts als Replikatserver, sowie der Konfiguration der Windows-Firewall muss man auf dem Quellserver in Hyper-V in einem nächsten Schritt die zu replizierenden, virtuellen Maschinen für Hyper-V-Replica aktivieren. Gehen Sie dazu wie folgt vor:

1. Öffnen Sie den *Hyper-V-Manager* (soweit noch nicht geschehen).
2. Klicken Sie im Abschnitt **Virtuelle Computer** mit der rechten Maustaste auf den für die Hyper-V-Replikation zu aktivierenden, virtuellen Computer, und wählen Sie im Kontextmenü den Eintrag **Replikation aktivieren...**
3. Klicken Sie im Dialog *Vorbemerkungen* auf **Weiter**.
4. Geben Sie den *Namen des Replikatservers* an, und klicken Sie auf **Weiter**.
5. Wählen Sie - passend zu der zuvor durchgeführten Konfiguration des Replikatservers - den zuvor ausgewählten Authentifizierungstyp **Kerberos-Authentifizierung (HTTP) verwenden** bzw. **Zertifikatbasierte Authentifizierung verwenden (HTTPS)**, achten Sie darauf, dass die Option **Über das Netzwerk übertragene Daten komprimieren** aktiviert ist, und klicken Sie auf **Weiter**.

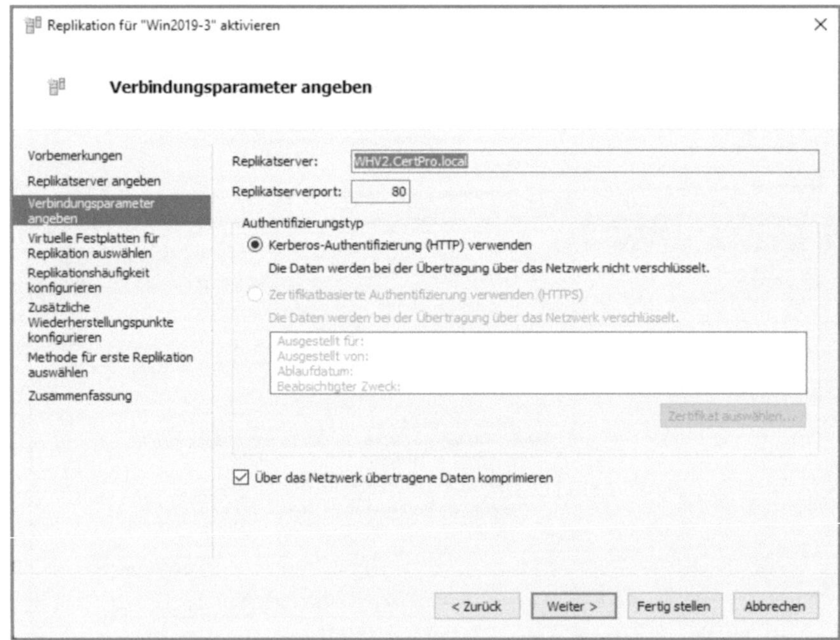

Abb. 12.20: *Konfiguration des Authentifizierungstyps für Hyper-V-Replica*

6. Wählen Sie bei Bedarf explizit die virtuellen Festplatten für die Replikation aus (soweit Änderungen erwünscht sind), und klicken Sie auf **Weiter**.

7. Legen Sie die *Replikationshäufigkeit* (alle 30 Sekunden, 5 Minuten, 15 Minuten) fest, und klicken Sie auf **Weiter**.

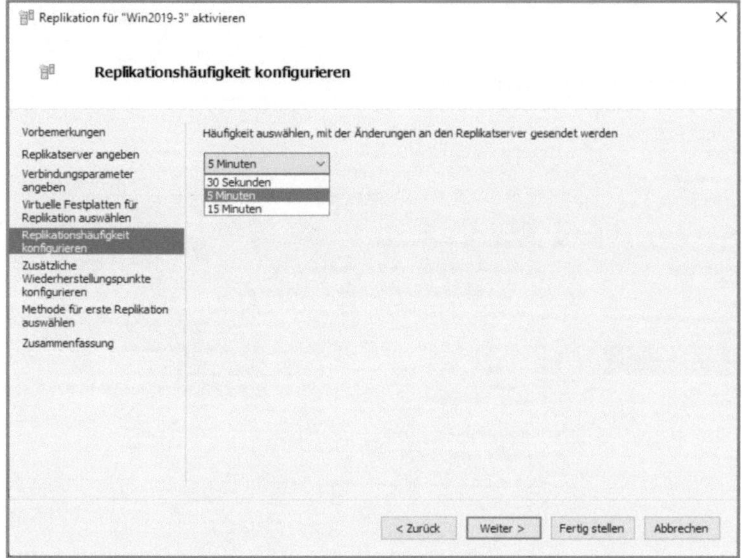

Abb. 12.21: *Konfiguration der Replikationshäufigkeit*

8. Wählen Sie im Dialog *Zusätzliche Wiederherstellungspunkte konfigurieren* die gewünschte Anzahl der zu speichernden Wiederherstellungspunkte, und klicken Sie dann auf **Weiter**.

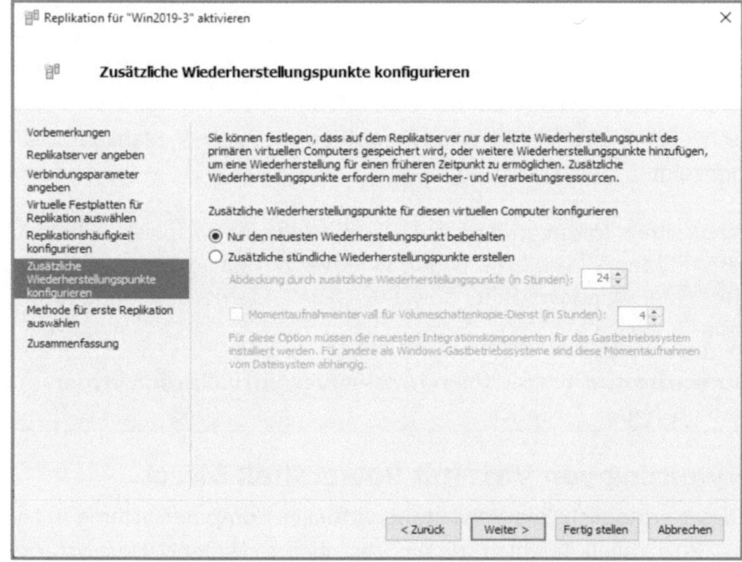

Abb. 12.22: *Auswahl der Anzahl an Wiederherstellungspunkten*

7. Konfigurieren Sie die gewünschte *Methode für die erste Replikation*, geben Sie den *Zeitpunkt für die erste Replikation* an, und klicken Sie dann auf **Weiter**.

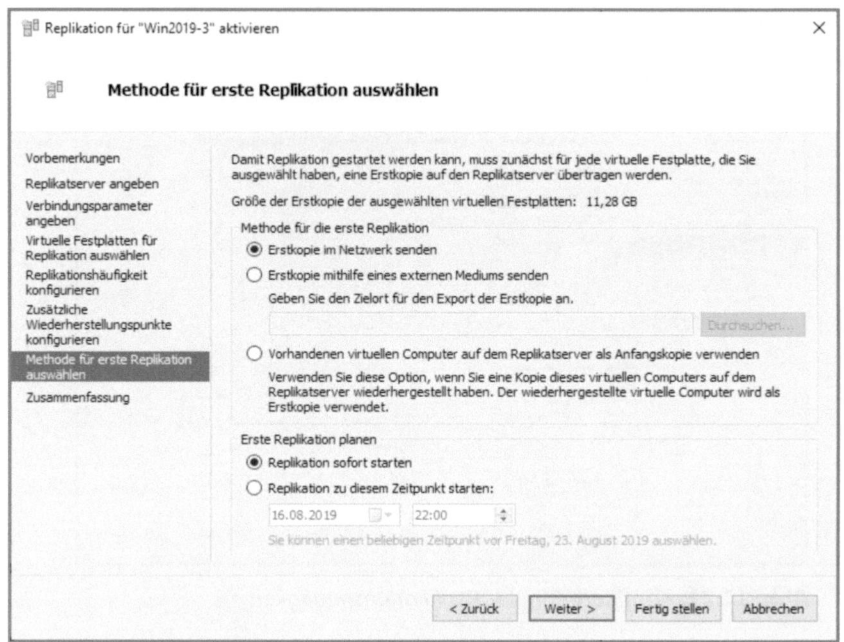

Abb. 12.23: *Konfiguration der Methode und des Starts der Erstreplikation*

8. Klicken Sie in Dialog *Zusammenfassung* auf **Fertig stellen**.

Je nach konfiguriertem Replikationsstart wird die betreffende, virtuelle Maschine über das Netzwerk zum angegebenen Speicherort auf dem Replikatserver übertragen. Dieser Vorgang kann - insbesondere bei der ersten Replikation - einige Zeit in Anspruch nehmen. Anschließend wird der virtuelle Computer im Hyper-V-Manager des Replikatservers angezeigt.

INTERNET ➲ Weitere Informationen zur Replikation von virtuellen Maschinen in Hyper-V unter Windows Server 2019, Windows Server 2016 bzw. Windows Server 2012 R2 finden Sie in der Windows-Hilfe, sowie auch im Internet auf der Website von Microsoft unter:

https://docs.microsoft.com/en-us/windows-server/virtualization/hyper-v/manage/set-up-hyper-v-replica

12.15 Verwaltung von VMs mit PowerShell Direct

PowerShell Direct ermöglicht die Verwaltung virtueller Computersysteme in Hyper-V mit Windows PowerShell-Befehlen direkt von einem Hyper-V-Hostsystem unter

Windows Server 2019 aus - unabhängig der Netzwerkkonfiguration oder der Remoteverwaltungseinstellungen.

HINWEIS ➲ PowerShell Direct wird nicht nur unter Windows Server 2019 und Windows Server 2016 sondern auch in Hyper-V unter Windows 10 unterstützt.

Die Verwaltung virtueller Computer in Hyper-V mittels *PowerShell Direct* kann erfolgen durch:

- das Erstellen und Ausführen einer PowerShell Direct-Sitzung mithilfe des **New-PSSession**- bzw. **Enter-PSSession**-Cmdlets,
- das Ausführen von Befehlen mithilfe des **Invoke-Command**-Befehls,
- das Ausführen von Windows PowerShell-Skriptdateien.

12.15.1 Voraussetzungen für PowerShell Direct

Für die Verwendung von PowerShell Direct gelten die folgenden Anforderungen:

- die Anmeldung auf dem Host-System muss als *Hyper-V-Administrator* erfolgen,
- auf dem Hostcomputer Hyper-V muss als Betriebssystem entweder *Windows Server 2019, Windows Server 2016 oder Windows 10* ausgeführt werden,
- auf den virtuellen Computern muss das Betriebssystem *Windows Server 2019, Windows Server 2016 oder Windows 10* ausgeführt werden,
- die mit PowerShell Direct zu verwaltenden, virtuellen Computer müssen *lokal bereitgestellt und gestartet* sein,
- zur Verwendung von PowerShell Direct müssen die für die virtuelle Maschine gültigen *Anmeldeinformationen* eingegeben werden.

12.15.2 Verwaltung von VMs mithilfe von PowerShell Direct

Gehen Sie wie folgt vor, um eine Windows PowerShell-Sitzung von einem Hostcomputer unter Windows Server 2019 mit einer darauf lokal in Hyper-V ausgeführten, virtuellen Maschine herzustellen:

1. Öffnen Sie die *Windows PowerShell* als Administrator.
2. Geben Sie zum Aufbau einer Remote-Sitzung mit dem in Hyper-V ausgeführten, virtuellen Computer den folgenden Befehl in der *Windows PowerShell* ein, und drücken Sie dann die ↵-Taste:

   ```
   Enter-PSSession -VMName <VMname>
   ```

3. Geben Sie die gültigen *Anmeldedaten* in die entsprechenden Felder ein, und klicken Sie auf **OK**.

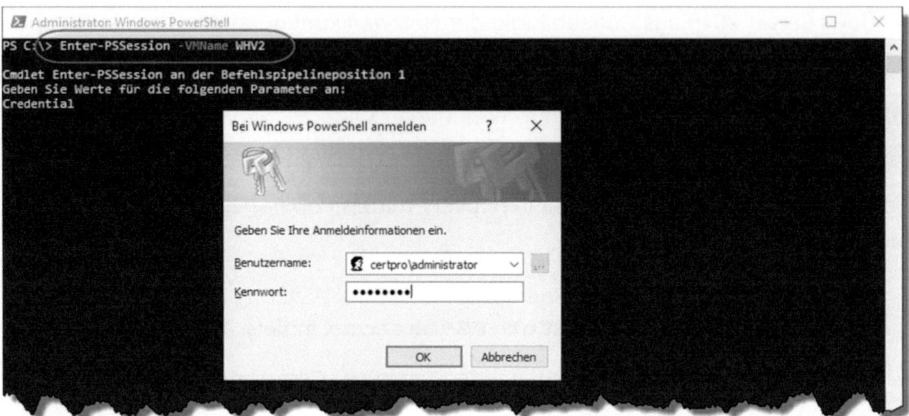

Abb. 12.24: *Verbindungsaufbau mittels PowerShell Direct mit einer auf einem Hyper-V-Host lokal ausgeführten, virtuellen Maschine*

Nach dem erfolgreichen Verbindungsaufbau wird der Name des Zielcomputers gleich im Prompt angezeigt. Alle Befehle, die nun folgen, werden auf dem Remotecomputer ausgeführt.

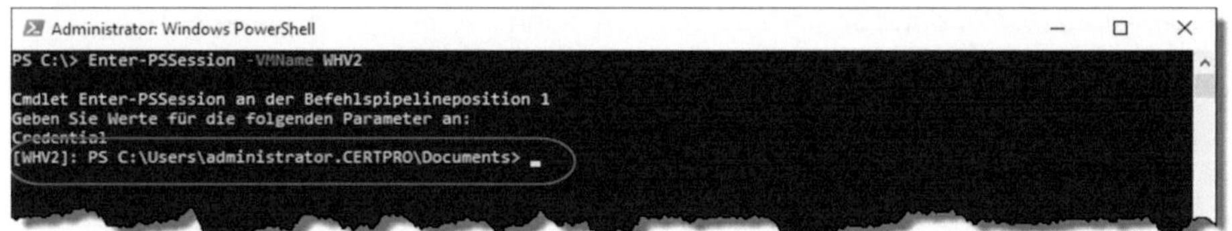

Abb. 12.25: *Name des Zielcomputers, mit dem die Verbindung mithilfe von PowerShell Direct erfolgreich hergestellt wurde*

Alternativ kann man (Windows PowerShell-)Befehle von einem lokalen Hyper-V-Hostcomputer aus auch mithilfe des Windows PowerShell-Cmdlets **`Invoke-Command`** an virtuelle Computer übersenden. Ein Beispiel hierzu kann wie folgt aussehen:

```
Invoke-Command -VMName SERVER02 -ScriptBlock { ipconfig /flushdns }
```

Auch hierbei wird man zur Eingabe der gültigen *Anmeldeinformationen* für die ausgewählte, virtuelle Maschine aufgefordert. Diese kann man im Bedarfsfall mithilfe des Schalters **`-Credential`** auch gleich mit dem Befehl an die jeweilige, virtuelle Maschine senden.

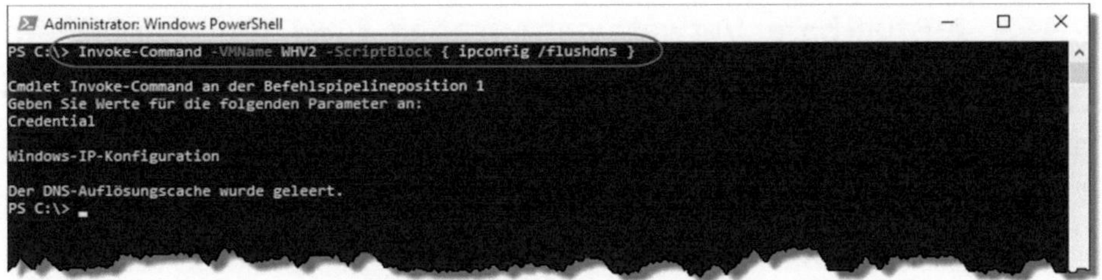

Abb. 12.26: *Übergabe eines Befehls mithilfe von Invoke-Command und PowerShell Direct an eine virtuelle Maschine in Hyper-V*

INTERNET ➲ Weitere Informationen zur Verwendung von PowerShell Direct in Hyper-V unter Windows Server 2019, Windows Server 2016 bzw. Windows 10 findet man in der Windows-Hilfe, sowie auch im Internet auf der Website von Microsoft unter:

https://docs.microsoft.com/en-us/windows-server/virtualization/hyper-v/manage/manage-windows-virtual-machines-with-powershell-direct

Alternativ zur Windows PowerShell und dem Hyper-V-Manager existiert auch das Windows Admin Center (WAC), zur Verwaltung virtueller Computer.

12.16 Verwalten von VMs mit dem Windows Admin Center (WAC)

Alternativ zur lokalen Verwaltung von virtuellen Computern mithilfe des Hyper-V-Managers oder der Windows PowerShell kann man hierfür auch das - optional verfügbare - grafische Windows Admin Center (WAC) verwenden. In diesem steht nach dem Hinzufügen der Hyper-V-Hostcomputer der entsprechende Knoten zur Verwaltung von virtuellen Computern zur Verfügung.

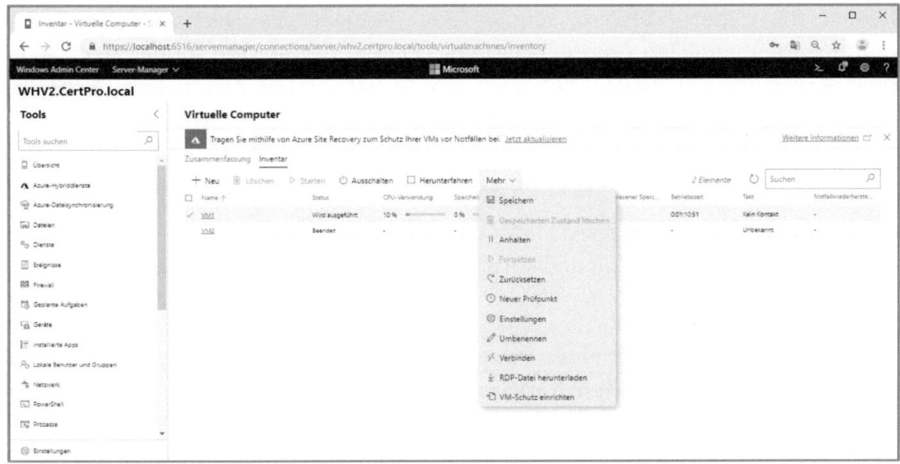

Abb. 12.27: *Verwaltung virtueller Computer im Windows Admin Center (WAC)*

12.16.1 Ausführbare Verwaltungsaufgaben rund um Hyper-V im Windows Admin Center

Das Windows Admin Center (WAC) ermöglicht unter anderem die folgenden Verwaltungsaufgaben rund um Hyper-V-Server und auch virtuelle Maschinen:

- Überwachen der Ressourcen und Leistung von Hyper-V-Hosts
- Erstellen und Verwalten virtueller Switches
- Erstellen und Verwalten neuer virtueller Computer
- Anzeige der Inventardarstellung vorhandener, virtueller Computer
- Anpassung der Einstellungen vorhandener Computer
- Livemigration von virtuellen Computern zu anderen Hyper-V-Server
- Erweiterte Verwaltung und Problembehandlung einzelner, virtueller Computer
- Hyper-V-Ereignisprotokolle anzeigen
- Schützen von virtuellen Computern mit Azure Site Recovery

Sehen Sie nachfolgend einige Beispiele für die Verwaltung virtueller Computer unter Hyper-V mit dem grafischen Windows Admin Center (WAC).

12.16.2 Beispiele zur Verwendung des Windows Admin Center zur Verwaltung virtueller Computer

Das Windows Admin Center (WAC) ermöglicht nicht nur die Verwaltung von Serversystemen, wie Hyper-V-Servern, sondern auch virtueller Switches oder der darauf bereitgestellten, virtuellen Computersysteme. Zudem besteht die Möglichkeit, neue, virtuelle Computer mithilfe des WAC auf einem Serversystem mit installierter Hyper-V-Rolle zu erstellen und zu konfigurieren. Sehen Sie hierzu einige Beispiele:

12.16.2.1 Erstellen und Verwalten virtueller Switches

Das Windows Admin Center (WAC) ermöglicht im Rahmen der Verwaltung der Hyper-V-Serverrolle auch das Erstellen und auch Verwalten der für die Virtualisierung notwendigen, virtuellen Switches.

Gehen Sie wie folgt vor, um einen neuen, virtuellen Switch mithilfe des Windows Admin Center (WAC) auf einem Serversystem mit installierter Hype-V-Serverrolle bereitzustellen:

1. Wechseln Sie im *Windows Admin Center* (WAC) zum Abschnitt **Alle Verbindungen**.

2. Klicken Sie unter *Alle Verbindungen* auf den **Namen** des zu verwaltenden Computersystems mit *aktivierter Hyper-V-Serverrolle.*

3. Klicken Sie in der *Tools-Leiste* auf **Virtuelle Switches**, und dann im oberen Fensterbereich auf **+Neu**.

4. Geben Sie den *Namen* des neu zu erstellenden, virtuellen Switches ein, wählen Sie den gewünschten *Switchtyp* aus, und klicken Sie dann auf **Speichern**.

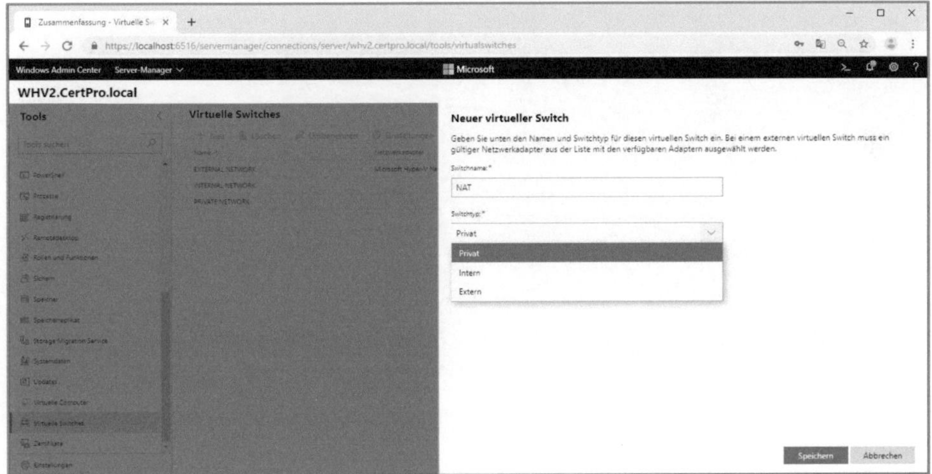

Abb. 12.28: *Erstellen eines neuen, virtuellen Switches im Windows Admin Center (WAC)*

Der neu erstellte, virtuelle Switch wird anschließend im Windows Admin Center (WAC) angezeigt.

12.16.2.2 Bereitstellen eines neuen, virtuellen Computers mit dem Windows Admin Center (WAC)

Gehen Sie wie folgt vor, um einen neuen, virtuellen Computer mithilfe des Windows Admin Center (WAC) auf einem Serversystem mit installierter Hype-V-Serverrolle bereitzustellen:

1. Wechseln Sie im *Windows Admin Center* (WAC) zum Abschnitt **Alle Verbindungen**.

2. Klicken Sie unter *Alle Verbindungen* auf den **Namen** des zu verwaltenden Computersystems mit *aktivierter Hyper-V-Serverrolle.*

3. Klicken Sie in der *Tools-Leiste* auf **Virtuelle Computer**, und dann im oberen Fensterbereich auf **Inventar**.

4. Klicken Sie auf **+Neu**, geben Sie den *Namen* des neu zu erstellenden, virtuellen Computer ein, bestimmen Sie die weitere Konfiguration für die virtuellen *Prozessoren*, den *Arbeitsspeicher*, die *Netzwerkkonfiguration* und auch den gewünschten *Festplattenspeicher*, und klicken Sie anschließend auf **Erstellen**.

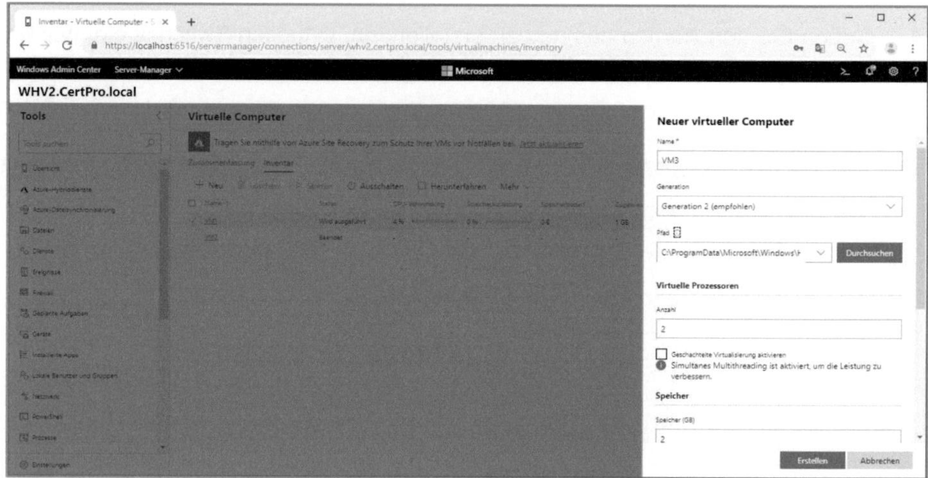

Abb. 12.29: *Anlegen eines neuen, virtuellen Computers im Windows Admin Center (WAC)*

PRAXISTIPP! ➲ Weitere, detailliertere Informationen zum Windows Admin Center findet man im CertPro-PRESS-Verlag erschienen Fachbuch mit dem Titel „***Windows Admin Center (WAC) - Zentrale Verwaltung von Client- und Servercomputern***" von Carlo Westbrook, ISBN: 978-3-9447-4937-2.

Zugegeben, das Windows Admin Center (WAC) stellt sicher keinen „Ersatz" für die Verwaltung virtueller Netzwerkumgebungen mithilfe des - kommerziell verfügbaren - *System Center Virtual Machine Manager* (*SCVMM*) dar, welcher seinerseits um ein Vielfaches mächtiger und vielfältiger ist, als die kostenfrei verfügbare Verwaltungskonsole des WAC. In kleinen bis mittelgroßen Umgebungen dürften die Administratoren sich - auch aus Sicht der doch immens komplexeren Anwendung des SCVMM - wohl eher für die Verwendung des Windows Admin Center (WAC) entscheiden.

INTERNET ➲ Weitere Informationen zur Verwendung von Hyper-V unter Windows Server 2019 finden Sie in der Windows-Hilfe, sowie auch im Internet auf der Website von Microsoft unter:

https://docs.microsoft.com/de-de/windows-server/virtualization/hyper-v/hyper-v-on-windows-server

In diesem Kapitel wurde Ihnen die Hyper-V-Serverrolle unter Windows Server 2019 mitsamt den darin enthaltenen Neuerungen und Verbesserungen vorgestellt. Neben dem Einrichten und Konfigurieren von virtuellen Computern wurden unter anderem auch Details zur Konfiguration und Verwendung der Hyper-V-Replikation und Livemigration gezeigt.

Nach der Einführung in Hyper-V unter Windows Server 2019 ist es nunmehr an der Zeit, sich mit einem weiteren Thema rund um das neue Serverbetriebssystem zu befassen – dem möglichen Einsatz von Windows Server 2019 als Server Core, sowie als Nano-Server.

KAPITEL 13

Windows Server 2019 als Server Core und Nano Server

Remoteverwaltung macht grafische Benutzeroberfläche oft überflüssig

Serversysteme dienen in Computernetzwerken zum netzwerkweiten Anmelden oder auch zum Bereitstellen von Ressourcen, wie zum Beispiel Druckdienste, Datenbanken oder auch Dateifreigaben. Die Aufbereitung der dabei anfallenden Daten hingegen findet in Unternehmen wie auch zu Hause in der Regel auf Computersystemen mit grafischer Betriebssystemoberfläche, aktuell oft unter Windows 7, Windows 8.1 oder Windows 10, statt.

Im Gegensatz zu den von Anwendern verwendeten Clientcomputern spielt die grafische Benutzeroberfläche bei Serversystemen zwischenzeitlich eine oft untergeordnete Rolle. Eine Ausnahme hierzu findet man in Terminalservern, bzw. Remotedesktop-Hostsystemen, deren grafische Benutzeroberfläche von Anwendern über entsprechende Protokolle von sogenannten „Thin Clients" oder gar über einen Webbrowser angesprochen wird. Die auf den Serversystemen bereitgestellten Dienste und Funktionen werden in der Regel nicht lokal, sondern seitens der Anwender zum Beispiel mithilfe von Computersystemen über Computernetzwerke angesprochen und verwendet.

Wandlung hin zur kommandozeilenbasierten Verwaltung

Moderne Serversysteme lassen sich alternativ zur grafischen Benutzeroberfläche problemlos über die Kommandozeile bzw. eine entsprechende Shell-Umgebung verwalten. Dies birgt Vorteile in zum Beispiel mittelgroßen bis großen Serverfarmen, in denen oft gleichartige Verwaltungsschritte parallel gleich auch auf mehreren Serversystemen durchgeführt werden soll.

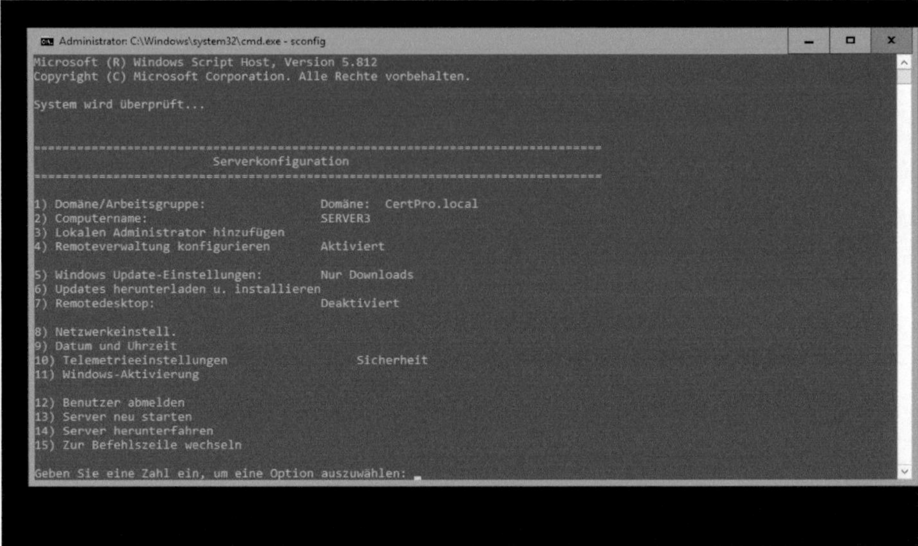

Abb. 13.1: *„Benutzeroberfläche" des Server Core unter Windows Server 2019*

Microsoft hat diesem Umstand im Umfeld seiner Serverbetriebssysteme schon vor geraumer Zeit Rechnung getragen. Bereits in Windows Server 2008 bestand die Möglichkeit, ein zuvor noch im Schwerpunkt auf die grafische Verwaltung ausgerichtetes Serverbetriebssystem alternativ als Server Core-Installation bereitzustellen. Ein solches Serversystem verfügt lediglich über eine eingeschränkte Benutzeroberfläche („quasi" ohne Grafik). Die lokale Verwaltung solcher Serversysteme konnte man unter Windows Server 2008 lediglich mit entsprechenden Kommandozeilenbefehlen durchführen. Die Windows PowerShell (im Umfang des Windows Server 2008 mit grafischer Benutzeroberfläche standardmäßig noch in der Version 1.0 enthalten) war auf diesen Server-systemen als Server Core-Installation wegen des darauf ebenso fehlenden „.NET-Frameworks" nicht verfügbar. Zu Windows Server 2008 R2 (Release 2) fügte Microsoft für die lokale Verwaltung sogenannter „Core-Server" die Windows PowerShell in der Version 2.0 mitsamt aller darin enthaltenen Module und Cmdlets (wie die Befehle in der Windows PowerShell bezeichnet werden) hinzu.

Zu beachten war hierbei, dass man die grafische Benutzeroberfläche auf einem als Server Core-Installation eingerichteten Serverbetriebssystem unter Windows Server 2008 bzw. Windows Server 2008 R2 nicht einfach „nachinstallieren" konnte. Im Bedarfsfall war hierzu eine vollständige Neuinstallation des Betriebssystems notwendig.

Erst mit Windows Server 2012 (R2) konnte man die grafische Benutzeroberfläche auf einem zuvor noch als Server Core-Installation bereitgestellten Serverbetriebssystem bei Bedarf einfach als Feature hinzufügen. Auch ließ sich diese von dem betreffenden Serversystem im Bedarfsfall ebenso einfach wiederum entfernen.

Unter Windows Server 2019 als Server Core-Installation steht die Option zum Hinzufügen oder Entfernen der grafischen Benutzeroberfläche direkt aus dem Betriebssystemumfang heraus - wie zuvor bereits auch unter Windows Server 2016 - nicht zur Verfügung - ganz nach dem Motto: ***„...einmal Server Core = immer Server Core!"***

> **HINWEIS** ➲ Ohne die Neuinstallation lässt sich ein Serversystem unter Windows Server 2019 - wie zuvor bereits auch unter Windows Server 2016 - als Server Core-Installation nicht mehr zu einem Serversystem mit grafischer Benutzeroberfläche wandeln. Umgekehrt gelingt dies genauso eben nur noch über eine vollständige Neuinstallation des Betriebssystems.

Alternativ bietet Microsoft mit der optional downloadbaren ***Server Core App Compatibility*** als *„Feature on Demand"* (*FOD*) die Möglichkeit der Bereitstellung verschiedener, grafischer Verwaltungstools auf einem Serversystem unter Windows Server 2019 als Server Core-Installation. Details hierzu sind in den folgenden Seiten dieses Kapitels enthalten. Eine noch schlankere Variante des Windows-Serverbetriebssystems findet man in dem unter Windows Server 2016 erstmalig verfügbaren Nano-Server. Details hierzu sind ebenso in diesem Kapitel zusammengefasst.

Um zu entscheiden, ob man Windows Server 2019 als Server Core- oder als Server mit grafischer Benutzeroberfläche einsetzen sollte, muss man diese seitens der jeweiligen Eigenschaften, sowie der potentiellen Vor- und Nachteile vergleichen.

13.1 Windows Server 2019 als Server Core-Installation

Ein Serversystem unter Windows Server 2019 kann mit einfachen Schritten als Server Core-Installation eingerichtet werden. Diese Installationsoption ist im grafischen Installationsassistenten von Windows Server 2019 standardmäßig bereits vorausgewählt.

Standardmäßig vorausgewählt

13.1.1 Vorteile beim Einsatz als Server Core

Der Einsatz von Windows Server 2019 als Server Core-Installation birgt - im direkten Vergleich mit der Installation des Betriebssystems mit grafischer Oberfläche - eine Vielzahl an Vorteilen:

- **Verminderter Verwaltungsaufwand** Auf einem als Server Core-Installation eingerichteten Serversystems werden in der Regel weniger Dienste und Anwendungen ausgeführt, so dass sich hierdurch auch der notwendige Verwaltungsaufwand reduziert.

- **Kleinere Angriffsfläche** Durch die Reduzierung der ausgeführten Dienste und Anwendung beschränkt sich auf einem als Server Core-installierten Serversystem unter Windows Server 2019 auch die Angriffsfläche gegenüber Hackern.

- **Reduzierter Wartungsaufwand** Durch den Wegfall der grafischen Benutzeroberfläche, sowie des damit einhergehenden Wegfalls bestimmter Dienste und Anwendungen reduziert sich auch der notwendige Wartungsaufwand mitunter erheblich. Für nicht vorhandene Komponenten müssen auch keinerlei Updates oder Patches eingespielt werden.

- **Geringere Speicheranforderungen** Die Installation eines Serversystems unter Windows Server 2019 als Server Core-Installation belegt, je nach installierten Serverrollen, Rollendiensten und Features, im Vergleich zu einem vollständig installierten Serversystem (mit grafischer Benutzeroberfläche) gleich mehrere GByte weniger an benötigtem Speicherplatz auf der darin eingebauten Festplatte.

13.1.2 Minimale Anzahl grafischer Tools

Die grafischen Tools zur Verwaltung eines Serversystems unter Windows Server 2019 als Server Core-Installation sind standardmäßig auf ein Minimum beschränkt. So ist es zwar möglich, den *Task-Manager*, den *Registrierungseditor* (Regedit.exe) und das *Notepad* (Notepad.exe) grafisch zu starten, jedoch stehen sonst kaum mehr Tools zur Verfügung.

Über den Aufruf des folgenden Befehls kann man beispielsweise die Konfiguration für die *internationalen Einstellungen* aufrufen:

```
control intl.cpl
```

Die Konfiguration der *Zeitzone* wiederum wird über die Eingabe des folgenden Befehls aufgerufen und konfiguriert:

```
control timedate.cpl
```

Den *Task-Manager* erreicht man auf einem Serversystem unter Windows Server 2019 als Server Core-Installation über die Tastenkombination [Strg], [Alt] und [Entf].

PRAXISTIPP! ➲ Erst die Installation der *Server Core App Compatibility* bringt grafische Verwaltungstools auf das Serversystem mit Windows Server 2019 als Server Core-Installation.

13.1.2.1 Nur Eingabeaufforderung und Windows PowerShell

Im Gegensatz zu einem Serversystem unter Windows Server 2019 mit grafischer Benutzeroberfläche ist die Explorer-Shell auf einem System mit Server Core-Installation standardmäßig nicht vorhanden. Stattdessen stehen auf einem solchen System die Eingabeaufforderung bzw. die Windows PowerShell für die Verwaltung von Serverrollen,

Rollendiensten und Features zur Verfügung. Zur Verwaltung kann man diese entweder lokal oder zum Beispiel über eine Terminalserververbindung auch im Remotezugriff nutzen.

HINWEIS ➲ Wenn man die Eingabeaufforderung (cmd.exe) oder das Fenster der Windows Power-Shell geschlossen hat, so kann man diese im Task-Manager des Server Core unter Windows Server 2019 in der *erweiterten Ansicht* über die Auswahl der Optionen *Datei* und *Ausführen* jederzeit wieder öffnen.

Alternativ kann man ein Serversystem unter Windows Server 2019 als Server Core-Installation von einem anderen Computersystem im Netzwerk mithilfe des grafischen Server-Managers remote verwalten.

13.1.3 Neuerungen

Microsoft ist auch in der Vergangenheit stets bestrebt gewesen, sein Windows-Serverbetriebssystem in jeder neu veröffentlichten Version noch besser auf die Praxisbelange abzustimmen. Hierzu arbeitet Microsoft auch ständig an der Entwicklung von Neuerungen, sowie auch der Verbesserung bereits vorhandener Features rund um das Betriebssystem, sowie der darin enthaltenen Serverrollen und -dienste.

13.1.3.1 Neuerungen rund um Server Core unter Windows Server 2019

In Windows Server 2019 finden sich nur wenige Neuerungen oder auch Änderungen, die Microsoft in die Server Core-Installation eingearbeitet hat.

Zu diesen zählt man u. a.:

- **Server Core App Compatibility (Feature on Demand, FOD)**

  Mit dem *Server Core App-Kompatibilitäts-FOD* besteht auf einem Serversystem unter Windows Server 2019 als Server Core-Installation die Möglichkeit der Bereitstellung verschiedener, grafischer Verwaltungswerkzeuge, wie zum Beispiel dem Datei-Explorer, dem Geräte-Manager, der Datenträgerverwaltung, oder auch der Ereignisanzeige. Dies geschieht über einen - optional downloadbaren - ISO-Datenträger, oder alternativ durch den Download über die Microsoft-Update-Services direkt aus dem Internet.

  Die Details hierzu werden in den späteren Seiten dieses Kapitels noch erklärt.

13.1.3.2 Neuerungen rund um Server Core noch unter Windows Server 2016

In Server Core noch unter Windows Server 2016 sind ebenso lediglich wenige Neuerungen eingeflossen, die auch unter dem neuen Serverbetriebssystem, dem Windows Server 2019 zur Verfügung stehen. Zu diesen zählt man u. a.:

- **Windows Defender - standardmäßig on Board**

Windows Server 2016 enthält einige wichtige Neuerungen, die man auch beim Einsatz als Server Core-Installation berücksichtigen muss. So findet sich auf einem solchen Serversystem neben der Windows PowerShell in der Version 5.1 standardmäßig ebenso auch *Windows Defender*, was bislang lediglich unter den aktuellen Clientbetriebssystemen wie Windows 8.1 oder auch Windows 10 zum standardmäßigen Umfang gehörte. Im Bedarfsfall lässt sich Windows Defender jedoch deaktivieren.

- **Wechsel der Benutzeroberfläche nicht mehr möglich**

  Der Wechsel von einer Server Core-Installation zu einer Installation mit grafischer Benutzeroberfläche wird von Windows Server 2019, wie zuvor bereits auch unter Windows Server 2016, nicht mehr unterstützt. Um die grafische Benutzeroberfläche auf einem Serversystem unter Server Core zu installieren, bedarf es der vollständigen Neuinstallation des Betriebssystems. Auch der umgekehrte Fall wird von Windows Server 2019, sowie auch von Windows Server 2016 nicht mehr unterstützt.

HINWEIS ➲ Unter Windows Server 2019 bietet Microsoft die *Server Core App Compatibility* (Feature on Demand, FOD), mit der man wiederum eine Vielzahl an grafischen Verwaltungstools auf einem Windows-Serversystem mit Server Core-Installation bereitstellen kann. Diese sind jedoch auf Windows Server 2016 nicht anwendbar.

13.1.4 Installation als Server Core

Die Installation eines Serversystems unter Windows Server 2019 als Server Core gestaltet sich, wie dies zuvor auch unter Windows Server 2016 oder auch unter Windows Server 2012 R2 der Fall war, recht einfach. Alternativ zu einer Neuinstallation kann man vorhandene Serversysteme unter Windows Server 2016 oder Windows Server 2012 R2 als Server Core-Installation auf Windows Server 2019 als Server Core-Installation softwareseitig - *per In-place-Upgrade* - einfach aktualisieren. Die Aktualisierung noch früherer Serverbetriebssysteme auf Windows Server 2019 wird jedoch nicht unterstützt. Die Server Core-Installation kann nicht verwendet werden, um damit ein bereits vorhandenes Serversystem mit grafischer Benutzeroberfläche zu aktualisieren.

13.1.4.1 Systemanforderungen

Abhängig von geplanten Serverrollen und Features

Bevor man mit der Installation von Windows Server 2019 als Server Core beginnen kann, muss man die von Microsoft vorgegebenen Systemanforderungen beachten. Die Hardwareanforderungen orientieren sich im Praxiseinsatz an der Vielzahl der in Windows Server 2019 enthaltenen und darauf eingesetzten Serverrollen, Rollendienste und Features. Die reelle Hardwareanforderung für den Servereinsatz kann somit von den hier angegebenen Daten abweichen.

Die von Microsoft empfohlene - minimale - Hardwareausstattung eines Serversystems zur Installation von Windows Server 2019 als Server Core-Installation umfasst:

- **1,4 GHz 64-Bit-Prozessor**, oder besser
- **512 Mbyte Arbeitsspeicher** (RAM), oder besser
- **32 GByte Festplattenspeicher**, oder mehr

Wenn das zu installierende Serversystem unter Windows Server 2019 über mehr als 16 GByte Arbeitsspeicher verfügen soll, so muss dies in Bezug auf die Größe der Auslagerungsdatei bei der Kalkulation der Festplattenkapazität berücksichtigt werden.

13.1.4.2 Schritte zur Vorbereitung der Installation

Um Windows Server 2019 als Server Core zu installieren, muss man, vergleichbar mit der Installation eines vollständig installierten Servers, bestimmte Schritte zur Vorbereitung der Installation ausführen. Diese Schritte umfassen unter anderem:

- **Trennen von USV-Geräten** Sollte das Serverbetriebssystem, auf welchem Windows Server 2019 installiert werden soll, mit Geräten für die unterbrechungsfreie Stromversorgung (*USV-Geräte*) verbunden sein, so trennen Sie das serielle Kabel dieser Geräte unbedingt noch vor dem Start der Installation vom Serversystem. Der Setup-Prozess versucht u.a. die seriellen Schnittstellen an dem betreffenden Serversystem zu ermitteln. Ein angeschlossenes USV-Gerät kann hierbei zu Problemen führen.

- **Bereitlegen der notwendigen Treiber** Legen Sie die für die Installation notwendigen und vom jeweiligen Hersteller bereitgestellten Treiber (beispielsweise für die Installation eines speziellen SCSI-Controllers) vor der Installation auf Diskette, CD oder einem USB-Flashlaufwerk (*Universal Serial Bus*) bereit.

Wenn die Schritte zur Vorbereitung abgeschlossen sind, kann man mit der eigentlichen Installation von Windows Server 2019 als Server Core beginnen.

13.1.4.3 Manuelle Installation

Die Installation von Windows Server 2019 als Server Core startet genauso wie die Installation eines vollwertigen Servers. Lediglich die nachfolgenden Schritte sowie die anschließende Erstkonfiguration des Serversystems weichen hiervon ab. Gehen Sie zur Installation von Windows Server 2019 als Server Core wie folgt vor:

1. Legen Sie das Installations-Medium in das DVD-Laufwerk des zu installierenden Serversystems ein und starten Sie den Server neu.

2. Die Installationsroutine von Windows Server 2019 wird automatisch gestartet. Es erscheint der Bildschirm zur Sprachauswahl für die Installation. Klicken Sie auf **Weiter** um fortzuführen.

3. Klicken Sie im darauf folgenden Bildschirm auf **Jetzt installieren**, um die Installation zu starten.

4. Im nächsten Dialog müssen Sie *den Produkt-Key* von Windows Server 2019 eingeben. Klicken sie anschließend auf **Weiter**.

5. Der Dialog für die Auswahl des zu installierenden Betriebssystems wird angezeigt. Wählen Sie als Installationsmodus *Windows Server 2019 Standard* bzw. *Datacenter (Option OHNE den Zusatz „Desktopdarstellung")* aus, und klicken Sie dann auf **Weiter**.

6. Akzeptieren Sie im folgenden Dialog die Lizenzbedingungen für die Nutzung von Windows Server 2019, und klicken Sie dann auf **Weiter**.

7. Klicken Sie im Dialog *Wählen Sie eine Installationsart aus* auf **Benutzerdefiniert: nur Windows installieren (für fortgeschrittene Benutzer)**.

8. Legen Sie fest, auf welchem Datenträger Windows Server 2019 als Server Core installiert werden soll, und klicken Sie dann auf **Weiter**.

9. Im Bedarfsfall können Sie über die Auswahl *Laufwerksoptionen (erweitert)* vorweg noch Partitionen anlegen. Sollte in diesem Dialogfenster keinerlei Festplattenpartition angezeigt werden, so können Sie über die Option Treiber laden einen womöglich für den im Serversystem vorhandenen Festplattencontroller notwendigen Treiber von einer CD/DVD-ROM, einer Diskette oder einem USB-Laufwerk laden.

10. Der Installationsprozess installiert Windows Server 2019 nunmehr völlig selbständig auf dem betreffenden Computersystem. Der Fortschritt wird dabei auf dem Bildschirm angezeigt.

11. Nach Beendigung der Installation wird der Server automatisch neu gestartet. Anschließend erscheint ein Hinweis zur Notwendigkeit der *Kennwortänderung.*

Abb. 13.2: *Aufforderung zur Kennwortänderung nach der Installation*

Bestätigen Sie die Notwendigkeit für die Kennwortänderung mittels der Auswahl **OK** durch das Drücken der [↵]-Taste.

12. Geben Sie das gewünschte Benutzerkennwort für das lokale Administratorkonto ein, drücken Sie die [⇆]-Taste, wiederholen Sie das Kennwort noch einmal unter *Kennwort bestätigen:*, und drücken Sie anschließend die [↵]-Taste.

13. Bestätigen Sie die Kennwortänderung mit **OK** durch einen Klick auf die [↵]-Taste.

14. Der *„Oberfläche"* von Server Core unter Windows Server 2019 wird geladen und auf dem Bildschirm angezeigt.

Wie dies in den vorangegangenen Schritten sicher zu bemerken war, lässt sich die Installation eines Serversystems unter Windows Server 2019 als Server Core mit einfachen Schritten durchführen. Der eigentliche Aufwand ergibt sich erst anschließend im Rahmen der Erstkonfiguration, sowie der Installation und Konfiguration der zu implementierenden Serverrollen, Rollendienste und Funktionen (*Features*).

13.3.4 Unbeaufsichtigte Installation

Installation inklusive Erstkonfiguration möglich

Alternativ zur vorweg beschriebenen, manuellen Installation und zu den Schritten der Erstkonfiguration, kann man Windows Server 2019 als Server Core auch mittels einer unbeaufsichtigten Installation auf einem Serversystem installieren. Hierbei können die meisten Aufgaben der Erstkonfiguration des Servers gleich während der Installation durchgeführt werden.

Vorteile der unbeaufsichtigten Installation

Die Durchführung einer unbeaufsichtigten Installation von Windows Server 2019 als Server Core bringt die folgenden Vorteile mit sich:

- Die Schritte zur Erstkonfiguration können weitgehend alle bereits während der Installation durchgeführt werden. Eine manuelle Konfiguration dieser notwendigen Einstellungen entfällt damit.
- Die Aktivierung der Remoteverwaltung kann in den Vorgang der unbeaufsichtigten Installation gleich mit einbezogen werden, so dass auch diese Konfigurationsschritte nachfolgend entfallen.
- Bestimmte Einstellungen, wie zum Beispiel die Konfiguration der Bildschirmauflösung, können während der unbeaufsichtigten Installation bereits konfiguriert werden.

Rechtfertigung des Aufwands

Der Aufwand der Aufbereitung bzw. Erstellung einer Datei für die unbeaufsichtigte Installation (*Unattend.xml*) lohnt sich zeitlich sicher dann, wenn gleich mehrere Serversysteme unter Windows Server 2019 als Server Core installiert werden sollen.

INTERNET ➲ Detaillierte Informationen über die unbeaufsichtigte Installation von Windows als Server Core-Installation sowie die Konfiguration der dazu notwendigen Datei *Unattend.xml* erhalten Sie im Internet zum Beispiel auf der Microsoft-Webseite im Internet unter:

https://docs.microsoft.com/en-us/windows-hardware/manufacture/desktop/automate-windows-setup#use-an-answer-file-while-installing-windows

13.1.5 Erstkonfiguration

Notwendige Anpassungen nach der Installation

Nach der erfolgreichen Installation eines Serversystems unter Windows Server 2019 als Server Core erfolgen die Schritte zur Erstkonfiguration.

Zu den Schritten der Erstkonfiguration von Windows Server 2019 als Server Core zählen unter anderem die folgenden:

- Festlegen des Administratorkennworts
- Konfiguration einer statischen IP-Adresse
- Umbenennen des Servers
- Anpassung der Telemetrieeinstellungen (standardmäßig ist diese auf „Erweitert" voreingestellt)
- Anpassung der Update-Einstellungen

- Beitreten zu einer Active Directory-Domäne
- Aktivieren des Betriebssystems von Windows Server 2019
- Konfigurieren der Windows-Firewall
- Aktivieren der Remoteverwendung von Windows PowerShell
- Hinzufügen von Serverrollen und -funktionen

Die notwendigen Schritte zur Erstkonfiguration müssen in der Regel über die *Eingabeaufforderung* bzw. die *Windows PowerShell* erfolgen. Die Kommandozeile (cmd.exe) wird nach dem ersten Anmelden am Serversystem unter Windows Server 2019 als Server Core-Installation automatisch angezeigt.

Verwaltung mittels sconfig

Zur Vereinfachung der (Erst-)Konfiguration eines Serversystems unter Windows Server 2019 als Server Core-Installation steht, wie dies bereits auch unter den vorherigen Windows-Serverbetriebssystemen der Fall war, **`sconfig.cmd`** als kommandozeilenbasiertes Verwaltungsmenü zur Verfügung.

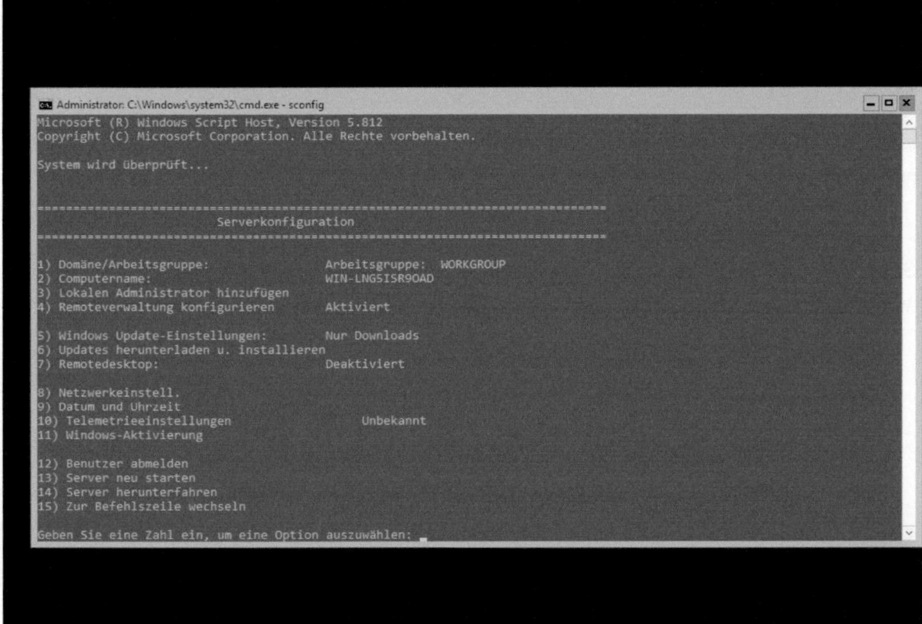

Abb. 13.3: *Serverkonfiguration mittels sconfig auf einem Serversystem unter Windows Server 2019 als Server Core-Installation*

13.1.5.1 Festlegen des Administratorkennworts

Hohe Sicherheitsanforderungen an das Kennwort

Bereits im Anschluss an die Installation von Windows Server 2019 als Server Core wird man zur Eingabe eines Kennworts für das Administratorkennwort aufgefordert. Bei Bedarf kann man dieses Kennwort später jederzeit ändern, indem man die Tasten [Strg] + [Alt] + [Entf] drückt, und die Option **Kennwort ändern** auswählt.

Abb. 13.4: *Option zum Ändern des Administrator-Kennworts unter Windows Server 2019 als Server Core-Installation*

13.1.5.2 Konfiguration der Netzwerkeinstellungen

Gehen Sie zur Konfiguration der Netzwerkeinstellungen auf einem Serversystem unter Windows Server 2019 als Server Core mithilfe von *sconfig* wie folgt vor:

1. Geben Sie **`sconfig`** in der *Eingabeaufforderung* von Windows Server 2019 als Server Core ein und drücken Sie die [↵]-Taste.
2. Geben Sie die Zahl **8** für die Auswahl der *8) Netzwerkeinstell.* ein und drücken Sie die [↵]-Taste.
3. Geben Sie die *Indexnummer* (angezeigt unter *Index#*) der anzupassenden Netzwerkkarte ein, und drücken Sie die [↵]-Taste.
4. Geben Sie **1** zum Festlegen der statischen IP-Adresse ein, und drücken Sie die [↵]-Taste.
5. Geben Sie **S** zum Festlegen einer statischen IP-Adresse ein, und drücken Sie anschließend die [↵]-Taste.

6. Geben Sie nun die gewünschte *IP-Adresse* ein, und drücken Sie anschließend die [↵]-Taste.

7. Geben Sie die gewünschte *Subnetzmaske* ein, und drücken Sie anschließend die [↵]-Taste.

8. Geben Sie die IP-Adresse für das *Standardgateway* ein, und drücken Sie anschließend die [↵]-Taste.

9. Geben Sie **2** für das Festlegen eines *DNS-Servers* ein, und drücken Sie anschließend die [↵]-Taste.

10. Geben Sie die IP-Adresse des *bevorzugten DNS-Servers* ein, und drücken Sie die [↵]-Taste.

11. Bestätigen Sie die Konfiguration mit einem Klick auf **OK**.

12. Geben Sie bei Bedarf noch die IP-Adresse für einen *alternativen DNS-Server* ein, und drücken Sie die [↵]-Taste.

13. Geben Sie **4** ein, um zurück zum *Hauptmenü* zu wechseln, und drücken Sie die [↵]-Taste.

Alternativ zur Konfiguration mithilfe von *sconfig.cmd* können Sie die Netzwerkeinstellungen mithilfe der *Windows PowerShell* oder mit dem Kommandozeilenbefehl **`netsh`** vornehmen.

13.1.5.3 Ändern des Servernamens

Bei der Installation wurde für den neuen Server unter Windows Server 2019 als Server Core ein zufälliger Computername vergeben. Dieser passt in aller Regel nicht in das Namensschema vorhandener Active Directory-Domänen. Es besteht die Möglichkeit, den Computernamen entweder mithilfe der Windows PowerShell, unter Verwendung von **`sconfig`** oder mittels des Kommandozeilenbefehls **`netdom`** zu ändern.

Standardmäßiger Name i.d.R. nicht passend

Gehen Sie zum Ändern des Servernamens auf einem Serversystem unter Windows Server 2019 als Server Core-Installation mithilfe von *sconfig.cmd* wie folgt vor:

1. Geben Sie **`sconfig`** in der Eingabeaufforderung ein und drücken Sie die [↵]-Taste.

2. Geben Sie die Zahl **2** für die Auswahl von *2) Computername* ein und drücken Sie die [↵]-Taste.

3. Bestätigen Sie den erforderlichen Neustart mit einem Klick auf die Schaltfläche **Ja**.

Das Serversystem wird zur Durchführung der Änderung des Servernamens neu gestartet.

HINWEIS ➲ Das Ändern des Computernamens kann auch noch während des Beitritts des Computers zu einer vorhandenen Active Directory-Domäne entsprechend geändert werden.

Alternativ zur Konfiguration mithilfe von **`sconfig.cmd`** können Sie Änderung des Computernamens auch mit der *Windows PowerShell*, oder mithilfe des Kommandozeilenbefehls **`netdom`** vornehmen.

13.1.5.4 Beitreten zu einer Active Directory-Domäne

Ermöglicht zentrale Verwaltbarkeit

Als nächsten Schritt fügen Sie den neu installierten Server unter Windows Server 2019 Server Core als Mitgliedsserver zu einer bereits bestehenden Active Directory-Domäne hinzu. Dies kann entweder mithilfe von *sconfig.cmd,* der *Windows PowerShell* oder mittels des Kommandozeilenbefehls **`netdom`** erfolgen.

Gehen Sie zum Beitreten des Serversystems unter Windows Server 2019 als Server Core als Mitglied zu einer vorhandenen Active Directory-Domäne mithilfe von *sconfig.cmd* wie folgt vor:

1. Geben Sie **`sconfig`** in der *Eingabeaufforderung* ein und drücken Sie anschließend die [↵]-Taste:
2. Geben Sie die Zahl **`1`** für die Auswahl von *1) Domäne/Arbeitsgruppe* ein und drücken Sie anschließend die [↵]-Taste.
3. Geben Sie **`d`** zum Beitritt zu einer vorhandenen Active Directory-Domäne ein, und drücken Sie die [↵]-Taste.
4. Geben Sie den *Namen der Domänen* ein, und drücken Sie die [↵]-Taste.
5. Geben Sie den *Namen* eines zum Hinzufügen des Servers zur Domäne autorisierten Benutzers (im Format *<Domäne>**<Benutzername>*) ein, und drücken Sie die [↵]-Taste.
6. Geben Sie das dem Benutzer zugewiesene *Kennwort* ein, und drücken Sie die [↵]-Taste.
7. Klicken Sie bei der Frage nach der Änderung des Computernamens vor dem Neustart auf **Nein**.
8. Bestätigen Sie den erforderlichen Neustart mit einem Klick auf die Schaltfläche **Ja**.

Das Serversystem wird zum Abschluss des Beitritts des Computers zur vorhandenen Active Directory-Domäne neu gestartet. Das Computerkonto des neu zur Active

Directory-Domäne hinzugefügten Servers wird standardmäßig im Container *Computers* erstellt.

Alternativ zu **sconfig.cmd** können Sie auch mit dem Kommandozeilenbefehl **netdom** als Mitglied zu einer vorhandenen Active Directory-Domäne beitreten.

13.1.5.5 Aktivieren des Betriebssystems von Windows Server 2019

Nach der Installation des Windows Server 2019 als Server Core muss dieser seitens des Betriebssystems noch aktiviert werden, um ihn dauerhaft nutzen zu können. Die Aktivierung des Server Core kann hierbei einfach über das Internet oder auch telefonisch durchgeführt werden.

Wichtig für den dauerhaften Betrieb

Zur Aktivierung des Betriebssystems steht in **sconfig.cmd** die Option **11) Windows-Aktivierung** zur Verfügung. Nach der Auswahl stehen dann die folgenden Optionen zur Verfügung:

1) Lizenzinformationen anzeigen

2) Windows aktivieren

3) Product Key installieren

4) Zurück zum Hauptmenü

Wählen Sie die entsprechende Option, und folgen Sie den jeweiligen Anweisungen.

Alternativ kann man das Serversystem unter Windows Server 2019 als Server Core-Installation ebenso mithilfe der *Kommandozeile* aktivieren. Gehen Sie dazu wie folgt vor:

1. Geben Sie in der *Eingabeaufforderung* des betreffenden Servers die folgende Befehlszeile zur Konfiguration des Produkt-Keys ein - soweit dies nicht schon bei der Installation des Betriebssystems erfolgt ist, und drücken Sie anschließend die ↵-Taste:

   slmgr.vbs -ipk<Produkt-Key>

2. Geben Sie in der *Eingabeaufforderung* des betreffenden Servers die folgende Befehlszeile zur Aktivierung des Betriebssystems ein, und drücken Sie anschließend die ↵-Taste:

   slmgr.vbs -ato

Wenn die Aktivierung des Betriebssystems des betreffenden Servers erfolgreich verlief, so erscheint hierbei keine Meldung.

13.1.5.6 Remoteaktivierung des Betriebssystems

Ein Serversystem unter Windows Server 2019 Server Core kann über die Befehlszeile auch von einem anderen Serversystem unter Windows Server 2019 remote (sprich: über das Netzwerk) aktiviert werden. Geben Sie hierzu einfach die folgende Befehlszeile in der Eingabeaufforderung des Remote-Servers ein, und drücken Sie anschließend die [↵]-Taste:

```
cscript windows\system32\slmgr.vbs <Servername>
<Benutzername> <Kennwort> -ato
```

13.1.5.7 Konfigurieren der Windows-Firewall

Damit der neu installierte Server unter Windows Server 2019 als Server Core von anderen Computersystemen im Netzwerk remote verwaltet werden kann, muss die auf dem Server vorhandene Windows-Firewall entsprechend konfiguriert werden. Dies kann zum Beispiel entweder mithilfe von *sconfig*, der *Windows PowerShell* oder aber mittels des Kommandozeilenbefehls *netsh* erfolgen.

13.1.5.8 Remoteverwaltung mithilfe von sconfig zulassen

Standardmäßig ist die Remoteverwaltung eines Server Core unter Windows Server 2019 aktiviert. Über *sconfig.cmd* kann man dies im Bedarfsfall auch ändern.

Gehen Sie auf einem Server unter Windows Server 2019 als Server Core wie folgt vor, um die Remoteverwaltung in der Windows-Firewall mithilfe von *sconfig* zuzulassen:

1. Geben Sie **`sconfig`** in der Eingabeaufforderung ein und drücken Sie anschließend die [↵]-Taste.
2. Geben Sie die Zahl **4** für die Auswahl von *4) Remoteverwaltung konfigurieren* ein und drücken Sie anschließend die [↵]-Taste.
3. Nehmen Sie im Bedarfsfall die notwendigen Änderungen vor.

13.1.5.9 Anpassung der Telemetrieeinstellungen

Übermittlung von Telemetriedaten an Microsoft

Neu in Windows Server 2019 steht in *sconfig.cmd* die Option zur Anpassung der Telemetrieeinstellungen für den Server zur Verfügung. Die Telemetriedaten dienen Microsoft u. a. auch zur Verbesserung der Leistung von Betriebssystemen. Über diese Option in *sconfig.cmd* lässt sich festlegen, wie umfangreich das Serversystem Telemetriedaten im Hintergrund zur Auswertung an Microsoft übersenden darf. Standardmäßig ist diese Einstellung auf *„Erweitert"* voreingestellt - wird nach der Installation zunächst jedoch als *„Unbekannt"* angezeigt.

Verfügbare Optionen

Insgesamt stehen die folgenden Optionen zur Anpassung der Telemetrieeinstellungen in Windows Server 2019 als Server Core zur Verfügung:

1) Sicherheit Diese Option umfasst Informationen, die erforderlich sind, um das Betriebssystem sicher zu halten, einschließlich Daten über Komponenteneinstellungen, Benutzer-Experience und Telemetrie, Microsoft Software Removal Tool (*MSRT*) und Windows Defender.

2) Einfach Diese Option umfasst grundlegende Informationen, einschließlich qualitätsrelevante Daten, Anwendungskompatibilität, App-Nutzungsdaten und Daten aus der Sicherheitsstufe.

3) Erweitert Diese Option umfasst zusätzliche Erkenntnisse, darunter auch, wie das Betriebssystem und Apps verwendet werden, wie sie sich Verhalten, erweiterte Zuverlässigkeitsdaten, sowie auch Daten aus den Optionen Einfach und Sicherheit.

4) Vollständig Diese Option umfasst alle Daten zur Feststellung und zum Beheben von Problemen, sowie die Daten aus den Stufen Sicherheit, Einfach und Erweitert.

Nur im Umfang einschränkbar

Völlig abschalten lässt sich die Telemetriedatenübermittlung von Windows Server 2019 als Server Core-Installation mithilfe von *sconfig.cmd* nicht. Es empfiehlt sich somit, die für die Sammlung sowie Datenübermittlung an Microsoft gewünschte Stufe noch zu Beginn der Inbetriebnahme des Serversystems bei Bedarf entsprechend anzupassen.

Nach der Erstkonfiguration folgen nun die notwendigen Schritte, um die in der Praxis notwendigen Serverrollen, Rollendienste und Funktionen auf einem Serversystem unter Windows Server 2019 als Server Core-Installation hinzuzufügen.

13.1.6 Hinzufügen von Serverrollen, Rollendiensten und Funktionen

Standardmäßig nichts installiert

Ein Serversystem unter Windows Server 2019 als Server Core-Installation kann verschiedene Serverrollen, Rollendienste und Funktionen ausführen. Erst damit erhält ein solches Serversystem in der Regel auch die notwendigen Funktionen im Netzwerk.

13.1.6.1 Unterstützte Serverrollen

Windows Server 2019 unterstützt im Umfang einer Server Core-Installation die folgenden Serverrollen:

- Active Directory-Domänendienste (AD DS)
- Active Directory-Zertifikatdienste (AD CS)
- Active Directory Lightweight Directory Services (AD LDS)
- Active Directory-Rechteverwaltungsdienste (AD RMS)

- DHCP-Server
- DNS-Server
- Dateidienste
- Druck- und Dokumentdienste
- Streaming Media Dienste
- Webserver (IIS)
- Hyper-V
- Windows Server Update Services (WSUS)
- Routing- und RAS-Dienste, einschließlich der folgenden Unterrollen:
    - Verbindungsbroker für Remotedesktopdienste
    - Lizenzierung
    - Virtualisierung

Kombination verschiedener Rollen und Features möglich

Natürlich können die möglichen Serverrollen auch gemeinsam auf einem Server Core ausgeführt werden. Es empfiehlt sich beispielsweise neben der Rolle der Active Directory-Domänendienste (*AD DS*) auch die Rolle als DNS-Server auszuführen. Somit können domänenbezogene Namensauflösungsvorgänge beispielsweise gleich auch auf demselben Server durchgeführt werden.

Durch die Eingabe von **`Get-WindowsFeature *`** in der Windows PowerShell von Windows Server 2019 als Server Core-Installation werden alle installierbaren Serverrollen, Rollendienste und Funktionen aufgelistet.

Da auf einem Serversystem unter Windows Server 2019 als Server Core der grafische Server-Manager standardmäßig nicht enthalten ist, gestaltet sich das lokale Implementieren von Serverrollen auf solchen Servern für die meisten Administratoren sicher erst einmal ungewohnt. Die folgende Serverrolle dient als Beispiel für die dabei notwendigen Konfigurationsschritte.

13.1.6.2 Installation der DNS-Serverrolle

Gehen Sie zur Installation der Serverrolle eines DNS-Servers auf einem Serversystem unter Windows Server 2019 Server Core mithilfe der Windows PowerShell wie folgt vor:

1. Geben Sie **`powershell`** zum Starten der Windows PowerShell in der Eingabeaufforderung ein, und drücken Sie anschließend die [↵]-Taste.

2. Geben Sie in der Windows PowerShell den folgenden Befehl ein, um die DNS-Serverrolle auf dem Serversystem zu installieren, und drücken Sie die [↵]-Taste:

   ```
   Install-WindowsFeature -Name DNS
   ```

Abb. 13.5: *Installation der Serverrolle DNS-Server unter Windows Server 2019 als Server Core-Installation*

Die notwendigen Quelldateien sind im Serversystem unter Windows Server 2019 standardmäßig bereits enthalten. Sollten diese zuvor entfernt worden sein, so kann man im Bedarfsfall eine alternative Quelle der Installationsdateien angeben. Im folgenden Beispiel wird als alternative Quelle das im Laufwerk D: eingelegte Installationsmedium von Windows Server 2019 verwendet:

```
Install-WindowsFeature DNS -Source
wim:D:\Sources\Install.wim:4
```

13.1.7 Verwaltung des Server Core als DNS-Server

Per Windows PowerShell, Kommandozeile oder DNS-Snap-In

Nachdem die Serverrolle DNS-Server auf dem Server Core installiert wurde, kann diese wiederum entweder lokal auf dem Server mit der *Windows PowerShell*, mittels des Kommandozeilentools **dnscmd.exe** oder per *Remoteverwaltung* von einem anderen Computer aus mittels des *DNS-MMC-Snap-Ins* verwaltet werden.

Die Remoteverwaltung erfolgt mittels des MMC-Snap-Ins **DNS-Manager** so problemlos einfach wie bei jedem anderen DNS-Server.

INTERNET ➲ Weitere Details zum Hinzufügen oder auch dem Entfernen von Serverrollen, Rollendiensten und Features auf Serversystemen mit der Server Core-Installation findet man im Internet, unter anderem auf der Website von Microsoft unter:

https://docs.microsoft.com/en-us/previous-versions/windows/it-pro/windows-server-2012-R2-and-2012/jj574158(v=ws.11)

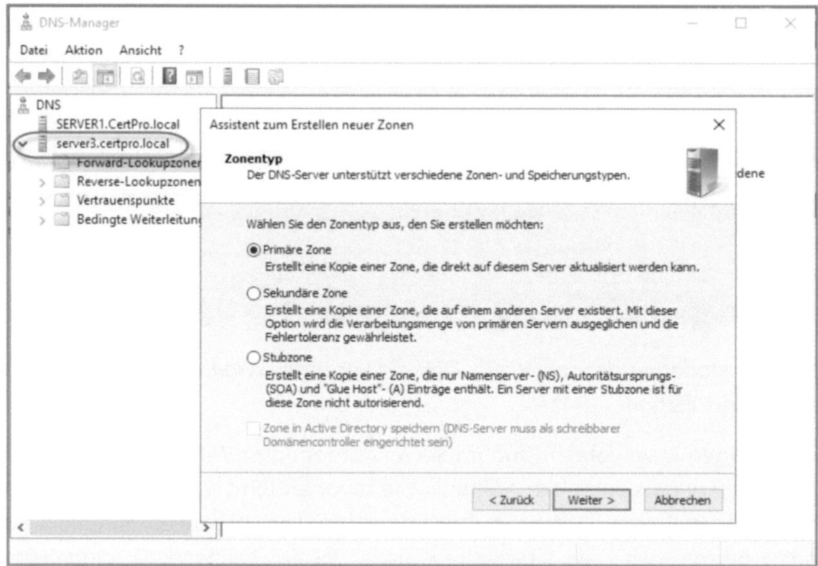

Abb. 13.6: *Remoteverwaltung der DNS-Serverrolle eines Server Core von einem anderen Computersystem im Netzwerk*

13.1.8 Server Core App Compatibility Feature on Demand (FOD)

Als sicher wichtige Neuerung stellt Microsoft für die bessere Verwaltung von Serversystemen unter Windows Server 2019 als Server Core-Installation mit *„Server Core App Compatibility Feature on Demand (FOD)"* (deutsch: *App-Kompatibiliäts-Feature on Demand (FOD)*) ein optional downloadbares Toolkit zur Verfügung. Damit bekräftigt Microsoft sicher nochmals auch die Empfehlung, Serversysteme nach Möglichkeit bevorzugt als Server Core-Installation in Computernetzwerken bereitzustellen.

INTERNET ➲ Die Installation von Microsoft Exchange 2019 oder auch Microsoft SQL Server 2019 ist auf Windows Server 2019 als Server Core-Installation ebenso möglich. Eine Übersicht über die zu Windows Server 2019 als Server Core-Installation kompatiblen Microsoft BackOffice-Anwendungen findet man im Internet unter:

https://docs.microsoft.com/de-de/windows-server/get-started-19/app-compat-19

13.1.8.1 Umfang der Server Core App Compatibity

Im Umfang der optional verfügbaren *Server Core App Compatibility* für Windows Server 2019 als Server Core-Installation sind die folgenden Tools und Programme enthalten:

- **Microsoft Management Console** (mmc.exe)
- **Performance-Monitor** (PerfMon.exe)

- **Ereignisanzeige** (EventVwr.msc)
- **Geräte-Manager** (Devmgmt.msc)
- **Ressourcenmonitor** (PerfMon.exe)
- **Datei-Explorer** (Explorer.exe)
- **Windows PowerShell ISE** (PowerShell_ISE.exe)
- **Failovercluster-Manager** (CluAdmin.msc)

Ab der Version 1903 von Windows Server 2019 wurden zusätzlich noch die folgenden, grafischen Verwaltungswerkzeuge zum Umfang der Server Core App Compatibility (FOD) - in der Version 1903 oder höher - hinzugefügt:

- **Hyper-V Manager** (virtmgmt.msc)
- **Aufgabenplanung** (taskschd.msc)

Failover-Clusterunterstützung vorausgesetzt

Um den *Failovercluster-Manager* auf einem Serversystem unter Windows Server 2019 verwenden zu können, muss man zunächst die *Failover-Clusterunterstützung* auf dem betreffenden Server bereitstellen. Dies kann man als Administrator mit dem folgenden Befehl auf einem Serversystem unter Windows Server 2019 als Server Core-Installation durchführen:

```
Install-WindowsFeature -Name Failover-Clustering
-IncludeManagementTools
```

Im Anschluss startet man den Failovercluster-Manager durch den Aufruf von Cluadmin in der Befehlszeile des Serversystems unter Windows Server 2019 als Server Core-Installation.

13.1.8.2 Installation der Server Core App Compatibility (FOD)

Die *Server Core App Compatibility (FOD)* lässt sich - nach dem Download des Toolkit aus dem Internet - mit einfachen Schritten auf einem Serversystem unter Windows Server 2019 als Server Core-Installation bereitstellen.

HINWEIS ➲ Beachten Sie, dass die Installation der *Server Core App Compatibility* auf einem Serversystem unter Windows Server 2019 mit grafischer Benutzeroberfläche (*Desktopdarstellung*) nicht unterstützt wird.

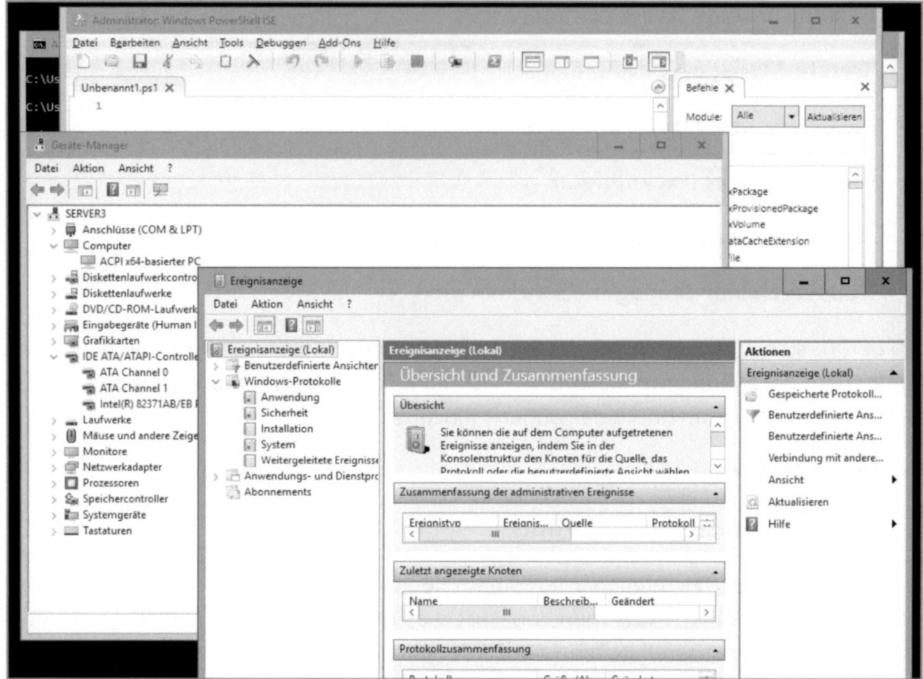

Abb. 13.7: Grafische Verwaltungskonsolen aus der Server Core App Compatibility auf einem Serversystem als Server Core-Installation

13.1.8.3 Schritte zum Hinzufügen der Server Core App Compatibility

Die Server Core App Compatibility lässt sich mit einfachen Schritten zu einem Serversystem mit einer Server Core-Installation von Windows Server 2019 hinzufügen.

Gehen Sie wie folgt vor, um die *Server Core App Compatibility* zu einem Serversystem unter Windows Server 2019 als Server Core-Installation hinzuzufügen:

1. Laden Sie das optionale *Server Core App Compatibility-Paket* als ISO-Datei aus der Website von Microsoft (beispielsweise aus dem Volume Licensing-Portal, dem Microsoft Evaluierungscenter oder dem Visual Studio-Portal herunter.

2. Geben Sie die ISO-Datei der *Server Core App Compatibility* über eine Dateifreigabe im Netzwerk für den Zugriff frei.

3. Melden Sie sich als *Administrator* an dem Serversystem unter Windows Server 2019 als Server Core-Installation an.

4. Verbinden Sie sich mit der Dateifreigabe im Netzwerk, in dem die ISO-Datei der *Server Core App Compatibility* zuvor gespeichert und freigegeben wurde, und

kopieren Sie diese Datei in einen lokalen Ordner auf dem Server Core-Computer (bspw. *C:\ISO*).

5. Starten Sie auf dem Serversystem unter Windows Server 2019 als Server Core-Installation die *Windows PowerShell* durch die Eingabe von powerShell.exe in der *Eingabeaufforderung*, und dem anschließenden Drücken der ↵-Taste.

6. *Mounten* Sie das Serversystem mit der ISO-Datei mithilfe des folgenden Befehls:

```
Mount-DiskImage -ImagePath
<Laufwerk>:\<Ordner>\<Dateiname>.iso
```

7. Geben Sie den folgenden Befehl in der Windows PowerShell ein, um das zuvor gemountete Laufwerk zu ermitteln, in dem sich die Server Core App Compatibility-Dateien befinden:

```
Get-Volume
```

8. Geben Sie den folgenden Befehl zu Installation der *Server Core App Compatibility* ein, und drücken Sie anschließend die ↵-Taste:

```
DISM /Online /Add-Capability /CapabilityName:
"ServerCore.AppCompatibility~~~~0.0.1.0"
/Source:drive_letter_of_mounted_ISO: /LimitAccess
```

Verwenden Sie dabei unter *drive_letter_of_mounted_ISO* den zuvor unter Punkt 7 ermittelten Laufwerksbuchstaben für die gemountete ISO-Datei.

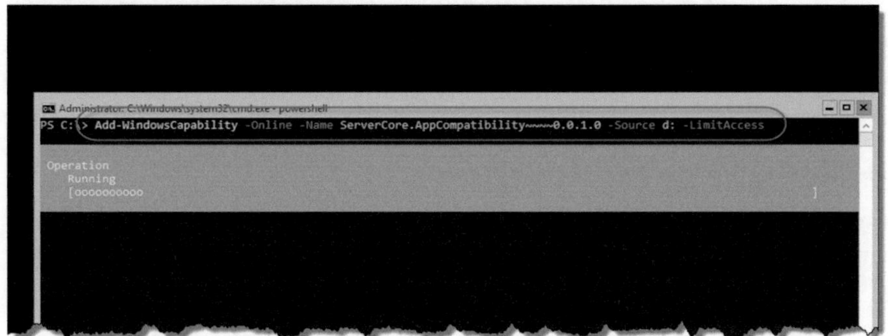

Abb. 13.8: *Installation der Server Core App Compatibility mithilfe der Windows PowerShell*

9. Wenn die Statusanzeige abgeschlossen ist, starten Sie den Server unter Windows Server 2019 neu (beispielsweise mithilfe des Windows PowerShell-Cmdlets **`Restart-Computer`**). Im Anschluss können die Tools und Programme der

Server Core App Compatibility lokal auf dem Serversystem unter Windows Server 2019 als Server Core für die Verwaltung und Wartung verwendet werden.

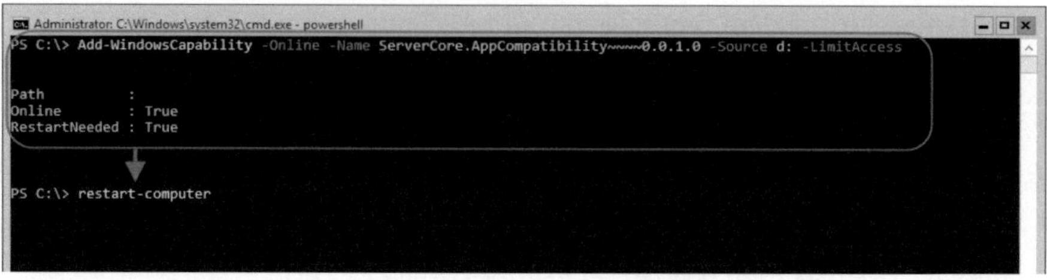

Abb. 13.9: *Abschluss der Server Core App Compatibility-Installation und anschließender Neustart*

Im Anschluss an den Neustart des Serversystems wird die Installation abgeschlossen. Anschließend stehen die zuvor installierten Verwaltungstools und -programme aus dem Umfang der *Server Core App Compatibility* auf dem betreffenden Serversystem zur Verfügung.

PRAXISTIPP! ➲Sollte das Serversystem, auf dem Windows Server 2019 als Server Core-Installation bereitgestellt ist, über eine Verbindung zum Internet verfügen, so kann man den folgenden Befehl in der Windows PowerShell des Servers für die Installation der „Server Core App-Kompatibilität" verwenden:

```
Add-WindowsCapabililty -Online -Name
ServerCore.AppCompatibility~~~~0.0.1.0
```

13.1.8.4 Aufruf der grafischen Verwaltungskonsolen unter Server Core

Die zuvor installierten, grafischen Verwaltungswerkzeuge, die im Umfang der Server Core App Compatibility enthalten sind, lassen sich nach dem Anmelden am Serversystem auf einfache Weise aufrufen. Sehen Sie hierzu nachfolgend einige Beispiele:

Starten des grafischen Datei-Explorer

Geben Sie zum Starten des grafischen Datei-Explorer den folgenden Befehl in der Eingabeaufforderung ein, und drücken Sie anschließend die ↵-Taste:

```
Explorer.exe
```

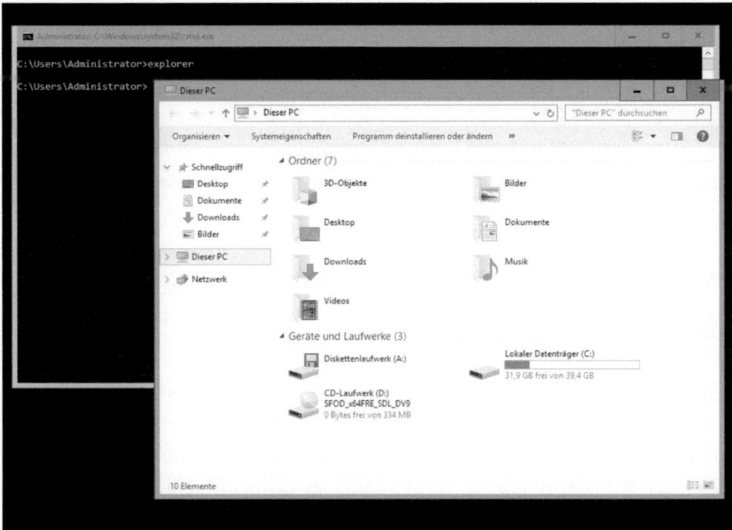

Abb. 13.10: *Starten des Datei-Explorer auf einem Serversystem mit Core Core-Installation*

Starten des grafischen Ereignisanzeige

Geben Sie zum Starten der grafischen Ereignisanzeige den folgenden Befehl in der Eingabeaufforderung ein, und drücken Sie anschließend die ⏎-Taste:

```
eventvwr.msc
```

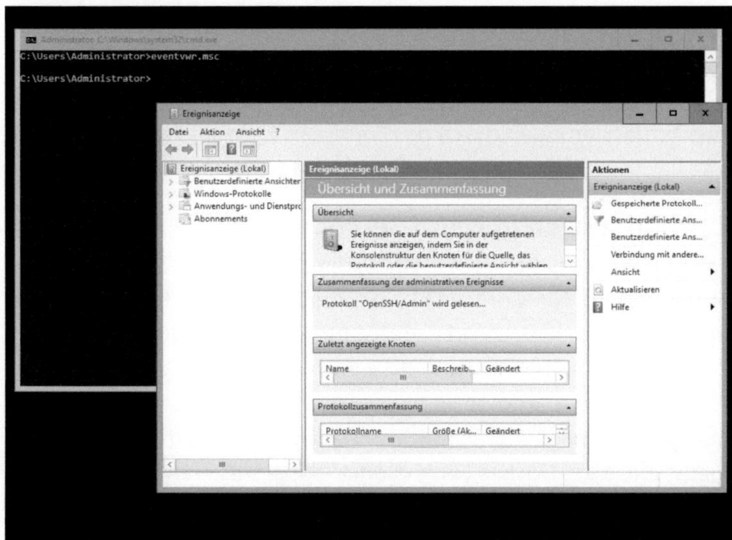

Abb. 13.11: *Starten der grafischen Ereignisanzeige auf einem Serversystem mit Core Core-Installation*

Details zu der Verwendung der im Umfang der *Server Core App Compatibility* für Windows Server 2019 als Server Core enthaltenen Tools und Programme entnehmen Sie bitte der Windows-Hilfe.

Alternativ zur Server Core-Installation hat Microsoft den Windows Server 2019, ebenso wie zuvor bereits auch Windows Server 2019 um eine zusätzliche Bereitstellungsoption erweitert: den Nano-Server.

13.2 Nano-Server mit Windows Server 2019 bereitstellen

Einsatz nur noch als Basis-Betriebssystemimage für „Docker"-Container

Die Bereitstellungsoption von Windows Server 2019 als Nano-Server ermöglicht - im direkten Vergleich mit einer Server Core-Installation - die Bereitstellung noch wesentlich schlankerer Serversysteme. Hierzu hat Microsoft die komplette grafische Benutzeroberfläche, sowie auch eine Reihe weiterer Serverkomponenten entfernt. Unter Windows Server 2016 erstmalig veröffentlicht, wurde der Nano-Server von Microsoft unter Windows Server 2019 nochmals optimiert - und ist nunmehr lediglich noch für den Einsatz als Basis-Betriebssystemimage für „Docker"-Container - vorgesehen. Die Bereitstellung von Nano-Servern als Hostbetriebssystem, mitunter sogar als Virtualisierungshost, ist unter Windows Server 2019 nicht mehr vorgesehen.

13.2.1 Vorteile von Windows Server 2019 als Nano-Server

Die Vorteile eines Serversystems als Nano-Server werden von Microsoft auch unter Windows Server 2019 unter anderem wie folgt beschrieben:

- Sichere Bereitstellung durch die geringere Angriffsfläche.
- Speicherplatzersparnis gegenüber herkömmlichen Windows-Serversystemen
- Reduzierung der notwendigen Anzahl an Neustarts des Serversystems
- Weniger kritischer Aktualisierungen durch das Entfernen wesentlicher Teile des Betriebssystems

13.2.2 Wichtige Anpassungen in Nano-Server

Auf schlank getrimmt

Seit der Version 1803 des Windows-Serverbetriebssystems steht Nano-Server lediglich noch als „Basis-Betriebssystem für Container" zur Verfügung. Die Bereitstellungsdateien stehen - anders als noch zu Zeiten von Windows Server 2016 - auf dem Installationsdatenträger für Windows Server 2019 nicht mehr zur Verfügung. Die Bereitstellung von Nano-Servern erfolgt lediglich noch über das Herunterladen entsprechender Nano-Server-Images über den Docker-Hub im Internet. Diese kann man dann auf einem mit der Docker-Technologie ausgestatteten Serversystem, beispielsweise unter Windows Server 2019 als Server Core-Installation bereitstellen.

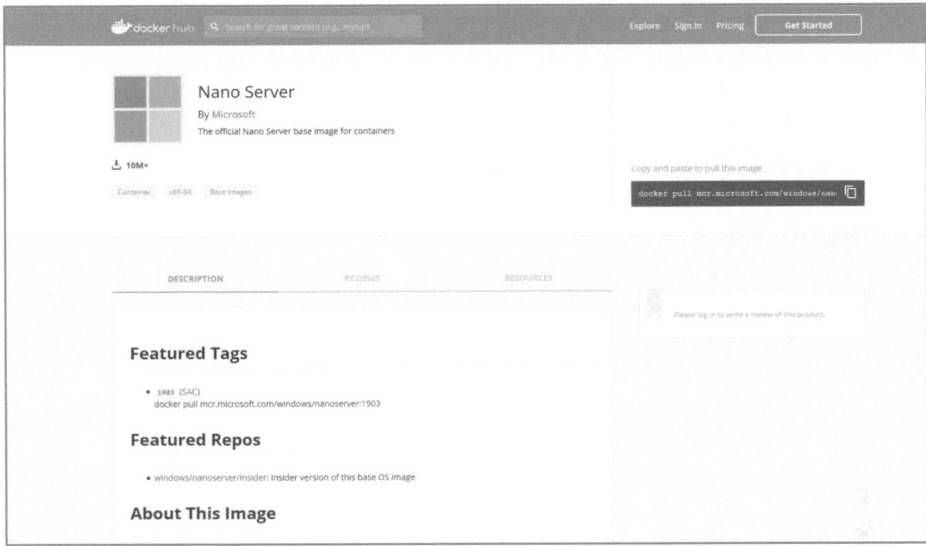

Abb. 13.12: *Nano Server als herunterladbares Container-Image im DockerHub im Internet*

13.2.3 Bereitstellen von Nano-Server

Der Download eines Nano-Server-Container-Images aus dem DockerHub im Internet kann auf einem Serversystem unter Windows Server 2019 mit aktiviertem Container-Feature mithilfe des folgenden Befehls erfolgen:

```
docker pull mcr.microsoft.com/windows/nanoserver:1903
```

HINWEIS ➲ Um ein Nano-Server-Container-Image mithilfe des oben aufgeführten Befehls auf einem Serversystem unter Windows Server 2019 bereitstellen zu können, muss zuvor noch Docker auf dem betreffenden Computer installiert werden. Details hierzu entnehmen Sie bitte der Dokumentation zu Windows Server 2019.

Details zum Installieren von Docker, sowie der Bereitstellung von Container-Images findet man auf der Website von Microsoft im Internet unter:

https://docs.microsoft.com/de-de/virtualization/windowscontainers/deploy-containers/deploy-containers-on-server

Die meisten Serveradministratoren werden auch in Zukunft sicher weiter auf die standardmäßigen Editionen von Windows Server 2019, sowie sicher auch auf seinen direkten Vorgänger, den Windows Server 2016 zurückgreifen, um Serversysteme mit den in modernen Computernetzwerken benötigten Authentifizierungs- und Infrastrukturdiensten bereitzustellen. Als weitere Ergänzung unterstützen Windows Server 2019 sowie parallel auch Windows 10 die Bereitstellung von Linux-Betriebssystemen -

gleich auch innerhalb des jeweiligen Windows-Betriebssystems mithilfe des *Windows Subsystem for Linux* (WSL). Details hierzu werden im nächsten Kapitel vorgestellt.

KAPITEL 14

Windows Subsystem for Linux (WSL) unter Windows Server 2019

Insbesondere für Entwickler hat Microsoft das zuvor bereits in der *„Semi Annual Channel"* (SAC)-Release 1803 eingeführte *Windows Subsystem for Linux (WSL)* nunmehr auch in der *„Long Term Servicing Channel"* (LTSC)-Release von Windows Server 2019 integriert. Damit lassen sich verschiedene Linux-Distributionen - die gesondert als Download über den *Microsoft Store* bezogen werden können - direkt unter dem Windows-Serverbetriebssystem bereitstellen.

Linux-Distributionen kostenfrei im Microsoft-Store erhältlich

14.1 Installation des Windows Subsystem for Linux (WSL)

Das *Windows Subsystem for Linux (WSL)* steht unter Windows Server 2019 als *optionales* Feature bereit. Damit man das WSL für die Bereitstellung von Linux-Distributionen verwenden kann, muss man dieses auf dem betreffenden Serversystem zunächst aktivieren.

Das *Windows Subsystem for Linux (WSL)* kann auf einem Serversystem unter Windows Server 2019 entweder über den *Assistent zum Hinzufügen von Rollen und Features* im grafischen *Server-Manager*, oder alternativ auch mithilfe der *Windows PowerShell* aktiviert werden.

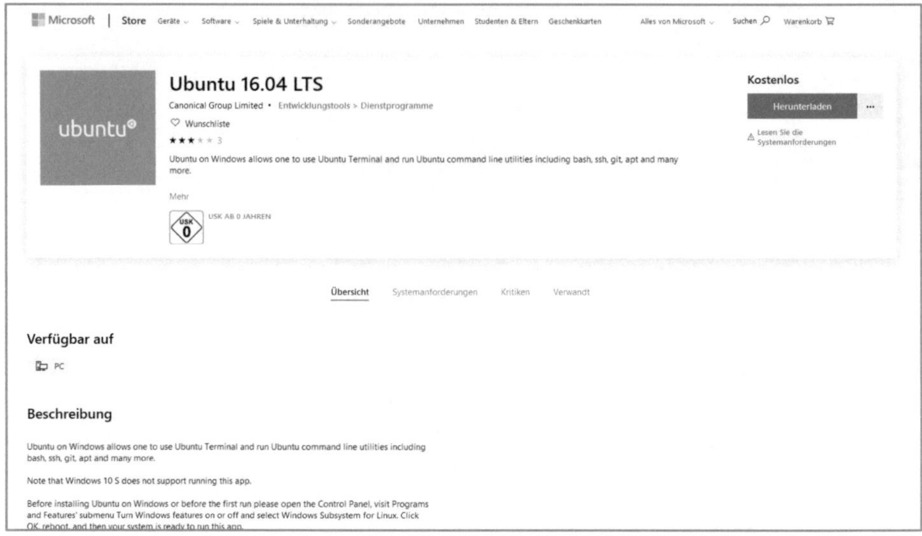

Abb. 14.1: *Download-Möglichkeit für Ubuntu-Linux im Microsoft Store*

14.1.1 Aktivierung des WSL mit dem grafischen Server-Manager

Das Windows Subsystem for Linux (WSL) ist standardmäßig unter Windows Server 2019 bereits verfügbar, und lässt sich im Bedarfsfall mit einfachen Schritten aktivieren.

Gehen Sie wie folgt vor, um das *Windows Subsystem for Linux (WSL)* auf einem Serversystem unter Windows Server 2019 mithilfe des *Assistent zum Hinzufügen von Rollen und Features* im grafischen *Server-Manager* als Feature zu aktivieren:

1. Melden Sie sich als *Administrator* am Server mit der Installation von Windows Server 2019 als *„Desktopdarstellung"* (inklusive der grafischen Benutzeroberfläche) an.

2. Starten Sie den grafischen *Server-Manager* (soweit noch nicht geschehen).

3. Klicken Sie in der oberen *Befehlsleiste* auf **Verwalten**, und dann auf **Rollen und Features hinzufügen**.

4. Klicken Sie unter *Vorbemerkungen* auf **Weiter**.

5. Wählen Sie im Dialog *Installationstyp auswählen* die Option **Rollenbasierte oder featurebasierte Installation**, und klicken Sie dann auf **Weiter**.

6. Wählen Sie den gewünschten Server aus, auf dem WSL bereitgestellt werden soll, und klicken Sie dann auf **Weiter**.

7. Klicken Sie im Dialog für die *Auswahl von Serverrollen* auf **Weiter**.

8. Aktivieren Sie das Kontrollkästchen vor *Windows-Subsystem für Linux*, und klicken Sie dann auf **Weiter**.

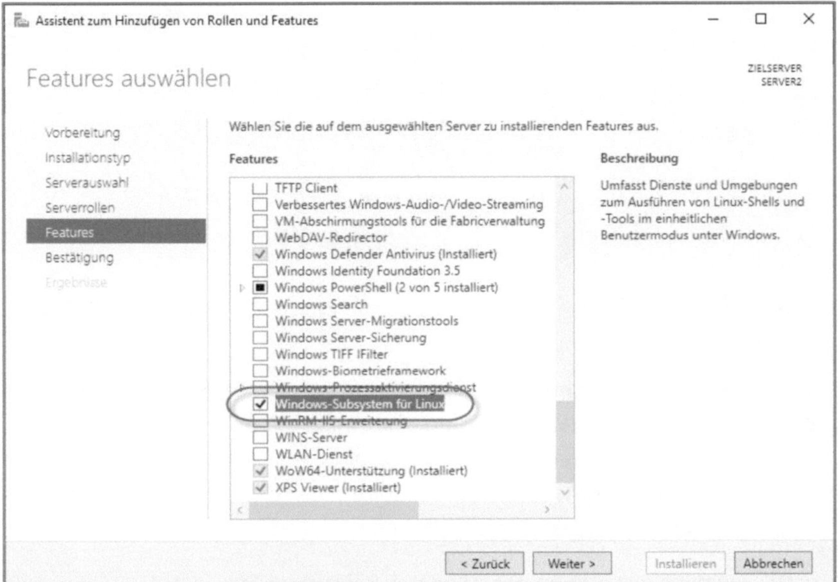

Abb. 14.2: *Aktivieren des Windows Subsystem for Linux (WSL) im grafischen Server-Manager unter Windows Server 2019*

9. Klicken Sie zur Installation des WSL auf **Installieren**.

10. Die Installation des Windows Subsystem for Linux (WSL) wird durchgeführt.

11. Klicken Sie anschließend auf **Schließen**

Der Server muss zum Abschluss der Installation neu gestartet werden. Im Anschluss an den Neustart des betreffenden Serversystems kann man sich an die Bereitstellung der gewünschten Linux-Distribution begeben.

Neustart für den Abschluss der Installation notwendig

14.1.2 Aktivierung des WSL mithilfe der Windows PowerShell

Alternativ zur Installation des *Windows Subsystem for Linux (WSL)* mit dem grafischen Server-Manager kann man dieses auf einem Serversystem unter Windows Server 2019 im Bedarfsfall auch direkt mithilfe der Windows PowerShell als Feature aktivieren.

Gehen Sie wie folgt vor, um das *Windows Subsystem for Linux (WSL)* auf einem Serversystem unter Windows Server 2019 mithilfe der *Windows PowerShell* als Feature zu aktivieren:

1. Starten Sie die *Windows PowerShell* als *Administrator*.

2. Geben Sie den folgenden Befehl in der *Windows PowerShell* ein, und drücken Sie anschließend die [↵]-Taste:

```
Enable-WindowsOptionalFeature -Online -FeatureName
Microsoft-Windows-Subsystem-Linux
```

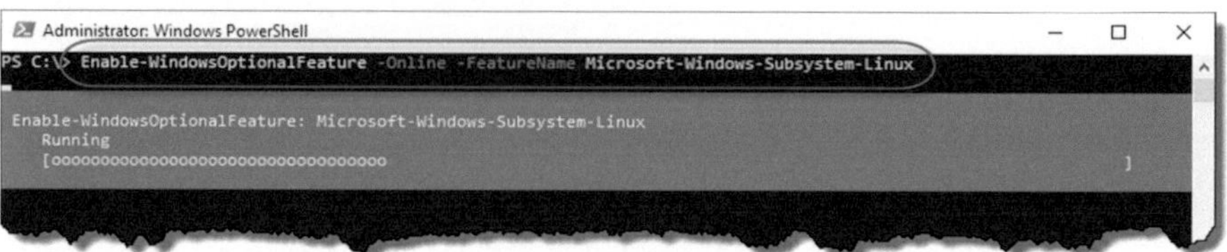

Abb. 14.3: *Installation des Windows Subsystem for Linux (WSL) mithilfe der Windows PowerShell*

3. Wenn Sie dazu aufgefordert werden, starten Sie das Serversystem neu, damit die Aktivierung des *Windows Subsystem for Linux (WSL)* erfolgreich abgeschlossen werden kann. Erst nach dem Neustart, sowie dem damit verbundenen Abschluss der Installation des Windows Subsystem for Linux (WSL) kann man mit der Bereitstellung von Linux-Distributionen beginnen.

Verfügbar im Microsoft-Store - oder per manuellem Download

Im Anschluss an die Installation des Windows Subsystem for Linux (WSL) muss man die bereitzustellende Linux-Distribution entweder aus dem Microsoft Store, oder alternativ manuell aus dem Internet auf den betreffenden Server unter Windows Server 2019 herunterladen und anschließend mithilfe der dazu notwendigen Schritte installieren. Hierzu sollte man sich zunächst einmal einen Überblick über die aktuell verfügbaren Linux-Distributionen verschaffen, die direkt von Microsoft aus für die Bereitstellung unter dem Windows Subsystem for Linux (WSL) zum Download und zur Installation unter Windows Server 2019 angeboten werden.

14.2 Verfügbare Linux-Distributionen für WSL

Zu den verfügbaren Linux-Distributionen, die man mithilfe des Windows Subsystem for Linux (WSL) unter Windows Server 2019 bereitstellen kann, zählen unter anderem:

- **Ubuntu 18.04** (verfügbar unter: https://aka.ms/wsl-ubuntu-1804)
- **Ubuntu 18.04 ARM** (verfügbar unter: https://aka.ms/wsl-ubuntu-1804-arm)
- **Ubuntu 16.04** (verfügbar unter: https://aka.ms/wsl-ubuntu-1604)
- **Debian GNU/Linux** (verfügbar unter: https://aka.ms/wsl-debian-gnulinux)
- **Kali Linux** (verfügbar unter: https://aka.ms/wsl-kali-linux)
- **OpenSUSE** (verfügbar unter: https://aka.ms/wsl-opensuse-42)

- **SLES 12** (verfügbar unter: https://aka.ms/wsl-sles-12)

Alternativ zum Download der Linux-Distributionen über den Microsoft-Store kann man diese auch über den jeweils angegebenen Download-Link manuell aus dem Internet herunterladen. Weitere Editionen stehen direkt auch im Microsoft-Store bereit.

14.3 Manueller Download der Linux-Distributionen

Download-Möglichkeit direkt aus der Windows PowerShell

Die verfügbaren Linux-Distributionen, die man im Windows Subsystem for Linux (WSL) bereitstellen kann, lassen sich entweder über die angegebenen Weblinks mithilfe eines Webbrowsers, oder alternativ auch mithilfe der Kommandozeile direkt aus der Windows PowerShell herunterladen. Hierzu verwendet man das in der Windows PowerShell unter Windows Server 2019 verfügbare Windows PowerShell-CmdLet **Invoke-WebRequest**. Das folgende Beispiel zeigt die notwendige Syntax für den manuellen Download von Ubuntu Linux:

```
Invoke-WebRequest -Uri https://aka.ms/wsl-ubuntu-1604
-OutFile ubuntu.zip -UseBasicParsing
```

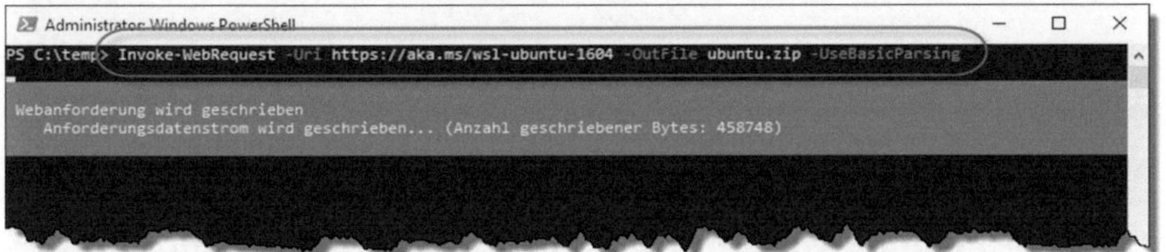

Abb. 14.4: *Manueller Download von Ubuntu-Linux mithilfe der Windows PowerShell*

Der Download der bei der Ausführung des Befehls angegebenen Linux-Distribution erfolgt im .ZIP-Format in den jeweiligen Ordner auf dem Serversystem unter Windows Server 2019, von dem aus der Download gestartet wurde.

14.4 Installation von Linux-Distributionen für das WSL

Grafisch - oder mittels Windows PowerShell

Nach dem Herunterladen der gewünschten Linux-Distributionen auf den Server unter Windows Server 2019 kann man diese mit einfachen Schritten für die anschließende Nutzung bereitstellen.

Die Installation kann über die grafische Oberfläche, oder alternativ auch mithilfe der Windows PowerShell erfolgen.

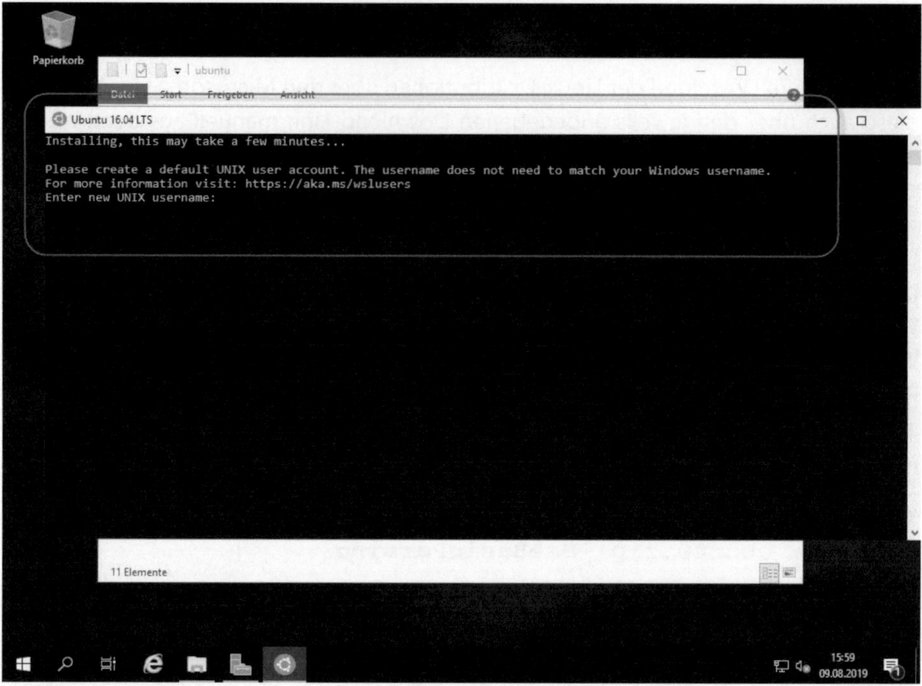

Abb. 14.5: *Installation von Ubuntu-Linux unter Windows Server 2019*

14.4.1 Installation von Linux mithilfe der grafischen Benutzeroberfläche

Gehen Sie dazu wie folgt vor, um die zuvor aus dem Internet heruntergeladene Linux-Distribution mithilfe der grafischen Benutzeroberfläche auf einem Serversystem unter Windows Server 2019 zu entpacken und anschließend zu installieren:

1. Wechseln Sie im *Datei-Explorer* in den Ordner, in den die Linux-Distribution zuvor heruntergeladen wurde (beispielsweise *c:\temp*)

2. Doppelklicken Sie im *Datei-Explorer* auf die im Ordner enthaltene **.ZIP**-Datei der zuvor auf den Server unter Windows Server 2019 heruntergeladene Linux-Distribution.

3. Doppelklicken Sie auf die im Ordner angegebene **.EXE**-Datei (beispielsweise **ubuntu1604.exe**).

4. Klicken Sie auf **Alle extrahieren**, geben Sie den gewünschten *Ordnernamen* an (beispielsweise *c:\ubuntu*), und klicken Sie anschließend auf **Extrahieren**.

5. Doppelklicken Sie nun auf die im Ordner aufgelistete **.EXE**-Datei (beispielsweise **ubuntu1604.exe**). Die Installation der ausgewählten Linux-Distribution wird durchgeführt.

6. Folgen Sie den Anweisungen zum Abschluss der Installation.

14.4.2 Installation von Linux mithilfe der Windows PowerShell

Gehen Sie wie folgt vor, um die zuvor aus dem Internet heruntergeladene Linux-Distribution mithilfe der Windows PowerShell auf einem Serversystem unter Windows Server 2019 zu entpacken und anschließend zu installieren:

1. Öffnen Sie die *Windows PowerShell* als Administrator (soweit noch nicht geschehen).

2. Geben Sie zum Wechsel in den Ordner, in dem die zuvor aus dem Internet heruntergeladene Datei (beispielsweise *ubuntu.zip*) gespeichert wurde, den folgenden Befehl in der *Windows PowerShell* ein, und drücken Sie anschließend die ↵-Taste:

   ```
   cd c:\temp
   ```

3. Geben Sie den folgenden Befehl in der *Windows PowerShell* ein, um die .ZIP-Datei der betreffenden Linux-Distribution in einen Ordner zu entpacken, und drücken Sie anschließend die ↵-Taste:

   ```
   Expand-Archive .\<Dateiname>.zip . c:\<Zielordner>
   ```

4. Wechseln Sie in den zuvor angegebenen *Zielordner* (beispielsweise *c:\ubuntu*), führen Sie die darin enthaltene .EXE-Datei (beispielsweise **ubuntu1604.exe**) aus, und folgen Sie anschließend den Anweisungen zum Abschluss der Installation.

```
Ubuntu 16.04 LTS
PS C:\temp> Expand-Archive .\ubuntu.zip c:\ubuntu
PS C:\temp> cd C:\ubuntu\
PS C:\ubuntu> .\ubuntu1604.exe
Installing, this may take a few minutes...
```

Abb. 14.6: *Installation von Ubuntu-Linux in der Windows PowerShell*

14.5 Ausführen der Linux-Distribution im WSL

Nach der erfolgreichen Installation der Linux-Distribution im *Windows Subsystem for Linux (WSL)* kann man diese durch den Aufruf der jeweiligen .EXE-Datei (beispielsweise **ubuntu.exe**) jederzeit aus dem Ordner, in den diese entpackt wurde (beispielsweise *c:\ubuntu*) ausführen.

Um für die Ausführung der Linux-Distribution nicht jedes Mal zuvor erst in den betreffenden Ordner wechseln zu müssen, kann man diese mithilfe der Windows PowerShell „dauerhaft" in den **Umgebungsvariablen** registrieren. Im Anschluss kann man die .EXE-Datei aus einem beliebigen Pfad in der Windows PowerShell aufrufen und ausführen. Geben Sie dazu die folgenden Befehlszeilen in der *Windows PowerShell* ein, und drücken Sie anschließend jeweils die [↵]-Taste:

```
$userenv = [System.Environment]::GetEnvironmentVariable(
"Path","User")

[System.Environment]::SetEnvironmentVarible("Path",
$userenv + "C:\ubuntu", "Users")
```

In diesem Beispiel wird der Ordner *C:\ubuntu* als Zielordner für die Ausführung der *Ubuntu Linux*-Distribution in den Umgebungsvariablen der Windows PowerShell dauerhaft festgelegt. Im Bedarfsfall kann man den Pfad im späteren Verlauf jederzeit wieder daraus entfernen.

Weitere Details zur Nutzung von Linux-Distributionen mithilfe des *Windows Subsystem for Linux (WSL)* entnehmen Sie bitte der Windows-Hilfe.

14.6 Erweiterte Linux-Unterstützung

Linux-Container unter Windows einsetzbar

Neben dem *Windows Subsystem for Linux (WSL)* hat Microsoft die Unterstützung von Linux unter dem neuen Windows Server 2019 nochmals verbessert. So lassen sich Windows-Container nunmehr problemlos parallel zu Linux-Containern auf demselben Container-Host unter Windows Server 2019 betreiben. Dies dürfte einen weiteren Vorteil des Einsatzes des neuen Windows-Serverbetriebssystems speziell auch für Entwickler darstellen.

INTERNET ➲ Die Details zu Linux-Containern unter Windows stellt Microsoft im Internet auf der eigenen Website umfangreich zur Verfügung unter:

https://docs.microsoft.com/de-de/virtualization/windowscontainers/deploy-containers/linux-containers

Nach dem Einblick in die Bereitstellung und Verwendungsmöglichkeiten des Windows Subsystem for Linux (WSL) unter Windows Server 2019 dreht sich im nächsten Kapitel nunmehr alles um die Systemüberwachung und Fehlerbehebung rund um Serversysteme.

KAPITEL 15

Systemüberwachung und Fehlerbehebung

Wie Sie bereits in den vorangegangenen Modulen erfahren haben, lassen sich Serversysteme unter Windows Server 2019, wie auch die direkten Vorgänger des neuen Betriebssystems, in vielfältiger Weise einsetzen. Viele der vom Betriebssystem unterstützten Serverrollen sind in heutigen Computernetzwerken prinzipiell unverzichtbar. Umso wichtiger ist es für die verantwortlichen Administratoren, diese Systeme in Ihrer Funktionalität und Verfügbarkeit der darauf bereitgestellten Dienste und Ressourcen zu überwachen und eintretende Fehler umgehend zu beseitigen.

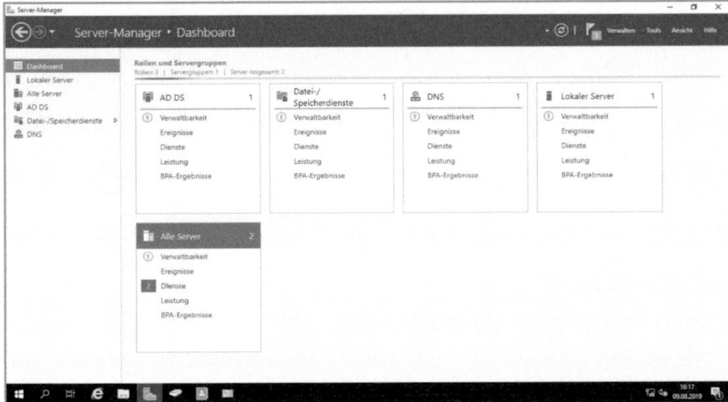

Abb. 15.1: *Problemmeldungen im Dashboard des grafischen Server-Managers*

15.1 Enthaltene Tools & Programme

In Windows Server 2019 findet man verschiedene Tools und Programme, um die Funktionalität zu überwachen oder auch die Problembehandlung durchzuführen. Hierzu zählen u.a.:

- **Server-Manager**
- **Leistungsüberwachung**
- **Ereignisanzeige**
- **Wartungscenter**
- **Zuverlässigkeitsüberwachung**
- **Problembehandlung**
- **System Insights - Systemdatenanalyse** (auch direkt aus dem *Windows Admin Center*)

Während einige der Tools und Programme für die Diagnose und Leistungsüberwachung für die Echtzeitüberwachung gedacht sind, lässt sich ein Serversystem unter Windows Server 2019 mit den anderen Tools im Bedarfsfall sogar längere Zeit überwachen und das Leistungs- und Zuverlässigkeitsverhalten zu dokumentieren. Diese Tools werden in den nächsten Seiten genauer vorgestellt.

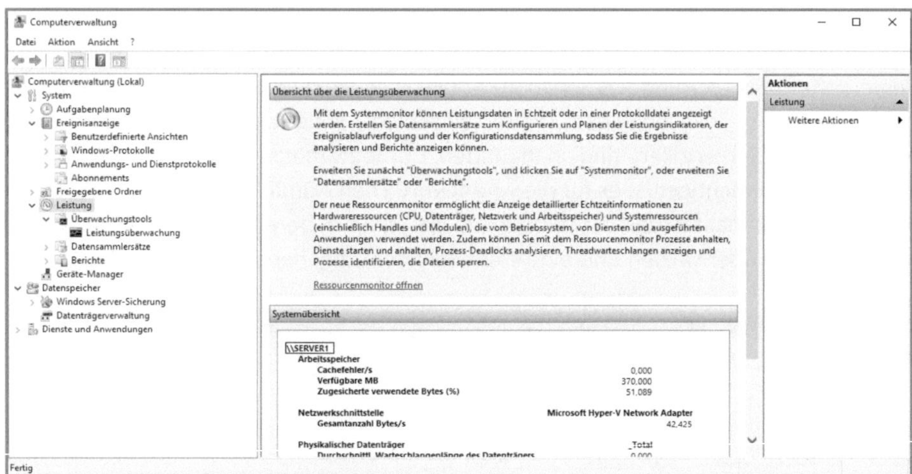

Abb. 15.2: *Tools in der Computerverwaltung für die Überwachung und Diagnose*

15.1.1 Leistungsüberwachung

Schnelle Suche nach dem Flaschenhals

Die Leistungsüberwachung erfolgt unter Windows Server 2019, wie bereits auch in den vorangegangenen Windows-Betriebssystemen, mithilfe der Konsole *Leistungsüberwachung*. In dieser kann man eine Echtzeitüberwachung, im Bedarfsfall aber auch eine protokollierte Überwachung zur Bewertung der Leistung und zum Erkennen möglicher Leistungsengpässe (dem sogenannten *„Flaschenhals“*), durchführen.

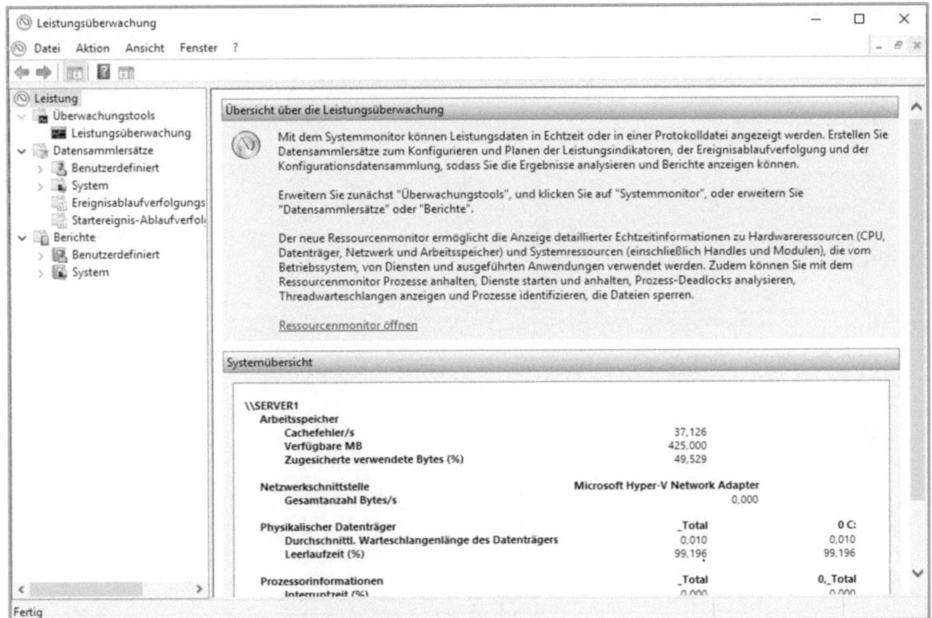

Abb. 15.3: *Übersicht über die Leistungsüberwachung*

Die Konsole finden Sie beispielsweise direkt über die Eingabe des Begriffs **Leistungsüberwachung** im *Startmenü* von Windows Server 2019, im grafischen *Server-Manager* unter *Tools*, oder alternativ auch in der *Computerverwaltung*.

15.1.1.1 Ermittlung eines grundlegenden Leistungsbilds

Um ein Serversystem seitens der möglichen Systemleistung bewerten zu können, bedient man sich bestimmter, vordefinierter Leistungsindikatoren für die im System vorhandenen Komponenten. Ein grundlegendes Leistungsbild, quasi als *„**Basislinie**“* (engl. *Base Line*), erhalten Sie, indem Sie zumindest die folgenden Komponenten anhand deren Leistungsindikatoren überwachen:

- **Prozessor** (*CPU*), dabei den Leistungsindikator „Prozessorzeit (%)“
- **Arbeitsspeicher** (*RAM*), dabei die Leistungsindikatoren „Seiten/s“ und „Seitenfehler/s“
- **Physikalischer Datenträger** (*Festplatten*), dabei die Leistungsindikatoren „Mittlere Bytes/Übertragung“, sowie „Durchschnittl. Warteschlangenlänge des Datenträgers“

- **Netzwerkschnittstelle** (*Netzwerkkarte*), dabei den Leistungsindikator „Gesamtanzahl Bytes/s"

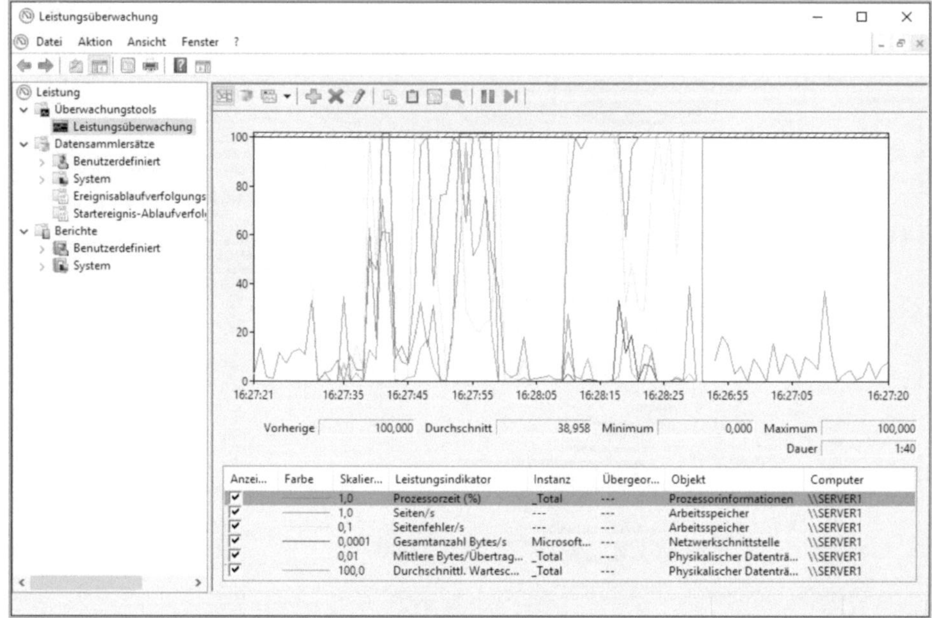

Abb. 15.4: *Leistungsermittlung eines Serversystems mithilfe der Leistungsüberwachung*

Im Bedarfsfall lassen sich mithilfe der Konsole ***Leistungsüberwachung*** auch Leistungsprotokolle erstellen und für eine spätere Auswertung oder auch einen möglichen Vergleich abspeichern.

Erstellen von Leistungsprotokollen möglich

Die für die Leistungsermittlung zu verwendenden Leistungsindikatoren sind abhängig von den auf dem betreffenden Serversystem eingesetzten Serverrollen und Rollendiensten.

Weitere Informationen für die Verwendung von Leistungsindikatoren für die Leistungsüberwachung finden Sie in der Hilfe von Windows Server 2019.

HINWEIS ➲ Die Konsole *Leistungsüberwachung* kann für die Überwachung des lokalen Serversystems unter Windows Server 2019 sowie auch für die Überwachung bestimmter Leistungsindikatoren auf anderen Systemen im Netzwerk verwendet werden.

15.2 Ereignisanzeige und -überwachung

Um die Leistung eines Serversystems detailliert bemessen zu können, ist es mitunter auch wichtig, die Vorgänge auf dem System genauer zu betrachten. Mit der *Ereignis-*

anzeige und den darin enthaltenen Ereignisprotokollen ist es möglich, bereits vergangene Vorgänge im System zu ermitteln. Im Problemfall dokumentiert das Betriebssystem diesen in Form von Ereignisprotokolleinträgen im dem jeweiligen Protokoll.

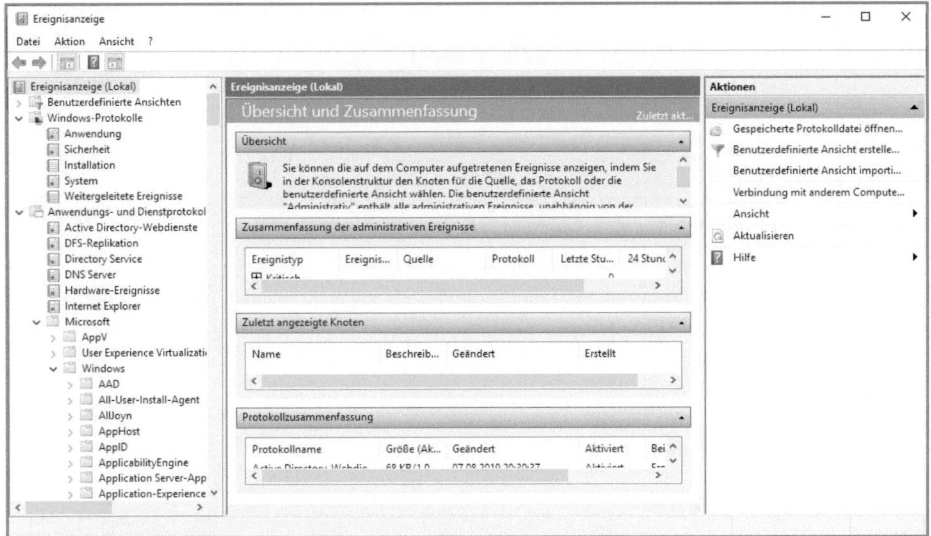

Abb. 15.5: *Protokollierungsvielfalt in der Ereignisanzeige*

Informationen, Warnungen und Fehler

Bereits unter Windows Vista bzw. Windows Server 2008 hat Microsoft eine Vielzahl neuer Ereignisprotokolle in das Betriebssystem implementiert. Hierdurch wird es einem Administrator ermöglicht, mitunter sogar fehlgeschlagene Vorgänge oder auch Leistungsengpässe anhand von Ereignisprotokolleinträgen zu erkennen. Die Protokolle enthalten Ereigniseinträge als ***Information, Warnung*** oder ***Fehler***.

Die *Ereignisanzeige* finden Sie unter Windows Server 2019 in der *Computerverwaltung* bzw. alternativ direkt auch über die Eingabe von **Ereignisanzeige** im *Startmenü* von Windows Server 2019.

Speicherung als Datei möglich

Um die in den Protokollen erfassten Einträge anzuzeigen, müssen Sie mit der Maus lediglich auf das betreffende Ereignis doppelklicken. Den Inhalt eines Ereignisprotokolleintrages können Sie auch im XML-Format anzeigen lassen oder aber zur weiteren Verwendung in die Zwischenablage kopieren.

Die Ereignisprotokolle eines Serversystems unter Windows Server 2019 können für spätere Verwendungszwecke (beispielsweise wegen rechtlicher Belange) als Dateien (u.a. im CSV-Format) gespeichert werden.

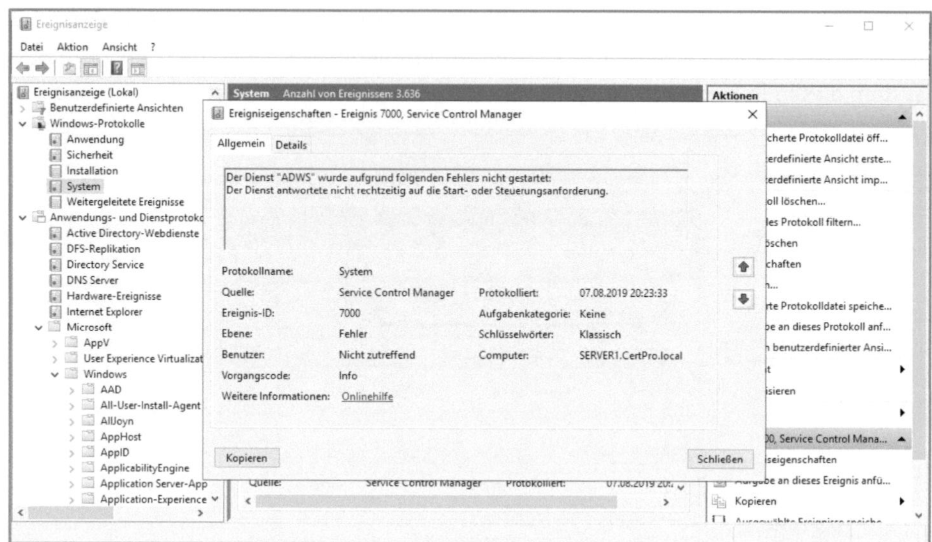

Abb. 15.6: *Ereignisprotokolleintrag aus dem Systemprotokoll*

15.2.1 Abonnements

Mithilfe von Abonnements lassen sich bestimmte, auswählbare Ereignisse anderer Computer im Netzwerk abfragen und in der *Ereignisanzeige* anzeigen. Hierzu dient die Funktion *Abonnements* in der Konsole, welche sich des „Ereignisammlungsdienstes" in Windows Server 2019, sowie parallel auch in Windows 10 bedient, um Daten aus zu bestimmenden Ereignisprotokollen sammeln zu können. Nähere Informationen hierzu finden Sie in der Hilfe zu Windows Server 2019.

15.3 Sicherheit und Wartung

Zur besseren Wartung des Serversystems wurde unter Windows Server 2019 der Abschnitt **Sicherheit und Wartung** implementiert. In diesem werden vorhandene Meldungen zur Sicherheit, sowie im Rahmen der notwendigen Wartung des Serversystems angezeigt.

Das Wartungscenter kann man sich unter Windows Server 2019 anzeigen lassen, indem man im *Startmenü* einfach **Wartung** eingibt, und nachfolgend mit der Maus auf **Sicherheit und Wartung** klickt.

Archivierte Meldungen anzeigen

Die im *Wartungscenter* angezeigten Meldungen können im Bedarfsfall archiviert und somit auch zu späteren Zeitpunkten angezeigt werden. Auch kann man in dem Konfigurationsdialog über die Option *Einstellungen für „Sicherheit und Wartung" ändern* festlegen, welche Elemente des Serversystems vom Wartungscenter überwacht und entsprechende Meldungen darin angezeigt werden sollen.

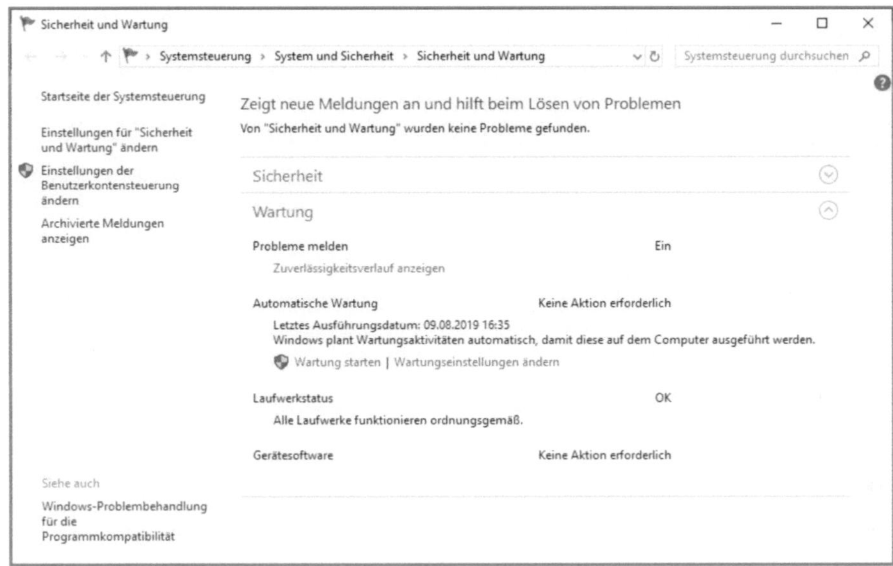

Abb. 15.7: *Das Wartungscenter für die Problembehandlung*

Innerhalb des Wartungscenters besteht die Möglichkeit, ein weiteres, für die Zuverlässigkeit des Serversystems unter Windows Server 2019 wichtiges Tool aufzurufen – die ***Zuverlässigkeitsüberwachung***.

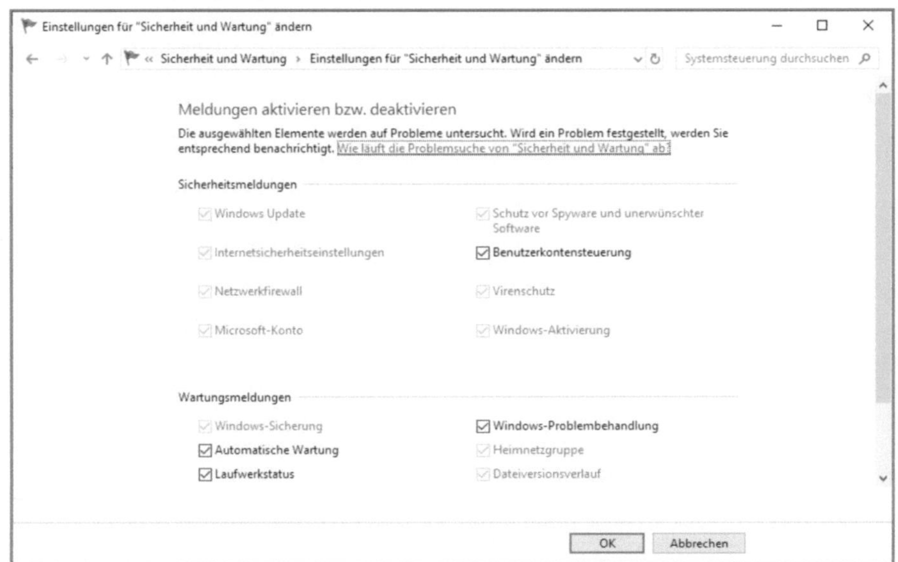

Abb. 15.8: *Anpassungen der Überwachung in den Wartungscentereinstellungen*

15.4 Zuverlässigkeitsüberwachung

Ab dem Zeitpunkt der Installation

Neben der Überwachung mithilfe der *Ereignisanzeige* oder der Leistungsüberwachung lässt sich unter Windows Server 2019 auch die Zuverlässigkeit des Serverbetriebssystems überwachen – mithilfe des Tools ***Zuverlässigkeitsüberwachung***. Hiermit wird es ermöglicht, auch zeitlich bereits lange zurückliegende, sich auf die Zuverlässigkeit des Systems auswirkende Ereignisse sowie auch Fehler bereits schon ab dem Zeitpunkt der Installation des Betriebssystems nachzuverfolgen.

Der Zuverlässigkeits- und Problemverlauf in der *Zuverlässigkeitsüberwachung* wird unterteilt in:

- **Anwendungsfehler**
- **Windows-Fehler**
- **Verschiedene Fehler**
- **Warnungen**
- **Informationen**

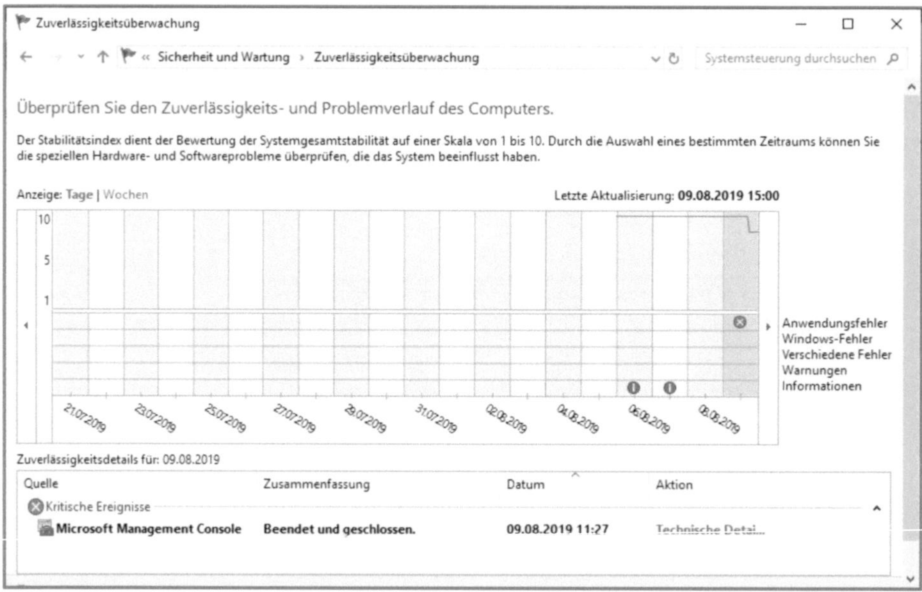

Abb. 15.9: *Konsole für die Zuverlässigkeitsüberwachung*

Nach dem Eintritt eines entsprechenden Ereignisses wird dieses zeitgemäß angezeigt. Durch einen Klick auf das jeweilige Ereignis werden die dazu gehörigen Details in der darunter liegenden Tabelle angezeigt und geben dazu einen detaillierten Aufschluss.

Zum Öffnen der Zuverlässigkeitsüberwachung geben Sie im *Startmenü* von Windows Server 2019 einfach **Zuverlässigkeit** ein, und klicken Sie dann auf **Zuverlässigkeitsverlauf anzeigen**.

Weitere Informationen zur Zuverlässigkeitsüberwachung erhalten Sie in der Hilfe von Windows Server 2019.

15.5 Problembehandlung

Erkennen und Beheben allgemeiner Probleme

Ein weiteres Tool, welches man unter Windows Server 2019 u. a. über das Wartungscenter aufrufen kann, ist die *Problembehandlung*. Hinter diesem Tool finden sich verschiedene Assistenten, die im Bedarfsfall durch einen einfachen Mausklick aufgerufen und genutzt werden können.

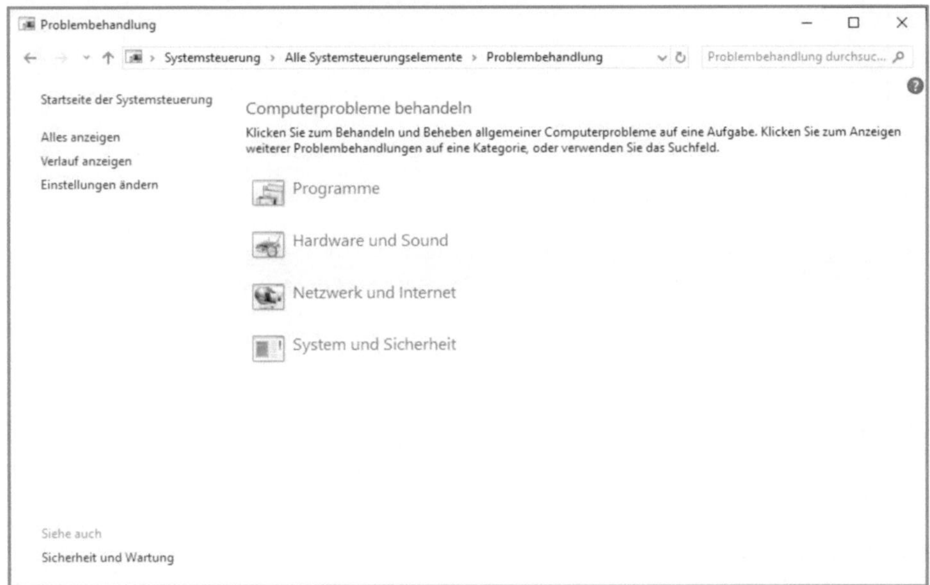

Abb. 15.10: *Konsole für die Problembehandlung in der Systemsteuerung unter Windows Server 2019*

Die *Problembehandlung* kann über beispielsweise die Systemsteuerung gestartet werden. Alternativ starten Sie die Problembehandlung beispielsweise über die Eingabe des Begriffs *Problembehandlung* im Startmenü von Windows Server 2019, einem Klick auf **Einstellungen**, sowie dem Klick auf **Problembehandlung**.

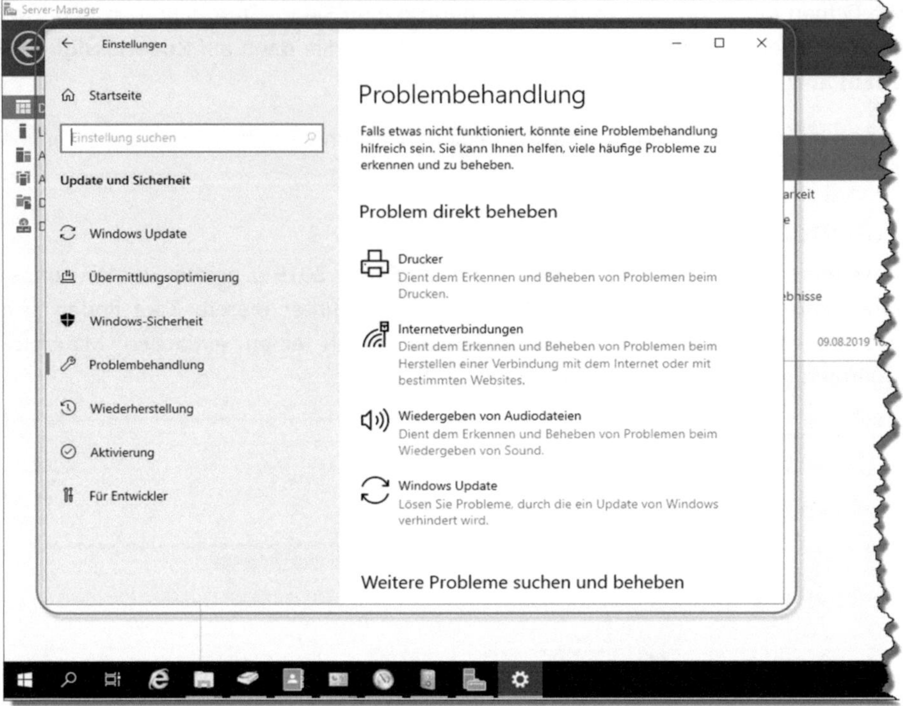

Abb. 15.11: *Konsole für die Problembehandlung nach dem Aufruf über die Einstellungen / Problembehandlung*

Die Problembehandlung dient, wie es der Name auch ableiten lässt, dem Behandeln und Beheben allgemeiner Computerprobleme. Dazu wurde sie in die folgenden Kategorien unterteilt:

- **Programme**
- **Hardware und Sound**
- **Netzwerk und Internet**
- **Darstellung und Anpassung**
- **System und Sicherheit**

Je nach Problem klickt man auf eine der Kategorien, hinter der sich entsprechende Verknüpfungen zu den unter Windows Server 2019 enthaltenen Problembehandlungsassistenten befinden.

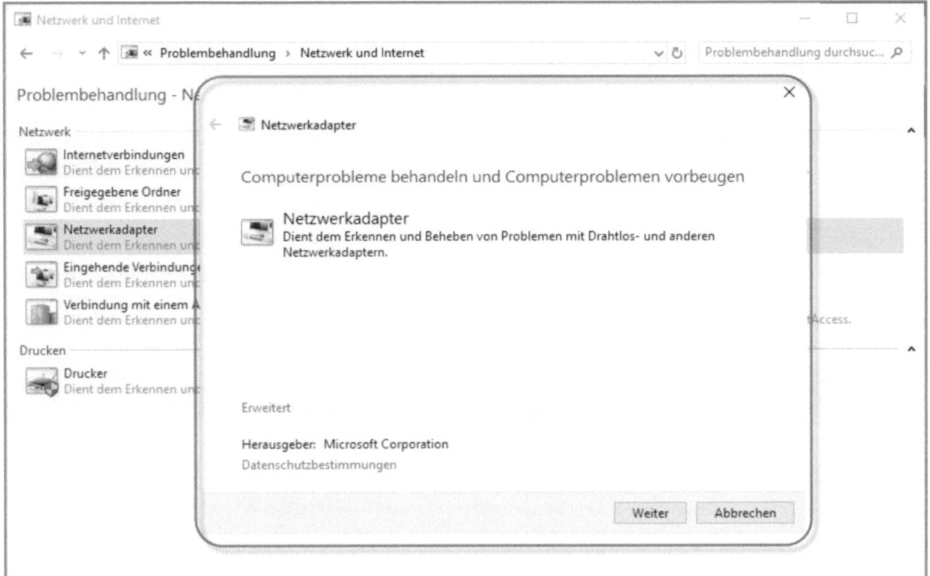

Abb. 15.12: *Verwendung des Problembehandlungsassistenten bei Problemen mit dem Netzwerkadapter*

Weitere Informationen zur Problembehandlung findet man in der Windows-Hilfe unter Windows Server 2019.

15.6 Weitere Tools und Programme

Zur Systemüberwachung, -analyse und Problembehebung enthält ein Serversystem unter Windows Server 2019 noch weitere, wichtige Tools. Zu diesen zählen u.a.:

- **Auditpol** – dient der Anzeige und Konfiguration der Überwachungsrichtlinien.
- **Dcdiag** – dient der Analyse von Domänencontrollern sowie der Gesamt- oder Domänenstrukturen und zum Anzeigen entsprechender Berichte.
- **Gpresult** – dient der Analyse von Richtlinieninformationen im Rahmen der Anwendung von Gruppenrichtlinienobjekten.
- **Nltest** – dient der Überprüfung der Konfiguration des Betriebssystems.
- **Nslookup** – dient der Diagnose der Namensauflösungsumgebung im Rahmen der DNS-Infrastruktur.
- **Problemaufzeichnung (PSR)** - dient der Aufzeichnung von Problemen auf dem lokalen Computersystem.
- **Repadmin** – dient der Überprüfung und Diagnose von Replikationsproblemen zwischen Domänencontrollern.

- **Sc** – dient dem Testen sowie dem Problembeheben in Verbindung mit Diensten.

Best Practice Analyzer (BPA)

Neben diesen und auch noch weiteren in Windows Server 2019 enthaltenen Tools und Programmen sollte man nicht vergessen, dass im *Server-Manager* auch noch *Best Practice Analyzer* (*BPA*) enthalten sind, die man für die darauf installierten Serverrollen individuell aufrufen kann. Diesen erreicht man einfach durch einen Klick auf **Lokaler Server**, und dann im Detailfenster unter *BEST PRACTICES ANALYZER*. Hierin werden mitunter Tipps angezeigt, nach denen man die Serverrollen und Dienste auf dem betreffenden Server beispielsweise womöglich ausfallsicherer oder performanter einsetzen kann.

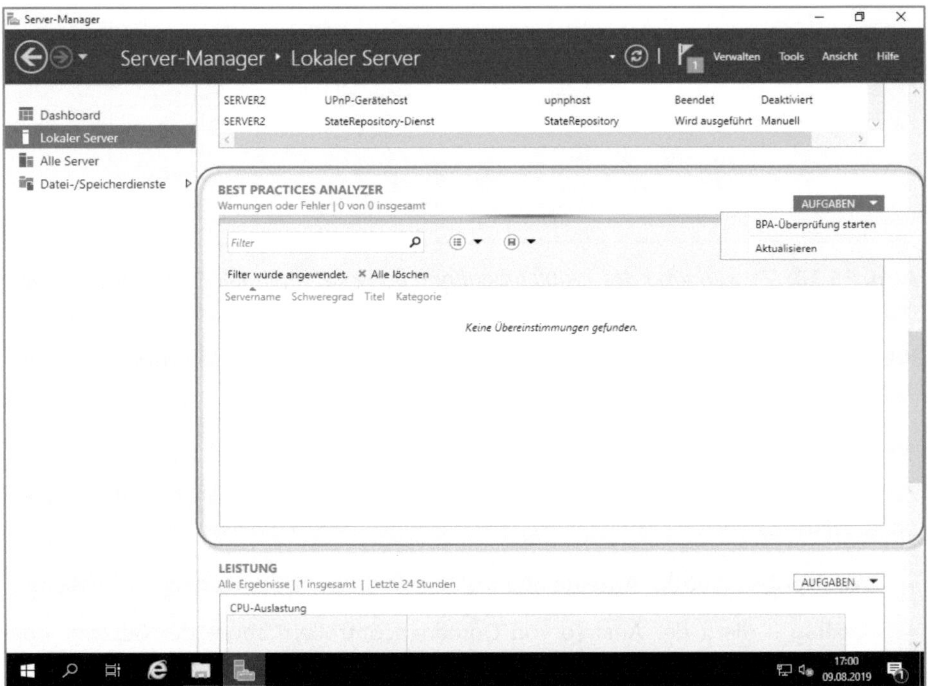

Abb. 15.13: *Der „Best Practices Analyzer" im grafischen Server-Manager von Windows Server 2019*

INTERNET ➲ Es soll nicht unerwähnt bleiben, dass Microsoft mit den ***Sysinternals***-Tools eine Vielzahl weiterer Werkzeuge kostenfrei zum Download im Internet bereitstellt. Diese findet man auf der Website von Microsoft unter:

https://docs.microsoft.com/de-de/sysinternals/

15.7 Systemdatenanalyse mit „System Insights"

Microsoft hat in Windows Server 2019 erstmalig „System Insights" zur Analyse des Leistungsverhaltens von Serversystemen integriert. Dieses, in deutscher Sprache als

„Systemdaten" bezeichnete Feature dient zur „Vorausschau" des möglichen Leistungsverhaltens eines Serversystems. Hierzu wertet „System Insights" die Verhaltensdaten des Servers aus, um daraus eine „Vorhersage" berechnen über die zukünftige Entwicklung der damit überwachten Leistungsdaten zu können. „System Insights" überwacht dazu u. a. die Leistungsdaten zu CPU, dem verfügbaren Festplattenspeicherplatz, sowie dem Netzwerkdatendurchsatz.

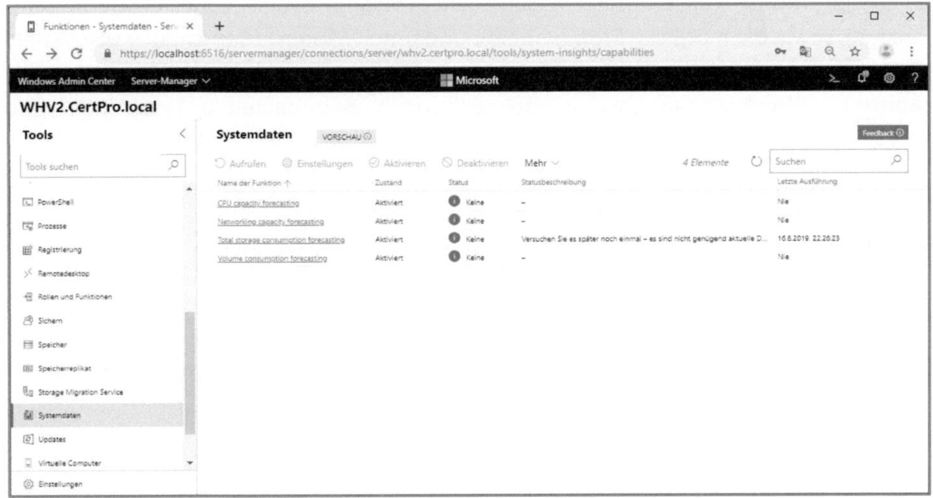

Abb. 15.14: *„Systemdaten" (System Insights) im Windows Admin Center (WAC)*

Vorausschau mittels „Machine Learning"

Das Windows Admin Center verfügt über eine Verknüpfung zu „Systemdaten" (engl. *System Insights*), mit der man das erstmalig in Windows Server 2019 enthaltene „Predictive Analytics" auf Serversysteme installieren, sowie auch darauf anwenden - und sich mithilfe der in dem neuen Feature enthaltenen „Machine Learning" einen besseren Überblick über das Leistungsverhalten eines Serversystems verschaffen - kann.

Systemdaten (engl. *System Insights*) dient zur „Vorausschau" über die Leistungsentwicklung eines Serversystems unter Windows Server 2019, und setzt dafür „Machine Learning"-Funktionen ein. Ein Administrator kann sich somit frühzeitig bereits darüber ein Bild schaffen, wann die vorhandene Hardware eines Serversystems wohl seine Leistungsgrenzen erreichen wird, und somit natürlich auch, wann man zur Vorbeugung möglicher „Flaschenhälse" die Hardware entsprechend aufrüsten sollte.

System Insights steht unter Windows Server 2019 im Umfang der *Features* bereit, und kann beispielsweise mithilfe des grafischen Server-Managers - oder alternativ gleich auch mithilfe des grafischen *Windows Admin Center* (WAC) (dort als „Systemdaten") installiert, sowie für die anschließende (Langzeit-)Überwachung auch konfiguriert werden.

HINWEIS ➲ Weitere Details zu Systemdaten bzw. System Insight, sowie die damit mögliche Auswertung von Serversystemen unter Windows Server 2019 findet man im Internet u. a. unter:

https://docs.microsoft.com/de-de/windows-server/manage/system-insights/overview

In diesem Modul wurden Ihnen verschiedene Tools und Werkzeuge für die Systemanalyse, sowie die mögliche Problembehebung unter Windows Server 2019 vorgestellt. Zu den turnusmäßigen Aufgaben eines Administrators gehört neben der Systemwartung, -überwachung und -pflege auch noch eine passende Sicherungs- und Wiederherstellungsstrategie für die auf den Serversystemen gespeicherten Daten. Mehr hierzu erfahren Sie im nächsten Kapitel.

KAPITEL 16

Sichern und Wiederherstellen

Nach dem erfolgreichen Einzug der Computernetzwerke in den weltweit angesiedelten Unternehmen, werden Daten seit nunmehr einigen Jahren oft lediglich noch in elektronischer Form gespeichert. Man spricht in der Praxis dabei oft auch vom vielzitierten, „papierlosen Büro". Kritisch wirkt sich dies mitunter dann aus, wenn die gespeicherten Daten beispielsweise durch einen Datenträgerausfall auf einem der für die Speicherung verwendeten Serversysteme verloren gehen. Froh ist dann derjenige Administrator, welcher die betreffenden Daten vorweg an einem anderen Speicherort gesichert hatte. Dies ermöglicht ihm, diese in der Regel völlig unproblematisch wieder herstellen zu können.

Sicherung: Lokal oder sogar online möglich…

Für den Zweck der Datensicherung und -wiederherstellung hat Microsoft das alte *NTBackup*-Programm bereits unter Windows Server 2008 durch die *Windows Server-Sicherung* als „einfache" Datensicherungslösung für kleinere und mittlere Firmen sowie große Unternehmen ersetzt. Dieses Backup-Tool wurde von Microsoft bereits in Windows Server 2008 R2, und in Windows Server 2012 (R2) im Funktionsumfang nochmals verbessert und bereichert. In Windows Server 2019 - wie zuvor auch unter Windows Server 2016 - steht dieses Sicherungswerkzeug ebenso grafisch, sowie auch als Kommandozeilentool und als Windows Power-Shell-Cmdlets zur Verfügung.

Die Auswahl einzelner Dateien und/oder Ordner für die Sicherung ist unter Windows Server 2019 dabei genauso möglich, wie sie Sicherung des gesamten Serversystems als

„Komplettsicherung". Als Sicherungsziel für die Datensicherung mithilfe der Windows server-Sicherung kann man dann zwischen den lokal vorhandenen, am betreffenden Serversystem angeschlossenen Datenträgern, Netzwerkfreigaben oder auch - ein gültiges, kostenpflichtiges Abonnement vorausgesetzt - die Microsoft-Cloud wählen.

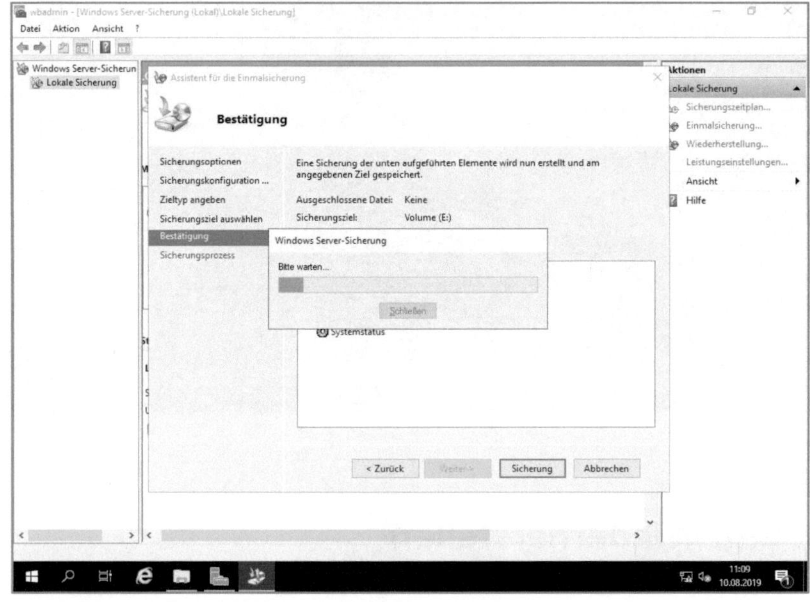

Abb. 16.1: *Grafische Verwaltungsoberfläche der Windows Server-Sicherung während eines Sicherungsvorgangs*

16.1 Neuerungen und Verbesserungen

Unter Windows Server 2019 finden sich im Umfang des Windows Server-Sicherungsfeatures - wie zuvor auch unter Windows Server 2016 - keinerlei Verbesserungen mehr. Die letzten Änderungen wurden noch unter Windows Server 2012 R2 in die Windows-bordeigene Backup-Lösung eingearbeitet.

Keine Neuerungen mehr nach Windows Server 2012 R2

Einzig sollte unbedingt erwähnt werden, dass das noch unter Windows Server 2016 im Umfang des Windows-Serverbetriebssystems enthaltene „Essentials Experience"-Features - das vielen noch aus der Essentials Edition der früheren Serverbetriebssystemversionen vertraut sein dürfte - unter dem neuen Windows Server 2019 vollständig entfernt wurde. Hierin enthalten war auch die Möglichkeit der Sicherung des Servers, sowie aller im Netzwerk vorhandener Clientcomputer. Unter dem neuen Windows-Serverbetriebssystem muss man hierzu nunmehr zu einer „Drittanbieter"-Lösung, wie Acronis Backup oder ähnlichem zurückgreifen.

16.1.1 Neuerungen und Verbesserungen noch unter Windows Server 2012 R2

Die bereits noch unter Windows Server 2012 (R2) eingearbeiteten Neuerungen und Verbesserungen rund um die Windows Server-Sicherung, die ebenso auch unter den aktuellen Windows-Serverbetriebssystemen enthalten sind, umfassten:

- **Möglichkeit zum Sichern von Volumes mit einer Größe von mehr als 2 TB,**
- **Möglichkeit zum Sichern und Wiederherstellen individueller, virtueller Maschinen von einem Hyper-V-Hostcomputer,**
- **Möglichkeit der Online-Sicherung von Daten in der Microsoft Azure-Cloud als Alternative zur lokalen Datensicherung.**

Insbesondere die Möglichkeit zur Online-Sicherung richtet sich im Schwerpunkt an kleine und mittelständische Unternehmen, und erfordert eine entsprechende Online-Registrierung.

Mit der Windows Server-Sicherung unter Windows Server 2016 kann man einen vollständigen Server (sprich: *alle darauf vorhandenen Volumes*), ausgewählte Volumes, den Systemstatus oder bestimmte Dateien und Ordner sichern. Auch lässt sich damit eine Sicherung erstellen, die für die Bare-Metal-Recovery eines Serversystems verwendet werden kann. Für die Sicherung bzw. Wiederherstellung werden unter Windows Server 2016 ebenso auch Datei- oder Ordnergrößen bzw. Volumegrößen von mehr als 2 TB (Terabyte) unterstützt. Beachten Sie darüber hinaus, dass mit der Windows Server-Sicherung lediglich Daten von lokalen, NTFS- bzw. ReFS-formatierten Volumes gesichert werden können. Die Sicherung auf Bandlaufwerke wird hierbei nicht unterstützt.

INTERNET ➲ Unter Bare-Metal-Recovery versteht man das Wiederherstellen der Sicherung eines ausgefallenen Serversystems auf einem anderen (neuen) Computersystem, auf dem noch kein Betriebssystem installiert ist, sprich: auf *„nacktem Metall"*. Die Windows Server-Sicherung von Windows Server 2019, Windows Server 2016 sowie Windows Server 2012 (R2) unterstützt ein solches Wiederherstellungsverfahren. Weitere Informationen zur Sicherung finden Sie in der Windows-Hilfe oder auch im Internet unter:

https://docs.microsoft.com/de-de/previous-versions/windows/server/jj614621(v=ws.11)

16.2 Sicherungstools

Die Sicherung und/oder Wiederherstellung von Daten kann unter Windows Server 2019 anhand verschiedener Tools erfolgen. Diese umfassen:

- MMC-Snap-In ***Windows Server-Sicherung***

- Kommandozeilenprogramm **Wbadmin.exe**
- **Windows PowerShell**-Cmdlets

Welches der Werkzeuge man für die Sicherung bzw. Wiederherstellung von Daten unter Windows Server 2019 einsetzt, ist für die eigentliche, mitunter notwendige Datenwiederherstellung völlig unerheblich. Diese unterscheiden sich nicht im Ergebnis, wohl aber in der jeweiligen Verwendung. So kann man beispielsweise mithilfe des grafischen MMC-Snap-In Windows Server-Sicherung problemlos die zuvor mithilfe des Kommandozeilenprogramms Wbadmin.exe gesicherten Daten wieder herstellen. Gleichermaßen funktioniert diese auch mit den entsprechenden Windows PowerShell-Cmdlets.

INTERNET ➲ Beispiele sowie auch die Befehlssyntax der Windows PowerShell-Cmdlets für die Windows Server-Sicherung findet man in der Windows PowerShell-Referenz im Internet unter:

https://docs.microsoft.com/de-de/previous-versions/windows/powershell-scripting/jj902428(v=wps.630)

16.3 Installation der Windows Server-Sicherung

Als optionales Feature installierbar

Die Windows Server-Sicherung wird bei der Betriebssysteminstallation von Windows Server 2019 nicht automatisch installiert. Man kann diese jedoch jederzeit als Feature (*Funktion*) nachinstallieren. Lediglich die Installationsschritte unterscheiden sich zwischen einem Serversystem unter Windows Server 2019 als vollständige Installation und der Server Core-Installation.

Gehen Sie wie folgt vor, um die Windows Server-Sicherung mithilfe des Server-Managers auf einem Serversystem unter Windows Server 2019 als vollständige Installation zu installieren:

1. Starten Sie den *Server-Manager*.
2. Klicken Sie in der oberen Befehlsleiste auf Verwalten, und dann auf **Rollen und Features hinzufügen**.

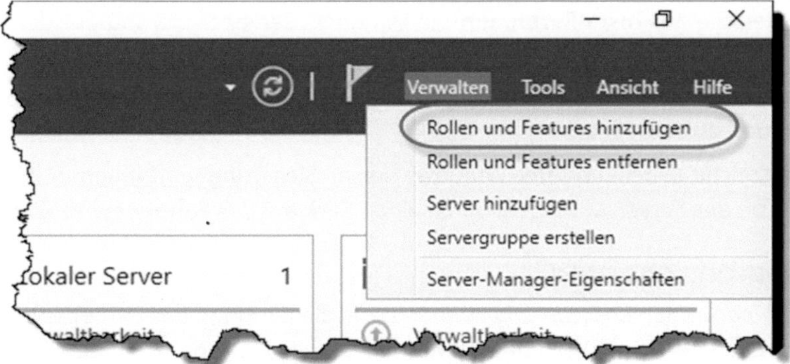

Abb. 16.2: *Server-Manager zum Hinzufügen der Windows Server-Sicherung*

3. Klicken Sie im Dialog *Vorbemerkungen* auf **Weiter**.
4. Wählen Sie die Option *Rollenbasierte oder featurebasierte Installation*, und klicken Sie auf **Weiter**.
5. Wählen Sie den Server aus, auf dem das Sicherungsfeature installiert werden soll, und klicken Sie auf **Weiter**.
6. Klicken Sie im Dialog *Serverrollen auswählen* auf **Weiter**.
7. Aktivieren Sie im Dialog *Features auswählen* das Kontrollkästchen vor *Windows Server-Sicherung*, und klicken Sie auf **Weiter**.

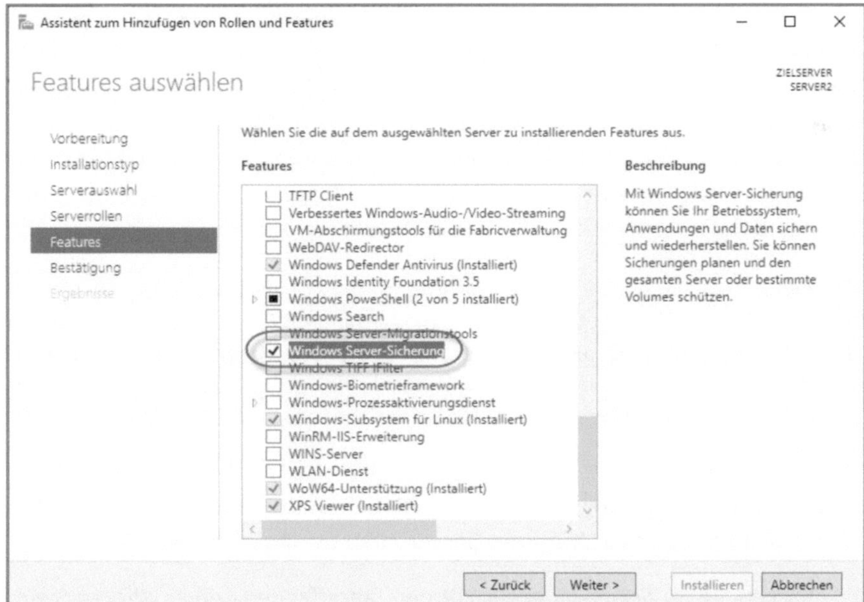

Abb. 16.3: *Auswahl des Features für die Windows Server-Sicherung*

8. Klicken Sie auf **Installieren**, um die Windows Server-Sicherung auf dem betreffenden Server zu installieren.
9. Klicken Sie auf **Schließen**, um den Dialog *Assistent zum Hinzufügen von Rollen und Features* zu schließen.

Die erfolgreiche Installation der Windows Server-Sicherung wird Ihnen in der oberen *Befehlsleiste* des Server-Managers durch einen Klick auf das **Fahnensymbol** angezeigt.

16.4 Datensicherung

Sicherung auch auf virtuelle Volumes möglich

Mit der *Windows Server-Sicherung* können Datensicherungen des Betriebssystems, der Systemstatusdaten, von Volumes sowie Dateien und Ordnern erstellt werden. Die Sicherungen können entweder auf einem lokal angeschlossenen (*physikalischen oder virtuellen*) Volume, auf DVDs, Wechselmedien oder in freigegebenen Remote-Ordnern gespeichert werden. Die Sicherungsvorgänge können hierbei entweder manuell oder auch automatisch ausgeführt werden.

HINWEIS ➲ Beachten Sie bei der Sicherung auf Volumes oder Wechselmedien, dass diese vor der Sicherung mitunter formatiert werden müssen. Die darauf womöglich gespeicherten Daten gehen bei diesem Vorgang verloren. Die Sicherung auf USB-Flashlaufwerken oder USB-Sticks wird von der Windows Server-Sicherung nicht unterstützt.

16.4.1 Durchführung einer manuellen Sicherung

Manuelle Sicherung als Einmalsicherung

In der Praxis ergibt sich schnell einmal die Situation, dass man bestimmte Daten – unabhängig von der eigentlichen Sicherungsstrategie – beispielsweise vor bestimmten Änderungen an einem Serversystem sichern möchte. Wenn sich der Moment ergibt, so kann man diese Daten dann aus der Sicherung wieder herstellen. Auch mit der grafischen Windows Server-Sicherung unter Windows Server 2019 kann man eine solche, manuelle Sicherung als Einmalsicherung durchführen. Auf der Ebene der Kommandozeile dient hierzu der Befehl: **`Wbadmin start backup`**

HINWEIS ➲ Beachten Sie, dass Sicherungen, die mit der Windows Server-Sicherung auf einer DVD, anderen optischen Medien oder einem Wechselmedium erstellt wurden, nur vollständig als Volume wiederhergestellt werden können. Einzelne Dateien und Ordner, der Systemstatus oder auch Anwendungsdaten lassen sich aus Sicherungen von solchen Medientypen nicht wieder herstellen. Beachten Sie dies ***vor*** der Durchführung einer Einmalsicherung

Gehen Sie wie folgt vor, um eine Einmalsicherung in der grafischen Windows Server-Sicherung unter Windows Server 2019 durchzuführen:

1. Klicken Sie im *Server-Manager* auf den betreffenden Server. Klicken Sie dann in der oberen Befehlsleiste auf **Tools**, und dann auf **Windows Server-Sicherung**.
2. Klicken Sie im linken Konsolenmenü auf **Lokale Sicherung**.

3. Klicken Sie im *Aktionsbereich* auf **Einmalsicherung**.
4. Klicken Sie im Dialog *Sicherungsoptionen* auf **Weiter**.

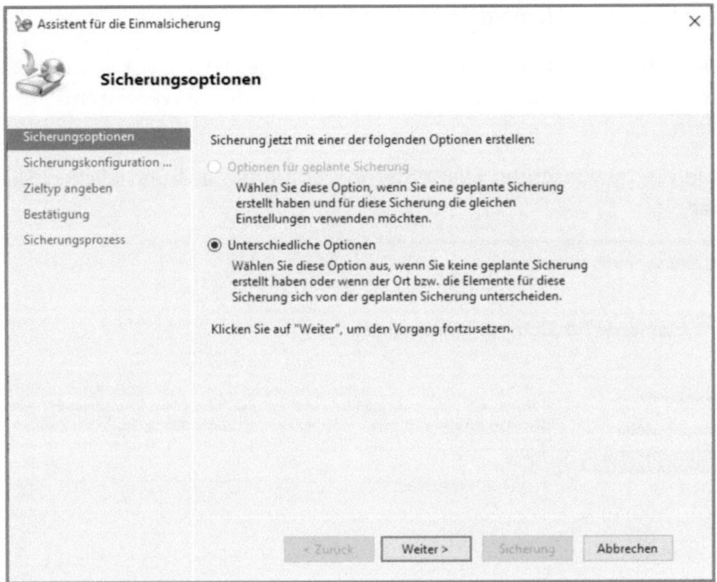

Abb. 16.4: *Auswahl der Sicherungsoptionen*

5. Wählen Sie im Dialog *Sicherungskonfiguration auswählen* den gewünschten *Konfigurationstyp*.

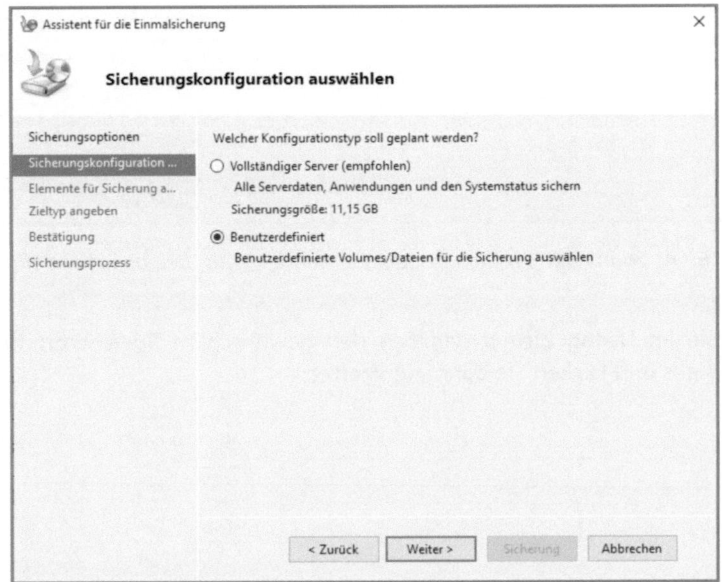

Abb. 16.5: *Auswahl der Sicherungskonfiguration*

Zur Auswahl stehen:

- **Vollständig (empfohlen)**, um alle Serverdaten, Anwendungen und den Systemstatus auf dem Serversystem zu sichern.
- **Benutzerdefiniert**, um nur bestimmte Volumes bzw. Dateien oder auch Daten für eine mögliche Bare-Metal-Recovery des Serversystems zu sichern.

Wählen Sie die gewünschten Elemente und Optionen aus und klicken Sie dann auf **Weiter**.

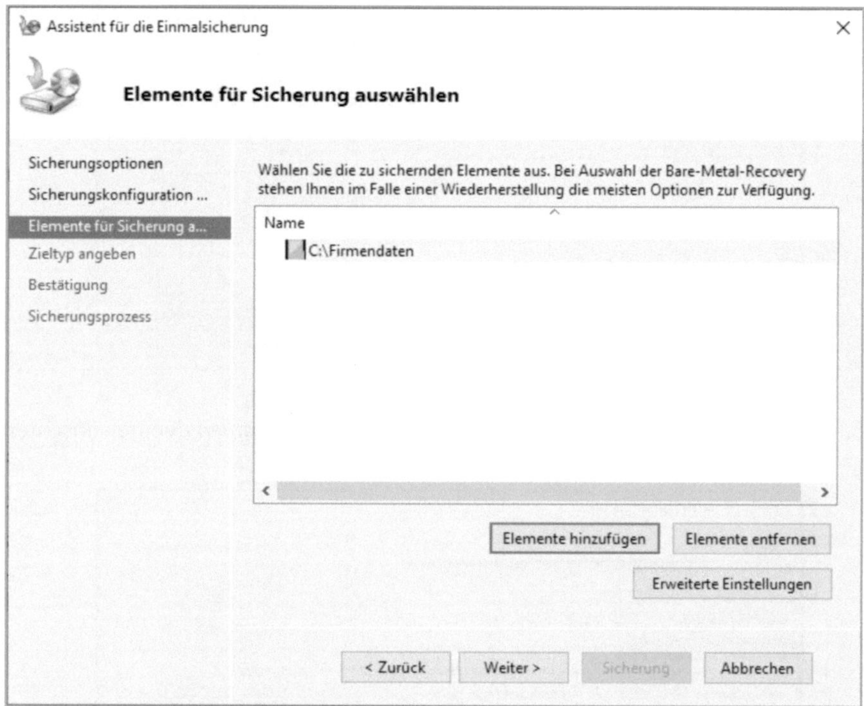

Abb. 16.6: *Auswahl der zu sichernden Elemente - nur bei benutzerdefinierter Sicherung*

7. Wählen Sie im Dialog *Zieltyp angeben* den gewünschten Speicherort für die Sicherung aus und klicken Sie dann auf **Weiter**.

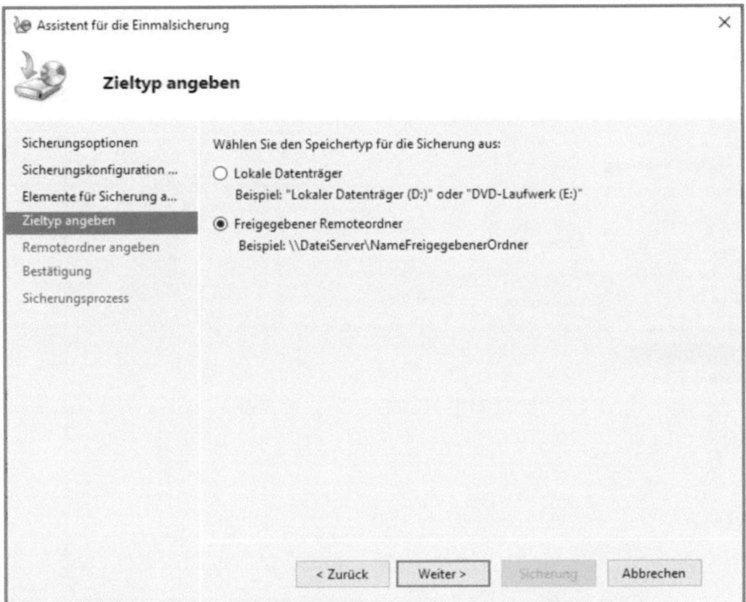

Abb. 16.7: *Auswahl des Speicherorts für die Einmalsicherung*

8. Wählen Sie das *Sicherungsziel* aus, und klicken Sie auf **Weiter**.

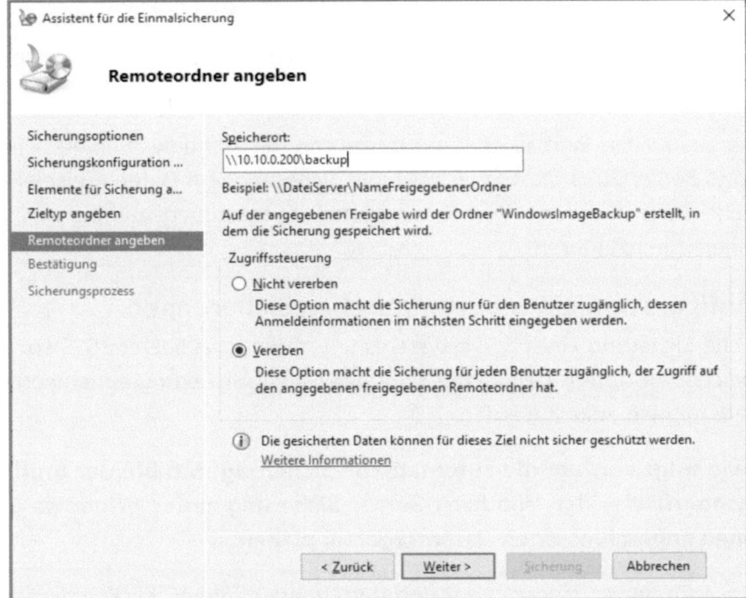

Abb. 16.8: *Auswahl des Speicherorts für die Einmalsicherung*

9. Überprüfen Sie im Dialog *Bestätigung* die Konfiguration und klicken Sie dann auf **Sicherung**.

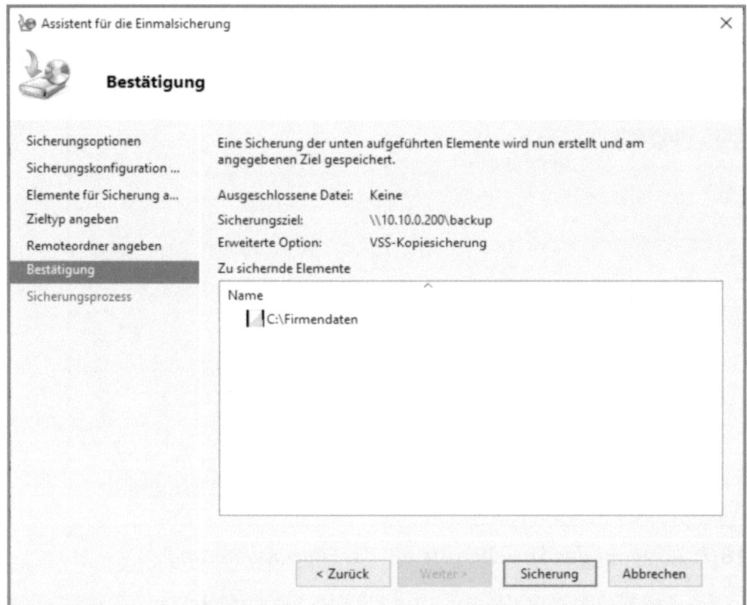

Abb. 16.9: *Zusammenfassung und Bestätigung einer Einmalsicherung*

Die Einmalsicherung der ausgewählten Dateien wird auf den angegebenen Zielspeicher gesichert.

Alternativ zur manuellen Einmalsicherung besteht in der Windows Server-Sicherung unter Windows Server 2019 die Möglichkeit, die Sicherung von Daten (beispielsweise für die tägliche Sicherung der Unternehmensdaten) zeitgesteuert mithilfe von Sicherungszeitplänen durchzuführen.

16.4.2 Konfiguration einer automatischen Sicherungen

Tägliche Sicherung von Unternehmensdaten möglich

Für die tägliche Sicherung eines Serversystems unter Windows Server 2019 sowie der darauf gespeicherten Daten, kann in der Windows Server-Sicherung ein entsprechender Sicherungszeitplan erstellt werden.

Gehen Sie wie folgt vor, um die automatische Sicherung mithilfe der grafischen Verwaltungsoberfläche der Windows Server-Sicherung unter Windows Server 2019 auf einen angeschlossenen Datenträger zu planen:

1. Klicken Sie im *Server-Manager* auf den betreffenden Server. Klicken Sie dann in der oberen Befehlsleiste auf **Tools**, und dann auf **Windows Server-Sicherung**.
2. Klicken Sie im linken Konsolenmenü auf **Lokale Sicherung**.

3. Klicken Sie im *Aktionsbereich* auf **Sicherungszeitplan**.
4. Klicken Sie im Dialog *Erste Schritte* auf **Weiter**.
5. Wählen Sie im Dialog *Sicherungskonfiguration auswählen* den gewünschten *Konfigurationstyp*.

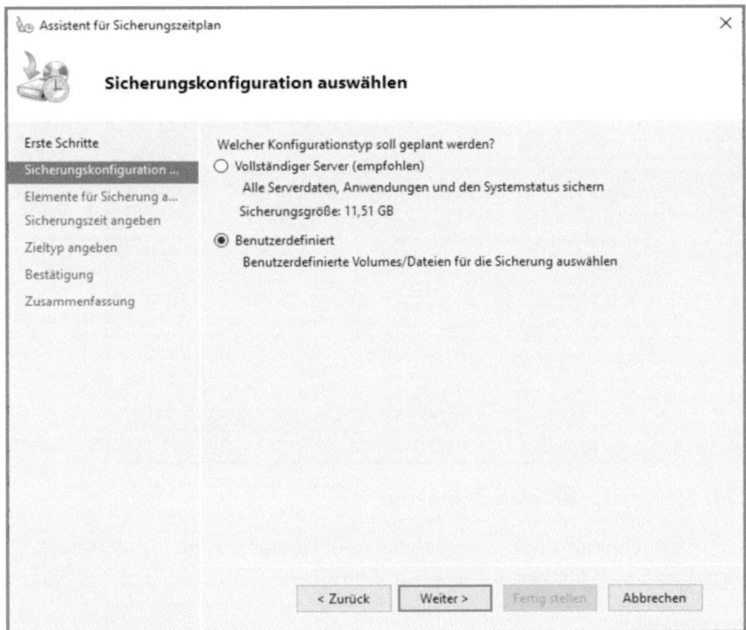

Abb. 16.10: *Auswahl der Sicherungskonfiguration*

Zur Auswahl stehen:

- **Vollständig (empfohlen)**, um alle Serverdaten, Anwendungen und den Systemstatus auf dem Serversystem zu sichern.
- **Benutzerdefiniert**, um nur bestimmte Volumes bzw. Dateien oder auch Daten für eine mögliche Bare-Metal-Recovery des Serversystems zu sichern.

Wählen Sie die gewünschten Elemente und Optionen aus und klicken Sie dann auf **Weiter**.

6. Wählen Sie im weiteren Verlauf im Dialogfenster *Sicherungszeit angeben* fest, wie häufig die ausgewählten Daten gesichert werden sollen. Klicken Sie anschließend auf **Weiter**.

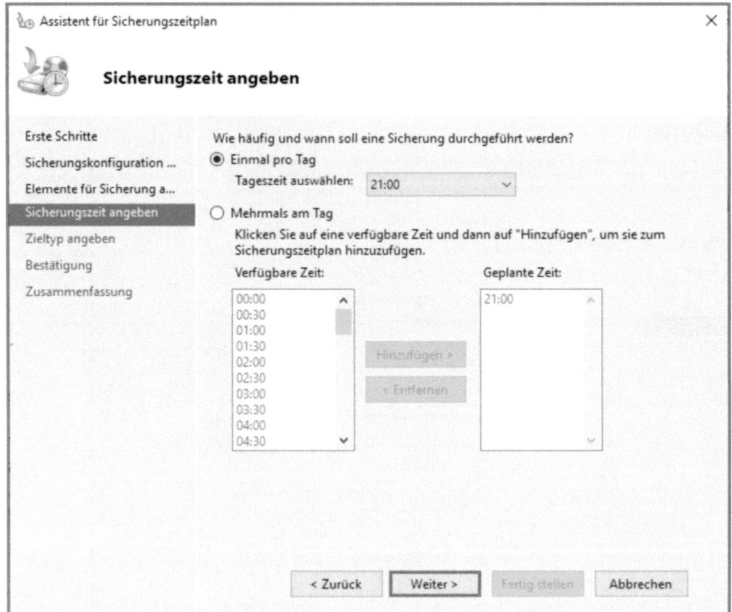

Abb. 16.11: Sicherungszeitplan definieren

7. Wählen Sie im Dialog *Zieltyp angeben* den gewünschten Speicherort für die Sicherungsdaten und klicken Sie dann auf **Weiter**.

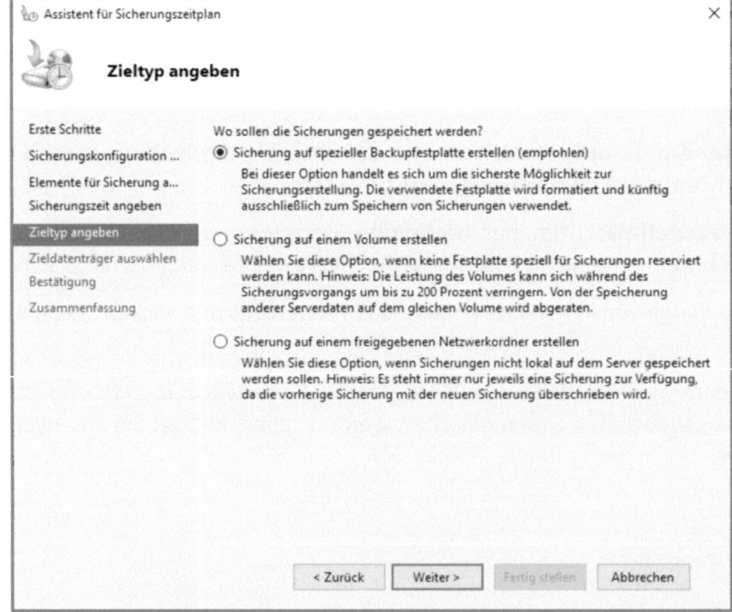

Abb. 16.12: *Konfiguration des Speicherortes für die Datensicherung*

8. Wählen Sie den gewünschten Zieldatenträger aus, und klicken Sie auf **Weiter**.
9. Überprüfen Sie im Dialog *Bestätigung* die Konfiguration und klicken Sie dann auf **Fertig stellen**.

Die geplante Sicherung wird zu den angegebenen Zeitpunkten durchgeführt.

16.4.3 Sicherung mit Wbadmin.exe

Alternative zur grafischen Konsole

Alternativ zur Sicherung mithilfe des MMC-Snap-In der Windows Server-Sicherung besteht die Möglichkeit, diese mit dem Befehl **Wbadmin.exe** auf Ebene der Befehlszeile durchzuführen. Dies birgt u.a. den Vorteil, dass man Sicherungsvorgänge beispielsweise in Skriptdateien erfassen und ausführen lassen kann. Das Befehlszeilenprogramm **`Wbadmin.exe`** umfasst die gleichen Funktionen, wie sie auch in der grafischen Oberfläche der Windows Server-Sicherung enthalten sind.

HINWEIS ➲ Weitere Informationen zur Befehlssyntax von ***Wbadmin.exe*** erhalten Sie nach Eingabe des folgenden Befehls in der *Eingabeaufforderung*:

```
Wbadmin.exe /?
```

Verschiedene Windows PowerShell-Cmdlets

Eine weitere Möglichkeit der Sicherung besteht durch die Verwendung der in der Windows PowerShell unter Windows Server 2019 enthaltenen Windows PowerShell-Cmdlets. Nähere Informationen hierzu finden Sie am Ende dieses Kapitels.

16.5 Online-Sicherung

Für kleine und mittelständische Unternehmen

Neu eingeführt hatte Microsoft mit dem Windows Server 2012 auch die Möglichkeit zur direkten Online-Sicherung in der Microsoft Azure-Cloud im Internet. Auch unter Windows Server 2019 ist die Sicherung in die Cloud von Microsoft ebenso möglich. Diese Möglichkeit bietet sich in erster Linie für kleine bis mittelständische Unternehmen und kleinere Büros oder Kanzleien an, die über lediglich wenige Möglichkeiten der lokalen Sicherung von Daten verfügen.

Die gesicherten Daten werden bei der Online-Sicherung in verschlüsselter Form auf den Servern in der Microsoft-Cloud gespeichert, und durch den Einsatz eines starken Kennworts gegen unbefugten Zugriff geschützt.

Um die Online-Sicherung unter Windows Server 2019 verwenden zu können, muss man sich zuerst bei Microsoft Azure anmelden und für die Benutzung des Online-Backup registrieren. Am einfachsten geschieht dies über die Schaltfläche ***Registrieren*** in der Verwaltungskonsole für die *Windows Server-Sicherung*.

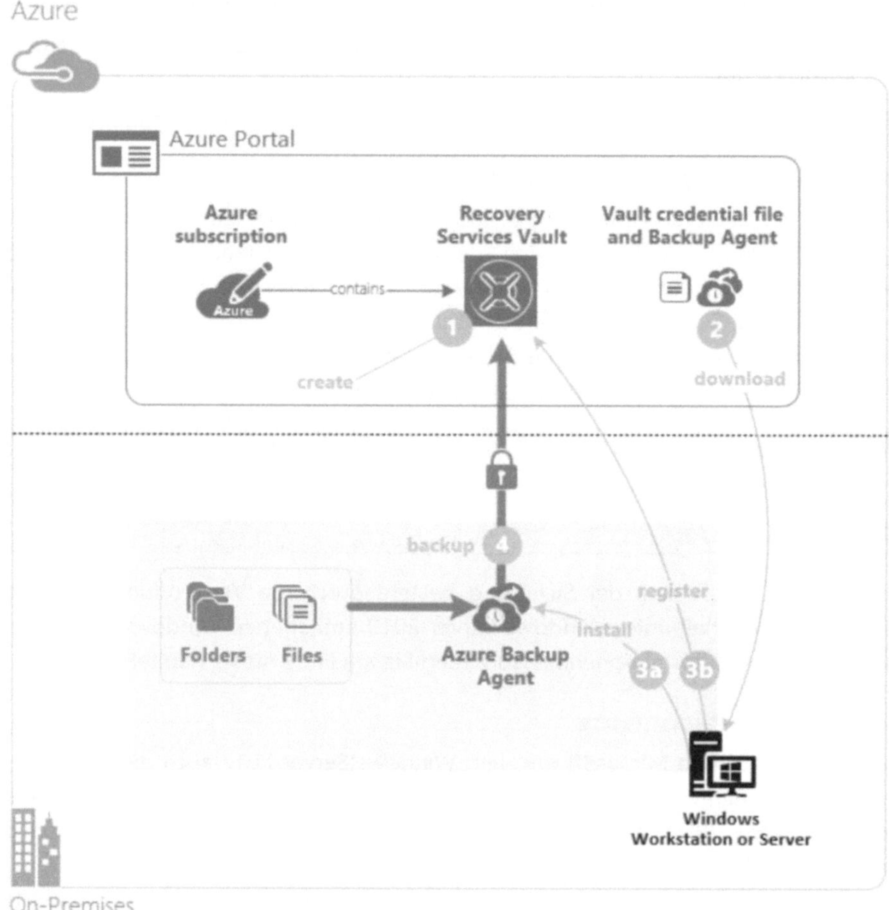

Abb. 16.13: *Absicherung von Dateien und -Ordnern durch die Onlinesicherung in die Microsoft Azure-Cloud (Quelle: Microsoft)*

INTERNET ➲ Das Windows Azure Online Backup steht nach der Registrierung zum Testen bereit. Die Nutzung über den Testzeitraum hinaus ist kostenpflichtig. Genaue Details zu den Nutzungsmöglichkeiten, sowie die dabei anfallenden Gebühren erhalten Sie direkt in der Microsoft Azure Website im Internet unter:

https://azure.microsoft.com/de-de/services/backup/

Gleich nach erfolgter Registrierung des Servers kann man einen entsprechenden Zeitplan für die Online-Sicherungen erstellen, und bei Bedarf sogleich auch eine manuelle Sicherung von Daten in die Microsoft Azure-Cloud durchführen.

INTERNET ➲ Detaillierte Informationen zur Registrierung sowie zur Verwendung der Microsoft Online-Sicherung finden Sie im Internet unter:

https://docs.microsoft.com/de-de/azure/backup/backup-introduction-to-azure-backup

Nachdem wir uns einen Überblick über die Möglichkeiten der Datensicherung unter Windows Server 2019 verschafft haben, ist es nunmehr an der Zeit, sich auch mit den möglichen Methoden für die Datenwiederherstellung zu befassen.

16.6 Wiederherstellen von Dateien und Ordnern

Der Ausfall eines Datenträgers eines in Unternehmen eingesetzten Serversystems führt oft direkt auch zu Datenverlust. Wohl dem, der vorweg eine passende Sicherungsstrategie geplant und umgesetzt hat.

Verschiedene Tools zur Wiederherstellung

Die Wiederherstellung, beispielsweise von Dateien und Ordnern, Volumes oder auch den Systemstatusdaten, kann, wie auch die Sicherung selbst, mit den verschiedenen Tools der Windows Server-Sicherung entweder grafisch oder aber auf der Kommandozeilenebene mit dem Befehl **Wbadmin.exe** und alternativ den neu in Windows Server 2019 enthaltenen Windows PowerShell-Cmdlets erfolgen.

16.6.1 Wiederherstellen mithilfe der Windows Server-Sicherung

Gehen Sie wie folgt vor, um vorweg gesicherte Dateien und Ordner, Systemstatusdaten oder Volumes mit der grafischen Windows Server-Sicherung von Windows Server 2019 wiederherzustellen:

1. Klicken Sie im *Server-Manager* auf den betreffenden Server. Klicken Sie dann in der oberen Befehlsleiste auf **Tools**, und dann auf **Windows Server-Sicherung**.
2. Klicken Sie im linken Konsolenmenü auf **Lokale Sicherung**.
3. Klicken Sie im *Aktionsbereich* auf **Wiederherstellung**.
4. Wählen Sie auf der Seite *Erste Schritte* eine der gewünschten Aktionen aus:
   - Klick auf ***Dieser Server***.
   - Klick auf ***Eine an einem anderen Speicherort gespeicherte Sicherung*** – folgen Sie den Anweisungen des Assistenten.

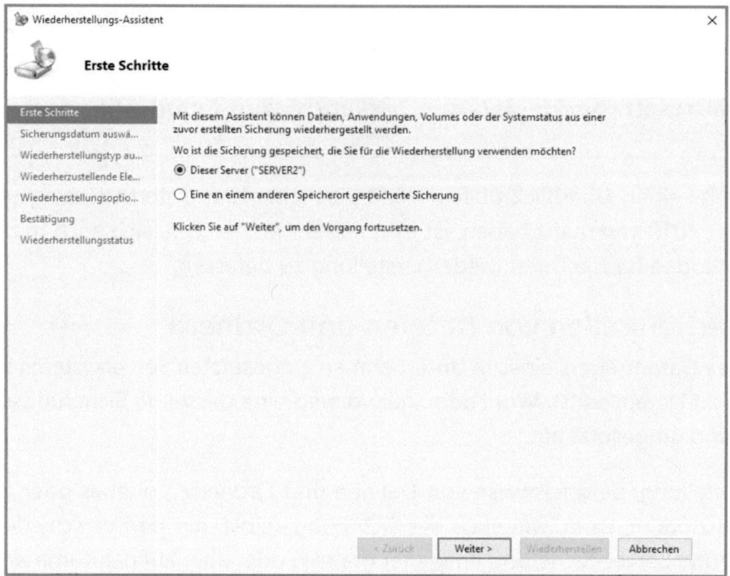

Abb. 16.14: *Auswahl des Speicherorts der Sicherung der wiederherzustellenden Daten*

5. Wählen Sie auf der Seite *Sicherungsdatum auswählen* im Kalender das Datum und in der Dropdownliste die Uhrzeit der Sicherung aus, die für die Wiederherstellung von Daten verwendet werden soll. Klicken Sie dann auf **Weiter**.

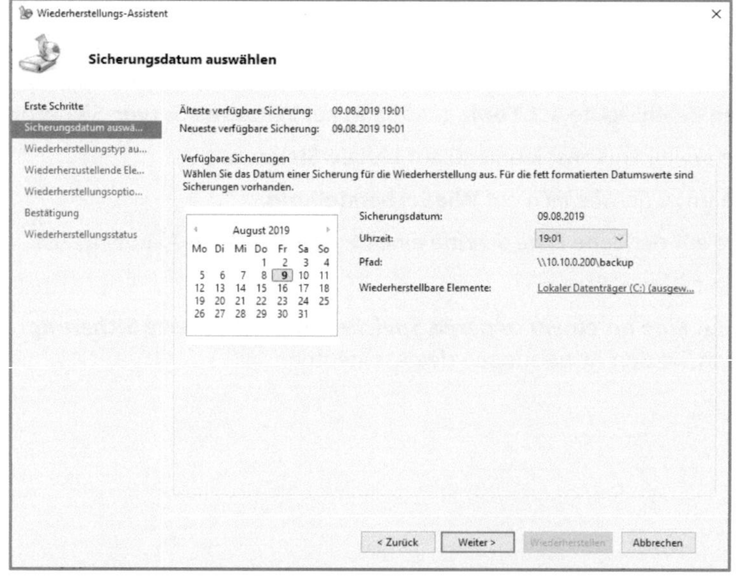

Abb. 16.15: *Auswahl der wiederherzustellenden Sicherung*

6. Wählen Sie im Dialog *Wiederherstellungstyp auswählen* die gewünschte Option und folgen Sie den Anweisungen des Wiederherstellungsassistenten.
7. Überprüfen Sie auf der Seite *Bestätigung* die Konfiguration und klicken Sie dann auf **Wiederherstellen.**

   Die Wiederherstellung der ausgewählten Daten erfolgt. Den Status können Sie im Dialogfenster der Windows Server-Sicherung nachvollziehen.
8. Klicken Sie nach Abschluss der Wiederherstellung auf **Schließen**.

16.6.2 Wiederherstellung mit Wbadmin.exe

Alternative zur grafischen Konsole

Alternativ zur Wiederherstellung mithilfe des MMC-Snap-In der Windows Server-Sicherung besteht die Möglichkeit, diese mit dem Befehl **Wbadmin.exe** auf Ebene der Befehlszeile durchzuführen. Dies birgt u.a. den Vorteil, dass man Wiederherstellungsvorgänge beispielsweise in Skriptdateien erfassen und ausführen lassen kann. Das Befehlszeilenprogramm **Wbadmin.exe** umfasst prinzipiell die gleichen Funktionen, wie sie auch in der grafischen Oberfläche der Windows Server-Sicherung enthalten sind.

HINWEIS ➲ Weitere Informationen zur Befehlssyntax von ***Wbadmin.exe*** erhalten Sie nach Eingabe des folgenden Befehls in der Kommandozeile:

```
Wbadmin.exe /?
```

Eine weitere Möglichkeit der Sicherung und auch Wiederherstellung von Daten aus einer Sicherung besteht in der Verwendung der ***Windows PowerShell-Cmdlets*** (wie z. B. **`Start-WBBackup`**, **`Start-WBFileRecovery`**, usw.) unter Windows Server 2019.

Eine Übersicht der für die Dateisicherung und -wiederherstellung in Windows Server 2019 enthaltenen Windows PowerShell-Cmdlets erhält man durch die Eingabe des folgenden Befehls:

```
Get-Command -Module WindowsServerBackup
```

Beachten Sie, dass das Modul ***WindowsServerBackup*** mitsamt der darin enthaltenen Windows PowerShell-Cmdlets auf einem Serversystem unter Windows Server 2019 standardmäßig nicht enthalten ist. Erst durch das Hinzufügen des Features Windows server-Sicherung bzw. die Installation des entsprechenden Windows PowerShell-Moduls stehen die Befehle in der Windows PowerShell zur Verwendung bereit.

INTERNET ➲ Nähere Informationen zu den Windows PowerShell-Cmdlets für die Datensicherung und Wiederherstellung findet man im Internet unter:

https://docs.microsoft.com/de-de/previous-versions/windows/powershell-scripting/jj902428(v=wps.630)

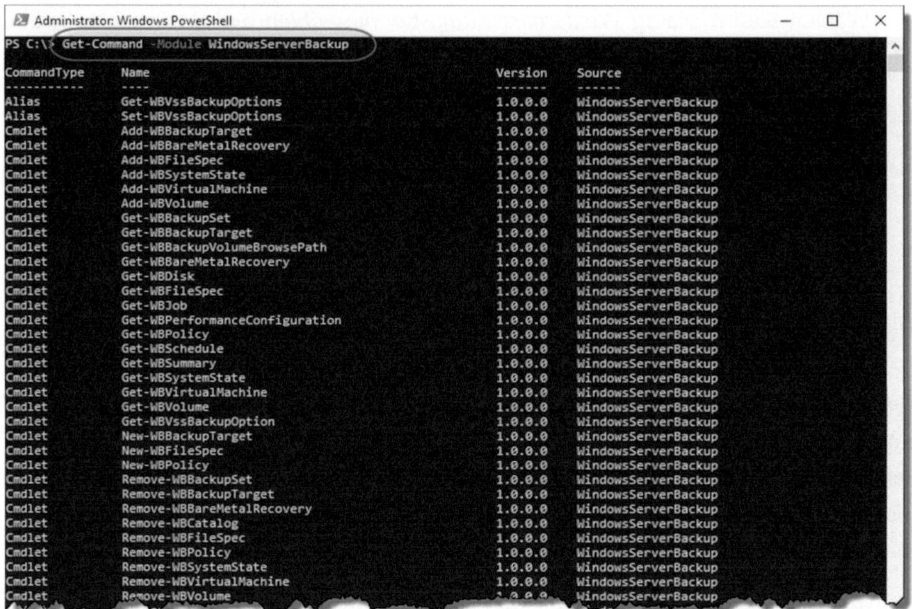

Abb. 16.16: *Windows PowerShell-Cmdlets für die Sicherung und Wiederherstellung unter Windows Server 2019*

16.7 Vollständige Wiederherstellung eines Serversystems aus einer Datensicherung

In der täglichen Praxis sollte man auf alle erdenklichen (Aus-)Fälle entsprechend vorbereitet sein. Versehentlich gelöschte Daten lassen sich - ein entsprechendes Datensicherungskonzept vorausgesetzt - mit oft überschaubarem Aufwand wiederherstellen. Problematischer stellt es sich oft jedoch dar, wenn nicht einzelne Dateien, sondern ein ganzes Serversystem - mitsamt aller darauf zuvor gespeicherten Daten - verloren geht.

HINWEIS ➲ Wenn zuvor eine vollständige Datensicherung des betreffenden Serversystems erstellt wurde, so kann man damit im Bedarfsfall auch den gesamten Server aus der Sicherung heraus wieder herstellen. Dies lässt sich auch in Verbindung mit der bordeigenen Windows Server-Sicherung von Windows Server 2019 realisieren.

Die Wiederherstellung eines gesamten Serversystems ist dabei nicht auf das betroffene, physikalische Serversystem beschränkt. Wenn die zuvor erfolgte Datensicherung neben den gesicherten Nutzdaten auch die Systemstatusdaten, die „Bare-Metal-Recovery"-Daten, sowie die System- und auch Startpartitionen des ausgefallenen Serversystems umfasst, so steht der möglichen Wiederherstellung nichts mehr entgegen. Zur Durchführung der vollständigen Wiederherstellung eines zuvor ausgefallenen Windows-Serversystems benötigt man neben dem für das Backup verwendeten Sicherungsdatenträger auch noch eine Installations-DVD von Windows Server

2019. Mit diesem wird das ausgefallene, bzw. das als Wiederherstellungsziel ausgewählte Serversystem gestartet, sowie aus den darin enthaltenen Funktionen auch die Wiederherstellung eingeleitet.

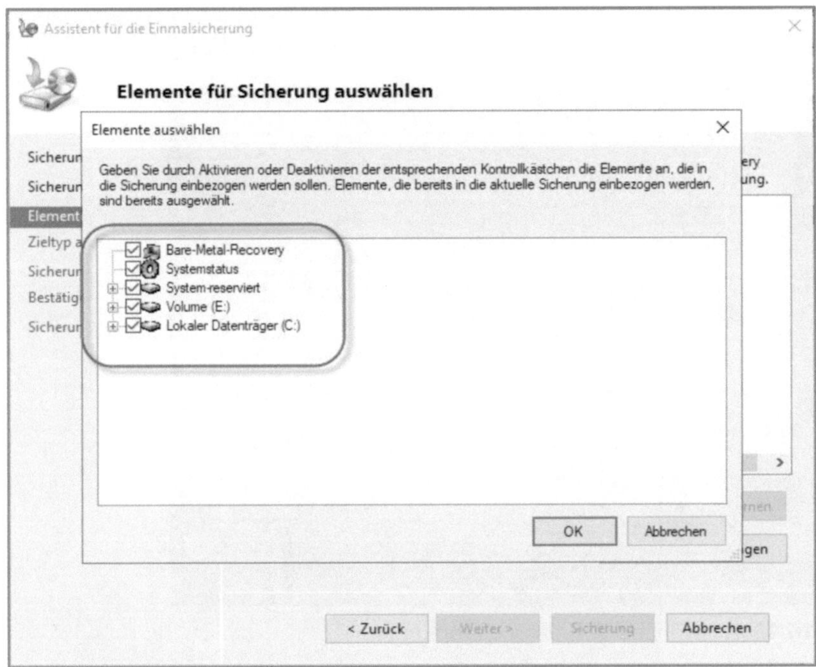

Abb. 16.17: *Notwendige Sicherungselemente zum späteren Wiederherstellen eines Serversystems mit der Windows Server-Sicherung*

PRAXISTIPP! ➲ Alternativ zum DVD-Installationsdatenträger kann man für den Wiederherstellungsprozess eines ausgefallenen Windows-Serversystems auch einen entsprechend vorbereiteten USB-Datenträger ebenso verwenden. Ein (von Microsoft ursprünglich für Windows 7/8/8.1 entwickeltes) - auch für Windows Server 2019 verwendbares - Tool zum Erstellen eines bootfähigen USB-Installationsmediums findet man auf der Website von Microsoft im Internet unter:

https://www.microsoft.com/de-de/download/details.aspx?id=56485

Gehen Sie wie folgt vor, um ein zuvor ausgefallenes Windows-Serversystem unter Windows Server 2019 mithilfe der zuvor erstellten, vollständigen Serversicherung unter Verwendung eines Installationsdatenträgers vollständig wieder herzustellen:

1. Legen Sie den *Installationsdatenträger* in das Serversystem ein, auf dem die Wiederherstellung des zuvor ausgefallenen Serversystems durchgeführt werden soll, und starten Sie das Computersystem mit diesem.

2. Klicken Sie im *Windows Setup*-Dialog bei der Sprachauswahl auf **Weiter**.
3. Klicken Sie in der unteren, linken Ecke des Dialogfensters auf **Computerreparaturoptionen**.
4. Klicken Sie im Dialog *Option auswählen* auf **Problembehandlung**.

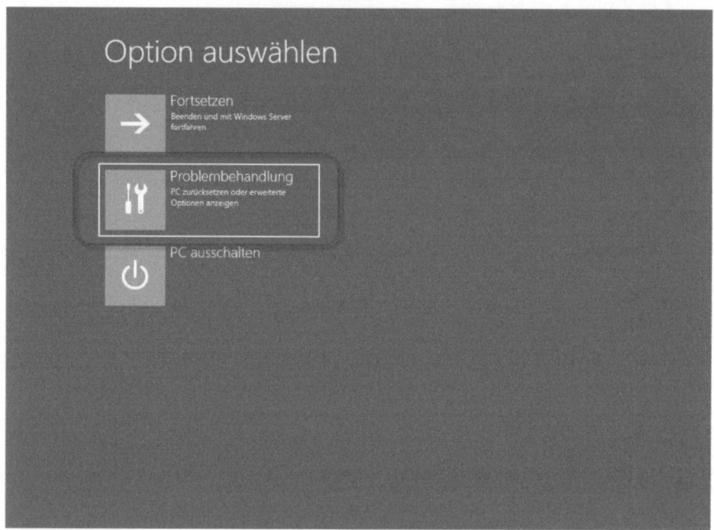

Abb. 16.18: *Auswahl der Problembehandlung*

5. Klicken Sie im Dialog Erweiterte Optionen auf **Systemimage-Wiederherstellung**.

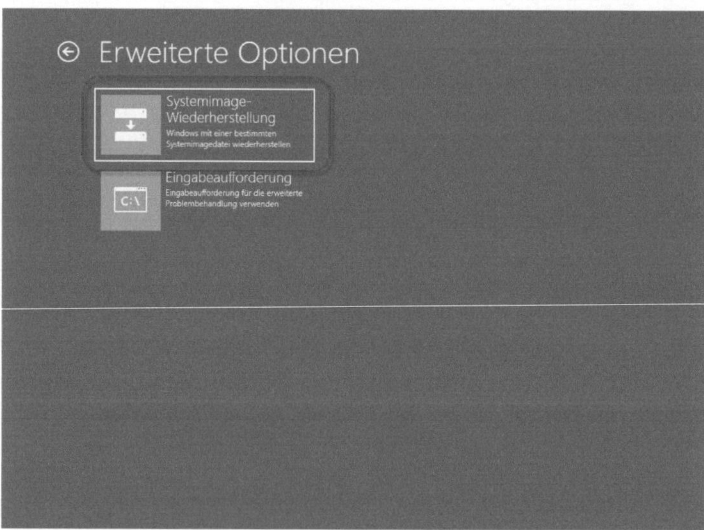

Abb. 16.19: *Auswahl der Systemimage-Wiederherstellung*

6. Klicken Sie zur *Auswahl des Zielbetriebssystems* auf **Windows Server**.

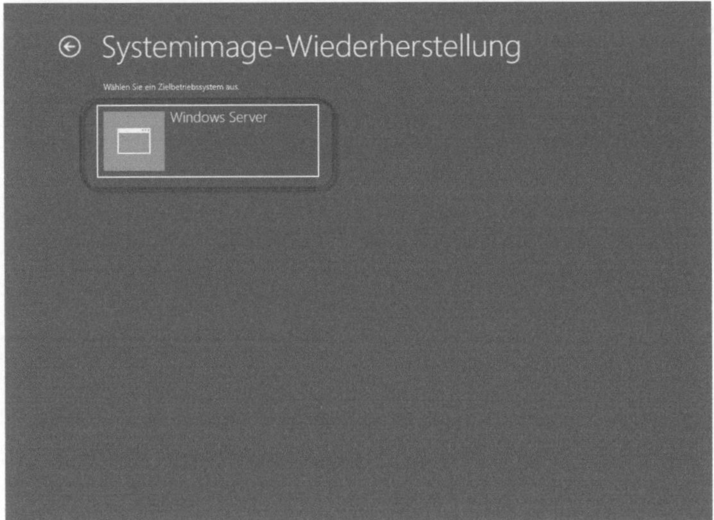

Abb. 16.20: *Auswahl von Windows Server als Zielbetriebssystem*

7. Wählen Sie die *Systemabbildsicherung* aus, und klicken Sie dann auf **Weiter**.

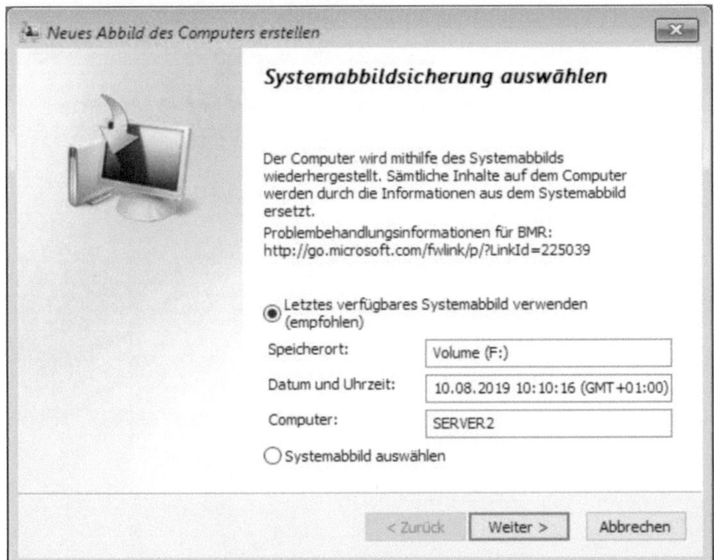

Abb. 16.21: *Auswahl der Systemabbildsicherung zur Wiederherstellung*

8. Wählen Sie die weiteren *Wiederherstellungsoptionen* aus, und klicken Sie dann auf **Weiter**.

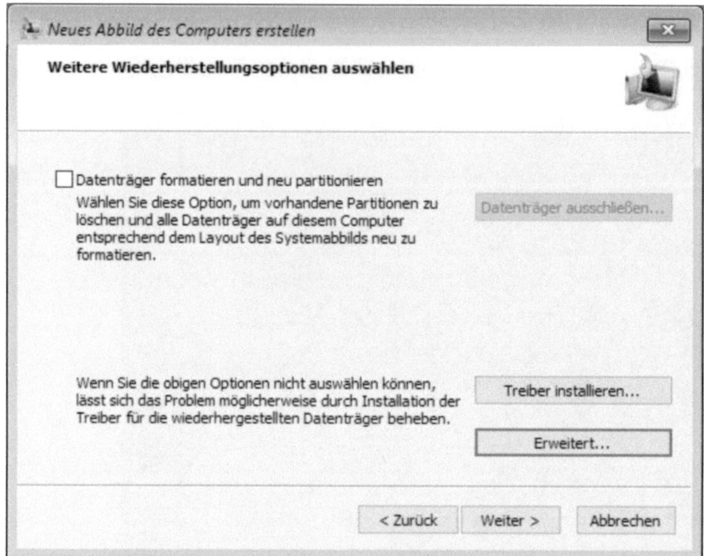

Abb. 16.22: *Auswahl der weiteren Wiederherstellungsoptionen*

HINWEIS ➲ Beachten Sie, dass das betreffende Serversystem nach der Wiederherstellung automatisch neu gestartet, und eine Überprüfung auf mögliche Datenträgerfehler ebenso automatisch durchgeführt wird. Diese Optionen lassen sich im Bedarfsfall über die Schaltfläche **Erweitert...** deaktivieren.

9. Klicken Sie zum Starten der Serverwiederherstellung auf **Fertig stellen**.

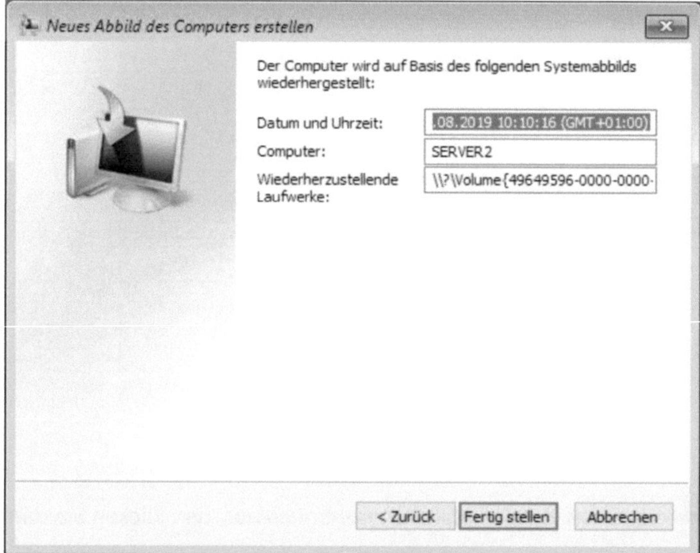

Abb. 16.23: *Starten der Wiederherstellung*

10. Bestätigen Sie die *Warnmeldung* mit einem Klick auf die Schaltfläche **Ja**.

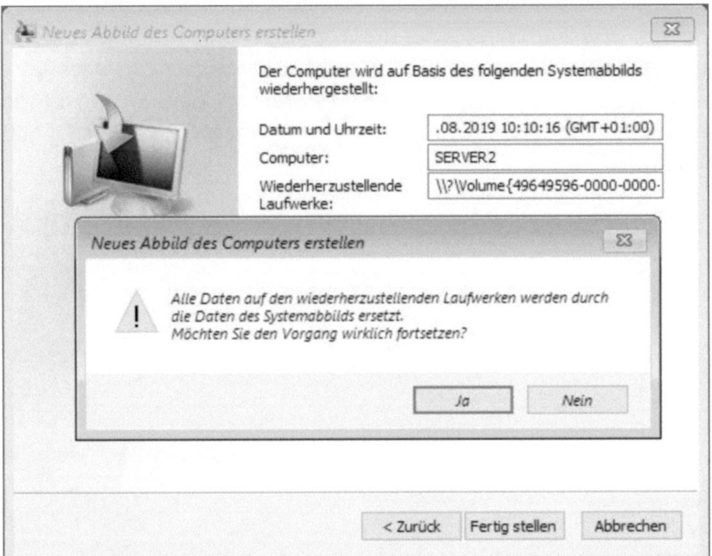

Abb. 16.24: *Warnmeldung vor dem Überschreiben vorhandener Laufwerke*

11. Die Wiederherstellung des Serversystems anhand der zuvor durchgeführten Serversicherung wird durchgeführt. Dieser Vorgang kann zwischen einigen Minuten bis zu einigen Stunden dauern.

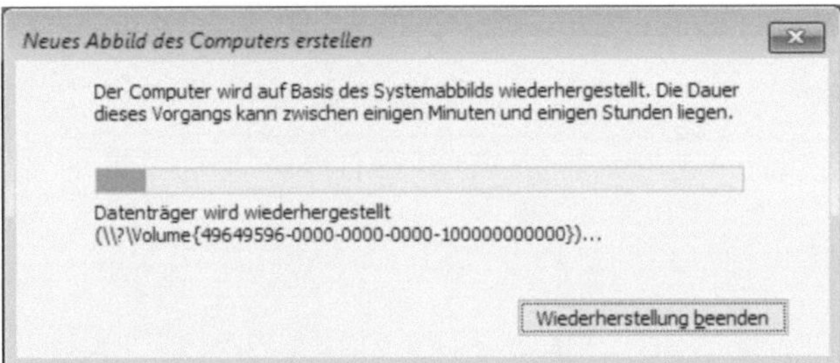

Abb. 16.25: *Durchführung der Wiederherstellung eines Serversystems aus einer Datensicherung*

Im Anschluss an die Wiederherstellung steht das Serversystem - und, je nach Auswahl der Wiederherstellungsoptionen - auch die darauf zuvor gespeicherten Daten wieder zur Verfügung.

PRAXISTIPP! ➲ Die Sicherung mit der bordeigenen Windows Server-Sicherung von Windows Server 2019 wird zwar sicherlich in der Praxis auch verwendet. Man sollte jedoch mal über den „Tellerrand“ hinaus auf die Lösungen von Drittanbietern schauen, ob deren Lösungen sich für den eigenen Bedarf nicht sogar besser einsetzen lassen. In diesem Zusammenhang sei die Backup-Lösung von „Veeam“ erwähnt - insbesondere da hierzu sogar eine kostenfreie Backup-Lösung für Windows-Systeme angeboten wird. Details hierzu findet man im Internet unter:

https://www.veeam.com/de/windows-endpoint-server-backup-free.html

Stichwortverzeichnis

E

F

G

O

P

Q

R

S

X

Z

Fachbuch

Windows Admin Center (WAC)

Zentrale Verwaltung von Client- und Servercomputern

Das Windows Admin Center (WAC) wurde von Microsoft für den praktischen Einsatz in modernen Computernetzwerken entwickelt. Mit dieser webbasierten, grafischen Verwaltungskonsole ist es nicht mehr nur möglich, die in lokalen Computernetzwerken vorhandenen Windows-Serversysteme, sondern im Bedarfsfall auch gleich die Windows 10-Clientcomputer von einem zentralen Computersystem aus zu verwalten. Zusätzlich lässt sich die Konsole - ein gültiges, in der Regel kostenpflichtiges Microsoft Azure-Abonnement vorausgesetzt - auch für die Verwaltung der in der Azure-Cloud von Microsoft bereitgestellten Computersysteme verwenden. Neben der Bereitstellung des Windows Admin Center (WAC) und der Konfiguration der rollenbasierten Zugriffssteuerung (RBAC) erhalten Sie zudem einen schnellen Einstieg in die darin enthaltenen Tools und Verwaltungsmöglichkeiten vorhandener Computersysteme. Dabei erhalten Sie einen Einblick in die Verwaltung einzelner Server- und Clientcomputer über die Verwaltung von Hyper-V-Hosts und der darauf bereitgestellten, virtuellen Computern bis hin zur Verwaltung von Failoverclustern und hyperkonvergenten Infrastrukturen.

Seitenumfang: **216 Seiten**
Autor: **Carlo Westbrook**
Verlag: **CertPro-PRESS** (erschienen 15.03.2019)
ISBN: **978-3-9447-4937-2**
Preis: **24,99 Euro** (inkl. MwSt.) (auch als E-Book erhältlich)

Fachbuch

Windows Server 2016 - Der schnelle Einstieg

Windows Server 2016 wurde für den praktischen Einsatz in modernen Computernetzwerken entwickelt. Damit Sie sich umgehend mit dem neuen Betriebssystem vertraut machen können, finden Sie in diesem Buch einen kompakten Überblick zu den wichtigsten, in Windows Server 2016 enthaltenen Rollen und Features einschließlich der praxisrelevanten Neuerungen und Verbesserungen. Neben der Installation des Betriebssystems erhalten Sie zudem einen leichten Einstieg in Themen wie die Active Directory-Domänendienste, die Virtualisierung mit Hyper-V, die Datei- und Speicherdienste oder auch die neue Windows PowerShell 5.1. Auch der Einsatz von Windows Server 2016 als Server Core, sowie auch als Nano-Server kommt nicht zu kurz. Zudem wird das neue Windows Admin Center (WAC) als zentrale Konsole für die Verwaltung selbst hybrider Serverfarmen vorgestellt.

Seitenumfang:	**624 Seiten**
Autor:	**Carlo Westbrook**
Verlag:	**CertPro-PRESS** (erschienen 08.10.2018)
ISBN:	**978-3-9447-4915-0**
Preis:	**34,90 Euro** (inkl. MwSt.) (auch als E-Book erhältlich)

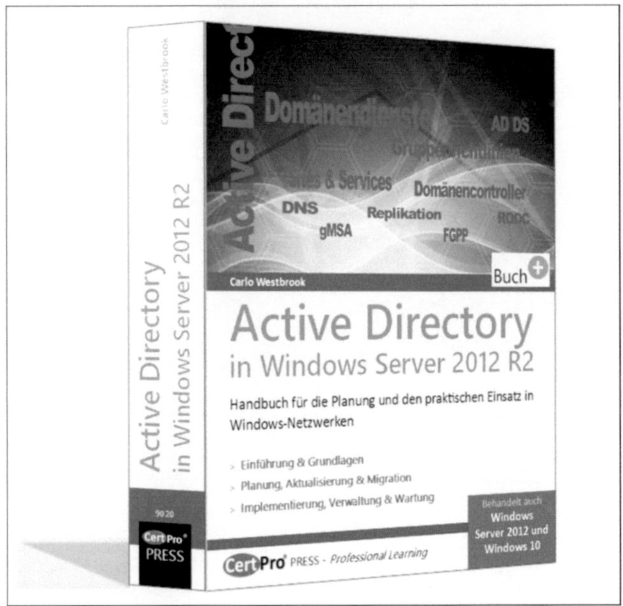

Fachbuch

Active Directory in Windows Server 2012 R2

Handbuch für die Planung und den praktischen Einsatz in Windows-Netzwerken

Nutzen Sie die Vorteile der Active Directory-Domänendienste (AD DS) unter Windows Server 2012 R2. Nach einer kompakten Einführung geht Carlo Westbrook detailliert auf die Planung, Aktualisierung und Migration sowie auf die Implementierung, Verwaltung und Wartung ein. Dabei orientiert er sich konsequent an den praktischen Unternehmensanforderungen und berücksichtigt auch die mögliche Koexistenz von Windows Server 2012 R2 mit Windows Server 2012, Windows Server 2008 R2, sowie auch mit Windows Server 2008 im Netzwerk. Das Buch ist somit ein wertvolles Nachschlagewerk für den täglichen Einsatz.

Aus dem Inhalt (Kurzübersicht):
Teil 1 - Einführung und Grundlagen
Teil 2 - Planung, Aktualisierung und Migration
Teil 3 - Implementierung, Verwaltung und Wartung

Seitenumfang:	**700 Seiten** (Großformat)
Autor:	**Carlo Westbrook**
Verlag:	**CertPro-PRESS** (erschienen 26.10.2016)
ISBN:	**978-3-9447-4902-0**
Preis:	**59,95 Euro** (inkl. MwSt.) (auch als E-Book erhältlich)